THE BARBOUR COLLECTION
OF CONNECTICUT TOWN
VITAL RECORDS

THE BARBOUR COLLECTION OF CONNECTICUT TOWN VITAL RECORDS

MIDDLETOWN—PART II

K–Z and No Surname 1651–1854

Compiled by
Carole Magnuson

General Editor
Lorraine Cook White

Copyright © 2000
Genealogical Publishing Co., Inc.
Baltimore, Maryland
All Rights Reserved
Library of Congress Catalogue Card Number 94-76197
International Standard Book Number 0-8063-1604-7
Made in the United States of America

INTRODUCTION

As early as 1640 the Connecticut Court of Election ordered all magistrates to keep a record of the marriages they performed. In 1644 the registration of births and marriages became the official responsibility of town clerks and registrars, with deaths added to their duties in 1650. From 1660 until the close of the Revolutionary War these vital records of birth, marriage, and death were generally well kept, but then for a period of about two generations until the mid-nineteenth century, the faithful recording of vital records declined in some towns.

General Lucius Barnes Barbour was the Connecticut Examiner of Public Records from 1911 to 1934 and in that capacity directed a project in which the vital records kept by the towns up to about 1850 were copied and abstracted. Barbour previously had directed the publication of the Bolton and Vernon vital records for the Connecticut Historical Society. For this new project he hired several individuals who were experienced in copying old records and familiar with the old script.

Barbour presented the completed transcriptions of town vital records to the Connecticut State Library where the information was typed onto printed forms. The form sheets were then cut, producing twelve small slips from each sheet. The slips for most towns were then alphabetized and the information was then typed a second time on large sheets of rag paper, which were subsequently bound into separate volumes for each town. The slips for all towns were then interfiled, forming a statewide alphabetized slip index for most surviving town vital records.

The dates of coverage vary from town to town, and of course the records of some towns are more complete than others. There are many cases in which an entry may appear two or three times, apparently because that entry was entered by one or more persons. Altogether the entire Barbour Collection--one of the great genealogical manuscript collections and one of the last to be published--covers 137 towns and comprises 14,333 typed pages.

ABBREVIATIONS

ae. ------------- age
b. ------------- born, both
bd. ----------- buried
B.G. --------- Burying Ground
d. ------------ died, day, or daughter
dea. ---------- deacon
decd. -------- deceased
f. ------------- father
h. ------------- hour
J.P. ----------- Justice of Peace
m. ------------ married or month
page#+*-----* = 1/2, example: 125* = page 125 1/2
res. ----------- resident
s. -------------- son
st. ------------- stillborn
w. ------------- wife
wid. ---------- widow
wk. ----------- week
y. -------------- year

THE BARBOUR COLLECTION OF CONNECTICUT TOWN VITAL RECORDS

MIDDLETOWN VITAL RECORDS
1651 - 1854

	Vol.	Page
KANE, Mary, m. Michael **DESMOND**, Aug. 27, 1854, by Rev. Jno. Brady	4	271
KARR, Benjamin, s. John & Dorothy, b. Feb. 22, 1746/7	2	124
Dorothy, d. Jno. & Dorothy, b. Dec. 10, 1749	2	124
Elizabeth, [twin with Esther], d. John & Dorothy, b. Mar. 8, 1747/8	2	124
Esther, [twin with Elizabeth], d. John & Dorothy, b. Mar. 8, 1747/8	2	124
John, m. Dorothy **HALE**, Apr. 29, 1744	2	124
John, s. John & Dorothy, b. Nov. 22, 1745	2	124
Mary, d. John & Dorothy, b. Aug. 1, 1744	2	124
KAY, Martha Ann, m. Eben **SLOCUM**, b. of Haddam, Dec. 22, 1836, by Rev. Robert McEwen	3	428
KEAN, James, m. Frances **WELSH**, Aug. 9, 1848, by John Brady	4	77
James, laborer, m. Frances **WELSH**, both b. in Ireland, Nov. 30, 1848, by John Brady	4	120-1
KEATING, Margaret, m. Jno. **WELCH**, Feb. 15, 1852, by Rev. Jno. Brady	4	211
KEEFE, KEEFFE, Daniel O., m. Margaret **REARDON**, April 21, 1850, by Rev. John Brady, Jr. (Probably "Daniel O'KEEFE")	4	143
John, m. Mary **KINIRY**, May 25, 1852, by Rev. Jno. Brady	4	220
KEEGAN, Mary Ann, d. Daniel, quarryman, ae. 23, & Mary Ann, ae. 24, b. June 17, [1848]	4	48-9
KEELER, Samuel, of Stamford, m. Amanda **CANNON**, of Middletown, May 14, 1828, by Rev. John R. Crane	3	307
KEELING, Alice, d. W[illia]m R., laborer, ae. 34, & Eliz[a] A., ae. 28, b. Jan. 17, 1850	4	154-5
KEENEY, Eunice P., m. William S. **SAUN**, b. of Longmeadow, Mass., Jan. 9, 1851, by Rev. Geo[rge] A. Bryan	4	180
John, s. John & Mable, b. Mar. 19, 1752; d. July 28, 1753	2	66
John, s. John & Mable, b. Jan. 15, 1756; d. Sept. 22, 1757	2	66
Mabel, w. of John & d. of William **MILLER** & his 1st w. Susannah (**KILLBOURNE**), of S. Glastonbury, b. July 17, 1728, in S. Glastonbury	2	66
Mabel, d. Jno. & Mabel, b. Feb. 4, 1758	2	66
KEESE, Mary Ann, m. Bartholomew **POMFRET**, June 3, 1849, by John Brady	4	88
Mary Ann, m. Bartholomew **POMFRET**, laborer, both b. in		

	Vol.	Page
KEESE, (cont.)		
Ireland, June 3, 1849, by Rev. John Brady	4	124-5
KEIGHLEY, KEIGHTLEY, John H., s. William, mechanic, ae. 31,		
& Caroline, ae. 28, b. Sept. 26, 1849	4	162-3
William, m. Caroline E. **SUGDEN**, b. of Middletown, Aug. 5,		
1847, by Rev. Townsend P. Abell	4	14
KEITH, Alexander, s. Will[ia]m & Polly, b. May 2, 1786	2	342
Elizabeth, d. William & Polly, b. May 22, 1782	2	342
Harriet M., of Middletown, m. Miles **MERWIN**, Jr., of		
Durham, Dec. 19, 1827, by Joshua L. Williams, V.D.M.	3	288
John, s. William & Polly, b. Dec. 4, 1775	2	342
Kitty Lions, d. William & Polly, b. Jan. 20, 1779	2	342
Polly, d. William & Polly, b. Mar. 26, 1777	2	342
William, of Middletown, m. Polly Lions **CALLAHAN**, of		
Cork, Ireland, May 10, 1775	2	342
William, s. Will[ia]m & Polly, b. Apr. 28, 1784	2	342
KELLEY, KELLY, KILEY, KILLEY, Abigail N., m. W[illia]m H.		
NILES, b. of Middletown, Mar. 31, 1824, by Rev.		
Josiah Bowen	3	155
Alfred, s. Daniel & Susanna, b. Nov. 7, 1789	2	253
Almira, m. Thomas **WHITTLESEY**, Nov. 4, 1832, by Rev.		
Seth Higby	3	376
Almelia, m. Daniel H. **HURLBURT**, of Middletown, Jan. 2,		
1828, by Joshua L. Williams, V.D.M.	3	293
Andrew, s. Andrew, quarryman, ae. 34, & Ann, ae. 30,		
b. Nov. 20, [1847]	4	42-3
Ann, m. Patrick **MORAN**, Mar. 5, 1851, by Rev. Jno. Brady	4	184
Bridget, m. Peter **NOWLAN**, Apr. 19, 1849, by John Brady	4	88
Bridget, m. Peter **NOWLAN**, both b. in Ireland, Apr. 19,		
1849, by Rev. John Brady	4	122-3
Caroline A., m. Silas G. **MILLER**, May 3, 1837, by Rev.		
John R. Crane	3	433
Catherine, m. Edward **BUGGY**, Sept. 17, 1853, by Rev. Jno.		
Brady	4	240
Charles, s. Andrew, laborer, ae.31, & Ann, ae. 30 b.		
[1849]	4	106-7
Christopher, s. Andrew, laborer, ae. 36, & Ann, ae. 36,		
b. Dec. 25, 1850	4	194-5
Daniel, m. Jemima **STOW**, June 28, 1787	2	253
Datus, s. Daniel & Susanna, b. Apr. 24, 1788	2	253
Dora, m. Hugh **MURPHY**, Nov. 3, 1850, by Rev. Jno. Brady	4	180
Edward, s. Michael, laborer, ae. 28, & Ellen, ae. 20		
b. Apr. 2, 1851	4	198-9
Elijah s. [William & Hannah] b. July 9, 1773	2	120
Elizabeth, d. Edward, laborer, ae. 33, & Catharine, ae.		
32, b. Feb. 5, 1850	4	154-5
Elmina, of Middletown, m. Ebenezer **ROSE**, of Saybrook,		
Oct. 19, 1828, by Rev. Fred[eric]k Wightman, at		

	Vol.	Page
KELLEY, KELLY, KILEY, KILLEY, (cont.)		
Westfield	3	316
Emeline, of Middletown, m. Ambrose **ROBERTS**, of Wallingford, Aug. 5, 1827, by Joshua L. Williams, V.D.M.	3	276
Etty, m. Michael **QUINN**, June 20, 1852, by Rev. Jno. Brady	4	221
Florinda, of Middletown, m. John **VALIANT**, of Baltimore, Md., Dec. 5, 1824, by Joshua L. Williams, V.D.M.	3	188
Hannah, d. [William & Hannah], b. July 30, 1770	2	120
Hanora, m. Patrick **DUNN**, Jan. 6, 1852, by Rev. Jno. Brady	4	208
Irad, S. [Daniel & Susanna], b. Oct. 27, 1791	2	253
Jane, m. Patrick **CURTY**, Nov. 23, 1848, by John Brady	4	80
Jane, m. Patrick **CARTY**, laborer, both b. in Ireland, Nov. 30, 1848, by Rev. John Brady	4	122-3
John, s. Edward, laborer, ae. 30, & Catherine, ae. 30, b. Nov. 25, [1847]	4	44-5
John, m. Alice **HERMAN**, Jan. 30, 1848, by Rev. John Brady	4	28
John, m. Mary **SHEIL**, May 14, 1848, by Rev. John Brady	4	76
Jno., m. Eliza **COSTELLOE**, Feb. 22, 1852, by Rev. Jno. Brady	4	211
John S., of Lyme, m. Lucy **KELLY**, of Middletown, Aug. 27, 1820, by Rev. John R. Crane	3	35
Joseph, m. Roxy Ann **STOW**, b. of Weathersfield, Apr. 8, 1841, by Rev. Samuel Farmer Jarvis, at the Rectory. Int. pub.	3	480
Joseph Reynolds, s. [Daniel & Susanna], b. Mar. 29, 1794	2	253
Julia, d. John, quarryman, ae. 30, & Ellen, ae. 26, b. Apr. 27, 1848	4	56-7
Lucy, d. [William & Hannah], b. Jan. 9, 1768	2	120
Lucy, of Middletown, m. John S. **KELLY**, of Lyme, Aug. 27, 1820, by Rev. John R. Crane	3	35
Margaret, m. Timothy **DONOVAN**, Feb. 30 (sic), 1854, by Rev. Jno. Brady	4	265
Mary, Mrs., m. Abishai **DOOLITTLE**, Oct. 20, 1824, by Rev. Josiah Graves	3	182
Mary, m. Daniel **DOLAN**, Aug. 9, 1848, by John Brady	4	77
Mary, m. Daniel **DOLAN**, laborer, both b. in Ireland, Nov. 30, 1848, by John Brady	4	120-1
Mentha, m. Horara **DAVENPORT**, May 30, 1846, by Rev. John Brady	3	552
Merit, s. Merit, laborer, ae. 32, & Aurora, ae., 34, b. Jan [ ], 1850	4	154-5
Michael, m. Maria **PHILLIPS**, b. of Middletown, July 24,		

	Vol.	Page
KELLEY, KELLY, KILEY, KILLEY, (cont.)		
1836, by Rev. J. Goodwin	3	424
Nabby, of Norwich, m. Samuel **FROTHINGHAM**, of Middletown, Sept. 15, 1783	2	71
Patrick, m. Mary **WELSH**, June 16, 1849, by John Brady	4	88
Patrick, laborer, m. Mary **WELSH**, both b. in Ireland, June 16, 1849, by Rev. John Brady	4	124-5
Thomas, d. Aug. [ ], 1849, ae. 1	4	172-3
Thomas, s. Patrick, laborer, ae. 24, & Mary, ae. 24, b. July [ ], 1850	4	154-5
Thomas Moor, s. [Daniel & Susanna], b. Mar. 17, 1797	2	253
William, s. W[illia]m & Hannah, b. Dec. 16, 1765	2	120
Will[ia]m, m. Lucy **ROBERTS**, Jan. 1, 1795	2	148
Will[ia]m, s. W[illia]m & Lucy, b. Oct. 17, 1795	2	148
William, m. Anastoria **DALY**, Jan. 10, 1854, by Rev. Jno. Brady	4	262
William, m. Hannah **WARD**, [ ]	2	120
William, Sr., d. [ ], at sea	2	120
KELLOGG, Almira, of Middletown, m. James **OLIVER**, of Newport, RI., (colored), July 11, 1826, by Rev. E. Washburn	3	233
George, of New Hartford, m. Jane Elizabeth **CROSBY**, of Middletown, Aug. 24, 1837, by Sam[ue]l Farmer Jarvis, D.D., L.L.D., at Christ Church	3	449
Joseph, m. Elizabeth **WILLIAMS**, b. of Westfield, Apr. 13, 1825, by Rev. Josiah Bowen	3	199
Seth H., of Goshen, Conn., m. Electa S. **WASHBURN**, of Haddam, Nov. 13, 1825, by Rev. J. L. Nichols	3	217
Warren C. of New York, m. Mary H. **FRANCIS**, d. of Charles, of Middletown, June 11, 1851, by Rev. Frederic J. Goodwin	4	214
KELSEY, KELCEY, KELLSEY, Abigail, d. Nehe[mia]h & Rebeckah, b. Apr. 6, 1747; d. Nov. 27, 1748	2	92
Calvin, s. Israel, b. Dec. 28, 1779	2	124
Deborah, d. Jehiel & Thankful, b. Feb. 4, 1737/8	1	89
Deborah, d. Jehiel & Thankful, d. Oct. 24, 1741	1	89
Eliza, m. Ward **ATKINS**, Oct. 11, 1826, by Rev. Stephen Hayes	3	240
Elizur G., m. Julia M. **WHITE**, b. of Middletown, Apr. 12, 1837, by Rev. Fred[eric]k Wightman	3	430
Hannah, m. Adnah **JOHNSON**, b. of Middletown, Dec. 16, 1849, by Rev. Daniel Burrows	4	96
Henrietta Maria, d. Aug. 25, 1848, ae. 3 y. 6 m.	4	134-5
Isadore* Elizabeth, d. Eleazer, fisherman, ae. 33 & Julia, ae. 28, b. Nov. 15, 1848 (*Probably "Isabell")	4	114-5
Jehiel, m. Thankful **SMITH**, Sept. 11, 1734	1	89
Jehiel, s. Jehiel & Thankful, b. May 27, 1736	1	89

	Vol.	Page

KELSEY, KELCEY, KELLSEY, (cont.)

	Vol.	Page
Jesse, s. Israel, b. Apr. 10, 1773	2	124
John, s. Israel, b. Dec. 25, 1776	2	124
Joseph, s. Israel, b. Apr. 1, 1775	2	124
Lewis L. manufacturer, ae. 25, of Middletown, m. Caroline A. **CANFIELD**, ae. 19, b. in Newark, N.J. July 1, 1850, by Rev. Chapin, [of] N.Y.	4	166-7
Luceda (?) Maria, d. William, laborer, ae. 30, & Elizabeth, ae. 29, b. Apr. 22, 1849	4	114-5
Lucinda E., of Middletown, m. Thomas C. **CANFIELD**, of Newark, N.J., June 8, 1845, by Rev. W. G. Howard	3	531
Lucy, of Middletown, m. Wilcox **TYLER**, of Haddam, Dec. 11, 1826, by Rev. Stephen Hayes	3	258
Marietta, m. Hiram **HUBBARD**, m. May 2, 1838, by Rev. John R. Crane	3	445
Mary, of Weathersfield, m. Stephen **WILLCOX**, of Middletown, Jan. 31, 1771	2	202
Nancy, m. David **AMES**, September 12, 1833, by Zeb[ulo]n Crocker	3	386
Nancy M., m. Seth **SAVAGE**, June 21, 1847, by Rev. James Floy	4	11
Nehemiah, m. Rebeckah **WHITMORE**, June 9, 1746	2	92
Sarah, d. Isreal, b. June 30, 1782	2	124
Sophronia, m. Joseph R. **BEEBE**, by of Middletown, [Apr.] 28, [1847], by Rev. T. P. Abell	3	560
Thankful, d. Jehiel & Thankful, b. Apr. 21, 1740	1	89
Thankful, d. Jehiel & Thankful, d. Oct. 8, 1741	1	89
-----, s. Geo[rge] R., manufacturer, ae. 30, & Virginia, ae. 26, b. July 20, 1850	4	164-5

KENDALL, Wyman S. of Hartford, m. Nancy **GALPIN**, of Durham, Dec. 25, 1828, by Rev. John R. Crane — 3 — 324

KENNEDY, Dennis, m. Catharine **O'KEEFFE**, Dec. 22, 1853, by Rev. Jno. Brady — 4 — 243

Thomas, m. Johanna **DONOVAN**, Jan. 24, 1853, by Rev. Jno. Brady — 4 — 228-9

KENNEPEY*, Patrick, m. Ann **KENT**, Feb. 15, 1852, by Rev. Jno. Brady (*Hennessey?) — 4 — 210

KENNEY, [see also **KINNEY**], Archibald, of Middletown, m. Suky **RANNEEY**, of Middletown, Oct. 28, 1821, by Rev. Frederick Wightman — 3 — 70

KENT, Agnes, d. John & Eliz[abet]h, b. May 3, 1737 — 1 — 43

Agnes, m. Jonathan **JOHNSON**, Dec. 6, 1763	2	195
Ann, m. Patrick **KENNEPEY**, Feb. 15, 1852, by Rev. Jno. Brady	4	210
Ann, m. Patrick **HENNESSEY**, Feb. 15, 1852, by Rev. Jno. Brady	4	211
Anna, d. Jno. & Eliz[abet]h, b. Dec. 5, 1740	1	43
Anna, m. James **STARR**, Oct. 20, 1768	2	126

	Vol.	Page
KENT, (cont.)		
Anna, d. Zenas & Anne, b. Oct. 30, 1788	2	115
Elizabeth, d. John & Eliz[abet]h, b. June 10, 1734	1	43
Elizabeth, w. of John, d. Mar. 25, 1746	1	43
Elizabeth, m. John **SUMNER**, Mar. 9, 1758	2	63
Hannah, d. Jno. & Eliz[abet]h, b. Mar. 7, 1746	1	43
Hannah, m. Elijah **HUBBARD**, Jr., Jan. 5, 1772	2	301
John, m. Elizabeth **FOSTER**, Jan. 30, 1728/9	1	43
John, s. John & Elizabeth, b. Sept. 18, 1729	1	43
John, m. Hpehzibah **HUBBARD**, Aug. 14, 1746	1	43
John, m. Johanna **SCANLON**, Oct. 21, 1852, by Rev. Jno. Brady	4	223
John H., of Suffield, m. Mary Ann **SOUTHMAYD**, of Middletown, Dec. 4, 1844, by Rev. Moses Stoddard	3	524
Joshua, s. Jno. & Eliz[abet]h, b. May 4, 1742	1	43
Patrick, m. Eliza **WELCH**, Apr. 11, 1853, by Rev. Jno. Brady	4	236
Ralph, m. Amelia D. **BLINN**, b. of Berlin, June 24, 1832, by Rev. Fitch Reed	3	370
Remembrance Simmons, m. Rhoda **BARNS**, Nov. 1, 1798, [by] Rev. E. Huntington	2	122
Samuel, s. John & Elizabeth, b. Apr. 10, 1732	1	43
Samuel, s. John & Eliz[abet]h, d. Nov. 1, 1734	1	43
Samuel, s. John & Eliz[abet]h, b. Sept. 4, 1739	1	43
Samuel, s. John & Eliz[abet]h, d. Jan. 14, 1739/40	1	43
Zenas, m. Anne **PLUM**, Apr. 5, 1785	2	115
Zenas, s. Zenas & Anne, b. July 12, 1786	2	115
KENTNER, Amos, s. John P. & Mary, b. Feb. 16, 1790	2	105
Anneve, d. Jno. & Mary, b. Aug. 5, 1775	2	105
David, s. John Peter & Mary, b. Mar. 16, 1783	2	105
Jeremiah Tryon, s. Jno. Peter & Mary, b. May 18, 1779	2	105
John Peter, m. Mary **TRYON**, June 2, 1774	2	105
John Peter, s. Jno. & Mary, b. Mar. 22, 1777	2	105
Olive, d. [John Peter & Mary], b. Aug. 6, 1788	2	105
KENYON, KINYON, George W., of South Kingston, R.I. m. Harriet **WILCOX**, of Middletown, Nov. 27, 1839, by Rev. James H. Francis	3	463
Thomas A., of South Kingstown, R.I., m. Sally S. **CONGDON**, of Charlestown, R. I., Oct. 24, 1830, by Rev. Fred[eric]k Wightman	3	358
KEOHU, John F., m. Elizabeth **ZOEGER**, b. late of Germany, now of Middletown, Oct. 9, 1853, by Jacob Fred[eric]k Huber, V.D.M.	4	241
KERGAN, Daniel, m. Mary **COSTELLO**, Nov. 28, 1852, by Rev. Jno. Brady	4	224
KESSAN, Elizabeth, d. W[illia]m & Elizabeth, b. May 1, 1731	1	51
Esther, d. W[illia]m & Elizabeth, b. Feb. 20, 1739/40	1	51
Jane, d. W[illia]m & Elizabeth, b. July 16, 1736	1	51

MIDDLETOWN VITAL RECORDS

	Vol.	Page
KESSAN, (cont.)		
Thomas, s. W[illia]m & Elizabeth, b. Feb. 3, 1733/4	1	51
William, m. Elizabeth **STEVENSON**, b. of Middletown, Apr. 23, 1730	1	51
William, s. W[illia]m & Elizabeth, b. Feb. 1, 1737/8	1	51
KETHER, Susan, m. John **CHANDLER**, Dec. 3, 1843, by Rev. Arthur Granger	3	508
KEYES, [see also **KEESE**], Daniel, pumpmaker, ae. 27, b. in Calveston, Eng., res. Middletown, m. Maria A. **SPENCER**, factory, ae. 22, of Middletown, [1848 or 1849], by T. P. Abell	4	120-1
Daniel, m. Maria **SPENCER**, b. of Middletown, May 20, 1849, by Rev. Townsend P. Abell	4	92
Eliza, m. Alfred **JILLSON**, Feb. 15, 1824, by Rev. James A. Boswell	3	153
Emily A., d. Daniel, mechanic, b. Apr. 7, 1850	4	160-1
Henry m. Esther **FOUNTAIN**, b. of Middletown, Apr. 15, 1838, by Sam[ue]l Farmer Jarvis, D.D., L.L.D., at Christ Church	3	449
Margaret, m. Martin **BERGEN**, Nov. 15, 1847, by Rev. Jno. Brady	4	28
Margaret, ae. 24, b. in Queens Co., Ireland, res. Middletown, m. Martin **BERLIN**, laborer, ae. 30, b. in Queens Co., Ireland, res. Middletown, Nov. 15, 1847, by Rev. John Brady	4	62-3
Sarah, of Wallingford, m. Thomas **HURLBUT**, of Middletown, June 26, 1735 (Perhaps "Sarah **REYS**?")	1	112
KIBBEE, James H. of Bristolville, O., m. Jane L. **HUBBARD**, of Middletown, Apr. 4, 1843, by Rev. Zebulon Crocker	3	501
John S., of Warren, O. m. Julia M. **HUBBARD**, of Middletown, Sept. 1, 1850, by Rev. Geo[rge] A. Bryan	4	146
KIELEY, Johanna, m. Timothy **FINN**, Jan. 9, 1853, by Rev. Jno. Brady	4	228
KILBOURNE, KILBORN, KILBOURN, KILBURN, John, m. Mehitabel **BACON**, Oct. 26, 1732	1	66
Jonathan, Jr., b. Nov. 4, 1801	4	3
Jonathan, Jr., s. Jonathan, of Clinton, m. Sally B. **HOPKINS**, d. of Godfrey, of Chatham, Jan. 16, 1827, by Rev. Smith Miles, of Chatham	4	3
Jonathan, Jr., of Middletown, m. Sophia **HART**, of Durham, July 7, 1839, by Rev. John R. Crane	3	459
Jonathan, Jr., m. Sophia **HART**, wid. of William & d. of Burwell **NEWTON**, of Durham, July 7, 1839, by Rev. J. R. Crane	4	3
Jonathan Burwell, [s. Jonathan, Jr. & Sophia], b. Aug. 22, 1843	4	3
Keturah, m. Sam[ue]ll **BEMENT**, Feb. 11, 1747/8	2	117

	Vol.	Page
KILBOURNE, KILBORN, KILBOURN, KILBURN, (cont.)		
Mary, w. of John, d. Jan. 12, 1730/31	1	Ind-1
Mary, w. of John, d. Jan. 25, 1730/31	1	66
Mary, d. John & Mehitabel, b. Nov. 12, 1733	1	66
Mary, of Wethersfield, m. Ambrose **CLARK**, Jr., of Middletown, Aug. 2, 1750	2	330
Mary E., m. George W. **LANE**, Apr. 20, 1854, by Rev. John R. Crane	3	529
Mehitabel, d. John & Mehitabel, b. Feb. 16, 1734/5	1	66
Sarah Elizabeth, d. [Jonathan, Jr. & Sally B.], b. Mar. 25, 1829; d. Apr. 5, 1829	4	3
Sophia Elizabeth, [d. Jonathan, Jr. & Sophia], b. Sept. 8, 1840	4	3
Susannah, see under Susannah **MILLER**	2	206
KILBRICK, Bridget, m. Bartholomew **GREEN**, Feb. 10, 1850, by Rev. John Brady	4	138
KILBRIDE, Bridget, ae. 21, b. in Ireland, res. Middletown, m. Bartholomew **GREEN**, laborer, ae. 26, b. in Ireland, res. Middletown, Feb. 10, 1850, by Rev. John Brady	4	166-7
KILBY, James, of Weathersfield, m. Jane A. **CADWELL**, of Glastonbury, Mar. 2, 1848, by Rev. James Hepburn	4	31
James, farm laborer, b. in Rocky Hill, m. Jane A. Cadwell, ae. 23, b. in Wilbraham, Mass., Mar. 2, 1848, by James Hepburn	4	64-5
KILEY, [see under **KELLEY**]		
KILLARGAN, Abbe, m. Thomas **DENMEN**, Feb. 23, 1851, by Rev. Jno. Brady	4	185
KILLEY, [see under **KELLEY**]		
KILNON, Michael, m. Mary **SHAY**, Feb. 24, 1852, by Rev. Jno. Brady	4	212
KILOOLY, Bridget, m. Thomas **HOPKINS**, Sept. 25, 1854, by Rev. Jno. Brady	4	272
KILTY, Owen, m. Hanora **DONOVAN**, Sept. 25, 1854, by Rev. Jno. Brady	4	272
KIMBALL, Abraham, m. Sarah **BABBITT**, Apr. 11, 1779	2	339
Ann, of Middletown, m. Arther **BAILEY**, of Chatham, Oct. 26, 1823, by Rev. David Smith, of Durham	3	168
Asa, s. [Abraham T. & Sarah], b. Sept. 1, 1793	2	339
Asa K., s. Ab[raha]m T. & Sarah, b. Sept. 17, 1780	2	339
Elijah H., of Waterford, N.Y., m. Elizabeth **HINSDALE**, of Middletown, Sept. 3, 1827, by Rev. John R. Crane	3	277
Elijah H., of Waterford, N.Y., m. Sarah W. **HINSDALE**, May 10, 1830, by Rev. John R. Crane	3	349
Helen M., ae. 21, b. in Middletown, res. Meriden, m. John M. **BEACH**, tinner, ae. 24, of Meriden, Aug. 17, 1848, by James D. Moore	4	66-7
Helen M., m. John M. **BEACH**, Aug 18, 1847, by Rev.		

MIDDLETOWN VITAL RECORDS

	Vol.	Page
KIMBALL, (cont.)		
James D. Moore	4	21
Ira, s. [Abraham T. & Sarah], b. Nov. 24, 1791	2	339
John W., of Middletown, m. Rebecca W. **RICHMOND**, of Portland, Nov., 21, 1847, by Rev. Townsend P. Abell	4	31
Louisa, m. Josiah **BELDEN**, May 23, 1835, by Rev. Rob[er]t McEwen	3	411
Mary J., of Middletown, m. Wesley G. **MACK**, of Barkhampstead, June 5, 1842, by Rev. A. M. Osborn	3	489
Orra, [child] of [Abraham T. & Sarah], b. Mar. 23, 1800	2	339
Sally, d. [Abraham T. & Sarah], b. July 9, 1788	2	339
Sarah Ann, m. Edwin **HENRY**, Apr. 11, 1830, by Rev. Fred[eric]k Wightman	3	348
Sukey, m. Hezekiah T. **COOK**, b. of Middletown, Apr. 3, 1824, by Rev. Stephen Hayes	3	156
----, m. [ ] **BAILEY**, Oct. 26, 1823, by David Smith	3	179
KING, Benjamin, m. Elizabeth **KING**, b. of Southold, Nov. 20, 1746, at Southold	2	170
Elizabeth, d. Henry & Mary, b. Oct. 9, 1741	1	62
Elizabeth, m. Benjamin **KING**, b. of Southold, Nov. 20, 1746, at Southold	2	170
Elizabeth, d. Benj[ami]n & Elizabeth, b. Jan. 17, 1748/9	2	170
Elizabeth, m. Jacob **WHITMORE**, Jr., June 15, 1758	2	123
Henry, m. Mary **HAMLIN**, June 22, 1732	1	62
Henry, s. Henry & Mary, b. Oct. 23, 1736	1	62
Henry, Capt., d. Feb. 24, 1748/9	1	62
Jerusha, d. Benj[ami]n & Elizabeth, b. Aug. 20, 1747, at Southold	2	170
John, s. Henry & Mary, b. Dec. 22, 1739	1	62
Joseph, s. Henry & Mary, b. July 9, 1743	1	62
Joseph, m. Jerusha **MARSH**, Oct. 1, 1765	2	341
Lucy, m. Joseph E. **LATHROP**, Nov. 6, 1825, by Rev. John R. Crane	3	216
Lydia, of Glastonbury, m. Alexander **BOW**, of Middletown, Sept. 21, 1727	1	53
Mary, d. Henry & Mary, b. July 31, 1734; d. Aug. 28, 1735	1	62
Mary, d. Henry & Mary, b. [ ]	1	62
Patience, m. Elias **SEARS**, Dec. 16, 1777	2	296
KINGMAN, Phebe, m. Jonathan **TRYON**, Nov. 28, 1751	2	12
KINGSLAND, Stephen, of New York, m. Sarah Ann **BAISDEN**, of Middletown, Oct. 14, 1832, by Rev. Fitch Reed	3	373
KINIRY, Mary, m. John **KEEFFE**, May 25, 1852, by Rev. Jno. Brady	4	220
KINNEY, [see also Kenney], Dennis, m. Hanora **MAHONEY**, Oct. 22, 1853, by Rev. Jno. Brady	4	243
Thomas, m. Johanna **CARROLL**, Aug. 6, 1853, by Rev. Jno.		

	Vol.	Page
KINNEY, (cont.)		
Brady	4	239
KINSDALE, Bridget, d. John, quarryman, & Mary, b. Apr. 26, 1849	4	114-5
KINYON, [see under **KENYON**]		
KIPPEN, George, s. W[illia]m & Ruby, b. Nov. 11, 1790	2	279
W[illia]m, m. Ruby **BREWSTER**, Apr. 10, 1790	2	279
KIRBY, KIRBEY, Abigail, d. John, b. Mar. 6, 1666	LR1	5
Abner, s. Jos[eph] & Esther, b. Feb. 4, 1757	2	59
Bithia, d. John & Elizabeth, b. Feb. 14, 1658	LR1	5
Bethiah, d. Jno. & Hannah, b. Dec.[ ], 1731	LR2	6
Caroline, m. William **WILLIAMS**, b. of Middletown, Oct. 14, 1824, by Joshua L. Williams, V.D.M.	3	186
Charles, m. Catharine C. **WHITE**, b. of Middletown, Jan. 6, 1830, by Joshua L. Williams, V.D.M.	3	343
Daniel, s. John & Hannah, b. Oct.[ ], 1724	LR2	6
Daniel, m. Lucretia **PORTER**, Oct. 26, 1752	2	302
Deborah, d. Joseph & Sarah, b. Mar. 27, 1688	LR1	6
Delia, d. Dan[ie]l & Lucretia, b. June 16, 1762	2	302
Elijah, s. Lieut. Jos[eph] & Esther, b. Apr. 7, 1764; d. June [ ], 1782	2	59
Elisha, d*. Jonathan & Lucy, b. Oct. 12, 1774 (*son)	2	70
Elizabeth, d. Joseph & Sarah, b. Feb. 20, 1682/3	LR1	6
Emma, of Middletown, m. Charles **COOK**, of Berlin, Oct. 17, 1821, by Rev. Joshua L. Williams	3	76
Esther, d. Jos[eph] & Ester, b. Nov. 27, 1750	2	59
Fanny, m. Frederick B. **STARR**, Oct. 30, 1855	3	413
Giles, s. Tho[ma]s & Lucia, b. Mar. 21, 1756	2	46
Grace, of Middletown, m. Miles **MERWIN**, of Durham, Oct. 11, 1837, by Rev. Zebulon Crocker	3	441
Hannah, d. John & Hannah, b. Apr.[ ], 1723	LR2	6
Hannah, m. Solomon **SAGE**, Apr 25, 1745	2	62
Hannah, d. Joseph & Ester, b. Apr. 5, 1747	2	59
Hannah, wid. of John, d. Mar. 7, 1780	2	192
Hezekiah, s. Lieut. Jos[eph] & Esther, b. Mar. 23, 1761	2	59
Huldah, d. Jno. & Lucia, b. Feb. 20, 1756	2	111
John, s. Joseph & Sarah, b. Feb. 16, 1691	LR1	6
John, m. Hannah **STOW**, Mar.[ ], 1717/18	LR2	6
John, s. John & Hannah, b. Sept. 26, 1720/21	LR2	6
John, Jr., m. Lucia **NORTON**, Dec. 31, 1747	2	111
John, s. John & Lucia, b. Nov. 19, 1758	2	111
John, m. Ruth **COLEMAN**, wid. of Amos, June 28, 1761	2	111
John, m. Eliza **SMITH**, June 24, 1833, by Rev. J.R. Crane	3	383
Jonathan, of Middletown, m. Lucey **BURGIS** of G[u]ilford, Mar. 1, 1769	2	70
Jonathan, d. May 15, 1782	2	70
Joseph, s. John & Elizabeth, b. July 17, 1656	LR1	5
Joseph, d. Dec. 2, 1711, in the 56th y. of his age	LR1	6

MIDDLETOWN VITAL RECORDS 11

	Vol.	Page
KIRBY, KIRBEY, (cont.)		
Joseph, s. John & Hannah, b. Jan. 1, 1718/19	LR2	6
Joseph, m. Esther **WILCOX**, June 15, 1743	2	59
Joseph, s. Joseph & Esther, b. May 16, 1745	2	59
Joseph, Sr., d. Sept. 12, 1783	2	59
Lucia, d. John & Lucia, b. Jan. 15, 1748/9	2	111
Lucia, w. of John, Jr., d. Dec. 6, 1758	2	111
Lucretia, d. Dan[ie]l & Lucretia, b. Jan. 16, 1755	2	302
Lucretia, w. of Daniel, d. Apr. 20, 1767	2	302
Lucy, d. Jonathan & Lucy, b. July 22, 1770	2	70
Lucy, d. Jonathan & Lucy, d. Oct. 12, 1772	2	70
Lucy, 2d, d. Jonathan & Lucy, b. Oct. 1, 1776	2	70
Lucy, m. Obed **STOW**, Sept. 12, 1803	2	342
Margaret, d. Joseph & Mary, b. Sept. 2, 1709	LR1	6
Mary, d., Joseph & Sarah, b. June 10, 1693	LR1	6
Mary, d. John & Hannah, b. Dec.[ ], 1727	LR2	6
Mary, m. Amos **JOHNSON**, Nov. 8, 1753	2	348
Mary, d. Lieut. Jos[eph] & Esther, b. Aug. 27, 1759	2	59
Mary, m. Lorenzo H. **TREAT**, b. of Middletown, Apr. 16, 1837, by Rev. Fred[eric]k Wightman	3	429
Naomi, d. Jos[eph] & Esther, b. Jan. 24, 1752	2	59
Nehemiah, s. Jos[eph] & Esther, b. Nov. 24, 1754	2	59
Olive, d. Jonathan & Lucy, b. Feb. 20, 1772	2	70
Olive, d. Jonathan, d. Dec. 20, 1787	2	70
Rachel, d. Dan[ie]l & Lucretia, b. Sept. 17, 1759	2	302
Ruth, d. Jos[eph] & Esther, b. Mar. 8, 1753	2	59
Samuel, farmer, d. Apr. 1, [1849], ae. 78	4	134-5
Sarah, d. John & Elizabeth, b. Jan. 16, 1653	LR1	5
Sara[h], m. Samuell **HUB[B]ARD**, Aug. 9, 1673	LR1	44
Sarah, d. Joseph & Sarah, b. Aug. 10, 1685	LR1	6
Sarah, d. John & Hannah, b. July 19, 1726	LR2	6
Sarah, m. Samuel **SAVAGE**, Oct. 13, 1748	2	250
Sarah, d. Dan[ie]l & Lucretia, b. Jan. 18, 1765	2	302
Sarah S. m. Lorenzo H. **TREAT**, b. of Middletown, Aug. 23, 1826, by Rev. Fred[eric]k Wightman	3	236
Seth, s. Jno. & Lucia, b. May 13, 1751	2	111
Stephen s. Dan[ie]l & Lucretia, b. July 31, 1757	2	302
Susan[n]a, d. John, b. May 3, 1664	LR1	5
Susannah, d. Jno. & Hannah, b. Feb. 3, 1733/4	LR2	6
Sibbel, d. Dan[ie]l & Lucretia, b. July 15, 1753	2	302
Sibbell, m. Joseph **SHEPARD**, Dec. 9, 1780	2	170
Thomas, s. John & Hannah, B. Dec. [ ], 1729	LR2	6
Thomas, m. Lucia **STOCKING**, Nov. 20, 1755	2	46
----, Mr., d. Apr. 25, 1760	LR2	6
KISLEY*, Benjamin, of Glastenbury, m. Penelope **GOULD**, of Middletown, Oct. 28, 1821, by Rev. Joshua L. Williams (*correction **RISLEY** handwritten in margin of original manuscript)	3	76

	Vol.	Page

KNAP, KNAPS, Ann, of Middletown, m. Roger **GOODRICH**, of Rocky Hill, Nov. 6, 1825, by Rev. John R. Dodge — 3, 241

Greenfield Hanover, s. Hanover & Martha, b. Jan 20, 1750/1 — 2, 190

Hanover, m. Martha **SMITH**, May 30, 1750 — 2, 190

Ira, m. Mary B. **BUTLER**, b. of Middletown, Apr. 3, 1832, by Rev. Fitch Reed — 3, 367

James, m. Mary Ann **CLARK**, b. of Middletown, Apr. 10, 1825, by Rev. Josiah Bowen — 3, 196

Martha, m. Asher **CLARK**, Oct. 4, 1823, by Rev. Josiah Bowen — 3, 141

Susan, m. John **PICKETT**, Nov. 29, 1827, by Rev. John R. Crane — 3, 287

KNAUF, Appollenia, m. Mathew **BAMBERGER**, b. late of Germany, now of Middletown, Apr. 11, 1852, by Jacob Fred[eric]k Huber, V.D.M. — 4, 214

KNEASS, Charles, d. Feb. 5, 1850, ae. 3 — 4, 172-3

Nelson, b. in N.Y., res. Middletown, d. Dec. 22, 1849, ae. 6 — 4, 172-3

----, d. Mars, planemaker, ae. 45, & Susan H., ae. 28, b. Apr. 30, 1850 — 4, 154-5

[**KNEELAND**], **NEELAND**, Joseph, d. Nov. 29, 1758 — 2, 1

KNIGHT, Ann, m. Samuel **GALPEN**, Dec., 30, 1714 — 1, 1

Sarah A., m. Cha[rle]s **COOPER**, Feb. 8, 1847, by Rev. A. L. Stone — 4, 5

Stephen F., m. Jerusha S. **RUST**, b. of Northampton, Sept. 15, 1833, by Rev. W. Fisk — 3, 386

KNOTT, Epaphras, s. Epaphras **KNOT** & Elizabeth **BLAKE**, b. Jan. 6, 1759 — 2, 192

KNOWLES, Christian, d. Seth & Katharine, b. Apr. 19, 1756 — 2, 316

Christiana, m. Samuel **BIDWELL**, April 6, 1775 — 2, 156

Daniel, m. Sibbell **BACON**, Feb. 3, 1757 — 2, 30

Daniel, s. Dan[ie]l & Sibbell, b. [   ] — 2, 30

Hannah, d. Seth & Katharine, b. Mar. 30, 1754 — 2, 316

Huldah, of Hartford, m. Moses **WHITE**, of Middletown, Oct. 12, 1749 — 2, 175

Isaac, s. Dan[ie]l & Sibbell, b. Apr. 15, 1762 — 2, 30

Lucia, d. Seth & Katharine, b. Feb. 13, 1751/2 — 2, 316

Lydia, wid. of James, m. David **SMITH**, Oct. 1, 1766 — 2, 133

Marcy, m. William **GREEN**, Jan. 28, 1749/50 — 2, 238

Seth, m. Katharine **HOBBS**, Jan. 2, 1749/50 — 2, 316

Seth, s. Dan[ie]l & Sibbell, b. Mar. 7, 1760 — 2, 30

Thankfull, m. Elisha **SHEPARD**, May 15, 1764 — 2, 312

W[illia]m, m. Sally H. **HALL**, b. of Middletown, Oct. 21, 1824, by Rev. Josiah Bowen — 3, 181

KOEHLER, Eve, m. John **MARKERT**, b. of Cromwell, Aug. 27, 1854, by Jacob F. Huber, V.D.M. — 4, 254

KRAMER, Catharine, m. Joseph **GRUPPER**, b. of Middletown,

	Vol.	Page
KRAMER, (cont.)		
Sept. 10, 1854, by Jacob F. Huber, V.D.M.	4	255
KYE, Annah, d. Sam[ue]l & Annah, b. Feb. 1, 1742	1	55
John, s. Sam[ue]l & Annah, b. Sept. [ ], 1736	1	55
Sam[ue]l s. Sam[ue]l & Annah, b. Apr. 14, 1740	1	55
Samuel, m. Annah **SPELMAN**, [ ]	1	55
Sibbel, d. Sam[ue]l & Annah, b. June 5, 1738	1	55
LACEY, Cornelia Maria, d. [Eleazer & Elizabeth], b. Oct. 1, 1837	3	440
Frank B., s. Eleazer; clerk, ae. 55, & Eliza, ae. 38, b. May 18, 1850	4	156-7
Helen Louisa, d. Eleazer, bookkeeper, ae. 52, & Eliza F., ae. 36, b. Feb. 19, [1848]	4	44-5
Philip David, s. Eleazer & Elizabeth, B. Dec. 15, 1835	3	440
LADD, Elisha, of Marlborough, m. Mary **BARNS**, of Middletown, May 6, 1827, by Rev. John R. Crane	3	271
Nancy A., m. Dennis **LEE**, b. of Middletown, [Oct.] 17, [1831], by Rev. James Noyes, Jr.	3	364
Roxana J., m. Joseph **SUMNER**, b. of Middletown, Apr. 28, 1828, by Rev. E. R. Tyler	3	304
LAHA, [see also **LEAHY**], Eliza, m. Francis **TENLEY**, Sept. 12, 1853, by Rev. Jno. Brady	4	240
LAHE, [see also **LEAHY**], Delia, m. Pierre **BILCAN**, Jan. 15, 1854, by Rev. Jno. Brady	4	263
LAIDLER, Jane, m. Jame **RAE**, b. of Scotland, Mar. 30, 1851, by Rev. Frederic J. Goodwin	4	182
LAMB, Bernard, m. Bridget **BRADY**, Jan. 17, 1853, by Rev. Jno. Brady	4	228
Loomis, of Berlin, m. Mary E. **CURTISS**, of Mereden, Aug. 6, 1839, by Rev. W. A. Stickney	3	460
Margaret, m. Jno. **COLLINS**, Jan. 6, 1852, by Rev. Jno. Brady	4	209
LAMENT, Stow, d. Hope **WETMORE**, b. Mar. 31, 1768; reputed father Robert **STOW**	2	17
LANBERT, Christine, m. Thomas **BROWNLOW**, Oct. 9, 1838, by Jonathan Barnes, J.P.	3	450
LANCKTON, [see under **LANGDON**]		
LANE, Abigail, d. Isaac [& Hannah], st. b. Apr. 8, 1690	LR1	49
Allin, s. John & Lettetia, b. Sept. 2, 1758	2	232
Anna, d. John & Anna, b. July 21, 1751	2	232
Anna, w. of John, d. Feb. 21, 1753	2	232
Anne, wid. of John, m. Sergt. Nathaniell **BACON**, Jan. 31, 1739/40	LR1	16
Ashbel, s. Isaac & Mindwell, b. Sept. 13, 1729	LR2	16
Ashbel, m. Prudence **WILLIAMS**, Jan. 1, 1751/2	2	275
Benony, s. Isaac & Hanna[h], b. Feb. 13, 1684/5	LR1	49
Benony, s. Isaac, d. Dec. 10, 1688	LR1	49
Charles Harvey, [s. Harvey Bradbone & Maria Elizabeth],		

BARBOUR COLLECTION

	Vol.	Page
LANE, (cont.)		
b. Mar. 11, 1844, in Middletown	4	1
Cornel[i]us, s. Isaac & Mindwell, b. Sept. 25, 1723	LR2	16
David, m. Mary **CRIMMER**, May 29, [1853], by Rev. Jno. Brady	4	237
Ele[a]nor, d. Isaac & Han[n]a[h], b. Apr. 9, 1674	LR1	46
Elizabeth, d. Isaac & Han[n]a[h], b. Jan, 24, 1672	LR1	46
Elizabeth, d. Nath[anie]ll & Eliz[abet]h, b. Jan. 2, 1753; d. Feb. 2, 1753	2	103
Elizabeth, d. Nat[anie]ll & Eliz[abet]h, b. July 30, 1754	2	103
Elizabeth, wid. of Nath[anie]ll, d. Dec. 16, 1757	2	103
George W., m. Mary E. **KILBOURNE**, Apr. 20, 1845, by Rev. John R. Crane	3	529
Han[n]a[h], d. Isaac & Han[n]ah, b. Mar. 27, 1670/1	LR1	46
Hannah, d. Isaac & Mindwell, b. Jan. 12, 1726/7	LR2	16
Hannah, d. Ashbel & Prudence, B. Nov. 28, 1752	2	275
Hannah, m. Charles **DUPREE**, Aug. 15, 1754	2	346
Harvey Bradbone, s. Rev. George, m. Maria Elizabeth **POTTER**, d. of Peter P., of Enfield, Apr. 4, 1840 by [ ], at Philadelphia	4	1
Isaac, m. Han[n]a[h] **BROWN**, Nov. 5, 1669	LR1	46
Isa[a]ck, [twin with John], s. Isaac & Hanna[h], b. Dec. 22, 1675; d. Dec. 25, 1675	LR1	46
Isaac, s. Isaac & Hannah, b. Nov. 5, 1683	LR1	49
Isaac, of Middletown, m. Mindwell **MERRY**, of Hartford, Dec. 17, 1708	LR2	16
Isaac, Sr., d. July 18, 1711	LR1	46
Isaac, s. Isaac & Mindwell, b. Feb. 18, 1711/12	LR2	16
Isaac, m. Izabel **WARNER**, wid. of Lieut. Robert, Nov. 22, 1733	1	71
Isaac, m. Elizabeth **DOUD**, wid. of Jacob, b. of Middletown, Oct. [ ], 1736	LR2	4
Isaac, d. Feb. [ ], 1745	LR2	4
Isaac, s. John & Lettetia, b. Jan. 6, 1755	2	232
Isaac, of Middletown, m. Mabel **HOLLISTER**, of Glastonbury, Feb. 9, 1779	2	90
John, [twin with Isack], s. Isaac & Hanna[h], b. Dec. 22, 1675; d. Dec. 26, 1675	LR1	46
John, [twin with Sara], s. Isaack & Hanna, b. Feb. 28, 1676	LR1	46
John, [twin with Sara], s. Isa[a]ck & Hanna[h], d. Apr. 10, 1677	LR1	46
John, s. Isaac & Hanna[h], b. Jan. 10, 1680	LR1	49
John, m. Anna **ALLIN**, Oct. [ ], 1712	LR2	27
John, s. John & Anna, b. Aug. 13, 1713; d. [ ]	LR2	27
John, 2d, s. John & Anna, b. Nov. 1, 1715	LR2	27
John, m. Anna **BACON**, Oct. 15, 1747	2	232

	Vol.	Page
LANE, (cont.)		
John, s. John & Anna, b. Feb. 21, 1753	2	232
John, m. Lettetia **HOWEL**, June 5, 1754	2	232
John, d. May 13, 1761	2	232
John, s. Isaac & Mabel, b. Nov. 13, 1779	2	90
John, Sr., d. [ ]	LR2	27
Lettetia, d. John & Lettetia, b. Jan. 15, 1757	2	232
Lettetia had s. Lemuel **FITZGARLS**, b. Aug. 28, 1763	2	232
Lettisha, m. John **PRIOR**, July 29, 1777	2	349
Mary, d. Isaac & Hannah, b. Aug. 30, 1683; d. Sept. 15, 1688	LR1	49
Mary, d. Isaac & Hanna[h], b. Apr. 25, 1687	LR1	49
Mary, [d. Isaac & Hanna[h]], d. Aug. 4, 1687	LR1	49
Mary, d. Isaac & Mindwell, b. Dec. 30, 1709	LR2	16
Mary, m. Ebenezer **EGLESTON**, Jr., Nov. 15, 1733	1	71
Mary Josephine, [d. Harvey Bradbone & Maria Elizabeth], b. Feb. 8, 1841, in New York City	4	1
Mindwell, d. Isaac & Mindwell, b. Sept. 24, 1714	LR2	16
Mindwell, w. of Isaac, d. Nov. 3, 1732	LR2	16
Mindwell, m. Joseph **CORNWELL**, Feb. 20, 1746	1	99
Nathaniell, s. Isaac & Hanna[h], b. June 29, 1682; d. July 8, 1682	LR1	46
Nathaniell, s. Isaac & Hannah, b. Mar. 28, 1694; d. Nov. [ ], 1702	LR1	49
Nathaniell, s. Isaac & Mindwell, b. Dec. 4, 1717	LR2	16
Nath[anie]ll, m. Elizabeth **GILBERT**, Oct. 22, 1747	2	103
Nath[anie]ll, s. Nath[anie]ll & Eliz[abet]h, b. Oct. 9, 1749	2	103
Nath[anie]ll, d. Jan. 6, 1755	2	103
Nath[anie]ll, Jr., d. May 31, 1770	2	103
Samuell, s. Isaac & Hanna[h], b. Nov. 24, 1679; d. Dec. 11, 1679	LR1	49
Samuell, s. Isaac & Mindwell, b. May 9, 1719	LR2	16
Sara[h], [twin with John], d. Isa[a]ck & Hanna[h], b. Feb. 28, 1676; d. May 6, 1677	LR1	46
Sara[h], d. Isa[a]ck & Hannah, b. Sept. 29, 1678	LR1	46
Sarah, d. John & Lettetia, b. Sept. 18, 1760	2	232
Zacheas, s. Isaac & Mindwell, b. Feb. 10, 1724	LR2	16
LANG, Lucy, m. Richard **COTTON**, b. of Middletown, Aug. 23, 1821, by Rev. Eli Ball	3	61
LANGDON, LANCKTON, Elizabeth, of Farmington, m. John **TREAT**, of Middletown, November 27, 1783	2	328
Timothy, of Farmington, m. Jenett **BEVINS**, of Middletown, Mar. 31, 1831, by Rev. Laban Clark	3	360
LANGMEAD, Maria, of Litchfield, m. William H. **YALE**, of Mereden, June 27, 1841, by Harvey Miller	3	477
LANMAN, Peter, Jr., m. Catharine **COOK**, Oct. 25, 1831, by Rev. John R. Crane	3	364

	Vol.	Page
LARNED, George, m. Harriet **RUSSELL**, Apr. 9, 1835, Rev. John R. Crane	3	407
LARUE, Mary A., of Middletown, m. Anson A. **ATTWOOD**, of Salem, N. Y., [Jan] 9, [1833], by Rev. Smith Pyne	3	379
LASON, Ann, d. George & Sarah, b. Mar. 5, 1746/7	2	39
Anne, m. William **JOYCE**, May 8, 1768	2	355
George, m. Sarah **HUBBARD**, Oct. 24, 1744	2	39
George, s. George & Sarah, b. June 30, 1749	2	39
George, s. George & Sarah, d. Mar. 2, 1756	2	39
George, d. Mar. 24, 1760, at Granville	2	39
Sarah, d. George & Sarah, b. Aug. 2, 1745	2	39
LATHAM, Francis, m. Benjamin **TRYON**, b. of Middletown, July 4, 1827, by Rev. Fred[eric]k Wightman	3	275
Sarah R., of Colchester, m. William **COREY**, of Middletown, June 23, 1839, by Rev. John R. Crane	3	459
LATHROP, Clorinda Backus, d. Z[abadiah] & Sarah, b. Sept. 19, 1790	2	188
James S., m. Juliette A. **STANLEY**, May 2, 1841, by Rev. S. Chamberlain	3	475
Joseph Backus, s. [Zabadiah & Sarah], b. July 10, 1793	2	188
Joseph E., m. Lucy **KING**, Nov. 6, 1825, by Rev. John R. Crane	3	216
Joseph Edward, s. [Zabadiah & Sarah], b. Feb. 15, 1796	2	188
Lucretia, d. Zabad[ia]h & Sarah, b. Jan. 15, 1785	2	188
Lucy B., m. Richard K. **STARK**, Apr. 11, 1847, by Rev. James Floy	3	561
Sally, d. Zabad[ia]h & Sarah, b. Mar. 23, 1787	2	188
Sam[ue]l B., m. Mary P. **HARRIS**, Jan. 4, 1835, by Rev. John R. Crane	3	404
Sarah, d. June 9, 1848, ae. 89	4	68-9
Sarah L.*, of Middletown, m. Selab **SHORT**, of Derby, June 29, 1820, by Rev. John R. Crane (*Sarah S.?)	3	35
Sarah Starr, d. [Zabadiah & Sarah], b. Dec. 6, 1798	2	188
Zebediah, of Norwich, m. Sarah **STARR**, Dec. 11, 1783	2	188
LATIMER, LATIMOR, LATTIMER, Ann, m. Joseph **GRAVE**, June 7, 1733, at Durham	2	286
Ann, d. David & Mary, b. Mar. 11, 1733/4	2	328
Ann, m. Nath[anie]ll **BACON**, 4th, Mar. 20, 1755	2	362
Bezeleel, m. Elizabeth **WHITMORE**, Dec. 21, 1749	2	192
Bezeleel, s. Bez[eleel] & Eliz[abet]h, b. Mar. 11, 1749/50	2	192
Hannah, d. Dav[i]d & Mary, b. Apr. 27, 1747	2	328
Hannah, m. Elijah **WILLCOX**, Jr., Feb. 2, 1781	2	108
Rachel, d. Dav[i]d & Mary, b. Jan. 15, 1742/3	2	328
LAVERY, Felix, m. Mary **RIPORA**, Apr. 26, 1847, by Rev. John Brady	4	1
LAW, Hannah, of Middletown, m. Lyman **DOUD**, of Durham, Apr.		

	Vol.	Page
LAW, (cont.)		
23, 1810, by Rev. John R. Crane	3	124
Harriet B., m. John D. **JOHNSON,** May 14, 1819	3	89
LAWLER, Ann, m. Thomas **BROWN**, June 28, 1849, by John Brady	4	89
Ann, m. Thomas **BROWN**, laborer, both b. in Ireland, June 28, 1849, by Rev. John Brady	4	124-5
Henry, s. James, laborer, ae. 35, & Margaret, ae. 37, b. Mar. 15, 1851	4	196-7
James, d. Sept. 13, 1849, ae. 11 m.	4	172-3
Maria, ae. 27, b. in Ireland, res. Middletown, m. Thomas **DUNN**, laborer, ae. 30, b. in Ireland, res. Middletown, May 29, 1849, by Rev. John Brady	4	166-7
Maria, m. Thomas **DUNN**, May 29, 1850, by Rev. John Brady, Jr.	4	143
LAWLING, Lawrence, s. Michael, tailor, ae. 25, & Margaret, ae. 20, b. June 10, 1851	4	196-7
LAWRENCE, Almeda, d. Charles, farmer & shipmaster, ae. 42, & Almeda, ae. 27, b. Mar. 18, 1848	4	52-3
Amelia, d. Mar. 23. [1848], ae. 27	4	70-1
Charles, m. Sophron[i]a **TRYON**, b. of Middletown, July 25, 1833, by Rev. Bartholomew Creagh	3	384
Charles, m. Almeda **CROWEL**, Apr. 28, 1847, by Rev. James Floy	3	562
Charles, m. Mary Ann **BIVENS**, b. of Middletown, Mar. 4, 1849, by Rev. Z. N. Lewis	4	83
Charles, coaster, ae. 43, m. 3rd w. Mary Ann **BEVENS**, ae. 35, b. of Middletown, Mar. 4, [1848], by [ ]	4	124-5
Cha[rle]s, Capt. mariner, m. 3d w. Mary Ann **BEVINS**, tailoress, ae. 33, b. of Middletown, Mar. 6, 1849, by Z. N. Lewis	4	120-1
Elisha, coaster, d. July 1, 1851, ae. 46	4	204-5
Eunice, m. Wickham P. **BROOKS**, b. of Middletown, Oct. 13, 1833, by Rev. Barthol[ome]w Creagh	3	387
Mary, m. Hamlin **JOHNSON**, Feb. 10, 1747/8	2	38
Mary, m. Gideon **ROBBERDS**, Jan. 8, 1756	2	367
William, of Utica, N.Y., m. Eliza **PENFIELD**, of Middletown, Dec. 19, 1830, by Rev. Thomas Burch	3	358
----, d. Charles, mariner, & Mary Ann, b. July 27, 1850	4	160-1
LAWTON, Bridget, m. William **BARRY**, Oct. 6, 1850, by Rev. John Brady	4	148
Dimnes, d. June [ ], 1851, ae. 3 m.	4	204-5
Edward, s. Michael, laborer, ae. 28, & Mary, ae. 30, b. Apr. 2, 1849	4	106-7
Johanna, m. John **CODY**, Jan. 13, 1850, by Rev. John Brady	4	138
Johanna, m. Martin **DEMUND**, Mar. 27, 1853, by Rev. Jno. Brady	4	230

	Vol.	Page
LAWTON, (cont.)		
John, m. Catharine **BOYLE**, May 14, 1848, by Rev. John Brady	4	76
Mary, d. Jan. 20, 1851	4	206-7
LAY, Philip, laborer, b. in Ireland, res. Middletown, d. May 15, 1850, ae. 38	4	172-3
LEACH, LEECH, Alexander, s. Alex[ande]r & Catharine, b. Aug. 19, 1764; d. Sept. 5, 1764	2	223
Catherine, d. Alex[ande]r & Catharine, b. Apr. 31 (?), 1763	2	223
Lydia, of New York, m. John **SMITH**, of New York, s. of Thomas, Nov. 3, 1850, by Rev. L. S. Hough	4	49
Lydia, ae. 43, b. in Orange Co., N.Y., m. John **SMITH**, jappaner, ae. 62, b. in England, res. Brooklyn, Nov. 4, 1850, by Rev. L.S. Hough	4	202-3
LEAHY, [see also Laha and Lahe], Mary, m. John **CUNNINGHAM**, Nov. 26, 1854, by Rev. Jno. Brady	4	274
Patrick, m. Margaret **HANKERD**, Oct. 2, 1851, by Rev. Jno. Brady	4	192
LEAMING, LEEMING, Aaron, s. Jeremiah & Abigail, b. May 3, 1738	LR2	1
Abigail, d. Jeremiah & Abigail, b. Dec. 4, 1726; see also "Leeman"	LR2	1
Abigail, d. Matthias & Philathea, b. June 9, 1759	2	218
Ama Brewster, d. Matthias & Philathea, b. Nov. 20, 1763	2	218
Ann, d. Matthias & Philathea, b. Feb. 12, 1755	2	218
David, s. Matthias & Philathea, b. May 1, 1757	2	218
Elizabeth, d. Jeremiah & Abigail, b. Dec. 2, 1728	LR2	1
Esther, d. Jeremiah & Abigail, b. May 13, 1731	LR2	1
Esther, m. William **MARK**, Mar. 9, 1758	2	63
Jane, d. Jeremiah & Abigail, b. Mar. 6, 1735	LR2	1
Jeremiah, s. Matthias & Philathea, b. Dec. 23, 1761	2	218
Judah, s. Matthias & Philathea, b. Mar. 4, 1753	2	218
Leuce, d. Jeremiah & Abigail, b. Feb. 4, 1723/4	LR2	1
Matthias, m. Philathea **GOULD**, Aug. 4, 1751, [by] Rev. Jeremiah Leaming, Jr., of Newport, R.I.	2	218
Philathea, d. Matthias & Philathea, b. Nov. 17, 1769	2	218
LEARY, Patrick, m. Margaret **FARNAN**, Nov. 9, 1852, by Rev. Jno. Brady	4	224
LEAT, [see under **LEETE**]		
LEATHLE, Anna, [twin with Bethia], d. James & Elizabeth, b. Jan. 28, 1742	1	42
Bethia, [twin with Anna], d. James & Elizabeth, b. Jan. 28, 1742	1	42
Mary, d. James & Elizabeth, b. Sept. 19, 1739	1	42
LEAYCROFT, Richard, of Williamsburg, N.Y., m. Maria A. **PARMELEE**, d. of David D., of Middletown, Dec. 7,		

	Vol.	Page
LEAYCROFT, (cont.)		
1852, by Rev. John R. Crane	4	256
LEBLANC, Pierre, m. Mary **McCARTHY**, Dec. 27, 1853, by Rev. Jno. Brady	4	244
LEE, Abigail, s. Lemuel* & Mary, b. Apr. 8, 1733 (*Samuel)	1	2
Abijah, m. Abiel* **SMITH**, Apr. 16, 1752 (*Abigail?)	2	280
Abijah, s. Abijah & Abiel*, b. Aug. 20, 1764 (*Abigail?)	2	280
Abner, s. Abijah & Abiel*, b. Feb. 20, 1759 (*Abigail?)	2	280
Almira A., of Middletown, m. Joseph T. **ARNOLD**, of Lima, N.Y., Sept. 2, 1839, by Rev. Francis Hodgson	3	460
Amanda, m. Ebenezer **ROBERTS**, s. of Noyes, b. of Middletown, July 12, 1821, by Rev. Eli Ball	3	57
Amanda, of Middletown, m. Charles **CAMP**, of Durham, Dec. 2, 1825, by Rev. John R. Dodge	3	242
Ame, d. [Samuel & Mary], b. Mar. 1, 1722/3	1	2
Amie, d. Lemuel* & Mary, d. Dec. 15, 1746 (*Samuel?)	1	2
Ame, d. Abijah & Abiel*, b. Jan. 13, 1753 (*Abigail?)	2	280
Ann, m. Edward **TIMMONS***, May 18, 1854, by Rev. Jno. Brady (***SIMMONS**?)	4	266
Benjamin, m. Mrs. Susanna **TROTT**, May 10, 1828, by Rev. John Cookson	3	309
Bliss, m. Martha **BARNS**, Jr., Mar. 10, 1796	2	289
Catharine, m. Nicholas **BRENNAN**, Jan. 11, 1846, by Rev. John Brady	3	546
Daniel Willson, s. [Bliss & Martha], b July 22, 1798	2	289
Dennis, m. Nancy A. **LADD**, b. of Middletown, [Oct.] 17, [1831], by Rev. James Noyes, Jr.	3	364
Eliza, d. Bliss & Martha, b. Dec. 3, 1796	2	289
Elizabeth, m. Richard **HUBBARD**, b. of Kensignton, Jan. 22, 1735/6	1	88
Elizabeth, d. Rob[er]t & Mary, b. Mar. 19, 1744/5	2	14
Elizabeth, m. Isaac **BOW**, May 18, 1775	2	307
George, s. Robert & Mary, d. Sept. 3, 1751	2	14
George, s. Robert & Mary, b. Apr. 4, 1752	2	14
Hannah, d. Abijah & Abiel, * b. Nov. 12, 1754 (*Abigail?)	2	280
Hannah, m. Joseph **WARD**, Apr. 17, 1775	2	42
Henry, m. Jeulia **SUMMERS**, Jan. [ ], 1826, by Rev. John R. Dodge, at his house	3	243
Henry A., m. Nancy M. **CLARK**, Aug. 5, 1846, by Rev. James Floy	3	553
Henry A., b., in Farm Hill, Middletown, res. Meriden, d. Oct. 23, [1848], ae. 20	4	132-3
Isaac, m. Susanna **WOLCOTT**, Aug. 10, 1741	1	101
James, m. Laura **BOWERS**, Sept. 27, 1832, by Cha[rle]s Remington, Elder	3	373

LEE, (cont.)	Vol.	Page
John, s. Roswell, farmer, ae. 43, & Sarah B., ae. 36, b. Aug. 19, 1848	4	116-7
Josiah, s. Isaac & Susan[n]a, b. Aug. 9, 1744	1	101
Joyce, d. Robert & Mary, b. Dec. 9, 1749	2	14
Laura G., of Middletown, m. Denis **WARD**, of Blandford, Mass., Apr. 5, 1847, by Rev. L. S. Hough	4	2
Lemuel*, s. Lemuel* & Mary, b. May 11, 1729; d. Dec. 23, 1746 (*Perhaps "Samuel"?)	1	2
Lemuel, m. Thankfull **RICH**, Nov. 2, 1752	2	273
Lemuel, s. Abijah & Abiel *, b. Aug. 30, 1756 (*Abigail?)	2	280
Levi, s. Lemuel* & Mary, b. July 23, 1739; d. Dec. 14, 1746 (*Perhaps "Samuel"?)	1	2
Lucretia, d. Abijah & Abigail, b. June 5, 1766	2	280
Lucy, d. W[illia]m & Mary, b. Mar. 16, 1772	2	334
Lucy, of Middletown, m. Gustavus **WILLCOX**, of Guilford, Jan. 26, 1823, by Rev. Eli Ball	3	120
Marcilva, d. Sam[ue]l & Rhoda, b. Jan. 28, 1755	2	294
Margaret, d. Sam[ue]l & Rhoda, b. Nov. 16, 1751	2	294
Margaret, m. Comfort **STANCLIFT**, Mar. 19, 1752	2	291
Martha, w. of Bliss, d. Aug. [ ], 1806	2	289
Mary, d. Samuel & Mary, b. Oct. 8, 1724	1	2
Mary, d. Isaac & Susannah, b. Apr. 27, 1746	1	101
Mary, w. of Lemuel*, d. Jan. 13, 1752 (*Samuel?)	1	2
Mary, d. Rob[er]t & Mary, d. July 3, 1756	2	14
Mary, d. Abijah & Abiel, b. Dec. 17, 1760	2	280
Mary, w. of Robert, d. Feb. 1, 1763	2	14
Mary, d. William & Mary, b. May 27, 1770	2	334
Mary, d. [Bliss & Martha], b. July 19, 1802	2	289
Mary, m. Ansel **HUBBARD**, Jr., b. of Middletown, Apr. 20, 1824, by Rev. Josiah Bowen	3	157
Mindwell, d. Samuel & Mary, b. May 13, 1726	1	2
Mindwell, d. Lemuel* & Mary, d. June 16, 1743 (*Samuel)	1	2
Rhoda, m. William **BACON**, June 10, 1778	2	239
Robert, m. Hannah **CORNWELL**, June 20, 1763	2	14
Roswell, m. Sarah **BIRDESEYE**, b. of Middletown, Mar. 25, 1846, by Rev. J. L. Gilder	3	545
Russell, farmer, b. in Middletown, res. Kane Co., Ill., m. Sophron[i]a **SPENCER**, ae. 25, b. in Haddam, Apr. 25, 1848, by [Rev.] A. L. Stone	4	64-5
Samuel, of Guilford, m. Mary **WEST**, of Middletown, June 8, 1721	1	2
Samuel, of Guilford, m. Mary **WEST**, of Middletown, June 8, 172[ ]	LR2	Ind-4
Samuel, s. Robert & Mary, b. Apr. 16, 1747; d. July 6, 1748	2	14

	Vol.	Page
LEE, (cont.)		
Samuel, m. Rhoda **BLISS**, Mar. 28, 1751	2	294
Samuel, s. Sam[ue]l & Rhoda, b. July 26, 1753; d. Sept. 1, 1753	2	294
Samuel Marters, s. Rob[er]t & Mary, b. Nov. 8, 1756	2	14
Susanna, d. Isaac & Susan[n]a, b. June 10, 1742	1	101
Thankful, m. Solomon **ADKINS**, Feb. 25, 1747/8	2	197
Urania, of Middletown, m. Samuel **PATTEN**, of Springfield, Mass., June 2, 1844, by Rev. E. E. Griswold	3	517
Wealthy A., m. Joshua **JOHNSON**, b. of Middletown, May 25, 1834, by Rev. John Cookson	3	396
William, s. W[illia]m & Mary, b. Nov. 24, 1773	2	334
William, late of Lyme, m. Mary **JACOBS**, of Mansfield, [ ], in Mansfield	2	334
Will[ia]m Bacon, s. [Bliss & Martha], b. June 28, 1800	2	289
William Henry, s. Abijah & Abiel*, b. Oct. 22, 1762 (*Abigail?)	2	280
LEECH, [see under **LEACH**]		
LEEK, [see also **LEETE**], Abigail, m. Daniel **JOHNSON**, Feb. 11, 1706/7	LR2	9
Allis, m. Jonathan **SMITH**, Dec. 25, 1695	LR2	9
Hannah, m. Thomas **ALLIN**, May 4, 1698 (Arnold copy has "**LOOK**")	LR1	14
Sarah, of New Haven, m. Tho[ma]s **LUCAS**, [ ]	LR2	16
LEEMAN, Abigail, d. Jeremiah & Abigail, d. Apr. 8, 1725 (See also Abigail **LEAMING**)	LR2	1
Leuce, d. Jeremiah & Abigail, b. Feb. 4, 1723/4 (See also "**LEAMING**")	LR2	1
LEEMING, [see under **LEAMING**]		
LEETE, LEAT, [see also **LEEK**], Catherne, m. Thomas **WETTMORE**, Sr., Oct. 8, 1673	LR1	23
Chloe, m. Jeremiah **RANNEY**, Jr., Jan. 31, 1754	2	350
Submit, m. Gersham **GOODRICH**, Dec. 9, 1761	2	69
LELAND, Emilius, s. Emilius H., mechanic, ae. 25, & Emily M., ae. 25, b. May 29, 1849	4	52-3
Emilius H., m. Emily M. **TAYLOR**, July 6, 1847, by Rev. James Floy	4	11
LEMORE, Catrain, m. Isreal **FREEMAN**, Dec. 17, 1823, by Rev. Birdseye G. Noble	3	150
LEONARD, Daniel W. m. Lucy **WOOSTAH**, Nov. 8, 1823, by Rev. Josiah Bowen	3	139
Edward C., s. Horace, mariner, ae. 29, & Lucy, ae. 26, b. Jan. 13, 1849	4	106-7
Francis, of New York, m. Mima **VERMILLAN**, of Middletown, Sept. 1, 1833, by Rev. John Cookson	3	388

LEONARD, (cont.)

	Vol.	Page
Gaius*, of Worthington, Mass., m. Huldah **FAIRBANKS**, of Middletown, Sept. 23, 1824, by Rev. Josiah Bowen (*Perhaps Gains)	3	172
Harriet, ae. 22, of Middletown, m. James **CARTER**, machinist, ae. 26, b. in England, res. Middletown, Oct. 6, 1847, by Rev. William Dixon	4	62-3
Hester M., of Middletown, m. Benjamin **NORTON**, of Boston, Aug. 19, 1838, by Rev. Elisha Andrews	3	447
Horace, m. Lucy **HARDING**, Apr. 4, 1844, by Rev. John R. Crane	3	513
Horace H., d. Sept. 12, 1847, ae. 1	4	68-9
James, farmer, b. in England, res. Middletown, d. Sept. 20, 1849, ae. 36	4	174-5
James Wilson, s. James, farmer, & Mary Ann, b. Feb. 1, 1849	4	110-1
John E., of Foxborough, Mass., m. Sarah A. **BEEBEE**, d. of Chauncey, of Middletown, Dec. 31, 1849, by Rev. B. N. Leach	4	97
John E., bleacher, ae. 24, b. in Mass., res. Middletown, m. Sarah **BEEBEE**, ae. 28, Dec. 31, 1849, by Rev. B. N. Leach	4	166-7
Rufus, m. Fanny **CROWEL**, b. of Middletown, July 17, 1822, by Rev. Eli Ball	3	100
Spicer, m. Eliza **FIELD**, Aug, 30, 1821, by Rev. Levi Knight	3	61

LESTER, Nicholas S., m. Frances E. **BURDICK**, b. of Groton, [Nov.] 24, [1831], by Rev. E. R. Tyler — 3, 366*

Sam[ue]l C. of Mereden, m. Mary A. **LOOMIS**, of Middletown, Sept. 4, 1831, by Rev. John Cookson — 3, 363

Will[ia]m H., m. Rebecca **GRIFFIN**, b. of Middletown, July 4, 1832, by Rev. John Cookson — 3, 371

LEVERE, Elizabeth, of Woodbridge, N.J., m. Charles B. **HEDGES**, of Middletown, Nov. 16, 1834, by Rev. John Cookson — 3, 403

LEWIS, LUIS, Abel, of Chatham, m. Lucetta **SMITH**, of Middletown, July 1, 1840, by Rev. L.S. Everett — 3, 472

Alonzo, of Maddison, N.Y., m. Mary B. **DAYTON**, of Fair Haven, Conn., Nov. 3, 1839, by Rev. William Dickins — 3, 462

Amelia, Mrs., wid., m. Benjamin **MILLER**, 2d, widower, Oct. 21, 1849, by Rev. B.N. Leach — 4, 93

Ann, m. Josiah **HAYDEN**, b. of Middletown, June, 1824, by Rev. Josiah Bowen — 3, 161

Anon, m. Abigail H. **WATROUS**, b. of Middletown, Oct. 25, 1835, by Rev. J. Goodwin, at Westfield — 3, 416

MIDDLETOWN VITAL RECORDS 23

	Vol.	Page
LEWIS, LUIS, (cont.)		
Bartlett, s. George & Bathsheba, b. July 30, 1745	2	188
Caroline, d. [Jonathan & Abigail], b. May 19, 1802	2	356
Caroline Elizabeth, d. [Jonathan & Abigail], b. Sept. 7, 1804	2	356
Charles, m. Harriet **BRAINARD**, b. of Middletown, Sept. 12, 1841, by Rev. Arthur Granger	3	481
Charles, m. Harriet **BRAINERD**, Nov. [ ], 1841, by Rev. Arthur Granger	3	487
Charles N., m. Nancy S. **TRYON**, b. of Middletown, Jan. 19, 1848, by Rev. S. Davis	4	27
Charles N., mechanic, ae. 27, of Middletown, m. 2d w. Nancy S. **TRYON**, milliner, ae. 22, of Middletown, Jan. 19, 1848, by Rev. S. Davis	4	62-3
Chloe, d. Reuben & Rachel, b., Sept. 26, 1758	2	181
Clarissa B., m. George **DOGLASS**, b. of Haddam, May 21, 1826, by Rev. John R. Dodge	3	245
Elias, m. Mary F. **BOUND**, Sept. 24, 1845, by Rev. John R. Crane	3	536
Elizabeth, see under Elizabeth Lewis **HALL**	LR2	21
Esther, m. Earl **WRIGHT**, Dec. 18, 1751	2	320
Ezekiel, s. Malachi & Hannah, b. Mar. 10, 1738/9	1	39
George, m. Bathsheba **SWIFT**, July 12, 1744	2	188
George, s. George & Bathsheba, b. Oct. 30, 1747	2	188
George Eugene, s. Abel, sand paper mfg., ae. 34, & Lucetta S., ae. 26, b. Dec. 11, 1848	4	112-3
Hannah, d. [Jona[than] & Abigail], b. July 5, 1795	2	356
Hannah M., m. Stephen M. **GLADWIN**, b. of Middletown, Sept. 6, 1841, by Rev. Ashbel Chapin, of Jamestown, N.Y.	3	619
Henry S., laborer, d. Jan. 6, 1848, ae. 24	4	70-1
Henry T., of Albany, N.Y., m. Mary Ann **WILSON**, of Middletown, [Dec.] 29, [1833], by Rev. Stephen Topliff	3	391
Jabez, s. Reuben & Rachel, b. May 15, 1753	2	181
Jemima, d. [Thomas & Sarah], b. Feb. [ ], 1700	LR2	7
Jepthah, m. Olive **GEAR**, May 22, 1823, by Rev. Fred[eric]k Wightman	3	129
Jerusha, d. [Thomas & Sarah], b. Mar. 3, 1704/5	LR2	7
Joanna, d. George & Joanna, b. Apr. 12, 1741	2	188
Joanna, 1st w. of George, d. Apr. 5, 1743	2	188
John L., m. Martha M. **STARR**, Set. 23, 1799	3	5
Jonathan, m. Abigail **BOW**, May 6, 1792	2	356
Jonathan, s. [Jonathan & Abigail], b. Nov. 19, 1797	2	356
Lois, m. Sanford **TURNER**, Nov. 22, 1750	2	187
Lois, d. Nathan & Hannah, b. Nov. 7, 1777	2	260

	Vol.	Page
LEWIS, LUIS, (cont.)		
Lucia, d. Malachi & Hannah, b. Feb. 10, 1728/9	1	39
Lucia, m. Elijah **TOELS**, Jan. 17, 1748/9	2	153
Leucretia, d. Malachi & Hannah, b. Feb. 9, 1732/3	1	39
Lucy A., of Middletown, m. Orlanzo **BURDICK**, of Hartford, Oct. 28, 1832, by Rev. Fitch Reed	3	374
Lyman, m. Emily **BAILEY**, b. of Middletown, Oct. 2, 1821, by Rev. Phinehas Cook	3	66
Malachi, m. Hannah **WILLCOCK**, May 7, 1728	1	39
Martha, d. Reuben & Rachel, b. Nov. 2, 1751	2	181
Martha, m. Seth **ROBARDS**, Aug. 1, 1770	2	207
Mary, d. [Thomas & Sarah], b. Mar. 1, 1707/8	LR2	7
Mary, d. George & Bathsheba, b. July 5, 1750	2	188
Mary, m. Amos **SAGE**, Dec. 14, 1775	2	245
Mary, m. Henry **FREEMAN**, Dec. 12, 1822, by Rev. John R. Crane	3	114
Mary Ann, of Middletown, m. William G. **STRICKLAND**, of Amhurst, Mass. [July] 24, [1844], by Rev. W. G. Howard	3	520
Michael, m. Winefred **FITZGERALD**, Oct. 21, 1852, by Rev. Jno. Brady	4	223
Mindwell, d. Malachi & Hannah, b. Apr. 16, 1735	1	39
Mindwell, m. John **HIGBEE**, Jr., Apr. 3, 1755	2	3
Nathan, s. [Thomas & Sarah], b. Aug. [ ], 1689	LR2	7
Nathan, s. George & Joanna, b. Feb. 17, 1748(?)	2	188
Nathan, m. Hannah **ROCKWELL**, Oct. 9, 1774	2	260
Nathan, s. Nathan & Hannah, b. July 26, 1775	2	260
Normond, s. of James, of Hartford, m. Elizabeth L. **FOSTER**, d. of H. Bunce, of Hartford, Feb. 8, 1854, by Rev. Lester Lewis	4	247
Polly, d. Jona[than] & Abigail, b. Mar. 29, 1793	2	356
Rachel, d. Reuben & Rachel, b. Aug. 16, 1750	2	181
Rachel, m Jonathan **WILCOX**, May [ ], 1762	2	181
Rebeckah, wid., of Simsbury, m. Thomas **WETMORE**, May 22, 1755	2	245
Reuben, m. Rachel **TRYON**, Sept. 28, 1749	2	181
Reuben, s. Reuben & Rachel, b. Feb. 22, 1757	2	181
Reuben, d. Aug. 18, 1759, in public service	2	181
Ruth, d. [Thomas & Sarah], b. Jan. 1, 1695/6	LR2	7
Samuel, of Durham, m. Elizabeth **HALL**, of Middletown, June 27, 1711	LR2	23
Samuel, s. Malachi & Hannah, b. Jan. 10, 1730/1	1	39
Samuel, of Mereden, m. Mary Ann **SAGE**, of Middletown, June 18, 1834, by Rev. Zebulon Crocker	3	396
Sarah, d. [Thomas & Sarah], b. Mar. [ ], 1692/3	LR2	7

MIDDLETOWN VITAL RECORDS 25

	Vol.	Page
LEWIS, LUIS, (cont.)		
Sarah, ae. 20, b. in Middletown, m. C. F. **BROWNING**, manufacturer, ae. 24, b. in Jewett City, res. Meriden, Aug. 22, 1849, by Rev. J. R. Crane	4	166-7
Sarah P., d. of Elias, m. Charles F. **BROWNING**, Aug. 22, 1849, by Rev. John R. Crane	4	90
Sibbell, d. Reuben & Rachel, b. Nov. 30, 1754	2	181
Thankfull, d. Malachi & Hannah, b. Dec. 11, 1736	1	39
Thankful, m. John **DUNCAN**, Apr. 25, 1757	2	87
Thomas, s. [Thomas & Sarah], b. Aug. [ ], 1698	LR2	7
Thomas, of Middletown, m. Tamar **FREEMAN**, of Glastonbury, Dec. 18, 1828, by Rev. Jno. R. Crane	3	323
Watrous H., s. W[illia]m H., locksmith, ae. 29, & Lucetta A., ae. 20, b. June 4, 1849	4	104-5
Watrous H., d. July 23, 1849, ae. 7 wk.	4	130-1
William, s. [Thomas & Sarah], b. Aug. [ ], 1702	LR2	7
William, m. Mehetable **STOW**, b. of Middletown, Jan. 23, 1824, by Rev. Josiah Bowen	3	151
William H., m. Lucetta A. **HULBERT**, b. of Middletown, [Nov.] 23, [1846], by Rev. T. P. Abell	3	556
Zebulon, s. [Thomas & Sarah], b. May 4, 1687	LR2	7
L'HOMMEDIEU, Julia, of Middletown, m. Charles **ADAMS**, of Amhurst, Mass., Oct. 1, 1834, by Rev. Zebulon Crocker	3	399
LIBBY, Thomas, s. Tho[ma]s, gunsmith, ae. 25, & Theresa, ae. 30, b. Sept. 15, 1850	4	198-9
LINCOLN, Daniel, of Middletown, m. Florilla **BUCK**, of Chatham, Nov. 28, 1822, by Rev. Fred[erick] Wightman	3	113
Edward B., d. Aug. 16, 1847, ae. 3 m.	4	72-3
Edward B., s. Daniel, joiner, ae. 47, & Florilla, ae. 45, b. May 26, 1848	4	56-7
Ella, d. W[illia]m, farmer, ae. 38, & Julia, ae. 37, b. Mar. 15, 1850	4	164-5
Hannah M., of Middletown, m. Hiram **MORGAN**, of Berlin, Oct. 12, [1846], by Rev. James Hepburn	3	555
Jon, m. Johanna **SULLIVAN**, Oct. 22, 1853, by Rev. Jno. Brady	4	243
Mary J.S., d. William, farmer, ae. 37, & Julia Ann, ae. 35, b. Nov. 27, 1847	4	56-7
Sarah, of Middletown, m. Treat S. **FORD**, of New Haven, Feb. 9, 1853, by Rev. Lent S. Hough	4	226
Sarah, of Middletown, m. Treat S. **FORD**, of New Haven, Feb. 9, 1853, by Rev. Lent S. Hough	4	227
LINDSLEY, LINSLEY, LINDZELY, Lament, of Wethersfield, m. Abel **TRYON**, Jr, of Middletown, Jan. 12, 1757	2	25

	Vol.	Page

LINDSLEY, LINSLEY, LINDZELY, (cont.)
  Lois, of Wethersfield, m. Freeman **PECK**, of Middletown,
    June 4, 1753 — 2 — 74
  Robert, of [Long?] Island, m. Susannah **WILLIAMS**, of
    Stepney, in Weathersfield, Feb. 16, 1729/30 — 1 — 48
LINEHAN, LINNEHAN, Cornelius, m. Mary **BRANSFIELD**, Jan.
    28, 1849, by John Brady — 4 — 87
  Cornelius, laborer, m. Mary **BRONSFIELD**, both b. in
    Ireland, Jan. 28, 1849, by Rev. John Brady — 4 — 122-3
LINSLEY, [see under **LINDSLEY**]
LIONSTONE, Louis, see Louis **LOEWENSTEIN** — 4 — 252
LITTLE, Elizabeth, m. Richard **WALLACE**, Oct. 2, 1749 — 2 — 255
  Isreal, of Goffstown, N.H., m. Roxana **FARMER**, of
    Westfield, Mass., Oct. 5, 1829, by Rev. John R.
    Crane — 3 — 340
  Mary, m. Thomas **RANNEY**, Jr., Feb. 25, 1747/8 — 2 — 282
LITTLEFIELD, George, m. Mary **FOUNTAIN**, Oct. 31, 1847, by
    Rev. John R. Crane — 4 — 20
LOCK, Elizabeth, m. James **MARKHAM**, Oct. 14, 1699 — LR1 — 48
LOEWENSTEIN*, Louis, m. Regina **HAIN**, b. of Cromwell, June
    1, 1854, by Jacob F. Huber, V.D.M. (***LIONSTONE**) — 4 — 252
LONG, Azubah, m. Daniel **STOW**, Mar. 3, 1724/5 — 1 — 14
  Catharine, m. Frederick **HART**, b. of Middletown, July
    18, 1852, by Rev. Jno. Morrison Reid — 4 — 218
  Isaac C., of New York, m. Nancy Armida **EVERETT**, of
    Middletown, May 9, 1839, by Rev. L. S. Everett — 3 — 459
LONGMAID, [see also **LANGMEAD**], Edward, of Litchfield, m.
    Maria M. **HUBBARD**, of Middletown, Feb. 27, 1837, by
    Rev. Zebulon Crocker — 3 — 428
LOOK*, Hannah, m. Thomas **ALLIN**, May 4, 1698
    (* Probably "**LEEK**") — LR1 — 14
LOOMIS, Charles, of Hartford, m. Sarah **MCINTIRE**, of
    Middletown, June 21, 1826, by J.L. Williams, V.D.M. — 3 — 231
  Eleanor, m. Joseph **BACON**, Jr., Sept. [ ], 1783 — 2 — 278
  Elizabeth, b. in Winchester, res. Middletown, d. Sept.
    10, 1848, ae. 79 — 4 — 130-1
  Emily L., ae. 21, b. in Barkhamsted, res. Middletown,
    m. George N. **WARD**, merchant, ae. 32, of Middletown,
    May 1, 1848, by Rev. Nelson Scott — 4 — 64-5
  Joab, Jr., of Bloomfield, m. Harriet E. **WARD**, d. of
    John, of Middletown, Sept. 16, 1851, by Rev. John
    R. Crane — 4 — 191
  Julia A., m. Bennet **DYER**, b. of Middletown, Feb. 27,
    1853, by Rev. Jno. Morrison Reid — 4 — 233
  Laurens, of Plymouth, m. Eliza **BLAKE**, of Middletown,
    Nov. 11, 1835, by Rev. Rob[er]t McEwene — 3 — 416

	Vol.	Page

LOOMIS, (cont.)
Maria E., of Middletown, m. Almon **OWEN**, of New York,
    Aug. 5, 1834, by Rev. B. Creagh   3   398
Mary A., of Middletown, m. Sam[ue]l C. **LESTER**, of
    Mereden, Sept. 4, 1831, by Rev. John Cookson   3   363
Reuben H., Rev., m. Emily **HAMILTON**, Aug. 3, 1848, by
    Rev. Joseph Holdrich   4   36
Reuben H., cllergyman, ae. 26, b. in Bloomfield, res.
    Middletown, m. Emily **HAMILTON**, teacher, ae. 21, b.
    in Blanford, Mass., res. Middletown, Aug. 3, 1847,
    by Rev. Joseph Holdrich   4   62-3
Sophronia, of Hartford, m. John **SWAN**, of Middletown,
    Sept. 7, 1823, by Rev. Joshua L. Williams   3   133
William B. of Middletown, m. Lucy Ann **NORTON**, of
    Berlin, Oct. 31, 1837, by Rev. John Cookson   3   442
LORD, Abigail, m. Jonathan **SHIRTLIEF**, May 10, 1763   2   366
Ann, m. George S. **BRAINARD**, Aug. 1, 1836, by Rev. John
    R. Crane   3   424
Anna, m. Giles **HALL**, Jr., July 29, 1748   2   123
Deborah, d. Nehe[mia]h & Deborah, b. Sept. 24, 1753   2   366
Dorothy, d. Nehe[mia]h & Deborah, b. Apr. 1, 1751   2   366
Eliphalet, s. Nehemiah & Deborah, b. Sept. 3, 1755   2   366
Elizabeth, m. Benjamin **HENSHAW**, May 31, 1753   2   297
Elizabeth, m. John **ELLS**, Mar. 3, 1773   2   272
Elizabeth, m. Daniel **RUSSEL[L]**, Dec. 14, 1781   2   282
Epaphras, of Weathersfield, m. Mrs. Hope **PHILLIPS**, of
    Middletown, Mar. 17, 1730/1   1   94
Epaphras, s. Epaph[ras] & Hope, b. Oct. 1, 1732   1   94
Hezekiah, s. James & Mehitabel, b. Oct. 10, 1767   2   31
Hezekiah, m. Ruth **CAMPBELL**, Dec. 4, 1795   2   292
Hope, d. Epaph[ras] & Hope, b. Nov. 22, 1736   1   94
Hope, [w. of Epaphras], d. Dec. 1, 1736   1   94
James had negro Peter, b. Oct. 15, 1766   2   31
Lydia, m. Titus **HOSMER**, Nov. 29, 1761   2   217
Mara Anna, d. James & Mehitabel, b. Dec. 20, 1769   2   31
Mehitabel, m. Samuel **CANFIELD**, Feb. 24, 1780   2   198
Nancy M., m. George Washington **CLARK**, Nov. 7, 1821, by
    Rev. John R. Crane   3   70
Nehemiah, of Middletown, m. Deborah **WILLIAMS**, of East
    Haddam, Sept. 16, 1750   2   366
Sam[ue]ll Phillips, s. Epaph[ras] & Hope, b. Oct. 28,
    1734   1   94
Sarah, m. George **WARD**, b. of Middletown, June 14,
    1767   2   25

	Vol.	Page
LORING, S. Celestia, m. Elisha P. **PUTNAM**, June 26, 1879, by Rev. S. D. McConnell, at 103 West 38th St., New York City	5	396
LORISELL, Lawrence, s. Joseph, blacksmith, & Lucretia, b. Apr. 10, 1851	4	200-1
LOVELAND, Charles, s. Mindwell **CLARK**, b. July 8, 1762	2	162
Clarissa C., m. W[illia]m H. **HARRIS**, Dec. 10, 1845, by Rev. A. L. Stone	3	542
Comfort, of Wethersfield, m. Roger **RILEY**, Feb. 12, 1761, in Wethersfield	2	99
Elijah, m. Lois **SAGE**, Oct. 8, 1772	2	279
Elijah, s. Elijah, merchant, ae. 39, & Sarah, ae. 35, b. May 5, [1848]	4	48-9
Elijah S., d. Sept. 1, 1849, ae. 16 m.	4	172-3
Elizabeth Ann, of Durham, m. Levi **BROWN**, of Middletown, Aug. 23, 1841, by Rev. L. S. Everett	3	479
Esther, wid. had s. Michael **MALONEY**, b. Jan. 3, 1763	2	363
Esther, m. John **WARD**, 4th, Oct. 16, 1766	2	363
John, Capt., s. Samuel & Lydia (**BARNARD***), b. Aug. 30, 1716, in Glastonbury; d. Jan 30, 1776, in Middletown (*Written "**BARCHARD**")	2	206
John, Capt., m. Susannah **MILLER**, d. of William & his 1st w. Susannah (**KILBOURNE**) **MILLER**, of Glastonbury, Sept. 6, 1744	2	206
John, [s. Capt. John & Susannah], b. May 7, 1748; d. young	2	206
John, s. John & Susannah, d. June 4, 1750	2	206
John, s. John & Susan[na]h, b. Feb. 28, 1757; d. May 22, 1759	2	206
Lois, w. of Elijah, d. Dec. 27, 1773	2	279
Luce, d. John & Susan[na]h, b. Feb. 3, 1755	2	206
Martha, d. John & Susan[na]h, b. May 2, 1761; d. Sept. 8, 1762	2	206
Martha, d. John & Susan[na]h, b. July 4, 1767	2	206
Mary, [d. Capt. John & Susannah], b. Jan. 21, 1747	2	206
Mary, d. John & Susan[na]h, d. June 1, 1750	2	206
Mary, d. John & Susan[na]h, b. Feb. 19, 1753	2	206
Mehitabel, d. Jno. & Susan[na]h, b. Jan 29, 1759	2	206
Reuben, of Chatham, m. Hope A. **BROOKS**, of Middletown, Mar. 24, 1839, by Rev. Elisha Andrews	3	457
Rosanna, of Durham, m. David S. **BROOKS**, of Haddam, Jan. 12, 1823, by Rev. Eli Ball	3	119
Samuel, s. John & Susan[na]h, b. Feb. 8, 1763	2	206
Susannah, [d. Capt. John & Susannah], b. July 12, 1745	2	206
Susannah, d. John & Susannah, d. June 21, 1750	2	206
Susannah, d. John & Susan[na]h, b. Feb. 11, 1750/1	2	206
Susannah, [w. Capt. John], d. July 14, 1784	2	206

	Vol.	Page
LOVEWELL, Samuell, m. Rebeckah **HIGBE**, May 15, 1735, by Rev. W[illia]m Russell	1	79
LOWDEN, Margaret, of Lester, m. James **STEVENSON**, of Middletown, Feb. 13, 1739/40	1	117
LUCAS, Abigail, d. Tho[ma]s & Sarah, b. Aug. 18, 1707	LR2	16
Abigail, m. Joseph **BARNS**, June 6, 1751	1	53
Abigail, d. Moses & Asenath, b. Oct. 31, 1765	2	70
Abner, m. Marcy **TALBUT**, of Diton, Dec. 13, 1764	2	9
Allen, s. Tho[ma]s & Mary, b. Jan. 27, 1753	1	119
Amos, s. Daniel & Prudence, b. Apr. 30, 1728	1	13
Ann, m. Horace **NORTH**, b. of Middletown, Oct. 5, 1845, by Rev. J. L. Gilder	3	538
Anna, d. [William & Elizabeth], b. May 3, 1712	LR2	19
Annah, m. Stephen **BLAKE**, Aug. 7, 1740	1	114
Annar, d. John & Annar, b. Apr. 16, 1774	2	313
Asenath, d. Moses & Asenath, b. Sept. 5, 1755	2	70
Asenath, d. Moses & Asenath, b. Jan 1, 1763	2	70
Benjamin E., of Middletown, m. Laura **BEACH**, of Mereden, Oct. 25, 1846, by Rev. W. G. Howard	3	555
Caroline, m. Cyrus H. **BOARDMAN**, b. of Middletown, June 2, 1833, by Rev. W[illia]m H. Beacher	3	382
Caroline, d. Samuel, m. Cyrus H. **BOARDMAN**, s. Uri, June 2, 1833, by Rev. Mr. Beecher	4	29
Caroline L., d. John, gunsmith, ae. 25, & Orpha N., ae. 22, b. Aug. 2, 1848	4	58-9
Daniel, of Middletown, m. Prudence **ANDREWS**, of Glastonbury, Oct. 12, 1724	1	13
Daniel, s. Daniel & Prudence, b. Oct. 10, 1725	1	13
Daniel, Jr., m. Elizabeth **FOSTER**, Nov. 26, 1746	2	91
Daniel B., m. Eliza Ann **BAILEY**, b. of Middletown, Oct. 28, 1835, by Rev. J. C. Green	3	415
David, s. Tho[ma]s & Mary, b. Aug. 27, 1745	1	119
Deborah, d. [William & Elizabeth], b. Nov. [ ], 1702	LR2	19
Ebenezer, s. [William & Elizabeth], b. May 8, 1707	LR2	19
Edwin, of Mereden, m. Margaret **CROWELL**, of Middletown, Mar. 11, 1846, by Rev. A. L. Stone	3	545
Elijah, m. Harriet **PADDOCK**, b. of Middletown, May 1, 1822, by Rev. Eli Ball	3	96
Elizabeth, d. [William & Elizabeth], b. Aug. [ ], 1696	LR2	19
Elizabeth, m. Timothy **BROOKS**, Aug. 27, 1772	2	313
Elnathan, s. Moses & Asena, b. Dec. 16, 1747	2	70
Elnathan, m. Margaret **WARD**, b. of Middletown, June 17, 1773	2	254
Elnathan, d. Oct. 7, 1777	2	254
Easter, w. of William, d. Apr. 15, 1690	LR1	14

LUCAS, (cont.)

	Vol.	Page
Fanny M., of Middletown, m. Levi H. **PECK**, of New York, Mar. 14, 1847, by Rev. James Floy	3	559
George G., of Middletown, m. Eliza **BAILEY**, of Haddem, Feb. 3, 1828, by Daniel Barrows, J.P.	3	298
Gideon, s. [William & Elizabeth], b. May 31, 1705	LR2	19
Gideon, s. W[illia]m & Jerusha, b. Sept. 15, 1736	1	32
Harriet, m. Eliab **TRYON**, b. of Middleton, June 12, 1825, by Rev. E. Washburn	3	202
Horace B., m. Almena **PAGE**, b. of Wallingford, Dec. 13, 1832, by Cha[rle]s Remington, Elder	3	377
Jerusha, d. W[illia]m & Jerusha, b. Sept. 14, 1738	1	32
Joan, m. Josiah **TRYON**, Jr., Oct. 29, 1823, by Rev. John R. Crane	3	138
John, s. William & Hester, b. Oct. 14, 1669	LR1	14
John, s. Jno. & Sarah, b. Feb. 15, 1725; d. Nov. 17, 1727	LR2	Ind-2
John, 2d, d. May 2, 1729	LR2	Ind-2
John, s. Daniel & Prudence, b. Oct. 4, 1730	1	13
John, s. Tho[ma]s & Mary, b. May 24, 1741	1	119
John, m. Annar **BOW**, Oct. 21, 1773	2	313
John, m. Orpha **McNARY**, d. of Deborah, b. of Middletown, Oct. 31, 1847, by Rev. Joseph Holdrich	4	19
John Ward, s. Elnathan & Margaret, b. Sept. 21, 1774	2	254
Joseph, s. John & Sarah, b. Sept. 16, 1722	LR2	Ind-2
Julia A., ae. 23, m. Chauncey B. **WHITMORE**, ae. 26, b. of Middletown, Dec. 31, 1854, by Rev. J. B. Merwin. Witnesses: Noah Whitman, Jane Bailey	4	258-9
Julia Ann, m. Mark **MILDRUM**, May 26, 1841, by Rev. John R. Crane	3	476
Lucretia M., m. Luther **CORNWELL**, Dec. 3, 1843, by Rev. Levi H. Wakeman	3	508
Lydia, d. Abner & Marcy, b. Mar. 28, 1765	2	9
Lydia, of Haddam, m. Didymus **JOHNSON**, of Haddam, Mar. 4, 1840, by Rev. Francis Hodgeson	3	465
Marcy, d. Tho[ma]s & Sarah, b. Mar. 23, 1712/13	LR2	16
Martha, d. [William & Elizabeth], b. Mar. [ ], 1698/9	LR2	19
Martha, m. John **ROBBARDS**, Jr., Nov. 18, 1718	LR2	3
Martha, m. John **ROBBARDS**, Jr., Nov. 18, 1718	LR2	24
Mary, d. William & Hester, b. Dec. 5, 1672	LR1	14
Mary, m. John **SCOFELL**, Feb. 9, 1697/8	LR1	40
Mary, wid., of Jno., m. Daniel **PRYOR**, Mar. 9, 1708/9	LR2	14
Mary, d. John & Mary, b. Nov. 7, 1713	LR1	12
Mary, d. Tho[ma]s & Sarah, b. Sept. 18, 1715	LR2	16
Mary, d. W[illia]m & Mary, b. Mar. 9, 1726/7	1	32

	Vol.	Page
LUCAS, (cont.)		
Mary, w. of W[illia]m, Jr., d. Aug. 22, 1732	1	32
Mary, d. Tho[ma]s & Mary, b. July 26, 1747	1	119
Mary, d. Abner & Marcy, b. Mar. 14, 1767	2	9
Mary, m. Joel **JOHNSON**, May 8, 1822, by Rev. Phineas Cook	3	97
Mary, m. James **NORTON**, b. of Middletown, [Jan.] 30, [1833], by Rev. James Noyes, Jr.	3	379
Moses, s. Tho[ma]s & Sarah, b. July 17, 1719	LR2	16
Moses, m. Asenath **COOK**, May 22, 1746	2	70
Moses, s. Moses & Asena[th], b. Feb. 16, 1753	2	70
Noah, s. Moses & Asenath, b. Mar. 13, 1760	2	70
Oliver B., of Middletown, m. Caroline B. **SHURTLEFF**, of Haddam, [Oct.] 20, [1845], by Rev. W. G. Howard	3	539
Parlie, m. Jeremiah **NORTON**, May 25, 1828, by Rev. John R. Crane	3	308
Parnel, Mrs., m. Seth **CLARK**, b. of Middletown, May 3, 1846, by Rev. J. L. Gilder	3	548
Polly, of Middletown, m. Henry **BLISS**, of Lebanon, Nov. 4, 1821, by Rev. Eli Ball	3	71
Prudence, d. Daniel & Prudence, b. Feb. 6, 1733/4	1	13
Rhoda, d. Moses & Asena[th], b. May 10, 1750	2	70
Rhoda, m. John **TRYON**, Apr. 29, 1769	2	180
Richard, s. W[illia]m & Mary, b. Nov. [ ], 1730	1	32
Samuell, s. William & Hester, b. Apr. 15, 1682	LR1	14
Samuel, s. [William & Elizabeth], b. Sept. 6, 1709	LR2	19
Sarah, d. Tho[ma]s & Sarah, b. Mar. 29, 1706	LR2	16
Sarah, wid. of Jno., m. Nathaniel **WHITMORE**, Feb. 18, 1730/1	1	109
Sarah, m. John **BLAKE**, Jan. 25, 1732/3	1	65
Sarah, d. Tho[ma]s & Mary, b. Feb. 25, 1743	1	119
Sarah, of Middletown, m. William **BARNES**, of Leyden, N. Y., [May] 18, [1834], by Rev. James Noyes	3	395
Stephen, of Middletown, m. Sarah M. **WHITE**, of East Hampton, Dec. 19, 1852, by Rev. Jno. Morrison Reid	4	232
Thankfull, m. John **EDWARDS**, July 10, 1733	1	68
Thankful G., m. Benjamin **WETMORE**, Mar. 2, 1799	2	17
Thankfull Griswold, d. Elnathan & Margaret, b. Dec. 13, 1777	2	254
Thomas, s. Tho[ma]s & Sarah, b. Mar. 1, 1708/9	LR2	16
Thomas, m. Mary **ALLEN**, May 1, 1740	1	119
Thomas, s. Tho[ma]s & Mary, b. Jan. 26, 1749/50	1	119
Thomas, s. Moses & Asenath, b. Sept. 12, 1757	2	70
Tho[ma]s, m. Sarah **LEEK**, of New Haven, [ ]	LR2	16
Tho[ma]s G., laborer, ae. 25, b. in Middletown, res, Middletown, m. Sarah A. **HALING**, ae. 28, Apr. 30, 1850, by Rev. W[illia]m Jarvis	4	200-1

	Vol.	Page
LUCAS, (cont.)		
Thomas G., m. Sarah Ann **HALING**, Apr. 30, 1851, by Rev. William Jarvis	4	185
William, m. Hester **CLARK***, July 12, 1666 (*Arnold copy has "**BLUNT**". Corrected by H. Brainard)	LR1	14
William, s. William & Hester, b. Apr. 26, 1667	LR1	14
William, Sr., d. Apr. 29, 1690	LR1	14
William, of Middletown, m. Elizabeth **ROWLY**, of Windsor, July 15, 1695	LR2	19
William, s. [William & Elizabeth], b. Mar. 14, 1700/01	LR2	19
William, Jr., m. Mary **SPELLMAN**, July 14, 1726	1	32
Will[ia]m, s. W[illia]m & Mary, b. Jan. 6, 1728/9	1	32
Will[ia]m, Jr., m. Jerusha **BOW**, Dec. 20, 1735	1	32
-----, s. William, mechanic, ae. 26, & Lucetta, ae. 24, b. Feb. 25, [1847]	4	50-1
LULL, -----, s. Hiram, lockmaker, & Jane, b. Mar. 25, 1849	4	110-1
LUNG, Almira, m. Samuel W. **GANES**, June 26, 1834, by Rev. John R. Crane	3	396
Jerusha, d. Joseph & Abigail, b. Apr. 9, 1772	2	189
Jerusha, m. Richard **HINE**, b. of Middletown, Sept. 9, 1821, by Rev. Eli Ball	3	62
Joseph, m. Wid. Abigail **DAVIS**, Sept. 19, 1767	2	189
Peter, s. Joseph & Abigail, b. July 9, 1768	2	189
LYMAN, Abner, s. Ezekiel & Mabel, b. June 12, 1787	2	324
Adeline, d. [William & Alma], b. Feb. 9, 1810	3	121
Adeline W., d. July 5, 1849, ae. 21	4	134-5
Alanson, s. David & Sarah, b. Nov. 6, 1787	2	66
Andrew, s. David & Sarah, b. Dec. 21, 1793	2	66
Annis M., m. James **THRALL**, b. of Middletown, Sept. 5, 1841, by Rev. James Noyes, Jr.	3	479
Betsy, d. [Ezekiel & Mabel], b. Nov. 10, 1790	2	324
Billy, s. David & Sarah, b. Aug. 21, 1783	2	66
Catharine, d. Jno. & Hope, b. Sept. 22, 1741	2	119
Charles A., of Greenfield, Mass., m. Mary W. **PIERCE**, of Middletown, Nov. 8, 1838, by Rev. Arthur Granger	3	452
David, s. John & Hope, b. Jan. 6, 1745/6	2	119
David, m. Sarah **COMSTOCK**, May 20, 1777	2	66
David, s. David & Sarah, b. Sept. 3, 1781	2	66
David, s. [William & Alma], b. Oct. 19, 1820	3	121
David, farmer, ae. 28, of Middletown, m. Catharine E. **HART**, ae. 22, b. in Guilford, Jan. 30, 1849, by Rev. David Root, Guilford	4	126-7
Elihu, s. David & Sarah, b. Mar. 2, 1797	2	66
Elihu Elisha, s. [William & Alma], b. Mar. 2, 1825	3	121
Elizabeth, of Middletown, m. Rev. Charles **MILLS**, of South Hanover, Ind., [Sept.] 6, [1837], by Rev. James Noyes	3	438

	Vol.	Page
LYMAN, (cont.)		
Eliza[bet]h Coe, d. [William & Alma], b. Sept. 9, 1812	3	121
Enoch, d. [Ezekiel & Mabel], b. Feb. 22, 1795	2	324
Esther, d. John & Hope, b. Feb. 17, 1748/9	2	119
Esther, d. David & Sarah, b. July 31, 1785	2	66
Esther M., d. Dec. 16, 1847, ae. 60	4	74-5
Eunice, d. {Ezekiel & Mabel], b. Jan. 25, 1789	2	324
Ezekiel, m. Mabel **MITCHELL**, Sept. 22, 1785	2	324
Hannah, d. Jno. & Hope, b. June 12, 1743	2	119
John, m. Hope **HAWLEY**, Sept. 13, 1739	2	119
Mary, of North Hampton, Mass., m. William W. **NARRAMORE**, of New Haven, June 19, 1821, by Rev. John R. Crane	3	56
Mindwell, of Durham, m. John **HARRIS**, of Middletown, May 11, 1749	LR1	42
Phinehas, s. David & Sarah, b. Oct. 25, 1779	2	66
Phinehas, s. Will[ia]m & Alma, b. Oct. 15, 1808	3	121
Polly, d. David & Sarah, b. May 3, 1778	2	66
Prudence, d. [Ezekiel & Mabel], b. Nov. 10, 1792	2	324
Sally, d. David & Sarah, b. Oct. 27, 1789	2	66
Sarah C., of Middletown, m. James T. **DICKINSON**, of Lowville, N. Y., May 15, 1845, by Rev. G. W. Perkins. Witnesses: David Lyman, Cornelia S. Camp, Harriet A. E. Jewett, Mary Ann Perkins, E. C. Mills, A. U. Lyman	3	531
Sarah Comstock, d. [William & Alma], b. Feb. 8, 1823	3	121
Urania, d. David & Sarah, b. Jan. 21, 1792	2	66
William, m. Alma **COE**, Oct. 20, 1807	3	121
LYNCH, Edward, m. Catharine **BARRY**, Nov. 12, 1848, by John Brady	4	79
Edward, laborer, m. Catharine **BARRY**, both b.in Ireland, Nov. 30, 1848, by Rev. John Brady	4	122-3
Mary, m. John **HANKARD**, Jan. 10, 1854, by Rev. Jno. Brady	4	262
Richard, m. Mary **REGAN**, July 15, 1849, by John Brady	4	89
Richard, laborer, m. Mary **REGAN**, both b. in Ireland, July 15, 1849, by Rev. John Brady	4	124-5
LYNES, Leverett, m. Harriet **PIERCE**, b. of New Haven, Mar. 16, 1823, by Rev. Eli Ball	3	123
LYNN, Prudence, of Durham, m. Lucius **COOK**, Jr., of Middletown, Mar. 29, 1827, by Eli Coe, J. P.	3	267
LYON, Harris, m. Joanna **MARKHAM**, Oct. 25, 1834, by Rev. W. Fisk	3	402
MACK, Christopher, s. John, laborer, ae. 30, & Eliza, ae. 33, b. Sept. 28, 1848	4	104-5
Wesley G., of Barkhampstead, m. Mary J. **KIMBALL**, of Middletown, June 5, 1842, by Rev. A. M. Osborn	3	489

	Vol.	Page
MACKEY, MACKY, Abigail, d. John & Anna, b. Dec. 4, 1769	2	140
Annah, d. Sam[ue]l & Annah, d. Jan. 5, 1745	1	55
Anna, d. John & Anna, b. May 31, 1766	2	140
Annah, d. Sam[ue]l & Annah, b. [ ]	1	55
Daniel, of Weathersfield, m. Esther **WETMORE**, Jan. 14, 1729/30	1	48
Daniel, s. Daniel & Esther, b. Apr. 1, 1740	1	48
Deborah, d. Daniel & Esther, b. Nov. 9, 1733	1	48
Eliz[abet]h, d. Daniel & Esther, b. Feb. 8, 1742	1	48
Elizabeth, d. Daniel & Esther, b. [ ]	1	48
Esther, d. Daniel & Esther, b. Dec. 18, 1737	1	48
Eunice, d. Daniel & Esther, b. Jan. 26, 1729/30	1	48
Eunice, d. Daniel & Esther, d. [ ], 1749	1	48
Hannah, of Wallingford, m. Obadiah **ALLEN**, of Middletown, Nov. 17, 1763	1	29
Jesse, s. John & Anna, b. Dec. 7, 1764	2	140
John, s. Andrew & Mary, b. Aug. 26, 1740	1	61
John, m. Anna **COGSWELL**, Sept. 30, 1762	2	140
John, s. John & Anna, b. Aug. 24, 1763	2	140
Margaret, d. Andrew & Mary, b. Mar. 17, 1738; d. Aug. 6, 1741	1	61
Mary, d. Daniel & Esther, b. May 1, 1731	1	48
Phinehas, s. Sam[ue]l & Annah, b. Sept. 15, 1743	1	55
Phinehas, s. Sam[ue]l & Annah, d. Mar. 8, 1745	1	55
Phineas, s. Sam[ue]l & Annah, b. Oct. 7, 1748	1	55
Rachel, d. Daniel & Esther, b. July 23, 1744	1	48
Thompson, s. John & Anna, b. Sept. 14, 1767	2	140
MACKINTOSH, George, m. Maria B. **DOUD**, Aug. 2, 1832, by Rev. John R. Crane	3	371
Mary E., of East Haddam, m. Henry W. **RANNEY**, of Middletown, Apr. 19, 1846, by Rev. James Hepburn	3	548
MACLEAVE, [see under **McCLEAVE**]		
MACOR, Marcy, m. Benjamin **SMITH**, Jan. 21, 1762	2	200
Mary, m. Elijah **SMITH**, May 31, 1759	2	78
MADDEN, Eliza, m. John **SMITH**, Nov. 14, 1852, by Rev. Jno. Brady	4	224
Owen, m. Hanora **SMITH**, Feb. 7, 1854, by Rev. Jno. Brady	4	264
William, m. Mary **FENILL**, Aug. 4, 1854, by Rev. Jno. Brady	4	270
MAGEE, Martha, m. Peter **GRAY**, b. of Scotland, Sept. 11, 1854, by Rev. James B. Crane	4	258
MAGILL, Alexander W., s. [Arthur W.] & Frances, b. Oct. 16, 1817	3	344
Arthur, s. [Arthur W.] & Frances, b. Dec. 20, 1813	3	344
Julian, [s. Arthur W. & Frances], b. Feb. 22, 1822	3	344
Juliette Augusta, d. Arthur W. & Frances, b. Sept. 11, 1806	3	344

	Vol.	Page
MAGILL, (cont)		
Roxa, of East Hartford, m. Warren **COLES**, of Middletown, Jan. 16, 1827, by Rev. Stephen Hayes	3	260
William A., s. Arthur W. & Francis, b. June 4, 1808	3	344
MAHONEY, MEHONEY, Daniel, m. Bridget **DOWNING**, July 14, 1849, by John Brady	4	89
Daniel, laborer, m. Bridget **DOWNING**, both b. in Ireland, July 14, 1849, by Rev. John Brady	4	124-5
Hanora, m. Dennis **KINNEY**, Oct. 22, 1853, by Rev. Jno. Brady	4	243
James, laborer, m. Margaret **DINNEN**, both b. in Ireland, Jan. 6, 1849, by Rev. John Brady	4	122-3
John, m. Content **RICHARDSON**, Apr. 14, 1787	2	350
John, m. Margaret **REGAN**, Oct. 17, 1852, by Rev. Jno. Brady	4	222
Julia, m. Michael **BRODERICK**, Feb. 30, (sic), 1854, by Rev. Jno. Brady	4	265
Margaret, m. Thomas **DOWNING**, May 2, 1847, by Rev. John Brady	4	1
Patrick, m. Alice **AHERN**, Oct. 26, 1852, by Rev. John Brady	4	224
MAIOR, Keziah, m. Ezra **ANDREWS**, June 21, 1744	2	49
MAITLAND, Alexander, m. Fanny **DUNCAN**, b. of Middletown, Sept. 26, 1853, by Rev. E. L. Janes	4	245
Jane, d. of Alexander, m. W[illia]m Digby **SMITH**, of Middletown, Dec. 5, 1853, by Rev. E. L. Janes	4	247
MALBURY, Mary E., of Cheshire, m. Samuel E. **GRANGER**, of East Granville, May 11, 1851, by Rev. T. P. Abell (See also "**MALLERY**")	4	189
MALCOLM, MALCOMB, Belinda, d. John & Eunice, b. Nov. 29, 1801	3	31
Hannah, m. Will[ia]m **SMITH**, Sept. 13, 1835, by Rev. Chauncey Wilcox, of North Greenwich	3	414
John, of Upper Canada, m. Eunice **MILLER**, Feb. 19, 1801	3	31
MALLERY, MALLAREE, Judeth, m. William **SELKRIG**, Dec. 10, 1733	1	69
Mary* E., ae. 20, m. Sam[ue]l E. **GRANGER**, painter, ae. 21, b. in E. Granville, N. Y., res. Middletown, May 11, 1851, by Rev. T. P. Abell (*Perhaps "Mary E. **MALBURY**")	4	200-1
MALONEY, MALONA, MALONE, MALONY, MALOWNEY, Allen, m. Roxanna **BUTLER**, of Middletown, Dec. 27, 1849, by Edwin Scoville, J. P.	4	96
Allen, laborer, ae. 23, m. Roxanna **BUTLER**, ae. 17, b. of Middletown, Dec. 27, 1849, by Edwin Scoville, Esq.	4	168-9

	Vol.	Page

MALONEY, MALONA, MALONE, MALONY, MALOWNEY, (cont.)

	Vol.	Page
Bridget, m. Thomas **MORAN**, Oct. 24, 1852, by Rev. Jno. Brady	4	223
Charles, m. Maria **MORGAN**, Apr. 28, 1839, by Rev. John R. Crane	3	458
Chloe, m. Eleazer **SPENCER**, b. of Middletown, July 23, 1833, by Aug[ustu]s Cook, J. P.	3	384
Edwin, [s. John H. T. & Louisa], b. Apr. 5, 1859	3	169
Ellen L., [s. John H. T. & Louisa], b. June 8, 1856; d. Jan. 20, 1863	3	169
Erastus E., [s. John H. T. & Louisa], b. Nov. 5, 1848	3	169
Erastus E., s. John, laborer, ae. 40, & [ ], b. Nov. 5, 1848	4	110-1
Franklin P., [s. John H. T. & Louisa], b. Mar. 3, 1853	3	169
Jane A., [d. John H. T. & Louisa], b. Apr. 10, 1843	3	169
Jasper, s. Allen, labor, & Roxanna, b. Mar. 21, 1850	4	160-1
Joanna, m. Benj[ami]n **DRIGGS**, Aug. 23, 1797	3	30
John A., [s. John H. T. & Louisa], b. Jan. 9, 1845	3	169
John H. T., m. Louisa **BUTLER**, June 30, 1842	3	169
John H. T., d. Mar. 26, 1860, in Alexandria, VA, ae. 48 y. 9 m.	3	169
Julia Ann, m. Phin[ea]s **DICKINSON**, b. of Middletown, June 3, 1832, by Rev. John Cookson	3	370
Martin, [s. John H. T. & Louisa], b. Jan. 18, 1851	3	169
Mary, m. Samuel **CUNNINGHAM**, b. of Middletown, Sept. 20, [1832], by Aug[ustu]s Cook, J. P.	3	372
Michael, s. of wid. Esther **LOVELAND**, b. Jan. 3, 1763	2	363
Robert T., [s. John H. T. & Louisa], b. Feb. 8, 1847	3	169
MALTBE, Esther, d. John & Mehittable, b. Dec. 23, 1725	1	19
MALTOON, Patty, m. Silvanus **YOUNG**, Jr., Feb. 25, 1796 **(MATTOON)**	2	279
MANCHESTER, Sarah, m. George L. **PROFFIT**, b. of Hartford, May 1, 1854, by Rev. E. L. Janes	4	250
MANN, MAN, Mary J., d. Apr. [ ], 1848, ae. 47	4	70-1
Sarah L., m. W. D. **SPENCER**, b. of Middletown, May [ ], 1841, by Rev. D. C. Haynes	3	482
MANNING, Charles W., s. Thaddeus, tin manufacturer, ae. 35, & Esther, ae. 38, b. June 3, 1848	4	56-7
Elizabeth, of Middletown, m. Samuel **PARSONS**, of New York, July 7, 1826, by Rev. E. Washburn	3	232
Sarah G., m. Albert **McNARY**, [Nov.] 13, [1846], by Rev. W. G. Howard	3	556
Thaddeus, Jr., m. Esther M. **RICHARDS**, b. of Middletown, Dec. 2, 1832, by Rev. John Cookson	3	377
MANSANDS, Lot D., m. Minerva **CAMPBELL**, May 19, 1840, by Rev. Arthur Granger	3	566

	Vol.	Page
MANSFIELD, Abigail, m. John **SMITH**, b. of Middletown, Nov. 1, 1827, by Rev. Heman Bangs	3	282
Elizabeth, m. Gustavus **HILLS**, Dec. 25, 1827, by Rev. Birdseye G. Noble	3	289
Joseph K. F., m. Louisa M. **MATHER**, Sept. 25, 1838, by Rev. John R. Crane	3	450
MANSVILLE, John, s. W[illia]m, laborer, ae. 28, & Catharine, ae. 25, b. July 5, 1849	4	104-5
MAR, MARS, Michael, s. Patrick, laborer, ae. 44, & Margaret, ae. 29, b. Jan. 7, 1851	4	194-5
Patrick, quarryman, ae. 44, b. in Ireland, res. Portland, d. May 23, 1850	4	202-3
Peter, of Portland, d. Apr. 6, 1851, ae. 6 1/2 y.	4	202-3
Roxanna, d. Peter, laborer, ae. 35, & Ann, ae. 38, b. May 15, 1850	4	156-7
MARCY, Hannah, d. John & Hannah, b. Apr. 10, 1755	2	237
John, m. Hannah **SHARP**, Mar. 5, 1751	2	237
John, s. John & Hannah, b. Sept. 18, 1753	2	237
Sarah, of Hartford, m. Jedediah **SAGE**, of Middletown, Jan. 13, 1763	2	85-b
Stephen, s. John & Hannah, b. Sept. 14, 1751	2	237
Stephen, s. John & Hannah, d. Oct. 8, 1753	2	237
Stephen, s. John & Hannah, b. Feb. 14, 1757	2	237
MARK, [see under **MARKS**]		
MARKERT, John, m. Eve **KOEHLER**, b. of Cromwell, Aug. 27, 1854, by Jacob F. Huber, V. D. M.	4	254
MARKHAM, MARCKHAM, MACKHAM, Abigaill, d. James & Elizabeth, b. July 22, 1712	LR1	48
Abigail, m. Samuel **MILLER**, May 2, 1739	2	33
Abigail, m. Samuel **MILLER**, May 2, 1739	2	42
Abigail, d. James & Sarah, b. Mar. 17, 1755	2	83
Abigail, d. John & Desiah, b. Mar. 23, 1766	2	179
Abigail, m. Henery **MISENER**, a foreigner, May 17, 1774	2	228
Amy, d. Jeremiah & Amy, b. Jan. 20, 1770	2	141
Anna, d. Jere[mia]h & Sarah, b. July 9, 1752	1	128
Anna, m. Jeptha **BRAINARD**, Jan. 10, 1771	2	118
Augustus C. m. Lucia B. **COE**, b. of Middletown, Jan. 1, 1846, by Rev. Ja[me]s T. Dickinson	3	543
Azubah, d. James & Sarah, b. Nov. 18, 1756	2	83
Benj[ami]n, s. [Ebenezer & Dorothy], b. Mar. 14, 1786	2	359
Daniell, m. Patience **HAR[R]IS**, Jan. 21, 1677	LR1	52
Daniell, s. Daniell & Deborah, b. Nov. 13, 1704	LR2	11
Daniell, Dea., d. Feb. 6, 1712/13	LR1	52
Daniel, m. Patience **MILLER**, Apr. 2, 1729	1	46
Daniel, s. Daniel & Patience, b. Aug. 9, 1731	1	46
Deborah, d. Daniell & Deborah, b. Mar. 2, 1705/6	LR2	11
Deborah, d. Daniel & Patience, b. Aug. 9, 1729	1	46

	Vol.	Page
MARKHAM, MARCKHAM, MACKHAM, (cont.)		
Deborah, m. Sam[ue]ll **EATON**, June 25, 1746	2	107
Densy, b. in Chatham, res. Middletown, m. W[illia]m W. **COE**, farmer, ae. 29, of Middletown, Apr. 27, 1851, by [ ]	4	202-3
Desiah, d. John & Desiah, b. Mar. 10, 1750/1	2	179
Dinah, d. Jno. & Desiah, b. Apr. 2, 1761	2	179
Dorcas, d. Jere[mia]h & Sarah, b. July 5, 1745	1	128
Dorothy, d. [Ebenezer & Dorothy], b. Oct. 9, 1782	2	359
Ebenezer, s. Jeremiah & Sarah, b. May 9, 1749	1	128
Ebenezer, m. Dorotha **JOHNSON**, Mar. 3, 1774	2	359
Ebenezer, s. Eben[e]z[e]r & Dorothy, b. July 12, 1775	2	359
Ebenezer, m. Phebe **DANIELS**, b. of Middletown, Feb. 13, 1823, by Rev. Eli Ball	3	123
Edith, d. Daniell & Patience, b. May 11, 1694	LR1	52
Elizabeth, d. James & Elizabeth, b. Jan. 18, 1703/4	LR1	48
Elizabeth, m. David **FOSTER**, Jr., Nov. 2, 1727	1	50
Elizabeth, d. Mary, b. Feb. 1, 1731/2; d. Mar. 19, 1731/2	1	Ind-1
Elizabeth, d. John & Desiah, b. July 30, 1749	2	179
Elizabeth, wid. of James, d. Sept. 23, 1753	LR1	48
Ellen A., d. of John, of Middletown, m. George W. **WELLS**, s. of W[illia]m B., of Windsor, Vt., Dec. 27, 1853, by Rev. Willard Jones	4	244
Eunice, d. Jeremiah & Sarah, b. Apr. 6, 1744	1	128
Ezekiel, s. Jeremiah & Sarah, b. Feb. 5, 1747/8	1	128
Hannah, d. James & Elizabeth, b. Sept. 6, 1716	LR1	48
Hannah had d. Hannah **FOSTER**, b. Oct. 18, 1735; father Heckakiah **FOSTER**	1	45
Hannah, m. Heckakiah **FOSTER**, Nov. 3, 1735	1	45
Hannah, d. James & Sarah, b. Nov. 15, 1750	2	83
Hannah, d. of James, m. Frederick **HENDRICKSON**, a Dutchman, Aug. 6, 1767	2	106
Hester, d. Jeremiah & Amy, b. Jan. 1, 1773	2	141
Isaac, s. Daniell & Deborah, b. Nov. 30, 1711	LR2	11
Isreal, s. Daniell & Deborah, b. Feb. 18, 1707/8	LR2	11
James, m. Elizabeth **LOCK**, Oct. 14, 1699	LR1	48
James, s. James & Elizabeth, b. Nov. 22, 1701	LR1	48
James, Sr., d. June 8, 1731, in the 57th y. of his age, from the 16th of last month	LR1	48
James, m. Sarah **RUMMERY**, Sept. 25, 1745	2	83
James, s. James & Sarah, b. Feb 11, 1747/8	2	83
James, s. John & Desiah, b. May 25, 1763	2	179
James, Sr., d. Apr. 12, 1776	2	83
Jeremiah, s. Daniell & Deborah, b. Feb. 18, 1709/10	LR2	11
Jeremiah, d. Sept. 22, 1753	1	128

MIDDLETOWN VITAL RECORDS

	Vol.	Page
MARKHAM, MARCKHAM, MACKHAM, (cont.)		
Jeremiah, of Middletown, m. Amy **DEMING**, of		
Weathersfield, Apr. 20, 1769	2	141
Jeremiah, s. Jeremiah & Amy, b. May 13, 1771	2	141
Joanna, m. Harris **LYON**, Oct. 25, 1834, by Rev. W. Fisk	3	402
Joel, d. Jere[mia]h & Sarah, b. Feb. 21, 1750/1	1	128
John, s. James & Elizabeth, b. Dec. 28, 1707/8	LR1	48
John, m. Desiah **SEARS**, Nov. 3, 1748	2	162
John, m. Desiah **SEARS**, Nov. 3, 1748	2	179
John, s. John & Desiah, b. May 9, 1756	2	179
John, s. Jeremiah & Amy, b. Nov. 28, 1775	2	141
John, s. Ebe[ne]z[er] & Dorothy, b. Mar. 28, 1778	2	359
Kezia, d. Jeremiah & Sarah, b. Nov. 28, 1742	1	128
Kesiah, m. John **WARD**, 4th, July 8, 1784	2	329
Levi, s. Jere[mia]h & Amy, b. Jan. 1, 1780	2	141
Lois, d. Jeremiah & Amy, b. Apr. 14, 1774; d. Oct. 17, 1775	2	141
Lydia, d. Jere[mia]h & Amy, b. Jan. 6, 1784	2	141
Martha, d. Daniell & Patience, b. Aug. 16, 1680	LR1	52
Martha, d. Daniell & Patience, b. Jan. 7, 1685	LR1	52
Martha, m. Jonathan **CENTER**, Apr. 26, 1706	LR2	2
Martha, d. James & Elizabeth, b. June 18, 1714	LR1	48
Mary, d. James & Elizabeth, b. May 14, 1710	LR1	48
Mary had d. Elizabeth, b. Feb. 1, 1731/2; d. Mar. 19, 1731/3	1	Ind-1
Mary, m. Eleazer **VEZEY**, Jan. 20, 1745/6	2	184
Maryann, d. Jere[mia]h & Amy, b. Nov. 8, 1776; d. next day	2	141
Nathaniell, s. James & Elizabeth, b. Feb. 27, 1718/19	LR1	48
Nathaniel, s. John & Desiah, b. May 5, 1754	2	179
Oliver, m. Louis **CLARK**, Oct. [ ], 1823, by Rev. James A. Boswell	3	142
Oliver, s. of John, of Windsor, m. Sarah A. **CLARK**, d. of Ambrose, of Portland, July 23, 1848, by Rev. Z. N. Lewis	4	35
Patience, wid. of Dea. Daniell, d. Mar. 19, 1732/3	LR1	52
Phebe, d. Daniell & Deborah, b. Oct. 26, 1713	LR2	11
Phebe, d. Isaac & Jemima, b. Dec. 7, 1737	1	46
Rhoda, d. Jere[mia]h & Amy, b. Mar. 5, 1781	2	141
Ruth, d. Jeremiah & Sarah, b. Oct. 21, 1741	1	128
Samuel, s. Jeremiah & Sarah, b. Oct. 3, 1746	1	128
Sarah, of Middletown, m. David **DUNHAM**, of Norton, May 11, 1757	2	132
Sarah, d. Jere[mia]h & Amy, b. June 7, 1782	2	141
William, s. James & Elizabeth, b. Jan. 28, 1705/6	LR1	48
Zube, of Middletown, m. Jacob **GIPSON**, a foreigner, May 8, 1775	2	107

BARBOUR COLLECTION

	Vol.	Page
MARKHAM, MARCKHAM, MACKHAM, (cont.)		
——, 5th, d. of Jere[mia]h & Amy, b. Nov. 22, 1778; d. same day	2	141
MARKS, MARK, Abigail, d. Will[ia]m & Abigail, b. Nov. 24, 1727	1	15
Abigail, d. Sam[ue]l & Jane, b. Jun 24, 1751	2	220
Abishai, m. Martha **DOOLITTLE**, Sept. 18, 1736	2	16
Abishai, s. Abishai & Martha, b. Oct. 28, 1738	2	16
Abishai, s. Abishai & Martha, d. Oct. [ ], 1747	2	16
Abishai, s. Abishai & Martha, b. Apr. 12, 1748	2	16
Adeline, m. Jonathan N. **PRIOR**, b. of Middletown, Nov. 2, 1823, by Rev. Josiah Bowen	3	141
Comfort, s. Abishai & Martha, b. May 12, 1750	2	16
Cornel Will[ia]m, s. Abishai & Martha, b. May 12, 1744	2	16
Elmira, m. Ira N. **JOHNSON**, Aug. 18, 1836, by Thomas Atkins, J.P.	3	424
Emily, of Middletown, m. Jason **GRIFFIN**, of Oxford, Oct. 12, 1820, by Rev. Eli Ball	3	42
Esther, w. of Will[ia]m, d. Sept. 9, 1759	2	63
James, s. Jona[tha]n & Deborah, b. Aug. 4, 1738	1	38
Jemima, d. Abishai & Martha, b. July 12, 1740	2	16
Jemima, d. Abishai & Martha, d. Aug. 9, 1747	2	16
Jemima, d. W[illia]m & Lydia, b. Feb. 4, 1771	2	63
Johathan, s. Will[ia]m & Mary, b. Apr. 8, 1705	LR2	8
Joseph, s. William & Mary, b. Feb. 28, 1701	LR2	8
Lydia, d. W[illia]m & Lydia, b. Apr. 30, 1764	2	63
Margaret, m. Ebenezer **DOOLITTLE**, Mar. 2, 1758	2	143
Martha, d. Abishai & Martha, b. Sept. 20, 1737	2	16
Martha, d. Abishai & Martha, d. Sept. 15, 1747	2	16
Martha, w. of Abishai, d. Apr. 17, 1773	2	16
Martha, m. Willard **ROBERTS**, Jan. 14, 1805	2	263
Mary, d. William & Mary, b. Dec. 9, 1697	LR2	8
Miles, s. Will[ia]m & Abigail, b. [ ]	1	15
Ruth, d. W[illia]m & Lydia, b. May 9, 1768	2	63
Samuel, s. William & Abigail, b. Dec. 27, 1725	1	15
Samuel, m. Jane **BACON**, Oct. 16, 1750	2	220
Sarah, d. Will[ia]m & Mary, b. July 3, 1703	LR2	8
Susannah, d. Abishai & Martha, b. Apr. 12, 1741	2	16
Susanna, d. W[illia]m & Lydia, b. Mar. 25, 1766	2	63
Thomas, m. Sarah **TOOLE**, Apr. 7, 1729, by Rev. William Russell	1	45
William, s. William & Mary, b. June 20, 1699	LR2	8
William, m. Abigail **DOOLITTLE**, Apr. 15, 1723	1	15
William, Sr., d. May [ ], 1728	LR2	8
William, s. Will[ia]m & Abigail, b. July 5, 1730	1	15
William, m. Esther **LEAMING**, Mar. 9, 1758	2	63
Will[ia]m, of Middletown, m. Lydia **BACHELLOR**, of New Haven, June 3, 1762	2	63

	Vol.	Page

MARKS, MARK, (cont.)
William, s. W[illia]m & Lydia, d. Apr. 28, 1763, ae.
    8 wks. 5 ds.   2   63
William, [m. Mary ----, formerly of Charlestown, in
    Mass. Colony]   LR2   8
MARLSHAM, Sarah M., m. Cyrus S. **JOHNSON,** b. of
    Middletown, [Apr.] 25, [1842], by Rev. Merrett
    Sanford   3   487
MARMON, Mary, m. Henry **MICKEL*,** Nov. 22, 1753 (*Michel?)   2   8
[MARRIMAN], MARIMAN, Sarah, m. Nath[anie]ll **BROWN,** Apr.
    15, 1756   2   65
    Thankful, d. Sam[ue]l & Sarah, b. Nov. 5, 1743   1   91
MARS, [see under **MAR**]
MARSH, Edwin Douglass, of Greenfield, Mass., m. Jane Frances
    INGHAM, d. of Friend W. & Eunice **SAGE INGHAM,**
    Dec. 25, 1866   3   95
    Jerusha, m. Joseph **KING,** Oct. 1, 1765   2   341
MARSHALL, Benjamin C., of East Haddam, m. Mary A.
    STRICTLAND, of Middletown, Oct. 26, 1831, by Rev.
    Fred[eric]k Wightman   3   365
    Sam[ue]l, s. Sam[ue]l & Hannah, b. Aug. 13, 1773   2   316
    Samuel, s. Sam[ue]l **MARSHALL** & Marcy **TREAT,** b. May
    5, 1795   2   316
    Sophia, m. Nathaniel **SMITH,** b. of Middletown, July 8,
    1824, by Rev. Fred[eric]k Wightman   3   163
MARTHEN, James B., m. Mrs. Anne **BAILEY,** Sept. 8, 1845, by
    Rev. A. L. Stone   3   537
MARTIN, Andrew D., Jr., of New Haven, m. Betsey **ROBERTS,** of
    Middletown, May 8, 1837, by Rev. John R. Crane   3   433
    Antony, m. Mary **HALLE,** d. of Richard, Mar. 7, 1660/1   LR1   7
    Cotton, s. Daniel & Mary, b. July 14, 1730; d. July 31,
    1734   1   14
    Daniell, s. John & Elizabeth, b. Oct. [ ], 1697   LR1   18
    Daniel, m. Mary **COTTON,** Apr. 6, 1725   1   14
    Daniel, s. Daniel & Mary, b. [ ]   1   14
    Deliverence, [twin with Sarah], s. Daniel & Mary, b.
    Oct. 12, 1736   1   14
    Ebenezer, s. John & Elizabeth, b. July [ ], 1694   LR1   18
    Eli, s. Nathan, of Mansfield, m. Emeline **COE,** of
    Tolland, Mass., Oct. 8, 1827, by [ ], at
    Tolland, Mass.   4   4
    Elizabeth, d. Antony & Mary, b. Aug. 15, 1671   LR1   8
    Elizabeth, d. John, b. Sept. 24, 1689   LR1   18
    Elizabeth, m. Joseph **BOURN,** Dec. 2, 1710   LR2   21
    Elizabeth, w. of John, d. July 26, 1718   LR1   18
    Emeline Irene, [d. Eli & Emeline], b. July 19, 1835   4   4
    Emeline J., d. of Eli, of Middletown, m. Meriett **SCOTT,**

	Vol.	Page
MARTIN, (cont.)		
of North Haven, Oct. 16, 1854, by Rev. Lester Lewis (Probably "Emeline I.")	4	255
Hannah, d. John & Elizabeth, b. May 20, 1699	LR1	18
Hannah, called Hannah **RUMMERY**, had d. Sarah **MARTIN**, b. Oct. 12, 1717	LR2	Ind-3
Isaac, silversmith, ae. 24, b. in Mass., res. Middletown, m. Mary **CROCKET**, ae. 21, of Middletown, May 21, 1851, by Rev. M. L. Scudder	4	200-1
Jane, m. Thomas **MURDOCK**, June 21, 1852, by Rev. John R. Crane	4	214
John, s. Antony & Mary, b. Mar. [ ], 1662	LR1	8
John, s. Antony & Mary, b. Mar. 7, 1662/63	LR1	9
John, s. John, d. Mar. 14, 1685	LR1	18
John, s. John, b. Dec. 25, 1685	LR1	18
John, s. John & Elizabeth, b. Apr. 4, 1692	LR1	18
John, s. Daniel & Mary, b. Nov. 11, 1725	1	14
John, s. Daniel & Mary, d. Sept. 25, 1737	1	14
John, 2d, s. Daniel & Mary, b. Jan. 31, 1739/40	1	14
John, s. John & Elizabeth, d. [ ], at Port Rial	LR1	18
Lydiah, [twin with Mary], d. Daniel & Mary, b. May 21, 1733	1	14
Mary, d. Antony & Mary, b. Jan. 1, 1661; d. Feb. 26, 1661	LR1	8
Mary, d. Antony & Mary, b. Mar. [ ], 1666/7	LR1	8
Mary, m. John **PAYNE**, Aug. 1, 1676	LR1	8
Mary, d. John & Elizabeth, b. May 31, 1701	LR1	18
Mary, [twin with Lydiah], d. Daniel & Mary, b. May 21, 1733	1	14
Nathaniell, s. John, b. Mar. 17, 1687	LR1	18
Perry D., m. Mary **BURRILL**, of New Britain, May 4, 1851, by Rev. Geo[rge] A. Bryan	4	186
Sarah, d. Hannah **MARTIN**, called Hannah **RUMMERY**, b. Oct. 12, 1717	LR2	Ind-3
Sarah, [twin with Deliverence], d. Daniel & Mary, b. Oct. 12, 1736	1	14
Sarah, [twin with Deliverence], d. Daniel & Mary, d. Jan. 27, 1736/7	1	14
William, m. Jane **GIBSON**, Apr. 9, 1852, by Rev. J. L. Dudley	4	248
Zubah, d. John & Hannah **EDE**, alias **MARTIN**, b. Apr. 2, 1721	LR2	Ind-1
——, s. B. C., stage driver, ae. 30, & Sophia, ae. 30, b. June 1, 1851	4	196-7
MARVIL, Bailey, m. Eliza **BROOKS**, b. of Haddam, Nov. 17, 1831, by Rev. E. R. Tyler	3	366
MARVIN, Francis D., s. Timothy D., silversmith, ae. 38, & Harriet, ae. 31, b. Apr. 29, 1848	4	42-3

	Vol.	Page
MARVIN, (cont.)		
Henry Walter, s. Timo[thy] D. & Harriet, b. Aug. 5, 1836	3	18
Timo[thy] D., m. Harriet W. **BULL**, July 28, 1833	3	18
Ulysses, of Lynn, m. Elizabeth C. **BRADLEY**, of Middletown, May 1, 1822, by Rev. Eli Ball	3	96
MASON, Russell L., of Cheshire, Eng., m. Mary Ann T. **PIERCE**, d. of Samuel, of Middletown, Aug. 11, 1853, by Rev. John R. Crane	4	257
MASTERS, [see also **MASTIS**], Daniel, s. James & Mary, b. Apr. 10, 1763	2	11
Ebenezer, s. James & Mary, b. Sept. 4, 1772	2	11
James, s. James **MASTERS**, & Mary **EGELSTON**, b. June 30, 1761	2	11
James, m. Mary **EGELSTON**, Nov. 12, 1761	2	11
James, m. Diadama **SPENCER**, Jan. 18, 1825, by Rev. John R. Crane	3	191
Molly, [d. James & Mary], [ ]	2	11
Susanna, [d. James & Mary], [ ]	2	11
MASTIS, [see also **MASTERS**], Susanna, m. Thomas **SOUTHERN**, Nov. 18, 1787	2	359
MATHER, MATHA, Amelia Charlotte, [d. Thomas & Sally], b. Apr. 17, 1822	4	26
Augusta H., m. George C. **RUSSELL**, May 16, 1843, by Rev. John R. Crane	3	502
Augusta Harriet, [d. Thomas & Sally], b. July 17, 1824; d. Apr. 4, 1844	4	26
Catharine Livingstone, m. Roderick Henry **BURNHAM**, May 19, 1841, by Rev. John R. Crane	3	475
Charles, [s. Thomas & Sally], b. July 17, 1826	4	26
Edward, [s. Thomas & Sally], b. Nov. 17, 1818	4	26
Edward P., s. W[illia]m A., tailor, ae. 29, & Orpha B., ae. 28, b. Jan. 26, 1849	4	104-5
Eliakim, m. Margaret **WARD**, d. of John, Mar. 9, 1737/8	1	103
Eliakim, m. Ruth **ROGERS**, July 11, 1743	1	80
Eliakim, m. Ruth **ROGERS**, July 11, 1743	1	103
Eliakim, m. Ruth **ROOPER**, July 11, 1743	2	3
Elijah Hubbard, [s. Thomas & Elizabeth], b. Dec. 11, 1796; d. Jan. 27, 1816, at Martinico	4	26
Elizabeth, [d. Thomas & Elizabeth], b. Aug. 23, 1803; d. Oct. 3, 1804	4	26
Elizabeth H., m. Horatio N. **WALTON**, of Oswego, N.Y., June 17, 1829, by Rev. John R. Crane	3	337
Elizabeth S., of Middletown, d. of Thomas, m. Lewis **HOPE**, of Manchester, Eng., May 17, 1852, by Rev. John R. Crane	4	213
Elizabeth Sally, twin with James, [d. Thomas & Sally], b. Nov. 14, 1831	4	26

MATHER, MATHA, (cont.)

	Vol.	Page
Frederick Samuel, [s. Thomas & Sally], b. Aug. 17, 1815	4	26
George, [s. Thomas & Elizabeth], b. Nov. 7, 1799; d. June 3, 1800	4	26
George Alfred, [s. Thomas & Sally], b. Dec. 12, 1828	4	26
Hannah, [d. Thomas & Elizabeth], b. Sept. 18, 1801; d. July 15, 1813	4	26
James, twin with Elizabeth Sally, [s. Thomas & Sally], b. Nov. 14, 1831; d. Nov. 25, 1832	4	26
Jane Ann, m. Tho[ma]s G. **MATHER**, Oct. 20, 1834, by Rev. John R. Crane	3	402
Jerusha, m. Timothy **PENFIELD**, b. of Middletown, Dec. 8, 1842, by Rev. J. B. Cook	3	497
Laura, m. James **BELDEN**, Oct. 8, 1851, by Rev., Jno. Morrison Reid	4	217
Louisa M., m. Joseph K. F. **MANSFIELD**, Sept. 25, 1838, by Rev. John R. Crane	3	450
Margaret, w. of Eliakim, d. Feb. 10, 1738/9	1	103
Margaret, d. Eli[a]k[i]m & Ruth, b. Sept. 10, 1744	1	103
Mary, d. Eliakim & Margaret, b. Jan. 26, 1738/9	1	103
Mary, [d. Thomas & Elizabeth], b. Oct. 26, 1805; d. Sept. 21, 1806	4	26
Rebecca C. of Middletown, m. Lyman **BALDWIN**, of Winsted, Nov. 30, 1837, by Rev. John R. Crane	3	444
Sally, w. of Thomas, d. Mar. 16, 1832	4	26
Sally Maria, of Middletown, m. Avery **CRANDALL**, of Lyne, Sept. 22, 1824, by Aug[ustu]s Cook, J.P.	3	178
Samuel, [s. Thomas & Elizabeth], b. Mar. 11, 1798; d. in infancy	4	26
Sarah E., d. of Raymond, of Middletown, m. William **ARNOLD**, of Middletown, Oct. 8, 1851, by Rev. John R. Crane	4	191
Theodore, [s. Thomas & Sally], b. July 16, 1820	4	26
Thomas, s. Samuel, Jr., b. Oct. 10, 1768, at Lyme; m. Elizabeth **HUBBARD**, May 5, 1794, by Rev. Enoch Huntington	4	26
Thomas, s. Samuel, Jr. & his w. Elizabeth **HUBBARD**, d. Elijah, after their marriage settled in Albany, N.Y., & returned to Middletown Sept. 5, 1809	4	26
Thomas, m. Sally **WILLIAMS**, d. Benjamin, Oct. 17, 1813	4	26
Thomas, merchant, b. in Lyme, res. Middletown, d. Mar. 6, 1849, ae. 81	4	130-1
Thomas, shipper, b. in Lyme, res. Middletown, d. Mar. 6, 1850	4	172-3
Thomas, s. W[illia]m H., farmer, & Mary A., b. Apr. 30, 1850	4	162-3
Tho[ma]s G., m. Jane Ann **MATHA**, Oct. 20, 1834, by Rev. John R. Crane	3	402

MIDDLETOWN VITAL RECORDS

	Vol.	Page
MATHER, MATHA, (cont.)		
Thomas Griswold, [s. Thomas & Elizabeth], b. Jan. 31, 1808	4	26
Thomas J., of Middletown, m. Lucy Ann **BAILEY**, of Springfield, Mass., Aug. 3, 1834, by Rev. B. Creagh	3	398
William Henry, [s. Thomas & Sally], b. Jan. 12, 1817	4	26
MATICE, Peter, b. [1849]	4	104-5
MATSON, Rhoda, Mrs. of Middletown, m. Rev. Lyman **STRONG**, of Colchester, July 2, 1832, by Rev. E. R. Tyler	3	371
William, of St. Croix, V.I., m. Ann Maria **BOSTON**, of Middletown, Aug. 6, 1837, by Rev. Robert McEwen	3	436
MATTHEWS, Annah, d. John & Annah, b. May 13, 1751	2	216
John, m. Annah **WETMORE**, Jan. 25, 1749/50	2	216
John, s. Jno. & Anna, b. Jan. 29, 1754	2	216
Sibbel, d. Jno. & Anna, b. Sept. 23, 1752	2	216
MATTHIES, John, m. Jane **BACK**, Mar. 22, 1744	1	80
John, m. Jane **BACK**, Mar. 22, 1744	2	12
Mary, d. Jno. & Mary, b. Oct. 10, 1743	1	80
Mary, d. John & Mary, b. Oct. 10, 1743	2	12
Mary, [w. of Jno.], d. [Oct. 10, 1743]	1	80
Mary, w. of John, d. Oct. 10, 1743	2	12
Peter, m. Margaret **SCHUERER**, b. of Heppenheim in Hesse Darmstadt, May 23, 1848, by Jacob Fred[eric]k Huber, V.D.M.	4	214
MATTOCKS, Anne, m. John **CHIPMAN**, Nov. 9, 1752	2	268
John, s. James & Sarah, b. Aug. 2, 1746	2	38
Joseph, s. James & Sarah, b. Aug. 21, 1751; d. Jan. 21, 1758	2	38
Mary, d. James & Sarah, b. June 22, 1742	2	38
Samuel, s. James & Sarah, b. Dec. 30, 1739	2	38
Sarah, d. James & Sarah, b. July 10, 1744	2	38
MATTOON, Patty, m. Silvanus **YOUNG**, Jr., Feb. 25, 1796	2	279
MAY, MAYS, Adeline, m. William **BATES**, b. of Middletown, Jan. 1, 1839, by Rev. John Cookson	3	456
Allen, m. Sarah D. **SAMSON**, b. of Middletown, Jan. 11, 1831, by Rev. John Cookson	3	360
Allen, b. in E. Windsor, res. Middletown, d. Nov. 11, 1850, ae. 47	4	204-5
Eliza, m. Stephen **BAILEY**, Jan. 28, 1849, by John Brady	4	88
Priscilla, m. John **STOCKING**, June 28, 1753	2	42
MAYNARD, Charlotte, m. Garrick **BRACY**, July 2, 1822, by Rev. Tho[ma]s J. DeVerell	3	101
George, d. Apr. 25, 1848, ae. 2	4	70-1
George Washington, m. Hannah Doane **GRIFFIN**, June 5, 1842, by Rev. Edwin Wilson Wiltbank	3	490
MAYO, Rebeckah, m. Ozias **GIBBS**, Jan. 11, 1759	2	25
Richard, m. Ruth **GIBBS**, June 2, 1757	2	126
Richard, s. Rich[ar]d & Ruth, b. Mar. 24, 1760	2	126

	Vol.	Page
McAULIFF, William, m. Mary **FRONEY**, Feb. 22, 1852, by Rev. Jno. Brady	4	211
McCALL, MACALL, James, of Weathersfield, m. Hannah **SULLIVAN**, of Middletown, Oct. 23, 1842, by Rev. Zebulon Crocker	3	494
Jane, m. Henry **EILER**, Dec. 25, 1852, by Rev. J. L. Dudley	4	248
McCARTHY, [see also **McCARTY**], Johanna, m. John **POWERS**, Nov. 26, 1854, by Rev. Jno. Brady	4	274
Jno., m. Abba **MERNICK**, Apr. 29, 1853, by Rev. Jno. Brady	4	236
Margaret, m. Bartholomew **FOLEY**, Aug. 22, 1852, by Rev. Jno. Brady	4	222
Mary, m. John **MURPHY**, Jan. 9, 1853, by Rev. Jno. Brady	4	228
Mary, m. Pierre **LEBLANC**, Dec. 27, 1853, by Rev. Jno. Brady	4	244
Mary, m. Daniel **COGHAN**, Sept. 17, 1854, by Rev. Jno. Brady	4	272
Michael, engineer, ae. 28, b. in Wexford Co., Ireland, res. Middletown, m. Rosanna **SWEENEY**, housework, ae. 30, b. in Dublin, Ireland, res. Middletown, May 2, 1849, by John Brady	4	118-9
Patrick, m. Hanora **WELCH**, Aug. 6, 1852, by Rev. Jno. Brady	4	221
Terence, m. Mary **CROWLEY**, Jan. 15, 1854, by Rev. Jno. Brady	4	263
Will[ia]m, Rev., of Colebrook, m. Jerusha **GEERS**, of Middletown, June 8, 1834, by Rev. John Cookson	3	396
McCARTY, [see also **McCARTHY**], Michael, m. Rosanna **FLYNN**, Apr. 24, 1849, by John Brady	4	88
Michael, laborer, m. Rosanna **FLYNN**, both b. in Ireland, Apr. 24, 1849, by Rev. John Brady	4	124-5
McCLAREN, Patrick, d. Dec. 9, 1731	1	60
McCLEAVE, McCLEVE, MACLEAVE, John, s. Thomas & Mary, b. Apr. 20, 1742	1	84
Joseph, of Chatham, m. Rachel **DRIGGS**, of Middletown, Apr. 17, 1826, by Rev. John R. Crane	3	225
Josiah, s. Thomas & Mary, b. Dec. 5, 1740	1	84
Mary, w. of Thomas, d. Dec. 12, 1740	1	84
Mary, d. of Tho[ma]s & Eliz[abet]h, b. Aug. 20, 1744	1	84
Robert, s. Thomas & Mary, b. Aug. 23, 1736	1	84
Thomas, m. Mary **PELTON**, Dec. 11, 1735	1	84
Thomas, s. Thomas & Mary, b. Feb. 15, 1737/8	1	84
Thomas, m. Mary **BURR**, July 9, 1741	1	84
Thomas, of Middletown, m. Elizabeth **BIGELOW**, of Hartford, Nov. 24, 1743	1	84
Thomas, d. Mar. 23, 1756	1	84
Timothy, s. Tho[ma]s & Eliz[abet]h, b. Jan. 19, 1745/6	1	84

	Vol.	Page
McCLOSKEY, Joseph, m. Sarah S. **SCRANTON**, May 29, 1854, by Rev. Laben Clark	4	252
McCLURE, James, twin with Mary, s. John & Jane, b. Apr. 27, 1729	1	45
Mary, twin with James, d. John & Jane, b. Apr. 27, 1729	1	45
MacCOLLUM, Jannet, m. Giles **MILLER**, Jr., Nov. 16, 1780	2	147
McCOMB, Jane, w. of John, d. Oct. 22, 1754	2	16
John, m. Jane **YOUNG**, Mar. 14, 1739	2	16
McCOOK, Homer S., of Northford, m. Henrietta E. **FOWLER**, of Durham, Aug. 2, 1831, by Rev. John Cookson	3	361
McCOONEY, Arabene, m. George **TAYLOR**, Apr. 22, 1827, by Rev. Stephen Hayes	3	270
McCORNEY, Emily, m. David **HOLMES**, [Nov.] 2, [1823], by Rev. James A. Boswell	3	143
Emily L., see Emily L. **MECOMEY**		
John, m. Lucy **CHAPMAN**, May 6, 1819, by Rev. John R. Crane	3	33
Lucretia, m. David **HOLMES**, Apr. 23, 1826, by Rev. Stephen Hayes	3	228
McDONALD, Charlotte, b. in N. Y. City, res. Long Hill, Middletown, d. Aug. 31, 1848, ae. 5	4	132-3
McDONOUGH, Augustus Rodney, s. Tho[ma]s & Lucy Ann, b. Nov. 20, 1820	3	401
Charles Shailer, twin with Will[ia]m Joseph, s. Tho[ma]s & Lucy Ann, b. June 28, 1818	3	401
Charlotte Rosetta, d. T[homas] & Lucy Ann, b. June 23, 1825	3	401
Charlotte Rosella*, m. Henry G. **HUBBARD**, June 19, 1844, by Rev. E. E. Beardsley, of Cheshire (*Rosetta?)	3	518
Francis Augusta, d. T[homas] & Lucy Ann, b. Sept. 20, 1823; d. Oct. 4, 1824	3	401
James, s. John, stonecutter, ae. 29, & Margaret, ae. 30, b. Dec. 21, 1850	4	194-5
James Edward F., s. Tho[ma]s & Lucy Ann, b. Apr. 12, 1816	3	401
Mary Ann Louisa, d. Tho[ma]s & Lucy Ann, b. June 6, 1817; d. Dec. 5, 1817	3	401
Thomas, m. Lucy Ann **SHAILER**, Dec. 12, 1812	3	401
Thomas, s. T[homas] & Lucy Ann, b. July 11, 1822	3	401
Thomas Nathaniel, s. Tho[ma]s & Lucy Ann, b. Oct. 25, 1814	3	401
Thomas Nathaniel, s. Tho[ma]s & Lucy Ann, d. June 20, 1816	3	401
Will[ia]m Joseph, twin with Charles Shailer, s. Tho[ma]s & Lucy Ann, b. June 28, 1818; d. Feb. 14, 1821	3	401
-----, s. [Thomas & Lucy Ann], b. Oct 9, 1813; d. same day day	3	401

	Vol.	Page
McEVOY, Julia, m. Michael **TINEN**, May 20, 1852, by Rev. Jno. Brady	4	220
Lawrence, m. Elizabeth **DUNN**, Jan. 6, 1852, by Rev. Jno. Brady	4	209
Mary, m. Patrick **ASHTON**, Nov. 27, 1851, by Rev. John Brady	4	208
McEWEN, Mary, m. Aaron **CLARK**, Apr. 9, 1805	2	337
McFARSON, Joseph, m. Sarah **ROBERTS**, [1789?]	2	277
Lucy, d. Joseph & Sarah, b. Aug. 12, 1790	2	277
Sarah, w. of Jos[eph], d. June 4, 1792	2	277
McGEE, [see also **McKEE**], Larahan, ae. 19, b. in Ireland, res. Middletown, m. Albert H. **NORTH**, mechanic, ae. 18, of Middletown, Nov. [ ], 1851, by Rev. M. L. Scudder	4	202-3
McGINN, Mary, of Middletown, m. Rev. Jesse **JOHNSON**, of Humphreyville, Apr. 10, 1825, by Rev. Josiah Bowen	3	196
McGRAW, Sarah A., m. Albert **NORTH**, b. of Middletown, Nov. 17, 1850, by Rev. M. L. Scudder	4	183
McGREGOR, Daniel, Dr., of New York, m. Martha **GRIDLEY**, of Middletown, June 6, 1821, by Rev. Joshua L. Williams	3	55
McGUIRE, Catharine, d. Philip, laborer, ae. 40, & Bridget, ae. 33, b. Apr. 5, 1851	4	198-9
Francis, s. Philip, servantman, ae. 40, & Bridget, ae. 34, b. May 16, 1849	4	104-5
John, d. Nov. 25, 1847, ae. 8 m.	4	70-1
McINTIRE, Sarah, of Middletown, m. Charles **LOOMIS**, of Hartford, June 21, 1826, by J. L. Williams, V.D.M.	3	231
McINTOSH, Ansel, of East Haddam, m. Lucy G. **BROOKS**, of Middletown, July 30, 1848, by Rev. W. A Stickney	4	37
Ansel, spun manufacturer, ae. 31, b. of Hadlyme, res. E. Haddam, m. Lucy G. **BROOKS**, ae. 17, b. in Middletown, July 30, 1848, by W[illia]m A. Stickney	4	64-5
Austin, of Steuben, N. Y., m. Lucy W. **CROWELL**, of Middletown, Sept. 23, 1846, by Rev. W. G. Howard	3	555
Joseph, of East Haddam, m. Jane A. **BROOKS**, of Middletown, Aug. 30, [1846], by Rev. James Hepburn	3	553
McKEE,McKEY, [see also **McGEE**], Abigail, d. Feb. 24, 1849, ae. 75	4	134-5
Clarrey, d. Phinehas & Phebe, b. Aug. 27, 1785	2	304
Harriss, s. [Phinehas & Phebe], b. May 28, 1793	2	304
Henry, m. Sarah **SAGE**, Jan. 10, 1828, by Joshua L. Williams, V.D.M.	3	291
Mary, m. Phinehas **PELTON**, May 22, 1740	1	117
Phinehas, m. Phebe **HALL**, Feb. 27, 1783	2	304
Phinehas, d. Nov. 11, 1795	2	304
Phinehas, s. [Phinehas & Phebe], b. Feb. 1, 1796	2	304
Samuel, s. [Phinehas & Phebe], b. Nov. 24, 1791	2	304

	Vol.	Page
McKEE, McKEY (cont.)		
Stores, s. [Phinehas & Phebe], b. Dec. 13, 1787	2	304
W[illia]m A., m. Cynthia **GAYLORD**, b. of Middletown, Aug. 26, 1822, by Rev. Joshua L. Williams	3	104
McKENERY, John, s. Martin & Mabel, b. Aug. 30, 1770, in Haddam	2	225
Martin, m. Mabel **BLAKE**, Sept. 28, 1763	2	225
Morris, s. Martin & Mabel, b. Sept. 8, 1764	2	225
Peggy, d. Martin & Mabel, b. Aug. 30, 1766	2	225
Samuel, s. Martin & Mabel, b. Aug. 2, 1768	2	225
McKEY, [see under **McKEE**]		
McKINSTRY, Helen M., d. John W., machinist, ae. 48, & Ednah, ae. 37, b. Nov. 29, 1849	4	156-7
McKONE, Sarah, m. Michael **CLARK**, b. of Hadlyme, Aug. 14, 1852, by Rev. Frederick J. Goodwin	4	215-6
McLAUGHLIN, McLOUGHLIN, Michael, d. Nov. 10, 1850, ae. 7 1/2	4	204-5
William, m. Rosanna **FITZSIMMONS**, Oct. 21, 1852, by Rev. Jno. Brady	4	223
McLAY, John, m. Susan M. **SKINNER**, Oct. 2, 1842, by Rev. A. M. Osborn	3	493
McLEAN, Benjamin H., s. D. N., taverner, ae. 33, & Mary G., ae. 35, b. Dec. 7, 1850	4	196-7
McLOUGHLIN, [see under **McLAUGHLIN**]		
McNAIR, Orpha, see under Orpha **McNARY**	4	19
McNAMER, Margaret, m. Dennis **SMIDELEY**, Jan. 24, 1853, by Rev. Jno. Brady	4	229
McNARY, Albert, m. Sarah G. **MANNING**, [Nov.] 13, [1846], by Rev. W. G. Howard	3	556
Amelia C., d. Martin, gunsmith, & Lucy, b. May 28, 1850	4	158-9
Delia, m. Howell **BURKE**, b. of Middletown, Oct. 9, 1853, by Rev. Frederic J. Goodwin	4	260
Hepsabeth Melissa, of Middletown, m. Alfred **PENFIELD**, of Chatham, May 15, 1838, by Rev. John Cookson	3	446
Lucy Alice, d. July [ ], [1848], ae. 2	4	72-3
Margaret, of Haddam, m. Ira **HUBBARD**, of Middletown, June 27, 1836, by Rev. John Cookson	3	424
Mortena, m. Samuel **HARRIS**, Dec. 10, 1842, by Rev. Arthur Granger	3	497
Orpha, d. of Deborah, m. John **LUCAS**, b. of Middletown, Oct. 31, 1847, by Rev. Joseph Holdrich	4	19
Roxy Ann, m. Moses **HARRIS**, b. of Middletown, [Mar.] 11, [1835], by Rev. Chandler Curtis	3	406
——, child of Martin & Lucy W., b. July 27, [1848]	4	60-1
McNEIL, Edward, m. Margaret **WELSH**, Nov. 10, 1848, by John Brady	4	79
Edward, laborer, m. Margaret **WELSH**, both b. in Ireland, Nov. 30, 1848, by Rev. John Brady	4	122-3

	Vol.	Page
McNEIL, (cont.)		
Mary, d. Edward, forger, ae. 24, & Margaret, ae. 23, b. Feb. 22, 1850	4	162-3
MEAD, Levi, of Greenwich, m. Lucy B. **HOUGH,** of Middletown, [Nov.] 24, [1836], by Rev. Stephen Topliff	3	426
MEARY, Eliza, m. Michael **O'SULLIVAN,** Sept. 10, 1853, by Rev. Jno. Brady	4	240
MECOMEY, Emily L. of Middletown, m. Daniel R. **GOODRICH,** of Berlin, May 4, 1842, by Rev. Ja[me]s H. Francis	3	488
MEHAN, Mary, m. John **CENTWELL,** Sept. 7, 1845, by Rev. John Brady	3	540
MEHENY, James, m. Margaret **DINNEW,** Jan. 6, 1849, by John Brady	4	87
MEHER, Catharine, m. Jno. **CALL,** Jan. 11, 1852, by Rev. John Brady	4	209
MEIGS, Angelica Fales, d. [Giles, Jr.] & Mag[dalen]e, b. Dec. 23, 1811	3	4
Anna, d. Giles & Anna, b. Mar. 19, 1778	2	270
Anna, m. Joseph **BOARDMAN,** Sept. 26, 1798	2	93
Benjamin Henshaw, son, Jno. & Elizabeth, b. Mar. 27, 1784	2	213
Betsey, of East Guilford, m. Lieut. Jeremiah **HUBBARD,** of Middletown, June 28, 1781	2	308
Bezai, s. James & Elizabeth, b. Sept. 20, 1743	2	15
Elisha, s. Return & Elizabeth, b. Jan. 15, 1733/4; d. Oct. 10, 1736	1	65
Elisha, s. Return & Eliza[bet]h, b. Oct. 4, 1739; d. Dec. 22, 1739	1	65
Elizabeth, d. Return & Eliza[bet]h, b. July 15, 1737	1	65
Elizabeth, d. Return & Eliza[bet]h, d. Apr. 16, 1740	1	65
Elizabeth, d. Return & Eliz[abet]h, b. June 25, 1748	1	65
Elizabeth, d. Lieut. Return & Eliza[bet]h, d. Aug. 4, 1753	1	64
Elizabeth, w. of Lieut. Return, d. Sept. 17, 1762	1	64
Elizabeth, d. Giles & Experience, b. July 14, 1769	2	270
Elizabeth Lord, d. Jno. & Eliz[abet]h, b. Dec. 8, 1785	2	213
Elizabeth Lord, d. [Jno. & Eliz[abet]h], d. Apr. 28, 1792	2	213
Esther Lopez, d. Jno. & Eliz[abet]h, b. Feb. 24, 1791	2	213
Experience, w. of Giles, d. Sept. 25, 1775	2	270
Giles, m. Experience **ALLIN,** Oct. 13, 1768	2	270
Giles, s. Return & Eliz[abeth], b. Oct. 29, 1744	1	65
Giles, s. Giles & Experience, b. Feb. 14, 1771	2	270
Giles, s. Giles & Experience, d. Oct. 14, 1775	2	270
Giles, m. Anna **PINTO,** June 8, 1777	2	270
Giles, 2d, s. Giles & Anna, b. July 22, 1779	2	270
Giles, Jr., m. Magdalene **FALES,** Oct. 19, 1805	3	4
Hannah, d. Lieut. Return & Eliza, b. Nov. 21, 1751;		

	Vol.	Page
MEIGS, (cont.)		
d. July 28, 1753	1	64
Hanna, d. Giles & Experience, b. Apr. 13, 1772; d. July 8, 1779	2	270
Hannah, 2d, d. Giles & Anna, b. Sept. 27, 1781	2	270
Janna*, s. Return & Elizabeth, b. Sept. 29, 1735; d. Oct. 4, 1736 (*James?)	1	65
John, s. Return & Eliz[abet]h, b. Oct. 9, 1742; d. Oct. 28, 1751	1	65
John, s. Lieut. Return & Eliza[bet]h, b. Nov. 21, 1753	1	64
John, m. Elizabeth **HENSHAW**, Jan. 18, 1781	2	213
Joseph Henshaw, s. [Jno. & Eliz[abet]h], b. May 18, 1793	2	213
Josiah, s. Return & Eliz[abeth], b. Nov. 21, 1746; d. Oct. 29, 1751	1	65
Josiah, s. Lieut. Return & Eliza[bet]h, b. Aug. 21, 1757	1	64
Lucy, d. Giles & Experience, b. Feb. 26, 1755	2	270
Mehetabel, d. Giles & Anna, b. Oct. 13, 1786	2	270
Return, m. Elizabeth **HAMLIN**, Feb. 1, 1732/3	1	65
Return, Lieut., m. Mrs. Jane **DOANE**, Mar. 25, 1763	1	64
Return Jona[tha]n, s. Return & Eliz[abeth], b. Dec. 17, 1740	1	65
Return Jonathan, m. Joanna **WINBORN**, Feb. 14, 1765	2	146
Return John, s. Jno. & Elizabeth, b. Aug. 30, 1782	2	213
Richard Montgomery, s. Jno. & Eliz[abet]h, b. Aug. 8, 1787	2	213
Salley, d. Giles & Anna, b. Jan. 22, 1783	2	270
Sally, m. Richard **RAND**, Feb. 28, 1813	3	248
Sally Maria, d. Jno. & Eliz[abet]h, b. Mar. 28, 1789	2	213
Timothy, s. Lieut. Return & Eliza[bet]h, b. Feb. 28, 1750; d. Oct. 28, 1751	1	64
MEOLD, Christian, m. William **SAVIDG**, May 6, 1696/7 (See also **MOULD**)	LR2	1
MERDES, Gertrude, m. Adam **SEBGEE**, b. of Middletown, Apr. 2, 1854, by Jacob F. Huber, V.D.M.	4	250
MERNICK, Abba, m. Jno. **McCARTHY**, Apr. 29, 1853, by Rev. Jno. Brady	4	236
MERRELL, [see under **MERRILL**]		
MERREN, [see under **MERRON**]		
MERRIAM, Lauren T. of Mereden, m. Susan **HUBBARD**, of Middletown, Dec. 11, 1844, by Rev. Jarius Wilcox	3	525
MERRICK, Margaret, b. [ ], 1708, in Charlestown, near Boston; m. Timothy **WINSHIP**, of Westminster, near St. James, London, [ ], 1731	2	27
Mary, m. Jno. **AHERN**, Jan. 26, 1852, by Rev. Jno. Brady	4	209
MERRIFIELD, Azro, D. m. Harriet G. **JOHNSON**, Oct. 5, 1842, by Rev. John R. Crane	3	493

	Vol.	Page
MERRIFIELD, (cont.)		
Mary E., m. Henry W. **STARR**, , Dec. 11, 1855	3	413
MERRILL, MERRELL, MERRILS, Annis, of Lebanon, Ill., m. Harriet M. **SAGE**, of Middletown, Oct. 17, 1837, by Rev. Zebulon Crocker	3	441
Polly, d. Sam[ue]l & Artemessia, b. Jan. 28, 1771	2	197
Polly, m. John **FISK**, Aug. 10, 1793	2	197
Sarah, of Farmington, m. John **ROBBARDS**, Jr., of Middletown, Dec. 28, 1768, in Farmington	2	135
MERRIMAN, [see also **MARRIMAN & MERRINAN**], Ozias P., s. of Harvey, of Wallingford, m. Eveline A. **BAILEY**, d. of Richard M., of Middletown, June 1, 1853, by Rev. Willard Jones	4	234
Roxy, m. Jared **SHEPARD**, b. of Southington, June 21, 1821, by Rev. Josiah Graves	3	59
William, m. Almira **WOODRUFF**, May 17, 1826, by Rev. Birdseye G. Noble	3	233
MERRINAN, [see also **MARRIMAN & MERRIMAN**], Sam[ue]l G., of Southington, m. Jane **FROST**, of Middletown, Oct. 2, 1831, by Rev. John Cookson	3	362
MERRON, MERREN, Bethiah, of West Hardford, m. Jonathan **CENTER**, Jr., Nov. 13, 1735	1	85
Joseph G., of Hartford, m. Julia A. **BAILEY**, of Middletown, July 1, 1838, by Rev. John Cookson	3	448
MERRY, Hannah, of Hartford, m. Benjamin **CORNWELL**, of Middletown, May 21, 1712	LR2	25
John, m. Catharine **GEARY**, May 16, 1852, by Rev. Jno. Brady	4	220
Mindwell, of Hartford, m. Isaac **LANE**, of Middletown, Dec. 17, 1708	LR2	16
MERWIN, Hannah m. Henry King **TURLIS**, s. Samuel & Lucy, Sept. 22, 1816, by Rev. Abner Chace, at Paris, N.Y.	3	160
Hezekiah, of Haddam, m. Eliza **THAYER**, of Middletown, Feb. 12, 1828, by Rev. John R. Crane	3	295
Miles, Jr., of Durham, m. Wealthy **SAGE**, of Middletown, Oct. 17, 1821, by Rev. John R. Crane	3	67
Miles, Jr., of Durham, m. Harriet M. **KEITH**, of Middletown, Dec. 19, 1827, by Joshua L. Williams, V.D.M.	3	288
Miles, of Durham, m. Grace **KIRBY**, of Middletown, Oct. 11, 1837, by Rev. Zebulon Crocker	3	441
Noah, of Durham, m. Olive **STOW**, of Middletown, [Nov.] 24, [1836], by Rev. James Noyes	3	427
METCHEL, [see under **MITCHELL**]		
MICKEL*, Henry, m. Mary **MARMON**, Nov. 22, 1753 (*Perhaps "**MICHEL**"?)	2	8
MIKANARY, Mary, d. William & Elizabeth, b. Dec. 4, 1768	2	83

MIDDLETOWN VITAL RECORDS 53

	Vol.	Page
MIKANARY, (cont.)		
William, a foreigner, m. Elizabeth **HULET**, of Middletown, July 10, 1768	2	83
MILBRIE, Mary, m. Richard **CARY**, Aug. 31, 1853, by Rev. Jno. Brady	4	240
MILDRUM, MILDRAM, MILDREM, Abigail W., d. of Stephen, m. Henry T. **JOHNSON**, s. of Stephen, b. of Middletown, Mar. 27, 1853, by Rev. Lent S. Hough	4	226
Abigail W., d. of Stephen, m. Henry T. **JOHNSON**, s. of Stephen, b. of Middletown, Mar. 27, 1853, by Rev. Lent S. Hough	4	227
Almira P., m. W[illia]m M. **NOBLE**, of Middletown, May 8, 1850, by Rev. Geo[rge] A. Bryan	4	142
Almira P., ae. 23, of Middletown, m. W[illia]m S. **NOBLE**, mechanic, ae. 25, b. in Westfield, Mass., res. Middletown, May 8, 1850, by Rev. Geo[rge] A. Bryan	4	168-9
Caroline, ae. 23, b. in Middletown, m. Edward **O'DONNELL**, merchant, ae. 22, b. in England, res. Watertown, Wis., Apr. 11, 1848, by F. J. Goodwin	4	64-5
Caroline S., d. of John, m. Edward F. **O'CONNEL**, s. Edmond, Apr. 11, 1848, by Rev. F. J. Goodwin	4	34
Catharine G., of Middletown, m. Chauncey **CASE**, of Hartford, Jan. 9, 1834, by Rev. John Cookson	3	391
Charles F., s. Jason, Jr., mariner, ae. 35, & Caroline, ae. 27, b. Nov. 10, 1848	4	104-5
Eliza A. of Cromwell, m. Ebenezer **COLEMAN**, of Middletown, Feb. 20, 1854, by Rev. Lester Lewis	4	248
Elizabeth S., m. Alexander **MOONEY**, Sept. 23, 1840, by Rev. Zebulon Crocker	3	469
Henry, sea captain, d. Sept. 6, 1848, ae. 59	4	134-5
Huldah F., m. Julius S. **BACON**, of Middletown, May 6, 1846, by Rev. Zebulon Crocker	3	549
Jane, ae. 20, b. in Middletown, res. Meriden, m. Boliver **OLDS**, tailor, ae. 22, of Meriden, Jan. 8, 1847, by Rev. S. Davis	4	62-3
Jane A., d. Jason, of Middletown, m. William B. **OLDS**, of Mereden, Jan. 2, 1848, by Rev. S. Davis	4	27
Lucetta W., m. Russel[l] **WILCOX**, b. of Middletown, May 6, 1835, by Rev. Zebulon Crocker	3	410
Maria E., m. Timothy **RANNEY**, b. of Middletown, June 30, 1844, by Rev. Zebulon Crocker	3	519
Mark, m. Julia Ann **LUCAS**, May 26, 1841, by Rev. John R. Crane	3	476
Mary, m. Nathaniel **CORNWELL**, Jr., Nov. 1, 1770	2	292
Orrin, m. Temperance **PARMELEE**, of Upper Houses, Sept. 5, 1821, by Rev. Stephen Hayes	3	64
Ruth, of Middletown, m. James **ROBINSON**, of Weathersfield, Oct. 9, 1837, by Rev. Frederick		

54   BARBOUR COLLECTION

	Vol.	Page
MILDRUM, MILDRAM, MILDREM, (cont.)		
Wightman	3	438
Sarah, m. Nathan **STRONG**, June 19, 1768	2	136
Sarah C., m. William **STOCKING**, 2d, b. of Middletown, Oct. 10, 1831, by Rev. Fred[eric]k Wightman	3	365
Stephen, m. Pamela **WILLCOX**, b. of Middletown, Oct. 9, 1823, by Rev. J. L. Williams	3	137
Stephen, mechanic, d. Jan. 25, 1850, ae. 53	4	174-5
William H., m. Lydia M. **TRYON**, b. of Middletown, Sept. 30, 1846, by Rev. Zebulon Crocker	3	555
MILENIE, Hanora, m. Michael **CAVANAUGH**, Oct. 13, 1853, by Rev. Jno. Brady	4	242
MILES, Aaron, s. W[illia]m & Sarah, b. May 31, 1780	2	303
Catharine, of Middletown, m. William **ANDRUS**, of South Carolina, Sept. 21, 1826, by Rev. John R. Dodge	3	247
Elizabeth, d. William & Sarah, b. Jan. 20, 1772; d. Feb. 14, 1772	2	303
John, of New York, m. Harriet **SCRANTON**, of Middletown, Apr. 18, 1838, by Rev. Elisha Andrews	3	445
John W., of Mereden, m. Hannah J. **WILCOX**, of Middletown, June 6, 1854, by Rev. L. S. Hough	4	253
Mary, d. William & Sarah, b. June 20, 1770	2	303
Sarah, d. William & Sarah, b. Feb. 6, 1766	2	303
Sarah, m. Samuel **BILLS**, Mar. 29, 1789	2	283
William, m. Sarah **STEVENS**, May 29, 1764	2	303
William, s. William & Sarah, b. June 6, 1775	2	303
MILLER, Aaron, s. Tho[mas] & Mabel, b. May 5, 1726	LR2	10
Aaron, s. [Seth & Hannah], b. Dec. 25, 1781	2	169
Abel, s. Elisha & Elizabeth, b. Nov. 12, 1776	2	260
Abiah, b. Jan. 4, 1793; m. Landon **BAILEY**, Jr., June 1, 1809	3	34
Abigaille, d. Thomas & Elizabeth, b. Sept. 10, 1694	LR1	17
Abigail, m. Ebenezer **HALE**, Apr. 4, 1725	1	20
Abigail, d. Amos & Abigail, b. Nov. 13, 1745	1	74
Abigail, d. Benj[ami]n, Jr. & Abigail, b. May 14, 1761	2	10
Abigail, m. Jesse **COE**, Oct. 16, 1766	2	55
Abigail, m. Jesse **COE**, Oct. 16, 1766	2	220
Abigail, d. Seth & Hannah, b. Apr. 29, 1775	2	169
Abigail, d. Elisha & Eliz[abet]h, b. Feb. 11, 1778; d. Oct. 27, 1788	2	260
Abigail, wid. of Amos, d. Sept. 5, 1795	1	74
Abner, s. [Giles, Jr. & Jannet], b. June 25, 1787	2	147
Albert, m. Rachal M. **COE**, Oct. 8, 1840, by Rev. Stephen Hayes, of Middlefield	3	470
Allice, d. James & Mary, b. Apr. 4, 1759	2	48
Almond, of Turin, N.Y., m. Sarah **MILLER**, of Middletown, Sept. 23, 1824, by Rev. Samuel Miller, of Mer[i]den	3	177
Ambrose, s. Will[ia]m & Eunice, b. June 2, 1761	2	20

MIDDLETOWN VITAL RECORDS

	Vol.	Page
MILLER, (cont.)		
Amos, s. Benjamin & Marcy, b. June 1, 1713	LR1	28
Amos, m. Abigail **CORNWELL**, Dec. 5, 1734	1	74
Amos, s. Amos & Abigail, b. Jan. 28, 1737/8; d. Jan. 28, 1739/40	1	74
Amos, 2d, s. Amos & Abigail, b. June 16, 1740; d. June 23, 1740	1	74
Amos, s. Amos & Abigail, b. May 12, 1743	1	74
Amos, s. Daniel & Eliz[abet]h, b. Oct. 6, 1776	2	364
Amos, d. Jan. 17, 1781	1	74
Amos, s. Elisha & Eliz[abet]h, b. Apr. 14, 1796	2	260
Ann, d. John & Marcy, b. Dec. 7, 1701	LR2	22
Ann, d. James & Mary, b. Aug. 18, 1763	2	48
Ann, of Middletown, m. Wait **BULKLEY**, of Weathersfield, Feb. 4, 1835, by Rev. Zebulon Crocker	3	405
Anna, d. Stephen & Anna, b. Apr. 15, 1734	1	52
Anna, m. Ebenezer **ARNOLD**, Sept. 27, 1753	2	321
Anna, d. Timo[thy] & Anna, b. Apr. 22, 1762	2	318
Anna, w. of Timo[thy], d. June 18, 1772	2	318
Anna, m. Andrew **TALCOTT**, b. of Middletown, Mar. 28, 1821, by Rev. Eli Ball	3	50
Anna, m. William **STEARNES**, b. of Middletown, Sept. 2, 1830, by Rev. Thomas Branch	3	352
Anna, m. Leaming **BRADLEY**, [ ]	2	152
Anne, m. Leman **BRADLEY**, Nov. 29, 1759	2	365
Anne, d. Isaac & Hannah, b. Feb. 19, 1771	2	119
Anne, m. Obed **STOW**, July 5, 1792	2	342
Anne E., m. Isaac W. **MILLS**, b. of Middlefield, May 6, 1846, by Rev. Joseph Holdrich	3	548
Anson, s. [Isaac & Irane], b. Sept. 21, 1788	2	356
Anthony Wayne, s. [Edw[ar]d & Eliza[bet]h], b. Dec. 1, 1795	2	299
Arthur St. Clair, s. [Edw[ar]d & Eliza[bet]h], b. Oct. 19, 1790	2	299
Asa, s. John & Marcy, b. Dec. 23, 1718	LR2	22
Asher, s. Giles & Elizabeth, b. Nov. 24, 1753	2	59
Asher, s. [Giles, Jr. & Jannet], b. July 14, 1792	2	147
Asher, m. Sarah Ann **CORNWELL**, Apr. 6, 1841, by Rev. John R. Crane	3	475
Augustus, m. Lavana **BRISTOL**, b. of Middletown, May 9, 1832, by Abiel A. Loomis, J.P.	3	368
Bathsheba, d. Elijah & Bathsheba, b. Sept. 10, 1741	1	52
Beniamin, s. Thomas & Sarah, b. July 10, 1672	LR1	17
Benjamin, s. Benjamine & Marah, b. Oct. 2, 1700	LR1	29
Benjamin, Jr., m. Hannah **ROBINSON**, Oct. 18, 1727	1	30
Benjamin, s. Benj[ami]n & Hannah, b. Aug. 4, 1730	1	30
Benjamin, Jr., m. Abigail **WARD**, Sept. 4, 1755	2	10

	Vol.	Page

MILLER, (cont.)

	Vol.	Page
Benjamin, d. July 9, 1769	1	30
Benjamin, s. [Isaac & Irane], b. Nov. 30, 1786	2	356
Benjamin, m. Lydia **HENSHAW**, b. of Middletown, Mar. 7, 1822, by Rev. Eli Ball	3	92
Benjamin, 2d, widower, m. Mrs. Amelia **LEWIS**, wid., Oct. 21, 1849, by Rev. B. N. Leach	4	93
Benjamin, of Middletown, m. Marcy **BASSIT**, of New Haven, [ ]	LR1	28
Betsey, twin with Nancy, d. [W[illia]m & Lucy], b. Apr., 6, 1785	2	314
Bille, s. [W[illia]m, Jr. & Lucy], b. Dec. 7, 1783	2	314
Caleb, s. Step[he]n & Ann, b. Apr. 24, 1738	1	52
Caleb, s. Joshua & Anna, b. Mar. 29, 1765	2	147
Caleb, Jr., m. Irena **WEBBER**, b. of Middletown, July 20, 1824, by Rev. Josiah Bowen	3	164
Caleb, Jr., m. Mary **HENDLEY**, Mar. 20, 1826, by Rev. John R. Crane	3	225
Calvin, s. [David Brainerd & Adah], b. Jan. 28, 1776	2	318
Caroline, of Middletown, m. Burage **BULKLEY**, of Weathersfield, Apr. 3, 1833, by Rev. Fitch Reed	3	381
Charles, s. Tho[ma]s & Mabel, b. May 1, 1721	LR2	10
Charles, s. [W[illia]m, Jr. & Lucy], b. Mar. 26, 1790	2	314
Charles Butler, s. Elijah & Bathsheba, b. June 15, 1739	1	52
Charles Russell, m. Harriet Ann **MILLER**, b. of Middletown, Mar. 30, 1841, by Rev. Samuel Farmer Jarvis, at the house of Mrs. Miller	3	480
C[h]loe, d. James & Mary, b. Feb. 14, 1769	2	48
C[h]loe, d. W[illia]m, Jr. & Lucy, b. July 12, 1780	2	314
C[h]loe, w. W[illia]m, Jr., d. Oct. [ ]	2	314
Clarissa, d. [W[illia]m, Jr. & Lucy], b. Jan. 26, 1782	2	314
Clarissa, m. Horace **SKINNER**, b. of Middletown, Dec. 27, [1829], by Rev. James Noyes, Jr.	3	326
Clarissa N., d. Ely S., mechanic, & Rosetta, b. Nov. 20, 1848	4	112-3
Collins, s. Nath[anie]l & Hannah, b. Nov. 23, 1776; d. Oct. 4, 1777	2	273
Collins Sam[ue]l, s. Nath[anie]l & Hannah, b. July 30, 1778	2	273
Constant, s. Step[he]n & Ann, b. May 13, 1744	1	52
Corinne J., child of W[illia]m H., minister, ae. 28, & Harriet, ae. 23, b. Sept. [ ], 1848	4	104-5
Cornelia, d. Isaac & Hannah, b. Sept. 1, 1790	2	119
Cornelia, ae. 17, m. Ichabod **ROBERTS**, farmer, ae. 25, Apr. 9, 1850	4	170-1
Cornelia R., m. Ichabod M. **ROBERTS**, b. of Middletown, Apr. 8, 1850, by Rev. L. S. Hough	4	142
Curtis, s. Isaac & Hannah, b. July 10, 1779	2	119

MIDDLETOWN VITAL RECORDS

	Vol.	Page
MILLER, (cont.)		
Daniell, [twin with Esther], s. Sam[ue]ll & Marie, b. Mar. 12, 1718/19; d. July 22, 1719	LR2	3
Daniel, s. Amos & Abigail, b. Aug. 8, 1741; d. Aug. 28, 1741	1	74
Daniel, s. Nathan & Phebe, b. Oct. 23, 1744	1	66
Daniel, 2d, s. Amos & Abigail, b. June 21, 1748	1	74
Daniel, [twin with Joel], s. W[illia]m & Eunice, b. July 2, 1759	2	20
Daniel, m. Elizabeth **HALL**, Dec. 14, 1775	2	364
Daniel, late of Middlefield, m. Ruth **DANIELS**, of Middletown, Jan. 3, 1799, by Rev. Enoch Huntington	3	5
David, s. Benj[ami]n & Marcy, b. Oct. 3, 1718	LR1	28
David, of Middletown, m. Elizabeth **BRAINERD**, of Haddam, July 21, 1743	2	263
David, s. [David Brainerd & Adah]; b. Jan. 8, 1775	2	318
David, Capt. m. wid. Abigail **ELY**, May 24, 1775	2	263
David, Capt., d. Feb. 28, 1789	2	263
David B., m. Cornelia **HALE**, Apr. 25, 1826, by Rev. Stephen Hayes	3	229
David B., m. Mrs. Nancy **BOWE**, b. of Middletown, Jan. 15, 1845, by Rev. Joseph Holdrich	3	527
David Brainerd, s. Dav[i]d & Eliz[abet]h, b. July 24, 1749; d. Dec. 29, 1749	2	263
David Brainerd, s. Dav[i]d & Eliz[abet]h, b. Dec. 10, 1751	2	263
David Brainerd, m. Adah **COE**, Nov. 10, 1773	2	318
Deborah, d. Thomas & Mary, b. Aug. 6, 1708; d. Nov. 10, 1713	LR1	17
Deborah, d. Step[he]n, Jr. & Thankful, b. Apr. 18, 1763	2	298
Dorothy, d. Dav[i]d & Eliz[abet]h, b. Apr. 10, 1761	2	263
Ebenezer, s. Benjamin & Marcy, b. Aug. 20, 1714	LR1	28
Ebenezer, s. John & Marcy, b. Oct. 13, 1716	LR2	22
Ebenezer, s. Amos & Abigail, b. Nov. 16, 1735	1	74
Edith, d. Jared & Elizabeth, b. Dec. 6, 1749	1	99
Edmund, s. [Giles, Jr. & Jannet], b. Apr. 3, 1802	2	147
Edward, s. Jared & Elizabeth, b. June 30, 1756	1	99
Edward, m. Elizabeth **ROCKWELL**, Oct. 16, 1783	2	299
Edw[ar]d Willson, s. Edw[ar]d & Eliz[abet]h, b. Nov. 30, 1786	2	299
Eli, s. Seth & Hannah, b. Nov. 19, 1779	2	169
Elias, s. [David Brainerd & Adah], b. Nov. 6, 1778	2	318
Elihu, s. [Seth & Hannah], b. Nov., 11, 1788	2	169
Elihu, farmer, d. Aug. 21, 1847, ae. 59	4	74-5
Elihu E., farmer, d. Apr. 26, 1848, ae. 23	4	74-5
Eliga, s. Joseph & Rebecka, b. Nov. 8, 1706	LR1	34
Elijah, m. Bathshebah **BUTLER**, Nov. 20, 1729	1	52
Elijah, s. Elijah & Bathsheba, b. Dec. 26, 1734	1	52

MILLER, (cont.)

	Vol.	Page
Eliphaz, s. Smith & Anne, b. Jan. 31, 1756	2	62
Elisha, s. Amos & Abigail, b. Feb. 24, 1750/1	1	74
Elisha, s. Nathan & Phebe, b. Aug. 6, 1751	1	66
Elisha, m. Elizabeth **MILLER**, Jan. 18, 1776	2	260
Elisha, s. [Elisha & Eliz[abet]h], b. Mar. 17, 1788	2	260
Eliza Pierce, m. Edward **MIZE**, b. of Middletown, Oct. 1, 1838, by Samuel Farmer Jarvis, D.D., L.L.D., at Christ Church	3	451
Elizabeth, w. of Thomas, d. Feb. 9, 1695	LR1	17
Elizabeth, d. Thomas & Mary, b. Aug. 5, 1702	LR1	17
Elizabeth, m. Samuel **BARNS**, Jan. 11, 1727/8	1	34
Elizabeth, d. Ichabod & Mary, b. Dec. 10, 1732	1	63
Elizabeth, d. Nath[anie]ll & Eliza[bet]h, b. Mar. 27, 1736	1	81
Elizabeth, wid. of Nath[anie]ll, m. Caleb **HUBBARD**, Mar. 1, 1738/9	1	110
Elizabeth, d. Jared & Elizabeth, b. Nov. 5, 1741	1	99
Elizabeth, d. Jared & Elizabeth, d. Aug. 5, 1751	1	99
Elizabeth, d. Jared & Elizabeth, b. Feb. 19, 1752	1	99
Eliz[abet]h, m. Joseph **BACON**, Jr., Apr. 30, 1752	2	18
Elizabeth, m. Daniel **SEIZER**, Mar. 14, 1754	2	328
Elizabeth, d. Dav[i]d & Eliz[abet]h, b. Mar. 31, 1755	2	263
Elizabeth, d. Giles & Elizabeth, b. Nov. 24, 1763	2	59
Elizabeth, d. W[illia]m & Eunice, b. Jan. 23, 1764	2	20
Elizabeth, w. of Giles, d. June 2, 1764	2	59
Elizabeth, d. Ichabod, Jr. & Eliz[abet]h, b. Aug. 29, 1765	2	201
Elizabeth, m. James Tappen **WARD**, June 25, 1772	2	287
Elizabeth, w. of David, d. Oct. 8, 1773 (Written "Elizabeth **BRAINERD**" in Arnold Copy)	2	263
Elizabeth, m. Elisha **MILLER**, Jan. 18, 1776	2	260
Elizabeth, d. Elisha & Eliz[abet]h, b. Nov. 13, 1779	2	260
Elizabeth, d. Nath[anie]l & Hannah, b. Oct. 31, 1783	2	273
Elizabeth, m. Elisha **COE**, June 9, 1785	2	305
Ellen M., of Middletown, m. Edwin **NORTON**, of Mereden, [Nov.] 3, [1836], by Rev. James Noyes	3	426
Elmira E., m. Edwin H. **SKINNER**, Nov. 14, 1843, by Rev. Dwight M. Seward	3	511
Emily, of Middletown, m. William P. **ALLISON**, of Haddam, Dec. 30, 1832, by Rev. Fitch Reed	3	378
Esther, [twin with Daniell], d. Sam[ue]ll & Marie, b. Mar. 12, 1718/19	LR2	3
Esther, m. Daniel **ROBERTS**, Jr., Aug. 25, 1740	1	113
Esther, d. Dav[i]d & Eliz[abet]h, b. Aug. 24, 1758	2	263
Esther, d. [Elisha & Eliz[abet]h], b. Mar. 19, 1786	2	260
Esther, m. Henry **HENLEY**, Dec. 27, 1795	2	238
Esther, Mrs., m. Giles **BRAINERD**, June 19, 1822, by Rev.		

MIDDLETOWN VITAL RECORDS 59

	Vol.	Page
MILLER, (cont.)		
Levi Knight	3	102
Eunice, d. Thomas & Mary, b. Apr. 18, 1704	LR1	17
Eunice, d. Tho[ma]s, m. William **WARD**, Nov. 11, 1724	1	33
Eunice, d. Will[ia]m & Eunice, b. May 25, 1747	2	20
Eunice, m. Jonathan **TURNER**, Nov. 16, 1768	2	228
Eunice, d. [Giles, Jr. & Jannet], b. Dec. 22, 1783	2	147
Eunice, d. [Jacob & Sarah], b. Aug. 24, 1776	2	134
Eunice, m. Noel **IVES**, Dec. 31, 1800	2	236
Eunice, m. John **MALCOMB**, of Upper Canada, Feb. 19, 1801	3	31
Frank, s. Stephen, farmer, & Lucretia, b. Aug. 23, 1848	4	110-1
George, s. Joseph & Thankfull, b. Nov. 15, 1728	1	8
George, m. Sarah **ROCKWELL**, July 11, 1754	2	337
George, s. [Elisha & Eliz[abet]h], b. Mar. 4, 1794	2	260
George, of Mereden, m. Lucy M. **WILCOX**, of Middletown, Aug. 5, 1845, by Rev. Harvey Miller, of Mereden	3	536
Geo[rge], m. Mary **STANNARD**, b. of Middletown, May 26, 1853, by Rev. J. L. Dudley	4	248-9
George R. m. Mortina **RICE**, b. of Middletown, July 27, 1825, by Rev. Eben[eze]r Washburn	3	204
George W., merchant, ae. 29, of Middletown, m. Sarah B. **MILLER**, ae. 21, of Middletown, Aug. 23, 1848, by Joseph Holdrich	4	66-7
George Washington, s. of Ira, m. Sarah **BIRDSEYE**, d. of Almon, b. of Middletown, Aug. 23, 1847, by Rev. Joseph Holdrich	4	12
Giles, s. [Joseph & Thankfull], b. Dec. 14, 1725	1	8
Giles, of Middletown, m. Elizabeth **PARSONS**, of Durham, Feb. 7, 1753	2	59
Giles, s. Giles & Elizabeth, b. Feb. 15, 1758	2	59
Giles, m. Susannah **BOYD**, Apr. 18, 1765	2	59
Giles, Jr., m. Jannet **MacCOLLUM**, Nov. 16, 1780	2	147
Giles, s. Giles, Jr. & Jannet, b. Aug. 26, 1781	2	147
Hannah, d. Benjamin & Marah, b. June 1, 1704	LR1	29
Hannah, m. Ephraim **COE**, Nov. 28, 1723	LR2	23
Hannah, m. Ephraim **COE**, Nov. 28, 1723	1	82
Hannah, d. Stephen & Anna, b. July 2, 1731; d. July 15, 1731	1	52
Hannah, d. Benjamin, Jr. & Hannah, b. Nov. 16, 1734	1	30
Hannah, m. Ebenezer **GILBERT**, Sept. 26, 1754	2	335
Hannah, d. Isaac & Hannah, b. Aug. 3, 1768	2	119
Hannah, d. Nath[anie]l & Hannah, b. Aug. 16, 1780	2	273
Hannah, d. [Seth & Hannah], b. Jan. 15, 1785	2	169
Hannah M., m. Russel[l] E. **BAILEY**, b. of Middletown, May 7, 1837, by Rev. W. Fisk	3	432
Hannah R., m. Henry **COE**, Apr. 30, 1850, by Rev. W[illia]m R. Clark	4	142
Harriet, d. [Giles, Jr. & Jannet], b. Mar. 26, 1798	2	147

	Vol.	Page
MILLER, (cont.)		
Harriet Ann, m. Charles Russell **MILLER**, b. of Middletown, Mar. 30, 1841, by Rev. Samuel Farmer Jarvis, at the house of Mrs. Miller	3	480
Henry W., s. George W., merchant, ae. 29, of Middletown, & Sarah B., ae. 21, of Mereden, b. May 1, [1848]	4	58-9
Hezekiah, s. Dav[i]d & Eliz[abet]h, b. July 31, 1745; d. Sept. 28, 1745	2	263
Hezekiah, s. David & Elizabeth, b. May 20, 1765	2	263
Hezekiah, of Middletown, m. Sarah **BRADLEY**, of North Haven, Sept. 21, 1786	2	283
Hiram, of Middletown, m. Adah **GRANT**, of Booneville, N.Y., [Feb.] 2, [1836], by Rev. James Noyes, Jr.	3	419
Horace, s. [Jacob & Sarah], b. July 4, 1787	2	134
Horace A., m. Laura S. **HALE**, b. of Middletown, Jan. 31, 1839, by Rev. L. S. Everett	3	458
Hosea, s. Elijah & Bathsheba, b. Feb. 22, 1743/4	1	52
Hulda[h], s. (sic) Joseph & Rebecka, b. Dec. 18, 1703; d. Jan. 2, 1703/4	LR1	34
Hulda[h], d. Joseph & Rebecka, b. Mar. 28, 1708	LR1	34
Huldah, d. Elijah & Bathsheba, b. Sept. 5, 1732	1	52
Hulda[h], d. Joseph & Thankfull, b. Oct. 13, 1734	1	8
Ichabod, s. Benjamin & Mary, b. Dec. 15, 1709	LR1	29
Ichabod, m. Mary **ELTON**,, Dec. 15, 1731	1	63
Ichabod, Jr., m. Elizabeth **BACON**, Dec. 4, 1761	2	201
Ichabod, s. Ichabod, Jr. & Eliz[abet]h, b. July 26, 1771	2	201
Ichabod, m. Aurelia **COE**, b. of Middletown, [Apr.] 23, [1834], by Rev. James Noyes	3	394
Ich[abo]d Asha, of Turin, N.Y., m. Mary **COE**, of Middletown, [Oct.] 15, [1835], by Rev. James Noyes	3	415
Ira, s. [Elisha & Eliz[abet]h], b. July 21, 1792	2	260
Irane, m. Isaac **MILLER**, Jr., Oct. 16, 1783 (See also "Knelah")	2	356
Irene, of Middlefield, m. William **ABEL**, Oct. 12, 1840, by Rev. Harvey Miller, of Mereden	3	470
Irene W., m. John R. **HENSHAW**, b. of Middletown, Oct. 15, 1849, by Rev. Charles K. True	4	91
Isa[a]ck, s. Benjamin & Marah, b. May 2, 1706	LR1	29
Isaac, s. Benjamin, Jr., & Hannah, b. Jan. 31, 1737/8	1	30
Isaac, s. Rec[ompen]ce & Isabel, b. Mar. 12, 1758	2	276
Isaac, m. Hannah **COE**, Dec. 28, 1762	2	119
Isaac, s. Isaac & Hannah, b. Mar. 21, 1766	2	119
Isaac, Jr., m. Irane **MILLER**, Oct. 16, 1783	2	356
Isaac, of Granville, m. Louisa **MILLER**, of Middletown, Sept. 20, [1826], by Rev. Stephen Hayes	3	249
Israel, s. Dav[i]d & Eliz[abet]h, b. Nov. 20, 1750	2	263

MIDDLETOWN VITAL RECORDS

	Vol.	Page
MILLER, (cont.)		
Isreal, s. Dav[i]d & Eliz[abet]h, d. Dec. 19, 1750	2	263
Jabez, s. Elijah & Barshebah, b. July 14, 1730	1	52
Jacob, s. Will[ia]m & Eunice, b. Oct. 24, 1745	2	20
Jacob, m. Mary* **CROWEL**, July 6, 1772 (*The name is "Mary" in the marriage and "Sarah" in the record of children's births)	2	134
Jacob, s. [Jacob & Sarah], b. Jan. 6, 1781	2	134
James, s. Thomas & Mary, b. Sept. 5, 1700	LR1	17
James, of Middletown, m. Rachel **TRYON**, of Glastonbury, July 4, 1723	1	9
James, s. James & Rachel, b. Jan. 17, 1734/5	1	9
James, m. Mary **CLARK**, Mar. 15, 1756	2	48
James, s. James & Mary, b. May 26, 1767	2	48
James, s. Nich[ola]s* & Anner, b. Jan. 2, 1769 (*Richard?)	2	172
Jared, s. Joseph & Rebecka, b. July 11, 1715	LR1	34
Jared, m. Elizabeth **CENTER**, Aug. 30, 1737	1	99
Jared, s. Jared & Elizabeth, b. May 15, 1739; d. May 2, 1740	1	99
Jared, s. Jared & Elizabeth, b. Mar. 30, 1743	1	99
Jared, s. Nath[anie]l & Hannah, b. Oct. 27, 1770	2	273
Jared, s. Nath[anie]l & Hannah, d. June 4, 1773	2	273
Jared, 2d, s. [Nath[anie]l & Hannah], b. July 12, 1774	2	273
Jared, 2d, s. Nath[anie]l & Hannah, d. Sept. 10, 1783	2	273
Jemima, d. Step[he]n & Ann, b. Jan. 25, 1748/9	1	52
Jemima, m. Seth **JOHNSON**, Feb. 2, 1769	2	72
Jeremiah, s. Jared & Elizabeth, b. Dec. 11, 1744	1	99
Jeremiah, farmer, d. Nov. 11, 1848, ae. 68	4	134-5
Jerusha, d. Dav[i]d & Eliz[abet]h, b. July 25, 1747	2	263
Jerusha, m. David **COE**, Jr., Nov. 3, 1768	2	246
Jerusha, d. [Elisha & Eliz[abet]h, b. June 10, 1782	2	260
Jesse, m. Roxanna **COE**, b. of Middlefield, June 10, 1846, by Rev. Joseph Holdrich	3	551
Joel, [twin with Daniel], s. W[illia]m & Eunice, b. July 2, 1759	2	20
Joel, s. Seth & Hannah, b. Sept. 12, 1772	2	169
Joel, m. Rhoda **BACON**, Feb. 11, 1796	2	218
Joel Bradley, s. Hez[ekia]h & Sarah, b. Feb. 2, 1789	2	233
John, s. Thomas & Sarah, b. Nov. 10, 1674	LR1	17
John, m. Marcy **BEVIN**, Dec. 25, 1700	LR2	22
John, s. John & Marcy, b. Oct. 13, 1711; d. Apr. 30, 1732	LR2	22
John, d. May 3, 1745	LR2	22
Jonathan, s. Will[ia]m & Eunice, b. Sept. 13, 1749	2	20
Jonathan, s. W[illia]m & Eunice, d. Feb. 7, 1752	2	20
Jonathan, s. Jared & Elizabeth, b. Oct. 31, 1753	1	99
Joseph, s. Thomas & Sarah, b. Aug. 21, 1670	LR1	17

BARBOUR COLLECTION

MILLER, (cont.)

	Vol.	Page
Joseph, m. Rebeckah **JOHNSON**, Oct. 28, 1701	LR1	34
Joseph, s. Joseph & Rebeckah, b. Aug. 16, 1702	LR1	34
Joseph, Sr., d. Dec. [ ], 1717	LR1	34
Joseph, m. Thankfull **HUBBARD**, Dec. 13, 1722	1	8
Joseph, s. Jos[eph] & Thankfull, b. Aug. 5, 1723	1	8
Joseph, s. Amos & Abigail, b. May 11, 1758	1	74
Joseph, s. Amos & Abigail, d. Dec. 23, 1781	1	74
Joseph, s. [Seth & Hannah], b. Oct. 10, 1790	2	169
Joseph A., of Middletown, m. Mary A. **DANZICK**, of Lyme, Dec. 26, 1841, by Rev. B. Cook	3	496
Joshua, s. Step[he]n & Ann, b. Feb. 3, 1742	1	52
Joshua, m. Anna **STARR***, June 14, 1764 (*corrected from "**STOW**")	2	147
Joshua, s. Joshua & Anna, b. Aug. 16, 1766	2	147
Joshua, s. [Seth & Hannah], b. Apr. 30, 1786	2	169
Josiah, s. Joshua & Anna, b. July 17, 1768	2	147
Julia, of Middletown, m. Hezekiah **CLARK**, of Durham, Dec. 27, 1829, by Rev. Tho[ma]s Branch	3	343
Keziah, of Middletown, m. Joseph **DEAN**, of East Haddam, Apr. 2, 1826, by Joshua L. Williams, V.D.M.	3	227
Knelah*, d. Benj[ami]n, Jr. & Abigail, b. Mar. 15, 1763 (*Irene?)	2	10
Laura L., d. of Elihu, m. Joseph E. **COE**, s. of Eli, b. of Middletown, Dec. 5, 1854, by Rev. Samuel H. Smith	4	258
Levi, s. Isaac & Irane, b. Apr. 13, 1784	2	356
Lewis, s. Smith & Anne, b. Apr. 7, 1758; d. June 15, 1759	2	62
Lois, d. W[illia]m & Eunice, b. Feb. 23, 1757	2	20
Lois, d. W[illia]m, Jr. & C[h]loe, b. Mar. 30, 1772	2	314
Louisa, of Middletown, m. Isaac **MILLER**, of Granville, Sept. 20, [1826], by Rev. Stephen Hayes	3	249
Louisa, m. Myles **HALL**, b. of Middletown, Oct. 7, 1841, by Rev. A. M. Osborn	3	482
Lucia, d. W[illia]m & Eunice, b. July 3, 1753	2	20
Lucina, d. of Almon, m. Ossian **ATKINS**, s. of Thomas, b. of Middletown, Nov. 18, 1854, by Rev. Samuel H. Smith	4	258
Lucinda B., m. Joseph **CORNWELL**, 2d, Oct. 22, 1818	3	149
Lucretia, d. Isaac & Hannah, b. July 1, 1784	2	119
Lucretia, m. Charles **HUBBARD**, Oct. 3, 1811	3	30
Lucy, d. W[illia]m & C[h]loe, b. Jan. 23, 1774	2	314
Lucy, m. Abel **BIRDSEYE**, Mar. 5, 1775	2	346
Lucy, m. Thomas **ATKINS**, b. of Middletown, Feb. 22, [1826], by Rev. Stephen Hayes	3	223
Lydia, m. Eliakim **STOW**, Dec. 13, 1732	1	64
Lediah, d. Benjamin & Marcy, b. [ ]	LR1	28

MIDDLETOWN VITAL RECORDS

	Vol.	Page
MILLER, (cont.)		
Mabel, d. Thomas & Mabel, b. Oct. 20, 1716	LR2	10
Mabel, d. William & 1st w. Susannah (**KILLBOURNE**), of S. Glastonbury, b. July 17, 1728, in S. Glastonbury; m. John **KEENEY**	2	66
Mabel, d. Step[he]n, Jr. & Thankful, b. May 22, 1762	2	298
Marcy, d. John & Marcy, b. May 2, 1703	LR2	22
Marg[a]ret, d. Thomas & Sarah, b. Sept. 1, 1676	LR1	17
Margaret, m. Isa[a]ck **JOHNSON**, Jr., Sept. 12, 1695	LR1	31
Marg[a]ret, d. John & Marcy, b. Feb. 23, 1706/7	LR2	22
Marg[a]ret, [d. John & Marcy], d. Feb. 24, 1707/8	LR2	22
Margaret, d. John & Marcy, b. May 12, 1709	LR2	22
Margaret, 2d, d. Jno. & Marcy, b. July 13, 1720	LR2	22
Margaret, m. William **PRESTON**, Jr., Oct. 31, 1739	1	116
Margaret, m. John **COONEY**, Oct. 28, 1854, by Rev. Jno. Brady	4	273
Margery, m. Richard **RANNEY**, Nov. 9, 1729	2	167
Marietta M., m. Rufus **SAGE**, b. of Middletown, Dec. 1, 1847, by Rev. Dwight M. Seward, of West Hartford	4	23
Marietta M., m. Rufus **SAGE**, of Middletown, Dec. 1, 1847, by Dwight M. Seward	4	66-7
Martha, d. John & Marcy, b. Mar. 28, 1705	LR2	22
Martha, d. Benj[ami]n & Marcy, b. Dec. 8, 1715	LR1	28
Martha, m. John **RANNY**, Feb. 25, 1730/31	1	17
Martha, m. Thomas **ADKINS**, Aug. 6, 1735	1	80
Martha, m. William **SAVAGE**, Dec. 20, 1749	1	49
Martha A., of Portland, m. Norman **SPENCER**, of Haddam, Apr. 4, 1844, by Rev. Arthur Granger	3	513
Martha C., m. Bulkley **WHITMORE**, Nov. 30, 1826, by Rev. George Cunningham	3	257
Martha S., m. Daniel C. **BURR**, July 1, 1845, by Rev. Andrew S. Stone	3	534
Mary, d. Thomas & Mary, b. Nov. 29, 1697	LR1	17
Mary, w. of Benjamin, d. Dec. 15, 1709	LR1	29
Mary, [d. Thomas & Mary], d. Nov. 17, 1713	LR1	17
Mary, d. James & Rachel, b. Apr. 24, 1727	1	9
Mary, wid. of Thomas, Sr., d. Apr. 3, 1735	1	78
Mary, d. Benj[amin] & Hannah, b. Nov. 28, 1746	1	30
Mary, wid. of [Sam[ue]ll], d. Sept. 21, 1751, in the 71st y. of her age	LR2	3
Mary, d. James & Mary, b. Nov. 17, 1757	2	48
Mary, d. James & Mary, d. Apr. 9, 1758	2	48
Mary, d. James & Mary, b. July 3, 1761	2	48
Mary, m. William **WARD**, Jr., Aug. 20, 1765	2	363
Mary, d. [Elisha & Eliz[abet]h], b. Jan. 18, 1784	2	260
Mary, m. Jacob **ATKINS**, Jan. 6, 1813	3	79
Mary, m. Igbert **TERRY**, b. of Middletown, Aug. 16, 1829, by Rev. Theron Osborn	3	338

	Vol.	Page
MILLER, (cont.)		
Mary, ae. 20, of Middletown, m. Sylvester **MILLS**, pedlar, ae. 25, b. in New Hampshire, res. Middlefield, Nov. 25, 1847, by Harvey Miller	4	66-7
Mary, m. Dennis **COOGAN**, Oct. 4, 1852, by Rev. Jno. Brady	4	222
Mary E., of Middletown, m. John S. **ATWATER**, of N[ew] Haven, Oct. 7, 1829, by Rev. E. R. Tyler	3	341
Mary E., of Middletown, m. Sylvester **MILLS**, of Vermont, Nov. 25, 1847, by Rev. Harvey Miller, of Mereden	4	23
Mehittabell, d. Thomas & Sarah, b. Mar. 28, 1681	LR1	17
Mehittaball, m. George **HUB[B]ARD**, Dec. 22, 1703	LR1	50
Mehitabel, d. Benjamin & Mary, b. Feb. 5, 1707/8	LR1	29
Mehittabel, m. Ebenezer **BARNS**, Dec. 28, 1727	1	32
Moses, s. Tho[ma]s & Mabel, b. Sept. 28, 1723	LR2	10
Nancy, twin with Betsey, d. [W[illia]m, Jr. & Lucy], b. Apr. 6, 1785	2	314
Nathan, s. Sam[ue]ll & Marie, b. May 6, 1713	LR2	3
Nathan, m. Phebe **BOW**, Oct. 21, 1742	1	66
Nathan, s. Nathan & Phebe, b. Aug. 19, 1753	1	66
Nathaniell, s. Joseph & Rebecka, b. June 23, 1705	LR1	34
Nath[anie]ll, m. Elizabeth **WARD**, Jan. 8, 1734/5	1	81
Nath[anie]ll, d. Sept. 26, 1736	1	81
Nath[anie]ll, s. Elijah & Bathshebah, b. Apr. 9, 1737	1	52
Nath[anie]ll, s. Jared & Elizabeth, b. May 22, 1746	1	99
Nath[anie]ll, s. Jared & Elizabeth, d. Feb. 9, 1747/8	1	99
Nath[anie]ll, s. Jared & Elizabeth, b. Apr. 5, 1748	1	99
Nath[anie]l, m. Hannah **ROBERTS**, Mar. 28, 1768	2	273
Nath[anie]l, s. Nath[anie]l & Hannah, b. Nov. 28, 1768	2	273
Nelson, m. Sarah **COOKE**, b. of Middletown, May 26, 1842, by Rev. L. L. Mills, of Durham	3	490
Olive, d. Isaac & Hannah, b. July 3, 1773	2	119
Oliver Warner, s. W[illia]m, Jr. & C[h]loe, b. Jan. 30, 1776	2	314
Parsons T., m. Ann W. **HALL**, b. of Middlefield, Apr. 9, 1845, by W. C. Hoyt	3	530
Patience, d. Thomas & Mary, b. Feb. 17, 1706/7	LR1	17
Patience, m. Daniel **MARKHAM**, Apr. 2, 1729	1	46
Patience, d. Stephen & Anna, b. Aug. 22, 1732	1	52
Patience, d. William & 2d w. Elizabeth (**HOLLISTER**), of Glastonbury, b. Jan. 31, 1743; m. Jonathan **WICKHAM**, Dec. 4, 1765	2	13
Patience, m. John **STARR**, Feb. 14, 1750/1	2	195
Percis, d. N[athani]el & Hannah, b. June 31, 1772	2	273
Pheane, d. Ichabod, Jr. & Eliz[abet]h, b. Oct. 25, 1768	2	201
Phebe, d. James & Rachel, b. Nov. 15, 1732	1	9
Phebe, d. James & Mary, b. Sept. 6, 1765	2	48
Phebe, d. Jan. 15, 1849, ae. 84	4	132-3

MIDDLETOWN VITAL RECORDS

	Vol.	Page
MILLER, (cont.)		
Phinehas, s. Benj[ami]n, Jr. & Hannah, b. Aug. 6, 1739	1	30
Phinehas, s. Benj[ami]n, Jr. & Hannah, d. Oct. 4, 1739	1	30
Phinehas, s. Giles & Elizabeth, b. Nov. 3, 1760	2	59
Phinehas, s. Isaac & Hannah, b. Jan. 22, 1764	2	119
Polly, d. W[illia]m, of Torrington, & Mary, b. Apr. 4, 1791	2	184
Rachel, d. James & Rachel, b. Jan, 11, 1736/7	1	9
Rachel, d. W[illia]m & Eunice, b. Apr. 14, 1755	2	20
Rachel, d. [Seth & Hannah], b. Aug 5, 1792	2	169
Rebecca, d. Joseph & Thankfull, b. Mar. 29, 1733	1	8
Rebeckah, d. Elijah & Bathsheba, b. Mar. 11, 1748/9	1	52
Recompense, s. Ichabod & Mary, b. Oct. 10, 1736	1	63
Recompence, of Middletown, m. Isabel **IVES**, of Wallingford, Feb. 16, 1757	2	276
Rhoda, m. Benjamin **BACON**, Oct. 8, 1734	1	77
Rhoda, d. Ichabod, Jr. & Eliz[abet]h, b. Oct. 20, 1762	2	201
Rhoda, d. [David Brainerd & Adah], b. June 18, 1780	2	318
Richard, m. Anner **WARD**, Aug. 1, 1768	2	172
Richard E., m. Mary **GOODRICH**, Sept. 20, 1842, by Rev. John R. Crane	3	492
Roode, d. Benj[amin] & Marcy, [ ]	LR1	28
Ruth, d. Benjamin, Jr. & Hannah, b. Aug. 23, 1736	1	30
Ruth, d. Jared & Eliz[abet]h, b. Feb. 9, 1737/8	1	99
Ruth, m. Sam[ue]ll Stow **HAWLEY**, Aug. 26, 1756	2	4
Ruth, of Middletown, m. William **DANIELS**, of Lyme, Nov. 28, 1765	2	190
Ruth, d. Isaac & Hannah, b. Mar. 30, 1776	2	119
Samuell, s. Thomas & Sarah, b. Apr. 1, 1668	LR1	17
Samuell, m. Marea **EGLESTONE**, July 26, 1702	LR2	3
Samuell, s. Sam[ue]ll & Marie, b. June 1, 1711	LR2	3
Sam[ue]ll, Sr., d. Apr. 11, 1738	LR2	3
Samuel, m. Abigail **MARKHAM**, May 2, 1739	2	33
Samuel, m. Abigail **MARKHAM**, May 2, 1739	2	42
Samuel, s. Sam[ue]ll & Abigail, b. Mar. 18, 1745	2	33
Samuel, s. Sam[ue]l, & Abigail, b. Mar. 18, 1745	2	42
Samuel, s. Isaac & Hannah, b. Jan. 21, 1782	2	119
Samuel, of Southington, m. Hannah L. **BROWN**, of Middletown, Jan. 9, 1838, by Rev. Robert McEwen	3	444
Sam[ue]l Rockwell, s. [Edw[ar]d & Eliza[bet]h], b. Oct. 30, 1788	2	299
Sarah, d. Thomas & Sarah, b. Jan. 17, 1677	LR1	17
Sarah, d. Benjamin & Marah, b. Oct. 15, 1702	LR1	29
Sarah, sometime of Glastonbury, m. Thomas **WHITE**, of Middletown, Dec. 23, 1725	1	21
Sarah, d. Benj[amin], Jr. & Hannah, b. Jan. 23, 1743	1	30
Sarah, d. Elijah & Bathsheba, b. Aug. 15, 1746	1	52
Sarah, d. Step[he]n & Ann, b. May 16, 1747	1	52

	Vol.	Page

MILLER, (cont.)

	Vol.	Page
Sarah, d. Benj[ami]n, Jr. & Abigail, b. Mar. 28, 1757	2	10
Sarah, of Glastonbury, d. of W[illia]m & Elizabeth (**HOLLISTER**), b. May 3, 1732; m. Samuel **WINSHIP**, s. of Timothy, Oct. 12, 1758	2	78
Sarah, d. Jacob & Sarah, b. Apr. 26, 1773	2	134
Sarah, of Middletown, m. Almond **MILLER**, of Turin, N.Y., Sept. 23, 1824, by Rev. Samuel Miller, of Mer[i]den	3	177
Sarah, m. John R. **SAVAGE**, of Middletown, Dec. 21, 1845, by Rev. J. L. Gilder	3	542
Sarah, see Sarah **HARRIS**	LR1	17
Sarah B., ae. 21, of Middletown, m. George W. **MILLER**, merchant, ae. 29, of Middletown, Aug. 23, 1848, by Joseph Holdrich	4	66-7
Seth, s. Benj[amin], Jr. & Hannah, b. May 11, 1741	1	30
Seth, s. Will[ia]m & Eunice, b. Aug. 13, 1751; d. Feb. 7, 1753	2	20
Seth, s. Benj[ami]n, Jr. & Abigail, b. Sept. 9, 1759	2	10
Seth, s. Joshua & Anna, b. Jan. 30, 1771	2	147
Seth, m. Hannah **PARSONS**, Jan. 15, 1772	2	169
Seth, s. Seth & Hannah, b. Nov. 2, 1777	2	169
Seth, of Leyden, N.Y., m. Mrs. Jane M. **ABELL**, of Middletown, Feb. 1, 1852, by Rev. Mereweather Winston	4	208
Seth E., s. of Elihu, m. Harriet L. **SKINNER**, d. of Horace, b. of Middletown, May 30, 1853, by Rev. Willard Jones	4	234
Silas G., m. Caroline A. **KILLEY**, May 3, 1837, by Rev. John R. Crane	3	433
Smith, s. Joseph & Thankfull, b. Sept. 17, 1730	1	8
Smith, m. Anne **PARSONS**, Jan. 31, 1754	2	62
Smith, d. Mar. 11, 1759, at Bedford	2	62
Stephen, s. Thomas & Mary, b. Mar. 5, 1699	LR1	17
Stephen, m. Anna **GOODRICH**, July 2, 1730	1	52
Stephen, s. Stephen & Ann, b. Feb. 20, 1735/6	1	52
Stephen, s. Stephen & Ann, d. Sept. 27, 1737	1	52
Stephen, s. Step[he]n & Ann, b. Feb. 21, 1739/40	1	52
Stephen, Jr., m. Thankful **WHITMORE**, Oct. 11, 1761	2	298
Stephen, Jr., m. Clarissa **WETMORE**, b. of Middletown, Oct. 5, 1820, by Rev. Eben[eze]r Washburn. Witnesses: Jacob Harriss, Persis Harriss	3	41
Stephen, m. Lucretia **FAIRCHILD**, Dec. 2, 1827, by Rev. John R. Crane	3	288
Submit Rockwell, d. Edw[ar]d & Eliza[beth], b. Feb. 1, 1785	2	299
Sukey, d. Hez[ekia]h & Sarah, b. Oct. 6, 1787; d. Oct. 18, 1788	2	283
Susannah, d. William & his 1st w. Susannah (**KILBOURNE**),		

	Vol.	Page
MILLER, (cont.)		
of Glastonbury, b. Sept. 28, 1721, in Glastonbury;		
m. Capt. John **LOVELAND**, Sept. 6, 1744	2	206
Susanna, w. of Giles, d. Feb. 3, 1793	2	59
Sibbell, d. Sam[ue]ll & Marie, b. Aug. 22, 1723	LR2	3
Sibbell, m. Zachariah **TORREY**, May 29, 1740	1	118
Tabatha, d. Joseph & Rebecka, b. Jan. 21, 1709/10	LR1	34
Tabitha, m. Elisha **SAYRE**, Dec. 8, 1735	1	83
Thankfull, d. Benj[ami]n & Marcy, b. Oct. 2, 1721	LR1	28
Thankfull, d. Benj[ami]n & Hannah, b. Apr. 13, 1732; d. Dec. 8, 1733	1	30
Thankful, d. Giles & Elizabeth, b. Oct. 16, 1755	2	59
Thankfull, m. Prosper **ANGER**, May 30, 1781	2	234
Thomas, s. Thomas & Sarah, b. May 6, 1666	LR1	17
Thomas, m. Sara[h] **NECALLSON***, June 6, 1666 (*Corrected to "**NETTLETON**")	LR1	17
Thomas, Sr., d. Aug. 14, 1680	LR1	17
Thomas, m. Elizabeth **TERNER**, Mar. 28, 1688	LR1	17
Thomas, s. Thomas, Jr. & Elizabeth, b. Aug. 30, 1692	LR1	17
Thomas, m. Mary **ROWELL**, Dec. 25, 1696	LR1	17
Thomas, Jr., m. Mabel **TRYON**, of Wethersfield, Nov. 19, 1714	LR2	10
Thomas, s. Tho[ma]s & Mabel, b. Oct. 13, 1718	LR2	10
Thomas, Sr., d. Sept. 24, 1727	LR1	17
Timothy, s. Nathan & Phebe, b. July 17, 1747	1	66
Timothy, m. Anna **WARNER**, Dec. 18, 1753	2	318
Timothy, s. Timo[thy] & Anna, b. July 20, 1756; d. Aug. 31, 1756	2	318
Timothy, s. Timo[thy] & Anna, b. June 11, 1760	2	318
Timothy, m. Mary **HALE**, Dec. 22, 1772	2	318
Timothy L., m. Abigail S. **ELLIOTT**, Mar. 2, 1842, by Rev. John R. Crane	3	486
W., child of Jesse, farmer, ae. 33, & Roxanna, ae. 21, b. Apr. 26, 1848	4	58-9
Waldo P., s. Herian, farmer, ae. 47, & Catharine, ae. 32, b. Aug. 15, 1848	4	116-7
Watrous J., m. Ruth L. **TREAT**, b. of Middletown, Aug. 20, 1845, by Rev. J. L. Gilder	3	538
Willard, s. [Jacob & Sarah], b. July 23, 1783	2	134
William, s. James & Rachel, b. Oct. 24, 1724	1	9
William, m. Eunice **CLARK**, Apr. 26, 1744	2	20
William, s. Will[ia]m & Eunice, b. July 19, 1744	2	20
William, Jr., m. C[h]loe **WARNER**, Jan. 11, 1770	2	314
Will[ia]m, Jr., m. Lucy **PELTON**, Oct. 7, 1779	2	314
Will[ia]m, Jr., d. Nov. 2, 1795	2	314
William, Jr., m. C[h]loe **WARNER**, Jan. [ ], 17[ ]	2	231
—— W., child of Jesse, farmer, ae. 33, & Roxanna, ae. 21, b. Apr. 26, 1848	4	58-9

	Vol.	Page

MILLER, (cont.)

—, s. [Joseph & Thankfull], b. Feb. 22, 1736/7; d. same day — 1 — 8

—, child of Silas, shoemaker, ae. 47, & Caroline E., ae. 37, b. Dec. 3, 1848 — 4 — 104-5

—, s. Watrous, trader, b. Nov. 26, 1849 — 4 — 160-1

MILLETT, James A., of Providence, m. Emily **ARNOLD**, of Middletown, Oct. 28, 1844, by Rev. Townsend P. Abell — 3 — 524

MILLS, Arthur W., s. Sylvester, pedler, & Mary, b. Dec. 25, 1848 — 4 — 116-7

Charles, Rev., of South Hanover, Ind., m. Elizabeth **LYMAN**, of Middletown, [Sept.] 6, [1837], by Rev. James Noyes — 3 — 438

Isaac W., m. Anne E. **MILLER**, b. of Middlefield, May 6, 1846, by Rev. Joseph Holdrich — 3 — 548

Mary Ann, of Middletown, m. Edmund **HILDRETH**, of Sag Harbor, Aug. 9, 1836, by Rev. John Cookson — 3 — 424

Sally H., of Canton, m. Dr. Marvin **GODDARD**, of Granby, Nov. 30, 1836, by Rev. Wilbur Fisk — 3 — 427

Sylvester, of Vermont, m. Mary E. **MILLER**, of Middletown, Nov. 25, 1847, by Rev. Harvey Miller, of Mereden — 4 — 23

Sylvester, pedlar, ae. 25, b. in New Hampshire, res. Middlefield, m. Mary **MILLER**, ae. 20, of Middletown, Nov. 25, 1847, by Harvey Miller — 4 — 66-7

MINER, MINOR, Abel, m. Harriet **JOHNSON**, July 15, 1826, by Rev. Birdseye G. Noble — 3 — 234

Charles H., of Lyme, m. Betsey F. **TOWNER**, of Middletown, Oct. 20, 1844, by Rev. Andrew L. Stone — 3 — 523

Christina, of Middletown, m. Nehemiah **STEPHENS**, of Weathersfield, Dec. 9, 1824, by Rev. W[illia]m Bentley — 3 — 190

David Brainard, s. [Tho[ma]s & Dorothy], b. Feb. 24, 1780 — 2 — 240

Elizabeth M., of Lyme, m. Horatio W. **DIBBLE**, of Saybrook, Oct. 25, 1835, by Rev. Rob[er]t McEwen — 3 — 415

Gilbert, s. [Tho[ma]s & Dorothy], b. Apr. 28, 1782; d. June 17, 1821 — 2 — 240

Maria H., of Middletown, m. Abel **STRICKLAND**, of Portland, Nov. 25, 1845, by Rev. William Bentley — 3 — 541

Matthias, m. Eliza W. **ELY**, b. of Middletown, May 3, 1832, by Rev. John Cookson — 3 — 370

Samuel, m. Elizabeth N. **ESTON**, Dec. 11, 1823, by Rev. Fred[eric]k Wightman — 3 — 146

Thomas, Rev., of Middletown, m. Dorothy **BRAINARD**, of Haddam, June 29, 1775 — 2 — 240

Thomas, s. Tho[ma]s & Dorothy, b. Oct. 15, 1777 — 2 — 240

	Vol.	Page
MIRACKS, Catharine, m. Peter **FLOOD**, Jan. 28, 1849, by John Brady	4	87
MISENER, Henery, a foreigner, m. Abigail **MARKHAM**, May 17, 1774	2	228
Henery, s. Henery & Abigail, b. Mar. 31, 1775	2	228
MITCHELL, MITCHEL, MICHEL, METCHEL, Abigail, m. Samuel **SIZER**, Apr. 30, 1767	2	132
Abner, m. Esther **JOHNSON**, Sept. 4, 1763	2	185
Adeliza, m. John C. **PECK**, Oct. 11, 1846, by Rev. A. L. Stone	4	4
Benjamin F., m. Sarah M. **CROWELL**, Feb. 6, 1848, by Rev. James Floy	4	30
Charles B., s. Dwight C., mechanic, ae. 21, & Betsey E., ae. 21, b. Dec. 3, 1848	4	108-9
Dwight C., m. Elizabeth E. **GOFF**, July 9, 1848, by Rev. Z. N. Lewis	4	35
Dwight C., mechanic, ae. 20, b. in Haddam, res. Middletown, m. Sarah B. **GOUGH**, ae. 21, of Middletown, July 9, 1848, by [Rev.] Lewis	4	64-5
Dwight C., mechanic, ae. 20, b. in Haddam, Ct., res. Middletown, m. Betsey E. **GOFF**, ae. 20, b. in Chatham, July 9, 1848, by Z. N. Lewis	4	66-7
Esther, d. Abner & Esther, b. June 27, 1774	2	185
Franklin O., s. Benj[ami]n T., locksmith, ae. 23, & Sarah M., ae. 24, b. June 5, 1849	4	112-3
Hannah, d. Abner & Esther, b. July 27, 1779	2	185
Henry*, m. Mary **MARMON**, Nov. 22, 1753 (*Perhaps "Henry **MICKEL**")	2	8
Jerusha A., m. Rufus **BAILEY**, Mar. 2, 1842, by Rev. Arthur Granger	3	487
John, s. Dr. Jno. **OSBORN** & Mary **MITCHELL**, Jr., b. Jan. 23, 1782, in Albany	2	8
Levi, of Middle Haddam, m. Sally C. **JOHNSON**, of Middletown, Dec. 18, 1833, by Rev. John Cookson	3	391
Lydia, d. Abner & Esther, b. Aug. 12, 1771	2	185
Mabel, d. Abner & Esther, b. July 11, 1764	2	185
Mabel, m. Ezekiel **LYMAN**, Sept. 22, 1785	2	324
Mary, d. Henry & Mary, b. Dec. 12, 1757	2	8
Mary, Jr., had s. John, b. Jan. 23, 1782, in Albany; reputed father Dr. Jno. **OSBORN**	2	8
Mary, Jr., had d. Elizabeth **TOWN**, b. Feb. 20, 1789; reputed father Silas **TOWN**	2	8
Prudence, d. Abner & Esther, b. Mar. 15, 1766	2	185
Samuel, Jr., of Granby, m. Mary Ann **FORBES**, of East Hartford, Aug. 13, 1826, by Levi Knight	3	235
Sarah, m. Abel **SEIZER**, July 4, 1753	2	13
Submit, d. Abner & Esther, b. Jan. 31, 1768	2	185

	Vol.	Page
MITCHELL, MITCHEL, MICHEL, METCHEL, (cont.)		
W[illia]m, m. Charlotte **BOWERS**, b. of Middletown, July 2, 1829, by Rev. John Cookson	3	337
MIX, Gerry, of Wallingford, m. Almira **WHITE**, of Middletown, Dec. 7, 1842, by Rev. J. B. Cook	3	497
MIZE, Edward, m. Eliza Pierce **MILLER**, b. of Middletown, Oct. 1, 1838, by Samuel Farmer Jarvis, D.D.L.L.D., at Christ Church	3	451
MONOGHAN, Bridget, m. Jno. **DOOLING**, Apr. 18, 1853, by Rev. Jno. Brady	4	230
MONROE, MUNROE, A. H., of Washington, N. H., m. Ann B. **SMITH**, of Middletown, res. Washington, N. H., Oct. 1, 1848, by Al. L. Stone	4	120-1
Ella H., b. in N. H., res. Middletown, d. Sept. 11, 1850, in California, ae. 14 m.	4	204-5
MONSON, William H., m. Elizabeth M. **ROBINSON**, [June] 29, [1845], by Rev. W. G. Howard	3	533
MONTAGUE, MONTOGUE, Abigail, m. Nath[anie]ll **RILEY**, Jan. 24, 1739/40	2	256
Sarah, m. Amos **SAVAGE**, June 2, 1757	2	186
MONTGOMERY, Amelia, d. Nathaniell & Lucia, b. Feb. 14, 1761	2	75
Nath[anie]ll, m. Lucia **WASHBORN**, Aug. 12, 1752	2	75
Nath[anie]ll, s. Nath[anie]ll & Lucia, b. Oct. 5, 1755	2	75
Nath[anie]ll, d. May 6, 1762	2	75
Susannah, d. Nath[anie]ll & Lucia, b. July 14, 1759	2	75
MOODEY, MOODY, John, m. Sophia **ALLEN**, Oct. 3, 1833, by Rev. John R. Crane	3	387
Sophia, m. Judson **PETERS**, of Hebron, Jan. 23, 1844, by Rev. John R. Crane	3	511
MOOLD, [see under **MOULD**]		
MOONEY, Alexander, m. Elizabeth S. **MILDRUM**, Sept. 23, 1840, by Rev. Zebulon Crocker	3	469
Frank Augustus, s. Alex, tailor, ae. 36, & Eliza, ae. 32, b. Nov. 23, 1850	4	194-5
MOORE, Abigail, d. Abijah & Annah, b. Aug. 5, 1736	1	47
Abijah, m. Annah **WARD**, Oct. 9, 1729	1	47
Abijah, s. Abijah & Annah, b. Mar. 16, 1734/5	1	47
Abijah, Dr., d. Dec. 18, 1759	1	46
Annah, [twin with Martha], d. Abijah & Annah, b. Apr. 27, 1740	1	47
Annah, w. of Dr. Abijah, d. Nov. 29, 1755	1	46
Anna, m. Andrew **BACON**, Mar. 17, 1757	2	60
Elijah, Dr., m. Mrs. Abigail **GOODWIN**, Mar. 9, 1756	2	158
Martha, d. Abijah & Annah, b. July 18, 1738	1	47
Martha, d. Abijah & Annah, d. Jan. 6, 1739/40	1	47
Martha, [twin with Annah], d. Abijah & Annah, b. Apr. 27, 1740	1	47
Mary, d. Abijah & Annah, b. Mar. 29, 1731	1	47

	Vol.	Page
MOORE, (cont.)		
Mary, Mrs., m. Alfred **GRISWOLD**, Nov. 30, 1843, by Rev. Arthur Granger	3	508
Parthenia, d. James D., Congregational Minister, ae. 34, & Maria E., ae. 32, b. Apr. 12, 1848	4	58-9
Patrick, m. Francis **HAYES**, Jan. 28, 1849, by John Brady	4	87
Patrick, laborer, m. Frances **HAY**, both b. in Ireland, Jan. 28, 1849, by Rev. John Brady	4	122-3
Raynold Marvin, s. Abijah & Annah, b. July 7, 1732	1	47
Ruth, d. Abijah & Anna, b. Jan. 1, 1742	1	47
Ruth had d. Patte, b. Dec. 8, 1759; father, David **STARR**	2	208
Ruth, m. David **STARR**, Feb. 27, 1760	2	208
Sam[ue]ll, s. Abijah & Annah, Sept. 2, 1743	1	47
Sarah, d. Abijah & Annah, b. Sept. 9, 1749	1	47
Sibbill, d. Abijah & Annah, b. Apr. 5, 1747	1	47
William, s. Abijah & Annah, b. Dec. 10, 1733	1	47
MORAN, MORIN, Alice, m. Michael **COYLE**, Jan. 11, 1852, by Rev. Jno. Brady	4	209
Catharine, m. Edmund **COTTER**, Jan. 1, 1853, by Rev. Jno. Brady	4	227
Lawrence, m. Bridget **CUMMERFORD**, May 1, 1853, by Rev. Jno. Brady	4	237
Margaret, m. Jno. **GEARY**, May 9, 1852, by Rev. Jno. Brady	4	220
Patrick, m. Ann **KELLEY**, Mar. 5, 1851, by Rev. Jno. Brady	4	184
Patrick, m. Marie **JORET**, Mar. 26, 1853, by Rev. Jno. Brady	4	230
Thomas, m. Bridget **MALOWNEY**, Oct. 24, 1852, by Rev. Jno. Brady	4	223
MOREY, Catharine, m. John **NAGLE**, Nov. 26, 1854, by Rev. Jno. Brady	4	274
MORGAN, Abigail, d. [Joseph & Susanna], b. Mar. 15, 1725/6	1	18
Anna Maria, m. James **BELDEN**, b. of Middletown, Oct. 29, 1828, by Rev. Fred[eric]k Wightman	3	317
Bethiah, d. [Richard & Experience], b. May [ ], 1728	1	25
Eliza had s. Alfred **STARR**, b. Sept. 28, 1801; father Philip M. **STARR**,	2	319
Eliza, m. John **BURK**, Oct. 3, 1804	2	319
Emelia, of Middletown, m. Jabez **CHALKER**, of Durham, Aug. 25, 1822, by Rev. Levi Knight	3	107
Henry E., of Groton, m. Catharine H. **BUTTON**, of Middletown, May 3, 1848, by Rev. Townsend P. Abell	4	31
Henry E., pewterer, ae. 24, b. in Groton, res. Meriden, m. Catharine A. **BUTTON**, ae. 19, b. in Rocky Hill, res. Meriden, May 3, 1848, by T. P. Abell	4	66-7
Hiram, of Berlin, m. Hannah M. **LINCOLN**, of Middletown, Oct. 12, [1846], by Rev. James Hepburn	3	555

	Vol.	Page

MORGAN, (cont.)
Hiram, Rev., of Governeur, N. Y., m. Jane E. **BAILEY**,
of Middletown, Apr. 18, 1854, by Rev. Ja[me]s A.
Bailey, of Essex — 4, 261
Joseph, of West Springfield, m. Sally **SPENCER**, Sept.
20, 1807 — 2, 272
Joshua, s. Rich[ar]d, Jr. & Marcy, b. Mar. 31, 1757 — 2, 14
Laura Warner, d. Quartas & Lorana, of Bellows Falls,
Vt., m. John **WYSE**, s. John & Hannah, of Claremont,
N. H., Aug. 21, 1827, by Rev. Carlton Chase, at
Bellows Falls — 4, 13
Losenda, m. Isaac **BRAINARD**, b. of Middletown, Nov. 13,
1849, by Rev. Townsend P. Abell — 4, 187
Lydia, d. [Joseph & Susanna], b. Nov. 6, 1717 — 1, 18
Lyman G., of Colchester, m. Elizabeth W. **NEWTON**, of
Middletown, Sept. 30, [1828], by Rev. E. R. Tyler — 3, 314
Maria, m. Charles **MALONEY**, Apr. 28, 1839, by Rev. John
R. Crane — 3, 458
Martha, d. [Joseph & Susanna], b. Aug. 17, 1723 — 1, 18
Mary, m. David **FOSTER**, 3rd, Oct. 19, 1749 — 2, 164
Peter, s. Rich[ar]d, Jr. & Marcy, b. Dec. 20, 1758 — 2, 14
Richard, m. Experience **PRYOR**, July [ ], 1726 — 1, 25
Richard, Jr., m. Marcy **RICH**, Apr. 17, 1755 — 2, 14
Sherman, m. Rhoda **PROUT**, b. of Middletown, Mar. 23,
1834, by Rev. John Cookson — 3, 393
Susanna, d. [Joseph & Susanna], b. Oct. 19, 1720 — 1, 18
Sibbel, m. Joseph **ACTON**, b. of Middletown, Sept. 10,
1821, by Rev. Phinehas Cook — 3, 63
Thomas, s. Rich[ar]d, Jr. & Marcy, b. Aug. 1, 1755 — 2, 14
Titus, Dr., m. Polly **SPENCER**, July 5, 1807 — 2, 272
——, s. Richard & Experience, b. Nov. 30, 1726; d.
[ ] — 1, 25
MORIN, [see under **MORAN**]
MORRISON, MORISON, Margaret, m. John **VENTTRES**, Apr.
12, 172[ ] — 1, 9
Roderick, of Westmoreland, N. Y., m. Mrs. Sarah E.
SAGE, of Middletown, June 18, 1837, by Rev.
Frederick Wightman — 3, 434
MORSE, Caroline E., m. Demetrius S. **DOWD**, Jan. 18, 1852, by
Rev. Jno. Morrison Reid — 4, 218
Elizabeth, of Wallingford, m. W[illia]m H. **BARNES**, of
Middletown, Mar. 4, 1849, by Rev. Z. N. Lewis — 4, 83
Elizabeth, factory, ae. 21, b. in Wallingford, res.
Middletown, m. W[illia]m H. **BARNES**, shoemaker, ae.
23, b. in New Haven, res. Middletown, Mar. 4, 1849,
by Z. N. Lewis — 4, 118-9
MORTIMER, Philip had negro Amarillas, b. May 28, 1770; Silva,
b. Sept. 5, 1773; Margaret, b. May 5, 1777; Lester,

	Vol.	Page

MORTIMER, (cont.)
    b. Jan. 15, 1787; Richard, b. Apr. 9, 1789; David,
    June 13, 1790; John b. Nov. 12, 1790; Rachel, b.
    Nov. 9, 1793; Charles, b. Feb. 10, 1795; Sophia,
    b. Aug. 11, 1752   2   254

MORTON, ——, child of Barratt, laborer, ae. 29, & Sophia,
    ae. 27, b. Dec. 3, [1847]   4   46-7

MOSELEY, Deborah, of Woodbury, m. John **CLARK**, 4th, of
    Middletown, Feb. 15, 1767   2   72

MOSS, [see also **MORSE**], [E]unis, of Wallingford, m.
    Nathaniel **BOARDMAN**, of Middletown, May 24, 1770   2   171
    Maria, m. John **THOMAS**, Nov. 25, 1821, by Rev. John R.
    Crane   3   73

MOTT, Abigail S., of Middletown, m. Will[ia]m **FIELDING**, of
    Watkinsville, Ga., Mar. 30, 1835, by Rev. John
    Cookson   3   408

MOULD, MOOLD, Esther, m. Samuell **STOW**, son of Thomas,
    Feb. 8, 1704/5   LR1   25
    Jane, m. Daniell **STOCKING**, Aug. 27, 1700   LR2   4
    Mary, m. Joseph **WHITE**, Apr. 3, 1693   LR1   41
    Susanna, of New London, m. Daniell **WHITE**, of
    Middletown, Mar. [ ], 1682/3   LR1   39

MOUNTAIN, Edward m. Ellen **STACK**, May 6, 1854, by Rev. Jno.
    Brady   4   266
    Hanora, m. Maurice **QUICK**, Feb. 24, 1852   4   212
    Robert, m. Mary **WELCH**, May 4, 1853, by Rev. Jno. Brady   4   237

MOYNEHEN, Mary, m. Thomas **PUNCH**, Oct. 14, 1847, by Rev.
    John Brady   4   25

MUCKET, Olive S., of East Haddam, m. Peter **FAIRCLOTH**, of
    Durham, Sept. 5, 1841, by Rev. John R. Crane   3   482

MUETTER, Thomas D., of Philadelphia, Pa., m. Mary Wright
    ALSOP, of Middletown, Oct. 10, 1836, by Bishop
    Tho[ma]s C. Brownell   3   430

MULCHAHEY, May, m. Matthew **COSTETTON**, Sept. 30, 1849,
    by John Brady, Jr. Witnesses: Michael Coffee,
    Hanora Coy   4   95

MULHALL, Ann, m. Michael **DUNN**, Jan. 6, 1852, by Rev. Jno.
    Brady   4   209

MULHULY, James, m. Bridget **BOYCE**, Oct. 1, 1854, by Rev. Jno.
    Brady   4   272

MULVANEY, MULVONEY, Albert C., [s. James & Lucy W.], b.
    Sept. 1, 1837   4   41
    Arthur St. Clair, [s. James & Lucy W.], b. Mar. 27,
    1840   4   41
    Edward J., [s. James & Lucy W.], b. Apr. 30, 1844; d.
    [ ] 26, 1844* (*Date of death inserted)   4   41
    Emma L., [d. James & Lucy W.], b. June 14, 1847   4   41
    James, res. of Middletown, native of Ireland, m. Lucy

	Vol.	Page

MULVANEY, MULVONEY, (cont.)
  W. **TURNER**, of Middletown, [Apr.] 5, [1835], by
    Rev. James Noyes   3   407
  James, m. Lucy W. **TURNER**, Apr. 5, 1835, by Rev. James
    Noyes   4   41
  Lucy J., [d. James & Lucy W.], b. Jan. 3, 1842   4   41
  Martha H., [d. James & Lucy W.], b. Sept. 6, 1845   4   41
  Oscar M., [s. James & Lucy W.], b. Oct. 10, 1835   4   41
  Stella J., [d. James & Lucy W.], b. July 13, 1858   4   41
MUNROE, [see under **MONROE**]
MURDOCK, Thomas m. Jane **MARTIN**, June 21, 1852, by Rev.
  John R. Crane   4   214
MURPHY, Bernard, laborer, m. Ann **RINN**, both b. in Ireland,
  Nov. 30, 1848, by Rev. John Brady   4   122-3
  Bernard, m. Ann **RINN**, [   ], by John Brady   4   79
  Eliza, m. Thomas **BARRY**, Nov. 19, 1848, by John Barry*
    (*Brady?)   4   79
  Eliza, m. Thomas **BARRY**, laborer, both b. in Ireland,
    Nov. 30, 1848, by Rev. John Brady   4   122-3
  Elizabeth, d. James, quarryman, ae. 30, & Ellen, ae. 25,
    b. May 19, 1850   4   162-3
  Hanora, m. Jno. **GORMAN**, Oct. 20, 1850, by Rev. John
    Brady   4   49
  Hugh, m. Dora **KELLEY**, Nov. 3, 1850, by Rev. Jno. Brady   4   180
  John, m. Eliza **BROWN**, May 16, 1852, by Rev. Jno. Brady   4   220
  John, m. Mary **McCARTHY**, Jan. 9, 1853, by Rev. Jno.
    Brady   4   228
  Michael, m. Bridget **TRACY**, Sept. 8, 1850, by Rev. John
    Brady   4   49
MURRAY, MURRY, Catharine, m. James **CUNEN**, Nov. 6, 1851,
  by Rev. John Brady   4   193
  Henry, m. Mary **NORRIS**, Oct. 3, 1751   2   225
  Partrick, of Dublin, now resident of this State, m.
    Ruth **REDFIELD**, of Middletown, Nov. 24, 1791   2   344
MUSGRAVE, Elizabeth, m. James **EDLESTON**, b. of Middletown,
  Sept. 12, 1852, by Rev. Frederic J. Goodwin   4   260
MYERS, Jeremiah, m. Sarah **HODGINS**, Jan. 7, 1836, by Rev.
  John R. Crane   3   418
MYRICK, Catharine, m. Peter **FLOOD**, laborer, both b. in
  Ireland, Jan. 28, 1849, by Rev. John Brady   4   122-3
  Lydia, d. Seth & Eliz[abet]h, b. Oct. 20, 1749   2   172
NAGLE, Bridget, m. Thomas **CONNELL**, July 10, 1854, by Rev.
  Jno. Brady   4   269
  John, m. Catharine **MOREY**, Nov. 26, 1854, by Rev. Jno.
    Brady   4   274
NAMSAIEU, Edward, m. Mary **CADY**, Dec. 29, 1777   2   151
  Henry, s. [Edward & Mary], b. Feb. 20, 1778   2   151
  Mary, d. [Edward & Mary], b. Apr. 27, 1780   2   151

	Vol.	Page
NANCARRO, Edward, s. Barbara **CRAMER**, b. Aug. 11, 1768	2	116
NARRAMORE, William W., of New Haven, m. Mary **LYMAN**, of North Hampton, Mass., June 19, 1821, by Rev. John R. Crane	3	56
NARVEL, Hudson, s. John & Mary, b. May 29, 1744	2	13
NASH, Almira A., m. Fred[eric]k **SKINNER**, b. of Middletown, Sept. 29, 1833, by Rev. W[illia]m H. Beecher	3	387
NAYLOR, George, of Mainwood, Eng., m. Sarah J. R. **HUDSON**, of Whitby, Eng., Dec. 26, 1852, by Rev. John R. Crane	4	256
NEARING, Charlotte T., m. Julius **WARNER**, b. of Middletown, [Mar.] 31, [1847], by Rev. W. G. Howard, of Essex	3	558
Emily T., d. of Heman, m. Walter W. **WARNER**, Oct. 14, 1849, by Rev. B. N. Leach	4	92
Emily T., ae. 26, b. in Hartford, res. Middletown, m. Walter W. **WARNER**, carriage maker, ae. 31, b. in Hebron, Ct., res. Middletown, Oct. 14, 1849, by Rev. B. N. Leach	4	168-9
Julia, ae. 18, m. Ira C. **FLAGG**, painter, ae. 26, b. of Middletown, Aug. 7, 1849, by Rev. B. N. Leach	4	166-7
Julia M., d. of Heman & Emily, m. Ira C. **FLAGG**, Aug. 7, 1849, by Rev. B. N. Leach	4	87
NEELAND, [see under **KNEELAND**]		
NEFF, Almond, of Windham, m. Louisa **RALPH**, of Middletown, [May] 9, [1830], by Rev. Theron Osborn	3	349
Charles, s. Almon, quarryman, & Louisa, b. Mar. 24, 1850	4	162-3
Eunice J., of Cromwell, m. Frederick **DOOLITTLE**, s. of Abisha, of Middletown, Oct. 12, 1851, by Rev. L. S. Hough	4	191
Frances A., child of Almon, stone cutter, ae. 43, & Eliza, ae. 34, b. Apr. 7, 1847	4	56-7
NEIL, Eliza, m. William **FITZGERALD**, July 4, 1848, by Rev. John Brady	4	76
Mary, m. Patrick **COLEMAN**, Aug. 27, 1853, by Rev. Jno. Brady	4	240
NELSON, Jasper N., m. Harriet **GRIFFIN**, Nov. 16, 1828, by Rev. E. R. Tyler	3	318
Jasper N., mason, b. in Wales, Mass., res. Middletown, d. July 16, 1849, ae. 42	4	130-1
John, of Spencer, Mass., m. Betsey Maria **BLAKESLEY**, of Middletown, Oct. 2, 1825, by Rev. E. Washburn	3	211
Josephine, m. Charles **RIDER**, Aug. 17, 1843, by Rev. Joseph Holdrich	3	503
Rosella, d. Merrick, rulemaker, ae. 37, & Ellen, ae. 36, b. Nov. 29, 1850	4	198-9
NETTLETON, Alanson, of Killingworth, m. Mary Ann **REID**, of Durham, Nov. 27, 1839, by Rev. Charles R. Miller	3	463

	Vol.	Page
NETTLETON, (cont.)		
Amelia, of Middletown, m. Israel D. **NORTH**, of Berlin, Apr. 9, 1851, by Rev. Townsend P. Abell	4	189
Amelia, ae. 20, b. in Middletown, res. Berlin, m. Israel **NORTH**, carpenter, ae. 24, of Berlin, Apr. 9, 1851, by Rev. T. B. Abell	4	202-3
Cha[rle]s H., s. Nelson, joiner & carpenter, ae. 40, & Harriet C., ae. 40, b. Apr. 17, 1850	4	164-5
Heman, m. Jerusha **NORTON**, of North Killingworth, May 20, 1829, by Rev. Edward R. Tyler	3	333
John, m. Louisa **HULL**, b. of Killingworth, Sept. 19, 1832, by Rev. John R. Crane	3	372
Sara[h]*, m. Thomas **MILLER**, June 6, 1666 *(Written "**NECALLSON**")	LR1	17
Schuyler, m. Susan V. **REMINGTON**, b. of Middletown, May 7, 1854, by Rev. W. H. Waggoner	4	253
NEWBRE, [see also **NEWBY**], Ame, d. Jno. & Prudence, b. Feb. 15, 1752/3	2	186
Elias, s. John & Prudence, b. Apr. 20, 1751	2	186
John, of Middletown, m. Prudence **STONE**, of Guilford, May 10, 1750	2	186
NEWBY, [see also **NEWBRE**], John, s. Ame **SAGE**, b. Jan. 18, 1726/7	1	Ind-1
NEWELL, NEWEL, Abigail, d. Daniel & Ruth, b. July 16, 1729	1	7
Abigail, m. Samuel **GALPEN**, Jr., Sept. 22, 1748	2	165
Abigail, d. Nath[anie]l & Ann, b. Dec. 18, 1779	2	300
Ann, m. Samuel Ward **RANNEY**, Jan. 15, 1784	2	300
Caroline Melinda, m. Warren **PRYOR**, b. of Middletown, May 4, 1841, by Rev. Samuel Farmer Jarvis, at the house of Isaac Newell	3	480
Daniel, of Middletown, m. Mrs. Ruth **PORTER**, of Farmington, Oc. 31, 1721	1	7
Daniel, s. Daniel & Ruth, b. Dec. 26, 1726	1	7
Daniel, Rev., d. Sept. [ ], 1731	1	7
Daniel, d. Sept. 8, 1755, ae. 30 y.; died in battle	1	7
Frances A., d. of Cha[rle]s A., m. Henry J. **STANCLIFT**, b. of Middletown, Apr. 10, 1853, by Rev. Jno. Morrison Reid	4	233
Frances G., m. Harriet J. **GILBERT**, b. of Middletown, July 7, 1833, by Rev. John Cookson	3	383
Hannah, d. Daniel & Ruth, b. Mar. 16, 1724/5	1	7
Isaac E., m. Hannah **TRYON**, b. of Middletown, Oct. 14, 1832, by Rev. Fitch Reed	3	374
Mary, d. Daniel & Ruth, b. Nov. 16, 1731; d. Mar. 11, 1736/7, in the 6th y. of her age	1	7
Mary G., d. of Francis A., m. Isaac C. **COE**, b. of Middletown, Nov. 6, 1854, by Rev. Lester Lewis	4	256
Nathaniel, m. Ann **GILCHRIST**, Aug. 1, 1779	2	300

	Vol.	Page
NEWELL, NEWEL, (cont.)		
Nath[anie]ll, d. Dec. 9, 1781, ae. 27	2	300
Ruth, d. Daniel & Ruth, b. Oct. 26, 1722	1	7
Sarah*, m. Benjamin **BOWERS**, Nov. 4, 1742 (*Written "**NEWHALL**")	2	130
NEWFIELD, Anna, d. W[illia]m Ward, Jr. & Martha, b. Jan. 9, 1748/9	1	130
Ashur, s. W[illia]m Ward, 4th, & Martha, b. Oct. 15, 1755	1	130
Edward, s. W[illia]m Ward, Jr. & Martha, b. Oct. 22, 1746	1	130
James Tappin, s. W[illia]m Ward, Jr. & Martha, b. Apr. 3, 1751	1	130
Martha, d. W[illia]m Ward, 4th, & Martha, b. May 30, 1753	1	130
Martha, w. of William Ward, d. Dec. 25, 1770	1	130
Mary, d. W[illia]m Ward & Martha, b. Sept. 9, 1759	1	130
William, s. W[illia]m Ward, Jr. & Martha, b. Sept. 17, 1744	1	130
Will[ia]m Ward, Jr., m. Martha **BOW**, Nov. 9, 1742	1	130
William Ward, m. wid. Hannah **SPENCER**, July 4, 1771	1	130
NEWHALL, Sarah, m. Benjamin **BOWERS**, Nov. 4, 1742	2	130
NEWTON, Abner, of Durham, m. Huldah **HUBBARD**, of Middletown, Mar. 6, 1827, by Rev. John R. Crane	3	263
Cha[rle]s W., m. Julia L. **BACON**, Sept. 9, 1844, by Rev. Andrew L. Stone	3	521
Elizabeth W., of Middletown, m. Lyman G. **MORGAN**, of Colchester, Sept. 30, [1828], by Rev. E. R. Tyler	3	314
Francis C., of Middletown, m. Cornelius **SHEPARD**, of Syracuse, N. Y., [Dec.] 30, [1828], by Rev. E. R. Tyler	3	326
Judeth E., m. Giles M. **BOARDMAN**, b. of Middletown, [Nov.] 9, [1831], by Rev. E. R. Tyler	3	366
Laura, d. Cha[rle]s W., shoe & hat store, ae. 33, & Julia, ae. 28, b. Apr. 14, 1850	4	156-7
Laura M., m. Daniel W. **CAMP**, Oct. 4, 1837, by Rev. Robert McEwen	3	441
Lydia L., of Middletown, m. William S. **TUCKER**, of Lenox, Mass., [Nov.] 9, [1831], by Rev. E. R. Tyler	3	366
Oren, m. Est[h]er **WARD**, b. of Middletown, July 4, 1820, by Rev. Eli Ball	3	35
Sarah, d. of Dr. L. Newton, of New Haven, m. Albert G. **PRATT**, s. of Dan, of Middletown, Sept. 29, 1850, by Rev. John R. Crane	4	147
Sarah Cornelia, d. of Abner, m. John Edward **JOHNSON**, s. of John D., b. of Middletown, Oct. 13, 1852, by Rev. John R. Crane	4	216
Sophia, see Sophia **HART**	4	3

BARBOUR COLLECTION

	Vol.	Page
NEWTON, (cont.)		
William, s. Cha[rle]s W., shoe & hat store, ae. 33, & Julia, ae. 28, b. Apr. 14, 1850	4	156-7
NIBBLING, Catharine, m. Thomas **GREENFIELD**, Nov. 16, 1783	2	226
NICHOLS, Caroline, d. [Thaddeus & Aner], b. Oct. 7, 1791	2	165
Charles, s. [Thaddeus & Aner], b. Jan. 26, 1794	2	165
Charlotte, d. David, of Newtown, d. Aug. 26, 1827	3	119
Clarissa, of Newtown, m. George W. **STANLEY**, of Walllingford, Nov. 6, 1817, by Rev. Dan[ie]l Durham, at Newtown	3	119
Emelia, d. [Thaddeus & Aner]. b. Dec. 28, 1797	2	165
Emily, m. Horace **CLARK**, May 12, 1823, by Rev. John R. Crane	3	127
George, s. Thaddeus & Aner, b. July 15, 1786	2	165
Henry Stevens, s. [Thaddeus & Aner], b. Dec. 28, 1787	2	165
Julia, d. [Thaddeus & Aner], b. Feb. 11, 1796	2	165
Lois, d. Rich[ar]d & Lois, b. Sept. 19, 1762	2	131
Martha B., d. Feb. 13, 1849, ae. 31	4	130-1
Richard, b. [ ], at Hartford; m. Lois **BURNHAM**, July 19, 1761	2	131
Richard had negro Prince, s. Nan, b. Apr. 27, 1783; Lannon, s. Nan, b. July 27, 1785, to be free at 25 y.; Kent, s. Nan, b. Nov. 8, 1787, to be free at 21 y.; Zilly, d. Nan, b. Feb. 12, 1789, to be free at 21 y.; Sam, s. Nan, b. Oct. 6, 1794, to be free at 21 y.; John, s. Nan, b. May [ ], 1798, to be free at 21 y.	2	131
Ruth, m. Benj[ami]n **TUELLS**, May 5, 1783	2	351
Sally, of Middletown, m. Henry **PAINTER**, of Plymouth, Dec. 11, 1820, by Rev. Eli Ball	3	45
Sally Ann, Mrs., of New York, m. Henry **CHATHAM**, of Gloucester, Conn., Oct. 1, 1827, by Rev. H. Bangs	3	281
Sam[ue]ll William, s. [Thaddeus & Aner], b. Jan. 8, 1801	2	165
Silvester, Jr., m. Diantha **WARD**, Feb. 12, 1822, by Rev. John R. Crane	3	89
Thaddeus, m. Aner **CONE**, Sept. 7, 1785	2	165
Thaddeus, s. [Thaddeus & Aner], b. Feb. 3, 1790	2	165
NICHOLSON, Lucy, of Glastonbury, m. Henry C. **FLAGG**, of Hartford, Mar. 28, 1841, by Rev. Merrett Sanford	3	476
NILES, Mary Eliza, d. W[illia]m H. & Abigail, b. Aug. 6, 1825	3	155
Sarah Elizabeth, d. [W[illia]m H. & Abigail N.], b. Nov. 4, 1830	3	155
Will[ia]m Cotton, s. [W[illia]m H. & Abigail N.], [b.] Mar. 4, 1828	3	155
W[illia]m H., m. Abigail N. **KILEY**, b. of Middletown, Mar. 31, 1824, by Rev. Josiah Bowen	3	155

MIDDLETOWN VITAL RECORDS 79

	Vol.	Page
NOBLE, Mary A., ae. 20, b. in Westfield, m. 2d w. Henry **ARNOLD**, brickmaker, ae. 25, b. in Westfield, res. North Haven, Mar. 8, 1848, by William Woodworth	4	66-7
William, Jr., of Hartford, m. Dorcas Roena **HOLCOMB**, of Middletown, Mar. 24, 1828, by Rev. John R. Crane	3	298
W[illia]m M., m. Almira P. **MILDRUM**, b. of Middletown, May 8, 1850, by Rev. Geo[rge] A. Bryan	4	142
W[illia]m S., mechanic, ae. 25, b. in Westfield, Mass., res. Middletown, m. Almira P. **MILDRUM**, ae. 23, of Middletown, May 8, 1850, by Rev. Geo[rge] A. Bryan	4	168-9
NOCH, Laurinda, m. George **HARRIS**, b. of Middletown, Jan. 3, 1830, by Rev. John Cookson	3	346
NOLAN, NOWLAN, NOLAND, Bridget, d. Michael, laborer, ae. 30, & Ellen, ae., 23, b. Aug. 23, 1848	4	104-5
Catherine, m. Thomas **DALY**, Jan. 1, 1853, by Rev. Jno. Brady	4	227-8
James, m. Mary **ELLIOTT**, Oct. 12, 1848, by John Brady	4	78
James, laborer, m. Mary **ELLIOTT**, both b. in Ireland, Nov. 30, 1848, by Rev. John Brady	4	122-3
Jno., m. Mary **DELANY**, June 16, 1853, by Rev. Jno. Brady	4	238
Joseph, s. Ja[me]s, Japaner, ae. 28, & Mary, ae. 24, b. Apr. 20, 1851	4	198-9
Mary, m. Michael **GHENT**, Sept. 30, 1848, by John Brady	4	78
Mary, m. Michael **GHENT**, laborer, both b. in Ireland, Nov. 30, 1848, by Rev. John Brady	4	122-3
Moses, m. Mary **SYSMOT**, Sept. 25, 1854, by Rev. Jno. Brady	4	272
Peter, m. Bridget **KELLY**, Apr. 19, 1849, by John Brady	4	88
Peter, laborer, m. Bridget **KELLEY**, both b. in Ireland, Apr. 19, 1849, by Rev. John Brady	4	122-3
——, d. James, laborer, ae. 28, & Mary, ae. 28, b. Oct. 1, 1849	4	164-5
NORCOTT, Abner, s. William & Bette, b. Feb. 27, 1761	2	332
Ephraim, s. William & Bette, b. July 20, 1765	2	332
Hannah, d. William & Bette, b. Feb. 23, 1763	2	332
Nicholas, s. W[illia]m & Priscillia, b. Aug. 26, 1741	2	332
Priscillia, wid., of Will[ia]m, d. Sept. 16, 1752	2	332
Reuben, s. Will[ia]m & Bette, b. July 20, 1754	2	332
Richard P., of Portland, m. Mary Nancy Lee **ANGELIST**, of Westfield, Jan. 6, 1844, by Rev. James H. Francis	2	510
Ruth, d. Will[ia]m & Bette, b. June 21, 1756	2	332
Sarah, d. Will[ia]m & Bette, b. Sept. 9, 1758	2	332
Silvanus, s. W[illia]m & Priscillia, b. Oct. 14, 1743	2	332
Will[ia]m, d. Sept. 15, 1752	2	332
William, m. Bette **SEARS**, Oct. 5, 1753	2	332
NORRIS, George, stone-cutter, ae. 27, b. in Ireland, res. Middletown, m. Sarah **PATTERSON**, ae. 28, of Middletown, July 4, 1850, by Rev. Sylvester S.		

	Vol.	Page
NORRIS, (cont.)		
Strong, [of] N. Y.	4	166-7
Lyman D., of Ypsilanti, Mich., m. Lucy A. **WHITTLESEY**, d. of Chauncey, of Middletown, Nov. 22, 1854, by Rev. James B. Crane	4	258
Mary, m. Henry **MURRAY**, Oct. 3, 1751	2	225
NORTH, Albert, of Middletown, m. Sarah A. **McGRAW**, of Middletown, Nov. 17, 1850, by Rev. M. L. Scudder	4	183
Albert H., mechanic, ae. 18, of Middletown, m. Larahan* **McGEE**, ae. 19, b. in Ireland, res. Middletown, Nov. [ ], 1851, by Rev. M. L. Scudder (*Probably "Sarah Ann")	4	202-3
Alice, d. James. D., gunsmith, & Almira, b. Apr. 25, 1851	4	200-1
Anna, m. Thomas **WILLCOCKS**, June 28, 1716	LR2	10
Anna Charlotte, d. George, farmer, ae. 28, & Catharine, ae. 28, b. Jan. 8, 1848	4	46-7
Charles, m. Rosina M. **BALDWIN**, d. of Isaac W., b. of Middletown, Nov. 24, 1852*, by Rev. Jno. Morrison Reid. Recorded May 6, 1853 (*Arnold Copy has 1853")	4	231
Charles A., formerly of Rochester, N. Y., m. Delia **WARNER**, of Middlefield, Aug. 10, 1845, by Rev. James T. Dickinson	3	535
Cornelia D., d. James D., mechanic, & Almira, b. Apr. 7, 1849	4	110-1
Delia, d. Feb. 22, 1850, ae. 21	4	176-7
Edmund, of Berlin, m. Clarinda **BOARDMAN**, of Middletown, Apr. 24, 1825, by Rev. Stephen Hayes	3	201
Edward, of Berlin, m. Maria M. **WILCOX**, of Middletown, July 7, 1828, by Rev. Jona[than] Goodwin	3	309
Elizabeth, of Middletown, m. William S. **WRIGHT**, of Glastonbury, Sept. 17, 1845, by Rev. John R. Crane	3	535
Francis, ae. 20, b. in Middletown, res. Glastonbury, m. Henry **WRIGHT**, farmer, ae. 22, of Glastonbury, Sept. 10, 1851, by Rev. Ja[me]s Wright	4	202-3
Frances S., of Middletown, m. Henry M. **WRIGHT**, of Glastonbury, Sept. 10, 1850, by James L. Wright	4	146
Harriet H., m. John D. **SOUTHMAYD**, Aug. 14, 1844, by Rev. James L. Wright	3	523
Helen, b. in Portland, res. Middletown, d. Feb. 20, 1850, ae. 24	4	174-5
Horace, m. Ann **LUCAS**, b. of Middletown, Oct. 5, 1845, by, Rev. J. L. Gilder	3	538
Israel, carpenter, ae. 24, of Berlin, m. Ameila **NETTLETON**, ae. 20, b. in Middletown, res. Berlin, Apr. 9, 1851, by Rev. T. B. Abell	4	202-3
Israel, D., of Berlin, m. Amelia **NETTLETON**, of		

	Vol.	Page

NORTH, (cont.)

	Vol.	Page
Middletown, Apr. 9, 1851, by Rev. Townsend P. Abell	4	189
John W., of Syracuse, m. Hannah **BACON**, Sept. 22, 1845, by Rev. A. L. Stone	3	536
Julia, d. Nelson, laborer, ae. 25, & Jane, ae. 25, b. Sept. 6, 1850	4	196-7
Julia H., d. of William, of Middletown, m. Eli B. **TRYON**, s. of Charles, of Portland, Dec. 15, 1850, by Rev. B. N. Leach	4	178
Julia H., ae. 16, b. in Middletown, res. Portland, m. Eli B. **TRYON**, quarryman, ae. 21, of Portland, Dec. [ ], 1851, by Rev. B. N. Leach	4	202-3
Levi H., s. John, gunsmith, ae. 29, & Angelina, ae. 27, b. Dec. 12, 1849	4	156-7
Linus, of Berlin, m. Nancy **GOULD**, of Middletown, June 21, 1820, by Rev. J. L. Williams	3	40
Lucy Ann, m. James L. **WRIGHT**, May 30, 1838, by Rev. John R. Crane	3	446
Lydia H., m. Dwight M. **SEEWARD**, Mar. 2, 1836, by Rev. John R. Crane	3	420
Magdalen Y., d. H. S., gunsmith, ae. 39, & Angelica Y., ae. 39, b. Oct. 5, 1850	4	198-9
Mary, m. Israel **WILLCOCK**, Dec. 16, 1717	LR2	11
Nancy, m. Henry **PLUM**, b. of Middletown, Oct. 11, 1835, by Rev. J. C. Green	3	415
Norman, m. Delia **CLARK**, b. of Middletown, Apr. 22, 1838, by Rev. John Cookson	3	446
Philip, gunsmith, ae. 27, of Middletown, m. Julia **BURR**, ae. 23, of Middletown, Apr. 10, 1850, by Rev. M. L. Scudder	4	166-7
Philip, m. Julia E. **BURR**, of Middletown, [1850], by Rev. M. S. Scudder. Recorded Apr. 22, 1850	4	141
Ralph H., s. Willis, gunsmith, & Orpha, b. Jan. 5, 1850	4	158-9
Richard U., s. Norman & Adelia, b. Sept. 3, 1849	4	160-1
Samuel B., m. Mary **STARR**, Nov. 28, 1838, by Rev. Dwight M. Seward, of New Britain	3	455
Selah, m. Mrs. Sarah **DURAND**, b. of Middletown, July 19, 1831, by Rev. Fitch Reed	3	361
Susan S., of Middletown, m. Hosmer **HALE**, of Glastonbury, Apr. 15, 1847, by James L. Wright, at the house of James North	3	560
W[illia]m, m. Caroline **HUDSON**, Aug. 19, 1824, by Rev. John R. Crane	3	165
Willis, m. Calista C. **HAYDEN**, b. of Middletown, Sept. 9, 1838, by Rev. John Cookson	3	448
——, m. Samuel **COOK**, b. of Staddle Hill, May 4, 1843, by Rev. J. B. Cook	3	502

82   BARBOUR COLLECTION

	Vol.	Page
NORTH, (cont.)		
——, s. Horace & Ann, b. Jan. 4, 1850	4	160-1
NORTHEY, Edward, m. Sally **HOSMER**, July 3, 1791	2	257
NORTHUP, Lois, m. Rev. Abner **BENEDICT**, Oct. 30, 1770	2	181
William O., m. Elizabeth **WOODWORTH**, b. of Middletown, Apr. 17, 1854, by Rev. W. H. Waggoner	4	253
NORTON, Adelia A., of Mereden, m. Samuel A. **GREEN**, of Middletown, Aug. 25, 1833, by Rev. John Cookson	3	385
Anne, d. John & Eunice, b. Mar. 29, 1752	2	159
Asenath, m. James **BILL**, July 13, 1758	2	110
Benjamin, of Boston, m. Hester M. **LEONARD**, of Middletown, Aug. 19, 1838, by Rev. Elisha Andrews	3	447
Charles, of Berlin, m. Margaret **SMITH**, of Middletown, Oct. 31, 1824, by Rev. Fred[eric]k Wightman	3	180
Cynthia, twin with Eliz[abet]h, d. [Jeremiah & Pheby T.], b. June 9, 1814; d. Dec. 11, 1814	3	29
Diana Sage, d. [Jeremiah & Pheby T.], b. Feb. 25, 1803	3	29
Dorinda, d. John & Edey, b. Nov. 19, 1766	2	157
Edwin, of Mereden, m. Ellen M. **MILLER**, of Middletown, [Nov.] 3, [1836], by Rev. James Noyes	3	426
Elias, s. John & Eunice, b. Oct. 21, 1750; d. Nov. 5, 1750	2	159
Elias, [twin with Eunice], s. John & Eunice, b. Oct. 23, 1754	2	159
Elijah, s. wid. Martha, b. Sept. 8, 1759; called Elijah **PHELPS**	2	132
Eliza, m. Manuel **RIVERS**, b. of Middletown, Sept. 26, 1825, by Rev. E. Washburn	3	209
Elizabeth, m. Jonathan **EDWARDS**, May 13, 1730	1	57
Elizabeth, d. Tho[ma]s & Martha, b. Aug. 9, 1744, [at Saybrook]	2	132
Elizabeth, d. Elna[tha]n & Rachel, b. Mar. 24, 1765	2	206
Elizabeth, m. Prosper **HUBBARD**, Nov. 17, 1768	2	91
Elizabeth, d. Elnathan & Rachel, d. July 31, 1775	2	206
Eliz[abet]h, twin with Cynthia, d. [Jeremiah & Pheby T.], b. June 9, 1814; d. Dec. 11, 1814	3	29
Elnathan, of Middletown, m. Rachel **WOODRUFF**, of Farmington, Feb. 27, 1755	2	206
Elnathan, s. Elna[tha]n & Rachel, b. June 8, 1758	2	206
Eunice, [twin with Elias], d. John & Eunice, b. Oct. 23, 1754	2	159
Eunice, of Kinsington, m. John **WILLCOX**, Jr., Oct. 16, 1766	2	143
Frances, factory, ae. 17, m. Martin **SCOVIL**, quarryman, ae. 22, b. of Middletown, May [1848 or 9], by a Missionary	4	124-5
Frances, ae. 17, m. William M. **SCOVILLE**, quarryman, ae. 22, b. in Middletown, May 13, 1849, by Rev. Kelsey	4	124-5
Franklin J., res. Berlin, d. Oct. 8, 1849, ae. 4y. 6m.	4	174-5

NORTON, (cont.)

	Vol.	Page
George Salisbury, s. [Jeremiah & Pheby T.], b. June 1, 1807	3	29
George T., of North Guilford, m. Miranda **COE**, of Middlefield, Oct. 15, 1845, by Rev. Joseph Holdrich	3	539
Henry, of Berlin, m. Angelina M. **TUTTLE**, d of Lyman, of Middletown, May 3, 1849, by Rev. John R. Crane	4	84
Isaac, s. Elna[tha]n & Rachel, b. Mar. 8, 1756; d. Dec. 13, 1757	2	206
Jacob, s. John & Eunice, b. Dec. 15, 1748	2	159
James, m. Mary **LUCAS**, b. of Middletown, [Jan.] 30, [1833], by Rev. James Noyes, Jr.	3	379
James, of Middlefield, m. Hannah J. **WARNER**, of Mereden, Jan. 29, 1845, by Rev. James T. Dickinson	3	527
Jeremiah, m. Pheby T. **BAILEY**, Sept. 20, 1796	3	29
Jeremiah, s. [Jeremiah & Pheby T.], b. July 22, 1805	3	29
Jeremiah, m. Eliza **ADAMS**, Nov. 17, 1821, by Rev. John R. Crane	3	71
Jeremiah, m. Parlie **LUCAS**, May 25, 1828, by Rev. John R. Crane	3	308
Jeremiah, Jr., s. Jeremiah, soap & candlemaker, ae. 42, & Parnel, ae. 39, b. Jan. 10, 1848	4	52-3
Jerusha, of North Killingworth, m. Heman **NETTLETON**, May 20, 1829, by Rev. Edward R. Tyler	3	333
John, Jr., m. Edey **CLARK**, Sept. 19, 1765	2	157
Joseph Sage, s. Jere[mia]h & Pheby T., b. May 15, 1799; d. June 14, 1799	3	29
Joseph Sage, s. Jere[mia]h & Pheby T., b. June 26, 1801	3	29
Julia, m. Enoch **HUBBARD**, b. of Middletown, Jan. 12, 1845, by Rev. Townsend P. Abell	3	526
Junius S., of Waterbury, m. Anna M. **SAGE**, of Middletown, Sept. 8, 1841, by Rev. Zebulon Crocker	3	480
Lucia, m. John **KIRBY**, Jr., Dec. 31, 1747	2	111
Lucy Ann, of Berlin, m. William B. **LOOMIS**, of Middletown, Oct. 31, 1837, by Rev. John Cookson	3	442
Lydia, d. Tho[ma]s & Martha, b. Jan. 8, 1754, [at Saybrook]	2	132
Mary, d. Elna[tha]n & Rachel, b. Oct. 1, 1767	2	206
Mary Ann, m. Lyman **BAILEY**, Jr., Dec. 13, 1825, by Rev. J. L. Nichols	3	219
Mary E., res. Berlin, d. Sept. 10, 1849, ae. 4 y. 6 m.	4	174-5
Rachel, d. Elna[tha]n & Rachel, b. Nov. 3, 1762	2	206
Rebeckah, d. Tho[ma]s & Martha, b. May 9, 1748, [at Saybrook]	2	132
Sarah, m. Amos **DOWD**, Oct. 20, 1768	2	2
Simeon, d. Elnathan & Rachel, b. Mar. 10, 1770	2	206
Solomon, s. Elna[tha]n & Rachel, b. Dec. 25, 1760	2	206
Sylvester, s. Elnathan & Rachel, b. Apr. 3, 1774	2	206

	Vol.	Page
NORTON, (cont.)		
William Taylor, s. [Jeremiah & Pheby T.], b. Nov. 11, 1809	3	29
-----, s. Edwin, laborer, ae. 41, b. May, 1851	4	198-9
NORVEL, Samuel, s. George & Eliz[abet]h, b. May 20, 1753	2	342
NOTT, Abigail, m. James **PICKET**, Dec. 26, 1795	2	360
Charles, of Middletown, m. Hannah **ASPINWALL**, of Farmington, June 17, 1742	1	39
Elizabeth, d. John & Mary, b. June 15, 1760	2	224
John, s. Mary **WARD**, b. May 5, 1726	LR1	18
John, m. Mary **ROGLEY***, June 28, 1750 (***BAYLEY**?)	2	68
John, m. Mary **BAYLEY**, June 28, 1750	2	224
John, s. John & Mary, b. July 19, 1753	2	68
John, s. John & Mary, b. July 19, 1753	2	224
Mary, d. John & Mary, b. July 20, 1755	2	224
Sarah, m. William **HUB[B]ARD**, Dec. 25, 1728	1	41
Sarah, d. John & Mary, b. July 1, 1757	2	224
Will[ia]m, s. Will[ia]m & Elizabeth, b. Feb. 10, 1789	2	326
NOYES, Ebenezer, d. Oct. [ ], 1846	4	8
Julia, d. Sept. 12, 1849, ae. 8	4	172-3
Mary E., music-teacher, b. in Cooperstown, N. Y., res. Middletown, d. Mar. 30, 1849, ae. 23	4	130-1
NUBBLES, Betsey, m. Daniel **ROBERTS**, Mar. 22, 1835, by Rev. John R. Crane	3	406
NUGENT, Catharine, d. Patrick, laborer, ae. 22, & Rosa, ae. 25, b. July 28, 1848	4	56-7
Catharine, d. Patrick, farm laborer, ae. 28, & Rosa, ae., 38, b. Aug. 4, 1848	4	56-7
Patrick, m. Rosa N., [ ], Aug. 15, 1848	4	64-5
NUTTING, Freeman, Rev., of Mystic, Conn., m. Mary G. **SPENCER**, of Middletown, May 7, 1838, by Rev. Labon Clark. Int. pub.	3	446
NYE, Clarissa, of Middletown, m. Francisco A. **SOLLET**, of Baracoa Island, Cuba, Apr. 2, 1849, by Rev. Jacob F. Huber	4	83
Clarissa, of Middletown, m. Francisco A. **SALLET**, of Baracoa, Cuba, Apr. 2, 1849, by J. F. Huber	4	120-1
Clarissa, ae. 25, of Middletown, m. Francisco **SALLETT**, student, ae. 19, of Spain, Mar. 29, 1850, by Rev. J. F. Huber	4	168-9
Hannah, of Middletown, m. Thomas H. **OAKLEY**, of New York, Sept. 8, 1836, by Rev. Joseph Holdrich	3	435
OAKLEY, Thomas H., of New York, m. Hannah **NYE**, of Middletown, Sept. 8, 1836, by Rev. Joseph Holdrich	3	435
OATES, Mary, m. Henry John **HEXHAM**, b. of Middletown, Sept. 4, 1853, by Rev. E. L. Janes	4	245
O'BRIEN, Abbe, m. Thomas **WYMAN**, May 25, 1853, by Rev. Jno. Brady	4	238

	Vol.	Page
O'BRIEN, (cont.)		
Catharine, m. John **AHERN**, June 15, 1854, by Rev., Jno. Brady	4	267
Eliza, m. Thomas **COLBERT**, Nov. 6, 1854, by Rev. Jno. Brady	4	273
Ellen, m. James **O'BRIEN**, Apr. 22, 1853, by Rev. Jno. Brady	4	236
Ellen, m. John **SULLIVAN**, July 30, 1854, by Rev. Jno. Brady	4	270
Ellen, m. Richard **SHERIDAN**, Oct. 5, 1854, by Rev. Jno. Brady	4	273
James, m. Ellen **O'BRIEN**, Apr. 22, 1853, by Rev. Jno. Brady	4	236
Johanna, m. James **CASHMAN**, Nov. 25, 1849, by John Brady, Jr.	4	95
Johanna, m. Maurice **CARROLL**, Mar. 11, 1853, by Rev. Jno. Brady	4	235
John, Dr., m. Sereney **BOHANE**, July 12, 1820, by Rev. Will[ia]m Jewett	2	367
Margaret, m. James **SHELTER**, July 13, 1854, by Rev. Jno. Brady	4	269
Mary, m. Timothy **CORNWELL**, Nov. 1, 1849, by John Brady, Jr.	4	95
Mary, ae. 22, b. in Ireland, res. Middletown, m. James **WELCH**, laborer, ae. 32, b. in Ireland, res. Middletown, Sept. 5, 1850, by Rev. John Brady	4	200-1
Mary, m. James **WELCH**, Nov. 30, 1850, by Rev. Jno. Brady	4	180
Patrick, m. Eliza **BRANSFIELD**, Apr. 11, 1853, by Rev. Jno. Brady	4	236
Patrick, m. Abbe **GEARY**, Oct. 18, 1853, by Rev. Jno. Brady	4	242
Patrick, m. Eliza **O'KEEFFE**, Jan. 7, 1854, by Rev. Jno. Brady	4	262
William, m. Hanora **DONOVAN**, July 27, 1852, by Rev. Jno. Brady	4	221
OCCRE, Roswell, m. Mrs. Almira Sophia **BROOKS**, (colored), b. of Middletown, May 15, 1850, by Rev. Townsend P. Abell	4	188
O'CONNEL, Edward F., s. Edmond, m. Caroline S. **MILDRUM**, d. of John, Apr. 11, 1848, by Rev. F. J. Goodwin	4	34
O'CONNOR, Ellen, m. Patrick **BURNS**, Jan 19, 1851, by Rev. Jno. Brady	4	185
O'DANIEL, James, s. [Patrick & Mehitabel], b. Oct. 22, 1786	2	196
Jane, d. [Patrick & Mehitabel], b. Feb. 11, 1770	2	196
John, s. [Patrick & Mehitabel], b. Sept. 5, 1780	2	196
Joseph Gilbert, s. [Patrick & Mehitabel], b. May 25, 1778	2	196
Mehitabel, d. Patrick & Mehitabel, b. Mar. 24, 1768	2	196

	Vol.	Page
O'DANIEL, (cont.)		
Mehitabel, w. of Patrick, d. Mar. 18, 1794	2	196
Timothy, s. [Patrick & Mehitabel], b. Mar. 18, 1794	2	196
William, s. [Patrick & Mehitabel], b. July 9, 1776	2	196
ODELL, Ann, of Hartford, m. Beriah **BACON**, of Middletown, Nov. 10, 1713	LR2	21
O'DONAHUE, John, m. Johanna **FOLEY**, Oct. 25, 1853, b. Rev. Jno. Brady	4	243
O'DONNELL, Edward, merchant, ae. 22, b. in England, res. Watertown, Wis., m. Caroline **MILDRUM**, ae. 23, b. in Middletown, Apr. 11, 1848, by F. J. Goodwin	4	64-5
O'HARA, W[illia]m, m. Frances M. **IVES**, b. of Middletown, July 3, 1825, by Joshua L. Williams, V.D.M.	3	203
O'KEEFE, O'KEEFFE, Catharine, m. Dennis **KENNEDY**, Dec. 22, 1853, by Rev. Jno. Brady	4	243
Daniel, m. Margaret **REARDON**, Apr. 21, 1850, by Rev. John Brady, Jr.	4	143
Eliza, m. James **CURREN**, July 25, 1853, by Rev. Jno. Brady	4	238
Eliza, m. Patrick **O'BRIEN**, Jan. 7, 1854, by Rev. Jno. Brady	4	262
Garret, m. Mary **DRIMEN**, July 24, 1853, by Rev. Jno. Brady	4	238
Jno., m. Mary **FITZGERALD**, Oct. 6, 1850, by Rev. John Brady	4	148
Mary, m. Patrick **CRONIN**, May 20, 1854, by Rev. Jno. Brady	4	266
Thomas, m. Mary **DOHERTY**, Aug. 15, 1853, by Rev. Jno. Brady	4	239
OLCOTT, William, m. Harriet A. **HINSDALE**, May 28, 1833, by Rev. John R. Crane	3	382
OLDS, Boliver, tailor, ae. 22, of Meriden, m. Jane **MILDRUM**, ae. 20, b. in Middletown, res. Meriden, Jan. 8, 1847, by Rev. S. Davis	4	62-3
William B., of Mereden, m. Jame A. **MILDRUM**, d. Jason, of Middletown, Jan. 2, 1848, by Rev. S. Davis	4	27
OLIN, Lynch, d. July 31, 1851, ae. 2	4	204-5
OLIVE, John, of Baltimore, m. Clarissa G. **HEALEY**, June 1, 1845, by Rev. Ja[me]s H. Francis	3	533
OLIVER, Ann, Mrs. of Boston, m. Ichabod **CAMP**, of Middletown, June 6, 1757 ("Reverend" added in pencil)	2	202
Francis J., of Boston, m. Charlotte **JACKSON**, of Middletown, Oct. 18, 1827, by Rev. Birdseye G. Noble	3	287
James, of Newport, R.I., m. Almira **KELLOGG**, of Middletown, (colored), July 11, 1826, by Rev. E. Washburn	3	233
Susan Heard, d. of Francis J., of Middletown, m.		

	Vol.	Page
OLIVER, (cont.)		
Charles William **DABNEY**, of Boston, Mass., July 18, 1849, by Rev. Samuel Farmer Jarvis, at the house of Francis J. Oliver	4	90
OLMSTED, [see under **ARMSTED**]		
O'NEIL, Anna, m. Brien **HANEY**, July 10, 1853, by Rev. Jno. Brady	4	238
Catherine, m. William **HAGERTY**, Aug. 2, 1854, by Rev. Jno. Brady	4	270
Mary, m. Willial **DYON**(?), Feb. 3, 1850, by Rev. John Brady	4	138
O'REILLY, O'RIELLEY, Mary Ann, m. Michael **FEERNEY**, Oct. 12, 1848, by John Brady	4	78
Mary Ann, m. Michael **FEENEY**, laborer, both b. in Ireland, No. 30, 1848, by Rev. John Brady	4	122-3
O'ROOKE, Catharine, m. Patrick **CAFFEE**, laborer, both b. in Ireland, Nov. 30, 1848, by Rev. John Brady	4	122-3
Catharine, m. Patrick **COFFEE**, [ ], by John Brady	4	79
ORVIS, Dinah, of Farmington, m. Jona[tha]n **WILLCOCK**, Nov. 15, 1743	1	80
Dinah, of Farmington, m. Jonathan **WILCOX**, of Middletown, Nov. 15, 1743	2	11
OSBORN, OZBORN, Anna, d. Dr. Jno. & Anna, b. Jan. 12, 1748/9	2	2
Benjamin, of Bridgeport, Conn., m. Margaret Grace **OTWAY**, of Middletown, [July] 23, [1837], by Rev. James Noyes	3	436
Cheevers, s. Dr. Jno. & Anna, b. Aug. 17, 1745	2	2
Ellen S., d. July 12, 1849, ae. 7 m.	4	130-1
Jedediah, s. Dr. Jno. & Anna, b. Jan. 16, 1742/3	2	2
John, s. Dr. Jno. & Anna, b. Mar. 17, 1741	2	2
Jno., Dr., d. May 31, 1753	2	2
John, m. Ruth **WHITE**, Dec. 26, 1764	2	199
John Chevers, s. John & Ruth, b. Sept. 15, 1766	2	199
Joseph, s. Dr. Jno. & Anna, b. Jan. 31, 1750/1	2	2
Josiah H., of Keene, N. H., m. Olive G. **HULBERT**, d. of David, of Middletown, Oct. 23, 1850, by Rev. T. P. Abell	4	188
Martha, of Somers, m. Matthew **POLLY**, of Middletown, Dec. 29, 1751	2	19
Mary, d. Dr. Jno. & Anna, b. Nov. 16, 1738, at Chatham	2	2
Polly, d. John & Ruth, b. Dec. 6, 1770	2	199
Polly, 2d, m. W[illia]m **BOARDMAN**, Sept. 15, 1799	2	341
Rachel, m. Edwin **REES**, b. of Middletown, Mar. 18, 1854, by Rev. Lester Lewis	4	250
Ruth, d. John & Ruth, b. July 14, 1768	2	199
Samuel, s. John & Ruth, b. Sept. 8, 1772	2	199
Samuel, 2d, s. John & Ruth, b. Feb. 4, 1773	2	199
Theron, Rev., of Amenia, N. Y., m. Mrs. Sarah **STOCKING**,		

	Vol.	Page
OSBORN, OZBORN, (cont.)		
of Berlin, Jan. 7, 1827, by Rev. E. Washburn	3	259
OSGOOD, Hannah, d. Jeremiah & Mary, b. Mar. 2, 1730/31; d.		
May 11, 1731	1	29
Jeremiah, m. Mary **HUB[B]ARD**, Aug.16, 1727	1	29
Jeremiah, s. Jere[mia]h & Mary, b. July 31, 1728; d.		
Oct. 20, 1728	1	29
Jeremiah, Sr., d. Nov. 4, 1732	1	29
Jeremiah, s. Jere[mia]h & Lucia, b. July 6, 1755	2	29
Jeremiah Hub[b]ard, s. Jeremiah & Mary, b. Feb. 5,		
1731/2	1	29
Jeremiah Hubbard, m. Lucia **CHURCHEL**, Oct. 2, 1754	2	29
Mary, d. Jeremiah & Mary, b. Oct. 17, 1729; d. Apr. 1,		
1730	1	29
Mary, m. Sam[ue]ll **GALPEN**, Feb. 16, 1744	1	80
Mary, m. Samuel **GALPEN**, Feb. 16, 1744	2	6
O'SULLIVAN, Ellen, m. Thomas **FLYNN**, Feb. 8, 1852, by Rev.		
Jno. Brady	4	210
Margaret, m. John **SHEA**, Sept. 25, 1854, by Rev. Jno.		
Brady	4	272
Michael, m. Eliza **MEARY**, Sept. 10, 1853, by Rev. Jno.		
Brady	4	240
OTIS, Elizabeth H., adopted d. of Joseph, of New York, m.		
William Cushing **BOWERS**, s. of Lloyd, Oct. 16,		
1834, by Rev. Cyrus Mason	4	14
Erastus S., m. Mary C. **YOUNG**, Sept. 16, 1835, by Rev.		
Rob[er]t McEwen	3	414
OTWAY, Margaret Grace, of Middletown, m. Benjamin **OSBORN**,		
of Bridgeport, Conn., [July] 23, [1837], by Rev.		
James Noyes	3	436
OWEN, Almon, of New York, m. Maria E. **LOOMIS**, of		
Middletown, Aug. 5, 1834, by Rev. B. Creagh	3	398
PACKARD, Almy, m. Clinton **CHAPMAN**, b. of Hartford, Mar.		
18, 1850, by Rev. M. S. Scudder	4	141
PADDOCK, Daniel H., m. Sarah **BEVINS**, [Jan.] 1, [1835], by		
Rev. Geo[rge] B. Atwell	3	404
Elias, m. Elizabeth **WHITMORE**, b. of Middletown, Oct.		
19, 1829, by Rev. E. R. Tyler	3	340
Eunice, m. Samuel **WINSHIP**, s. Samuel & Sarah (**MILLER**),		
Dec. 28, 1786	2	293
Hannah, b. May 1, 1799, in Litchfield, N. Y.; m.		
Russel[l] **HOPKINS**, Feb. 9, 1819	3	12
Hannah M., m. Sylvester **ROBERTS**, Sept. 11, 1833, by		
Rev. John R. Crane	3	386
Harriet, m. Elijah **LUCAS**, of Middletown, May 1, 1822,		
by Rev. Eli Ball	3	96
Jonathan R., m. Caroline R. **STOW**, of Middletown, Apr.		
12, 1829, by Joshua L. Williams, V.D.M.	3	337

	Vol.	Page
PADDOCK, (cont.)		
Julia Ann, m. Alfred **HUBBERD**, b. of Middletown, Jan. 1, 1828, by Rev. Heman Bangs	3	290
Lucy, m. Elihu **PLUM**, Oct. 1, 1817	3	165
Maria, m. Daniel **BAILEY**, b. of Middletown, June 11, 1840, by Rev. Arthur Granger	3	566
Nancy, m. Daniel **BAILEY**, b. of Middletown, Nov. 10, 1831, by Rev. John Cookson	3	366
Sally, m. Phinehas **BACON**, June 9, 1823, by Rev. Levi Knight	3	131
Seth, s. Seth J., farmer & mechanic, ae. 37, & Lucinda, ae. 40, b. Jan. 29, [1848]	4	56-7
Sherman, s. Joseph, m. [ ] C. **SPENCER**, d. of Simon, b. of Middletown, June 17, 1854, by Rev. Lester Lewis	4	252
PAGE, Almena, m. Horace B. **LUCAS**, of Wallingford, Dec. 13, 1832, by Cha[rle]s Remington, Elder	3	377
Augustus, of Guilford, m. Abigail **RUSSELL**, of North Branford, Oct. 16, 1837, by Rev. John Cookson	3	443
Sena, m. Moses Hawkins **WOODWARD**, May 27, 1786	2	186
PAINE, PAIN, PAYNE, PAYN, Amasa, s. John & Sarah, b. May 1, 1764	2	91
Deborah, m. Ebenezer **FROTHINGHAM**, Apr. 20, 1757, at Southold, L. I.	2	109
Deborah, d. Moses & Esther, b. Feb. 24, 1778	2	88
Dorcas, m. Nathaniel **BROWN**, Oct. 2, 1758	2	321
Dorcas, of Eastham, Mass., m. Nathaniel **BROWN**, of Middletown, Oct. 2, 1759, by Rev. Joseph Crocker	2	194
Elisha, m. Thankful **HOPKINS**, June 12, 1746	2	158
Elizabeth, w. of John, d. Oct. 22, 1756	2	91
Elizabeth, d. Jno. & Sarah, b. Mar. 20, 1760	2	91
Elizabeth Grant, d. Moses & Esther, b. July 17, 1773	2	88
Esther, d. Moses & Esther, b. May 27, 1760	2	88
George R., m. Mary **CRANE**, b. of East Hartford, Jan. 14, 1823, by Rev. Phinehas Cook	3	117
Hannah, d. Moses & Esther, b. May 17, 1771	2	88
Jemima, of Southold, L. I., m. Elihu **STOW**, of Middletown, Mar. 11, 1760	2	226
Jobe, m. Susannah **EGLESTONE**, Jan. 11, 1699	LR1	19
Job, m. Elizabeth **HALL**, May [ ], 1704	LR2	9
Job, d. Feb. 24, 1764	LR2	9
John, m. Mary **MARTIN**, Aug. 1, 1676	LR1	8
John, s. John & Mary, b. May 1, 1677	LR1	8
John, d. Dec. 10, 1681	LR1	8
John, s. Job & Elizabeth, b. Apr. 7, 1706	LR2	9
John, m. Elizabeth **STOCKING**, Dec. 8, 1736	2	91
John, m. Sarah **YOUNG**, Apr. 27, 1757	2	91
John, s. John & Sarah, b. Apr. 24, 1758	2	91

	Vol.	Page
PAINE, PAIN, PAYNE, PAYN, (cont.)		
John, s. Moses & Esther, b. Oct. 1, 1766	2	88
Mary, d. Elisha & Thankful, b. Mar. 18, 1746/7	2	158
Mary, d. Moses & Esther, b. Sept. 10, 1764	2	88
Moses, s. Moses & Esther, b. Dec. 26, 1762; d. Apr. 17, 1763	2	88
Moses, 2d, s. Moses & Esther, b. Sept. 6, 1775	2	88
Oliver, s. Moses & Esther, b. July 5, 1769	2	88
Patience, d. John & Mary, b. Aug. 19, 1678	LR1	8
Patience, m. Samuell **EGLESTON**, July 8, 1703	LR1	20
Reliance, d. Elisha & Thankful, b. Feb. 18, 1748/9	2	158
Reuben, s. John & Sarah, b. Aug. 25, 1762	2	91
Samuel Langdon, s. Moses & Esther, b. May 13, 1779	2	88
Susannah, alias **EGLESTONE**, d. Jan. 11, 1701/2; w. of Jobe	LR1	19
PAINTER, Henry, of Plymouth, m. Sally **NICHOLS**, of Middletown, Dec. 11, 1820, by Rev. Eli Ball	3	45
PALMER, Adeline, see under Adeline **PALMER SMITH**		
Charlotte Mary, d. Gideon, Jr., merchant, ae. 31, & Eliza H., ae. 26, b. Sept. 25, 1847	4	42-3
Gideon, m. Emily Hannah **JOHNSON**, Aug. 18, 1842, by Rev. John R. Crane	3	491
PARDEE, Charles, m. Louisa **ROBERTS**, b. of Middletown, Oct. 4, 1847, by Rev. James Floy	4	19
Laura A., Ae. 25, b. in Haddam, m. Smith C. **BOWERS**, laborer, ae. 25, b. in Haddam, res. Middletown, July 4, 1849, by Rev. Gay	4	124-5
Lucy E., of Middletown, m. A. Ossian **COOK**, of Northford, Oct. 11, 1837, by Rev. Zebulon Crocker	3	441
PARFFER, Mary, m. Joseph **HUB[B]ARD**, Dec. 29, 1670	LR1	44
PARKE, [see also **PARKIS** and **PARKS**], Daniel, s. Joseph & Mary, b. [ ]	1	63
Elizabeth, d. Joseph & Mary, b. [ ]	1	63
James, s. Joseph & Mary, b. Jan. 24, 1724/5	1	63
Joseph, Jr., of Middletown, m. Amittai **CADY**, of Pomfret, Jan. 16, 1739/40	1	63
Joseph, s. Joseph & Amittai, b. Nov. 1, 1742; d. Apr. 10, 1744	1	63
Joseph, s. Joseph & Amittai, b. June 14, 1745	1	63
Joseph, s. Joseph & Mary, b. [ ]	1	63
Mary, d. Joseph & Mary, b. [ ]	1	63
Sarah, m. William **BEVIN**, Dec. 20, 1739	1	9
Sarah, d. Joseph & Mary, b. [ ]	1	63
Smith, s. Joseph & Mary, b. [ ]	1	63
PARKER, Alice B., d. Oct. 24, 1848, ae. 2 y. 4 m.	4	134-5
Beda, m. Darling **STEWART**, Sept. 26, 1824, by Rev. Josiah Bowen	3	171
Catharine A., m. Luther S. **SMITH**, b. of Middletown,		

PARKER, (cont.)

	Vol.	Page
July 3, 1837, by Rev. Zebulon Crocker	3	435
Charles B., s. Joseph, ship carpenter, ae. 26, & Hannah, ae. 22, b. Apr. 24, 1849	4	114-5
Cha[rle]s B., d. Sept. 3, 1849, ae. 4 m.	4	174-5
Francis Maria, twin with Maria Francis, d. Andrew F., ship carpenter, ae. 31, & Martha, ae. 30, b. Oct. 2, 1848	4	114-5
Frances M., twin with Maria F., d. Oct. 25, 1848, ae. 3 d.	4	134-5
Grace C., of Middletown, m. Will[ia]m **DOUGLASS**, of North Branford, Apr. 12, 1835, by Rev. John Cookson	3	408
Hannah E., of Middletown, m. Amos N. **PRENTICE**, of Norwich, May 18, 1840, by Rev. Arthur Granger	3	467
Henry R., s. Andrew F. W., ship carpenter, ae. 33, & Martha, ae. 32, b. May 9, 1850	4	162-3
Joseph C., m. Hannah H. **BROOKS**, Dec. 29, 1847, by Rev. W. A. Stickney	4	25
Joseph C., ship carpenter, ae. 25, b. in Chester, res. Middletown, m. Hannah H. **BROOKS**, ae. 21, b. in Middletown, [1847], by W[illia]m A. Stickney	4	64-5
Josephine M., m. Cha[rle]s H. **BAILEY**, b. of Middletown, Nov. 28, 1849, by Rev. W. A. Stickney	4	96
Josephine M., ae. 19, m. Charles H. **BAILEY**, ship carpenter, ae. 22, b. of Middletown, Nov. 28, 1849, by Rev. W[illia]m A. Stickney	4	168-9
Marcy, m. Seth **DOANE**, Feb. 23, 1758	2	111
Maria F., twin with Frances M., d. Oct. 25, 1848, ae. 3 d.	4	134-5
Maria Francis, twin with Francis Maria, d. Andrew F., ship carpenter, ae. 31, & Martha, ae. 30, b. Oct. 2, 1848	4	114-5
Mary A., of Middletown, m. Benjamin **DOUGHLASS**, of Norwich, Apr. 3, 1838, by Rev. Robert McEwen	3	431
Mary Adeline, d. Elias, of Middletown, b. July 14, 1821; m. Benjamin **DOUGLAS**, s. of William, of Branford, Conn., Apr. 3, 1838, by Rev. Robert McEwen	4	33
Mary Ann, of Chester, m. Harris **BAILEY**, of Haddam, May 2, 1827, by Rev. John R. Crane	3	272
Michael, m. Johanna **BURKE**, Aug. 25, 1852, by Rev. Jno. Brady	4	240
Nancy, ae. 19, m. Martin **WOODRUFF**, farmer, ae. 22, b. in Chester, res. Avon, Nov. 8, 1848, by Rev. James Hepburn	4	126-7
Nancy M., of Middletown, m. Martin **WOODRUFF**, of Avon, Nov. 9, 1848, by Rev. James Hepburn	4	80

	Vol.	Page

PARKER, (cont.)

	Vol.	Page
Sarah, of Haddam, m. Thomas **ANDREWS**, Aug. [ ], 1720	LR2	Ind-2
Theodostia, of Suffield, Conn. m. Lewis **DAVENPORT**, of Northampton, Mass., Apr. 9, 1828, by Rev. Heman Bangs	3	299
-----, d. Joseph C., ship carpenter, ae. 27, & Hannah, ae. 23, b. July 24, 1850	4	164-5

PARKIS, [see also **PARKE** and **PARKS**], Chester, m. Mary

JOHNSON, Apr. 1, 1833, by Rev. John R. Crane	3	381
Jabez W., of Middletown, m. Mary **WOODRUFF**, of Berlin, Aug. 10, 1829, by Rev. John Cookson	3	339

PARKMAN, Julia, of Berlin, m. John L. **JONES**, of Macon, Ga., July 26, 1830, by Rev. John R. Crane — 3 — 351

PARKS, [see also **PARKE** and **PARKIS**], Charles, of Springfield, Mass., m. Maria **SAGE**, of Middletown, Nov. 1, 1826,

by Joshua L. Williams, V.D.M.	3	252
James, of Providence, R. I., m. Elizabeth **BRAINERD**, of Middletown, [Apr.] 18, [1829], by Rev. E. R. Tyler	3	332
Susan, m. Henry **REDFIELD**, Mar. 4, 1821, by Rev. Frederick Wightman	3	49

PARMELEE, PARMELE, PARMELY, PARMILEE, Adeline M.,

w. of David, d. July 18, 1826	3	122
Adeline Maria, d. David D. & Adeline M., b. Dec. 30, 1829* (*Date conflicts with death of mother)	3	122
Anna, d. Bryan & Rebeckah, b. Feb. 12, 1759	2	107
Bryan, of Middletown, m. Rebeckah **CONE**, of Haddam, Nov. 13, 1755	2	107
Charles Henderson, [s. David D. & Sarah W.], b. Apr. 16, 1853	3	122
Charles Whiteman, s. David D. & Adeline M., b. May 21, 1826	3	122
Cornelia Augusta, d. William, mechanic, & Emily, b. May 30, [1848]	4	46-7
David, s. Bryan & Rebeckah, b. Sept. 4, 1765	2	107
David D., s. of Daniel, of Claremont, N. H., m. Adeline M. **REDFIED**., d. of Seth, of Claremont, N. H., July 13, 1825, by Rev. Dr. Spring, at New York	3	122
David D., m. Sarah W. **STARR**, d. Beverly & Catherine, Sept. 1, 1829, by Rev. N. Smith, at Southbury, Conn.	3	122
Eliza, of Mddletown, m. Philip **WILCOX**, of Berlin, June 26, 1823, by Rev. Joshua L. Williams	3	129
Ellen Stevens, [d. David D. & Sarah W.], b. Jan 10, 1846	3	122
Ermina Starr, [d. David D. & Sarah W.], b. Dec. 28, 1838; d. Jan. 23, 1839	3	122
Esther, d. Bryan & Rebeckah, b. Apr. 25, 1763	2	107
George Stevens, s. David D. & Sarah W., b. Jan. 31,		

	Vol.	Page

PARMELEE, PARMELE, PARMELY, PARMILEE, (cont.)

	Vol.	Page
1835; d. Apr. 28, 1837	3	122
George Stevens, [s. David D. & Sarah W.], b. Nov. 16, 1839	3	122
Hannah, m. Joseph **COE**, Dec. 23, 1736	2	112
Henry Starr, [s. David D. & Sarah W.], b. Apr. 24, 1842	3	122
James S., m. Mary A. **STARR**, Aug. 8, 1843, by Rev. John R. Crane	3	503
Jason, m. Nancy G. **SAVAGE**, b. of Middletown, Sept. 23, 1827, by Joshua L. Williams, V.D.M.	3	280
Joel, of Durham, m. Ann **CLARK**, of Haddam, Apr. 12, 1842, by Rev. Zebulon Crocker	3	489
John, s. Bryan & Rebeckah, b. May 17, 1761	2	107
John, farmer, ae. 49, b. in Meriden, res. Middletown, m. Mary M. **PARMELEE**, ae. 35, of Killingworth, Apr. 4, 1849, by Ephraim G. Swift	4	126-7
Laura, d. Payne, cabinet maker, ae. 30, & Sarah Ann, ae. 22, b. June 17, 1849	4	104-5
Lois, m. John **CODNER**, Sept. 17, 1744	1	71
Lucia, d. Jona[tha]n & Sarah, b. Jan. 15, 1752	2	269
Maria A., d. of David D., of Middletown, m. Richard **LEAYCROFT**, of Williamsburg, N. Y., Dec. 7, 1852, by Rev. John R. Crane	4	256
Mary, d. Bryan & Rebeckah, b. Apr. 6, 1757	2	107
Mary M., ae. 35, of Killingworth, m. John **PARMELEE**, farmer, ae. 49, b. in Meriden, res. Middletown, Apr. 4, 1849, by Ephraim G. Swift	4	126-7
Oliver, m. Abigail **CLARK**, Jan. 29, 1755	2	47
Rebecca, d. Oliver & Abigail, b. Apr. 20, 1756	2	47
Samuel, s. Oliver & Abigail, b. Sept. 9, 1757	2	47
Sarah, m. Nathaniel **DANE**, July 6, 1763	2	28
Susan Catharine, [d. David D. & Sarah W.], b. Jan. 18, 1837	3	122
Temperance, of Upper Houses, m. Orrin **MILDRUM**, Sept. 5, 1821, by Rev. Stephen Hayes	3	64
Theodore N., m. wid. Margaret **WILLIAMS**, Dec. [ ], 1831, by Rev. Smith Pyne	3	378
William, m. Emily **DANIELS**, b. of Middletown, Dec. 19, 1833, by Rev. John Cookson	3	391

PARSHLEY, Anthony R., m. Lucy A. **COREY**, Aug. 25, 1840, by Rev. L. S. Everett — 3, 474

	Vol.	Page
Elizabeth, m. Nathaniel B. **SMITH**, b. of Middletown, [Mar.] 24, [1844], by Rev. W. G. Howard	3	512
Elizabeth, m. Nathaniel B. **SMITH**, Mar. 24, 1844	4	24
——, child of A. R., hatter, ae. 31, & Lucy A., ae. 27, b. Feb. [ ], 1849	4	104-5

PARSONS, Aaron, of Durham, m. Abigail **SANFORD**, of Milford, Feb. 6, 1732/3 — 1, 4

	Vol.	Page
PARSONS, (cont.)		
Aaron, s. Aaron & Abigail, b. June 14, 1735	1	4
Aaron, s. Stephen & Elizabeth, b. Dec. 3, 1770	2	60
Abigail, d. Aaron & Abigail, b. July 14, 1746	1	4
Abigail, d. Moses & Eliz[abet]h, b. Apr. 29, 1747	1	120
Abigail, m. Nathan **COE**, July 22, 1767	2	148
Ann, d. Aaron & Abigail, b. Nov. 13, 1733	1	4
Anne, m. Smith **MILLER**, Jan. 31, 1754	2	62
Anne, w. of Stephen, d. Sept. 29, 1781	2	60
Anne, d. Stephen & Sarah, b. Aug. 19, 1783	2	60
Elihu, s. Stephen & Anne, b. Sept. 20, 1781	2	60
Eliner, d. Stephen & Elizabeth, b. Jan. 5, 1773	2	60
Eliphas, s. Moses & Elizabeth, b. Jan. 7. 1738/9	1	120
Eliphaz, m. Abigail **TURNER**, July 9, 1761	2	114
Elizabeth, d. Moses & Eliz[abet]h, b. Dec. 28, 1743	1	120
Elizabeth, of Durham, m. Giles **MILLER**, of Middletown, Feb. 7, 1753	2	59
Elizabeth, m. Noah **ROBERDS**, Dec. 13, 1763	2	36
Elizabeth, w. of Stephen, d. Feb. 11, 1777	2	60
Elizabeth, d. Stephen & Anne, b. Dec. 16, 1779	2	60
Enoch, s. Samuel Holden, b. [ ], 1769, in Lyme; d. July 9, 1846, in Hartford	3	80
Enoch, of Middletown, m. Mary W. **SULLIVAN**, of New London, May 19, 1795	3	80
Enoch, m. Sally Rosecrants **HUBBARD**, d. of Nehemiah, Sept. [ ], 1808	3	80
Enoch Thomas, s. Enoch & Mary W., b. Oct. 31, 1798	3	80
Eunice, d. Moses & Elizabeth, b. Oct. 22, 1732	1	120
Eunice, m. Timothy **STARR**, June 4, 1752	2	364
Hannah, d. Aaron & Abigail, b. Dec. 29, 1752	1	4
Hannah, m. Seth **MILLER**, Jan. 15, 1772	2	169
Henry Ethelbert, s. Enoch & Sally, b. Dec. 25, 1809	3	80
Ichabod, s. Stephen & Elizabeth, b. Feb. 4, 1777	2	60
Jerusha, d. Aaron & Abigail, b. Sept. 24, 1738	1	4
Jerusha, m. Hezekiah **HALE**, Sept. 6, 1764	2	106
John, s. Moses & Eliz[abet]h, b. Dec. 25, 1750	1	120
Johnson, s. Stephen & Anne, b. Feb. 1, 1785	2	60
Laurinda A., of Springfield, Mass., m. Frederick W. **ATKINS**, of Middletown, Apr. 16, 1838, by Rev. Robert McEwen	3	445
Lucia, d. Moses & Eliz[abet]h, d. Sept. 9, 1753	1	120
Lucia, m. Stephen T. **HOSMER**, Jan. 4, 1785	3	169
Lucretia, d. Eliphaz & Abigail, b. Aug. 14, 1766	2	114
Leuce, d. Moses & Elizabeth, b. July 2, 1737	1	120
Marcy, d. Moses & Elizabeth, b. Apr. 2, 1735	1	120
Marcy, d. Moses & Eliz[abet]h, d. Aug. 31, 1753	1	120
Martha, m. Abraham **CAMP**, Jan. 13, 1743	2	21
Mary Sullivan, d. Enoch & Mary W., b. Aug. 5, 1796	3	80

	Vol.	Page
PARSONS, (cont.)		
Mary W., w. of Enoch, d. July 2, 1807	3	80
Moses, s. Moses & Eliz[abet]h, b. June 12, 1748	1	120
Naomi, d. Moses & Eliz[abet]h, b. May 7, 1741	1	120
Naomi, d. Moses & Eliz[abet]h, d. Oct. 30, 1753	1	120
Patrick, s. Eliphaz & Abigail, b. Aug. 20, 1763	2	114
Phebe, of Durham, m. William **STOW**, of Lyme, Nov. 7, 1848, by Rev. T. P. Abell	4	81
Rachel, d. Aaron & Abigail, b. Mar. 4, 1744	1	4
Rachel, m. Amos **WETMORE**, Nov. 11, 1765	2	361
Samuel, of New York, m. Elizabeth **MANNING**, of Middletown, July 7, 1826, by Rev. E. Washburn	3	232
Sam[ue]l Holden, s. [Enoch & Mary W.], b. Aug. 11, 1800	3	80
Simeon, m. Mehitabel **CLAPP**, of Northampton, Oct. 12, 1731	1	59
Stephen, s. Aaron & Abigail, b. Sept. 4, 1748	1	4
Stephen, m. Elizabeth **HAMBLETON**, b. of Middletown, Nov. 30, 1769	2	60
Stephen, s. Stephen & Elizabeth, b. Dec. 18, 1774	2	60
Stephen, m. Anne **CORNWELL**, Apr. 29, 1778	2	60
Stephen, m. Sarah **JOHNSON**, Oct. 31, 1782	2	60
Submit, [twin with Will[ia]m], d. Moses & Elizabeth, b. Aug. 28, 1753	1	120
Will[ia]m, [twin with Submit], s. Moses & Elizabeth, b. Aug. 28, 1753	1	120
[PARTRIDGE],PATRIDGE, Elizabeth, of Hatfield, m. John **HAMLIN**, of Middletown, May 3, 1709, at Hatfield, by Capt. Hall, J.P.	LR2	14
PATRICK, Barb[a]ra, m. Archibald A. **PERKINS**, b. of Middletown, Nov. 7, 1849, by Rev. J. L. Dudley	4	97
PATRIDGE, [see under **PARTRIDGE**]		
PATTEN, George M., m. Susan **CHAMBERLAIN**, b. of Middletown, Oct. 20, 1822, by Rev. Eli Ball	3	109
George W., of Portland, m. Mary K. **STEVENS**, of Middletown, Feb. 20, 1853, by Rev. Jno. Morrison Reid	4	233
Nathan, m. Mrs. Betsey **TRYON**, Mar. 24, 1830, by Charles Remington, Elder, at the South Farms	3	346
Samuel, of Springfield, Mass., m. Urania **LEE**, of Middletown, June 2, 1844, by Rev. E. E. Griswold	3	517
Urania, m. Ira **HUBBELL**, b. of Middletown, Nov. 24, 1853, by Rev. E. L. Janes	4	246-7
PATTERSON, PATTESON, PATTISON, Ann, m. Amos **GALPEN**, Nov. 5, 1745	2	137
Ann Eliza, d. John, laborer, ae. 23, & Ellen, ae. 29, b. Jan. 28, [1848]	4	46-7
Edward, of Middletown, m. Elizabeth **HILLS**, of Hartford,		

	Vol.	Page

PATTERSON, PATTESON, PATTISON, (cont.)

	Vol.	Page
Nov. 28, 1751	2	43
Eliza Jane, m. James **HORNER**, June 30, 1848, by Rev. Joseph Holdrich	4	34
James, m. Margaret **BARRETT**, Aug. 8, 1847, by Rev. James Floy	4	13
James, quarryman, ae. 20, b. in Dunn's Co., Ireland, res. Middletown, m. Margaret **BARRATT**, domestic, ae. 26, b. in Queen's Co., Ireland, res. Middletown, Aug. 8, 1847, by Rev. James Floy	4	62-3
James, d. Aug. 6, 1849, ae. 5 m.	4	130-1
James C., m. Louisa **BORDINANCE**, of Middletown, Jan. 7, 1838, by Rev. Robert McEwen	3	444
Jane Eliza, ae. 24, b. in Ireland, res. Middletown, m. James **HORNER**, domestic, ae. 23, b. in Autrim Co., Ireland, res. Middletown, June 30, 1848, by Rev. Joseph Holdrich	4	62-3
Lucretia, d. Edw[ar]d & Eliz[abet]h, b. Nov. 22, 1757	2	43
Margaret, b. in Queen's Co., Ireland, res. Middletown, d. Aug. 22, 1848, ae. 30	4	130-1
Margaret, m. John **CLANGAN**, b. of County Dawn, Ireland, May 8, 1854, by Rev. James B. Crane	4	257
Rhoda, d. Edw[ar]d & Eliz[abet]h, b. Aug. 2, 1755	2	43
Sarah, ae. 28, of Middletown, m. George **NORRIS**, stone-cutter, ae. 27, b. in Ireland, res. Middletown, July 4, 1850, by Rev. Sylvester S. Strong, [of] N. Y.	4	166-7

PATTISON, [see under **PATTERSON**]

PAYNE, [see under **PAINE**]

PEARSON, James Bayles, of New York, m. Ellen **FERRE**, d. of Enoch C., of Middletown, July 30, 1852, by Rev. Samuel M. Emery — 4, 215

PEASE, PEES, Aaron, merchant, b. in Enfield, res.

	Vol.	Page
Middletown, d. Feb. 24, 1848, ae. 69	4	70-1
Agift, of Portland, m. Elizabeth S. **SMITH**, of Middletown Apr. 18, 1842, by Rev. Zebulon Crocker	3	488
Andrew, s. Franklin, quarryman, ae. 45, & Deborah, ae. 40, b. Apr. 9, 1849	4	114-5
Aurelia, m. Patrick **FAGAN**, Oct. 5, 1831, by Rev. John R. Crane	3	363
Aurila, d. of Randolph, of Middletown, m. Patrick **FAGAN**, son of Michael, of Dublin, Ireland, Oct. 5, 1831	4	8
Caroline R., d. Nov. [ ], 1848, ae. 5 y. 10 m.	4	134-5
Elizabeth, d. Agift, carpenter, & Betsey, b. Sept. 17, 1847	4	54-5
Franklin, of Middletown, m. Elizabeth A. **ROGERS**, of Glastonbury, Mar. 17, 1850, by Rev. A. A. Stevens	4	142

	Vol.	Page
PEASE, PEES, (cont.)		
Franklin, quarryman, ae. 46, b. in Chatham, res. Middletown, m. 2d w. Elizabeth **ROGERS**, ae. 27, of Middletown, Mar. 17, 1850, by Mr. Stevens, [of] Meriden	4	168-9
Mary M., m. Asel **TERRY**, of East Haddam, May 27, 1830, by Rev. John R. Crane	3	349
Nancy A., m. Ezra **WHITE**, Jr., Jan. 28, 1836, by Rev. John R. Crane	3	418
Persis, m. Ebenezer **SUMNER**, May 10, 1756, at Hebron	2	134
Sophia, m. Ashbel **ALVORD**, Nov. 14, 1822, by Rev. John R. Crane	3	110
Susan A., m. Christopher F. **COLLINS**, July 10, 1838, by Rev. John R. Crane	3	447
Theodore, m. Lucy T. **GRIFFIN**, July 9, 1833, by Rev. John R. Crane	3	384
W[illia]m A., s. Agift, mechanic, ae. 29, & Elizabeth, ae. 28, b. Nov. 27, 1849	4	162-3
PECK, PEECKE, Abel, s. Sam[ue]ll & Abigail, b. Dec. 28, 1717	LR2	27
Abel, s. Sam[ue]ll & Abigail, d. Sept. 19, 1742	LR2	27
Abigail, d. Zebulon & Mary, b. May 20, 1736	1	88
Abigail, w. of Sam[ue]ll, d. Oct. 28, 1742, in the 62nd y. of her age	LR2	27
Abigail, d. Abijah & Abigail, b. Feb. 2, 1744	1	71
Abijaih, s. Sam[ue]ll & Abigail, b. Dec. 28, 1709	LR2	27
Abijah, m. Abigail **GALPEN**, June 10, 1742	1	71
Abijah, s. Abijah & Abigail, b. July 11, 1747	1	71
Amos, s. Sam[ue]ll & Abigail, b. Mar. 3, 1714/15	LR2	27
Anna, d. Abijah & Abigail, b. Jan. 21, 1752	1	71
Ariel, s. Elisha & Lydia, b. Nov. 17, 1745	1	133
Asa, s. Elisha & Lydia, b. Mar. 8, 1744	1	133
Eldad, s. Sam[ue]ll & Thankfull, b. June 4, 1728	1	18
Eldad, s. Sam[ue]ll & Thankfull, d. Aug. 22, 1736	1	18
Elijah, s. Sam[ue]ll & Abigail, b. July 23, 1723	LR2	27
Elisha, s. Sam[ue]ll & Abigail, b. Mar. 11, 1719/20	LR2	27
Elisha, m. Lydia **PECK**, May 11, 1743	1	133
Elisha, s. Elisha & Lydia, b. Feb. 25, 1753	1	133
Elisha, d. May 29, 1762	1	133
Elizabeth, d. Zeb[ulo]n & Mary, b. Sept. 30, 1739	1	88
Elizabeth, d. Zeb[ulo]n & Mary, d. Nov. 16, 1741	1	88
Everlin, m. Louisa **SHUMWAY**, b. of Berlin, Conn., Apr. 12, 1837, by Rev. D. Plumb	3	430
Freeman, s. Isaac & Lois, b. Oct. 9, 1732	1	65
Freeman, of Middletown, m. Lois **LINSLEY**, of Wethersfield, June 4, 1753	2	74
Freeman, s. Freeman & Lois, b. Mar. 31, 1760	2	74
Freeman, d. July 24, 1762	2	74
Isaac, of Kensington, m. Lois **PORTER**, of Farmington,		

PECK, PEECKE, (cont.)

	Vol.	Page
Dec. [ ], 1729	1	65
Isaac, d. Oct. 27, 1748	1	65
Isaac, s. Freeman & Lois, b. Aug. 14, 1753	2	74
Jabez, s. Isaac & Lois, b. Sept. 16, 1734	1	65
Ja[me]s, m. Grace Ann [**STARR**], 2d., [d. Nathan & Grace] & w. of Cha[rle]s **DYER**, Jr., Sept. 7, 1859	3	413
Jesse, s. Abijah & Abigail, b. Mar. 3, 1754	1	71
Jesse, s. [Jesse S. & Sarah], b. Oct. 9, 1792	2	111
Jesse Street, m. Sarah **BARNS**, June [ ], 1790	2	111
John C., m. Adeliza **MITCHELL**, Oct. 11, 1846, by Rev. A. L. Stone	4	4
Joseph, s. Isaac & Lois, b. Aug. 14, 1744	1	65
Joseph, s. Abijah & Abigail, b. July 6, 1749	1	71
Justus, s. Zebulon & Mary, b. Nov. 14, 1737	1	88
Levi H., of New York, m. Fanny M. **LUCAS**, of Middletown, Mar. 14, 1847, by Rev. James Floy	3	559
Lois, d. Isaac & Lois, b. Oct. 14, 1739; d. Sept. 22, 1743	1	65
Lois, d. Freeman & Lois, b. Dec. 24, 1754	2	74
Lucia, m. David **HART**, Mar. 30, 1749	2	48
Lucy, d. Sam[ue]ll & Abigail, b. Dec. 19, 1727	LR2	27
Lydia, m. Elisha **PECK**, May 11, 1743	1	133
Lydia, d. Elisha & Lydia, b. Jan. 19, 1747/8	1	133
Martha, m. John **CORNWELL**, June 8, 1665	LR1	45
Martha, m. Sam[ue]ll **HUB[B]ARD**, Nov. 1, 170[ ]	LR2	9
Mary, d. Zeb[ulo]n & Mary, b. Aug. 12, 1741	1	88
Mary, d. Abijah & Abigail, b. Mar. 29, 1756	1	71
Mary, m. Israel **FULLER**, July 23, 1761	2	169
Olive, d. Freeman & Lois, b. Apr. 9, 1757	2	74
Olive, d. Jesse S. & Sarah, b. Feb. 15, 1791	2	111
Samuel, m. Thankfull **WINDSHEL**, June 10, 1725	1	18
Sam[ue]ll, s. Sam[ue]ll & Thankfull, b. May 2, 1734	1	18
Sibbell, d. Sam[ue]ll & Thankfull, b. Mar. 12, 1725/6	1	18
Sibbell, d. Sam[ue]ll & Thankfull, d. Aug. 16, 1736	1	18
Sibbell, d. Elisha & Lydia, b. Nov. 22, 1761	1	133
Thankfull, d. Sam[ue]ll & Thankfull, b. Apr. 30, 1732	1	18
Thankfull, d. Sam[ue]ll & Thankfull, d. Aug. 31, 1736	1	18
Zebulon, s. Sam[ue]ll & Abigail, b. Sept. 1, 1712	LR2	27
Zebulon, m. Mary **EDWARDS**, July 10, 1735	1	88

PELLIT, Narcissa, m. Caleb **BARNES**, Apr. 25, 1830, by Rev. John R. Crane | 3 | 348 |

PELTON, Abner, s. Joseph & Anna, b. Mar. 4, 1755 | 2 | 61 |
Ann, m. Miles **HALL**, b. of Middletown, Apr. 21, 1825, by Rev. Josiah Bowen	3	198
Anna, d. Joseph & Anna, b. Mar. 25, 1757	2	61
Azubah, d. Joseph & Anna, b. July 24, 1764	2	61

MIDDLETOWN VITAL RECORDS 99

	Vol.	Page
PELTON, (cont.)		
Charles Abner, s. [Charles H. & Frances M.], b. May 20, 1839	3	83
Charles H. of Middletown, m. [ ], Sept. 1, 1843, by Rev. H. Miller, of Mereden	3	505
Dorcas, d. Rob[er]t & Hannah, b. Aug. 19, 1751, in Groton	2	68
E., of Chatham, m. Almira **CLARK**, of Middletown, Nov. 6, 1840, by Rev. D. C. Haynes	3	483
Ebenezer, s. Lem[ue]ll & Mary, b. Dec. 28, 1763	2	133
Elizabeth, d. James & Eliz[abet]h, b. Aug. 5, 1738	1	106
Elizabeth, d. Joseph & Anna, b. Nov. 19, 1745	2	61
Elizabeth, [d. Joseph & Anna], d. Sept. 28, 1749	2	61
Elizabeth, d. Lem[ue]ll & Mary, b. Sept. 16, 1756	2	133
Elizabeth, d. Joseph & Anna, b. June 13, 1762	2	61
Emily Matilda, d. C[harles] H. & Emily, b. Feb. 21, 1848	3	505
Emily Matilda, d. Charles H., printer, ae. 43, & Emily, ae. 39, b. Feb. 21, [1848]	4	48-9
Emily S., d. Walter W., farmer, ae. 49, & Sarah A., ae. 43, b. Apr. 5, 1850	4	162-3
Frances Matilda, w. of Charles H., & d. of John **GRAVES**, of Hebron, d. Mar. 25, 1843	3	83
George, s. Lemuel & Mary, b. June 14, 1751	2	133
George, m. Caroline **COTTON**, b. of Middletown, Jan. 1, 1832, by Rev. John Cookson	3	366*
Grace, m. Daniel H. **WILCOX**, b. of Middletown, Dec. 8, 1836, by Rev. Zebulon Crocker	3	427
Hannah, d. Lem[ue]ll & Mary, b. Oct. 14, 1754	2	133
Hannah, d. Rob[er]t & Hannah, b. Dec. 20, 1756	2	68
Hannah, m. John **BANKS**, Oct. 24, 1775	2	167
James, m. Elizabeth **BURR**, Jan. 14, 1735/6	1	106
James, s. James & Eliz[abet]h, b. Apr. 3, 1741	1	106
John Graves, s. Cha[rle]s H. & Frances M., b. Apr. 17, 1838	3	83
Jonathan, s. Joseph & Anna, b. Mar. 23, 1750	2	61
Jonathan, [s. Joseph & Anna], d. Sept. 16, 1750	2	61
Jonathan, s. Joseph & Anna, b. June 10, 1759	2	61
Jonathan Peters, s. [Charles H. & Frances M.], b. Mar. 17, 1843	3	83
Joseph, m. Anna **PENFIELD**, Sept. 27, 1744	2	61
Joseph, s. Joseph & Anna, b. Nov. 15, 1751	2	61
Joseph, d. Dec. 3, 1751	2	61
Joseph, s. Joseph & Anna, b. Oct. 19, 1752	2	61
Lemuel, m. Mary **CORNWELL**, Apr. 8, 1747	2	133
Lemuel, s. Lemuel & Mary, b. July 13, 1749	2	133
Levinia B., of Saybrook, m. Richard **SPENCER**, of Guilford, May 29, 1836, by Rev. John Cookson	3	423

	Vol.	Page
PELTON, (cont.)		
Lucy, m. Will[ia]m **MILLER**, Jr., Oct. 7, 1779	2	314
Lucy Ann, of Middletown, m. Joseph **CURTISS**, of Berlin, June 19, 1838, by Rev. Zebulon Crocker	3	446
Lydia, of Haddam, m. Constant **WEBB**, of Saybrook, Dec. 5, 1822, by Simon Shailer, J. P.	3	115
Mary, m. Thomas **MACLEAVE**, Dec. 11, 1735	1	84
Mary, d. Sam[ue]ll & Sibbell, b. Aug. 16, 1738	1	90
Mary, d. Phipehas & Mary, b. Sept. [ ], 1741	1	117
Mary, d. Lem[ue]ll & Mary, b. Nov. 28, 1752	2	133
Mary Ann, d. Walter, farmer, & Sarah Ann, b. Oct. 29, 1847	4	54-5
Moses Young, s. Rob[er]t & Hannah, b. Apr. 28, 1759	2	68
Olive, d. Lem[ue]ll & Mary, b. Oct. 28, 1760	2	133
Phebe, d. Lem[ue]ll & Mary, b. Nov. 28, 1758	2	133
Phebe, m. Stephen **PIERCE**, Jr., Aug. 24, 1777	2	311
Phinehas, m. Mary **McKEY**, May 22, 1740	1	117
Phinehas D., of La Grange, Oldham Cty., Ky., m. Harriet **BURR**, of Haddam, June 26, 1839, by Rev. Joseph Holdich	3	459
Pris[c]ella, m. Timothy **BUTLER**, Mar. 27, 1782	2	230
Prudence, d. Rob[er]t & Hannah, b. Aug. 20, 1754	2	68
Sally, of Chatham, m. George **STOCKING**, of Middletown, Sept. 20, 1821, by Rev. Joshua L. Williams	3	75
Samuel, m. Sibbell **YEOMANS**, June 17, 1736	1	90
Samuel, s. Lemuel & Mary, b. Dec. 26, 1747	2	133
Sarah, d. Joseph & Anna, b. Jan. 15, 1748	2	61
Sebbell, d. Sam[ue]ll & Sibbell, b. May 7, 1741	1	90
William P., farmer, b. in Portland, res. Middletown, d. June 16, 1848, ae. 73	4	72-3
William W., m. Sarah Ann **SMITH**, b. of Middletown, Oct. 22, 1845, by Rev. Zebulon Crocker	3	539
PENDLETON, Prentice, m. Margaret **BENHAM**, July 12, 1827, by Rev. John R. Crane	3	274
PENFIELD, Abel, s. Jona[tha]n & Eliz[abet]h, b. Feb. 11, 1758	2	314
Abishai, s. Simeon & Mary, b. May 15, 1761	2	230
Alfred, of Chatham, m. Hepsabeth Melissa **McNARY**, of Middletown, May 15, 1838, by Rev. John Cookson	3	446
Amos, s. Simeon & Mary, b. Sept. 22, 1756	2	230
Anna, d. Jno. & Ann, b. Oct. 26, 1728	1	41
Anna, m. Joseph **PELTON**, Sept. 27, 1744	2	61
Anna, d. Jona[tha]n & Eliz[abet]h, b. Aug. 10, 1755	2	314
Augustus, m. Lucy Elizabeth **GRINNELLS**, Sept. 26, 1847, by Rev. A. L. Stone	4	15
Augustus O., mechanic, ae. 28, b. in Portland, res. Middletown, m. Lucy E. **GRINNELS**, ae. 25, of Middletown, Sept. 26, 1847, by Rev. A. L. Stone	4	64-5

	Vol.	Page
PENFIELD, (cont.)		
Benjamin, s. Step[he]n & Jerusha, b. Sept. 2, 1744	1	118
Cynthia, m. Charles **TREADWAY**, b. of Middletown, Jan. 27, 1830, by Rev. Thomas Branch	3	344
Elbridge H., of Portland, m. Mary E. **COLES**, of Middletown, May 4, 1846, by Rev. J. L. Gilder	3	548
Eliza, of Middletown, m. William **LAWRENCE**, of Utica, N. Y., Dec. 19, 1830, by Rev. Thomas Burch	3	358
Elizabeth, d. Jona[tha]n & Eliz[abet]h, b. May 26, 1752	2	314
Esther, d. Simeon & Mary, b. Nov. 29, 1758	2	230
Hephzibah, d. Simeon & Mary, b. Mar. 20, 1764	2	230
Jeremiah, s. Stephen & Jerusha, b. June 12, 1742	1	118
Jerusha, d. Step[he]n & Jerusha, b. Oct. 14, 1746	1	118
John, m. Ann **CORNWELL**, Apr. 9, 1724	1	41
John, s. John & Ann, b. May 14, 1731	1	41
John, s. Step[he]n & Jerusha, b. Apr. 4, 1749	1	118
Jona[tha]n, m. Elizabeth **SHEPARD**, Dec. 20, 1750	2	314
Jonathan, s. Jona[tha]n & Eliz[abet]h, b. Feb. 10, 1760	2	314
Lois, of Wallingford, m. Hezekiah **WARNER**, of Middletown, Feb. 8, 1759	2	51
Lucy, d. Jonathan & Elizabeth, b. Mar. 30, 1763	2	314
Malantha, m. John **HALL**, of Middletown, Jan. 27, 1830, by Rev. Tho[ma]s Branch	3	344
Mary, d. Simeon & Mary, b. Mar. 5, 1751/2	2	230
Mary, m. Sylvester **BAILEY**, of Middletown, June 6, 1822, by Rev. Joshua L. Williams	3	97
Mary, m. William A. **HARRINGTON**, b. of Middletwon, Oct. 14, 1838, by Rev. Frederick Wightman	3	452
Mary E., d. E. H., manufacturer, ae. 28, & Laura, ae. 27, b. Oct. 20, 1849	4	156-7
Prudence, d. Jona[tha]n & Eliz[abet]h, b. June 18, 1754	2	314
Sam[ue]ll, s. Step[he]n & Jerusha, b. Apr. 4, 1739	1	118
Samuel, m. Eliza **BARNEY**, Mar. 2, 1846, by Rev. W. G. Howard	3	544
Sarah, d. Jona[tha]n & Eliz[abet]h, b. Nov. 6, 1756	2	314
Silence, m. John **SHEPARD**, Jr., Oct. 21, 1756	2	247
Simeon, of Middletown, m. Mary **BOWERS**, of Killingly, Dec. 6, 1749	2	230
Simeon, s. Simeon & Mary, b. Apr. 16, 1754	2	230
Sophronia M., of Middletown, m. Alfred* R. **CHAPMAN**, of Colchester, Dec. 12, 1843, by Rev. E. E. Griswold (* "Albert" written in pencil)	3	508
Stephen, s. Simeon & Mary, b. May 14, 1750	2	230
Timothy, m. Jerusha **MATHER**, b. of Middletown, Dec. 8, 1842, by Rev. J. B. Cook	3	497
Zebulon, s. Jonathan & Elizabeth, b. Apr. 16, 1765	2	314
PEN[N], Adelphia, of Brimfield, Mass., m. John P. **WILSON**, of New Haven, Sept. 10, 1837, by Rev. Robert McEwen	3	437

	Vol.	Page
PENNEY, [see under **PENNY**]		
PENNOCK, James, m. Thankful **BORDMAN**, Mar. 1, 1738/9	1	118
James, s. James & Thankful, b. May 15, 1739	1	118
Samuel, s. James & Thankful, b. Mar 29, 1741	1	118
PENNY, PENNEY, [see also **PINNEY**], Charles, s. [George & Rachel], b. June 17, 1832	3	23
Charles, organ maker, black, d. Apr. 26, 1848, ae. 16	4	68-9
Eliz[abet]h, d. [George & Rachel], b. Feb. 11, 183[ ]	3	23
George, d. Dec. 14, 1848, ae. 56	3	23
George, barber, colored, b. in St. Christophers, W. I., res. Middletown, d. Dec. 14, 1848, ae. 56	4	130-1
George, m. Rachel **FREEMAN**, [ ]	3	23
Geo[rge] W. carriagemaker, colored, ae. 34, of Middletown, m. Jane **HONES***, ae. 40, b. in Boston, res. Middletown, Apr. [ ], 1850, by Bishop Chase, at N. Y. (*Perhaps "**HANES**")	4	200-1
George Wright, s. [George & Rachel], b. July 31, 1821	3	23
Jane Cheasmond, d. [George & Rachel], b. May 12, 1823	3	23
Joseph Freeman, s. [George & Rachel], b. Aug. 21, 1728* (*Probably 1828)	3	23
Mary Ann, d. George & [Rachel], b. Mar. 10, 1815	3	23
Sarah, d. [George & Rachel], b. Feb. 17, 1818	3	23
Thomas Pridie, s. [George & Rachel], b. Dec. 27, 1825	3	23
PEPPER, W[illia]m, s. P. H., merchant, & [ ], b. [1849]	4	104-5
PERCIVAL, Hannah, d. John & Mary, b. Aug. 18, 1761	2	36
John, s. John & Mary, b. Sept. 20, 1756	2	36
Margaret, d. Jno. & Mary, b. May 23, 1759	2	36
Mary, d. John & Mary, b. Aug. 16, 1764	2	36
PERKINS, Archibald A., m. Barb[a]ra **PATRICK**, b. of Middletown, Nov. 7, 1849, by Rev. J. L. Dudley	4	97
Elizabeth, b. May 23, 1795, in England; m. John Buclkley **SOUTHMAYD**, Nov. 28, 1815, by Rev. Dan Huntington	3	27
James, m. Phebe **DICKINSON**, [Mar.] 8, [1846], by Rev. W. G. Howard	3	544
Jesse D., of Waterbury, m. Martha **ANDREWS**, formerly of Bristol, Sept. 30, 1844, by Rev. Andrew L. Stone	3	522
Malvina, b. in Bristol, res. Middletown, d. June 3, 1849, ae. 27	4	130-1
——, d. James, laborer, & Phebe, b. June 1, 1848	4	46-7
PERRY, Mary, m. James **HOMER**, b. of Middletown, Nov. 2, 1851, by Rev. Mereweather Winston	4	208
Sarah, m. Samuel **BOWERS**, b. of Middletown, Apr. 8, 1852, by Rev. John R. Crane	4	212
PETERS, Joseph, d. Jan. 27, 1761	2	259
Judson, of Hebron, m. Sophia **MOODEY**, Jan. 23, 1844, by Rev. John R. Crane	3	511

	Vol.	Page
PETERS, (cont.)		
Phebe, d. Joseph & Deborah, b. Oct. 26, 1760	2	259
PETERSON, Abraham, m. Sally **CAXLES**, May 15, 1823, by Rev. Phinehas Cook	3	128
PETTIS, Nathan, m. Abigail **GILCHRIST**, May 24, 1771	2	300
PETTIT, Jane, m. Ransom **BARNES**, Nov. 25, 1838, by Rev. John R. Crane	3	454
PHELPS, Abijah, s. Noah & Ann, b. Feb. 23, 1737/8	1	63
Asa, s. Noah & Ann, b. Jan. 15, 1739/40	1	63
Charles, laborer, d. Mar. 13, 1850, ae. 42	4	172-3
Cha[rle]s J., s. James, printer, ae. 22, & Sarah, ae. 18, b. Apr. 4, 1850	4	156-7
Edward A., m. Elizabeth S. **CARRINGTON**, Jan. 23, 1833, by Rev. John R. Crane	3	379
Elijah, s. Martha **NORTON**, wid., b. Sept. 8, 1759	2	132
Elizabeth R., d. Aug. 9, 1848, ae. 1	4	70-1
James, s. Noah & Ann, b. May 27, 1736	1	63
Martha, d. Noah & Ann, b. May 12, 1734	1	63
Mary L., m. Joseph **ARNOLD**, b. of Middletown, May 19, 1841, by Rev. John Williams, at the house of Noah A. Phelps	3	476
Sarah, d. Noah & Ann, b. Jan. 22, 1731/2	1	63
PHILLIPS, PHILIPS, PHILLIP, Alice C., m. Charles **CHURCHILL**, May 4, 1843, by Rev. Arthur Granger	3	502
Augustus, m. Maria **ATKINS**, Jan. 1, 1824, by Rev. Josiah Bowen	3	149
Augustus, of Ithaca, N. Y., m. Ann J. **HUBBARD**, d. of Elisha, of Middletown, Oct. 22, 1851, by Rev. John R. Crane	4	191
Ephraim*, m. Hope **BARRO**, Sept. 29, 17[ ], (*George?)	LR2	13
George, b. Aug. 22, 1719, m. Hannah **PHILLIPS**, May 5, 1748	2	207
George, Capt., d. Oct. 8, 1747	LR2	13
George, s. George & Hannah, b. Apr. 4, 1750	2	207
George, s. George & Hope, b. Feb. 6, 17[ ]; d. Apr. 18, 17[ ]	LR2	13
George, s. George & Hope, b. Aug. 22, 17[ ]	LR2	13
George(?)*, m. Hope **BARRO**, Sept. 29, 17[ ] (*Arnold Copy has "Ephraim")	LR2	13
Geo[rge] had negro Violet, d. Peter & Phillis, b. Jan. 15, 1784; Peggy, d. Peter & Phillis, b. May 10, 1786; Nancy, d. Peter & Phillis, b. Mar. 20, 1788; Rhoda, d. Peter & Phillis, b. Jan. 4, 1792	2	342
Hannah, b. July 20, 1728, m. George **PHILLIPS**, May 5, 1748	2	207
Hannah, d. George & Han[na]h, b. July 31, 1754	2	207
Hope, Mrs., of Middletown, m. Epaphras **LORD**, of Weathersfield, Mar. 17, 1730/1	1	94

	Vol.	Page
PHILLIPS, PHILIPS, PHILLIP, (cont.)		
Hope, w. of Capt. George, d. Mar. 18, 1746/7	LR2	13
Hope, d. George & Han[na]h, b. Nov. 30, 1756	2	207
Hope, d. George & Hope, b. Mar. 17, 17[ ]	LR2	13
Lucy Ann, m. Austin **ADDIS**, b. of Middletown, May 13, 1832, by Rev. John Cookson	3	370
Marah, m. John **HUB[B]ARD**, Feb. 10, 1702/3	LR1	43
Margaret, d. George & Hope, b. Aug. 31, 171[ ]	LR2	13
Margaret, Mrs., m. Jabez **HAMLIN**, Dec. 6, 1736	1	93
Margaret, d. George & Han[na]h, b. Apr. 7, 1759	2	207
Maria, m. Michael **KELLY**, b. of Middletown, July 24, 1836, by Rev. J. Goodwin	3	424
Maria, of Middletown, m. Orin **BISHOP**, of North Haven, Feb. 26, 1840, by Rev. W. A. Stickney	3	464
Mary, d. Tho[ma]s & Tabitha, b. Dec. 21, 1751; d. Mar. 3, 1752	2	241
Samuel, s. George & Han[na]h, b. Mar. 9, 1763	2	207
Samuell, s. George & Hope, b. Nov. 30, 17[ ]	LR2	13
Tompson, s. George & Hannah, b. Oct. 8, 1752	2	207
William F., of Middletown, m. Sarah J. **BUCHANAN**, of New York, July 23, 1837, by Rev. Elisha Andrews	3	435
William F., m. Cynthia **STEVENS**, b. of Middletown, May 15, 1842, by Rev. J. Goodwin	3	488
——, s. [George & Hannah], b. Jan. 18, 1748/9; lived about one hour	2	207
——, child of William, cabinet maker, ae. 33, & Cynthia, ae. 22, b. Apr. 17, [1848]	4	44-5
——, male, d. Apr. 17, 1848, ae. 1 d.	4	68-9
——, d. W[illia]m F., cabinet maker, ae. 34, & Cynthia, ae. 24, b. May 6, 1849	4	104-5
——, s. W[illia]m, cabinet maker, ae. 34, & Cynthia, ae. 34, b. July 17, 1850	4	156-7
PICKETT, PICKET, Hannah Colley, d. James & Abigail, b. June 3, 1795	2	360
James, m. Abigail **NOTT**, Dec. 26, 1795	2	360
John, s. [James & Abigail], b. May 16, 1799	2	360
John, m. Susan **KNAPS**, Nov. 29, 1827, by Rev. John R. Crane	3	287
PIERCE, PEARCE, PEIRCE, Bradford K., of Boston, m. Harriet W. **THOMPSON**, of Middletown, Aug. 5, 1841, by Rev. T. C. Peirce	3	481
Elizabeth, d. Step[he]n & Hannah, b. Nov. 14, 1759; d. Sept. 9, 1760	2	85
Elizabeth, 2d, d. Step[he]n & Hannah, b. Mar. 7, 1761	2	85
Hannah, d. Step[he]n & Hannah, b. Mar. 19, 1756	2	85
Hannah, m. John **DAVIS**, Jr., July 21, 1776	2	175
Harriet, m. Leverett **LYNES**, b. of New Haven, Mar. 16, 1823, by Rev. Eli Ball	3	123

	Vol.	Page
PIERCE, PEARCE, PEIRCE, (cont.)		
Hulday, m. Asa **CROCKET**, b. of Middletown, Oct. 5, 1825, by Rev. E. Washburn	3	211
James, s. Stephen & Hannah, b. Aug. 17, 1765	2	85
James J., m. Phila S. **BEACH**, July 27, 1825, by Rev. John R. Crane	3	205
John, m. Caroline **HARRIS**, b. of Middletown, July 16, 1827, by Rev. H. Bangs	3	274
Jonathan, s. Stephen & Hannah, b. July 11, 1762	2	85
Jonathan, s. Stephen & Phebe, b. Nov. 10, 1777	2	311
Mary, d. Stephen & Hannah, b. Nov. 16, 1763; d. May [ ], 1765	2	85
Mary, 2d, d. Stephen & Hannah, b. Feb. 3, 1764	2	85
Mary, m. John **CROCKETT**, b. of Middletown, May 20, 1821, by Rev. Eli Ball	3	52
Mary Ann T., d. of Samuel, of Middletown, m. Russell L. **MASON**, of Cheshire, Eng., Aug. 11, 1853, by Rev. John R. Crane	4	257
Mary W., of Middletown, m. Charles A. **LYMAN**, of Greenfield, Mass., Nov. 8, 1838, by Rev. Arthur Granger	3	452
Patte, d. Stephen & Hannah, b. June 27, 1770	2	85
Phebe, w. of Stephen, d. Mar. 26, 1795	2	311
Polly, m. Eleazer M. **ROBERTS**, Sept. 6, 1789	2	190
Polly, d. [Stephen & Phebe], Jan. 27, 1790	2	311
Sally, d. [Stephen & Phebe], b. Feb. 5, 1785; d. Apr. 15, 1786	2	311
Sally, 2d, d. [Stephen & Phebe], b. Nov. 26, 1786	2	311
Samuel, s. Stephen & Hannah, b. July 8, 1767	2	85
Samuel, m. Almira C. **SIMMONS**, b. of Middletown, Feb. 7, 1826, by Rev. E. Washburn	3	222
Sarah, m. Seth **THAYER**, b. of Middletown, Apr. 3, 1831, by Rev. Laban Clark	3	360
Stephen, s. Step[he]n & Hannah, b. Apr. 18, 1757	2	85
Stephen, Jr., m. Phebe **PELTON**, Aug. 24, 1777	2	311
Stephen, s. [Stephen & Phebe], b. May 24, 1780	2	311
Stephen, m. Ruetty **BAILEY**, b. of Middletown, June 22, 1838, by Rev. Robert McEwen	3	447
PIERPOINT, PIERPONT, Elizabeth, m. Nathaniell **BACON**, Apr. 17, 1682	LR1	7
Elizabeth, m. Roland **RICHARDSON**, Aug. 29, 1773	2	161
Mary, Mrs., of New Haven, m. William **RUSSELL**, of Middletown, Aug. 19, 1719	1	3
Thomas, s. Katharine **STOW**, Apr. 28, 1756	2	179
PILLSBURY, Benjamin, of New Haven, m. H. Maria **CHANDLER**, of Middletown, Apr. 24, 1848, by Rev. James Floy	4	32
PINNEY, [see also **PENNY**], Sullivan, blacksmith, m. Elizabeth **SAVAGE**, ae. 21, b. of Middletown, Nov. 25, 1848, by		

	Vol.	Page
PINNEY, (cont.)		
Rev. James Hepburn Sullivan, of Springfield, Mass., m. Elizabeth **SAVAGE**, of Middletown, Nov. 30, 1848, by Rev. James Hepburn	4	126-7
	4	80
PINTO, Anna, m. Giles **MEIGS**, June 8, 1777	2	270
Elizabeth, m. Comfort **GOODWIN**, Jan. 2, 1796	2	275
PIPER, Lucy, of Glastonbury, m. Selden **HODGE**, Sept. 19, 1824, by Rev. Josiah Bowen	3	172
PITKIN, Martha, Mrs. of Hartford, m. Rev. Edward **EELLS**, of Middletown, July 24, 1740	1	122
PLATT, Gideon, M.D., of Waterbury, m. Caroline **TUDOR**, of Middletown, Dec. 18, 1844, by Rev. Samuel Farmer Jarvis, at Christ Church	3	525
William, of Middletown, m. Rachel R. **BATHOLOMEW**, of Sheffield, Nov. 12, 1826, by Rev. John R. Dodge	3	253
PLAYMERT, [see also **PLYMERT**], Ann, of Mereden, m. George B. **SMITH**, of Petersburg, Aug. 27, 1821, by Rev. Phinehas Cook	3	62
PLUMB, PLUM, Aaron, s. Sam[ue]ll & Patience, b. Mar. 9, 1738/9	1	77
Aaron, m. Mary **CORNWELL**, b. of Middletown, Jan. 25, 1776	2	188
Aaron, s. Aaron & Mary, b. Jan. 31, 1782	2	188
Aaron, m. Ruth **WARD**, Dec. 13, 1807	3	82
Abigail, w. of Benony, d. [ ]	LR2	19
Abraham, m. Anna **WHITE**, Nov. 16, 1756	2	117
Abraham, s. Abra[ha]m & Anna, b. Oct. 5, 1759	2	117
Amy, d. [Abraham & Anna], b. May 7, 1777	2	117
Amy, d. [James & Anna], b. Oct. 19, 1796	2	327
Anna, d. Sam[ue]l & Patience, b. Mar. 12, 1754	1	77
Anna, d. Reuben & Mary, b. Mar. 18, 1767	2	83
Anna, d. [Abraham & Anna], b. Dec. 5, 1769	2	117
Annah, m. Nath[anie]ll **CORNWELL**, Jr., June 10, 1777	2	56
Anne, m. George **BUTLER**, Apr. 10, 1755	2	86
Anne, m. Zenas **KENT**, Apr. 5, 1785	2	115
Aurelia B., of Middletown, m. Henry E. **ROBINSON**, of Durham, Sept. 6, 1841, by Rev. Solomon Laws	3	479
Aurelia Bowers, d. [W[illia]m, 2d, & Aurelia], b. Jan. 5, 1821	3	357
Bailey, s. Joseph & Chloe, b. June 1, 1778	2	176
Benony, m. Dorothy **COALL**, Nov. [ ], 1709	LR2	19
Benony, m. Abigail **GILBERT**, of New Haven, Jan. 8, 1715/16	LR2	19
Benony, s. Benony & Abigail, b. Sept. 22, 1720	LR2	19
Benoni, Jr., m. Rebeckah **ADKINS**, Jan. 10, 1745	2	29
Benoni, Jr., d. Nov. 27, 1747	2	29
Benoni, s. Benoni, Jr. & Rebeckah, b. Mar. 17, 1747/8	2	29
Benony, d. Oct. 6, 1754	LR2	19

	Vol.	Page
PLUMB, PLUM, (cont.)		
Bethiah, d. Jesse & Polly, b. Apr. 1, 1794	2	41
Bethiah, m. Truman **WARD**, Sept. 5, 1812	3	22
Bille, s. Rueben & Mary, b. Jan. 26, 1773	2	83
Caroline, d. Dec. 20, [1847], ae. 16	4	72-3
Caroline Augusta, d. [W[illia]m, 2d & Aurelia], b. July 9, 1831	3	357
Charles, s. Waitstil[l] Jno. & Rhoda, b. June 10, 1749	1	78
Charles, m. Susannah **STARR**, b. of Middletown, June 19, 1769	2	157
Charles, s. Charles & Susannah, b. Jan. 25, 1773	2	157
Charles, s. Charles & Susannah, d. Aug. 26, 1789	2	157
Clarissa, d. Sam[ue]l & Lucy, b. Nov. 25, 1768	2	7
Clary, d. Charles & Susannah, b. Apr. 11, 1786	2	157
Daniel, s. Benony & Dorothy, b. Feb. 6, 1711/12; d. [ ], ae. about 4 m.	LR2	19
Daniel, s. Benony & Abigail, b. Nov. 4, 1716	LR2	19
Daniel, s. Benoni & Rebeckah, b. Apr. 9, 1746	2	29
Daniel, m. Mary **DOWD**, June 11, 1767	2	157
Daniel, s. Daniel & Mary, b. May 6, 1770	2	157
Daniel, s. Benony & Abigail, d. [ ]	LR2	19
David, s. Aaron & Mary, b. Jan. 16, 1780	2	188
Dorothy, w. of Benony, d. [ ], 1713	LR2	19
Dorothy, d. Sam[ue]ll & Patience, b. Sept. 2, 1735	1	77
Dorothy, m. William **HALL**, June 16, 1757	2	77
Elihu, s. [Aaron & Mary], b. Sept. 30, 1793	2	188
Elihu, m. Lucy **PADDOCK**, Oct. 1, 1817	3	165
Elijah T., m. Patty **JONES**, Nov. 15, 1807	2	57
Elijah Tryon, s. Jesse & Polly, b. Nov. 5, 1786	2	41
Elizabeth, d. Sam[ue]l & Patience, b. Mar. 30, 1741	1	77
Elizabeth H., m. George **BOWDEN**, Mar. 26, 1837, by Rev. Joseph Holdick	3	429
Enoch, s. Reuben & Mary, b. Feb. 7, 1771	2	83
Esther W., m. Osborn **COE**, b. of Middletown, Apr. 20, 1836, by Rev. Stephen Topliff	3	421
Esther Ward, d. [Aaron & Ruth], b. Jan. 25, 1811	3	82
Eunice, d. Waitstil[l] Jno. & Rhoda, b. July 9, 1758	1	78
Experience, d. Wait & Mary, b. May 13, 1773	2	144
Frances, d. Charles & Susannah, b. Feb. 22, 1783	2	157
Fred[e]rick, s. [Abraham & Anna], b. Oct. 27, 1765	2	117
George, s. Reuben & Mary, b. June 1, 1769	2	83
George, laborer, d. June 2, 1851	4	206-7
George Washington, s. Elijah & Patty, b. July 24, 1811	2	57
Hannah, m. Edward **GREEN**, Jan. 14, 1747/8	2	139
Hannah, of New London, m. Daniel **STOW**, of Middletown, Sept. 2, 1750	2	80
Hannah, d. [James & Anna], b. Sept. 17, 1787	2	327
Harriet M., m. George W. **HUBBARD**, [Mar.] 14, [1833], by		

PLUMB, PLUM, (cont.)

	Vol.	Page
Rev. Stephen Topliff	3	380
Helen Mar, d. [W[illia]m, 2d, & Aurelia], b. Mar. 27, 1824	3	357
Henry, m. Nancy **NORTH**, b. of Middletown, Oct. 11, 1835, by Rev. J. C. Green	3	415
Henry C., m. Clarissa H. **STARR**, b. of Middletown, Dec. 11, 1845, by Rev. W. G. Howard	3	543
Henry L., s. Elihu & Lucy, b. Nov. 26, 1823	3	165
Henry L., of Westfield, m. Lucy Ann **COE**, of South Farms, [Oct.] 1, [1845], by Rev. Townsend P. Abell	3	538
Ichabod, d*. Reuben & Mary, b. Mar. 11, 1777 (*Son?)	2	83
Isaac, s. [Abraham & Anna], b. Aug. 8, 1774	2	117
Jacob, s. Waitstill Jno. & Rhoda, b. Mar. 27, 1751	1	78
James, s. Sam[ue]l & Patience, b. May 4, 1757	1	77
James, of Middletown, m. Anner **GRISWOLD**, of Meriden, Jan. 22, 1784	2	327
James, s. James & Anna, b. July 1, 1785	2	327
Jane, d. W[illia]m, 2d, & Aurelia, b. Feb. 28, 1817	3	357
Jane, m. Will[ia]m W. **BACON**, b. of Middletown, [Nov.] 20, [1834], by Rev. Stephen Topliff	3	403
Jesse, s. Sam[ue]l & Patience, b. July 23, 1746	1	77
Jesse, s. Waitstil[l] Jno. & Rhoda, b. July 23, 1746	1	78
Jesse, of Middletown, m. Polly **CHURCH**, of Chatham, July 2, 1777	2	41
Jesse, s. Jesse & Polly, b. Feb. 7, 1779	2	41
Jesse, Sr., d. June 6, 1811	2	41
John, s. Waitstil[l] John & Rhoda, b. June 26, 1742	1	78
John, s. [Sam[ue]l & Lucy], b. May 14, 1782	2	7
Joseph, s. [Abraham & Anna], b. May 6, 1762	2	117
Joshua, d. May 12, 1762	2	86
Lois, d. Waitstil[l] Jno. & Rhoda, b. Feb. 9, 1756	1	78
Louezah, d. W[illia]m, 2d, & Aurelia, b. Aug. 12, 1818	3	357
Lucia, d. Sam[ue]l & Lucy, b. Dec. 22, 1763	2	7
Luce, d. Sam[ue]l & Patience, b. Feb. 27, 1750/1	1	77
Lucy, m. Jeremiah **WESTON**, b. of Middletown, June 20, 1771	2	85
Lucy, d. [Sam[ue]l & Lucy], b. Jan. 2, 1779	2	7
Lucy, w. of Sam[ue]l, d. Dec. 11, 1790	2	7
Lucy Ann, d. [Elihu & Lucy], b. July 19, 1829	3	165
Lucy Ann, m. Augustus **PUTNAM**, b. of Middletown, [July] 16, [1848], by Rev. Townsend P. Abel	4	35
Martha, d. Aaron & Ruth, b. Oct. 18, 1808	3	82
Mary, d. Sam[ue]l & Patience, b. July 26, 1744	1	77
Mary, d. Dan[ie]l & Mary, b. Dec. 15, 1771	2	157
Mary, 2d, d. Dan[ie]l & Mary, b. Oct. 31. 1773	2	157
Mary, d. Dan[ie]l & Mary, d. Nov. 11, 1773	2	157
Mary, d. Reuben & Mary, b. Jan. 4, 1775	2	83

	Vol.	Page
PLUMB, PLUM, (cont.)		
Mary, d. Aaron & Mary, b. Oct. 31, 1776	2	188
Mary, m. Elisha **BARNS**, Sept. 26, 1802	2	104
Mary, of Middletown, m. David **HARRISON**, of Mereden, Apr. 21, 1831, by Rev. Stephen Topliff	3	369
Mary A., m. Moses **COUCH**, b. of Middletwon, Jan. 17, 1830, by Rev. Tho[ma]s Branch	3	345
Mary Churchill, d. Elijah & Patty, b. Oct. 14, 1808	2	57
Patience, w. of Sam[ue]l, d. Jan. 10, 1793	1	77
Polly, d. Waitstil[l] Jno. & Rhoda, b. May 19, 1763	1	78
Polly, m. John **WARNER**, May 9, 1797	2	350
Rebeckah, d. Dan[ie]l & Mary, b. June 11, 1768	2	157
Reuben, s. Waitstill John & Rhoda, b. Apr. 2, 1744	1	78
Reuben, m. Mary **SHEPARD**, Nov. 29, 1764	2	83
Reuben, s. Reuben & Mary, b. Apr. 11, 1765	2	83
Rhoda, d. Waitstil[l] John & Rhoda, b. Mar. 1, 1738	1	78
Rhoda, m. Joseph **BACON**, Nov. 27, 1760	2	18
Rhoda, d. Aaron & Mary, b. Mar. 28, 1778	2	188
Rhoda, d. Charles & Susannah, b. Oct. 5, 1778	2	157
Samuell, s. [Benony & Dorothy], b. Aug. 18, 1710	LR2	19
Samuel, m. Patience **WARD**, Jan. 2, 1734/5	1	77
Samuel, s. Samuel & Patience, b. Jan. 9, 1736/7	1	77
Samuel, Jr., m. Lucy **HINSDALE**, Jan. 13, 1763	2	7
Sam[ue]l, s. Sam[ue]l & Lucy, b. June 22, 1765; d. June 25, 1765	2	7
Samuel, s. [Sam[ue]l & Lucy], b. Feb. 25, 1772	2	7
Samuel, m. Rhoda **GILBERT**, Oct. last Tuesday, 1795	2	7
Samuel Fairchild, s. Charles & Susannah, b. Dec. 29, 1787	2	157
Sarah, d. Sam[ue]l & Lucy, b. May 9, 1770	2	7
Sarah, d. Reuben & Mary, b. Aug. 30, 1778	2	83
Sarah Milner (?), d. [James & Anna], b. Dec. 6, 1790	2	327
Seth, s. Charles & Susannah, b. Jan. 1, 1781	2	157
Seth David, s. Dan[ie]l & Mary, b. Mar. 7, 1779	2	157
Seth G., m. Catharine S. **HALL**, Apr. 12, 1832, by Rev. John R. Crane	3	367
Wait, s. Waitstil[l] John & Rhoda, b. Apr. 12, 1741	1	78
Wait, of Middletown, m. Mary **AUSTIN**, of Suffield, Dec. 21, 1763	2	144
William, s. Sam[ue]l & Patience, b. Dec. 26, 1748	1	77
William, s. [Abraham & Anna], b. Sept. 5, 1767	2	117
William had negro Harry, s. Violet, b. Oct. 23, 1791	2	314
William, s. [James & Anna], b. Dec. 27, 1794	2	327
W[illia]m, 2d, m. Aurelia **BOWERS**, Apr. 4, 1816	3	357
Will[ia]m Wallace, s. [W[illia]m, 2d, & Aurelia], b. Aug. 18, 1825	3	357
PLYMERT, [see also **PLAYMERT**], Harriet, m. Luzon **WHITING**, Sept. 5, 1810	3	19

	Vol.	Page
POLLY, POLLEY, Alpheas, s. Matthew & Martha, b. Aug. 18, 1755	2	19
Amasa, s. Matthew & Martha, b. Mar. 25, 1753	2	19
Esther, d. John & Esther, b. May 17, 1747	2	90
John, s. John & Esther, b. Apr. 14, 1758	2	90
Mary Ann, of Chatham, m. Gideon S. **ANDREWS**, of East Haddam, Sept. 8, 1839, by Rev. Joseph Holdrich	3	461
Matthew, of Middletown, m. Martha **OSBORN**, of Somers, Dec. 29, 1751	2	19
Thankfull, d. John & Esther, b. Dec. 9, 1750	2	90
POMEROY, POMROY, Adino, b. Sept. 22, 1732, in Northampton	2	280
Adino, of Northamption, m. Lois **STRONG**, of Farmington, Nov. 18, 1760, at Farmington	2	280
Anne, d. Adino & Lois, b. Feb. 15, 1764	2	280
Clarissa, d. Adino & Lois, b. June 12, 1768	2	280
Jerome B., m. Ann L. **HINCKLEY**, b. of Hartford, Oct. 20, 1850, by Rev. John R. Crane	4	148
John, s. Adino & Lois, b. Aug. 2, 1784	2	280
Lois, d. Adino & Lois, b. Mar. 30, 1766; d. Apr. 7, 1776	2	280
Lois, 2d, d. Adino & Lois, b. Apr. 27, 1777	2	280
Norman, of Mereden, m. Martha **WHITE**, of Middlefield, Oct. 6, 1840, by Rev. C. L. Mills	3	471
Polly, d. Adino & Lois, b. Sept. 22, 1761	2	280
Polly, m. Nathan **STARR**, July 5, 1781	2	135
Polly, m. Nathan **STOW***, Jr. [ ] (*Probably "**STARR**")	2	280
Sarah, d. Adino & Lois, b. Apr. 21, 1772	2	280
Susanna, d. Adino & Lois, b. Oct. 14, 1774; d. Aug. 10, 1775	2	280
William, s. Adino & Lois, b. Aug. 24, 1770	2	280
William, d. May 16, 1771	2	280
William, s. Adino & Lois, b. Apr. 2, 1780	2	280
POMFRET, Bartholomew, m. Mary Ann **KEESE**, June 3, 1849, by John Brady	4	88
Bartholomew, laborer, m. Mary Ann **KEESE**, both b. in Ireland, June 3, 1849, by Rev. John Brady	4	124-5
POMROY, [see under **POMEROY**]		
POND, Lois, m. Thomas **GOODALE**, Mar. 14, 1751	1	70
PONSLEY (?), Sarah, see under Sarah **POUSLEY**		
PORTER, POARTER, Abiah, m. Timothy **HUBBARD**, Jan. 29, 1735/6	1	88
Amos, m. Sibbell **RANNEY**, Aug. 21, 1724	1	16
Amos, s. Amos & Sibbell, b. Oct. 6, 1729	1	16
Amos, Jr., of Middletown, m. Ame **BACON**, of Simsbury, Mar. 1, 1750	2	248
Amos, s. Amos & Ame, b. Dec. 21, 1752	2	248

MIDDLETOWN VITAL RECORDS 111

	Vol.	Page
PORTER, POARTER, (cont.)		
Ame, d. Amos & Ame, b. Jan. 20, 1754	2	248
Anna, m. John **BROWNE**, Apr. 1, 1685	1	29
Anna, of East Hartford, m. Nathan **BOARDMAN**, of Middletown, Feb. 12, 1777, at East Hartford	2	249
Clarke, s. Amos & Sibbell, b. Nov. 16, 1736	1	16
Eunice, of East Hartford, m. Joseph **BOARDMAN**, of Middletown, Mar. 3, 1773	2	73
Fanny, d. John, prof. of music, ae. 48, & Fanny S., ae. 35, b. Feb. 4, [1848]	4	48-9
Fanny, d. Mar. 24, 1849, ae. 13 m.	4	130-1
Gideon, s. Amos & Sibbell, b. July 20, 1727	1	16
Jonathan, m. Marcy **WINCHIL**, Sept. 23, 1730	1	61
Lois, of Farmington, m. Isaac **PECK**, of Kensington, Dec. [ ], 1729	1	65
Lucretia, d. Amos & Sibbell, b. Mar. 27, 1733	1	16
Lucretia, m. Daniel **KIRBY**, Oct. 26, 1752	2	302
Mabel, m. Benoni **BROWN**, Apr. 23, 1747	2	142
Mary, d. Robert, of Farmington, b. [ ], 1646, according to Hartford Probate Records	LR1	44
Mary, m. Richard **JOHNSON**, Feb. 3, 1725/6	1	24
Medad, s. Amos & Sibbell, b. July 31, 1742; d. Mar. 5, 1763	1	16
Melissa H., of Middletown, m. Isaac **BATESFORD**, of Berlin, Nov. 12, [1821], by Rev. Royal Robbins, of Berlin	3	75
Rachel, d. Amos & Sibbell, b. Dec. 23, 1724	1	16
Rachel, of Hartford, m. Jacob **WILLCOX**, of Middletown, June 7, 1780	2	343
Robert, of Farmington, had d. Mary, b. [ ], 1646, according to Hartford Probate Records	LR1	44
Ruth, Mrs. of Farmington, m. Daniel **NEWEL**, of Middletown, Oct. 31, 1721	1	7
Ruth, d. Jona[than] & Marcy, b. Oct. 5, 1731	1	61
Sarah, b. in New York, res. Middletown, d. May 28, 1848, ae. 76	4	74-5
Susannah, of East Hartford, m. Daniel **WILCOX**, Jr., of Middletown, Sept. 22, 1763	2	150
Sibbell, d. Amos & Sibbell, b. Feb. 26, 1738/9; d. Aug. 30, 1741	1	16
Sibbel, d. Amos, Jr. & Ame, b. Nov. 25, 1750	2	248
Tho[ma]s, s. Tho[ma]s & Hannah, b. Nov. 15, 1732	2	47
Thomas, Sr., d. Dec. 16, 1754	2	47
Wallace, d. John, piano mfgr., ae. 51, & Fanny, ae. 38, b. Dec. 24, 1850	4	196-7
Will[ia]m, s. Tho[ma]s & Hannah, b. Mar. 17, 1731	2	47
POST, Anna, m. Merari **HAYDEN**, Oct. 6, 1816, at Saybrook	3	77
Ebenezer, of Saybrook, m. Laura **SAGE**, of Middletown,		

	Vol.	Page
POST, (cont.)		
Oct. 19, 1820, by Rev. Joshua L. Williams	3	43
Eliza E., m. Charles S. **GAYLORD**, July 10, 1845, by Rev. Zebulon Crocker	3	534
Elizabeth, m. Josiah **BECKWITH**, b. of Middletown, Aug. 25, 1824, by Joshua L. Williams, V.D.M.	3	187
Hannah, m. Oliver **CLARK**, Oct. 30, 1782	2	231
Hannah, of Middletown, m. Sylvanus **GOODWIN**, of Haddam, Nov. 11, 1823, by Rev. Josiah Bowen	3	144
Jared, of Saybrook, m. Mary **CLARK**, of Middletown, Apr. 17, 1825, by Rev. Josiah Bowen	3	199
Laura, of Middletown, m. Horace **STEEL**, of Berlin, July 24, 1850, by Rev. Geo[rge] A. Bryan	4	145
Laura, ae. 50, m. Horace **STEEL**, farmer, ae. 70, July 24, 1850	4	170-1
Leonard E., m. Lucy E. **HODGE**, Aug. 3, 1851, by J. L. Dudley	4	190
Mary, m. Martin **GRISWOLD**, b. of Middletown, Aug. 2, 1829, by Rev. Tho[ma]s Branch	3	338
William, m. Sarah **CHILD**, b. of Middletown, Dec. 7, 1828, by Rev. Simon Shailer, of Haddam	3	322
POTTER, Abby, m. John **CARTER**, b. of Rhode Island, Jan. 31, 1836, by Rev. John R. Crane	3	419
Hannah W., wid. of Peter P., d. Mar. 25, 1844	4	1
Katharine, of New London, m. Silvanus **WATERMAN**, of Middletown, Sept. 12, 1759	2	221
Maria Elizabeth, d. of Peter P., of Enfield, m. Harvey Bradbone **LANE**, s. of Rev. George, Apr. 4, 1840, by [ ] at Philadelphia	4	1
Nancy, of Middletown, m. Chauncey **STEEL**, of Berlin, Oct. 18, 1835, by Rev. J. Goodwin	3	414
Roxa B., m. Stillman N. **DEMING**, b. of Middletown, Oct. 16, 1842, by Rev. B. Cook	3	495
Sarah, m. Samuel **SIMMONS**, Mar. 3, 1785	2	336
POUSLEY*, Sarah, m. Walter **WARD**, Jan. 22, 1761 (***PONSLEY**?)	2	232
POWELL, Elizabeth, of Hartford, m. Fletcher **RANNEY**, of Middletown, Nov. 4, 1750	2	219
POWERS, Anthony, s. Gregory & Sarah, b. May 17, 1784	2	304
Cecelia, d. [Gregory & Sarah], b. Sept. 11, 1796	2	304
Charles, s. [Gregory & Sarah], b. Oct. 24, 1787	2	304
Charles, s. Jonas & Mary, b. [ ]; d. [ ]	1	110
David, s. Jonas & Mary, b. Feb. 2, 1747	1	110
Edward, s. Jonas & Mary, b. Sept. 30, 1751	1	110
Edward, m. Deborah **ROBARDS**, Nov. 3, 1778	2	213
Eliza, d. of Josiah, m. William H. **ATKINS**, s. of Ithamar, Apr. 18, 1830, at Hartford	4	5
Emeline M., of Middletown, m. Stephen **ROOT**, of		

MIDDLETOWN VITAL RECORDS 113

	Vol.	Page
POWERS, (cont.)		
Farmington, Sept. 25, 1826, by Rev. E. Washburn	3	238
Esther, d. Jonas & Mary, b. Nov. 9, 1740	1	110
George, s. [Gregory & Sarah], b. Nov. 17, 1791	2	304
Gregory, m. Sarah **JOHANNET**, wid. of And[re]w, Feb. 3, 1783	2	304
Harriet, d. [Gregory & Sarah], b. Oct. 28, 1789	2	304
Jabez, see under Jabez **CHURCHILL**	2	13
Jacob, s. Jonas & Mary, b. Dec. 29, 1743	1	110
Jemima*, d. Caleb & Eliz[abet]h, b. Mar. 28, 1765, (*Perhaps Jemima **HUBBARD**?)	1	110
John, m. Margaret **TOBIN**, Jan. 15, 1854, by Rev. John Brady	4	263
John, m. Johanna **McCARTHY**, Nov. 26, 1854, by Rev. Jno. Brady	4	274
Jonas, m. Mary **TRYON** April 12, 1739	1	110
Jonas, s. Jonas & Mary, b. June 13, 1742	1	110
Jonas, d. [ ], "at the Northward Lost War"	1	110
Josiah, s. Edw[ar]d & Deborah, b. Jan. 21, 1780	2	213
Lucretia, of Mereden, m. Whitfield **ROBERTS**, Sept. 21, 1825, by Rev. Stephen Hayes	3	213
Lydia, d. Jonas & Mary, b. Oct. 20, 1754	1	110
Mary, d. Jonas & Mary, b. July 19, 1739	1	110
Mary, wid. [Jonas], d. Nov. [ ], 1776	1	110
Mary, m. Robert **SUGDEN**, s. of William & Elizabeth, of Eng., Nov. 2, 1818, by Rev. Richard L. Storrs, at Braintree, Mass.	3	292
Mary Ann, of Middletown, m. Jefferson **HEARD**, of Dublin, N. H., Apr. 3, 1836, by Rev. John C. Green	3	420
Prudence, d. Jonas & Mary, b. Aug. 24, 1748	1	110
Rachel, d. Jonas & Mary, b. July 12, 1745	1	110
Rachel, m. Benjamin * **BEVIN**, Jr., Aug. 24, 1769, (*William?)	2	116
Ruth, Mrs., m. Capt. Daniel **HUBBARD**, b. of Middletown, Oct. 19, 1828, by Rev. Fred[eric]k Wightman	3	316
Sally, d. [Gregory & Sarah], b. Feb. 11, 1793	2	304
Timothy, s. Jonas & Mary, b. Jan. 5, 1749/50	1	110
PRADDEN, Elizabeth P., m. Rev. George S. F. **SAVAGE**, b. of Middletown, Sept. 28, 1847, by Rev. Zebulon Crocker	4	17
PRATT, Abigail Cook, d. [John & Elizabeth], b. Nov. 1, 1800	3	80
Albert G., s. of Dan, of Middletown, m. Sarah **NEWTON**, d. of Dr. L. Newton, of New Haven, Sept. 29, 1850, by Rev. John R. Crane	4	147
Almira, ae. 24, of Middletown, m. James E. **WARD**, mariner, ae. 26, b. in Schenectady, N. Y., res. Middletown, Sept. 30, 1847, by Rev. John R. Crane	4	62-3
Almira A., d. of Dan, m. James E. **WARD**, of Schenectady, N. Y., Sept. 30, 1847, by Rev. John R. Crane	4	16

	Vol.	Page

PRATT, (cont.)

	Vol.	Page
Charles Harmon, s. [John & Elizabeth], b. Apr. 19, 1810	3	80
Edwin, m. Lucretia **DUNHAM**, Mar. 9, 1823, by Rev. John R. Crane	3	121
Eleanor, d. [John & Elizabeth], b. May 7, 1805	3	80
Eliza[bet]h Brown, d. [John & Elizabeth], b. Dec. 28, 1798	3	80
Ellen M., of Middletown, m. Charles **WOODWORD**, M.D., of Windsor, May 1, 1828, by Rev. John R. Crane	3	304
Emily Matilda, d. [John & Elizabeth], b. Aug. 17, 1797	3	80
Emily Matilda, m. Elijah H. **ROBERTS**, July 23, 1823, by Rev. John R. Crane	3	130
George M., gunsmith, ae. 20, b. in Ludlow, Mass., res. Middletown, m. Elizabeth **TIDGEWELL**, ae. 18, b. in England, res. Middletown, Jan. 20, 1850, by Rev. T. P. Abell	4	168-9
George M., m. Elizabeth **TIDGEWELL**, b. of Middletown, Jan. 20, 1850, by Rev. Townsend P. Abell, at Staddle Hill	4	187
Henry M., of Fair Haven, m. Sarah F. **BRAINARD**, of Durham, Nov. 24, 1853, by Rev. Lester Lewis	4	242
James Timo[thy], s. [John & Elizabeth], Dec. 15, 1802	3	80
John, m. Elizabeth **COOPER**, Feb. 28, 1795	3	80
John Cooper, s. John & Eliza[bet]h, b. Jan. 22, 1796	3	80
Maria, m. Eliphalet **RICHARDS**, Aug. 30, 1838, by Samuel Farmer Jarvis, D.D., L.L.D.	3	450
Mary, d. [John & Elizabeth], b. Nov. 7, 1807	3	80
Mary E., ae. 28, b. in Middletown, m. A. B. **STOUGHTON**, farmer, ae. 30, of S. Windsor, Dec. 11, 1850, by Rev. J. R. Crane	4	200-1
Mary Elizabeth, d. of John C., of Middletown, m. Alfred Birge **STOUGHTON**, of South Windsor, Dec. 11, 1850, by Rev. John R. Crane	4	178
Nancy B., of Litchfield, m. John **JONES**, of Middletown, Apr. 21, 1822, by Rev. Eli Ball	3	95
Obadiah P., of Deep River, m. Achsah A. **HALE**, of Madison, Feb. 27, 1843, by Rev. A. M. Osborn	3	500
Rachel R., of Middletown, m. Jesse **TUTTLE**, of North Haven, Apr. 18, 1830, by Rev. Tho[ma]s Branch	3	347
Robert R., of Essex, m. Mary A. **CLARK**, of Middletown, May 3, 1853, by Rev. Jno. Morrison Reid	4	233
Sarah E., m. W[illia]m E. **CAMP**, Oct. 1, 1846, by Rev. A. L. Stone	3	554
William, of Saybrook, m. Prudence **DICKENSON**, of Haddam, Jan. 18, 1827, by Rev. E. Washburn	3	260

PRENTICE, PRENTIS, PRENTISS, Amasa, m. Mariah

JOHNSON, May 14, 1837, by Rev. Daniel Burrows	3	435
Amos N., of Norwich, m. Hannah E. **PARKER**, of		

	Vol.	Page
PRENTICE, PRENTIS, PRENTISS, (cont.)		
Middletown, May 18, 1840, by Rev. Arthur Granger	3	467
Sally Esther, of New London, m. Daniel **HENSHAW**, of Middletown, Apr. 18, 1788	2	334
PRESTON, Hannah, d. W[illia]m & Margaret, b. May [ ], 1749	1	116
John, s. W[illia]m & Margaret, b. May [ ], 1755	1	116
Laura, m. Elias **DUDLEY**, May 11, 1812	3	26
Mary, d. W[illia]m & Margaret, b. Nov. [ ], 1742	1	116
Rachel, d. W[illia]m & Margaret, b. Aug. 1, 1740	1	116
Sarah, d. W[illia]m & Margaret, b. Oct. [ ], 1744	1	116
Susannah, d. W[illia]m & Margaret, b. May [ ], 1752	1	116
William, Jr., m. Margaret **MILLER**, Oct. 31, 1739	1	116
William, s. W[illia]m & Margaret, b. Feb. [ ], 1746/7	1	116
Will[ia]m, s. W[illia]m & Margaret, d. Feb. 14, 1755	1	116
PRICE, John, of Coblington, Eng., m. Eliza **BELL**, of London, Eng., Apr. 20, 1834, by Rev. Smith Pyne	3	404
Mary Ann B., of Middletown, m. John **HAYES**, of West Mereden, Feb. 16, 1852, by Rev. Frederic J. Goodwin	4	215
PRIEST, Nathaniel S., m. Hannah F. **HALL**, Nov. 20, 1843, by Rev. E. E. Griswold	3	507
PRIME, Mary A., m. L. C. **BRAMAN**, b. of Middletown, May 19, 1844, by Rev. George A. Spywood	3	519
PRINDLE, Deborah, of Stratford, m. Walter **HARRIS**, of Middletown, Nov. 1, 1720	1	4
PRIOR, PRYOR, Abner, s. [Oliver & Ama], b. Mar. 4, 1808	3	11
Abner, m. Emily **TREAT**, b. of Middletown, Nov. 8, 1829, by Rev. Tho[ma]s Branch	3	342
Abner Wood, s. [Oliver & Ama], b. July 15, 1803; d. [ ]	3	11
Amelia, twin with Fidelia, d. Elijah, farmer, ae. 30, b. Mar. 8, 1850	4	162-3
Amelia, ae. 19, m. Edw[ar]d **STANLEY**, laborer, ae. 22, of Middletown, June 1, 1851, by Rev. B. N. Leach	4	200-1
Ama, d. [Oliver & Ama], b. Aug. 17, 1791	3	11
Ama, w. of Oliver, d. Oct. 12, 1810	3	11
Ame, d. Josiah & Lucia, b. Apr. 4, 1769	2	100
Anna, m. Edward **BOW**, Apr. 4, 1717	LR2	2
Anna, m. Edward **BOW**, Apr. 4, 1717	LR2	12
Anna, d. Daniel & Sarah, b. Mar. 26, 1732	1	19
Anna, m. Samuel **SIMONS**, Sept. 27, 1753	2	305
Anner, d. John & Lettisha, b. Dec. 19, 1777	2	349
Betsey, d. [John & Lettisha], b. May 18, 1785	2	349
Charles W., d. Aug. 13, 1848, ae. 2	4	132-3
Christian, d. Eben[eze]r & Christian, b. June 2, 1730	1	47
Christian, w. of Eben[eze]r, d. Mar. 20, 1738	1	47
Clara, d. John A., machinist, ae. 27, & Charlotte F., ae. 27, b. July 14, 1849	4	110-1
Clathier, s. Eben[eze]r & Christian, b. Jan. 1, 1734/5	1	47

	Vol.	Page
PRIOR, PRYOR, (cont.)		
Daniel, s. Daniel & Sarah, b. Nov. 5, 1699; d. Jan. 9, 1699/1700	LR1	12
Daniell, 2d, s. Daniell & Sarah, b. Apr. 8, 1701	LR1	12
Daniel, m. Mary **LUCAS**, wid., of Jno. Mar. 9, 1708/9	LR2	14
Daniel, Jr., m. Sarah **GILBERT**, May 22, 1722	1	19
Daniel, s. Daniel & Sarah, b. Mar. 25, 1723; d. Mar. 31, 1723	1	19
Daniel, s. Daniel & Sarah, b. Feb. 24, 1726/7	1	19
Daniel, Jr., m. Huldah **ROBBERDS**, Apr. 14, 1748	2	120
Daniel, s. Daniel, Jr. & Huldah, b. Feb. 15, 1748/9	2	120
Daniel, Jr., d. Feb. 4, 1766	1	19
Daniel, s. Daniel, Jr. [& Huldah], d. June 26, 1771	2	120
Daniel, s. Jos[ia]h & Lucia, b. Mar. 10, 1773	2	100
Daniel, s. Jesse & Mary, b. June 31, 1778 (sic)	2	297
Daniel, s. [Oliver & Ama], b. Aug. 12, 1798	3	11
Daniel, of Middletown, m. Betsey **SKINNER**, of Haddam, Sept. 17, 1820, by Rev. John R. Crane	3	37
Daniel H., m. Chloe **HUBBARD**, b. of Middletown, May 23, 1837, by Rev. John Cookson	3	442
Dida, d. Josiah & Lucia, b. May 5, 1762	2	100
Ebenezer, s. Daniell & Sarah, b. Sept. 23, 1707	LR1	12
Ebenezer, m. Christian **JAGGERS**, Feb. 20, 1728/9	1	47
Ebenezer, m. Hannah **HURLBUTT**, Dec. 19, 1738	1	47
Eleanor, d. [Oliver & Ama], b. Nov. 22, 1805	3	11
Ele[a]nora, of Middletown, m. John H. **HODGES**, of New York, Apr. 24, 1826, by Rev. John R. Crane	3	226
Elijah, s. Dan[ie]l, Jr. & Huldah, b. Nov. 29, 1759	2	120
Elijah, farmer, ae., 27, of Middletown, m. Ada **CLARK**, ae. 19, b. in Haddam, res. Middletown, Sept. 10, 1847, by [Rev.] John R. Crane	4	64-5
Elijah, s. Daniel, m. Adey B. **CLARK**, d. Ebenezer, of Haddam, Oct. 10, 1847, by Rev. John R. Crane	4	16
Elizabeth, d. [Oliver & Abigail], b. May 24, 1820	3	11
Elizabeth, m. Giles A. **BUELL**, Oct. 11, 1846, by Rev. James Floy	3	554
Experience, m. Richard **MORGAN**, July [ ], 1726	1	25
Fidelia, twin with Amelia, d. Elijah, farmer, ae. 30, b. Mar. 8, 1850	4	162-3
Hannah, w. of Ebenezer, d. Jan. 25, 1762	1	47
Hannah, [d. Oliver & Abigail], b. Oct. 31, 1814	3	11
Harriet Amelia, d. of Jonathan N., m. Edwin **STANDLEY**, June 1, 1851, by Rev. B. N. Leach	4	186
Harvey, s. [Oliver & Ama], b. Sept. 4, 1793	3	11
Huldah, d. Daniel, Jr. & Huldah, b. July 12, 1751	2	120
Huldah, d. Dan[ie]l, Jr. & Huldah, d. Sept. 9, 1753	2	120
Huldah, d. Daniel, Jr. & Huldah, b. Nov. 28, 1764	2	120
Huldah, d. [John & Lettisha], b. Nov. 1, 1780	2	349

MIDDLETOWN VITAL RECORDS

PRIOR, PRYOR, (cont.)

	Vol.	Page
Huldah Roberts, d. [Oliver & Abigail], b. Sept. 12, 1817	3	11
Jedadiah, s. Eben[eze]r & Christian, b. Apr. 3, 1733	1	47
Jeremiah, s. Eben[eze]r & Christian, b. Nov. 14, 1736	1	47
Jesse, s. Dan[ie]l, Jr. & Huldah, b. June 27, 1755	2	120
Jesse, m. Mary **BUNN**, July 4, 1776	2	297
Jesse, s. [Jesse & Mary], b. Jan. 31, 1783	2	297
John, s. Dan[ie]l, Jr. & Huldah, b. July 30, 1757	2	120
John, m. Lettisha **LANE**, July 29, 1777	2	349
John, s. [John & Lettisha], b. Feb. 2, 1783	2	349
John W., m. Charlotte F. **JONES**, Sept. 9, 1844, by Rev. Andrew L. Stone	3	521
Jonathan N., m. Adeline **MARKS**, b. of Middletown, Nov. 2, 1823, by Rev. Josiah Bowen	3	141
Jona[tha]n Numan, s. [Oliver & Ama], b. Dec. 20, 1800	3	11
Josiah, s. Daniel, Jr. & Sarah, b. May 5, 1735	1	19
Josiah, m. Lucia **TRYON**, Nov. 1, 1759	2	100
Josiah, s. Josiah & Lucia, b. July 31, 1765	2	100
Josiah, m. Sally S. **HUBBARD**, Sept. 12, 1833, by Rev. John R. Crane	3	385
Justin, s. Oliver & Abigail, b. Nov. 21, 1811	3	11
Laura Jane, of Middletown, m. Oliver E. **BALDWIN**, of Camden, Oct. 23, 1853, by Rev. E. L. Janes	4	246
Lucia, d. Josiah & Lucia, b. May 11, 1760	2	100
Lucy, m. Toscott S. **BROOKS**, Jan. 10, 1828, by Rev. Edward R. Tyler	3	293
Lucy, d. Jan. 12, 1849, ae. "upwards of 90"	4	132-3
Maria E., d. Josiah, farmer, ae. 38, & Sally, ae. 40, b. June 12, 1848	4	52-3
Mariett, of Middletown, m. Simon **DOW**, of Portland, Me., Aug. 19, 1849, by Rev. M. S. Scudder	4	140
Martha J., m. Samuel **RICHARDSON**, [Oct.] 12, [1846], by Rev. W. G. Howard	3	556
Mary, d. Daniell & Sarah, b. July 13, 1705	LR1	12
Mary, m. Edward **ADDAMS**, Apr. 25, 1728	1	38
Mehetabell, d. Daniel & Sarah, b. Oct. 1, 1729	1	19
Mehitabel, m. Jedediah **JOHNSON**, Apr. 2, 1752	2	155
Olive, m. Joseph R. **JOHNSON**, b. of Middletown, Sept. 5, 1832, by Rev. John Cookson	3	371
Oliver, s. Daniel, Jr. & Huldah, b. Dec. 1, 1766	2	120
Oliver, m. Ama **TRYON**, Aug. 14, 1788	3	11
Oliver, s. Oliver & Ama, b. Mar. 23, 1789	3	11
Oliver, m. Abigail **STEBBENS**, Jan. 15, 1811	3	11
Orin, s. [Oliver & Ama], b. Dec. 6, 1795	3	11
Patience, d. Daniel & Mary, b. Apr. 16, 1710	LR2	14
Paul Bunn, s. [Jesse & Mary], b. Nov. 24, 1780	2	297
Polly, d. [Jesse & Mary], b. Oct. 2, 1790	2	297

	Vol.	Page
PRIOR, PRYOR, (cont.)		
Prudence, d. Josiah & Lucia, b. Dec. 19, 1767	2	100
Ruth, d. Daniel & Sarah, b. Aug. 20, 1743	1	19
Ruth, m. Tho[ma]s **RICH**, May 29, 1766	2	229
Samuel, s. Dan[ie]l, Jr. & Huldah, b. Mar. 8, 1762	2	120
Sarah, w. of Daniell, d. Apr. 6, 1709	LR1	12
Sarah, m. Ffrancis **WHITMORE**, Jr., Feb. 20, 1723/4	1	28
Sarah, d. Daniel & Sarah, b. Aug. 2, 1724	1	19
Sarah, m. Samuel **ROBBERDS**, Jan. 15, 1746	2	84
Sarah, d. Daniel, farmer, ae. 47, & Elizabeth, ae. 16, b. Apr. 16, 1848	4	52-3
Sarah, d. Apr. 24, 1848, ae. 17	4	72-3
Susan, m. Giles J. **RICH**, b. of Middletown, Mar. 28, 1847, by Rev. James Floy	3	559
Susan E., m. Elijah W. **GIBBONS**, b. of Middletown, Nov. 24, 1853, by Rev. E. L. Janes	4	246
Susannah, d. Daniell & Sarah, b. Mar. 5, 1702	LR1	12
Silvester, s. [Jesse & Mary], b. May 16, 1785	2	297
Thankfull, d. Daniell & Sarah, b. Jan. 21, 1697/8	LR1	12
Thankfull, m. John **PROUT**, Mar. 30, 1723/4	1	11
Thankfull, d. Daniel & Sarah, b. Apr. 12, 1738	1	19
Thankful, d. Josiah & Lucia, b. Mar. 25, 1771	2	100
Warren, m. Caroline Melinda **NEWELL**, b. of Middletown, May 4, 1841, by Rev. Samuel Farmer Jarvis, at the house of Isaac Newell	3	480
PROFFIT, George L., m. Sarah **MANCHESTER**, b. of Hartford, May 1, 1854, by Rev. E. L. Janes	4	250
PROUT, Abigail, d. Jno. & Abigail, b. Apr. [ ], 1739	1	11
Abigail, m. Josiah **TRYON**, Apr. 5, 1846, by Rev. W. G. Howard	3	549
Ann, m. Lee **TRYON**, Jan. 3, 1822, by Rev. Phinehas Cook	3	84
Caroline, m. Talcott G. **BLAKE**, b. of Middletown, Dec. 22, 1835, by Rev. John Cookson	3	417
Clarissa, m. Elijah **ROBERTS**, Oct. 13, 1825, by Rev. John R. Dodge	3	243
Darcy, s. W[illia]m & Rachel, b. Feb. 18, 1743	1	45
Deborah, m. Nathan **SAYRE**, Feb. 12, 1736	1	91
Deborah, d. W[illia]m & Rachel, b. Dec. 2, 1738	1	45
Deborah, d. W[illia]m & Rachel, d. Apr. 14, 1740	1	45
Deborah, d. W[illia]m & Rachel, b. Sept. 22, 1740; d. Apr. 30, 1742	1	45
Deborah, d. Jno. & Abigail, b. June 23, 1743	1	11
Ebenezer, Dr., d. Apr. 27, 1735	1	44
Ebenezer, s. Will[ia]m & Rachel, b. Feb. 28, 1737/8	1	45
Ebenezer, s. Harris & Priscilliar, b. Oct. 26, 1761	2	17
Elizabeth, m. Nathaniel **GILBERT**, Dec. 4, 1726	1	33
Eunice, d. W[illia]m & Rachel, b. Dec. 28, 1745	1	45
Eunice, d. Feb. 14, 1757	1	44

	Vol.	Page
PROUT, (cont.)		
George G., s. Sylvester, blacksmith, ae. 35, & Eliza, ae. 31, b. Feb. 21, 1848	4	58-9
Hannah C., of Middletown, m. George L. **WARNER**, of Windsor, Feb. 28, 1830, by Rev. Thomas Branch	3	346
Harris, s. Will[ia]m & Rachel, b. Apr. 21, 1732	1	45
Harris, m. Priscilliar **ROBBARDS**, Nov. 13, 1753	2	17
Harris, s. Harris & Priscillair, b. Apr. 24, 1755; d. Jan. 12, 1758	2	17
John, m. Thankfull **PRYOR**, Mar. 30, 1723/4	1	11
John, s. John & Thankfull, b. May 9, 1732	1	11
John, of Middletown, m. Abigail **ROYCE**, of Meridian, July 14, 1736, by Rev. Tho[ma]s Hall, of Meriden	1	11
John, s. William & Rachel, b. Dec. 16, 1749	1	45
Lucy, m. Enos **JOHNSON**, b. of Middletown, Oct. 18, 1820, by Rev. Eli Ball	3	44
Mariah, m. Leonard **JOHNSON**, b. of Middletown, Dec. 25, 1822, by Rev. Eli Ball	3	116
Mary, d. Harris & Priscilliar, b. Aug. 24, 1759	2	17
Mary, m. Ezra **CROWELL**, Dec. 5, 1824, by Rev. John R. Crane	3	189
Oliver, s. Harris & Priscillair, b. Oct. 9, 1757	2	17
Oliver, of Middletown, m. Dianna **GLADWIN**, of Haddam, June 9, 1830, by Rev. Tho[ma]s Branch	3	350
Pierre Alexis, Rev. of Utica, N. Y., m. Susan **STOUT**, of Middletown, May 6, 1841, by Rev. Samuel Farmar Jarvis, at Christ Church	3	475
Rachel, d. W[illia]m & Rachel, b. Nov. 24, 1733	1	45
Rhoda, m. Sherman **MORGAN**, b. of Middletown, Mar. 23, 1834, by Rev. John Cookson	3	393
Sally, of Middletown, m. Elisha **HARVEY**, of Haddam, Nov. 8, 1829, by Rev. Tho[ma]s Branch	3	341
Sarah, d. Jno. & Abigail, b. Mar. 20, 1741	1	11
Sarah M., m. William W. **BOWERS**, Apr. 10, 1842, by Rev. Arthur Granger	3	487
Susan M., m. John **GOODRICH**, [Sept.] 12, [1847], by Rev. E. R. Gilbert, of Wallingford	4	14
Susan M., ae. 25, b. in Middletown, m. John **GOODRICH**, blacksmith, ae. 23, b. in Middletown, res. Philadelphia, Sept. 12, [1847], by Rev. Andrew L. Stone	4	64-5
Susannah, d. Will[ia]m & Rachel, b. Jan. 22, 1729/30	1	45
Susannah, d. W[illia]m & Rachel, d. July 3, 1750	1	45
Susannah, d. Harris & Priscilliar, b. Feb. 4, 1753/4	2	17
Susannah, d. Harris & Priscilliar, d. Feb. 13, 1753/4	2	17
Susannah, d. W[illia]m & Deborah, b. Jan. 22, 1757	2	27
Sylvester, m. Elizabeth **GEAR**, b. of Middletown, [Mar.] 16, [1836], by Rev. James Noyes	3	420

	Vol.	Page
PROUT, (cont.)		
Thankfull, d. Jno. & Thankfull, b. Jan. 16, 1727/8	1	11
Thankfull, w. of John, d. Nov. 4, 1734, in the 37th y. of her age	1	11
Thankfull, m. Jacob **JOHNSON**, 2d., b. of Middletown, May 12, 1831, by Rev. John Cookson	3	361
Timothy, s. John & Abigail, b. Aug. 22, 1737	1	11
Timothy, s. W[illia]m & Deborah, b. Nov. 24, 1754	2	27
Timothy L., of New York, m. Elizabeth **WETMORE**, of Middletown, Aug. 7, 1825, by Rev. Ebenezer Washburn	3	205
William, m. Rachel **HARRIS**, Apr. 2, 1729	1	45
William, s. Will[ia]m & Rachel, b. June 24, 1735	1	45
Will[ia]m, Jr., m. Deborah **JOHNSON**, May 23, 1754	2	27
PULSIFER, Huldah, d. Sylvester & Huldah, b. Sept. 12, 1770; m. Luther **WILCOX**, Oct. 1, 1794	3	23
PUNCH, Thomas, m. Mary **MOYNEHEN**, Oct. 14, 1847, by Rev. John Brady	4	25
PURPLE, Dorothy, d. Edw[ar]d & Ruth, b. May 9, 1747	1	25
Edward, s. Edward & Ruth, b. Mar. 18, 1745	1	25
Ezra, s. Edw[ar]d & Ruth, b. Feb. 18, 1748/9	1	25
Josiah, s. Edw[ar]d & Ruth, b. Dec. 4, 1750	1	25
Mary, d. Edward & Ruth, b. July 19, 1743	1	25
Ruth, d. Edward & Ruth, b. Aug. 1, 1741	1	25
Ruth, d. Edward & Ruth, b. Aug. 1, 1741, in Colchester	2	168
Ruth, m. Nath[anie]ll **SPENCER**, Sept. 29, 1757	1	94
Ruth, m. Joseph **SAGE**, Feb. 6, 1772	2	168
PUTNAM, Augustus, m. Lucy Ann **PLUMB**, b. of Middletown, [July] 16, [1848], by Rev. Townsend P. Abel	4	35
Elisha P., s. Augustus, book-binder & seller, ae. 30, & Lucy A., ae. 21, b. Nov. 21, 1849	4	156-7
Elisha P., m. S. Celestia **LORING**, June 26, 1879, by Rev. S. D. McConnell, at 103 West 38th St., New York City	5	396
PYNE, Henry Rogers, s. [Rev. Smith & Eunice Frances], b. July 3, 1834	3	400
John, s. Rev. Smith & Eunice Frances, b. Oct. 16, 1830	3	400
QUARTERS, Jemima, d. Peter & Elizabeth, negroes, b. Jan. 1, 1725/6	1	16
Peter, negro, m. Elizabeth **ANTHONY**, Indian, May 21, 1725	1	16
QUICK, Maurice, m. Hanora **MOUNTAIN**, Feb. 24, 1852, by Rev. Jno. Brady	4	212
QUIMBY, Lucretia, d. Jan. 12, 1849, ae. 62	4	132-3
QUINLAN, Margaret, m. Patrick **FITZGERALD**, May 6, 1852, by Rev. Jno. Brady	4	219
QUINLEY, Almira, of Middletown, m. Eleazer D. **HARRINGTON**, of New Britain, June 16, 1850, by Rev. Moses L. Scudder	4	182

MIDDLETOWN VITAL RECORDS

	Vol.	Page
QUINLEY, (cont.)		
Helen, d. Robert, laborer, ae. 30, & Helen, ae. 30, b. May 23, 1851	4	196-7
QUINN, QUIN, Ellen, m. James **HELLIGEN**, June 1, 1848, by Rev. John Brady	4	76
Michael, m. Etty **KELLY**, June 20, 1852, by Rev. Jno. Brady	4	221
QUIRK, Coleman, m. Johanna **HENNESSEY**, Aug. 12, 1854, by Rev. Jno. Brady	4	270
RADWAY, Arad, of Putney, Vt., m. Emily **WARES**, of Middletown, Mar. 21, 1825, by Rev. John R. Crane	3	195
RAFFERTY, Ann, d. John, quarryman, ae. 26, and Ann, ae. 23, b. May 3, 1850	4	162-3
Thomas, s. John, quarryman, & Ann, b. Oct. 22, 1848	4	114-5
RAGON, John, s. John, quarryman, Portland, & Catharine, b. Apr. 30, 1849	4	114-5
John, d. Aug. 3, 1849, ae. 3 m.	4	134-5
RALPH, Catharine, m. Jerem[ia]h **WARD**, Apr. 22, 1846, by Rev. Zebulon Crocker	3	549
Louisa, of Middletown, m. Almond **NEFF**, of Windham, [May] 9, [1830], by Rev. Theron Osborn	3	349
Thaddeus C., brickmaker, b. in New London, res. Middletown, d. Apr. 9, 1848, ae. 26	4	72-3
RAMSDELL, Experience, m. Abel **WILLCOX**, Dec. 4, 1776	2	310
RAMSEY, ——, s. Jonat[ha]n, music teacher, ae. 37, & Lucy, ae. 35, b. July 19, 1851	4	196-7
——, st. b. July 19, 1851	4	204-5
RAND, Charles Southmayd, s. [Richard & Sally], b. Sept. 16, 1821	3	248
Daniel, s. [Robert & Hephzibah], b. Oct. 24, 1779	2	123
Elizabeth, d. Tho[ma]s & Esther, b. Oct. 7, 1738	1	101
Eliz[abet]h, d. [Robert & Hephzibah], b. Apr. 21, 1782; d. Sept. 7, 1783	2	123
Eliz[abet]h, 2d, d. [Robert & Hephzibah], b. Feb. 26, 1784	2	123
Ellen Hubbard, [d. Robert P. & Elizabeth M.], b. Oct. 10, 1842	4	7
Esther, d. [Robert & Hephzibah], b. Jan. 27, 1788; d. Aug. 29, 1789	2	123
George, s. Rich[ar]d & Sally, b. Sept. 11, 1826	3	248
George Hoyt, s. Rich[ar]d & Sally, b. Sept. 11, 1825; d. Mar. 2, 1826	3	248
Hamlin, s. [Robert & Hephzibah], b. May 17, 1786	2	123
Harriet S., m. Will[ia]m H. **CUMMINGS**, Aug. 3, 1843, by Rev. John R. Crane	3	503
Josephine, s. W[illia]m, laborer, ae. 44, & Phebe, ae. 34, b. Sept. 20, 1849	4	156-7
Josephine, d. Mar. 11, 1850, ae. 6 m.	4	172-3

	Vol.	Page
RAND, (cont.)		
Julia B., d. Nov. 26, 1848, ae. 16	4	130-1
Mary, d. Tho[ma]s & Esther, b. Nov. 1, 1742	1	101
Mary, d. Sept. 6, 1849, ae. 18	4	172-3
Mary P., of Middletown, m. William W. **WILCOX**, of Chatham, Oct. 5, 1824	3	174
Philip Curtis, [s. Robert P. & Elizabeth M.], b. Aug. 24, 1841	4	7
Rebecca Green, d. Rich[ar]d & Sally, b. Apr. 14, 1814; d. Aug. 22, 1815	3	248
Rebecca Green, d. [Richard & Sally], b. Dec. 21, 1816	3	248
Richard, s. [Robert & Hephzibah], b. Feb. 20, 1792	2	123
Richard, m. Sally **MEIGS**, Feb. 28, 1813	3	248
Richard, m. Sally **WETMORE**, Oct. 16, 1824	3	248
Richard Meigs, s. Rich[ar]d & Sally, b. Aug. 22, 1815	3	248
Robert, s. Tho[ma]s & Esther, b. Jan. 29, 1747	1	101
Robert, m. Hepzibah **ADKINS**, [ ], 1774	2	123
Robert, s. [Robert & Hephzibah], b. Oct. 1, 1777	2	123
Robert, s. Robert, lumber merchant, ae. 33, & Eliza, ae. 32, b. Apr. 19, 1851	4	196-7
Robert P., m. Elizabeth M. **HUBBARD**, Nov. 18, 1840, by Rev. John R. Crane	3	471
Robert P., m. Elizabeth M. **HUBBARD**, d. of Jeremiah, Nov. 18, 1840	4	7
Robert Porter, s. [Richard & Sally], b. Jan. 7, 1818	3	248
Sally, w. of Richard, d. Nov. 7, 1823	3	248
Samuel, s. Robert & Hephzibah, b. Mar. 29, 1775	2	123
Sam[ue]l Blake, s. [Richard & Sally], b. Oct. 31, 1819	3	248
Thomas, m. Esther **HURLBUT**, Feb. 28, 1737/8	1	101
Thomas, [ ]	1	101
RANDALL, RANDLE, Dudley, of East Haddam, m. Julia **RUTLEY**, of Haddam, Feb. 3, 1827, by Rev. John R. Crane	3	261
Jerusha, m. Elisha **COTTON**, b. of Middletown, Nov. 21, 1830, by Rev. Thomas Burch	3	358
John, m. Peggy **WORTHINGTON**, Jan. 20, 1825, by Rev. Birdseye G. Noble	3	193
RANNEY, RAINEY, RANEY, RANNY, RANY, RANYE,		
Abigaill, d. [Joseph & Mary], b. Nov. 16, 1702	LR2	3
Abigail, m. Walter **HARRIS**, Jan. 21, 1713/4	LR2	27
Abigail, m. Joseph **STOCKING**, Dec. 20, 1726	1	36
Abigail, d. Joseph & Abigail, b. Apr. 18, 1745	1	20
Abigail, d. Hez[ekia]h & Lucretia, b. Mar. 30, 1778	2	302
Abijah, s. Thomas & Esther, b. Aug. 28, 1743	LR2	3
Abner, s. Rich[ar]d & Margary, b. Mar. 15, 1747/8; moved to Portland, then to Blanford, Mass.; was a Revolutionary soldier; d. in Augusta, N. Y., ae. 101 y. 5 m.	2	167

	Vol.	Page
RANNEY, RAINEY, RANEY, RANNY, RANY, RANYE, (cont.)		
Abraham, s. Nath[anie]ll & Rachel, b. June 7, 1746	1	59
Abraham, m. Merriam **TREAT**, Oct. 16, 1769	2	230
Abraham, d. Oct. 17, 1775	2	230
Agnes G., d. Henry W., farm laborer, ae. 26, & Mary E., ae. 20, b. Apr. 28, 1848	4	56-7
Alle, d. Nath[anie]ll & Prudence, b. May 13, 1771	2	52
Amos, s. Jno. & Martha, b. Apr. 19, 1744	1	17
Amos, s. Nath[anie]ll & Rachel, b. May 17, 1748	1	59
Ame, d. Nath[anie]ll & Prudence, b. Apr. 27, 1775	2	52
Ann, d. Thomas & Rebeckah, b. July 23, 1706	LR1	35
Anna, m. John **SAGE**, 3rd, Aug. 7, 1746	2	94
Anna, of Middletown, m. Zachariah **SOMERS**, of Trumbull, Mar. 26, 1822, by Rev. Fred[erick] Wightman	3	95
Anne, d. Willett & Anne, b. Oct. 9, 1723	LR2	14
Anne, w. of Willett, d. Mar. 29, 1731	LR2	14
Azubah, d. Thomas & Esther, b. Mar. 31, 1735	LR2	3
Butler, [s. Willet & Mary], [b. ?] in New Lebanon, N. Y. (*This entry in pencil)	2	244
Carroline, d. Fletcher & Elizabeth, b. May 27, 1753	2	219
Catharine, of Chatham, m. Thomas J. **HUBBARD**, Oct. 29, 1838, by Rev. John R. Crane	3	451
Charles, s. Hezekiah & Lucretia, b. Oct. 4, 1771	2	302
Charlotte, d. Hez[ekia]h & Lucretia, b. Feb. 22, 1776	2	302
Chloe, d. Willet & Mary, b. Mar. 2, 1753	2	244
Clarissa G., m. Zebulon H. **BALDWIN**, b. of Middletown, Aug. 21, 1838, by Rev. John Cookson	3	448
Comfort, s. Nath[anie]ll, Jr. & Prud[en]ce, b. Dec. 19, 1759	2	52
Comfort Sage, s. Stephen & Esther, b. Jan. 19, 1788	2	345
Daniell, s. [Joseph & Mary], b. July 13, 1707	LR2	3
Daniel, m. Est[h]er **STOW**, Jan. 20, 1730/1	1	56
Daniel, s. Dan[ie]l & Esther, b. Jan. 13, 1732/3	1	56
Daniel, [s. Dan[ie]l & Esther], Mar. 3, 1732/3	1	56
Daniel, s. Eph[rai]m & Silence, b. Feb. 5, 1753	2	146
Daniel, s. Nathaniel & Prudence, b. Sept. 14, 1767	2	52
Daniel Stephen, s. Stephen & Esther, b. Feb. 18, 1792; d. Sept. 10, 1793	2	345
David, s. Jere[mia]h & Chloe, b. Dec. 1, 1754	2	350
David, s. Nath[anie]ll & Prudence, b. May 22, 1769	2	52
Debora[h], d. John & Hannah, b. Aug. 24, 1708	LR2	5
Deborah, d. Willett & Deborah, b. May 28, 1733	1	67
Deborah, m. Lewis Sam[ue]ll **SAGE**, May 24, 1748	2	140
Desire, d. Thomas & Est[h]er, b. Sept. 3, 1727	LR2	3
Desiah, m. Moses **WILCOX**, Mar. 22, 1753	2	292
Dorothe, w. of Nath[anie]l, d. Sept. 26, 1732	1	59
Dorothy, d. Thomas & Esther, b. Nov. 29, 1732	LR2	3
Ebbenezer, m. Sarah **WARNER**, Aug. 4, 1698	LR1	17

	Vol.	Page
RANNEY, RAINEY, RANEY, RANNY, RANY, RANYE, (cont.)		
Ebenezer, s. Ebenezer & Sarah, b. Nov. 22, 1704	LR1	17
Edward, s. Rich[ar]d & Margary, b. Apr. 29, 1746	2	167
Elijah, s. Rich[ar]d & Margary, b. Oct. 6, 1735	2	167
Elijah, s. Ephraim & Silence, b. Mar. 14, 1750/1	2	146
Elizabeth, d. Thomas & Mary, b. Apr. 12, 1668	LR1	35
Elizabeth, d. [Joseph & Mary], b. Jan. 11, 1697	LR2	3
Elizabeth, m. Jonathan **WARNER**, Aug. 4, 1698	LR1	2
Elizabeth, d. [Joseph & Mary], d. Jan. 9, 1723/4	LR2	3
Elizabeth, d. Jno. & Eunice, b. Apr. 12, 1726	1	17
Elizabeth, d. Willett & Deborah, b. Mar. 17, 1734/5	1	67
Elizabeth Gilchrist, d. Sam[ue]l W. & Ann, b. Aug. 16, 1786	2	300
Elizabeth Wells, d. Fletcher & Elizabeth, b. Jan. 20, 1757	2	219
Emma, d. Sam[ue]l, joiner, ae. 22, & Frances, ae. 20, b. Aug. 2, 1849	4	156-7
Enock, d. July 19, 1850, ae. 1	4	172-3
Ephraim, s. Thomas & Est[h]er, b. Apr. 20, 1725	LR2	3
Ephraim, m. Silence **WILCOX**, Nov. 26, 1747	2	146
Ephraim, s. Ep[hrai]m & Silence, b. Oct. 27, 1748	2	146
Esther, m. Nathaniell **SAVIDGE**, Dec. 3, 1696	LR2	5
Esther, d. Ebenezer & Sarah, b. Mar. 17, 1709	LR1	17
Esther, d. Thomas & Esther, b. Feb. 11, 1729/30	LR2	3
Esther, d. Eben[eze]r, d. Oct. 7, 1741	LR1	17
Esther, d. George & Hannah, b. Jan. 8, 1761	2	88
Esther, d. Stephen & Esther, b. Mar. 31, 1786	2	345
Eunice, d. Jno. & Eunice, b. Nov. 7, 1727	1	17
Eunice, w. of John, Sept. 20, 1730	1	17
Fletcher, s. Joseph & Abigail, b. Apr. 29, 1726	1	20
Fletcher, of Middletown, m. Elizabeth **POWELL**, of Hartford, Nov. 4, 1750	2	219
Fletcher, d. Dec. 14, 1772	2	219
Francis, s. George & Hannah, b. Apr. 19, 1753	2	88
Georg[e], s. Tho[ma]s & Rebeckah, b. Oct. 28, 1695	LR1	35
George, m. Hannah **SAGE**, Jan. 23, 1745/6	2	88
George, s. George & Hannah, b. Jan. 9, 1746/7	2	88
George, m. Alma **WHITE**, Dec. 6, 1821, by Rev. Frederick Wightman	3	74
Hannah, d. [John & Hannah], b. June 1, 1699; d. Nov. 26, 1699	LR2	5
Hannah, d. Ebenezer & Sarah, b. Mar. 25, 1702	LR1	17
Hannah, d. Jno. & Eunice, b. Aug. 24, 1730	1	17
Hannah, m. Isaac **GILL**, Mar. 29, 1750	2	178
Hannah, d. Rich[ar]d & Margary, b. Apr. 5, 1750	2	167
Hannah, d. Geo[rge] & Hannah, b. May 9, 1755	2	88
Hannah, d. Nath[anie]ll & Prudence, b. Mar. 17, 1773	2	52
Hannah, m. John **DODD**, Apr. 4, 1781	2	352

	Vol.	Page
RANNEY, RAINEY, RANEY, RANNY, RANY, RANYE, (cont.)		
Henry, m. Mary **BEVENS**, b. of Middletown, May 8, 1826, by Rev. Fred[eric]k Wightman	3	229
Henry W., of Middletown, m. Mary E. **MACKINTOSH**, of East Haddam, Apr. 19, 1846, by Rev. James Hepburn	3	548
Hezekiah, s. Dan[ie]l & Esther, b. Feb. 1, 1731/2; d. Feb. 15, 1731/2	1	56
Hezekiah, s. Joseph & Abigail, b. Apr. 1, 1736	1	20
Hezekiah, s. Joseph & Abigail, d. Nov. 8, 1741	1	20
Hezekiah, s. Joseph & Abigail, b. Sept. 1, 1742	1	20
Hezekiah, of Middletown, m. Lucretia **HARTSHORN**, of R. I., Feb. 28, 1765, in R. I.	2	302
Hezekiah, s. Hez[ekia]h & Lucretia, b. Jan. 17, 1774	2	302
Hope, d. Thomas & Esther, b. Nov. 9, 1737	LR2	3
Huldah, d. Jno. & Martha, b. Feb. 4, 1740	1	17
Huldah, d. Abraham & Merriam, Mar. 9, 1772	2	230
Huldah, d. [Abraham & Merriam], d. Aug. 6, 1775	2	230
Huldah, d. Nath[anie]ll & Prudence, b. Aug. 6, 1777	2	52
Jabez, s. Rich[ar]d & Margary, b. Feb. 12, 1742/3	2	167
Jabez, m. Penellope **BOWERS**, Jan. 15, 1767	2	167
Jabez Hamlin, s. Stephen & Esther, b. Apr. 17, 1784	2	345
James, s. Willet & Mary, b. Feb. 27, 1757	2	244
James Dick, s. Sam[ue]l W. & Ann, b. July 20, 1788	2	300
Jeremiah, s. John & Hannah, b. Jan. 25, 1713/14; d. Feb. 16, 1713/14	LR2	5
Jeremiah, s. Thomas & Est[h]er, b. Jan. 13, 1720/21	LR2	3
Jeremiah, s. Rich[ar]d & Margary, b. Dec. 17, 1730	2	167
Jeremiah, m. Martha **STOW**, Dec. 31, 1742	2	227
Jeremiah, s. Jere & Martha, b. Feb. 28, 1748/9	2	227
Jeremiah, Jr., m. Chloe **LEETE**, Jan. 31, 1754	2	350
John, s. Thomas & Mary, b. Nov. 14, 1662	LR1	35
John, m. Hannah **TURNER**, Dec. 28, 1693	LR2	5
John, s. [John & Hannah], b. Sept. 12, 1700; d. Sept. 26, 1700	LR2	5
John, 2d, [s. John & Hannah], b. Oct. 1, 1703	LR2	5
John, m. Eunice **WRIGHT**, Mar. 12, 1723/4	1	17
John, m. Martha **MILLER**, Feb. 25, 1730/31	1	17
John, s. Jno. & Martha, b. Sept. 23, 1731	1	17
Jonathan, s. [Joseph & Mary], b. Aug. 26, 1709	LR2	3
Jonathan, s. George & Hannah, b. Sept. 3, 1765	2	88
Joseph, s. Thomas & Mary, b. Sept. [ ], 1663	LR1	35
Joseph, m. Mary **STAR[R]**, Jan. [ ], 1693	LR2	3
Joseph, s. [Joseph & Mary], b. Apr. 11, 1699	LR2	3
Joseph, m. Abigail **WARNER**, July 21, 1725	1	20
Joseph, s. Joseph & Abigail, b. June 3, 1728	1	20
Joseph, Sr., d. Mar. 2, 1745	LR2	3
Joseph, s. Fletcher & Eliz[abet]h, b. Aug. 6, 1751	2	219
Joseph, s. Hez[ekia]h & Lucretia, b. Mar. 28, 1766,		

	Vol.	Page
RANNEY, RAINEY, RANEY, RANNY, RANY, RANYE, (cont.)		
in. R. I.	2	302
Joseph, m. Lucy **EDWARDS**, b. of Middletown, Dec. 25, 1824, by Rev. Fred[eric]k Wightman	3	191
Julia A., m. Horace **HIGBY**, Dec. 13, 1842, by Rev. William Bentley	3	498
Julia A., d. Timothy, joiner, ae. 27, & Maria E., ae. 26, b. Nov. 3, 1848	4	54-5
Leila, d. Henry W., laborer, ae. 28, & Mary, ae. 22, b. Apr. 5, 1850	4	164-5
Lois, d. Joseph & Abigail, b. Aug. 2, 1733	1	20
Lois, d. Fletcher & Elizabeth, b. Nov. 16, 1761	2	219
Lucia, d. Jno. & Martha, b. Apr. 7, 1742	1	17
Lucia, m. Henry **TURPAN**, Nov. 2, 1762	2	200
Lucretia, d. Daniel & Esther, b. Mar. 12, 1737/8	1	56
Lucretia, m. Nathaniel **HAMLIN**, Mar. 9, 1755	2	255
Lucretia, d. Willet & Mary, b. Jan. 20, 1759	2	244
Lucretia, d. Hez[ekia]h & Lucretia, b. Jan. 11, 1769	2	302
Lucy, d. George & Hannah, b. Sept. 6, 1763	2	88
Luther, s. Abraham & Merriam, b. Mar. 27, 1774	2	230
Luther, s. [Abraham & Merriam], d. Oct. [ ]	2	230
Lydia, d. Abraham & Merriam, b. June 7, 1770	2	230
Marah, d. Dan[ie]l & Esther, b. Feb. 4, 1743	1	56
Marah, m. Stephen **JENKINS**, Mar. 20, 1760	2	294
Marce, d. [John & Hannah], b. Dec. 28, 1695	LR2	5
Marcy, m. John **HALL**, July 19, 1722	1	6
Marcy, d. Rich[ar]d & Margary, b. Nov. 7, 1740	2	167
Marg[a]ret, d. Thomas & Rebeckah, b. Aug. 21, 1708	LR1	35
Martha, d. Jno. & Martha, b. July 30, 1733/4	1	17
Martha, d. Jere & Martha, b. June 26, 1746	2	227
Martha, m. Sam[ue]l **BORDEN**, b. of Middletown, Apr. 7, 1837, by Rev. Fred[eric]k Wightman	3	430
Martha Southmayd, d. Sam[ue]l W. & Ann, b. Dec. 2, 1790	2	300
Mary, d. Thomas & Mary, b. Oct. [ ], 1665	LR1	35
Mary, m. John **SAVEDG[E]**, Jr., May 30, 1682	LR1	32
Mary, d. [Joseph & Mary], b. Dec. 14, 1694	LR2	3
Mary, m. Samuel **SHEPARD**, Apr. 21, 1715	LR2	26
Mary, m. Samuel **SHEPARD**, Apr. 21, 1715	LR2	28
Mary, w. of Tho[ma]s, Sr., d. Dec. 18, 1721	LR1	35
Mary, d. Daniel & Esther, b. July 20, 1736	1	56
Mary, d. Dan[ie]l & Esther, d. Nov. 18, 1741	1	56
Mary, m. Joseph **BUSH**, May 6, 1744	2	171
Mary, d. Rich[ar]d & Margary, b. Feb. 13, 1754	2	167
Mary, d. Willet & Mary, b. Mar. 2, 1755	2	244
Mary, d. Stephen & Esther, b. Dec. 13, 1789	2	345
Mary, Mrs., of Middletown, m. Samuel **BECKWITH**, of Hartford, Mar. 23, 1830, by Rev. Frederick Wightman	3	347

	Vol.	Page
RANNEY, RAINEY, RANEY, RANNY, RANY, RANYE, (cont.)		
Mary, m. Edward **HALLAM**, of New London, Dec. 21, 1832, by Rev. Smith Pyne	3	378
Mary B., of Middletown, m. Benjamin **BARNES**, of Southington, Nov. 12, 1837, by Rev. Frederick Wightman	3	441
Molly, d. Geo[rge] & Hannah, b. June [ ], 1757	2	88
Naomi, [twin with Rachel], d. Nath[anie]ll & Rachel, b. Nov. 1, 1737; d. Nov. 4, [1737]	1	59
Nathan, s. Jere & Martha, b. June 20, 1751	2	227
Nathaniell, s. Thomas & Rebeckah, b. June 17, 1702	LR1	35
Nathaniel, m. Dorothe **HALE**, May 13, 1731	1	59
Nathaniel, m. Rachel **SAGE**, Jan. 16, 1733/4	1	59
Nath[anie]ll, s. Nath[anie]ll & Rachel, b. July 16, 1735	1	59
Nathaniel, m. wid. Thankfull **WILLARD**, Nov. [ ], 1756	1	59
Nath[anie]l, Jr., m. Prudence **WILLARD**, Mar. 10, 1757	2	52
Nathaniel, s. Nathaniel, Jr. & Prudence, b. Oct. 28, 1761	2	52
Nathaniel, d. Sept. 25, 1766	1	59
Ozias, s. Nath[anie]ll & Rachel, b. Aug. 22, 1736; d. Sept. 13, 1736	1	59
Osias, s. Nath[anie]ll & Rachel, b. Mar. 15, 1744	1	59
Prudence, d. Nath[anie]ll & Prudence, b. Aug. 18, 1763	2	52
Rachal, d. [Joseph & Mary], b. Dec. 25, 1711	LR2	3
Rachel, m. Elisha **STOCKING**, Jan. 26, 1736/7	1	95
Rachel, [twin with Naomi], d. Nath[anie]ll & Rachel, b. Nov. 1, 1737; d. Nov. 4, [1737]	1	59
Rachel, d. Nath[anie]ll & Rachel, b. June 28, 1742	1	59
Rachel, w. of Nath[anie]ll, d. Feb. 24, 1755	1	59
Rachel, d. Eph[rai]m & Silence, b. May 27, 1755. In pencil "went to Westminster, Vt."	2	146
Rachel, d. Nath[anie]ll, Jr. & Prudence, b. Apr. 9, 1765	2	52
Rebeckah, d. [Tho[ma]s & Rebeckah], b. Dec. 10, 1700	LR1	35
Rebeckah, d. Willett & Anne, b. Oct. 3, 1726	LR2	14
Rebeckah, m. Jonathan **DOOLITTLE**, Jan. 26, 1726/7	1	27
Rebeckah, wid. of Tho[ma]s, m. Jacob **WHITE**, Dec. 16, 1729	LR1	41
Rebeckah, m. Ebenezer **SAVAGE**, Apr. 14, 1743	2	8
Rebeckah, m. Eben[eze]r **SAVAGE**, Apr. 16, 1743	1	80
Rebeckah, d. Fletcher & Elizabeth, b. May 3, 1755	2	219
Rebeckah, d. Tho[ma]s, Jr. & Mary, b. Sept. 9, 1755	2	282
Rebeckah, d. Jere[mia]h & Chloe, b. May 22, 1757	2	350
Rhoda, d. Joseph & Abigail, b. June 27, 1738	1	20
Rhoda, d. Jere[mia]h & Chloe, b. Aug. 28, 1758	2	350
Richard, s. John & Hannah, b. Feb. 18, 1705/6	LR2	5
Richard, m. Margery **MILLER**, Nov. 9, 1729	2	167

	Vol.	Page
RANNEY, RAINEY, RANEY, RANNY, RANY, RANYE, (cont.)		
Richard, s. Rich[ar]d & Margary, b. Sept. 8, 1732	2	167
Roderic, s. [Hez[ekia]h & Lucretia], b. Mar. 24, 1780	2	302
Ruth, d. Ebenezer & Sarah, b. Apr. 6, 1707	LR1	17
Sally Sage, d. Stephen & Esther, b. Jan. 29, 1795	2	345
Sally Sage, d. Stephen & Esther, d. Dec. 13, 1795	2	345
Sally Sage, 2d, d. Stephen & Esther, b. Nov. 13, 1796	2	345
Samuell, s. John & Hannah, b. Aug. 12, 1715	LR2	5
Sam[ue]l, s. Step[he]n & Patience, b. Oct. 23, 1755	2	317
Samuel, joiner, ae. 21, of Middletown, m. Frances **HAVENS**, ae. 20, of Middletown, June 6, 1849, by John R. Crane	4	120-1
Samuel R., s. George, m. Frances **HAVENS**, d. of David, June 6, 1849, by Rev. John R. Crane	4	85
Samuel Ward, m. Ann **NEWEL**, Jan. 15, 1784	2	300
Samuel Ward, s. Sam[ue]l W. & Ann, b. Oct. 12, 1784	2	300
Sarah, d. Ebbe & Sarah, b. Jan. 15, 1699	LR1	17
Sarah, w. of Ebenezer, d. Oct. 4, 1741	LR1	17
Sarah, d. Eben[eze]r, d. Sept. 4, 1742	LR1	17
Sarah, d. Willet & Mary, b. Jan. 2, 1763	2	244
Sarah, d. Fletcher & Elizabeth, b. Jan. 15, 1766	2	219
Seth, s. Jno. & Martha, b. Feb. 16, 1737/8	1	17
Seth, s. Willet & Mary, b. Jan. 21, 1761	2	244
Simon, s. Fletcher & Elizabeth, b. Nov. 25, 1759	2	219
Stephen, s. Rich[ar]d & Margary, b. Jan. 15, 1737/8	2	167
Stephen, s. Step[he]n & Patience, b. Oct. 14, 1753	2	317
Stephen, Jr., m. Esther **SAGE**, Aug. [ ], 1783	2	345
Stephen had negro Cate, d. Phillis, b. May 13, 1788; Hagar, d. Phillis, b. Oct. 22, 1790; Peter, s. Phillis, b. June 4, 1792; Jinne, d. Phillis, b. Sept. 26, 1794	2	315
Stephen, Jr., had negro Andrew, s. Jinne, b. Mar. 27, 1790	2	315
Stephen, s. Joseph & Abigail, b. [ ]	1	20
Submit Hand, d. Thomas & Esther, b. Feb. 17, 1739/40	LR2	3
Submit Hand, m. John **GANES**, Jan. 29, 1766	2	87
Suky, of Middletown, m. Archibald **KENNEY**, of Middletown, Oct. 28, 1821, by Rev. Frederick Wightman	3	70
Sibbell, d. [Joseph & Mary], b. Mar. 10, 1704	LR2	3
Sibbell, m. Amos **PORTER**, Aug. 21, 1724	1	16
Sibbel, d. Dan[ie]l & Esther, b. Aug. 29, 1744	1	56
Sibbel, m. Comfort **BUTLER**, May 2, 1762	2	245
Sibbel, d. Willet & Mary, b. Jan. [ ], 1765	2	244
Thankfull, d. Willett & Anne, b. Aug. 28, 1722	LR2	14
Thankfull, w. of Nathaniel, d. Apr. 3, 1766	1	59
Thomas, m. Mary **HUB[B]ARD**, May [ ], 1659	LR1	35
Thomas, s. Thomas & Mary, b. Mar. 1, 1660/61	LR1	35

	Vol.	Page
RANNEY, RAINEY, RANEY, RANNY, RANY, RANYE, (cont.)		
Thomas, m. Rebecka **WILLET**, May [ ], 1690	LR1	35
Thomas, s. Thomas, Jr. & Rebeckah, b. Aug. 14, 1692	LR1	35
Tho[ma]s, Sr., d. June 25, 1713	LR1	35
Thomas, m. Esther **WILCOCK**, Feb. 26, 1719/20	LR2	3
Thomas, s. Thomas & Est[h]er, b. Feb. 13, 1721/2	LR2	3
Thomas, Jr., d. Feb. 6, 1726/7	LR1	35
Thomas, Jr., m. Mary **LITTLE**, Feb. 25, 1747/8	2	282
Thomas, s. George & Hannah, b. July 6, 1749	2	88
Tho[ma]s Stow, s. Jere & Martha, b. May 10, 1744	2	227
Tho[ma]s Willard, s. Nath[anie]ll, Jr. & Prud[enc]e, b. Apr. 29, 1758; d. May 3, 1759	2	52
Timothy, s. Jno. & Martha, b. Jan. 27, 1735/6	1	17
Timothy, m. Maria E. **MILDRUM**, b. of Middletown, June 30, 1844, by Rev. Zebulon Crocker	3	519
Willet, s. Thomas & Rebeckah, b. Mar. 30, 1693/4	LR1	35
Willett, of Middletown, m. Anne **JOHNSON**, of New Haven, Apr. 20, 1720, by Samuel Bishop, J. P.	LR2	14
Willett, s. Willett & Anne, b. Mar. 28, 1731	LR2	14
Willett, m. Deborah **WHITE**, Dec. 23, 1731	1	67
Willet, m. Mary **BUTLER**, Nov. 19, 1752	2	244
Willet, Jr., [s. Willet & Mary], b. [ ], in Sandesfield, Mass, (*This entry in pencil)	2	244
Will[ia]m, s. Tho[ma]s, Jr. & Mary, b. Sept. 18, 1753	2	282
William, s. Fletcher & Elizabeth, b. Nov. 14, 1763	2	219
William, s. Nath[anie]ll & Prudence, b. July 3, 1779	2	52
William, Dea., m. Sarah **CLARK**, b. of Middletown, Oct. 25, 1826, by Rev. Frederick Wightman	3	254
——, child of Samuel, joiner, ae. 21, & Frances, ae. 20, b. Aug. 5, 1849	4	104-5
——, d. Samuel, joiner, ae. 23, & Francis, ae. 21, b. July 31, 1851	4	196-7
——, child of [Nathaniel & Dorothe], st. b. [ ]	1	59
RANSOM, Allis, of Salisbury, m. Ambrose **CLARK**, of Middletown, Mar. 26, 1787	2	23
Harriet, m. Timothy **SMITH**, b. of Durham, Aug. 17, 1846, by Rev. Ja[me]s T. Dickinson	3	552
T. B., of Orange, N. J., m. Margarette M. **GREENFIELD**, of Middletown, [Feb.] 2, [1830], by Rev. Edward R. Tyler	3	345
Truman B., Col. in U.S. Army, b. in Woodstock, Vt., res. Norwich, Vt., d. Sept. 13, 1847, ae. 43. Killed in battle in Mexico	4	68-9
RATCLIFF, RATCLIFFE, Elizabeth W., m. Henry **JOHNSON**, b. of Middletown, Jan. 22, 1839, by Rev. Elisha Andrews	3	456
Jane, m. Samuel **THOMAS**, b. of Middletown, Mar. 4, 1840, by Rev. F. Hodgeson	3	465

	Vol.	Page
RATCLIFF, RATCLIFFE, (cont.)		
Sarah E., d. Thomas, carriage-maker, ae. 25, & Margaret, ae. 23, b. Dec. 2, 1850	4	198-9
Thomas, carriagemaker, ae. 23, m. Margaret **GIBBONS**, ae. 22, b. of Middletown, Jan. 6, 1850, by Rev. B. N. Leach	4	168-9
RATHBURN, Kathrin[e], m. Heaman **SMITH**, Oct. 30, 1765	2	218
RAVEL, -----, d. Edward, clerk, ae. 32, & Lydia, ae. 25, b. June 16, 1849	4	106-7
RAWSON, Anna, d. Eliot & Anne, b. May 14, 1765	2	284
Anna, w. of Dr. Eliot, d. Nov. 8, 1776	2	284
Benjamin Anthram, s. Eliot & Anne, b. Feb. 28, 1774; d. Mar. 3, 1776	2	284
Benjamin Glover, s. Elliot & Anne, b. Nov. 5, 1776; d. Nov. 8, 1776	2	284
Edward William, s. Eliot & Anne, b. Feb. 7, 1773	2	284
Eliot, m. Sarah **RUSSEL[L]**, June 16, 1756	2	284
Eliot, Dr., of Middletown, m. Mrs. Anne **CUSHING**, of Providence, July 19, 1764	2	284
Eliot Cushing, s. Eliot & Anne, b. Dec. 18, 1768	2	284
Elizabeth, d. Eliot & Anne, b. Feb. 9, 1767	2	284
Jonathan, d. Sept. 23, 1756	2	284
Mary, d. Eliot & Anne, b. Jan. 5, 1771	2	284
Sarah, d. Eliot & Sarah, b. June 30, 1757	2	284
Sarah, w. of Eliot, d. July 7, 1757	2	284
RAY, RAE, Hester K., m. Roswell **DOAN**, Feb. 12, 1807	3	87
James, m. Jane **LAIDLER**, b. of Scotland, Mar. 30, 1851, by Rev. Frederic J. Goodwin	4	182
Lucretia, m. Abraham **BRAINARD**, b. of Middletown, Nov. 23, 1845, by Rev. J. L. Gilder	3	540
Seeley, m. Heroa(?) **SMITH**, b. of Middletown, Apr. 5, 1821, by Rev. John R. Crane	3	50
RAYMOND, Antoine, Dr., from Port of Spain, Island of Trinidad, d. June 25, 1831	3	312
Lydia, m. Luther **WETHERBEE**, b. of Middletown, Nov. 22, 1835, by Rev. John C. Green	3	416
RAYNAUD, Antoinette, of Trinidad, W. I., m. Joseph M. **GILBERT**, of Middletown, Sept. 9, 1832, by Rev. John Cookson	3	373
REAM, Jonas C., of Ohio, m. Mary A. **ELY**, of Middletown, Sept. 19, 1848, by Rev. James Hepburn	4	38
REARDON, Catharine, m. Michael **BRONSFIELD**, laborer, both b. in Ireland, Nov. 30, 1848, by Rev. John Brady	4	122-3
Catharine, m. Michael **BRANSFIELD**, [ ], by John Brady	4	78
Margaret, m. Daniel **O'KEEFE**, Apr. 21, 1850, by Rev. John Brady, Jr.	4	143
Michael, m. Hanora **DALY**, June 15, 1854, by Rev. Jno.		

MIDDLETOWN VITAL RECORDS

	Vol.	Page
REARDON, (cont.)		
Brady	4	267
REDFIELD, Adeline M., d. Seth, m. David D. **PARMELEE**, s. Daniel, b. of Claremont, N. H., July 13, 1825, by Rev. Dr. Spring, at New York; d. July 18, 1826	3	122
Dolle, d. William & Elizabeth, b. Feb. 4, 1765	2	357
Ebenezer, s. Frederick & Clarissa, b. Aug. 24, 1781; d. [ ]	2	209
Elizabeth, d. Will[ia]m & Eliz[abet]h, b. May 11, 1763	2	357
Frederick, m. Clarissa **BROWN**, Mar. 8, 1780	2	209
Fred[eric]k, d. Dec. 13, 1797, in the West Indies	2	209
Fred[eric]k Jared, s. [Frederick & Clarissa], b. July 23, 1788	2	209
Grace, d. W[illia]m & Eliz[abeth]h, b. Aug. 20, 1760	2	357
Henry, s. [Frederick & Clarissa], b. May 8, 1786	2	209
Henry, s. [Fred[eric]k & Clarissa], d. Aug. 13, 1815	2	209
Henry, m. Susan **PARKS**, Mar. 4, 1821, by Rev. Frederick Wightman	3	49
James, s. W[illia]m & Elizabeth, b. Nov. 18, 1758	2	357
John, s. William & Elizabeth, b. June 24, 1766; d. July 14, 1766	2	357
Mehitabel Hamlin, d. Will[ia]m & Susanna, b. May 8, 1781	2	354
Peleg, s. Will[ia]m & Eliz[abet]h, b. Jan. 22, 1762	2	357
Ruth, d. William & Eliz[abet]h, b. Oct. 2, 1767	2	357
Ruth, of Middletown, m. Partrick **MURRY**, of Dublin, now resident of this State, Nov. 24, 1791	2	344
Samuel, s. W[illia]m & Elizabeth, b. Jan. 23, 1757	2	357
Samuel B., m. Maria **HUDSON**, Sept. 25, 1808	3	5
Samuel Brown, s. [Frederick & Clarissa], b. Aug. 15, 1784	2	209
Will[ia]m, of Guilford, m. Elizabeth **STARR**, of Middletown, June 8, 1755	2	357
William, s. W[illia]m & Elizabeth, b. Aug. 9, 1755	2	357
William, Jr., m. Susanna **ROCKWELL**, Sept. 28, 1780	2	354
William, s. [Will[ia]m & Susanna], b. Apr. 19, 1784	2	354
William sailed Nov. 14, 1785, from this Port and is supposed to have been lost the 27th on the N. E. Reef of Bermuda	2	354
William C., s. Peleg & Betsey, b. Mar. 26, 1789	2	208
REED, REID, RIED, David, m. Julia **WOODRUFF**, Jan. 22, 1828, by Rev. John R. Crane	3	294
George, of Enfield, m. Marinda **ROYCE**, of Berlin, [Apr.] 28, [1834], by Rev. Stephen Topliff	3	395
Mary Ann, of Durham, m. Alanson **NETTLETON**, of Killingworth, Nov. 27, 1839, by Rev. Charles R. Miller	3	463
Nenerian, m. Eliza **BUTTLER**, b. of Middletown, Aug. 29, 1838, by Cha[rle]s C. Tyler, J. P.	3	448

	Vol.	Page
REES, Edwin, m. Rachel **OZBORN**, b. of Middletown, Mar. 18, 1854, by Rev. Lester Lewis	4	250
REEVES, Samuel B., of Chatham, m. Lucy Ann **CLARK**, of Middletown, May 21, 1837, by Rev. Daniel Burrows	3	435
REGAN, Margaret, m. John **MAHONEY**, Oct. 17, 1852, by Rev. Jno. Brady	4	222
Mary, m. Richard **LYNCH**, July 15, 1849, by John Brady	4	89
Mary, m. Richard **LYNCH**, laborer, both b. in Ireland, July 15, 1849, by Rev. John Brady	4	124-5
Patrick, m. Ann **JOYCE**, June 6, 1852, by Rev. Jno. Brady	4	221
Patrick, m. Margaret **JOYCE**, July 7, 1854, by Rev. Jno. Brady	4	268
REID, [see under **REED**]		
REMINGTON, Susan V., m. Schuyler **NETTLETON**, b. of Middletown, May 7, 1854, by Rev. W. H. Waggoner	4	253
RENSHAW, Mary, of Middletown, m. Rev. Peter S. **CHAUNCEY**, of New York, Sept. 22, 1834, by Rev. Smith Pyne	3	404
REVEL, REVELL, Edward, m. Lydia Howe **RICH**, b. of Middletown, Apr. 10, 1842, by Rev. Samuel Farmer Jarvis. Int. Pub.	3	486
——, child of Edward, clerk, ae. 31, & Lydia, ae. 23, b. Apr. 15, [1848]	4	42-3
——, male, d. Apr. 17, 1848, ae. 2 d.	4	68-9
REYS*, Sarah, of Wallingford, m. Thomas **HURLBUT**, of Middletown, June 26, 1735 (***KEYS**(?))	1	112
RICE, Ann, of New London, m. Nath[anie]ll **STARR**, of Middletown, Oct. 13, 1748	2	154
Bessey, m. Tom **JACKSON**, colored, Oct. 8, 1827, by Eli Coe, J. P.	2	367
Betsey, d. Hez[ekia]h & Lydia, b. Jan. 3, 1795	2	321
Harriet, d. [Hez[ekia]h & Lydia], b. May 14, 1800	2	321
Hezekiah, m. Lydia **STOW**, Feb. 10, 1791	2	321
Martina, d. [Hez[ekia]h & Lydia], b. Nov. 14, 1803	2	321
Mortina, m. George R. **MILLER**, b. of Middletown, July 27, 1825, by Rev. Eben[eze]r Washburn	3	204
Thomas, s. Thomas **RICE** (sailor) & Mary **GRIFFEN**, b. Aug. 5, 1781	2	344
RICH, Abigail, of Meridian, m. Joseph **ADKINS**, of Middletown, Feb. 3, 1736/7	1	94
Amos, m. Mary **BROWN**, Sept. 24, 1749	2	189
Amos, s. Amos & Mary, b. Sept. 3, 1750	2	189
Asa, m. Maria S. **BRIDGEHAM**, b. of Middletown, Feb. 7, 1846, by Rev. T. P. Abell	3	544
Asa, moulder, ae. 28, m. Emma C. **ELLIOTT**, ae. 22, b. of Middletown, Apr. 7, 1850, by A. E. Denison, [of] Wallingford	4	168-9
Bathsheba, d. Tho[ma]s & Thankful, b. Jan. 7, 1737/8	1	121

	Vol.	Page
RICH, (cont.)		
Dennison A., m. Cath C. **WHITE**, b. of New York, Apr. 19, 1853, by Rev. J. L. Dudley	4	248
Eliakim, s. Tho[ma]s & Thankful, b. July 7, 1747	1	121
Eliza, m. Stephen W. **FITCH**, Apr. 22, 1823, by Rev. Phinehas Cook	3	125
Eliza, ae. 23, m. Albert **BRIDGHAM**, mechanic, ae. 24, b. of Middletown, July 1, [1849], by Rev. Leach	4	124-5
Eliza I., ae. 22, m. Albert **BRIDGHAM**, gunsmith, ae. 24, b. of Middletown, July 1, [1848 or 9], by, [ ]	4	126-7
Eliza J., d. of Giles J., m. Albert **BRIDGHAM**, s. of Samuel, July 1, 1849, by B. N. Leach	4	86
Elizabeth, m. Daniel **SMITH**, Feb. 16, 1747	2	249
Elizabeth, d. Thomas & Ruth, b. Nov. 10, 1770	2	229
Frederic A., b. [1848]	4	106-7
Fred[eric]k A., d. Dec. 20, 1848, ae. 4 m.	4	130-1
Giles J., m. Susan **PRIOR**, b. of Middletown, Mar. 28, 1847, by Rev. James Floy	3	559
Isaac, s. John & Lydia, b. Nov. 3, 1738	1	59
Isaac, s. John & Lydia, d. Aug. 10, 1752	1	59
Isaac, s. John & Lydia, b. Mar. 17, 1756	1	59
James, s. Jno. & Lydia, b. Aug. 29, 1741	1	59
Jane R., d. of Harvey, m. Francis **HUBBARD**, s. of Asa E., b. of Middletown, Sept. 9, 1841, by Rev. Melancthan W. Jacobus, at Brooklyn, L. I.	4	4
John, s. John & Lydia, b. June 16, 1751	1	59
Julia, m. Charlton **HILL**, b. of Middletown, June 17, 1849, by Rev. M. S. Scudder	4	139
Julia A., manufacturer's helper, ae. 20, b. in Middletown, res. E. Hartford, m. Elijah Charlton **HILL**, manufacturer's helper, ae. 22, of E. Hartford, June 17, [1848 or 9], by Rev. Scudder	4	124-5
Lydia Howe, m. Edward **REVELL**, b. of Middletown, Apr. 10, 1842, by Rev. Samuel Farmer Jarvis. Int. pub.	3	486
Marcy, m. Richard **MORGAN**, Jr., Apr. 17, 1755	2	14
Maria S., d. May 6, 1849, ae. 22	4	130-1
Mary, d. Jno. & Lydia, b. Apr. 29, 1743	1	59
Mary, m. Daniel **SMITH**, Nov. [ ], 1752	2	249
Mary A., of New Lebanon Springs, N. Y., m. Sirvilius S. **BAILEY**, of Middletown, Apr. 14, 1850, by Rev. Townsend P. Abell, at Higganum	4	187
Penelope, d. Peter & Penelope, b. Mar. 25, 1764, in Haddam	2	128
Peter, of Middletown, m. Penelope **BONFOY**, of Haddam, June 30, 1763	2	128
Peter, s. Thomas & Ruth, b. Mar. 10, 1769	2	229
Ruth, d. Thomas & Ruth, b. Mar. 13, 1772	2	229
Ruth, m. Daniel **CONE**, Dec. 9, 1790	2	172

134   BARBOUR COLLECTION

	Vol.	Page
RICH, (cont.)		
Ruth, ae. 21, of Middletown, Ct., m. Henry **FOUNTAIN,** housepainter, ae. 21, b. in London, Eng., res. Middletown, Oct. 3, 1848, by Rev. F. J. Goodwin	4	62-3
Ruth J., m. Henry **FOUNTAIN,** Oct. 3, 1847, by Rev. Frederick J. Goodwin	4	23
Samuel, s. Jno. & Lydia, b. Apr. 22, 1747	1	59
Sarah, d. Tho[ma]s & Thankful, b. Jan. 30, 1739/40	1	121
Thankfull, m. Lemuel **LEE,** Nov. 2, 1752	2	273
Thomas, s. Tho[ma]s & Thankful, b. Mar. 8, 1744	1	121
Tho[ma]s, m. Ruth **PRYOR,** May 29, 1766	2	229
RICHARDS, Eliphalet, m. Maria **PRATT,** Aug. 30, 1838, by Samuel Farmer Jarvis, D.D., L.L.D.	3	450
Elizabeth, d. W[illia]m & Jane, b. Aug. 24, 1780	2	248
Elizabeth, m. Horace **FITCH,** (colored), b. of Middletown, Jan. 22, 1826, by Rev. E. Washburn	3	221
Esther M., m. Thaddeus **MANNING,** Jr., b. of Middletown, Dec. 2, 1832, by Rev. John Cookson	3	377
Joseph, of Manchester, m. Sally **INGRAM,** of Middletown, Sept. 27, 1823, by Rev. Fred[eric]k Wightman	3	135
Susanna, d. [W[illia]m & Jane], b. June 25, 1782	2	248
William, m. Jane **SEVAR,** May 17, 1780	2	248
William Smith, s. [W[illia]m & Jane], b. Aug. 3, 1784	2	248
RICHARDSON, Bette, m. David **GILBERT,** Nov. [ ], 1757	2	131
Content, m. John **MAHONEY,** Apr. 14, 1787	2	350
Elizabeth, d. Roland & Elizabeth, b. Mar. 28, 1780	2	161
Jabez, s. Roland & Elizabeth, b. Oct. 4, 1774; d. Dec. 7, 1777	2	161
Jabez, 2d, s. Roland & Elizabeth, b. June 23, 1778	2	161
James, of North Britain, m. Content **BASSEL,** of Middletown, June 5, 1763, by Rev. Enoch Huntington	2	95
Jane, m. Daniel **JOHNSON,** Jr., Jan. 13, 1746/7	1	70
Jonathan P., s. [Roland & Elizabeth], b. Apr. 28, 1789	2	161
Lucia, of Springfield, m. William **WRIGHT,** of Middletown, Mar. 13, 1741	1	123
Marah, d. Roland & Elizabeth, b. May 28, 1776	2	161
Mehitabel, d. Roland & Elizabeth, b. May 25, 1782	2	161
Risson, s. [Roland & Elizabeth], b. June 20, 1793	2	161
Roland, m. Elizabeth **PIERPONT,** Aug. 29, 1773	2	161
Roland, s. Roland & Elizabeth, b. Sept. 25, 1784	2	161
Samuel, m. Martha J. **PRIOR,** [Oct.] 12, [1846], by Rev. W. G. Howard	3	556
Samuel, dentist, d. Aug. 20, 1848, ae. 46	4	130-1
Sarah Pierpont, d. [Roland & Elizabeth], b. Apr. 14, 1787	2	161
RICHMOND, Elizabeth, of Middletown, m. Silas **GLADWIN,** of Haddam, June 25, 1837, by Rev. John R. Crane	3	434
Francis, of Berlin, m. Lucinda **BENNET,** of Southington,		

	Vol.	Page
RICHMOND, (cont.)		
Nov. 16, 1826, by Rev. Fred[eric]k Wightman	3	255
Ira H., of Southbury, m. Eliza **IVES**, of Mereden, Nov. 21, 1827, by Rev. John R. Crane	3	285
James E., m. Betsey E. **BAILEY**, Nov. 12, 1843, by Rev. Arthur Granger	3	507
Lydia, m. Joseph **STOW**, Oct. 19, 1825, by Rev. John R. Crane	3	214
Rebecca W., of Portland, m. John W. **KIMBALL**, of Middletown, Nov. 21, 1847, by Rev. Townsend P. Abell	4	31
RIDA, Charles, Jr., s. Charles, machinist, ae. 33, & Josephine, ae. 30, b. Feb. 21, [1848]	4	110-1
RIDD, Eliza J., d. Apr. 22, 1848, ae. 16 m.	4	72-3
RIDDLE, Alexander, of St. Louis, m. Sarah Ann **TREADWAY**, Nov. 1, 1841, by Rev. John R. Crane	3	484
RIDER, Charles, m. Josephine **NELSON**, Aug. 17, 1843, by Rev. Joseph Holdrich	3	503
RIGBY, Charles, or **RIGLEY**, of England, m. Agnes E. **WADDELL**, of Cromwell, Jan. 1, 1853, by Rev. Jno. Morrison Reid	4	232
RIGLEY, Charles, see under Charles **RIGBY**	4	232
RILEY, Abigail, d. Nath[anie]ll & Abigail, b. Apr. 14, 1744	2	256
Ann, d. Nath[anie]ll & Abigail, b. Sept. 1, 1740	2	256
Anna M., of New York, m. Isaac G. **CAIN**, of Waterbury, Mar. 5, 1854, by Rev. W. H. Waggoner	4	252
Asher, s. Nath[anie]ll & Abigail, b. Mar. 24, 1748	2	256
Asher, s. Nath[anie]ll & Abigail, b. Mar. 24, 174[ ]	2	256
Caroline G., of Middletown, m. Isaac **ABBOTT**, of New York, June 5, 1845, by Rev. Samuel Farmer Jarvis. Int. pub.	3	532
Catherine, m. Samuel **EELLS**, Oct. 27, 1824, by Rev. John R. Crane	3	180
Catharine C., m. William **DOUGLASS**, b. of Middletown, [May] 12, [1845], by Rev. Townsend P. Abell	3	530
Charlotte C., of New Haven, m. Francis N. **CHAMBERLAIN**, of Durham, June 24, 1838, by Rev. John R. Crane	3	447
Comfort, s. Roger & Comfort, by Apr. 30, 1765	2	99
Comfort, w. of Roger, d. Nov. 22, 1773, in the 36th y. of her age	2	99
Cinthia, d. Roger & Comfort, b. Sept. 13, 1772; d. Sept. 28, 1775	2	99
Elizabeth C., m. Antoine **DUBRIELLE**, b. of Middletown, Jan. 25, 1828, by Joshua L. Williams, V.D.M.	3	297
Isaac, s. Roger & Comfort, b. Nov. 27, 1770	2	99
Jennet, m. William **COOPER**, Oct. 28, 1802	3	3
Joseph, s. Nath[anie]ll & Abigail, b. Jan. 27, 1757	2	256
Julius, s. Nath[anie]ll & Abigail, b. May 22, 1750	2	256
Lucy, d. Roger & Comfort, b. [ ], in Wethersfield	2	99

	Vol.	Page
RILEY, (cont.)		
Lucy S. m. Elijah **BEACH**, May 29, 1842	3	22
Mary E., of Middletown, m. Charles S. **GRANGER** of Springfield, Mass., [Nov.] 19. [1832], by Rev. Edw[ar]d R. Tyler	3	376
Mary W., m. Lewis **ADAMS**, Oct. 18, 1829, by Rev. John R. Crane	3	342
Nancy H., of Charleston, N. H., m. Richard S. **SOUTHWORTH**, of Gaines, N. Y., July 25, 1830, by Rev. Seth Higby	3	351
Nath[anie]ll, m. Abigail **MONTAGUE**, Jan. 24, 1739/40	2	256
Nath[anie]l, s. Nath[anie]ll & Abigail, b. Sept. 18, 1754	2	256
Roger, m. Comfort **LOVELAND**, of Wethersfield, Feb. 12, 1761, in Wethersfield	2	99
Roger, s. Roger & Comfort, b. Mar. 9, 1764	2	99
Roger, Capt., m. Sarah **DEMING**, of Farmington, Oct. 19, 1775	2	99
Rosetta, d. Nath[anie]ll & Abigail, b. May 12, 1746	2	256
Samuel, s. Nath[anie]ll & Abigail, b. Apr. 27, 1760	2	256
Sarah, of Middletown, m. Luther **DAVIS**, of Utica, N. Y., Oct. 15, 1826, by Rev. John R. Dodge, at his house	3	253
Tryphena, d. Nath[anie]ll & Abigail, b. Oct. 1, 1742	2	256
W[illia]m Wiltshire, of Ohio, m. M. R. **SAVAGE**, of Middletown, Oct. 18, 1842, by Rev. W[illia]m Bentley	3	493
RINN, Ann, m. Bernard **MURPHY**, laborer, both b. in Ireland, Nov. 30, 1848, by Rev. John Brady	4	122-3
Ann, m. Bernard **MURPHY**, [ ], by John Brady	4	79
RIORDAN, [see under **REARDON**]		
RIPNER, Abigail, d. [Asahel & Mary], b. Mar. 3, 1791	2	205
Mary had d. Patty **WILLIAMS**, b. June 17, 1796	2	205
Mary, m. James **SELEY**, Dec. 19, 1797	2	205
Polly, d. Asahel & Mary, b. Sept. 16, 1787	2	205
Rebecca, d. [Asahel & Mary], b. Mar. 30, 1789	2	205
RIPORA, Mary, m. Felix **LAVERY**, Apr. 26, 1847, by Rev. John Brady	4	1
RISLEY, William H., of Berlin, m. Miranda **WILCOX**, of Westfield, Nov. 20, 1844, by Rev. Ja[me]s H. Francis (In pencil "see also **KISLEY**".)	3	528
RIVERS, Manual, m. Eliza **NORTON**, of Middletown, Sept. 26, 1825, by Rev. E. Washburn	3	209
RIX, Joel, of Griswold, m. Abigail F. **COAN**, of Madison, Apr. 10, 1839, by Rev. Horace Bartlett. Witnesses: Jacob F. Huber, Julia Huber, Henriette Bartlett	3	458
ROBERTS, ROBARDS, ROBBARDS, ROBBERDS, ROBBERTS, ROBBORDS, ROBBURDS, ROBBURTS, Aaron, m. Esther **STANDCLIFT**, July 4, 1749	2	210

MIDDLETOWN VITAL RECORDS

	Vol.	Page
ROBERTS, ROBARDS, ROBBARDS, ROBBERDS,		
ROBBERTS, ROBBORDS, ROBBURDS, ROBBURTS,		
(cont.)		
Aaron, s. Giles & Patience, b. Oct. 17, 1755	2	9
Aaron, Jr., m. Hephzibah **SHEPARD**, July 21, 1757	2	49
Aaron, [twin with Molly], s. Aaron, Jr. & Hephzibah, b. Apr. 20, 1758	2	49
Abel, s. Eben[eze]r, Jr. & Prudence, b. Nov. 27, 1762	2	235
Abiah, d. W[illia]m & Mary, b. Mar. 10, 1743	1	128
Abiah, d. Will[ia]m, d. June 1, 1747	1	128
Abiah, d. Collins Sam[ue]l & Sarah, d. Aug. [ ], 1763	2	102
Abiah, d. Collins Sam[ue]l & Sarah, b. [ ]	2	102
Abigail, m. Joseph **WETMORE**, June 28, 1733	1	69
Abigail, d. Eb[enezer] & Abigail, b. Feb. 1, 1782	3	7
Abigail, w. Eben[eze]r, 2d, d. Mar. 26, 1785	3	7
Abija[h], s. Ebenezer & Marcy, b. Dec. 14, 1725	1	31
Abijah, of Middletown, m. Abigail **EMMONS**, of East Haddam, Nov. 13, 1745	2	75
Abijah, m. Fidelia **HUBBARD**, b. of Middletown, July 4, 1836, by Rev. Joseph Holdick	3	423
Abner, s. Daniel & Esther, b. July 22, 1746	1	113
Abner, s. Henchman & Anna, b. May 5, 1759	2	110
Abner, m. Mary S. **HUBBARD**, Dec. 6, 1838, by Rev. John R. Crane	3	454
Abraham, s. Giles & Patience, b. Apr. 14, 1766	2	9
Adonijah, s. Eben[eze]r & Marcy, b. Oct. 7, 1727	1	31
Adonijah, of Middletown, m. Rachel **EMMONS**, of East Haddam, Mar. 19, 1752	2	141
Adonijah, s. Eben[eze]r & Priscilla, b. May 20, 1762	2	208
Adonijah, d. Dec. 19, 1768; "was found dead in Johnson's sawmill"	2	141
Alfred, m. Mehitabel **HUBBARD**, Feb. 26, 1837, by Rev. John R. Crane	3	428
Alvan, s. [Ebenezer & Rana], b. Dec. 20, 1800	3	7
Ambrose, of Wallingford, m. Emeline **KELLEY**, of Middletown, Aug. 5, 1827, by Joshua L. Williams, V.D.M.	3	276
Ami, m. Lois **HALL**, b. of Middletown, on or about May 2, 1821, by Rev. Josiah Graves	3	59
Ann, d. William, b. June 24, 1683	LR1	2
Annah, d. John & Martha, b. June 18, 1741	LR2	25
Anna, d. Simeon & Anna, b. Sept. 11, 1748	2	152
Anna, of Durham, m. Samuel **WETMORE**, Jr., of Middletown, Feb. 6, 1752	2	254
Anna, m. David **BURNIT**, Aug. 3, 1758	2	46
Anna, d. Nath[anie]ll & Mabel, b. Jan. 28, 1770	2	101
Anna, d. Nath[anie]ll & Mabel, d. Jan. 23, 1773	2	101
Anna, 2d, d. Nath[anie]ll & Mabel, b. Mar. 14, 1773	2	101
Anna, m. David **FAIRBANKS**, Dec. 8, 1796, by Rev. Enoch Huntington	2	346

ROBERTS, ROBARDS, ROBBARDS, ROBBERDS, ROBBERTS, ROBBORDS, ROBBURDS, ROBBURTS, (cont.)

	Vol.	Page
Anna, m. David **FAIRBANKS**, Dec. 8, 1796, by [Rev. Enoch Huntington]	3	13
Anna, m. Isaac **HEDGES**, Sept. [ ]	2	106
Anthony, m. Mrs. Elizabeth **GILBERT**, b. of Middletown, Apr. 29, 1821, by Rev. Eli Ball	3	51
Asael, s. Giles & Patience, b. May 4, 1764	2	9
Benjamin, s. Jona[tha]n, Jr. & Marcy, b. Jan. 13, 1754	2	223
Bethuel, s. [Ebenezer & Rana], b. Oct. 19, 1796	3	7
Betsey, of Middletown, m. Andrew D. **MARTIN**, Jr., of New Haven, May 8, 1837, by Rev. John R. Crane	3	433
Bette, d. Will[ia]m, Jr. & Eliz[abet]h, b. Oct. 28, 1748	2	145
Beulah, d. [Ebenezer & Rana], b. Feb. 13, 1794	3	7
Calvin, s. Eben[eze]r & Priscilla, b. May 21, 1777	2	208
Charles Edwin, s. Edwin C., mechanic, ae. 25, & Catharine, ae. 22, b. Sept. 17, [1848]	4	48-9
Clarissa, m. Ralph **HUBBARD**, Apr. 16, 1828, by Rev. John Cookson	3	302
Clarissa, m. Joseph **ROBERTS**, b. of Middletown, Sept. 5, 1830, by Rev. John Cookson	3	352
Collins, s. Will[ia]m & Susannah, b. May 7, 1716; d. Nov. 10, 1716	LR2	29
Collins, s. Collins Sam[ue]l & Sarah, b. Sept. 3, 1754	2	102
Collins Samuel, s. Will[ia]m & Susannah, b. Aug. 27, 1725	LR2	29
Collins Samuel, m. Sarah **WICKHAM**, June 16, 1747	2	102
Collins Samuel, m. Hannah **SEARS**, Feb. 9, 1764	2	102
Comfort, s. Jonathan & Lucy, b. Jan. 18, 1779	2	277
Constant, s. Sam[ue]ll & Sarah, b. Feb. 23, 1759	2	84
Cornelia, d. Will[ia]m & Bethiah, b. Mar. 25, 1793	2	255
Daniell, s. Samuell & Marce, b. Nov. 14, 1701	LR1	8
Daniel, s. John & Sarah, b. Dec. 27, 1714	LR2	25
Daniel, m. Eunice **CORNWELL**, Nov. 10, 1726	1	23
Daniel, s. Dan[ie]l & Eunice, b. Jan. 7, 1727/8	1	23
Daniel, Jr., m. Mary **EGELSTON**, May 4, 1738	1	113
Daniel, Jr., m. Esther **MILLER**, Aug. 25, 1740	1	113
Daniel, s. Daniel & Esther, b. Sept. 24, 1744	1	113
Daniel, Sr., d. Apr. 15, 1776	1	23
Daniel, m. Betsey **NUBBLES**, Mar. 22, 1835, by Rev. John R. Crane	3	406
Daniel Pryor, s. Sam[ue]ll & Sarah, b. Feb. 5, 1768	2	84
David, s. John & Sarah, b. Sept. [ ], 1702	LR2	25
David, m. Thankfull **BOW**, May 21, 1724	1	40
David, s. John & Martha, b. June 2, 1732	LR2	25
David, s. Jacob & Eliz[abet]h, b. Feb. 13, 1748/9	2	155
David, m. Mary **ROBBERDS**, Aug. 17, 1753	2	325

MIDDLETOWN VITAL RECORDS 139

	Vol.	Page
ROBERTS, ROBARDS, ROBBARDS, ROBBERDS,		
ROBBERTS, ROBBORDS, ROBBURDS, ROBBURTS, (cont.)		
David, s. David & Marcy, b. June 10, 1757	2	325
David, s. Aaron & Esther, b. Nov. 1, 1757	2	210
David, s. David & Marcy, d. May 8, 1758	2	325
David, s. David & Marcy, b. Sept. 15, 1759	2	325
David, s. Aaron & Esther, d. Jan. 29, 1777	2	210
David, s. David & Marcy, d. May 8, [ ]	2	325
Deborah, d. Nath[anie]ll & Mehitabel, b. Mar. 13, 1731/2	1	56
Deborah, d. Aaron & Esther, b. Oct. 18, 1751	2	210
Deborah, m. Edward **POWERS**, Nov. 3, 1778	2	213
Desire, d. Samuell & Marce, b. Nov. 20, 1704	LR1	8
Desire, m. Zacheas **CANDE**, Nov. 10, 1726	1	35
Diana, d. Henchman & Anna, b. Dec. 1, 1761	2	110
Dolly, d. Josiah & Mary, b. July 21, 1770	2	98
Ebenezer, s. Samuell & Marce, b. Oct. 29, 1697	LR1	8
Ebenezer, s. John & Sarah, b. May 16, 1700	LR2	25
Ebenezer, m. Marcy **JOHNSON**, Dec. 21, 1721	LR2	24
Ebenezer, m. Marcy **JOHNSON**, Dec. 21, 1721	1	31
Ebenezer, s. Daniel & Eunice, b. Oct. 20, 1729	1	23
Ebenezer, s. Eben[eze]r & Marcy, b. Oct. 18, 1735	1	31
Ebenezer, Jr., m. Prudence **TRYON**, Dec. 12, 1751	2	235
Ebenezer, s. Eben[eze]r, Jr. & Prudence, b. Oct. 4, 1758	2	235
Ebenezer, 3rd, m. Pricilla **HUBBARD**, Aug. 27, 1761	2	208
Ebenezer, Sr., d. Sept. 28, 1766	1	31
Ebenezer, d. Feb. 12, 1770	2	235
Ebenezer, 2d, m. Abigail **DOBEL**, June 25, 1781	3	7
Eben[eze]r, 2d, m. Mary **HIGBY**, Dec. 13, 1787	3	7
Eben[eze]r, 2d, m. Rana **CORNWELL**, June 17, 1790	3	7
Ebenezer, s. Noyes, m. Amanda **LEE**, b. of Middletown, July 12, 1821, by Rev. Eli Ball	3	57
Eben[eze]r Dobel, s. Eb[enezer] & Abigail, b. May 27, 1784	3	7
Ebenezer Merrils, s. John & Sarah, b. May 9, 1770	2	135
Edward, s. Will[ia]m & Susannah, b. Sept. 4, 1722	LR2	29
Edward, m. Mary **BOW**, May [ ], 1742	2	93
Edward, s. Collins Sam[ue]l & Sarah, b. Apr. 9, 1752	2	102
Edward, of Middletown, m. Mary **SKINNER**, of Haddam, [Apr.] 16, [1826], by Eli Coe, J.P.	3	226
Edward, d. [ ]; "was lost at sea"	2	93
Edwin C., m. Catharine **SMITH**, May 28, 1843, by Rev. Sam[ue]l Cornelius	3	502
Ele[a]nor, d. Simeon & Anna, b. Dec. 29, 1746	2	152
Ele[a]nor, d. Simeon & Anna, d. Mar. 19, 1750/1	2	152
Ele[a]nor, d. Eben[eze]r, Jr. & Prudence, b. Sept. 23, 1752	2	235

ROBERTS, ROBARDS, ROBBARDS, ROBBERDS,
ROBBERTS, ROBBORDS, ROBBURDS, ROBBURTS, (cont.)

	Vol.	Page
Eliazer, of Middletown, m. Ichabod Ebenezer **FISK**, of Farmington, Aug. 16, 1773, by Rev. Mr. Benedict	2	319
Eleazer, s. Nath[anie]ll & Mabel, b. Feb. 7, 1778	2	101
Eleazer, s. [Eleazer & Polly], b. Nov. 6, 1795	2	190
Eleazer M., m. Polly **PIERCE**, Sept. 6, 1789	2	190
Electa, d. [Eleazer & Polly], b. Jan. 24, 1803	2	190
Eli, s. Jesse & Ruth*, b. Mar. 9, 1789 (*Probably "Lucy")	2	346
Elias, s. David & Thankful, b. May 11, 1727	1	40
Elijah, s. Eben[eze]r, Jr. & Prudence, b. Nov. 2, 1761	2	235
Elijah, s. [Ebenezer & Rana], b. Aug. 10, 1802	3	7
Elijah, m. Clarissa **PROUT**, Oct. 13, 1825. by Rev. John R. Dodge	3	243
Elijah, m. Amanda **HULBURT**, Oct. 27, 1825, by Rev. Stephen Hayes	3	218
Elijah H., m. Emily Matilda **PRATT**, July 23, 1823, by Rev. John R. Crane	3	130
Elisha, s. Daniel & Eunice, b. Jan. 21, 1740/41	1	23
Elisha, m. Mindwell **EGLESTONE**, Sept. 11, 1763	2	300
Elizabeth, d. Ebenezer & Marcy, b. May 22, 1722	1	31
Elizabeth, d. Sam[ue]ll & Eliz[abet]h, b. Aug. 7, 1741	2	127
Elizabeth, m. Edward **BOW**, Apr. 5, 1743	2	64
Elizabeth, d. Simeon & Anna, b. Dec. 24, 1750	2	152
Elizabeth, d. Giles & Patience, b. Sept. 4, 1770	2	9
Elizabeth, tailoress, ae. 20, b. in Middletown, res. Norwich, m. Lorenzo **FAY**, cabinet-maker, ae. 24, of Norwich, [1848]	4	120-1
Ellen, ae. 16, m. Edward **YEOMANS**, joiner, ae. 20, Nov. [ ], 1849	4	170-1
Ellen M., of Middletown, m. Edward A. **YEMMONS**, of New Haven, Nov. 29, 1849, by Rev. L. S. Hough	4	96
Emily, m. Richard J. **GILES**, b. of Middletown, Mar. 10, 1825, by Rev. Josiah Bowen	3	194
Enoch Cornwell, s. Eb[enezer] & Rana, b. Dec. 13, 1791	3	7
Ephraim, s. Ezra & Mary, b. May 9, 1746	1	52
Esther, d. W[illia]m & Mary, b. May 20, 1741	1	128
Esther, d. Ezra & Mary, b. Sept. 10, 1749	1	52
Esther, d. Ezra & Mary, d. Mar. 4, 1750	1	52
Esther, d. Jona[tha]n & Marcy, b. Sept. 18, 1752	2	223
Esther, d. Aaron & Esther, b. Aug. 3, 1760	2	210
Esther, m. John **FOSTER**, 3rd, Jan. 15, 1761	2	127
Esther, d. Aaron & Esther, d. Oct. 1, 1762	2	210
Esther, 2d, d. Aaron & Esther, b. Nov. 25, 1763	2	210
Esther, d. Giles & Patience, b. May 4, 1768	2	9

	Vol.	Page
ROBERTS, ROBARDS, ROBBARDS, ROBBERDS,		
ROBBERTS, ROBBORDS, ROBBURDS, ROBBURTS, (cont.)		
Eunice, m. Edward **JACKSON**, Sept. [ ], 1726	1	23
Eunice, d. Dan[ie]l & Eunice, b. Mar. 26, 1743	1	23
Eunice, d. Daniel & Eunice, d. June 26, 1757	1	23
Eunice, d. Sam[ue]ll & Sarah, b. Aug. 19, 1764	2	84
[E]unice, d. Noah & Elizabeth, b. Nov. 4, 1772	2	36
Eunice, w. of Daniel, d. May 6, 1774	1	23
Ezra, s. Sam[ue]ll & Marce, b. Apr. latter end, 1709; bp. May 5, 1709	LR1	8
Ezra, m. Mary **ADKINS**, Aug. 13, 1730	1	52
Ezra, s. Ezra & Mary, b. Mar. 22, 1735/6	1	52
Ezra, s. Ezra & Mary, d. Sept. 28, 1752	1	52
Ezra, s. David & Marcy, b. May 27, 1754	2	325
Ezra, s. David & Marcy, d. Aug. 22, 1755	2	325
Ezra, s. David & Marcy, b. June 22, 1756	2	325
Ezra, s. David & Marcy, d. June 27, 1758	2	325
Ezra, d. Nov. 4, 1760, at Albany	1	52
Fanna, d. Jesse & Lucy, b. Jan. 20, 1785	2	346
Fenner, s. Giles & Patience, b. June 10, 1762	2	9
Freelove, s. Sam[ue]ll & Sarah, b. Sept. 9, 1756	2	84
George P., s. Ichabod, farmer, ae. 23, & Lois, ae. 22, b. Jan. 25, [1848]	4	58-9
Gideon, s. John & Martha, b. Aug. later end, 1734	LR2	25
Gideon, m. Mary **LAWRENCE**, Jan. 8, 1756	2	367
Giles, s. John & Martha, b. Oct. 3, 1724	LR2	24
Giles, m. Patience **WOODWARD**, Nov. 21, 1751	2	9
Giles, s. Giles & Patience, b. Sept. 21, 1753	2	9
Giles, d. Aug. 16, 1778	2	9
Hamutal, d. Collins Sam[ue]l & Sarah, b. Dec. 17, 1756	2	102
Hamutal, d. Collins Sam[ue]l & Sarah, d. Dec. 6, 1763	2	102
Hamutal, d. Henchman & Anna, b. Apr. 12, 1766	2	110
Hannah, d. W[illia]m & Susannah, b. Feb. 22, 1730/31	LR2	29
Hannah, d. Ezra & Mary, b. Feb. 23, 1737/8	1	52
Hannah, d. Collins Samuel & Sarah, b. Oct. 25, 1749	2	102
Hannah, m. Aaron **GRISWOLD**, Aug. 2, 1750	2	307
Hannah, [twin with Sarah], d. Eben[eze]r, Jr. & Prudence, b. Aug. 4, 1755	2	235
Hannah, m. Jedediah **HUBBARD**, Mar. 30, 1758	2	325
Hannah, m. Nath[anie]l **MILLER**, Mar. 28, 1768	2	273
Hannah, m. Isaac **CORNWELL**, May 15, 1775	2	130
Hannah, d. Jonathan & Lucy, b. Oct. 29, 1776	2	277
Hanar, d. [Willard & Martha], b. Feb. 7, 1807	2	263
Harriet G., m. Shailer **HUBBARD**, b. of Middletown, Oct. 17, 1842, by Rev. B. Cook	3	495
Harry, s. [Eleazer & Polly], b. June 2, 1798	2	190
Henchman, s. William & Susannah, b. May 10, 1738	LR2	29

ROBERTS, ROBARDS, ROBBARDS, ROBBERDS, ROBBERTS, ROBBORDS, ROBBURDS, ROBBURTS, (cont.)

	Vol.	Page
Henchman, of Middletown, m. Anna **WICKHAM**, of Southold, June 12, 1756	2	110
Henchman, s. Henchman & Anna, b. May 18, 1770	2	110
Henry, m. Lucy Ann **HENSHAW**, b. of Middletown, May 3, 1842, by Rev. B. Cook	3	495
Hephzibah, d. Aaron, Jr. & Hephzibah, b. Apr. 20, 1760	2	49
Honor, d. Mar. 11, 1849, ae. 42	4	130-1
Huldah, d. John & Martha, b. Oct. 3, 1726	LR2	24
Huldah, m. Daniel **PRYOR**, Jr., Apr. 14, 1748	2	120
Huldah, d. Nath[anie]ll & Mabel, b. Sept. 11, 1775	2	101
Huldah, d. Phinehas & Ziporah, b. Nov. 9, 1775	2	128
Ichabod, farmer, ae. 25, m. Cornelia **MILLER**, ae. 17, Apr. 9, 1850	4	170-1
Ichabod M., m. Lois R. **WHITE**, b. of Middletown, Mar. 18, 1847, by Rev. L. S. Hough	3	558
Ichabod M., m. Cornelia R. **MILLER**, b. of Middletown, Apr. 8, 1850, by Rev. L. S. Hough	4	142
Isaac, s. David & Marcy, b. May 10, 1762	2	325
Isaac, s. Giles & Patience, b. July 29, 1773	2	9
Isaac, of Samson, N.C., m. Ann M. **ATKINS**, of Middletown, Sept. 23, 1839, by Rev. Francis Hodgson	3	461
Jabez, s. David & Thankfull, b. Feb. 21, 1724/5	1	40
Jacob, m. Elizabeth **TURNER**, Jan. 12, 1748/9	2	155
Jacob, s. Jacob & Eliz[abet]h, b. May 18, 1752	2	155
Jacob, m. Mrs. Abiah **BAILEY**, b. of Middletown, July 29, 1821, by Rev. Eli Ball	3	58
James, s. William, b. Dec. 9, 1686	LR1	2
Jane, m. Francis **BURN**, Jan. 26, 1729/30	1	50
Jane, d. W[illia]m, Jr. & Eliz[abet]h, b. Aug. 4, 1750	2	145
Jehiel, s. Adonijah & Rachel, b. Oct. 16, 1755	2	141
Jemima, d. Jona[tha]n & Mary, b. July 18, 1755	1	54
Jesse, s. Jona[tha]n & Mary, b. July 1, 1744	1	54
Jesse, m. Lucy **WILLCOX**, b. of Middletown, Dec. 27, 1770	2	346
Jesse, s. Jesse & Lucy, b. Aug. 11, 1779	2	346
John (?), s. William, b. Nov. 14, 1684	LR1	2
John, m. Sarah **BLAKE**, Dec. 27, 1693	LR2	25
John, s. John & Sarah, b. Sept. 22, 1697	LR2	25
John, Jr., m. Martha **LUCAS**, Nov. 18, 1718	LR2	3
John, Jr., m. Martha **LUCAS**, Nov. 18, 1718	LR2	24
John, s. John & Martha, b. May 14, 1721	LR2	24
John, Sr., d. July 6, 1721	LR2	25
John, m. Jerusha **HECOX**, Apr. 25, 1740	2	100
John, d. Aug. 20, 1742	LR2	25
John, s. Daniel & Esther, b. Oct. 6, 1743	1	113
John, s. John & Jerusha, b. Aug. 14, 1744	2	100

ROBERTS, ROBARDS, ROBBARDS, ROBBERDS, ROBBERTS, ROBBORDS, ROBBURDS, ROBBURTS, (cont.)

	Vol.	Page
John, s. Daniel & Eunice, b. Apr. 22, 1749	1	23
John, s. Sam[ue]ll & Rachel, d. Apr. 10, 1750	2	127
John, Jr., of Middletown, m. Sarah **MERRILS**, of Farmington, Dec. 28, 1768, in Farmington	2	135
John, s. [Eleazer & Polly], b. Dec. 5, 1791	2	190
Jonathan, s. John & Sarah, b. Sept. [ ], 1707	LR2	23
Jonathan, s. John & Martha, b. June 29, 1730	LR2	24
Jonathan, m. Mary **GILBERT**, Dec. 3, 1730	1	54
Jonathan, s. Jona[tha]n & Mary, b. July 17, 1741	1	54
Jonathan, s. Jona[tha]n & Mary, d. July 21, 1744	1	54
Jona[tha]n, s. Abijah & Abigail, b. July 15, 1746	2	75
Jonathan, s. Jona[tha]n & Mary, b. Mar. 10, 1746/7	1	54
Jonathan, m. Marcy **WETMORE**, Sept. 19, 1751	2	223
Jonathan, m. Martha **FOSTER**, Aug. 30, 1759	1	54
Jonathan, Jr., m. Lucy **FAIRCHILD**, b. of Middletown, Feb. 2, 1774	2	277
Joseph, s. John & Jerusha, b. May 20, 1747	2	100
Joseph, m. Clarissa **ROBERTS**, b. of Middletown, Sept. 5, 1830, by Rev. John Cookson	3	352
Josiah, s. Ezra & Mary, b. Dec. 19, 1739	1	52
Josiah, s. Sam[ue]ll & Sarah, b. Dec. 23, 1753	2	84
Josiah, s. Aaron & Esther, b. Sept. 13, 1755	2	210
Josiah, m. Mary **VESEY**, June 26, 1761	2	98
Josiah, s. Aaron & Esther, d. Mar. 3, 1778	2	210
Julius, of Middletown, m. Sylvester **CORNWELL**, of Mereden, Apr. 1, 1824, by Rev. Oliver Willson, of North Haven, at Hartford	3	154
Katharine, d. Josiah & Mary, b. Aug. 8, 1772	2	98
Lamberton, s. Sam[ue]ll & Eunice, b. Jan. 17, 1722/3; d. Feb. 11, 1724/5	1	5
Lamberton, s. Sam[ue]ll & Sarah, b. Oct. 1, 1751	2	84
Lois, d. Giles & Patience, b. Feb. 19, 1759	2	9
Lois, m. Jonathan **CLARK**, July 24, 1783	2	339
Louisa, of Middletown, m. Chester **CARTER**, of Newington, May 7, 1846, by Rev. L. S. Hough	3	550
Louisa, m. Charles **PARDEE**, b. of Middletown, Oct. 4, 1847, by Rev. James Floy	4	19
Louisa C., m. Sylvester **BAILEY**, Feb. 10, 1833, by Rev. W[illia]m H. Beacher	3	380
Lucia, d. Daniel & Eunice, b. June 26, 1739	1	23
Lucia, m. Charles **BARNS**, Dec. 20, 1758	2	41
Lucinda, m. Harvey **TOOLEY**, b. of Middletown, Aug. 5, 1832, by Rev. John Cookson	3	372
Lucretia, d. Jona[tha]n & Mary, b. June 18, 1732	1	54
Lucretia, d. Jona[tha]n & Mary, d. Apr. 16, 1737	1	54

ROBERTS, ROBARDS, ROBBARDS, ROBBERDS, ROBBERTS, ROBBORDS, ROBBURDS, ROBBURTS, (cont.)

	Vol.	Page
Lucretia, d. Jona[tha]n & Mary, b. Jan. 27, 1739	1	54
Lucretia, m. Charles **COOPER**, of Middletown, Jan. 14, 1852, by Rev. Jno. Morrison Reid	4	217
Lucy, d. Noah & Elizabeth, b. Feb. 13, 1764	2	36
Lucy, d. Nath[anie]ll & Mabel, b. Sept. 16, 1767	2	101
Lucy, m. Will[ia]m **KELLEY**, Jan. 1, 1795	2	148
Lucy, m. Wickham **ROBERTS**, b. of Middletown, Sept. 3, 1820, by Rev. Eli Ball	3	36
Lucy, m. Nelson **SEARS**, Jan. 17, 1828, by Rev. John R. Crane	3	295
Lucy Ann, of Middletown, m. Lewis **WELD**, of North Guilford, [Oct.] 23, [1844], by Rev. W. G. Howard	3	523
Lucy Willcox, twin with Mary Gilbert, d. Jesse & Lucy, b. Oct. 12, 1775	2	346
Lucy Willcox, d. Jesse & Lucy, b. [ ]	2	346
Lydia, d. Adonijah & Rachel, b. Apr. 28, 1758	2	141
Lydia, d. Nath[anie]ll & Mabel, b. Oct. 26, 1780	2	101
Mabel, d. Eben[eze]r & Marcy, b. Oct. 15, 1742; d. Oct. 11, 1747	1	31
Mabel, d. Abijah & Abigail, b. Apr. 7, 1753	2	75
Mabel, d. Nath[anie]ll & Mabel, b. May 9, 1761	2	101
Mabel, d. Sam[ue]ll & Sarah, b. Nov. 10, 1761	2	84
Mabel, d. Eben[eze]r & Prudence, b. Aug. 1, 1771	2	208
Maranda, see under Miranda		
Marce, d. Samuel & Marce, b. June 26, 1694	LR1	8
Marcy, d. Ezra & Mary, b. June 17, 1731; d. Nov. 7, 1731	1	52
Marcy, 2d, d. Ezra & Mary, b. Nov. 17, 1732	1	52
Marcy, d. Eben[eze]r & Marcy, b. May 7, 1738	1	31
Marcy, w. of Samuell, d. Feb. 21, 1739/40	LR1	8
Marcy, m. Joseph **HUBBARD**, Jr., Mar. 20, 1760	2	108
Marcy, m. Benjamin **WETMORE**, Sept. 24, 17[ ]	LR2	Ind-4
Maria, d. [Eleazer & Polly], b. Sept. 15, 1793	2	190
Maria, d. [Ebenezer & Rana], b. Sept. 22, 1799	3	7
Mariah, of Middletown, m. Charles D. **WILLIAMS**, of Stonington, May 28, 1821, by Rev. Eli Ball	3	57
Maria, m. Ira **TREADWAY**, b. of Middletown, Aug. 29, 1824, by Rev. Seth Ewer	3	167
Martha, d. John & Martha, b. Oct. 14, 1719	LR2	24
Martha, m. Samuel **BROOKS**, May 12, 1743	2	199
Martha, m. Samuel **BROOKS**, May 17, 1744	2	85-b
Martha, d. Jesse & Lucy, b. June 10, 1782	2	346
Mary, d. John & Sarah, b. Feb. 11, 1704/5	LR2	25
Mary, d. Ebenezer & Marcy, b. Oct. 30, 1723	1	31
Mary, m. George **HUBBARDS**, Jr., Apr. 20, 1727	1	27

MIDDLETOWN VITAL RECORDS

**ROBERTS, ROBARDS, ROBBARDS, ROBBERDS,
ROBBERTS, ROBBORDS, ROBBURDS, ROBBURTS,** (cont.)

	Vol.	Page
Mary, d. Jona[tha]n & Mary, b. June 17, 1734	1	54
Mary, d. Ezra & Mary, b. Nov. 23, 1734	1	52
Mary, w. of Daniel, Jr., d. July 31, 1739	1	113
Mary, w. of Will[ia]m, d. May 11, 1747	1	128
Mary, m. David **ROBBERDS**, Aug. 17, 1753	2	325
Mary, m. Barachiah **FAIRBANKS**, Aug. 27, 1755	2	360
Mary, [w. Edward], d. Jan. 14, 1756	2	93
Mary, w. of Jonathan, d. Oct. 29, 1757	1	54
Mary, d. Josiah & Mary, b. Oct. 15, 1764; d. Mar. 25, 1765	2	98
Mary, d. David & Marcy, b. June 16, 1765	2	325
Mary, d. Aaron & Esther, b. Aug. 10, 1766	2	210
Mary, d. Aaron & Esther, d. Dec. 7, 1767	2	210
Mary, 2d, d. Aaron & Esther, b. Jan. 25, 1769	2	210
Mary, d. Henchman & Anna, b. Feb. 14, 1775	2	110
Mary, d. Eben[eze]r & Mary, b. Nov. 29, 1788; d. Feb. 22, 1789	3	7
Mary, d. [Ebenezer & Mary], b. Jan. 10, 1790	3	7
Mary, w. of Eb[eneze]r, 2d, d. Feb. 11, 1790	3	7
Mary B., m. Oliver **ATKINS**, b. of Middletown, Nov. 16, 1837, by Rev. J. Goodwin	3	443
Mary Gilbert, twin with Lucy Willcox, d. Jesse & Lucy, b. Oct. 12, 1775	2	346
Mary P., of Mereden, m. Sylvester G. **COOK**, of Middletown, May 3, 1848, by Rev. L. S. Hough	4	32
Mary P., ae. 18, m. Sylvester G. **COOK**, farmer, ae. 17, b. in Conn., res. Middletown, May 3, 1848, by Lent S. Hough	4	66-7
Mehetabel, d. Nath[anie]ll & Mehetabel, b. Sept. 10, 1733	1	56
Mehetabel, m. Caleb **JOHNSON**, June 14, 1750	2	44
Mercy, m. Benjamin **WETMORE**, Sept. 24, 1719	1	77
Mercy, d. Nov. 16, 1847, ae. 90	4	72-3
Millissent, d. Jesse & Lucy, b. Sept. 19, 1772	2	346
Maranda, d. [Ebenezer & Rana], b. Apr. 22, 1804	3	7
Miranda, of Middletown, m. Jalor **DICKINSON**, of Weathersfield, Sept. 13, [1826], by Rev. Stephen Hayes	3	240
Molly, [twin with Aaron], d. Aaron, Jr. & Hephizabah, b. Apr. 20, 1758	2	49
Molly, 2d, d. [Aaron & Hephzibah], b. Dec. 9, 1763	2	49
Molly, d. Aaron & Hephzibah, d. [ ]	2	49
Moses, s. Noah & Elizabeth, b. Feb. 13, 1770	2	36
Nancy, m. Rufus **BAILEY**, Jan. 29, 1825, by Rev. John R. Crane	3	192
Nathaniel, s. John & Sarah, b. Apr. 4, 1711	LR2	25

ROBERTS, ROBARDS, ROBBARDS, ROBBERDS,
ROBBERTS, ROBBORDS, ROBBURDS, ROBBURTS, (cont.)

	Vol.	Page
Nath[anie]l, m. Mehetabel **BRAINARD**, Apr. 8, 1731	1	56
Nath[anie]ll, d. Mar. 24, 1735	1	56
Nath[anie]ll, s. Nath[anie]ll & Mehetabel, b. July 9, 1735	1	56
Nath[anie]l, s. Aaron & Esther, b. Jan. 8, 1749/50	2	210
Nathaniel, m. Mabel **GILBERT**, Dec. 25, 1760	2	101
Nath[anie]ll, s. Nath[anie]ll & Mabel, b. Nov. 17, 1762	2	101
Nath[anie]l, s. Aaron & Esther, d. Oct. 15, 1762	2	210
Noah, m. Elizabeth **PARSONS**, Dec. 13, 1763	2	36
Noyce, s. Henchman & Anna, b. June 25, 1757	2	110
Olive, d. Seth & Martha, b. Aug. 14, 1770	2	207
Olive E., of Middletown, m. Ralph **DEMING**, of Weathersfield, Apr. 12, 1835, by Rev. Truman O. Judd	3	407
Oliver, s. Abijah & Abigail, b. Sept. 15, 1750	2	75
Oliver, s. Aaron & Esther, b. July 17, 1753	2	210
Oliver, s. Aaron & Esther, d. Oct. 16, 1762	2	210
Oliver, s. Abijah & Abigail, d. Sept. 22, 1771, at Liverpool	2	75
Patience, d. Giles & Patience, b. Apr. 9, 1757	2	9
Patience H. of Middletown, m. Andrew **SOUTHWORTH**, of Saybrook, Oct. 11, 1831, by Rev. Seth Higby	3	366
Partricke, s. Jonathan & Lucy, b. Nov. 14, 1774	2	277
Patty, d. David & Marcy, b. June 16, 1755	2	325
Patty, d. David & Marcy, d. Apr. 22, 1760	2	325
Percy, m. Alpheas **DICKINSON**, Oct. 10, 1824, by Rev. John H. Crane	3	175
Percy A., m. William **ASHTON**, b. of Middletown, Sept. 15, 1833, by Rev. W[illia]m H. Beecher	3	386
Persis, d. C[ollins] Sam[ue]l & Sarah, [b.] Mar. 21, 1748	2	102
Persis, d. Collins Sam[ue]l & Sarah, d. Apr. 22, 1763	2	102
Persis, d. Henchman & Anna, b. Dec. 31, 1763	2	110
Phebe, d. Sam[ue]ll & Eliz[abet]h, b. Nov. 28, 1742	2	127
Phebe, m. Elisha **TRYON**, Apr. 17, 1805	3	82
Phinehas, m. Ziporah **HARRIS**, June 12, 1775	2	128
Pierce, m. Israel **DRIGGS**, Jan. 23, 1783	2	343
Polly, m. Luther **SAVAGE**, b. of Middletown, Sept. 13, 1820, by Rev. Eli Ball	3	37
Polly Ward, d. [Reuben & Phebe], b. Feb. 5, 1797	2	327
Priscilla, d. Jona[tha]n & Mary, b. Sept. 1, 1736	1	54
Priscilliar, m. Harris **PROUT**, Nov. 13, 1753	2	17
Prudence, m. Alexander **BOW**, Oct. 30, 1755	2	365
Prudence, d. Will[ia]m & Susannah, b. Aug. 13, 1784* (*1734?)	LR2	29
Rachel, w. of Sam[ue]ll, d. June 14, 1748	2	127

	Vol.	Page
ROBERTS, ROBARDS, ROBBARDS, ROBBERDS,		
ROBBERTS, ROBBORDS, ROBBURDS, ROBBURTS, (cont.)		
Rachel, m. Reuben **COE**, Feb. 23, 1752	2	242
Rachel, d. Adonijah & Rachel, b. July 7, 1761	2	141
Rachel, m. Edward **CROWELL**, Sept. 19, 1782	2	204
Rana, d. Eb[enezer] & Rana, b. Dec. 23, 1792	3	7
Rebecca, m. Matthew **BACON**, Aug. 2, 1810	3	16
Recompence, s. Daniel & Eunice, b. May 21, 1732	1	23
Reuben, s. Eben[eze]r, Jr. & Prudence, b. Oct. 6, 1765	2	235
Reuben, m. Phebe **CLARK**, Dec. 13, 1789	2	327
Rhoda, d. Jona[tha]n & Mary, b. Apr. 27, 1749	1	54
Ruth, d. John & Martha, b. Nov. middle, 1736	LR2	25
Ruth, d. Ezra & Mary, b. Apr. 16, 1744	1	52
Ruth, m. Daniel **WARD**, Oct. 15, 1755	2	363
Ruth, m. Samuel **WILLCOX**, Dec. 9, 1784	2	158
Sally, d. Eleazer & Polly, b. Feb. 15, 1790	2	190
Sally, m. Daniel C. **WHITTEMORE**, b. of Middletown, Jan. 9, 1829, by Rev. John Cookson	3	328
Samuell, m. Marce **BLAKE**, Sept. 22, 1691	LR1	8
Samuell, s. Samuell & Marce, b. Aug. 14, 1692	LR1	8
Samuel, m. Eunice **CLARK**, May 3, 1722	1	5
Samuel, s. Sam[ue]ll & Eunice, b. Mar. 17, 1723/4; d. Apr. 14, 1724	1	5
Samuel, d. Dec. 17, 1724	1	5
Samuel, s. [Samuel] & Eunice, b. Mar. 3, 1724/5	1	5
Samuel, m. Sarah **PRYOR**, Jan. 15, 1746	2	84
Samuel, s. Sam[ue]ll & Sarah, b. Nov. 15, 1746	2	84
Sam[ue]ll, 2d, d. Feb. 10, 1746/7	2	127
Sam[ue]ll, m. Mary **BROWN**, Dec. 22, 1749	2	127
Samuel, s. Noah & Elizabeth, b. Sept. 27, 1767	2	36
Samuel, 2d, m. Elizabeth **BARTLETT**, [ ]	2	127
Sam[ue]l Stow, s. Reuben & Phebe, b. Oct. 16, 1795	2	327
Sarah, d. W[illia]m & Susannah, b. May 12, 1723	LR2	29
Sarah, m. John **DEWOLF**, Feb. 6, 1726/7	1	26
Sarah, wid. [John], d. May 6, 1737	LR2	25
Sarah, d. John & Martha, b. Jan. 1, 1738/9	LR2	25
Sarah, d. Jno. & Jerusha, b. Jan. 14, 1742	2	100
Sarah, m. William **STARR**, Oct. 8, 1747	2	101
Sarah, d. Sam[ue]ll & Sarah, b. Mar. 2, 1748/9	2	84
Sarah, [twin with Hannah], d. Eben[eze]r, Jr. & Prudence, b. Aug. 4, 1755	2	235
Sarah, w. of Collins Sam[ue]ll, d. May 1, 1763	2	102
Sarah, d. Ebenezer & Prudence, d. June 10, 1773	2	235
Sarah, of Middletown, m. Amos **CHURCH**, of Granville, Mass., Nov. 30, 1837, by Rev. James Noyes	3	444
Sarah, d. Samuell & Marce, b. June [ ]	LR1	8
Sarah, d. Collins Sam[ue]l & Sarah, b. [ ]	2	102

ROBERTS, ROBARDS, ROBBARDS, ROBBERDS,
ROBBERTS, ROBBORDS, ROBBURDS, ROBBURTS, (cont.)

	Vol.	Page
Sarah, m. Joseph **McFARSON**, [ ]	2	277
Seth, s. Abijah & Abigail, b. Apr. 26, 1748	2	75
Seth, m. Martha **LEWIS**, Aug. 1, 1770	2	207
Seth Doud, s. [Ebenezer & Rana], b. Apr. 30, 1798; d. Apr. 24, 1799	3	7
Simeon, s. John & Martha, b. Feb. 17, 1722/3	LR2	24
Simeon, m. Anna **JOHNSON**, Apr. 10, 1746	2	152
Simeon, [s. Phinehas & Ziporah, b.]	2	128
Step[he]n, s. Ezra & Mary, b. Dec. 1, 1742	1	52
Step[he]n, s. Ezra & Mary, d. Oct. 23, 1759, at sea	1	52
Stephen, s. David & Marcy, b. Mar. 27, 1761	2	325
Susannah, d. W[illia]m & Susannah, b. Mar. 18, 1719/20	LR2	29
Susannah, m. Richard **HUBBARD**, Sept. 28, 1738	1	103
Susannah, d. Will[ia]m & Mary, b. Mar. 31, 1745	1	128
Susanna, m. John **SWADDLE**, Nov. 21, 1763	2	213
Sibbell, d. John & Martha, b. May 12, 1728	LR2	24
Sibbell, m. John **DAVIS**, Jr., Nov. 26, 1746	2	99
Sylvester, m. Hannah M. **PADDOCK**, Sept. 11, 1833, by Rev. John R. Crane	3	386
Sylvester, m. Mary Ann **ASHTON**, b. of Middletown, May 14, 1841, by Rev. A. M. Osborn	3	478
Thomas Wickham, s. Henchman & Anna, b. July 12, 1768	2	110
Timothy, s. Adonijah & Rachel, b. Feb. 4, 1753	2	141
Warner, s. [Will[ia]m & Bethiah], b. June 30, 1795	2	255
Whitfield, m. Lucretia **POWERS**, of Mereden, Sept. 21, 1825, by Rev. Stephen Hayes	3	213
Wickham, m. Lucy **ROBERTS**, b. of Middletown, Sept. 3, 1820, by Rev. Eli Ball	3	36
Willard, s. [Phinehas & Ziporah], b. July 3, 1780	2	128
Willard, m. Martha **MARKS**, Jan 14, 1805	2	263
William, s. William, b. Dec. 10, 1681	LR1	2
William, s. John & Sarah, b. June 22, 1695	LR2	25
William, m. Susannah **COLLINS**, Dec. 1, 1714	LR2	29
William, s. Will[ia]m & Susannah, b. Nov. 8, 1717	LR2	29
Will[ia]m, Jr., m. Mary **SAYRE**, Feb. 28, 1740	1	128
William, s. Will[ia]m & Mary, b. May 9, 1747	1	128
William, Jr., m. Elizabeth **JONES**, Mar. 17, 1747/8, by Seth Wetmore, J. P.	2	145
William, Sr., d. May 6, 1767	LR2	29
William, s. Henchman & Anna, b. Feb. 10, 1773	2	110
William, m. Bethiah **CLARK**, Oct. 20, 1791	2	255
W[illia]m, m. Bethiah **CLARK**, Oct. 20, 1791	2	329
Will[ia]m, s. [Eleazer & Polly], b. June 6, 1800	2	190
W[illia]m, Jr., m. Clarissa **BRAKE**, [Dec.] 4, [1823], by Rev. James A. Boswell	3	145

ROBERTS, ROBARDS, ROBBARDS, ROBBERDS, ROBBERTS, ROBBORDS, ROBBURDS, ROBBURTS, (cont.)

	Vol.	Page
Zubah, d. Nath[anie]l & Mabel, b. July 20, 1765	2	101
——, d. Sylvester, farmer, & Mary, b. May 14, 1849	4	110-1
——, child of Edw[ar]d C., laborer, ae. 27, & Catherine, ae. 23, b. July 13, 1851	4	198-9

ROBINS, ROBBINS, Hannah, of Weathersfield, m. Edward

	Vol.	Page
ROCKWELL, of Middletown, Jan, 5, 1737/8	1	100
John, m. Mary SHAUGHNESSEY, May 28, 1846, by Rev. John Brady	3	552

ROBINSON, Aaron, m. Deborah SAGE, b. of Middletown, Oct.

	Vol.	Page
27, 1768	2	174
Abigail, d. Dav[i]d & Esther, b. Nov. 16, 1750	2	290
Azubah, d. Nath[anie]ll & Elizabeth, b. Sept. 3, 1729	1	53
Calvin, s. Aaron & Deborah, b. Mar. 5, 1772	2	174
David, m. Esther CORNWELL, June 15, 1749	2	290
Elizabeth M., m. William H. MONSON, [June] 29, [1845], by Rev. W. G. Howard	3	533
Emily, of Durham, m. Phineas COE, of [Middlefield], [Oct.] 30, [1833], by Rev. James Noyes	3	388
Eunice, of Glastonbury, m. Eliphalet WILCOX, of Middletown, Oct. 16, 1825, by Joshua L. Williams, V.D.M.	3	215
George W., s. William, laborer, ae. 26, & Phebe, ae. 22, b. Aug. 17, 1848	4	112-3
Hannah, m. Benjamin MILLER, Jr., Oct. 18, 1727	1	30
Henry E., of Durham, m. Aurelia B. PLUM, of Middletown, Sept. 6, 1841, by Rev. Solomon Laws	3	479
James, of Weathersfield, m. Ruth MILDRUM, of Middletown, Oct. 9, 1837, by Rev. Frederick Wightman	3	438
Katharine, d. James & Jane, d. Apr. 25, 1725	LR1	51
Loretta, m. Alfred BAILEY, b. of Middletown, June 15, 1828, by Rev. Fred[eric]k Wightman	3	310
Luther, s. Aaron & Deborah, b. Oct. 2, 1769	2	174
Marg[a]ret, m. Michael STEWART, Jan. 26, 1737/8	1	101
Nathaniel, m. Elizabeth ROWLEE, Nov. [ ], 1727	1	53
Ozias, s. Aaron & Deborah, b. Feb. 25, 1771, in Glastonbury; d. Mar. 8, 1771	2	174
Phebe, of Durham, m. Benjamin F. BROWNING, of Portland, Mass. (?), Oct. 15, 1827, by Rev. John R. Crane	3	281
Phinehas, m. Sophronia HICKCOX, b. of Durham, Jan. 12, 1823, by Rev. Eli Ball	3	118
Sarah, of Wallingford, m. Thomas HALL, of Middletown, Oct. 18, 1781	2	243
W[illia]m H., m. Phebe M. GRINNELS, b. of Middletown, Feb. 23, 1845, by Rev. A. L. Stone	3	528
——, d. Dan, laborer, of Meriden, & Julia, ae. 21, b. May 23, [1848]	4	46-7

	Vol.	Page
ROCHE, ROACH, Hanora, m. Patrick **GEARY**, Mar. 13, 1854, by Rev. Jno. Brady	4	265
Peter R., m. Francis H. **RUSSEL[L]**, Sept. 3, 1834, by Rev. John R. Crane	3	399
ROCKLIFF, Mary A., m. Lyman B. **JOHNSON**, b. of Middletown, Jan. 6, 1850, by Rev. M. S. Scudder	4	141
Thomas S., m. Margaret J. **GIBBONS**, b. of Middletown, Jan. 6, 1850, by Rev. M. S. Scudder	4	140
ROCKWELL, Abigail, d. Edward & Hannah, b. Nov. 1, 1746; d. Mar. 19, 1749	1	100
Abigail, d. Seth & Abigail, b. Aug. 29, 1757	2	267
Abigail, d. Seth & Abigail, d. Oct. 17, 1759	2	267
Abigail, d. Eben[eze]r & Susan[na]h, b. Oct. 21, 1759	1	125
Abigail, wid. of Seth, d. Nov. 30, 1760	2	267
Abigail, d. Eben[eze]r & Susan[na]h, d. Aug. 29, 1762	1	125
Abigail, d. Eben[eze]r & Susan[na]h, b. Aug. 26, 1763	1	125
Abigail, d. W[illia]m, Jr. & Amia, b. Aug. 17, 1764	2	268
Abigail, d. Zebulon & Beata, b. Sept. 9, 1782	2	269
Abigail, of Middletown, m. John **DOBSON**, of the Island of Barbadoes, Aug. 26, 1789	2	327
Amia, d. W[illia]m, Jr. & Amia, b. May 4, 1762	2	268
Ann, d. John & Phebe, b. Dec. 8, 1740	1	70
Augusta, d. Aug. 15, 1849, ae. 6	4	172-3
Augustus, s. N[oadiah], Jr. & Esther, b. Mar. 14, 1809	3	15
Aurelius E., d. Aug. 6, 1849, ae. 10	4	172-3
Beata, d. Zebulon & Beata, b. Feb. 2, 1772	2	269
Caleb, s. [Joshua & Rhoda], b. Dec. 2, 1779	2	252
Clarissa, m. John **HANDS**, Jr., Apr. 12, 1814	3	81
Cornelia, d. [Joshua & Rhoda], b. Jan. 30, 1795	2	252
Daniel, s. Eben[eze]r & Susan, b. Oct. 14, 1741	1	125
Deidamia, d. Zebulon & Beata, b. June 8, 1773	2	269
Dorothy, d. Jno. & Dorothy, b. Feb. 17, 1777	2	113
Ebenezer, s. Joseph & Elizabeth, b. Mar. 9, 1710/11	LR1	19
Ebenezer, m. Susannah **FOSTER**, Sept. 7, 1741	1	125
Ebenezer, s. Eben[eze]r & Susan, b. Mar. 23, 1745; d. Apr. 3, 1745	1	125
Eben[eze]r, s. Eben[eze]r & Susan[na]h, b. June 15, 1753	1	125
Eben[eze]r, s. Eben[eze]r & Susan[na]h, d. July 27, 1757	1	125
Ebenezer, d. [ ]	1	125
Edward, [twin with Elizabeth], s. Joseph & Elizabeth, b. Oct. 10, 1700; d. Mar. 21, [1701]	LR1	19
Edward, s. Joseph & Elizabeth, b. July 23, 1707	LR1	19
Edward, of Middletown, m. Hannah **ROBINS**, of Weathersfield, Jan. 5, 1737/8	1	100
Edward, s. Edward & Hannah, b. Oct. 4, 1744	1	100
Edward, Jr., m. Lucy **STRONG**, Mar. 25, 1773	2	308

MIDDLETOWN VITAL RECORDS 151

	Vol.	Page
ROCKWELL, (cont.)		
Edward, s. [Edward, Jr. & Lucy], b. June 23, 1779	2	308
Edward, d. Nov. 7, 1791	1	101
Edwin, m. Lucinda A. **CLARK**, May 22, 1837, b. Rev. Joseph Holdrich	3	434
Elias, s. John & Dorothy, b. July 2, 1782	2	113
Elijah, twin with Elisha, s. [Joshua & Rhoda], b. June 26, 1790	2	252
Elisha, twin with Elijah, s. [Joshua & Rhoda], b. June 26, 1790	2	252
Elizabeth, m. James **WARD**, Feb. 1. 1693/4	LR1	18
Elizabeth, [twin with Edward], d. Joseph & Elizabeth, b. Oct. 10, 1700; d. Mar. 5, following [1701]	LR1	19
Elizabeth, d. Jos[eph] & Susannah, b. Mar. 3, 1724/5	1	3
Elizabeth, d. W[illia]m & Hannah, b. Aug. 9, 1740	1	58
Elizabeth, m. Elnathan **STRONG**, June 6, 1744	2	89
Elizabeth, d. [Edward & Hannah], b. Dec. 29, 1752	1	100
Elizabeth, d. Sam[ue]ll & Abigail, b. July 29, 1764	2	101
Elizabeth, m. Giles **SOUTHMAYD**, Nov. 12, 1765	c2	178
Elizabeth, d. W[illia]m, Jr. & Amia, b. Dec. 15, 1766	2	268
Elizabeth, m. Edward **MILLER**, Oct. 16, 1783	2	299
Enoch, s. [Joshua & Rhoda], b. Nov. 20, 1788	2	252
Esther, d. John & Phebe, b. Nov. 10, 1738	1	70
Esther, d. W[illia]m, Jr. & Ame, b. Jan. 29, 1760	2	268
Ezra, s. Jno. & Dorothy, b. Jan. 23, 1775	2	113
Gale Goodwin, s. Sam[ue]ll & Abigail, b. May 17, 1768	2	101
George Temple, s. [Edward, Jr. & Lucy], b. July 9, 1777	2	308
George Temple, s. [Edward, Jr. & Lucy], d. Aug. 29, 1802	2	308
Grove, s. Eben[eze]r & Susan[na]h, b. July 9, 1755	1	125
Hannah, d. Joseph & Elizabeth, b. Dec. 18, 1704	LR1	19
Hannah, m. Obadiah **DICKINSON**, Nov. 22, 1733	1	70
Hannah, d. Edw[ar]d & Hannah, b. Nov. 22, 1740	1	100
Hannah, d. Seth & Abigail, b. June 25, 1755	2	267
Hannah, d. [Edward & Hannah], d. Jan. 6, 1756	1	100
Hannah, m. Nathan **LEWIS**, Oct. 9, 1774	2	260
Hannah, d. [Joshua & Rhoda], b. Apr. 19, 1778	2	252
Hannah, w. of Edw[ar]d, d. Jan. 19, 1790	1	100
Hannah, wid. of Will[ia]m, d. Oct. 11, 1793	1	58
Hannah, of Middletown, m. Jabez **ROCKWELL**, of West Turin, N.Y., Jan. 29, 1837, by Rev. John R. Crane	3	428
Henry, s. Will[ia]m & Hannah, b. Dec. 4, 1751	1	58
Henery, of Middletown, m. Desire **CONE**, of Haddam, Dec. 14, 1773	2	239
Henry, s. Henry & Desire, b. May 14, 1779	2	239
Jabez, s. [Joshua & Rhoda], b. Oct. 26, 1792	2	252
Jabez, of West Turin, N.Y., m. Hannah **ROCKWELL**, of Middletown, Jan. 29, 1837, by Rev. John R. Crane	3	428

	Vol.	Page
ROCKWELL, (cont.)		
John, s. Joseph [& Elizabeth], b. Oct. 29, 1694	LR1	19
John, m. Phebe **HANDS**, July 3, 1733/4	1	70
John, s. W[illia]m & Hannah, b. May 23, 1742; d. Mar. 29, 1768	1	58
John, s. John & Phebe, b. Nov. 17, 1742	1	70
John, Jr., m. Dorothy **WETMORE**, Nov. 22, 1769	2	113
John, s. John & Dorothy, b. Sept. 5, 1770	2	113
John, Sr., d. Jan. 18, 1780	1	70
John, s. [Henry & Desire], b. Mar. 27, 1788	2	239
John Wilson, s. Sam[ue]ll & Abigail, b. Mar. 21, 1766	2	101
Joseph, m. Elizabeth **FOSTER**, Feb. 1, 1693/4	LR1	19
Joseph, s. Joseph & Elizabeth, b. Aug. 24, 1697	LR1	19
Joseph, of Middletown, m. Susannah **YEOMANS**, of Stonington, Dec. 21, 1721	1	3
Joseph, s. Joseph & Susanna, b. Feb. 28, 1730/31	1	3
Joseph, Jr., of Middletown, m. Martha **TUTTLE**, of Littleton, May 12, 1752	2	277
Joseph, Dea., d. Aug. 15, 1753	LR1	19
Joseph, s. Eben[eze]r & Susan[na]h, b. June 19, 1757	1	125
Joseph, s. Ebenezer & Susannah, d. Mar. 30, 1778	1	125
Joshua, s. Edw[ar]d & Hannah, b. Oct. 18, 1742	1	100
Joshua, m. Rhoda **DOWD**, Jan. 1, 1772	2	252
Joshua, s. Joshua & Rhoda, b. Aug. 19, 1774	2	252
Lois, d. Eben[eze]r & Susan, b. Dec. 24, 1748	1	125
Lois, m. Giles **SOUTHMAYD**, Jan. 29, 1778	2	178
Lucinda, d. Aug. [ ], 1849, ae. 37	4	172-3
Lucretia, d. W[illia]m & Hannah, b. Aug. 24, 1737	1	58
Lucretia, m. Samuel **STOW**, Jr., Sept. 4, 1755	2	268
Lucretia, d. Zebulon & Beata, b. Apr. 26, 1781	2	269
Lucy, d. Ed[war]d, Jr. & Lucy, b. Apr. 13, 1774	2	308
Lucy, d. [Edward, Jr. & Lucy], d. Oct. 15, 1776	2	308
Lucy, d. [Edward, Jr. & Lucy], b. Apr. 13, 1782	2	308
Lucy, d. [Noadiah, Jr. & Esther], b. Jan. 16, 1811	3	15
Lucy, m. Thomas **DEMARS**, Feb. 14, 1842, by Rev. John R. Crane	3	485
Lura, d. Eben[eze]r & Susan, b. Aug. 9, 1746	1	125
Margaret, d. W[illia]m & Hannah, b. July 2, 1744	1	58
Margaret, m. Bezeleel **FISK**, Nov. 13, 1768	2	232
Mary, d. Jos[eph] & Susannah, b. Oct. 11, 1726	1	3
Mary had s. Joseph **HENSHAW**, b. Oct. 9, 1751; father Joshua **HENSHAW**,	2	338
Mary, m. Joshua **HENSHAW**, Jan. 21, 1751/2	2	338
Mary, d. W[illia]m, Jr., & Ame, b. July 10, 1757	2	268
Mehitabel, d. Eben[eze]r & Susan, b. Aug. 9, 1743	1	125
Mehitabel, m. Ebenezer **COOK**, Nov. 18, 1764	2	251
Noadiah, s. [Edward & Hannah], b. Oct. 21, 1759	1	100

MIDDLETOWN VITAL RECORDS

	Vol.	Page
ROCKWELL, (cont.)		
Noadiah, Jr., m. Esther **JOHNSON**, Apr. 9, 1808	3	15
Noad[ia]h, Jr., m. Mary **JOHNSON**, Sept. 25, 1831, by Rev. John R. Crane	3	362
Phebe, d. John & Phebe, b. Aug. 25, 1736	1	70
Phebe, wid., of John, d. Dec. 14, 1782	1	70
Phebe, d. [Joshua & Rhoda], b. Apr. 30, 1783	2	252
Phebe, of Middletown, m. Ebenezer **HANDS**, of Guilford, Jan. 18, 1786	2	330
Rhoda, d [Joshua & Rhoda], b. Oct. 24, 1781	2	252
Richard, s. Seth & Abigail, b. Sept. 3, 1753, at Hartford	2	267
Richard, s. Seth & Abigail, d. Oct. 7, 1762	2	267
Ruth, d. Edw[ar]d & Hannah, b. Nov. 6, 1738	1	100
Ruth, d. Jno. & Dorothy, b. Oct. 24, 1772	2	113
Samuel, s. Joseph & Susannah, b. Oct. 13, 1722	1	3
Samuel, m. Abigail **JOHNSON**, Jan. 20, 1763	2	101
Samuel Strong, s. [Edward, Jr. & Lucy], b. May 19, 1787	2	308
Sarah, d. John & Phebe, b. Mar. 26, 1735	1	70
Sarah, m. George **MILLER**, July 11, 1754	2	337
Sarah, d. [Edward & Hannah], b. Sept. 29, 1755	1	100
Sarah, d. Jno. & Dorothy, b. Jan. 6, 1780	2	113
Sarah, m. John **HANDS**, Mar. 25, 1784	2	309
Sarah, d. [Joshua & Rhoda], b. Aug. 23, 1785	2	252
Sarah, m. James **WARD**, Jan. 3, 1833, by Rev. John R. Crane	3	378
Seth, s. W[illia]m & Hannah, b. Mar. 20, 1731/2	1	58
Seth, m. Abigail **BLAKE**, Nov. 16, 1752	2	267
Seth, d. May 4, 1758, at Kingston, Jamaica	2	267
Seth, s. [Joshua & Rhoda], b. Mar. 11, 1787	2	252
Seth, s. [Joshua & Rhoda], d. June 28, 1790	2	252
Silvester, s [Edward, Jr. & Lucy], b. Feb. 8, 1784	2	308
Susannah, d. Jos[eph] & Susannah, b. May 9, 1728	1	3
Susannah, d. Eben[eze]r & Susan[na]h, b. Aug. 11, 1751	1	125
Susannah, w. of Ebenezer, d. Nov. 12, 1771	1	125
Susanna, m. William **REDFIELD**, Jr., Sept. 28, 1780	2	354
Thomas, s. W[illia]m & Hannah, b. Dec. 6, 1748	1	58
Thomas, s. Henry & Desire, b. July 21, 1781	2	239
Wells, s. Henry & Desire, b. Feb. 3, 1784	2	239
Willard, s. [Edward, Jr. & Lucy], b. Nov. 8, 1775	2	308
William, s. Joseph & Elizabeth, b. July 3, 1702	LR1	19
William, m. Hannah **FOSTER**, June 2, 1731	1	58
William, s. W[illia]m & Hannah, b. Apr. 24, 1735	1	58
William, Jr., m. Ama **STOW**, Aug. 5, 1756	2	268
William, Sr., d. July 28, 1765	1	58
William, s. Henery & Desiah, b. Dec. 9, 1774	2	239
William, s. Henery & Desire, d. Jan. 29, 1776	2	239

	Vol.	Page
ROCKWELL, (cont.)		
William, 2d, s. Henery & Desire, b. July 1, 1776	2	239
William A., m. Esther **BIDWELL**, b. of Middletown, Nov. 23, 1837, by Rev. Robert McEwen	3	432
William A., m. Ann **BIRDSEYE**, July 15, 1846, by Rev. A. L. Stone	3	554
Zebulon, s. [Edward & Hannah], by Aug. 7, 1749	1	100
Zebulon, of Middletown, m. Beata **STONE**, of Guilford, Dec. 9, 1770	2	269
Zebulon, s. Zebulon & Beata, b. Apr. 7, 1778	2	269
——, d. W[illia]m & Ame, b. Feb. 1, 1759; d. about 28 hr. after	2	268
——, twin s. & d. Joshua & Rhoda, b. Jan. 24, 1773; d. soon after	2	252
ROGERS, RODGERS, Abigail, d. [Joseph & Dorothy], b. Aug. 20, 1740, in Newport; d. Sept. 20, 1741	2	332
Abigail, 2d, d. [Joseph & Dorothy], b. Apr. 10, 1745	2	332
Abigail, d. John & Patience, b. Apr. 15, 1760	2	120
Ann, d. Tho[ma]s & Ann, b. May 6, 1747	2	63
Ann, of Middletown, m. Charles H. **WETMORE**, of Stow, O., Oct. 28, 1830, by Rev. Thomas Branch.	3	354
Constant, s. [Joseph & Dorothy], b. Oct. 15, 1738, in Newport	2	332
David L., m. Jane W. **SMITH**, b. of Winsted, Jan. 25, 1845, by Rev. E. E. Griswold	3	527
Dorlish A., m. Simeon S. **SCRANTON**, b. of Madison, Feb. 27, 1843, by Rev. A. M. Osborn	3	500
Edward Rich[ar]d, s. [Seth h. & Lucia P.], b. Dec. 28, 1824	3	170
Elizabeth, d. [Joseph & Dorothy], b. Jan. 11, 1734, in Newport; d. Aug. 29, 1735	2	332
Elizabeth, m. William **HURLBUT**, May 1, 1740	1	91
Elizabeth, d. [Joseph & Dorothy], b. May 4, 1743	2	332
Elizabeth, m. Charles **HAMLIN**, Jr., Oct. 1, 1761	2	248
Elizabeth, ae. 27, of Middletown, m. Franklin **PEASE**, quarryman, ae. 46, b. in Chatham, res. Middletown, Mar. 17, 1850, by Mr. Stevens, [of] Meriden	4	168-9
Elizabeth A., of Glastonbury, m. Franklin **PEASE**, of Middletown, Mar. 17, 1850, by Rev. A. A. Stevens	4	142
Elnathan, s. [Joseph & Dorothy], b. May 9, 1752	2	332
Fanny, m. John **BILLS**, [ ]	2	173
Hannah H., m. David C. **WARD**, b. of Middletown, Jan. 17, 1847, by Rev. L. S. Hough	3	557
John, s. [Joseph & Dorothy], b. June 16, 1736, in Newport	2	332
John, s. Nath[anie]ll & Silena, b. Apr. 9, 1741	1	79
John, m. Patience **STARR**, Nov. 22, 1757	2	120
John, s. John & Patience, b. Sept. 18, 1758	2	120

	Vol.	Page
ROGERS, RODGERS, (cont.)		
Joseph, m. Dorothy **WOOD**, Mar. 16, 1727	2	332
Joseph, s. [Joseph & Dorothy], b. Oct. 4, 1730, in Newport	2	332
Joseph, s. Tho[ma]s & Ann, b. Apr. 13, 1746	2	63
Joseph, s. John & Patience, b. May 5, 1764	2	120
Julia M., m. Nathan P. **WHITE**, b. of Middletown, Nov. 4, 1821, by Rev. Phineas Cook	3	72
Lucia H., d. Seth H. & Lucia P., b. July 9, 1816	3	170
Lucy, m. Henry **SMITH**, June 19, 1821, by Rev. Levi Knight	3	32
Mary, d. [Joseph & Dorothy], b. Jan. 25, 1728, in Newport	2	332
Mary, m. Joseph **JOHNSON**, Jr., Aug. 14, 1746	2	122
Minerva F., of Branford, m. Orimel **YOUNG**, of Wallingford, Sept. 17, 1837, by Rev. John Cookson	3	443
Ruth, m. Eliakim **MATHER**, July 11, 1743	1	80
Ruth, m. Eliakim **MATHER**, July 11, 1743	1	103
Samuel, s. [Joseph & Dorothy], b. Feb. 19, 1748	2	332
Sarah, d. John & Patience, b. Jan. 28, 1762	2	120
Seth H., m. Lucia P **HOSMER**, Sept. 10, 1808	3	170
Thomas, Jr., of Middletown, m. Ann **BARTLETT**, of Guilford, June 21, 1744	2	63
Timothy, s. John & Patience, b. Mar. 3, 1766	2	120
ROGLEY, Mary, m. John **NOTT**, June 28, 1750	2	68
ROLLINS, Alphonzo, of Hempstead, L. I., m. Caroline M. **FRENCH**, d. William J., of Middletown, Oct. 28, 1847, by Rev. Joseph Holdrich	4	18
Alphonzo, of Hempstead, L. I., m. Caroline M. **FRENCH**, b. in Middletown, res. Hempstead, L. I., Oct. 28, 1847, by Rev. Jos[eph] Holdrich	4	62-3
ROLLO, Alexander, d. July 22, 1709	LR1	10
ROOD, Ellen, ae. 17, m. Jos[eph] R. **HOPKINS**, machinist, ae. 22, b. in Coventry, res. Middletown, July 16, 1850, by Rev. Osgood, of Springfield	4	166-7
ROOPER, [see also **COOPER & ROPER**], Ruth, m. Eliakim **MATHER**, July 11, 1743	2	3
ROOT, Elizabeth, m. William **HUBBARD**, Dec. 8, 1756	2	347
Francis G., m. Eliza H. **WRIGHT**, of East Haddam, June 21, 1841, by Rev. Samuel Farmer Jarvis, at the Rectory. Int. pub. at East Haddam	3	481
Margaret, of Farmington, m. Nath[anie]ll **EDWARDS**, of Middletown, Feb. 2, 1737/8	1	111
Stephen, of Farmington, m. Emeline M. **POWERS**, of Middletown, Sept. 25, 1826, by Rev. E. Washburn	3	238
ROPER, [see also **COOPER & ROOPER**], Prescilla, m. Joseph **STARR**, Feb. 25, 1742	1	40
ROSE, Ebenezer, of Saybrook, m. Elmina **KELLEY**, of		

	Vol.	Page
ROSE, (cont.)		
Middletown, Oct. 19, 1828, by Rev. Fred[eric]k Wightman, at Westfield	3	316
Henrietta A., m. Lewis S. **CRITTENDEN**, b. of Middletown, Aug. 7, 1849, by Rev. Townsend P. Abell	4	91
ROSEKRANS, Eliza, m. Joshua B. **GRAVES**, b. of Middletown, Sept. 14, 1834, by Rev. Jason Atwater	3	403
Sarah H., of Middletown, m. Henry **BALDWIN**, of Leyden, N. Y., [Aug.] 18, [1834], by Rev. Stephen Topliff	3	399
ROSIN, Charles, of Guilford, m. Deborah **CLARK**, of Middletown, May 16, 1822, by Rev. Phin[ea]s Cook	3	98
ROSS, Jno., m. Mary **CARROLL**, Jan. 19, 1851, by Rev. Jno. Brady	4	185
Jno., m. Martha **WALD**, May 13, 1853, by Rev. Jno. Brady	4	237
[**ROSSITER**], ROSITER, Mary, of Harrington, m. David **SAGE**, June 14, 1773	1	42
ROURK, John B., day laborer, b. in Ireland, res. Middletown, d. Apr. 20, 1849, ae. 33	4	134-5
ROWELL, Abigail had s. Daniel **ROWELL**, b. Jan 3, 1709/10	LR2	Ind-4
Daniel, s. Abigail **ROWELL**, b. Jan. 3, 1709/10	LR2	Ind-4
Mary, m. Thomas **MILLER**, Dec. 25, 1696	LR1	17
ROWLANDSON, Thankful, m. William **FORD**, June 27, 1745	2	67
ROWLEY, ROWLE, ROWLY, Abigail, of Windsor, m. Samuel **BOW**, of Middletown, Apr. 14, 1710	LR2	20
Elizabeth, of Windsor, m. William **LUCAS**, of Middletown, July 15, 1695	LR2	19
Elizabeth, m. Nathaniel **ROBINSON**, Nov. [ ], 1727	1	53
Elizabeth, d. Moses & Mehitabel, b. Dec. 10, 1732	1	79
Francis, of Middletown, m. Esther E. **DICKEY**, of Nyack, Apr. 27, 1852, by Rev. John R. Crane	4	212
Mary, m. Lemuel **DANIELS**, Oct. 15, 1754	2	163
ROYCE, ROYS, Abigail, of Meridian, m. John **PROUT**, of Middletown, July 14, 1736, by Rev. Tho[ma]s Hall, of Meriden	1	11
Hannah, of Wallingford, m. Josiah **BOARDMAN**, Jr., of Middletown, Dec. 18, 1766	2	142
Marinda, of Berlin, m. George **REED**, of Enfield, [Apr.] 28, [1834], by Rev. Stephen Topliff	3	395
RUE, Charles E., s. Cha[rle]s J., mariner, ae. 41, colored, & Sarah A., ae. 27, b. July 21, 1849	4	106-7
RUFF, Charles Henry, s. Albert, boxmaker, ae. 33, & Mary E., ae. 32, b. June 22, 1848	4	42-3
RULES, Charles, b. in Cornwall, Eng., ae. 22, now of Bristol, m. Elizabeth **DUNSTON**, b. in Cornwall, Eng., ae. 21, formerly of Middletown, now of Bristol, June 13, 1854, by J. B. Merwin	4	255

MIDDLETOWN VITAL RECORDS 157

	Vol.	Page
RUMMERY, Hannah, called Hannah **MARTIN**, had d. Sarah **MARTIN**, b. Oct. 12, 1717	LR2	Ind-3
Sarah, m. James **MARKHAM**, Sept. 25, 1745	2	83
RUSS, RUS, Hezekiah, Jr., m. Sibbell **TORREY**, Feb. 24, 1747/8	2	126
Hezekiah, s. Hez[ekia]h & Sibbell, b. Jan. 24, 1751/2	2	126
Hezekiah, d. Aug. 8, 1752	2	126
John, quarryman, ae. 20, b. in Ireland, res. Middletown, m. Mary **CARTER**, ae. 20, Apr. 16, 1850, by Rev. John Brady	4	200-1
Mary, of Lebanon, m. Isaiah **JORDAN**, of Middletown, June 6, 1754	2	128
Mary, d. Jonathan & Mary, b. Aug. 3, 1759	2	126
RUSSELL, RUSSEL, Abigail, late of Boston, m. William **DAVIS**, a transient person, Sept. 17, 1750	2	189
Abigail, of North Branford, m. Augustus **PAGE**, of Guilford, Oct. 16, 1837, by Rev. John Cookson	3	443
Abigail Talcott, d. M[atthew] T. & Mary, b. Oct. 7, 1810	3	38
Augustus Edwards, s. [John & Abigail], b. June 16, 1797	2	274
Augustus Edward, of Petersburg, Va., m. Eliza Brown **HALL**, of Middletown, Sept. 12, 1821*, by Rev. Birdseye G. Noble (*Probably "1820")	3	38
Cha[rle]s Huntington, s. [Matthew & Mary], b. Mar. 25, 1806	2	253
Charles Huntington, s. M[atthew] T. & Mary, b. Mar. 25, 1806	3	38
Daniell, s. Noadiah & Mary, b. June 3, 1702	LR1	38
Daniel, m. Elizabeth **LORD**, Dec. 14, 1781	2	282
Daniel, s. [Dan[ie]l & Elizabeth], b. Dec. 18, 1785	2	282
Desire, m. Thomas **COOPER**, Feb. 20, 1733/4	1	72
Desiah, d. Noadiah & Lois, b. July 9, 1749	2	295
Desire, d. Noahdiah & Desire, b. [ ]	1	5
Edward Huntington, s. M[atthew] T. & Mary, b. Feb. 17, 1808; d. July 21, 1808	3	38
Edwin, s. John, painter, ae. 30, & Eliza, ae. 20, b. [ ], 1849	4	156-7
Edwin, d. July 27, 1850, ae. 2	4	204-5
Elisha, m. Anne **WINSHIP**, Nov. 8, 1772	2	149
Elizabeth, d. Dan[ie]l & Elizabeth, b. Feb. 6, 1784	2	282
Elizabeth C., m. David **BROOKS**, b. of Haddam, Sept. 24, 1822, by Rev. John R. Crane	3	106
Esther, d. Noadiah & Mary, b. Aug. 14, 1699	LR1	38
Esther, d. W[illia]m & Mary, b. Feb. 10, 1722/3	1	3
Esther, m. Samuel **JOHNSON**, Apr. 9, 1753	2	300
Esther, d. Capt. Sam[ue]ll & Ruth, b. Feb. 6, 1776	2	96
Esther, d. Noadiah & Mary, d. [ ]	LR1	38
Francis H., m. Peter R. **ROACH**, Sept. 3, 1834, by Rev.		

RUSSELL, RUSSEL, (cont.)

	Vol.	Page
John R. Crane	3	399
Frances Huntington, d. M[atthew] T. & Mary, b. Apr. 5, 1812	3	38
George, s. [Daniel & Elizabeth], b. [ ]	2	282
George C., m. Augusta H. **MATHER**, May 16, 1843, by Rev. John R. Crane	3	502
George Huntington, s. [Matthew & Mary], b. Apr. 8, 1800	2	253
George Huntington, s. M[atthew] T. & Mary, b. Apr. 8, 1800	3	38
George Huntington, s. [Matthew & Mary], d. Dec. 13, 1803	2	253
George Huntington, s. M[atthew] T. & Mary, d. Dec. 13, 1803	3	38
Geo[rge] O., d. Oct. 9, 1849, ae. 33	4	172-3
Geo[rge] O, s. [ ], b. Apr. 22, 1850	4	158-9
Giles, s. Noadiah & Mary, b. Nov. 8, 1693	LR1	38
Giles, [s. Noadiah & Mary], d. Jan. 13, 1711/12	LR1	38
Hannah, d. Noadiah & Mary, b. Feb. 23, 1705/6	LR1	38
Hannah, d. W[illia]m & Mary, b. Mar. 20, 1736/7	1	3
Harriet, d. [Matthew & Mary], b. Jan. 14, 1802	2	253
Harriet, d. M[atthew] T. & Mary, b. Jan. 14, 1802	3	38
Harriet, m. George **LARNED**, Apr. 9, 1835, by Rev. John R. Crane	3	407
Harriet M., m. Heman **WANTON**, Nov. 5, 1837, by Rev. Jehial C. Beman	3	443
Henry Huntington, s. M[atthew] T. & Mary, b. May 19, 1813; d. May 26, 1814	3	38
Hez[ekia]h Lord, s. [Daniel & Elizabeth], b. [ ]; d. [ ]	2	282
Jacob Whitmore, s. Capt. Sam[ue]ll & Ruth, b. Jan. 4, 1773	2	96
James, s. W[illia]m & Mary, b. Dec. 26, 1739	1	3
James, s. W[illia]m & Mary, d. Apr. 14, 1740	1	3
John, s. Noadiah & Mary, b. July 6, 1697	LR1	38
John, s. Noadiah & Lois, b. Dec. 14, 1751	2	295
John, s. Capt. Sam[ue]ll & Ruth, b. Aug. 19, 1765	2	96
John, d. Oct. 17, 1780	2	96
John, m. Abigail **WARNER**, June 29, 1788	2	274
John, d. Dec. 7, 1801	2	274
John, of Coventry, m. Sally W. **BUSH**, of Chatham, Jan. 15, 1824, by Rev. Joshua L. Williams	3	152
John, m. Eliza **ATKINS**, b. of Middletown, [Oct.] 1, [1848], by Rev. Townsend P. Abell	4	81
John H., m. Jared* **SMITH**, b. of Middletown, Oct. 18, 1842, by Rev. Merrett Sanford (Both male names in Arnold Copy) (*correction Jane handwritten in margin of original manuscript by F. F. Starr)	3	493

	Vol.	Page
RUSSELL, RUSSEL, (cont.)		
Julia, d. [John & Abigail], b. June 23, 1794	2	274
Julia, m. Will[ia]m **JOHNSON**, Mar. 11, 1813	3	78
Julia Ann, d. [Matthew & Mary], b. Aug. 8, 1804	2	253
Julia Ann, d. M[atthew] T. & Mary, b. Aug. 8, 1804	3	38
Lemuel, s. Noadiah & Lois, b. Apr. 5, 1754	2	295
Lois, d. Noadiah & Lois, b. Oct. 21, 1759	2	295
Lucy, d. [John & Abigail], b. Dec. 29, 1791	2	274
Margaret, m. Michael **CONDON**, Jan. 20, 1853, by Rev. Jno. Brady	4	228
Mary, d. Noadiah & Mary, b. Dec. 30, 1695	LR1	38
Mary, d. W[illia]m & Mary, b. Nov. 30, 1720	1	3
Mary, d. Noadiah & Mary, d. Feb. 27, 1722/3	LR1	38
Mary, w. of W[illia]m, d. July 24, 1740	1	3
Mary, Mrs., m. Matthew **TALCOTT**, Sept. 24, 1740	1	124
Mary, d. Ensign Sam[ue]ll & Ruth, b. May 9, 1763	2	96
Mary, d. Matthew & Mary, b. Nov. 11, 1798	2	253
Mary, d. [Daniel & Elizabeth], b. [ ]	2	282
Mary Huntington, d. M[atthew] T. & Mary, b. Nov. 11, 1798	3	38
Mary Osborn, of Middletown, m. Rev. Edward **DEZENG**, of Skeneateles, N. Y., Sept. 19, 1843, by Bishop Tho[ma]s C. Brownell	3	505
Matthew T., m. Mary **HUNTINGTON**, Sept. 17, 1797	2	253
Matthew T., m. Mary **HUNTINGTON**, Sept. 17, 1797, by Rev. Enoch Huntington	3	38
Mehetabel, d. Noadiah & Mary, b. May 27, 1704	LR1	38
Mehitabel, d. W[illia]m & Mary, b. Nov. 19, 1734	1	3
Mol, d. Noadiah & Lois, b. May 4, 1762	2	295
Noadiah, m. Mrs. Mary **HAMLIN**, Feb. 20, 1689/90	LR1	38
Noadiah, s. Noadiah & Mary, b. Aug. 8, 1692	LR1	38
Noadiah, Rev., d. Dec. 3, 1713	LR1	38
Noahdiah, m. Desire **COOPER**, Feb. 23, 1720/21	1	5
Noahdiah, d. Oct. 20, 1725	1	5
Noahdiah, s. W[illia]m & Mary, b. Jan. 24, 1729/30	1	3
Noadiah, m. Lois **BLISS**, Jan. 1, 1745/6	2	295
Noadiah, s. Noadiah & Lois, b. Jan. 13, 1746/7	2	295
Noahdiah, s. Noahdiah & Desire, b. [ ]; d. [ ]	1	5
Noahdiah, 2d, s. Noahdiah & Desire, b. [ ]	1	5
Prudence, d. Noadiah & Lois, b. June 3, 1763	2	295
Rachel, d. [Elisha & Anne], b. July 17, 1773	2	149
Rebecca, m. Stephen **CRITTENTON**, Sept. 11, 1850, by Rev. John R. Crane	4	146
Richard H., s. Richard, gunsmith, ae. 47, & Catherine, ae. 46, b. June 7, 1848	4	58-9
Ruth, d. Sam[ue]ll & Ruth, b. Dec. 21, 1758	2	96

	Vol.	Page
RUSSELL, RUSSEL, (cont.)		
Ruth, w. of Sam[ue]ll, d. Apr. 13, 1773	2	96
Ruth, d. Capt. Sam[ue]ll & Ruth, d. Aug. 4, 1780	2	96
Ruth S., m. Thomas S. **DERBY**, Nov. 3, 1847, by Rev. James Floy	4	22
Ruth S., ae. 47, m. Thomas S. **DERBY**, manufacturer, of Britannia ware, ae. 61, b. of Middletown, Nov. 3, 1847, by Rev. James Floy	4	62-3
Samuel, s. W[illia]m & Mary, b. July 7, 1727	1	3
Samuel, m. Ruth **WHITMORE**, Aug. 29, 1758	2	96
Samuel, s. Sam[ue]ll & Ruth, b. Feb. 23, 1761	2	96
Sam[ue]ll, s. John & Abigail, b. Aug. 25, 1789	2	274
Samuel, s. George O., manufacturer, ae. 31, & Amelia C., ae. 26, b. Sept. 8, 1848	4	46-7
Sarah, d. W[illia]m & Mary, b. Apr. 5, 1732	1	3
Sarah, m. Eliot **RAWSON**, June 16, 1756	2	284
Sarah Esther, d. M[atthew] T. & Mary, b. Nov. 17, 1814	3	38
Timothy, s. Noadiah & Lois, b. June 23, 1757	2	295
William, s. Noadiah & Mary, b. Nov. 30, 1690	LR1	38
William, of Middletown, m. Mrs. Mary **PIERPOINT**, of New Haven, Aug. 19, 1719	1	3
William, s. W[illia]m & Mary, b. July 23, 1725	1	3
W[illia]m, Rev., of Windsor, d. Jan. 1, 1761. Was ordained to the work of the Ministry June 1, 1715	1	3
William, s. Capt. Sam[ue]ll & Ruth, b. Oct. 1, 1767	2	96
William, s. [Daniel & Elizabeth], b. Feb. 8, 1788	2	282
William, m. Ann **DUTTON**, b. of Middletown, Sept. 22, 1854, by Rev. Henry Melville	4	261
William Huntington, s. M[atthew] T. & Mary, b. Aug. 12, 1809	3	38
——, s. [Matthew & Mary], b. Sept. 3, 1803; d. 14 hours after	2	253
——, s. [M[atthew] T. & Mary], b. Sept. 3, 1803; d. in fourteen hours	3	38
——, d. [Matthew T. & Mary], st. b. Aug. 23, 1816	3	38
RUST, Caroline L., d. of Spencer, of Middletown, m. Joseph **DOOLITTLE**, of Hartford, Dec. 29, 1852, by Rev. Jno. Morrison Reid	4	232
Elizabeth C., m. Benjamin G. **COOLEY**, b. of Middletown, Feb. 13, 1850, by Rev. M. S. Scudder	4	141
Jerusha S., m. Stephen F. **KNIGHT**, b. of Northampton, Sept. 15, 1833, by Rev. W. Fisk	3	386
Richard S., of Ellington, m. Sarah A. **HUBBARD**, Aug. 9, 1841, by Rev. John R. Crane	3	478
Samuel C., of Northampton, Mass., m. Adaline **BARNES**, of Batavia, N. Y., Apr. 15, 1834, by Tho[ma]s Atkins, J. P.	3	394
RUTLEDGE, C. A., ae. 24, of Charleston, S. C., m. Isaac		

	Vol.	Page
RUTLEDGE, (cont.)		
BALL, planter, ae. 24, of Charleston, S. C., June 5, 1850, by Rev. Jos[eph] H. Nichols	4	166-7
RUTLEY, Julia, of Haddam, m. Dudley **RANDALL**, of East Haddam, Feb. 3, 1827, by Rev. John R. Crane	3	261
RYAN, Bridget, m. James **CASEY**, Nov. 15, 1852. by Rev. Jno. Brady	4	224
Hannah, m. John **BARRY**, Nov. 22, 1852, by Rev. John Brady	4	224
Jeremiah, m. Ann **SMITH**, Jan. 9, 1853, by Rev. Jno. Brady	4	228
John, s. Patrick, quarryman, ae. 30, & Ann, ae. 30, b. Jan. 4, 1848	4	54-5
SABIN, Sarah, m. Sampson **HOW**, of Killingly, Dec. 29, 1737	2	93
SADLER, Mary, m. John **HAGARTY**, Aug. 20, 1854, by Rev. Jno. Brady	4	271
Thomas, m. Eliza **HAGARTY**, Oct. 27, 1854, by Rev. Jno. Brady	4	273
SADWELL*, Esther, of Hartford, m. Lieut. Josiah **WETMORE**, of Middletown, Nov. 11, 1745 (***CADWELL**)	2	65
SAGE, Abel, s. Jedidiah & Lucia, b. May 30, 1758	2	136
Abiah, d. John & Mary, b. Oct. 18, 1722	LR2	18
Abiah, m. Jonathan **STOW**, Mar. 25, 1742	2	229
Abigail, d. Timothy & Mary, b. May 9, 1741	1	112
Abigail, d. Benj[ami]n & Abigail, b. May 13, 1745	2	24
Abigail, d. [Comfort & Sarah], b. Sept. 5, 1774	2	234
Abraham, s. Dav[i]d, 3rd, & Lois, b. July 30, 1754	2	293
Alfred, s. [Barzillai & Eunice], b. Oct. 19, 1812	2	353
Allen, s. Benony & Mary, b. Feb. 1, 1729/30	1	11
Amos, s. Timothy & Marg[a]ret, b. July 1, 1722	LR2	4
Amos, m. Rebeckah **WILLCOX**, Sept. 28, 1746	2	110
Amos, s. Amos, & Rebeckah, b. Sept. 14, 1747	2	110
Amos, m. Mary **LEWIS**, Dec. 14, 1775	2	245
Ame, d. Jonathan & Ame, b. Nov. 5, 1709	LR2	6
Ame, wid. of Jonathan, m. William **WATTS**, Jan. 6, 1714/15	LR2	29
Ame had s. John **NEWBY**, b. Jan 18, 1726/7	1	Ind-1
Ame, d. Jona[tha]n & Hannah, b. Dec. 2, 1756	1	113
Ann, d. John, 3rd, & Anna, b. Jan. 2, 1747	2	94
Ann, d. Dav[i]d, 3rd, & Lois, b. July 30. 1757	2	293
Ann, d. Dav[i]d, 3rd, & Lois, d. May 30, 1758	2	293
Ann, d. David, 3rd, & Lois, b. May 9, 1763	2	293
Ann, of Middletown, m. Luther **SAGE**, of Springfield, Mass., Oct. 20, 1834 by Rev. Zebulon Crocker	3	399
Anna M., of Middletown, m. Junius S. **NORTON**, of Waterbury, Sept. 8, 1841, by Rev. Zebulon Crocker	3	480
Anne, d. [Amos & Mary], b. Sept. 16, 1787	2	245
Barsheba, d. David, 3rd, & Lois, b. Feb. 18, 1768	2	293
Barsheba, w. of David, d. Nov. 10, 1771	1	42

	Vol.	Page
SAGE, (cont.)		
Barzillai, m. Eunice **DOUD**, Oct. 13, 1805	2	353
Barzillai, m. Eunice [ ]	3	90
Barzillai Doud, s. Barzillai & Eunice, b. Sept. 19, 1806	2	353
Bathsheba, d. David & Bathsheba, b. Jan. 1, 1743	1	42
Bathsheba, m. John **COTTON**, June 3, 1752	2	271
Benjamin, s. Benoni & Mary, b. Jan. 17, 1724/5	1	11
Benjamin, of Middletown, m. Abigail **BLIN**, of Weathersfield, Aug. 2, 1744	2	24
Benjamin, s. Benj[ami]n & Abigail, b. Dec. 19, 1754	2	24
Benjamin D., m. Martha P. **BIRDSEYE**, Apr. 9, 1829, by Rev. John R. Crane	3	336
Benony, [twin with David], s. [John & Hannah], b. Apr. 1, 1703	LR2	2
Benoni, of Middletown, m. Mary **ALLEN**, of Milford, Feb. 5, 1723/4	1	11
Benoni, d. Jan. 12, 1733/4	1	11
Calvin, s. Solomon, Jr. & Lois, b. Mar. 31, 1765	2	5
Candace, d. Dav[i]d & Bathsheba, b. Dec. 28, 1752	1	42
Caroline, m. Linus T. **SAGE**, b. of Middletown, Sept. 14, 1820, by Rev. Joshua L. Williams	3	40
Charles, s. W[illia]m, Jr. & Elizabeth, b. Mar. 10, 1795	2	152
Chester, s. Barz[illa]i & Eunice, b. Jan. 24, 1819	3	90
Chester, m. Sarah P. **TURNER**, Oct. 1, 1843, by Rev. Dwight M. Steward* (*Seward?)	3	506
Chloe, d. Benj[ami]n & Abigail, b. June 26, 1747	2	24
Chloe, d. Solomon & Hannah, b. Feb. 5, 1749/50	2	62
Christopher, s. [Comfort & Sarah], b. Sept. 19, 1771	2	234
Comfort, s. John & Hannah, b. Mar. 31, 1711	LR2	2
Comfort, s. John & Hannah, d. Apr. 26, 1731	LR2	2
Comfort, s. Eben[eze]r & Hannah, b. Aug. 22, 1731	1	64
Comfort, m. Sarah **HAMLIN**, Jan. 16, 1752	2	234
Comfort, s. [Comfort & Sarah], b. Feb. 3, 1767	2	234
Comfort, s. [Comfort & Sarah], d. Feb. 3, 1786	2	234
Comfort had negro Sapho, d. Phillis, b. Dec. 25, 1788	2	234
Cornelia A., of Middletown, m. Samuel **DICKERSON**, of Hartford, Oct. 28, 1838, by Rev. Frederick Wightman	3	451
Cornwell, s. [Barzillai & Eunice], b. Nov. 18, 1807	2	353
Daniel, s. Benoni & Mary, b. Apr. 17, 1727	1	11
Daniel, s. Benjamin & Abigail, b. Dec. 5, 1756	2	24
David, s. David & Elizabeth, b. Feb. 1, 1665	LR1	16
David, Sr., d. Mar. 31, 1702/3	LR1	16
David, [twin with Benony], s. [John & Hannah], b. Apr. 1, 1703	LR2	2
David, s. Timothy & Marg[a]ret, b. Mar. 28, 1718	LR2	4
David, of Middletown, m. Barsheba **JUDD**, of Kensanton		

MIDDLETOWN VITAL RECORDS 163

	Vol.	Page
SAGE, (cont.)		
Parish, Ffarmington, Dec. 26, 1728	1	42
David, s. David & Barsheba, b. June 29, 1732	1	42
David, Jr., m. Sarah **STOCKING**, Apr. 17, 1746	2	72
David, s. David, Jr. & Sarah, b. Feb. 25, 1746/7	2	72
David, 3rd, of Middletown, m. Lois **HARRIS**, of Weathersfield, Nov. 7, 1751	2	292
David, s. Dav[i]d, 3rd, & Lois, b. May 30, 1756	2	293
David, s. Dav[i]d, 3rd, & Lois, d. Oct. 7, 1756	2	293
David, twin with Jonathan, s. David, 3rd, & Lois, b. Apr. 12, 1761	2	293
David, m. Mary **ROSITER**, of Harrington, June 14, 1773	1	42
David, s. David & Lois, d. Oct. 7, 1775; one of the twins	2	293
David, 3rd, s. David, 3rd, & Lois, b. May 5, 1778	2	293
Deborah, d. Lewis Sam[ue]ll & Deborah, b. July 2, 1750	2	140
Deborah, m. Aaron **ROBINSON**, b. of Middletown, Oct. 27, 1768	2	174
Denis, s. [Barzillai & Eunice], b. Aug. 21, 1817	2	353
Ebenezer, s. John & Hannah, b. Apr. 6, 1709	LR2	2
Ebenezer, m. Hannah **COALMAN**, Oct. 22, 1730	1	64
Ebbenezer, s. Eben[ez]er & Hannah, b. Apr. 30, 1734	1	64
Ebenezer, d. Nov. 26, 1748	1	64
Ebenezer, s. Comfort & Sarah, b. May 22, 1754	2	234
Ebenezer, s. Dea. David, Jr. & Sarah, b. Aug. 16, 1755	2	72
Ebenezer, m. Abiah **SOUTHMAYD**, Jan. 1, 1756	2	88
Eben[eze]r, d. Oct. 23, 1759, at sea	2	88
Ebenezer, s. Eben[eze]r & Abiah, b. Jan. 2, 1760	2	88
Eben[eze]r had negro Scipeo, s. Silvia, b. July 20, 1800; Brister, s. Silvia, b. Feb. 1, 1807; Robert, s. Silvia, b. Nov. 23, 1809	2	225
Edmund, m. Bessey **WILLIAMS**, b. of Middletown, Oct. 7, 1824, by Joshua L. Williams, V.D.M.	3	186
Elias, s. Sam[ue]ll & Prudence, b. Apr. 17, 1759	2	11
Elisha, s. Jedidiah & Lucia, b. May 10, 1756	2	136
Eliza, d. W[illia]m, Jr. & Elizabeth, b. May 24, 1793	2	152
Eliza, m. Smith **BIRDSEYE**, b. of Middletown, [Apr.] 19, [1836], by Rev. James Noyes, Jr.	3	421
Eliza E., of Middletown, m. William P. **BUTLER**, of Rocky Hill, Oct. 23, 1845, by Rev. Zebulon Crocker	3	540
Elizabeth, d. David & Elizabeth, b. June 9, 1666	LR1	16
Elizabeth, d. [John & Hannah], b. Mar. 9, 1701	LR2	2
Elizabeth, d. John & Mary, b. Feb. 9, 1718/19	LR2	18
Elizabeth, m. John **HURLBURT**, June 11, 1724	1	12
Elizabeth, d. [John & Mary], d. June 12, 1731	LR2	18
Elizabeth, d. Jno. & Mary, b. Dec. 6, 1736	LR2	18
Elizabeth, m. Nath[anie]ll **CHURCHEL**, Jr., Sept. 25, 1755	2	32

SAGE, (cont.)

	Vol.	Page
Elvira Ann, m. Henry E. **WILLIAMS**, b. of Middletown, Apr. 5, 1835, by Rev. Smith Pyne	3	409
Enoch, s. David, Jr. & Sarah, b. Feb. 16, 1751/2	2	72
Enos, s. Sam[ue]ll & Prudence, b. May 27, 1757	2	11
Epiphras, Jr., m. Salema **GOODRICH**, b. of Middletown, Aug. 16, 1829, by Rev. Theron Osborn	3	338
Esther, d. Comfort & Sarah, b. June 14, 1761; d. Sept. 17, 1762	2	234
Esther, d. Comfort & Sarah, b. Apr. 5, 1763	2	234
Esther, m. Stephen **RAINNEY**, Jr., Aug. [ ] 1783	2	345
Eunice, d. [Barzillai & Eunice], b. July 2, 1809	2	353
Eunice, d. of Barzillai & Eunice (**DOUD**), m. Friend William **INGHAM**, s. Amasa & Mary (**CHAPMAN**), Nov. 13, 1831	3	93
Eunice, m. Friend W. **INGRAM**, Nov. 14, 1831, by Rev. John R. Crane	3	365
Ezra, m. Emeline **BELDEN**, b. of Middletown, Feb. 21, 1847, by Rev. Zebulon Crocker	3	558
Frances, m. Abiel S. **GEER**, b. of Middletown, Aug. 13, 1834, by Rev. Zeb[ulo]n Crocker	3	398
Ffrancis, s. Jno. & Mary, b. Oct. 18, 1732	LR2	18
Francis, s. John & Mary, d. Sept. 22, 1751	LR2	18
Francis, s. Lewis Sam[ue]ll & Deborah, b. Oct. 22, 1754	2	140
Francis, of Middletown, m. Mary **ST. JOHN**, of New Haven, Apr. [ ], 1777	2	137
Francis, s. Francis & Mary, b. June 12, 1778	2	137
Francis, s. Ezra, shoemaker & farmer, & Emeline, b. Dec. 22, 1849	4	164-5
Frederick, s. [Barzillai & Eunice], b. Sept. 17, 1810	2	353
Fred[eric]k, m. Martha W. **CORNWELL**, b. of Middletown, Dec. 22, 1833, by Rev. B. Creagh	3	390
Fred[eric]k W., d. Sept. 2, 1848, ae. 21 m.	4	130-1
George Hamlin, s. [Comfort & Sarah], b. Jan. 23, 1763	2	234
Georgianna, d. June 22, 1848, ae. 2 y.	4	72-3
Gideon, s. John & Hannah, b. July 9, 1718	LR2	2
Gideon, m. Bathsheba **WHITE**, Oct. 10, 1738	1	111
Gideon, s. Gideon & Bathsheba, b. Jan. 20, 1738/9	1	111
Giles, s. Jno. & Mary, b. Sept. 18, 1734	LR2	18
Gilles, s. John, Jr. & Mary, d. Nov. 26, 1741	LR2	18
Giles, s. Gideon & Bathsheba, b. Feb. 21, 1742	1	111
Gilles, s. John & Mary, b. July 28, 1742	LR2	18
Grace, d. Sol[omo]n, Jr. & Lois, b. July 5, 1757	2	5
Grace, m. Stephen **TREAT**, Jr., Dec. 2, 1773	2	362
Grace, d. [Solomon, Jr. & Lois], d. Aug. 22, 1789	2	5
Hannah, d. John & Hannah, b. Dec. 21, 1694	LR2	2
Hannah, m. Samuel **WILLCOCKS**, s. of Israel, Mar. 3, 1714/15	LR2	29

MIDDLETOWN VITAL RECORDS 165

	Vol.	Page
SAGE, (cont.)		
Hannah, d. John & Mary, b. Mar. 15, 1724/5	LR2	18
Hannah, d. Nathan, d. July 8, 1733 (Should be "Hannah **SEYR**". Corrected by F. F. Starr)	LR2	Ind-3
Hannah, d. Eben[eze]r & Hannah, b. Feb. 20, 1738/9	1	64
Hannah, d. Jona[tha]n & Hannah, b. Dec. 2, 1740	1	113
Hannah, m. George **RANNEY**, Jan. 23, 1745/6	2	88
Hannah, d. Nath[anie]ll & Rebeckah, b. July 7, 1747	1	57
Hannah, m. Michael **BURNHAM**, Jan. 31, 1749/50	2	236
Hannah, m. Ashbel **BURNHAM**, July 9, 1761	2	236
Hannah, d. Solomon & Hannah, b. Nov. 13, 1764	2	62
Hannah, d. Lewis Sam[ue]l & Deborah, b. Jan. 5, 1768	2	140
Hannah, d. [Comfort & Sarah], b. Jan. 28, 1769	2	234
Hannah, m. Timothy **GIBSON**, Jan. 20, 1770	2	204
Harriet, d. Solo[mo]n & Hannah, b. Oct. 23, 1784	2	289
Harriet, d. Lem[ue]l & Lois, b. Dec. 22, 1790	2	323
Har[r]iet E., of Middletown, m. Jeremiah **CEASE** (?), of Durham, May 10, 1826, by Rev. John R. Dodge, at his house	3	245
Harriet M., of Middletown, m. Annis **MERRILL**, of Lebanon, Ill., Oct. 17, 1837, by Rev. Zebulon Crocker	3	441
Harris, s. Dav[i]d, 3rd, & Lois, b. Mar. 18, 1759	2	293
Harris, s. David, 3rd, & Lois, d. Mar. 18, 1776	2	293
Harry, s. W[illia]m, Jr. & Elizabeth, b. Jan. 18, 1791	2	152
Hephzibah, d. Nath[anie]ll & Rebeckah, b. Jan. 17, 1745	1	57
Hezekiah, s. Jona[tha]n & Hannah, b. June 3, 1745	1	113
Hezekiah, s. Nath[anie]ll & Rebeckah, b. Nov. 12, 1752	1	57
Hezekiah, of Middletown, m. Mary **GIPSON**, of Cornwell, Sept. 19, 1774	2	162
Hosiah, s. Solo[mon], Jr. & Lois, b. Apr. 15, 1761	2	5
Hosea, s. Solomon, Jr. & Lois, d. Sept. 21, 1778	2	5
Hosea, s. Solomon & Hanna, b. Dec. 5, 1782	2	289
Ira N., s. Barzillai D., manufacturer, ae. 41, & Elizabeth, ae. 35, b. Apr. 4, 1848	4	44-5
Isaac, s. Solomon, Jr. & Lois, b. Dec. 5, 1775	2	5
Jabez, s. Comfort & Sarah, b. Dec. 28, 1757	2	234
Jabez, s. [Comfort & Sarah], d. Sept. 21, 1778	2	234
Jane E., of Middletown, m. Edgar J. **DOOLITTLE**, of Hebron, June 8, 1842, by Rev. Zebulon Crocker	3	490
Jane L., m. Amos N. **BRADLEY**, June 9, 1846, by Rev. John L. Crane	3	551
Jedadiah, s. Nath[anie]ll & Rebecka, b. July 6, 1734	1	57
Jedidiah, s. David & Bathsheba, b. Sept. 10, 1739	1	42
Jedediah, m. Lucia **SMITH**, Nov. 14, 1755	2	136
Jedediah, of Middletown, m. Sarah **MARCY**, of Hartford, Jan. 13, 1763	2	85-b

	Vol.	Page
SAGE, (cont.)		
Jedediah, s. Jedediah & Sarah, b. Sept. 16, 1767; d. Jan. 31, 1768	2	85-b
Jemima, d. [John & Hannah], b. Feb. 16, 1704	LR2	2
Jerusha, d. Jno. & Mary, b. Feb. 25, 1738/9	LR2	18
Jerusha, d. John, Jr. & Mary, d. Nov. 16, 1741	LR2	18
Jerusha, d. John, Jr. & Mary, b. Feb. 10, 1745	LR2	18
Jerusha, d. Lewis & Deborah, b. Jan. 1, 1763	2	140
Jerusha, d. Jed[edia]h & Sarah, b. Sept. 15, 1771	2	85b
Jerusha, m. Rev. Hiram **GEAR**, b. of Middletown, Sept. 30, 1832, by Rev. John Cookson	3	375
John, s. David & Elizabeth, b. Mar. 6, 1667/8	LR1	16
John, m. Hannah **STAR[R]**, Jan. 10, 1693	LR2	2
John, s. John & Hannah, b. Apr. 28, 1696	LR2	2
John, Jr., m. Mary **HALL**, Jan. 30, 1717/18	LR2	18
John, s. John & Mary, b. Jan. 13, 1726/7	LR2	18
John, 3rd, m. Anna **RANNEY**, Aug. 7, 1746	2	94
John, d. Jan. 22, 1750/51	LR2	2
John, s. Jno. & Ann, b. Oct. 22, 1761	2	94
Jonathan, m. Ame **BODWELL**, Nov. 1, 1705	LR2	6
Jonathan, s. Jonathan & Ame, b. Aug. 28, 1711	LR2	6
Jonathan, Sr., d. Dec. 10, 1712	LR2	6
Jonathan, m. Hannah **GIPSON**, Feb. 14, 1738/9	1	113
Jona[tha]n, s. Jona[tha]n & Hannah, b. Dec. 1, 1739	1	113
Jonathan, twin with David, s. David, 3rd, & Lois, b. Apr. 12, 1761	2	293
Jonathan, Jr., m. Mary **BOLE**, of East Hartford, Jan. 31, 1765	2	160
Joseph, s. Jona[tha]n & Hannah, b. Sept. 9, 1747	1	113
Joseph, s. Jonathan & Hannah, b. Sept. 9, 1747	2	168
Joseph, s. David, Jr. & Sarah, b. July 28, 1748	2	72
Joseph, s. Eben[eze]r & Abiah, b. Dec. 8, 1757	2	88
Joseph, m. Ruth **PURPLE**, Feb. 6, 1772	2	168
Joseph, s. Solomon, Jr. & Lois, b. Dec. 31, 1772	2	5
Julia, of Middletown, m. Cornelius N. **CANNON**, of New Haven, Dec. 29, 1824, by Joshua L. Williams, V.D.M.	3	187
Julia C., of Middletown, m. Asa T. **WILCOX**, of Bridgeport, Apr. 6, 1828, by Rev. Frederick Wightman	3	300
Laura, of Middletown, m. Ebenezer **POST**, of Saybrook, Oct. 19, 1820, by Rev. Joshua L. Williams	3	43
Lemuel, s. Lewis Samuel, & Deborah, [b.] Oct. 10, 1748; d. Aug. 22, 1750	2	140
Lemuel, s. Lewis Sam[ue]ll & Deborah, b. Sept. 14, 1752	2	140
Lemuel, m. Lois **SAVAGE**, Aug. 1, 1787	2	323
Lenord, s. Zadock & Patience, b. Apr. 16, 1771	2	179
Leontina E., d. Titus, tinner, ae. 33, & Abigail, ae. 26, b. Sept. 11, 1848	4	106-7

	Vol.	Page
SAGE, (cont.)		
Lewis Samuell, s. John & Mary, b. Mar. 10, 1728/9	LR2	18
Lewis Sam[ue]ll, m. Deborah **RANNEY**, May 24, 1748	2	140
Lewis Samuel, s. Lewis Samuel & Deborah, b. Apr. 1, 1765	2	140
Linus T., m. Caroline **SAGE**, b. of Middletown, Sept. 14, 1820, by Rev. Joshua L. Williams	3	40
Lois, d. Jona[tha]n & Hannah, b. Aug. 22, 1743	1	113
Lois, d. Dav[i]d, 3rd, & Lois, b. Nov. 9, 1752	2	293
Lois, d. Jonathan, Jr. & Mary, b. Jan. 15, 1767	2	160
Lois, m. Nathan **WILCOX**, Aug. 18, 1768	2	223
Lois, d. Solomon, Jr. & Lois, b. Feb. 19, 1771	2	5
Lois, d. Solomon, Jr. & Lois, d. Aug. 13, 1771	2	5
Lois, m. Elijah **LOVELAND**, Oct. 8, 1772	2	279
Lois, d. David & Lois, d. Dec. 27, 1773	2	293
Lois, d. Solomon & Hannah, b. June 11, 1781	2	289
Lois, d. Lem[ue]l & Lois, b. Dec. 7, 1794	2	323
Lois Almira, ae. 21, m. Rev. W[illia]m H. **CORNING**, clergyman, ae. 28, Oct. 23, 1849	4	170-1
Lois Loveland, d. David & Lois, b. Feb. 23, 1775	2	293
Loudiah, s. Timo[thy] & Mary, b. Mar. 12, 1748/9	1	112
Louisa, m. David **EDWARDS**, July 6, 1841, by Rev. Zebulon Crocker	3	477
Lucia, d. Nath[anie]ll & Rebecka, b. Oct. 3, 1737	1	57
Lucia, d. Jno. Jr. & Ann, b. July 4, 1751	2	94
Lucia, d. Benj[ami]n & Abigail, b. Aug. 11, 1752	2	24
Lucinda, m. Elijah **GARFIELD**, May 5, 1824, by Rev. John R. Crane	3	157
Lucy, d. Lem[ue]l & Lois, b. June 27, 1788	2	323
Lucy E., of Middletown, m. Joel **TUTTLE**, of Guilford, Apr. 23, 1851, by Rev. Edgar J. Doolittle	4	186
Luther, s. Gideon & Bathsheba, b. Apr. 2, 1746	1	111
Luther, s. Solomon, Jr. & Lois, b. Jan. 5, 1778	2	5
Luther, s. Solo[mon], Jr. & Lois, d. Mar. 29, 1794	2	5
Luther, m. Marietta **SAVAGE**, b. of Middletown, Feb. 13, 1828; by J. L. Williams. V.D.M.	3	296
Luther, of Springfield, Mass., m. Ann **SAGE**, of Middletown, Oct. 20, 1834, by Rev. Zebulon Crocker	3	399
Luther W., m. Elizabeth **WHITE**, b. of Middletown, Nov. 13, 1828, by Joshua L. Williams, V.D.M.	3	317
Lydia, d. Jonathan & Ame, b. May 5, 1706	LR2	6
Lydia, d. Jona[tha]n & Hannah, b. Mar. 23, 1752	1	113
Mabel, d. Solo[mon], Jr. & Lois, b. May 31, 1763	2	5
Marcy, d. Timothy & Marg[a]ret, b. Jan. 20, 1711/12	LR2	4
Marcy, m. John **GIPSON**, Dec. 27, 1733	1	73
Marcy, d. Jed[edia]h & Sarah, b. Oct. 10, 1773	2	85-b
Margaret L., of Middletown, m. Samuel **TALCOTT**, of West Hartford, Dec. 31, 1839, by Rev. Zebulon Crocker	3	464

	Vol.	Page
SAGE, (cont.)		
Margary, d. Jona[tha]n & Hannah, b. Aug. 14, 1741	1	113
Maria, m. Ephron **WEBSTER**, Feb. 7, 1807	3	12
Maria, of Middletown, m. Charles **PARKS**, of Springfield, Mass., Nov 1, 1826, by Joshua L. Williams, V.D.M.	3	252
Martha, d. Eben[eze]r & Hannah, b. Aug. 19, 1736	1	64
Martha, m. Jonathan **SOUTHMAYD**, Nov. 25, 1762	2	135
Martha, m. Abiel S. **GEAR**, b. of Middletown, Oct. 14, 1830, by Joshua L. Williams, V.D.M.	3	355
Mary, d. David & Mary, b. Nov. 15, 1672	LR1	16
Mary, d. David, Jr. & Mary, b. May 8, 1694	LR1	4
Mary, d. John & Hannah, b. Apr. 9, 1699	LR2	2
Mary, d. David, Sr., d. Sept. 7, 1711, in the Mass. Colony	LR1	16
Mary, w. of David, Sr., d. Dec. 7, 1711	LR1	16
Mary, d. [Timothy & Marg[a]ret], b. Mar. 31, 1716	LR2	4
Mary, d. John & Mary, b. Nov. 14, 1720	LR2	18
Mary, m. Will[ia]m **STRICTLAND**, Apr. 10, 1735	2	105
Mary, m. Nath[anie]ll **WHITE**, Jr., May 17, 1737	1	126
Mary, m. Stephen **JOHNSON**, Jr., Mar. 5, 1740/1	2	147
Mary, d. Timothy & Mary, b. May 4, 1746	1	112
Mary, w. of Timothy, d. Sept. 25, 1752	1	112
Mary, d. Comfort & Sarah, b. Jan. 30, 1753	2	234
Mary, d. Jonathan, Jr. & Mary, b. Nov. 8, 1765	2	160
Mary, d. Jonathan, Jr. & Mary, d. July 29, 1766	2	160
Mary, d. Solomon & Hannah, b. June 9, 1768	2	62
Mary Ann, of Middletown, m. Samuel **LEWIS**, of Mereden, June 18, 1834, by Rev. Zebulon Crocker	3	396
Mary Jane, d. Dec. 2, 1847, ae. 3	4	68-9
Mary Lewis, d. [Silas & Peggy], b. Jan. 24, 1806	2	245
Matte, d. Solomon & Hannah, b. Jan. 7, 1754	2	62
Matthew, s. Lewis & Deborah, b. Sept. 14, 1760	2	140
Mehitabel, d. David, 3rd, & Lois, b. Nov. 20, 1765	2	293
Michael, s. Comfort & Sarah, b. July 24, 1759	2	234
Michael, s. [Comfort & Sarah], d. Feb. last, 1778	2	234
Mille, d. Jno. Jr., & Ann, b. Feb. 20, 1759	2	94
Mindwell, d. Dav[i]d & Bathsheba, b. Feb. 24, 1746	1	42
Mindwell, d. Solomon, Jr. & Lois, b. Mar. 25, 1767	2	5
Moses, s. Jona[tha]n & Hannah, b. June 13, 1754	1	113
Nabby, d. W[illia]m, Jr. & Elizabeth, b. June 7, 1789	2	152
Nathaniell, s. John & Hannah, b. Apr. 6, 1707	LR2	2
Nathaniel, m. Rebecka **HART**, Apr. 8, 1731	1	57
Nath[anie]ll, s. Nath[anie]ll & Rebeckah, b. June 8, 1755	1	57
Noah, s. David, Jr. & Sarah, b. Mar. 10, 1749/50	2	72
Olive, d. Gideon & Bathsheba, b. Mar. 19, 1744	1	111
Olive, d. Jno. Jr. & Ann, b. Mar. 6, 1757	2	94

MIDDLETOWN VITAL RECORDS 169

	Vol.	Page
SAGE, (cont.)		
Olive, m. Hugh **BROWN**, Jan. 2, 1772	2	348
Oliver, s. Solomon, Jr. & Lois, b. Feb. 10, 1769	2	5
Philo Sherman, s. [Francis & Mary], b. Mar. 26, 1783	2	137
Polle, d. Zadock & Patience, b. May 30, 1773	2	179
Prudence, d. John & Hannah, b. June 9, 1713	LR2	2
Prudence, m. Samuel **STOW**, Feb. 15, 1733/4	1	98
Prudence, d. Sam[ue]ll & Prudence, b. Dec. 26, 1755	2	11
Rachel, d. Jonathan & Ame, b. Jan. 1, 1707/8	LR2	6
Rachel, m. Nathaniel **RANNY**, Jan. 16, 1733/4	1	59
Rebeckah, d. Nath[anie]ll & Rebeckah, b. Jan. 24, 1739/40	1	57
Reuben, s. John, 3rd, & Ann, b. Dec. 31, 1748	2	94
Rhoda, d. David & Bathsheba, b. Apr. 5, 1734	1	42
Robert S., m. Flora Ann **BEAUMONT**, Mar. 28, 1838, by Rev. Zebulon Crocker	3	445
Rufus, m. Marietta M. **MILLER**, b. of Middletown, Dec. 1, 1847, by Rev. Dwight M. Seward, of West Hartford	4	23
Rufus, of Middletown, m. Marietta M. **MILLER**, Dec. 1, 1847, by Dwight M. Seward	4	66-7
Ruth, d. David & Lois, b. June 13, 1772	2	293
Ruth, w. of Joseph, d. Mar. 29, 1774	2	168
Ruth, d. [David & Lois], d. July 6, 1775	2	293
Ruth Hollister, d. Jos[eph] & Ruth, b. Oct. 3, 1772	2	168
Sally Willey, d. [Francis & Mary], b. Sept. 4, 1781	2	137
Samuell, s. Timothy & Marg[a]ret, b. Mar. 19, 1708/9	LR2	4
Samuel, s. Nath[anie]ll & Rebecka, b. Apr. 25, 1732	1	57
Samuel, s. Solomon & Hannah, b. Apr. 12, 1746	2	62
Samuel, of Middletown, m. Prudence **HURLBUT**, of Weathersfield, Apr. 10, 1755	2	11
Sam[ue]l, m. Emeline **BAILEY**, b. of Middletown, Feb. 6, 1834, by Rev. Zebulon Crocker	3	392
Sarah, d. [Benony & Mary], b. Mar. 2, 1730/31	1	11
Sarah, d. Benj[ami]n & Abigail, b. Aug. 19, 1750	2	24
Sarah, d. Comfort & Sarah, b. Jan. 14, 1756	2	234
Sarah, d. Jed[edia]h & Sarah, b. Jan. 29, 1769	2	85-b
Sarah, m. Samuel **JOHNSON**, Aug. 6, 1780	2	333
Sarah, m. Henry **McKEE**, Jan. 10, 1828, by Joshua L. Williams, V.D.M.	3	291
Sarah E., Mrs., of Middletown, m. Roderick **MORISON**, of Westmoreland, N.Y., June 18, 1837, by Rev. Frederick Wightman	3	434
Seth, s. Solomon & Hannah, b. Feb. 9, 1747/8	2	62
Seth, s. David, 3rd, & Lois, b. Oct. 1, 1770	2	293
Seth, s. David, 3rd, & Lois, d. July 9, 1771	2	293
Silas, s. [Amos & Mary], b. Feb. 18, 1779	2	245
Silas, m. Peggy **JENNINGS**, Apr. 4, 1803	2	245
Silvester, see under Sylvester		

SAGE, (cont.)

	Vol.	Page
Simeon, s. Jno. Jr. & Ann, b. Apr. 20, 1755; d. June 22, 1756	2	94
Simeon, s. Solomon & Hannah, b. June 26, 1759	2	62
Simeon, s. Jedeiah & Sarah, b. July 8, 1763	2	85-b
Solomon, s. Timothy & Marg[a]ret, b. Mar. 24, 1719/20	LR2	4
Solomon, s. David & Bathsheba, b. Aug. 18, 1737	1	42
Solomon, m. Hannah **KIRBY**, Apr. 25, 1745	2	62
Solomon, Jr., m. Lois **WILCOX**, Sept. 14, 1756	2	5
Solomon, s. Solo[mon], Jr. & Lois, b. Aug. 25, 1759	2	5
Solomon, s. Solomon & Hannah, b. Aug. 3, 1762	2	62
Solomon, 3rd, m. Hannah **TREAT**, June 29, 1780	2	289
Stephen, s. Solomon & Hannah, b. Sept. 14, 1752	2	62
Sibbell, d. Jno. Jr. & Ann, b. May 27, 1753	2	94
Sybel, d. Amos & Mary, b. Mar. 1, 1777	2	245
Sylvester, s. Jedediah & Sarah, b. Jan. 24, 1765	2	85-b
Silvester, s. [Amos & Mary], b. Apr. 11, 1781	2	245
Silvester, s. Silas & Peggy, b. Apr. 27, 1804	2	245
Thankfull, d. John & Hannah, b. Feb. 9, 1716/17	LR2	2
Thankful, m. Benjamin **BUTLER***, Dec. 5, 1734 (*Lost at sea)	1	92
Thankfull, d. Nath[anie]ll & Rebeckah, b. July 31, 1742	1	57
Thankful, d. Lewis & Deborah, b. Nov. 18, 1758	2	140
Timothy, s. David & Mary, b. Aug. 14, 1678	LR1	16
Timothe, m. Marg[a]ret **HALLIBUTT**, Feb. 7, 1705/6	LR2	4
Timothy, s. Timothy & Marg[a]ret, b. Feb. 26, 1713/14	LR2	4
Timothy, Sr., d. Mar. 18, 1724/5	LR2	4
Timothy, s. [Timothy & Marg[a]ret], d. Mar. 20, 1725/6	LR2	4
Timothy, m. Mary **WARNER**, May 24, 1739	1	112
Timothy, s. Timothy & Mary, b. Sept. 28, 1743	1	112
Timothy, s. [Barzillai & Eunice], b. Nov. 12, 1813	2	353
Titus, s. [Barzillai & Eunice], b. Sept. 14, 1815	2	353
Titus, m. Abigail **TREAT**, Dec. 31, 1845, by Rev. A. L. Stone	3	546
Wealthy, of Middletown, m. Miles **MERWIN**, Jr., of Durham, Oct. 17, 1821, by Rev. John R. Crane	3	67
Willett, s. Lewis & Deborah, b. Nov. 22, 1756	2	140
Willett Mathew, s. [Francis & Mary], b. Jan. 16, 1780	2	137
Will[ia]m, s. W[illia]m & Barsheba, b. Nov. 2, 1767	2	340
William, Jr., m. Elizabeth **COOK**, Jan. 23, 1787	2	152
William, s. W[illia]m, Jr. & Elizabeth, b. May 12, 1787	2	152
Will[ia]m, m. Barsheba **HOLLISTER**, [ ]	2	340
Zadoc, s. Dav[i]d & Bathsheba, b. Oct. 22, 1748	1	42
Zadock, of Middletown, m. Patience **DICKINSON**, Nov. 2, 1769	2	179
----, s. [Jedediah & Sarah], b. Nov. 27, 1766; d. in three hours	2	85-b

	Vol.	Page
SAGE, (cont.)		
——, s. [Zadock & Patience], b. Dec. 18, 1775; d. Jan. 8, 1776	2	179
——, s. [Zadock & Patience], b. Jan. 5, 1778; d. Jan. 5, 1778	2	179
——, child of Ezra, farmer, ae. 51, & Emeline, ae. 40, b. Apr. 30, 1848	4	56-7
——, child of Titus, tinner, ae. 34, & Abigail, ae. 28, b. May 1, 1850	4	156-7
ST. JOHN, Mary, of New Haven, m. Francis **SAGE**, of Middletown, Apr. [ ], 1777	2	137
SALISBURY, Elizabeth, ae. 20, b. in Norfolk, Eng., formerly of Portland, now of Middletown, m. William **SMADEN**, ae. 21, b. in Devonshire, Eng., now Middletown, July 4, 1854, by J. B. Merwin	4	255
Henry, m. Lucretia **ABEL**, b. of Middletown, Nov. 5, 1829, by Rev. Smith Pyne	3	345
Henry, of New York, m. Adeline Matilda **WITMURT**, of Middletown, July 25, 1838, by Rev. Samuel M. Emery, of Chatham	3	450
SALLETT, SALLET, Francisco, student, ae. 19, of Spain, m. Clarissa **NYE**, ae. 25, of Middletown, Mar. 29, 1850, by Rev. J. F. Huber	4	168-9
Francisco A., of Baracoa, Cuba, m. Clarissa **NYE**, of Middletown, Apr. 2, 1849, by J. F. Huber (See also **SOLLETT**)	4	120-1
Helen, d. Francisco, student, ae. 19, & Clarissa, ae. 25, b. Aug. 25, 1849	4	156-7
SAMPSON, SAMSON, Betsey, ae. 49, of Middletown, m. Ephraim **CROFOOT**, tinner, ae. 50, of Middletown, Jan. [ ], 1850, by Rev. B. N. Leach	4	166-7
Betsey, m. Ephraim **CROFOOT**, Feb. 24, 1850, by Rev. B. N. Leach	4	139
Sarah D., m. Allen **MAY**, b. of Middletown, Jan. 11, 1831, by Rev. John Cookson	3	360
SANDERS, [see also **SAUNDERS**], Mary, of North Guilford, m. Phinehas W. **BIRDSEYE**, of Middletown, Nov. 25, [1835], by Rev. James Noyes	3	417
SANFORD, SANDFORD, Abigail, of Milford, m. Aaron **PARSONS**, of Durham, Feb. 6, 1732/3	1	4
Elizabeth, m. Obadiah **AL[L]YN**, Oct. 28, 1669	LR1	15
Elizabeth, of Milford, m. Jonathan **ALVORD**, of Middletown, Oct. 16, 1739	1	69
Elizabeth, 2d, had negro Dinah **BRIDGE**, b. Oct. 11, 1784, at New Haven	2	366
Harvey, d. Jan. 27, 1848, ae. 21	4	74-5
Isaac S., m. Elizabeth **STEVENS**, Sept. 14, 1826, by Rev. John R. Dodge	3	246

	Vol.	Page
SANFORD, SANDFORD, (cont.)		
Lyman, Jr., of Berlin, m. Betsey Ann **BONNEY**, of Middletown, Nov. 21, 1842, by Rev. J. B. Cook	3	498
Sarah, of Merridan, m. Joseph **ANDREW**, of Middletown, Aug. 4, 1737	1	96
Tabitha, of Wallingford, m. Benjamin **ANDREWS**, of Middletown, May 5, 1738	1	105
SARSFIELD, Catharine, m. Maurice **FOLEY**, Jan. 9, 1853, by Rev. Jno. Brady	4	228
Margaret, m. James **BARRY**, June 25, 1854, by Rev. Jno. Brady	4	268
SAUER, [see also **SAWYER**], Mary, m. Jacob **SCHWEIGER**, b. of Middletown, Aug. 6, 1854, by Jacob F. Huber, V.D.M.	4	254
SAUN, William S., m. Eunice P. Keeney, b. of Longmeadow, Mass., Jan. 9, 1851, by Rev. Geo[rge] A. Bryan	4	180
SAUNDERS, [see also **SANDERS**], Mary, m. John **WETMORE**, Apr. 1, 1686	LR1	32
SAVAGE, SAVEDG, SAVEDGE, SAVIDG, SAVIDGE, Abigaile, d. John & Elizabeth, b. July 10, 1666	LR1	33
Abigaill, m. Edward **SHEPARD**, Apr. 14, 1687	LR1	40
Abigaill, d. John & Mary, b. Dec. [ ], 1698; d. Mar. following	LR1	32
Abigail, d. [Nathan[ie]ll & Easther], b. Apr. 9, 1700	LR2	5
Abigail, m. Stephen **BOARDMAN**, Mar. 21, 1726/7	1	27
Abigail, d. W[illia]m & Hannah, b. Feb. 5, 1737/8	1	49
Abigail, d. W[illia]m & Hannah, d. Mar. 17, 1739	1	49
Abigail, d. Amos & Sarah, b. Dec. 9, 1759	2	186
Abigail, d. Amos & Sarah, d. Feb. 5, 1760	2	186
Abigail, m. Sam[ue]l **GALPIN**, Nov. 27, 1783	2	262
Abijah, s. W[illia]m & Hannah, d. Sept. 18, 1742	1	49
Abijah, s. W[illia]m & Hannah, b. [ ] 28, 1742	1	49
Abijah, s. Joseph & Prudence, b. July 2, 1744	1	87
Abijah, m. Elizabeth **CHURCH**, b. of Middletown, Mar. 11, 1827, by Rev. Birdseye G. Noble	3	264
Almira, d. [Eleazer & Persis], b. Sept. 8, 1802	3	23
Amible, of Berlin, m. Marriette P. **ATKINS**, d. of Oliver, of Middletown, Oct. 17, 1852, by Rev. L. S. Hough	4	216
Amos, s. Will[ia]m & Sarah, b. Sept. 25, 1733	1	25
Amos, m. Sarah **MONTOGUE**, June 2, 1757	2	186
Amos, s. Amos & Sarah, b. Oct. 14, 1765	2	186
Anna, d. Jno. & Ann, b. Jan. 11, 1737/8	1	83
Anna, d. John & Ann, d. Oct. 30, 1741	1	83
Anna, d. John & Ann, b. Sept. 1, 1744	1	83
Augusta, of Middletown, m. William **HOMAN**, of New Haven, Jan. 6, 1850, by Rev. J. L. Dudley	4	97
Augusta, ae. 22, of Middletown, m. W[illia]m **HEMAN**, machinist, ae. 23, b. in Long Island, res.		

MIDDLETOWN VITAL RECORDS

SAVAGE, SAVEDG, SAVEDGE, SAVIDG, SAVIDGE,
(cont.)

	Vol.	Page
Middletown, Jan. 6, 1850, by Rev. J. L. Dudley	4	166-7
Betsey, d. Eleazer & Persis, b. Nov. 2, 1794	3	23
Caroline A., m. Sam[ue]l J. **BAISDEN**, b. of Middletown, Nov. 28, 1833, by Rev. Zebulon Crocker	3	390
Caroline D., d. of David, m. Nicholas V. **FAGAN**, b. of Middletown, Oct. 23, 1854, by Rev. J. L. Dudley	4	259
Caroline Emily, of Middletown, m. Asa D. **SHALER**, of Wethersfield, Sept. 19, 1836, by Rev. Benj[ami]n Manning	3	425
C[h]loe, d. Solomon & Sarah, b. Aug. 14, 1770; d. Sept. 16, 1773	2	337
Christian, d. [William & Christian], b. May 7, 1702	LR2	1
Christian, w. of Capt. William, d. Oct. 16, 1719	LR2	1
Christian, m. Samuel **SHEPARD**, Jan. 10, 1732/3	LR2	28
Christian, d. W[illia]m & Hannah, b. Mar. 10, 1733/4	1	49
Christian, d. W[illia]m & Hannah, d. Sept. 14, 1742	1	49
Daniel, s. Will[ia]m & Hannah, b. Aug. 10, 1730	1	49
Daniel, s. W[illia]m & Hannah, d. Sept. 18, 1742	1	49
Daniel, s. W[illia]m & Sarah, b. Oct. 11, 1742	1	25
David, s. Nath[anie]ll & Grace, b. May 6, 1764	2	84
David, s. [Eleazer & Persis], b. Dec. 16, 1804	3	23
David, m. Naomi S. **DOUD**, Sept. 29, 1822, by Rev. John R. Crane	3	106
Ebenezer, s. Tho[ma]s & Mary, b. Feb. 26, 1718/19	LR2	22
Ebenezer, m. Rebeckah **RANNEY**, Apr. 14, 1743	2	8
Eben[eze]r, m. Rebeckah **RANNEY**, Apr. 16, 1743	1	80
Eber, s. [Eleazer & Persis], b. Feb. 26, 1809	3	23
Edwin, m. Frances S. **WILCOX**, Nov. 30, [1837], by Rev. Stephen Topliff	3	444
Eleazer, s. Jona[tha]n & Eliz[abet]h, b. May 4, 1771	3	23
Eleazer, m. Persis **WILCOX**, Jan. 9, 1794	3	23
Eleazer, s. [Eleazer & Persis], b. July 22, 1800	3	23
Elias, s. Solomon & Sarah, b. Sept. 14, 1768	2	337
Elisha, s. Will[ia]m & Sarah, b. Dec. 9, 1728	1	25
Elizabeth, d. John & Elizabeth, b. June 3, 1655	LR1	33
Elizabeth, m. Nathaniell **WHITE**, Mar. 28, 1677/8	LR1	33
Elizabeth, d. John & Mary, b. July first week, 1696	LR1	32
Elizabeth, d. [Nathan[ie]ll & Easther], b. Jan. 27, 1707/8	LR2	5
Elizabeth, m. Andrew **CORNWELL**, Sept. 9, 1725	1	23
Elizabeth, m. Gersham **GOODRICH**, Feb. 12, 1746	2	69
Elizabeth, ae. 21, m. Sullivan **PINNEY**, blacksmith, b. of Middletown, Nov. 25, 1848, by Rev. James Hepburn	4	126-7
Elizabeth, of Middletown, m. Sullivan **PINNEY**, of Springfield, Mass., Nov. 30, 1848, by Rev. James Hepburn	4	80
Esther, d. Nathan[ie]ll & Easther, b. Sept. 2, 1697	LR2	5

	Vol.	Page
SAVAGE, SAVEDG, SAVEDGE, SAVIDG, SAVIDGE, (cont.)		
Esther, m. William **CORNWELL**, Jr., Apr. 2, 1724	LR1	36
Easther, m. William **CORNWELL**, Jr., *Apr. 2, 1725 (*"Eastside" follows this name)	1	37
George S., of Springfield, Mass., m. Persis W. **ARNOLD**, of Middletown, Jan. 5, 1846, by Rev. J. L. Gilder	3	543
George S. F., Rev., m. Elizabeth P. **PRADDEN**, b. of Middletown, Sept. 28, 1847, by Rev. Zebulon Crocker	4	17
George W., s. Seth, rule maker, ae. 33, & N. M., ae. 23, b. Mar. 30, 1851	4	196
Gideon, s. Joseph & Prudence, b. May 31, 1751	1	86
Han[n]a, d. John & Elizabeth, b. Apr. 6, 1661; d. May [ ], 1661	LR1	33
Han[n]a, d. John & Elizabeth, b. July 16, 1676	LR1	33
Hannah, d. William & Christian, b. Nov. 21, 1704	LR2	1
Hannah, m. William **SAVAGE**, Nov. 6, 1729	1	49
Hannah, d. Will[ia]m & Hannah, b. Jan. 27, 1731/2	1	49
Hannah, d. W[illia]m & Hannah, d. Sept. 10, 1742	1	49
Hannah, d. W[illia]m & Hannah, b. Jan. 24, 1746	1	49
Hannah, w. of W[illia]m, d. Jan. 22, 1748/9	1	49
Hannah, d. Sam[ue]l & Sarah, b. May 4, 1765	2	250
Hannah, of Middletown, m. William **SEVIER**, of New Orleans, Sept. 2, 1827, by Joshua L. Williams, V.D.M.	3	280
Hephzibah, d. Jno. & Ann, b. Apr. 11, 1741	1	83
Hephsibeth, d. Sam[ue]l & Sarah, b. Oct. 17, 1751	2	250
Huldah, d. John & Martha, b. Mar. 25, 1752	1	129
Huldah, m. Josiah **WILLCOX**, Mar. 20, 1777	2	221
Jabez, s. Nath[anie]ll & Esther, b. July 12, 1718	LR2	5
Jane, d. John R., merchant, ae. 24, & Sarah, ae. 22, b. Mar. 27, 1848	4	46-7
Jane C., m. Levi C. **GATES**, Apr. 28, 1842, by Rev. John R. Crane	3	487
Jerusha, d. Ebenezer & Rebeckah, b. Oct. 20, 1748	2	8
John, s. John & Elizabeth, b. Dec. 2, 1652	LR1	33
John, Jr., m. Mary **RAN[N]EY**, May 30, 1682	LR1	32
John, s. John, b. Feb. 20, 1682/3; d. Mar. 13, 1683	LR1	32
John, s. John & Mary, b. Jan. 30, 1685; d. Aug. 20, 1686	LR1	32
John, s. John & Mary, b. Aug. 7, 1688	LR1	32
John, s. Nathan[ie]ll & Esther, b. Sept. 1, 1710	LR2	5
John, s. Tho[ma]s & Mary, b. Feb. 28, 1712/13	LR2	22
John, Capt., d. Oct. 31, 1726	LR1	32
John, m. Ann **BO[A]RDMAN**, May 1, 1735	1	83
John, Jr., m. Martha **BECKLEY**, Aug. 4, 1742	1	129
John, s. Nath[anie]ll & Grace, b. Dec. 14, 1760	2	84

	Vol.	Page
SAVAGE, SAVEDG, SAVEDGE, SAVIDG, SAVIDGE, (cont.)		
John, s. Sam[ue]l & Sarah, b. Jan. 22, 1763	2	250
John R., m. Sarah **MILLER**, b. of Middletown, Dec. 21, 1845, by Rev. J. L. Gilder	3	542
Jonathan, s. Will[ia]m & Sarah, b. July 12, 1731	1	25
Joseph, s. William & Christian, b. Sept. 21, 1711	LR2	1
Joseph, Capt., d. Dec. 14, 1755	1	86
Joseph, m. Mary **WHITMORE**, Jan. 11, 1732/3	1	87
Joseph, m. Prudence **STOW**, Aug. 14, 1736	1	87
Joseph, s. Jos[eph] & Prudence, b. Sept. 29, 1738	1	87
Josiah, s. Will[ia]m & Sarah, b. Oct. 17, 1735	1	25
Lemuel, s. Joseph & Prudence, b. Feb. [ ], 1747	1	87
Lemuel, s. John & Martha, b. Mar. 28, 1749	1	129
Levi, s. Amos & Sarah, b. July 2, 1758	2	186
Lois, d. Amos & Sarah, b. Aug. 5, 1761	2	186
Lois, m. Lemuel **SAGE**, Aug. 1, 1787	2	323
Lois, d. [Eleazer & Persis], b. Apr. 19, 1807	3	23
Lucia, m. Jacob **WHITE**, Nov. 25, 1760	2	123
Lucia, see also Lutia		
Lucy, of Middletown, m. George **HUBBARD**, Jr., of Berlin, June 20, 1824, by Rev. Joshua L. Williams	3	161
Lucy, d. [Eleazer & Persis], b. Sept. 30, 1798	3	23
Luther, m. Polly **ROBERTS**, b. of Middletown, Sept. 13, 1820, by Rev. Eli Ball	3	37
Lutia, d. Jos[eph] & Prudence, b. July 16, 1741	1	87
Lutia, see also Lucia		
M. R., of Middletown, m. W[illia]m Wiltshire **RILEY**, of Ohio, Oct. 18, 1842, by Rev. W[illia]m Bentley	3	493
Marcy, d. John & Mary, b. Apr. 10, 1706	LR1	32
Marcy, m. George **STOCKING**, Mar. 1, 1726/7	1	43
Maria, of Middletown, m. Benj[ami]n **CARTER**, of Boston, Oct. 23, 1831, by Rev. John R. Crane	3	364
Marietta, m. Luther **SAGE**, b. of Middletown, Feb. 13, 1828, by J. L. Williams, V.D.M.	3	296
Martha, d. William & Christian, b. June 10, 1697	LR2	1
Martha, m. Jacob **WHITE**, May 15, 1729	1	67
Martha, d. Tho[ma]s & Martha, b. Feb. 24, 1744	1	23
Martha, d. John & Martha, b. Aug. 5, 1754	1	129
Mary, d. John & Elizabeth, b. June 25, 1663	LR1	33
Mary, d. John & Mary, b. Feb. 11, 1690/91	LR1	32
Mary, d. [Nathan[ie]ll & Easther], b. July 10, 1704	LR2	5
Mary, m. David **HURLBUTT**, Sept. 22, 1709	LR2	18
Mary, d. Tho[ma]s & Mary, b. Nov. 2, 1716	LR2	22
Mary, w. of Joseph, d. May 19, 1733	1	87
Mary, w. of Capt. John, d. Aug. 19, 1734	LR1	33
Mary, d. July 27, 1742	LR2	5
Mary, d. John & Martha, b. Jan. 4, 1757	1	129
Mary, d. Solomon & Sarah, b. July 7, 1764	2	337

BARBOUR COLLECTION

	Vol.	Page
SAVAGE, SAVEDG, SAVEDGE, SAVIDG, SAVIDGE, (cont.)		
Mary, m. Benjamin **DOUD**, Nov. 7, 1782	2	301
Mary, wid., m. Asa **WILLIAMS**, [Feb.] 12, [1829], by Rev. Eben[eze]r R. Tyler	3	329
Mary, m. William S. **WHITE**, Jan. 1, 1838, by Rev. John R. Crane	3	444
Mary Ann, of Middletown, m. Lucius C. **ANDRUS**, of Bergen, N.Y., Oct. 10, 1836, by Rev. Zebulon Crocker	3	426
Mary Ann, d. Ralph, mechanic, & Sarah, b. Aug. 18, 1848	4	114-5
Mary Smith, of Middletown, m. Alexand **WELLS**, of Hartford, Oct. [ ], 1850, by Rev. Moses L. Scudder	4	182
Mary Whitmore, d. Jos[eph] & Prudence, b. Feb. 29, 1739/40	1	87
Merriam, d. Solomon & Sarah, b. Mar. 30, 1766	2	337
Nancy E., Mrs., m. John H. **BRAINERD**, b. of Middletown, July 12, 1831, by Rev. John Cookson	3	361
Nancy G., m. Jason **PARMELEE**, b. of Middletown, Sept. 23, 1827, by Joshua L. Williams, V.D.M.	3	280
Nathan, s. Ebenezer & Rebeckah, b. Mar. 1, 1746	2	8
Nathan, s. Joseph & Prudence, b. Oct. 1, 1749; d. Oct. 6, 1749	1	87
Nathan, s. Ebenezer & Rebeckah, d. Sept. 21, 1752	2	8
Nathan, s. Joseph & Prudence, b. Dec. 25, 1752	1	86
Nathaniell, s. John & Elizabeth, b. May 7, 1671	LR1	33
Nathaniell, m. Esther **RAN[NE]Y**, Dec. 3, 1696	LR2	5
Nathan[ie]ll s. [Nathan[ie]ll & Easther], b. Oct. 3, 1698	LR2	5
Nathan[ie]ll, s. [Nath[ie]ll & Easther], d. Apr. 27, 1699	LR2	5
Nathaniell, s. Nathan[ie]ll & Esther, b. Oct. 29, 1713; d. Dec. 6, 1716	LR2	5
Nathaniel, s. Tho[ma]s & Mary, b. July 28, 1721	LR2	22
Nath[anie]ll, Lieut., d. Jan. 4, 1734/5	LR2	5
Nath[anie]ll, d. Jan. 4, 1734/5	LR1	33
Nath[anie]ll, s. Jno. & Ann, b. Sept. 5, 1736	1	83
Nath[anie]ll, s. John & Martha, b. Oct. 22, 1745	1	129
Nath[anie]ll, m. Grace **STOCKING**, Jan. 31, 1760	2	84
Nathaniel, m. Sally **WILCOX**, b. of Middletown, Oct. 2, 1826, by Joshua Williams, V.D.M.	3	251
Orrin, m. Nancy E. **AMES**, Dec. 25, 1827, by Joshua L. Williams, V.D.M.	3	289
Ozias, s. Sam[ue]l & Sarah, b. Aug. 1, 1758	2	250
Ozias, s. Sam[ue]l, d. Aug. 6, 1763	2	250
Persis, d. [Eleazer & Persis], b. Nov. 2, 1796	3	23
Prudence, d. Jos[eph] & Prudence, b. July 3, 1737	1	87
Prudence, m. Nath[anie]ll **GILBERT**, May 18, 1758	2	67

	Vol.	Page
SAVAGE, SAVEDG, SAVEDGE, SAVIDG, SAVIDGE, (cont.)		
Prudence, m. Elias **WHITE**, Nov. 13, 1760	2	81
Rachell, d. John & Elizabeth, b. Aug. 15, 1673	LR1	33
Rachel, d. John & Mary, b. Jan. 15, 1703/4	LR1	32
Rachel, d. Nath[anie]ll & Grace, b. Sept. 12, 1762	2	84
Rebeckah, d. Eben[eze]r & Rebeckah, b. Mar. 31, 1744	2	8
Rebeckah, m. Richard **DOWD**, Jr., Jan. 27, 1783	2	48
Rebeckah, m. Richard **DOUD**, Jr., Jan. 27, 1783	2	255
Ruth, d. W[illia]m & Hannah, b. Dec. 26, 1735	1	49
Ruth, d. W[illia]m & Hannah, d. Sept. 15, 1742	1	49
Ruth, d. John & Martha, b. Apr. 12, 1743	1	129
Sally, d. [Eleazer & Persis], b. June 2, 1811	3	23
Samuel, m. Sarah **KIRBEY**, Oct. 13, 1748	2	250
Samuel, s. Sam[ue]l & Sarah, b. May 9, 1756	2	250
Samuel, s. Tho[ma]s & Mary, b. [ ]	LR2	22
Samuel Stow, s. Jos[eph] & Prudence, b. Mar. 1, 1743	1	87
Sara[h], d. John & Elizabeth, b. July 30, 1657	LR1	33
Sara[h], m. Isarell **WILLCOCKS**, Mar. 28, 1677/8	LR1	33
Sarah, d. John & Mary, b. Sept. later end, 1700	LR1	32
Sarah, d. William & Christian, b. Feb. 27, 1707/8	LR2	1
Sarah, m. William **SAVAGE**, June 2, 1726	1	25
Sarah, d. Tho[ma]s & Martha, b. May 8, 1742; d. May 2, 1745	1	23
Sarah, d. Sam[ue]l & Sarah, b. Oct. 1, 1749	2	250
Sarah, d. Amos & Sarah, b. July 7, 1763	2	186
Sarah, w. of Solomon, d. Sept. 12, 1774	2	337
Selden, s. Solomon & Sarah, b. Sept. 5, 1774	2	337
Selden, s. [Solomon & Sarah], d. Dec. 16, 1774	2	337
Seth, s. Sam[ue]l & Sarah, b. Nov. 27, 1760	2	250
Seth, m. Nancy M. **KELSEY**, June 21, 1847, by Rev. James Floy	4	11
Seth, of Berlin, m. Phebe **TRYON**, of Middletown, Feb. 17, 1851, by Rev. M. L. Scudder	4	183
Seth C., s. Seth, rule maker, ae. 30, & Nancy M., ae. 20, b. Aug. 11, 1848	4	106-7
Simeon, s. Joseph & Prudence, b. May 22, 1746	1	87
Solomon, s. W[illia]m & Sarah, b. June 22, 1740	1	25
Solomon, m. Sarah **SELDEN**, Dec. 3, 1761	2	337
Solomon, s. Solomon & Sarah, b. Sept. 24, 1762	2	337
Sophia, m. Neh[emia]h **STEVENS**, b. of Middletown, [Apr.] 7, [1835], by Rev. George B. Atwell	3	409
Stephen, s. W[illia]m & Sarah, b. Oct. 26, 1737	1	25
Susannah, d. [Nathan[ie]ll & Easther], b. June 29, 1702	LR2	5
Susanna, m. John **STEVENSON**, Dec. 24, 1735	1	87
Sibbell, d. Sam[ue]l & Sarah, b. Mar. 15, 1754	2	250
Thomas, s. John & Elizabeth, b. Sept. 10, 1659; d. Dec. [ ], 1659	LR1	33

	Vol.	Page
SAVAGE, SAVEDG, SAVEDGE, SAVIDG, SAVIDGE, (cont.)		
Thomas, s. John & Mary, b. Aug. 21, 1684	LR1	32
Thomas, of Middletown, m. Mary **GOODWIN**, of Hartford, Mar. 21, 1710/11	LR2	22
Thomas, s. Tho[ma]s & Mary, b. Dec. 15, 1714	LR2	22
Thomas, Jr., m. Martha **WHITMORE**, Jan. 1, 1741	1	23
Thomas, s. Sam[ue]l & Sarah, b. May 9, 1756	2	250
Timothy, mariner, d. Nov. 2, 1847, ae. 79	4	72-3
Violet, d. Eben[eze]r & Rebeckah, b. Aug. 18, 1751	2	8
William, s. John & Elizabeth, b. Apr. 26, 1668	LR1	33
William, s. John & Mary, b. July, last week, 1693	LR1	32
William, m. Christian **MEOLD**, May 6, 1696/7	LR2	1
William, s. William & Christian, b. Sept. 18, 1699	LR2	1
William, m. Sarah **SAVAGE**, June 2, 1726	1	25
William, Capt., m. Elizabeth **CLARK**, wid. of Daniell, Nov. [ ], 1726	LR2	1
William, Capt., d. Jan. 25, 1726/7	LR2	1
William, s. Will[ia]m & Sarah, b. Feb. 19, 1726/7	1	25
William, m. Hannah **SAVAGE**, Nov. 6, 1729	1	49
William, s. W[illia]m & Hannah, b. Dec. 2, 1743	1	49
William, m. Martha **MILLER**, Dec. 20, 1749	1	49
William, 4th, m. Synthia **EELLS**, Oct. 14, 1762	2	244
——, twins of Tho[ma]s & Mary, b. Nov. 14, 1711; one was st. b.; the other lived only 5 ds.	LR2	22
SAWYER, [see also **SAUER**], Erasmus, mariner, d. June 11, 1848, ae. 60	4	70-1
Horace B., Lieut. of U.S. Navy, m. Louisa **SHAILER**, Dec. 20, 1826, by Rev. Edward Rutledge, of Stratford	3	327
SAXTON, Sarah, d. George & Mary, d. July 20, 1777	2	274
Susanna, m. Stephen **BACON**, Oct. 3, 1781	2	311
SAYRE, SAYERS, SEYR, Aaron, s. Elisha & Tabitha, b. Sept. 15, 1749	1	83
Aaron, s. Elisha & Tabitha, d. June 1, 1761	1	82
Charles, s. Nathan & Mary, b. Feb. 8, 1729/30	1	45
Elias, s. Elisha & Tabitha, b. Apr. 16, 1751	1	83
Elisha, m. Tabitha **MILLER**, Dec. 8, 1735	1	83
Elisha, s. Elisha & Tabitha, b. July 20, 1739	1	83
Elisha, s. Elisha & Tabitha, d. June 12, 1761	1	82
Hannah, d. Nathan, d. July 8, 1733 (Arnold Copy has "**SAGE**")	LR2	Ind-3
Hannah, d. Nathan & Mary, d. July 8, 1733	1	45
Hannah, d. Elisha & Tabitha, b. Jan. 23, 1735/6; d. Apr. 1, 1736	1	83
Hannah, d. Elisha & Tabitha, b. Sept. 12, 1737	1	83
Huldah, [twin with Rebeckah], d. Elisha & Tabitha, b. Aug. 16, 1742	1	83
Huldah, d. Elisha & Tabitha, d. Aug. 31, 1743	1	83

	Vol.	Page
SAYRE, SAYERS, SEYR, (cont.)		
Huldah, d. Elisha & Tabitha, b. July 31, 1744	1	83
John, s. Nathan & Mary, b. Oct. 4, 1726	1	45
Mary, m. Will[ia]m **ROBBARDS**, Jr., Feb. 28, 1740	1	128
Mary, d. Elisha & Tabitha, b. Feb. 3, 1747/8	1	83
Nathan, m. Deborah **PROUT**, Feb. 12, 1736	1	91
Nathan, s. Elisha & Tabitha, b. Mar. 10, 1746	1	83
Nathan, of Middletown, m. Rachel **CLARK**, of Chatham, Nov. 29, 1772	2	227
Rebeckah, [twin with Huldah], d. Elisha & Tabitha, b. Aug. 16, 1742	1	83
Sarah, d. Nathan & Mary, b. Feb. 7, 1734/5	1	45
Stephen, s. Nathan & Mary, b. Feb. 29, 1724/5	1	45
Tabitha, w. of Elisha, d. Jan. 3, 1774	1	82
Tabitha, w. of Elisha, d. Jan. 3, 1774	1	83
-----, s. Nathan & Deborah, b. Oct. 27, 1736; d. Oct. 29, 1736	1	91
SCANLON, SCANLAN, Johanna, m. John **KENT**, Oct. 21, 1852, by Rev. Jno. Brady	4	223
Thomas, m. Catharine **HARTNET**, Jan. 10, 1854, by Rev. Jno. Brady	4	263
SCANNELL, David, m. Hanora **SCANNELL**, Jan. 29, 1854, by Rev. Jno. Brady	4	263
Hanora, m. David **SCANNELL**, Jan. 29, 1854, by Rev. Jno. Brady	4	263
SCHAEFER, Catharine, m. Francis **HILBERT**, b. of Middletown, Dec. 18, 1853, by Jacob Fred[eric]k Huber, V.D.M.	4	242
SCHELLEUX, SCHELLENX, Abraham, s. W[illia]m & Prudence, b. June 17, 1743; d. Jan. 19, 1743/4	2	315
Abraham, s. W[illia]m & Prudence, b. June 3, 1744; d. Sept. 11, 1744	2	315
Abraham, s. W[illia]m & Prudence, b. Jan. 3, 1748/9	2	315
Gideon, s. W[illia]m & Prudence, b. June 14, 1753	2	315
Phebe, d. W[illia]m & Prudence, b. Feb. 27, 1750/1	2	315
Prudence, d. W[illia]m & Prudence, b. Aug. 19, 1745	2	315
Temperance, m. James **BARTLETT**, Mar. 22, 1773	2	292
William, s. W[illia]m & Prudence, b. May 26, 1740	1	16
William, s. Will[ia]m & Prudence, b. May 26, 1740	2	315
W[illia]m had negro Titus, s. Sambo & Venus, b. Jan. 2, 1749/50; Peggy, d. Sambo & Venus, b. Apr. 3, 1752	2	315
SCHEUREN, [see also **SCHUERER**], Christian, m. Margaret **ANDERS**, b. of Middletown, May 7, 1854, by Jacob F. Huber, V.D.M.	4	251
SCHMAIES, Cressence, m. Matthias **ENDERLEE**, b. of Cromwell, May 21, 1854, by Jacob F. Huber, V.D.M.	4	251
SCHUERER, [see also **SCHEUREN**], Margaret, m. Peter **MATTHIAS**, b. of Heppenheim in Hesse Darmstadt, May 23, 1848, by Jacob Fred[eric]k Huber, V.D.M.	4	214

	Vol.	Page
SCHWEIGER, Jacob, m. Mary **SAUER**, b. of Middletown, Aug. 6, 1854, by Jacob F. Huber, V.D.M.	4	254
SCOTT, Aseneth Dickinson, twin with Sally, d. Jno. & Lucretia, b. Oct. 1, 1782; d. Nov. 19, 1792	2	256
Fred[eric]k, d. Sept. 7, 1850, ae. 2	4	206-7
Frederick B., s. Theron, mechanic, ae. 43, & Rebecca, ae. 39, b. Apr. 25, 1848	4	52-3
John, of Palmer, m. Lucretia **WARNER**, of Middletown, Jan. 20, 1774	2	256
John had negro Prince, s. Nancey, b. Dec. 3, 1785; Silva, d. Nancey, b. Jan. 28, 1789; Minda, d. Nancy, b. July 12, 1791; Ama, d. Sippo & Nancy, b. Oct. 10, 1793	2	256
John, d. Mar. 14, 1787	2	256
John, d. Sept. 16, 1850, ae. 5	4	206-7
Lucretia Warner, d. John & Lucretia, b. May 16, 1780	2	256
Lucretia, m. Seth **WETMORE**, Mar. 27, 1791	2	129
Meriett, of North Haven, m. Emeline J. **MARTIN**, d. of Eli, of Middletown, Oct. 16, 1854, by Rev. Lester Lewis	4	255
Nabby, d. John & Lucretia, b. May 8, 1776	2	256
Sally, twin with Aseneth Dickinson, d. Jno. & Lucretia, b. Oct. 1, 1782	2	256
SCOVILLE, SCOFELL, SCOVEL, SCOVIL, SCOVILL, Abigail, d. James & Hannah, b. Nov. 21, 1706	LR1	4
Alfred, d. Mar. 6, 1849, ae. 2 y. 10 m.	4	132-2
Arthur, d. Feb. 7, 1705/6	LR1	40
Atwood, m. Esther Maria **BURR**, b. of Haddam, Oct. 8, 1839, by Rev. Francis Hodgeson	3	566
Charles, s. John S., quarryman, & Elizabeth, b. July 4, 1850	4	160-1
Curtis L., s. Edwin, farmer, & Eliza, b. Oct. 4, 1849	4	160-1
Ebenezer, s. John & Mary, b. Nov. 27, 1707	LR1	40
Ebenezer, s. Jno. & Hannah, b. Oct. 12, 1731	1	34
Elijah, m. Lavinia **SHAILER**, d. of Oliver, b. of Haddam, Aug. 13, 1848, by Rev. Z. N. Lewis	4	36
Eliza, m. Thomas W. **BUSH**, Aug. 21, 1825, by Rev. John R. Crane	3	206
Elizabeth, d. [John & Mary], b. July 7, 1704	LR1	40
Elizabeth, d. James & Hannah, b. June 22, 1711	LR1	4
Hannah, d. James & Hannah, b. Mar. 9, 1704	LR1	4
Henry W., m. Eliza Ann **WHITMORE**, b. of Middletown, Nov. 24, 1853, by Rev. E. L. Janes	4	246
Huldah, m. Will[ia]m **DANFORTH**, May 2, 1793	2	146
James, s. James & Han[n]ah, b. Mar. 25, 1700	LR1	4
James, Sr., d. Dec. 14, 1711	LR1	4
Johannah, d. [John & Mary], b. Apr. 30, 1698/9	LR1	40
John, m. Mary **LUCAS**, Feb. 9, 1697/8	LR1	40

	Vol.	Page
SCOVILLE, SCOFELL, SCOVEL, SCOVIL, SCOVILL, (cont.)		
John, s. John & Mary, b. July 1, 1701	LR1	40
John, Sr., d. Dec. 12, 1712	LR1	40
John, m. Hannah **COGSWELL**, Nov. 3, 1725	1	34
John, s. John & Hannah, b. Nov. 3, 1726	1	34
John, S., m. Eliza A. **JOHNSON**, Sept. 12, 1847, by Rev. James Floy	4	13
Josiah, m. Mrs. Elsa **JOHNSON**, Dec. 24, 1843, by Rev. L. B. Mason	3	509
Julius, of Haddam, m. Lucy Ann **SEARS**, of Middletown, Jan. 23, 1826, by Ely Warner, J.P.	3	221
Maria, d. James & Hannah, b. May 29, 1702	LR1	4
Martha, d. James & Hannah, b. June 5, 1709	LR1	4
Martin, quarryman, ae. 22, m. Frances **NORTON**, factory, ae. 17, b. of Middletown, May [1848 or 9], by a Missionary	4	124-5
Mary, d. [John & Mary], b. Dec. 2, 1702	LR1	40
Mary, m. Elihu **COTTON**, Jr., Feb. 28, 1787	2	322
Oliver, s. Elisha & Mary, b. Apr. 13, 1776	2	61
Rebecca, m. Lemuel **HIGBE**, Nov. 6, 1808	2	158
Sally M., of Haddam, m. Albert **THOMAS**, of Middletown, Mar. 2, 1829, by Rev. Simon Shailer, of Haddam	3	331
Sarah, d. James & Han[n]ah, b. Aug. 10, 1698	LR1	4
Smith, quarryman, ae. 26, b. Haddam, res. Middletown, m. Eliza **JOHNSON**, ae. 21, of Middletown, Aug. 29, 1847, by Rev. James Floy	4	64-5
Stephen, s. John & Hannah, b. Mar. 1, 1728/9	1	34
Wesstol, s. Jno. & Hannah, b. Feb. 17, 1733/4	1	34
William, s. John & Mary, b. Mar. 15, 1705/6	LR1	40
William F., s. Smith, quarryman, ae. 26, & Eliza, ae. 21, b. Feb. 21, 1848	4	52-3
William M., quarryman, ae. 22, b. in Middletown, m. Francis **NORTON**, ae. 17, May 13, 1849, by Rev. Kelsey	4	124-5
——, d. Julius, quarryman, & Lucy Ann, b. Sept. 20, 1849	4	160-1
SCRANTON, Harriet, of Middletown, m. John **MILES**, of New York, Apr. 18, 1838, by Rev. Elisha Andrews	3	445
Lois, m. Oliver B. **COE**, b. of Durham, Nov. 15, 1825, by Rev. John R. Dodge, at the Inn of Mr. Boardman	3	242
Martha, m. Sam[ue]l **CHAMBERLAIN**, Oct. 9, 1832, by Rev. W. Fisk	3	383
Sarah S., m. Joseph **McCLOSKEY**, May 29, 1854, by Rev. Laben Clark	4	252
Simeon S., m. Dorlish A. **ROGERS**, b. of Madison, Feb. 27, 1843, by Rev. A. M. Osborn	3	500
SCREEN, Geo[rge] S., tinman, ae. 26, b. in Colebrook, res. Meriden, m. Julia K. **DOOLITTLE**, ae. 25, b. in		

	Vol.	Page
SCREEN, (cont.)		
Middletown, res. Meriden, Sept. 21, 1850, by Rev. L. S. Hough	4	202-3
George S., of North Colebrook, m. Julia A. K. **DOOLITTLE**, of Middletown, Sept. 22, 1850, by Rev. L. S. Hough	4	146
SCROY, Agnes, m. James **DUNCAN**, b. late of Scotland, now of Middletown, June 30, 1851, by Rev. L. S. Hough	4	190
Agnes, b. in Scotland, res. Middletown, m. James **DUNCAN**, laborer, ae. 21, b. in Scotland, res. Middletown, June 30, 1851, by Rev. L. S. Hough	4	202-3
SCUDDER, —, s. Moses L., clergyman, ae. 34, & Sarah, ae. 30, b. Sept. [ ], 1849	4	158-9
SOURLOCK, Bridget, m. Michael **DUNNE**, May 25, 1852, by Rev. Jno. Brady	4	220
SEARS, Aaron C., m. Huldah **TRYON**, June 30, 1803	3	6
Aaron Clark, s. Nathan & Rachel, b. July 23, 1779	2	227
Alfred C., s. Aaron C. & Huldah, b. Mar. 12, 1804	3	6
Alfred C., m. Emily **HARRIS**, d. David, Apr. 5, 1827, by Rev. George Cunningham	3	266
Ann, d. Eben[eze]r, Jr., & Eliz[abet]h, b. Feb. 17, 1755	2	31
Ann Eliza, m. Eben[eze]r **ARNOLD**, Apr. 13, 1846, by Rev. Andrew L. Stone	3	550
Annis, d. Hezekiah & Deborah, b. June 3, 1758	2	122
Benjamin, s. Joshua & Rebeckah, b. Nov. 3, 1751	2	53
Bette, m. William **NORCOTT**, Oct. 5, 1753	2	332
Daniel, s. Nathan & Rachel, b. Jan. 27, 1777	2	227
Daniel, m. Betsey **THOMAS**, Dec. 8, 1796	2	306
Daniel Thomas, s. Dan[ie]l & Betsey, b. May 23, 1797	2	306
Daniel W., m. Charlotte P. **BROOKS**, Aug. 13, 1851, by J.L. Dudley	4	190
David, s. Eben[eze]r, Jr. & Eliz[abet]h, b. Nov. 27, 1757	2	31
Desiah, m. John **MARKHAM**, Nov. 3, 1748	2	162
Desiah, m. John **MARKHAM**, Nov. 3, 1748	2	179
Ebenezer, Jr., m. Elizabeth **COOK**, Jan. 25, 1753	2	31
Elias, m. Patience **KING**, Dec. 16, 1777	2	296
Eliphalet Clark, s. [Dan[ie]l & Betsey], b. Feb. 20, 1799	2	306
Elisha, m. Martha **GILBERT**, Jan. 12, 1775	1	83
Elisha, m. Esther S. **HAWLEY**, Nov. 28, 1822, by Rev. Tho[ma]s J. DeVerell	3	112
Eliza, m. Edwin **WADSWORTH**, b. of Hartford, Apr. 6, 1836, by Rev. Smith Pyne	3	425
Elkanah, m. Ruth **WHITE**, Jan. 6, 1757	2	34
Ezra, s. [Dan[ie]l & Betsey], b. Feb. 25, 1801	2	306
Hannah, m. Collins Samuel **ROBBERDS**, Feb. 9, 1764	2	102

	Vol.	Page
SEARS, (cont.)		
Hannah, d. Elias & Patience, b. Sept. [ ], 1779	2	296
Harriet E., d. of E-----, of Middletown, m. John **TOWNSEND**, of New Haven, May 15, 1854, by Rev. J. L. Dudley	4	254
Hezekiah, m. Deborah **SPENCER**, Dec. 25, 1755	2	122
Isaac, s. Elkanah & Ruth, b. Nov. 3, 1757	2	34
John, m. Lydia **HUBBARD**, Dec. 14, 1770	2	117
John, s. John & Lydia, b. Aug. 31, 1781	2	117
John M., m. Sarah **CONE**, June 27, 1840, by Sam[ue]l W. Griswold, J.P.	3	467
Joshua, d. Sept. 27, 1753	2	53
Lucy Ann, of Middletown, m. Julius **SCOVEL**, of Haddam, Jan. 23, 1826, by Ely Warner, J.P.	3	221
Lydia, d. John & Lydia, b. Feb. 17, 1773	2	117
Lydia, d. John & Lydia, b. Feb. 29, 1778	2	117
Marcy, m. Thomas **SHEPARD**, Jan. 10, 1760	2	56
Margaret M., of Middletown, m. William **TOOLEY**, of Haddam, Nov. 22, 1826, by Rev. Simon Shailer, of Haddam	3	256
Mary, d. Stephen & Mary, b. July 13, 1767	2	194
Mary, m. John **COTTON**, 3rd, Apr. 9, 1775	2	290
Nelson, m. Lucy **ROBERTS**, Jan. 17, 1828, by Rev. John R. Crane	3	295
Ruth, d. Elk[a]nah & Ruth, b. Mar. 13, 1763	2	34
Ruth, d. Elkanah & Ruth, d. July 29, 1764	2	34
Ruth, d. Elkanah & Ruth, b. Mar. 21, 1765	2	34
Sally, d. Nathan & Rachel, b. June 27, 1774	2	227
Stephen, of Middletown, m. Mary **CHAPMAN**, of Haddam, July 10, 1766	2	194
Suzana, d. John & Lydia, b. Aug. 11, 1775	2	117
Theophelos, s. Joshua & Rebeckah, b. Apr. 2, 1749	2	53
Willard, s. Joshua & Rebeckah, d. Aug. 24, 1754	2	53
Willard, s. Elkanah & Ruth, b. Sept. 8, 1760	2	34
SEAVEL, Percis had s. Samuel, b. Mar. 6, 1791; father Samuel **JOHNSON**	2	51
Samuel, s. Percis **SEAVEL** & said to be the s. of Samuel **JOHNSON**, b. Mar. 6, 1791	2	51
SEBGEE*, Adam, m. Gertrude **MERDES**, b. of Middletown, Apr. 2, 1854, by Jacob F. Huber, V.D.M. (***SIGBEE**?)	4	250
SEBOR, SEEBAH, Elizabeth, m. John Lewis **DeKOVEN**, foreigner, Apr. 8, 1781	2	91
Elizabeth, w. of Jacob, d. Feb. 10, 1847, ae. 81	4	8
Jacob, s. Jacob & Jane, b. Jan. 16, 1755	2	90
Jacob, d. May 5, 1847, ae. 92 y. 3 m. 29 d.	4	8
John, s. Jacob & Jane, b. July 28, 1756; d. Dec. 6, 1756	2	90

	Vol.	Page
SEBOR, SEEBAH, (cont.)		
Margaret T., m. Henry L. **DeKOVEN**, Feb. 24, 1813	3	34
Mary, m. Fred[eric]k **SHELDON**, Oct. 18, 1820, by Rev. Birdseye G. Noble	3	43
Sarah, of Middletown, m. Albin **WINCHESTER**, of Ashford, Sept. 13, 1824, by Rev. Josiah Bowen	3	173
----, d. [Jacob & Jane], b. Aug. 12, 1757; d. Aug. 26, [1757]	2	90
SEGER, Nathaniel, m. Sally **HASKELL**, June 28, 1821, by Rev. Frederick Wightman	3	56
SEIZER, [see under **SIZER**]		
SELDEN, George L., of New Haven, m. Martha **HILDRETH**, of Middletown, Apr. 9, 1837, by Rev. John Cookson	3	433
John C., of Chatham, m. Alpha R. **STEPHENS**, of Weathersfield, Oct. 26, 1834, by Rev. John R. Crane	3	402
Sarah, m. Solomon **SAVAGE**, Dec. 3, 1761	2	337
Thomas, of Middletown, m. Piercey **ADAMS**, of Springfield, Mass., Sept. 26, 1825, by Rev. E. Washburn	3	210
SELEY, James, m. Mary **RIPNER**, Dec. 19, 1797	2	205
James, s. James & Mary, b. Dec. 11, 1798	2	205
Sally, d. [James & Mary], b. Aug. 18, 1800	2	205
Sam[ue]l, s. [James & Mary], b. May 17, 1803	2	205
SELKRIG, John, s. Will[ia]m & Judeth, b. June 15, 1734	1	69
Nath[anie]ll, s. W[illia]m & Judeth, b. Apr. 3, 1735	1	69
William, m. Judeth **MALLAREE**, Dec. 10, 1733	1	69
SEVAR, Jane, m. William **RICHARDS**, May 17, 1780	2	248
SEVIER, William, of New Orleans, m. Hannah **SAVAGE**, of Middletown, Sept. 2, 1827, by Joshua L. Williams, V.D.M.	3	280
SEWARD, SEEWARD, Dwight M., m. Lydia H. **NORTH**, Mar. 2, 1836, by Rev. John R. Crane	3	420
Mary, of Durham, m. Elisha **JOHNSON**, of Middletown, July 31, 1760	2	274
SEYMOUR, Ann, m. James **FITZPATRICK**, Sept. 26, 1853, by Rev. Jno. Brady	4	241
Hannah, w. of Robert, d. Oct. 4, 1813	3	25
Robert, m. Hannah **JONES**, Feb. 6, 1812	3	25
Sarah Ann, d. Rob[er]t & Hannah, b. Apr. 7, 1813	3	25
SHADDICK, Almira, of Middletown, m. Augustus F. **BARNES**, of Boston, June 15, 1841, by Rev. Samuel Farmer Jarvis, at the house of Stephen Shaddick	3	480
SHAFFER, Chauncey, of Chetenango, N.Y., m. Maria R. **WARNER**, of Middletown, Oct. 24, 1843, by Rev. E.E. Griswold	3	506
SHAILER, SHALER, Asa D., of Wethersfield, m. Caroline Emily **SAVAGE**, of Middletown, Sept. 19, 1836, by Rev. Benj[ami]n Manning	3	425
Charlotte, m. Edwin F. **JOHNSON**, b. of Middletown, Sept.		

	Vol.	Page
SHAILER, SHALER, (cont.)		
7, 1830, by Rev. Smith Pyne	3	353
Fanny B., m. James **BRAINARD**, b. of Haddam, Feb. 17, 1827, by Joshua L. Williams, V.D.M.	3	262
Jerusha, m. Othniel **BRAINERD**, June 26, 1764	2	6
Lavinia, d. of Oliver, m. Elijah **SCOVIL**, b. of Haddam, Aug. 13, 1848, by Rev. Z.N. Lewis	4	36
Louisa, m. Lieut. Horace B. **SAWYER**, of the U.S. Navy, Dec. 20, 1826, by Rev. Edward Rutledge, of Stratford	3	327
Lucy Ann, m. Thomas **McDONOUGH**, Dec. 12, 1812	3	401
Marvin, of Saybrook, m. Asenath **HUNGERFORD**, of East Haddam, Dec. 22, 1834, by Rev. John Cookson	3	404
Nath[anie]ll, s. Reuben & Abigail, b. July 23, 1747. "Ancestor of Commodore McDonough"	2	95
Oliver W., of Haddam, m. Charlotte **SMITH**, of Middletown, June 8, 1824, by Rev. Simon Shailer	3	158
Reuben, m. Abigail **STOW**, Nov. 12, 1741	2	95
Reuben, s. Reuben & Abigail, b. Jan. 29, 1744/5	2	95
Sarah, m. Calvin L. **WEBB**, b. of Saybrook, Jan. 16, 1834, by Rev. John Cookson	3	392
SHARP, Hannah, m. John **MARCY**, Mar. 5, 1751	2	237
Robert, m. Hannah **STOW**, Sept. 22, 1748	2	132
SHATTUCK, Caroline, d. Timo[thy] & Desiah, b. July 30, 1756	2	174
Desiah, d. Timo[th]y & Desiah, b. Feb. 7, 1747/8	2	174
Elizabeth, d. Timo[th]y & Desiah, b. Dec. 12, 1741	2	174
Luranda, d. Timo[thy] & Desiah, b. Feb. 5, 1752	2	174
Martha, d. Timo[th]y & Desiah, b. Apr. 15, 1746	2	174
Susannah, d. Timo[th]y & Desiah, b. Aug. 7, 1743	2	174
Susannah, m. Will[ia]m **CLARK**, Jan. 28, 1762	2	35
Timothy, of Middletown, m. Desire **HALL**, Nov. 5, 1740	1	123
Timothy, of Middletown, m. Desiah **HALL**, of Wallingford, Nov. 5, 1740	2	174
Timothy, s. Timo[thy] & Desiah, b. Apr. 9, 1750	2	174
SHAUGHNESS, Mary, m. Dennis **CARROLL**, Nov. 8, 1852, by Rev. Jno. Brady	4	224
SHAUGHNESSEY, SHAUGHNEY, SHENGHNESEY, Catharine, m. John **IRWIN**, Aug. 10, 1845, by Rev. John Brady	3	539
James, m. Margaret **DUNN**, June 13, 1847, by Rev. John Brady	4	9
Jane, d. James, quarryman, ae. 25, & Margaret, ae. 22, b. Jan. 5, [1848]	4	44-5
Maria, d. James, laborer, ae. 23, & Margaret, ae. 21, b. May 16, 1850	4	156-7
Mary, m. John **ROBBINS**, May 28, 1846, by Rev. John Brady	3	552
SHAW, Eliza E., of Middletown, m. James W. **BREED**, of Mobile, Ala., June 23, [1847], by Rev. W.G. Howard, of Essex	4	11

	Vol.	Page
SHAY, Eliza, m. Stephen **BAILEY**, laborer, both b. in Ireland, Jan. 28, 1849, by Rev. John Brady	4	122-3
Hanora, m. Michael **BRAY**, Feb. 8, 1852, by Rev. John Brady	4	210
Johanna, m. Daniel **THOMAS**, Aug. 21, 1853, by Rev. Jno. Brady	4	239
Mary, m. Michael **KILNON**, Feb. 24, 1852, by Rev. Jno. Brady	4	212
SHEA, SHEE, Ellen, m. Jno. **BERRY**, Nov. 29, 1851, by Rev. Jno. Brady	4	208
John, m. Margaret **O'SULLIVAN**, Sept. 25, 1854, by Rev. Jno. Brady	4	272
William, m. Mary Ann **HOGAN**, June 18, 1854, by Rev. Jno. Brady	4	268
SHEAHY, Edward, m. Joann **GRATH**, May 1, 1853, by Rev. Jno. Brady	4	237
SHEEHAN, Patrick, m. Ellen **CASEY***, May 23, 1854, by Rev. Jno. Brady (* Perhaps "**CAREY**")	4	267
SHEIL, Mary, m. John **KELLEY**, May 14, 1848, by Rev. John Brady	4	76
SHELDON, SHELDEN, Edwin F., s. E.F., cabinet maker, ae. 32, & Marietta, ae. 33, b. Mar. 1, 1851	4	196-7
Ellen, d. Ephraim T., cabinet maker, ae. 30, & Mary E., ae. 31, b. Oct. 1, 1849	4	156-7
Fred[eric]k, m. Mary **SEBOR**, Oct. 18, 1820, by Rev. Birdseye G. Noble	3	43
George Eugene, s. Ephraim F. & Marietta, b. Oct. 5, 1844, at Monson, Mass.; d. May 24, 1847	4	10
SHELTER, James, m. Margaret **O'BRIEN**, July 13, 1854, by Rev. Jno. Brady	4	269
SHEPARD, SHEPHERD, Abegail, wid. of Edward, d. Oct. 16, 1719	LR1	40
Abigail, d. Jno. & Sarah, b. Oct. 23, 1726	1	4
Abigail, m. John **HALL**, Jr., Mar. 7, 1745	2	53
Abigail, d. John, Jr. & Bethiah, b. Jan. 4, 1753	2	247
Abigail, d. Sam[ue]ll & Hannah, b. Dec. 6, 1755	2	45
Abigail, d. Sam[ue]ll & Hannah, d. Oct. 20, 1776	2	45
Amos, s. John, Jr. & Bethiah, b. Mar. 30, 1755	2	247
Amos, s. John, Jr. & Bethiah, d. Aug. 31, 1758	2	247
Amos, twin with Bethiah, s. John, Jr. & Silence, b. Nov. 18, 1759	2	247
Anna, d. John, Jr. & Silence, b. Oct. 7, 1761	2	247
Anna, m. Henry **ASTON**, b. of Middletown, Oct. 15, 1826, by Rev. John R. Dodge, at his house	3	254
Bethiah, w. of John, Jr., d. June 3, 1756	2	247
Bethiah, twin with Amos, d. John, Jr. & Silence, b. Nov. 18, 1759	2	247
Billy, s. Daniel & Sarah, b. Feb. 19, 1765	2	199

	Vol.	Page

SHEPARD, SHEPHERD, (cont.)

	Vol.	Page
Christian, d. Sam[ue]ll & Christian, b. Jan. 6, 1735/6	LR2	28
Cornelius, of Syracuse, N.Y., m. Francis C. **NEWTON**, Middletown, [Dec.] 30, [1828], by Rev. E.R. Tyler	3	326
Daniel, s. Jno. & Sarah, b. Sept. 12, 1723	1	4
Daniel, m. Sarah **CORNWELL**, June 29, 1749	2	199
Daniel, s. Dan[ie]l & Sarah, b. Mar. 7, 1754	2	199
Deborah, m. Jacob **WHITE**, Feb. 4, 1692	LR1	41
Edward, m. Abigaill **SAVEDG**, Apr. 14, 1687	LR1	40
Edward, s. Edward & Abigaill, b. Dec. 18, 1689	LR1	40
Edward, d. Sept. 9, 1711	LR1	40
Edward, s. Edward & Abigail, d. Apr. 24, 1721	LR1	40
Edward, s. Sam[ue]ll & Mary, b. July 24, 1721	LR2	28
Edward, m. Hephzibah **JOHNSON**, Nov. 8, 1744	2	36
Edward, s. Edw[ar]d & Hephzibah, b. Apr. 23, 1745	2	36
Edward, s. Tho[ma]s & Marcy, b. Feb. 7, 1763	2	56
Elisha, s. Jno. & Sarah, b. Sept. 30, 1736	1	4
Elisha, m. Thankfull **KNOWLES**, May 15, 1764	2	312
Elizabeth, d. Jno. & Sarah, b. July 23, 1729	1	4
Elizabeth, m. Jona[tha]n **PENFIELD**, Dec. 20, 1750	2	314
Elizabeth, d. Dan[ie]l & Sarah, b. Aug. 11, 1752	2	199
Elizabeth, d. Sam[ue]ll & Hannah, b. Apr. 6, 1767	2	45
Elizabeth, m. Samuel **STARR**, b. of Middletown, Aug. 19, 1844, by Rev. Moses Stoddard	3	520
George, s. John & Silence, b. Mar. 7, 1763	2	247
Hannah, d. Jno. & Sarah, b. Apr. 26, 1734	1	4
Hannah, d. Tho[ma]s & Marcy, b. Nov. 10, 1760	2	56
Hannah, d. Sam[ue]ll & Hannah, b. July 12, 1765	2	45
Hephzibah, m. Aaron **ROBBERDS**, Jr., July 21, 1757	2	49
Hephzibah, d. Sam[ue]ll & Hannah, b. Aug. 18, 1772	2	45
Hephzibah, d. Sam[ue]ll & Hannah, d. Oct. 3, 1776	2	45
Horace, s. [Jos[eph] & Sibbell], b. Jan. [ ]	2	170
James, s. Elisha & Thankfull, b. Apr. 5, 1765	2	312
Jared, s. Sam[ue]ll & Christian, b. Nov. 6, 1738	LR2	28
Jared, m. Abigail **EDWARDS**, Mar. 8, 1763	2	198
Jared, m. Roxy **MERRIMAN**, b. of Southington, June 21, 1821, by Rev. Josiah Graves	3	59
Jason, s. [Jos[eph] & Sibbell], b. Sept. 9, 1789	2	170
John, s. Edward & Abigaill, b. Feb. 19, 1687/8	LR1	40
John, m. Sarah **CLARK**, Feb. 17, 1719/20	1	4
John, s. Jno. & Sarah, b. Jan. 19, 1721/2	1	4
John, Jr., m. Bethiah **BACON**, May 7, 1752	2	247
John, Jr., m. Silence **PENFIELD**, Oct. 21, 1756	2	247
John, s. Jno. & Silence, b. Nov. 22, 1757	2	247
Joseph, s. Sam[ue]ll & Christian, b. Apr. 14, 1741; d. Sept. 8, 1742	LR2	28

SHEPARD, SHEPHERD, (cont.)

	Vol.	Page
Joseph, s. John, Jr. & Bethiah, b. Jan. 31, 1754	2	247
Joseph, s. Sam[ue]ll & Hannah, b. Mar. 15, 1754	2	45
Joseph, m. Sibbell **KIRBY**, Dec. 9, 1780	2	170
Lucia, m. Ezekiel **SPICER**, Aug. 30, 1738	2	214
Luther, s. [Jos[eph] & Sibbell, b. Nov. 16, 1783	2	170
Martin H., m. Mary Ann **TAYLOR**, Jan. 4, 1841, by Rev. John R. Crane	3	471
Mary, d. Sam[ue]ll & Mary, b. Sept. 24, 1731	LR2	28
Mary, w. of Samuel, d. Mar. 15, 1737(?) (1732?)	LR2	28
Mary, d. Sam[ue]ll, d. Sept. 14, 1742	LR2	28
Mary, d. Lieut. Sam[ue]ll & Christian, b. Aug. 25, 1743	LR2	28
Mary, d. Dan[ie]l & Sarah, b. Jan. 31, 1758	2	199
Mary, d. Jared & Abigail, b. Nov. 14, 1763	2	198
Mary, m. Reuben **PLUM**, Nov. 29, 1764	2	83
Noah, s. John & Silence, b. Feb. 22, 1765	2	247
Olive, d. Sam[ue]ll & Hannah, b. Nov. 11, 1757	2	45
Olive, d. Sam[ue]ll & Hannah, d. Oct. 11, 1776	2	45
Olive, d. [Jos[eph] & Sibbell], b. Aug. 15, 1791; d. Jan. 10, 1793	2	170
Oliver, m. Maria R. **WILLIAMS**, b. of Middletown, Feb. 28, 1841, by Rev. L.S. Everett	3	474
Rachel, d. Dan[ie]l & Sarah, b. Mar. 19, 1763	2	199
Reuben, s. Dan[ie]l & Sarah, b. Aug. 13, 1760	2	199
Richard, s. Sam[ue]ll & Hannah, b. Mar. 16, 1763	2	45
Richard, s. Sam[ue]ll & Hannah, d. Oct. 13, 1776	2	45
Richard, s. Jos[eph] & Sibbell, b. Dec. 15, 1781	2	170
Samuell, s. Edward & Abigaill, b. Apr. 18, 1692	LR1	40
Samuel, m. Mary **RANNY**, Apr. 21, 1715	LR2	26
Samuel, m. Mary **RAN[NE]Y**, Apr. 21, 1715	LR2	28
Samuel, m. Christian **SAVAGE**, Jan. 10, 1732/3	LR2	28
Samuel, s. Sam[ue]ll & Christian, b. Dec. 2, 1733	LR2	28
Samuel, m. Hannah **BLAKE**, Oct. 4, 1753	2	45
Sam[ue]ll, s. Sam[ue]ll & Hannah, b. Oct. 15, 1759	2	45
Samuel, s. Sam[ue]ll & Hannah, d. Sept. 26, 1776	2	45
Samuel, s. Sam[ue]ll & Hannah, b. May 12, 1778	2	45
Sarah, d. Jno. & Sarah, b. Dec. 10, 1727	1	4
Sarah, m. Will[ia]m **CORNWELL**, Jr., June 22, 1749	2	27
Sarah, d. Dan[ie]l & Sarah, b. Nov. 30, 1755	2	199
Thomas, s. Jno. & Sarah, b. July 20, 1731	1	4
Thomas, m. Marcy **SEARS**, Jan 10, 1760	2	56
William, s. Dan[ie]l & Sarah, b. Aug. 30, 1750	2	199

SHERIDAN, SHURIDAN, Ellen, m. David **SMIDDY**, Oct. 7, 1852,

by Rev. Jno. Brady	4	222
Joanna, d. Daniel, laborer, ae. 33, & Joanna, ae. 30, b. Apr. 14, [1848]	4	44-5
John, s. Daniel, laborer, ae. 36, & Joanna, ae. 34, b.		

	Vol.	Page
SHERIDAN, SHURIDAN, (cont.)		
Dec. 25, 1850	4	194-5
Margaret, m. John **FITZGERALD**, Aug. 29, 1848, by John Brady	4	77
Margaret, m. John **FITZGERALD**, laborer, both b. in Ireland, Nov. 30, 1848, by John Brady	4	120-1
Richard, m. Ellen **O'BRIEN**, Oct. 5, 1854, by Rev. Jno. Brady	4	273
SHERMAN, Jane M., m. Albert **THOMAS**, b. of Haddam, Nov. 11, 1838, by Rev. John Cookson	3	453
SHERRY, David, s. [David & Mary], b. May 22, 1769	2	357
Joseph, s. David & Mary, b. Nov. 5, 1767	2	357
Mitte, d. [David & Mary], b. July 26, 1770	2	357
SHEW, Charles, J., m. Martha D. **WINSHIP**, May 7, 1851, by J.L. Dudley	4	190
SHIMMINS, Thomas, farmer, b. in Isle of Man, res. Middletown, d. Sept. 11, 1849, ae. 69	4	174-5
SHIPMAN, Elizabeth C., m. Sharon D. **HULBERT**, b. of Middletown, Mar. 24, 1851, by Rev. T.P. Abell	4	189
James, s. James & Ann, b. Aug. 29, 1717; d. Nov. 4, 1717	LR2	28
Julia, of Weathersfield, m. Nelson **HUNT**, of Glastonbury, Feb. 4, 1827, by Rev. Frederick Wightman	3	262
SHIRTLIFF, SHIRTLIEF, SHURTLEFF, SHURTLIFF, Caroline B., of Haddam, m. Oliver B. **LUCAS**, of Middletown, [Oct.] 20, [1845], by Rev. W.G. Howard	3	539
Eliza, m. Egbert G. **AULT**, Sept. 21, [1828], by Rev. E.R. Tyler	3	313
Jonathan, m. Abigail **LORD**, May 10, 1763	2	366
Jonathan, s. Jonathan & Abigail, b. Apr. 8, 1764, at Colchester	2	366
Noah, s. Jonathan & Abigail, b. Aug. 23, 1765	2	366
SHORT, Selab, of Derby, m. Sarah L. **LATHROP**, of Middletown, June 29, 1820, by Rev. John R. Crane	3	35
SHUBERT, George A., of Philadelphia, m. Caroline A. **HALL**, of Middletown, Apr. 6, 1845, by Rev. John R. Crane	3	529
SHUMWAY, Alpheas, m. Lucy **JEPSON**, May 6, 1800	2	239
Alpheas Hancock, s. Alpheas & Lucy, b. May 19, 1801	2	239
Charles P., m. Mary **CROSBY**, b. of Middletown, Aug. 23, 1836, by Rev. Smith Pyne	3	424
Louisa, m. Everlin **PECK**, b. of Berlin, Conn., Apr. 12, 1837, by Rev. D. Plumb	3	430
SHURTLIFF, [see under **SHIRTLIFF**]		
SHUTE, Alonzo H., of Fair Haven, m. Jane E. **HAVENS**, of Middletown, Dec. 26, 1852, by Rev. Jno. Morrison Reid	4	232
SIBNEY, Patrick J., of Ireland, m. Lydia J. **CROOK**, of England, Jan. 1, 1854, by Rev. Lester Lewis	4	247

	Vol.	Page
SIGBEE, [see under **SEBGEE**]		
SILL, Clarissa Treadway, d. [Tho[ma]s & Clarissa], b. Feb. 7, 1805	3	31
Elizabeth, m. Robert **HUBBARD**, Jr., Oct. 9, 1735	1	81
Frederic, s. [Tho[ma]s & Clarissa], b. June 27, 1813	3	31
Harriet, d. [Tho[ma]s & Clarissa], b. Feb. 28, 1818	3	31
Harriet, m. George J. **TUCKER**, Aug. 5, 1845, by Rev. John R. Crane	3	534
Henry W., s. [Tho[ma]s & Clarissa], b. Dec. 15, 1809	3	31
Mary Elizabeth, d. [Tho[ma]s & Clarissa], b. Mar. 2, 1807	3	31
Micah, s. [Tho[ma]s & Clarissa], b. May 5, 1803	3	31
Micah, m. Susan C. **STRONG**, Oct. 29, 1826, by Rev. John R. Crane	3	251
Phebe, d. [Tho[ma]s & Clarissa], b. Aug. 27, 1811; d. Oct. 24, 1812	3	31
Richard, s. [Tho[ma]s & Clarissa], b. Oct. 24, 1815	3	31
Sarah, of Lyme, m. Robert **JOHNSON**, of Middletown, June 17, 1736	1	90
Sarah, m. Nehemiah **HUBBARD**, Oct. 12, 1748	2	166
Sarah, [d. Tho[ma]s & Clarissa], b. Oct. 16, 1821	3	31
Thomas, m. Clarissa **TREADWAY**, Aug. 2, 1800	3	31
Thomas Hervey, s. Tho[ma]s & Clarissa, b. May 18, 1801	3	31
SILLIMAN, Lawrence, s. W[illia]m, laborer, ae. 30, & Bridget, ae. 26, b. Apr. 15, 1851	4	194-5
SIMMONS, [see also **SIMONS** & **SHIMMINS**], Almira C., m. Samuel **PIERCE**, b. of Middletown, Feb. 7, 1826, by Rev. E. Washburn	3	222
Anna, m. Comfort **TUELLS**, May 4, 1786	2	251
Lydia, m. Michael **CREAMER**, June 28, 1787	2	362
Margaret, d. Edward, laborer, ae. 32, & Eliza, ae. 30, b. Nov. 7, 1848	4	108-9
Samuel, Jr., m. Sarah **POTTER**, Mar. 3, 1785	2	336
William, of Sag Harbor, L.I., m. Rhoda **HULL**, of Middletown, May 20, 1834, by Rev. W. Fisk	3	395
SIMONS, [see also **SIMMONS**], Ann, d. Sam[ue]l & Anna, b. Apr. 12, 1762	2	305
Lucy, m. Edmund **HUGHES**, Nov. 28, 1805	3	14
Lydia, d. Sam[ue]ll & Anna, b. Feb. 5, 1767	2	305
Peleg, s. Sam[ue]ll & Anna, b. June 11, 1765	2	305
Reuben, s. Sam[ue]l & Anna, b. Nov. 22, 1758	2	305
Samuel, m. Anna **PRYOR**, Sept. 27, 1753	2	305
Samuel, s. Sam[ue]l & Anna, b. Sept. 22, 1756	2	305
SIMPSON, Jane, m. Richard **WILLIAMS**, Feb. 18, 1850, by Rev. J.L. Dudley	4	144
Tho[ma]s, m. Mary **HELDRETH**, b. of Middletown, Mar. 30, 1835, by Rev. John Cookson	3	408
SINN, Francis, of Middletown, m. Sarah M. **CLARK**, of Haddam,		

MIDDLETOWN VITAL RECORDS 191

	Vol.	Page
SINN, (cont.)		
Oct. 24, 1849, by Rev. M.S. Scudder	4	140
SISSON, Samuel, m. Lucy **JAGGER**, Apr. 29, 1823, by Rev.		
Fred[eric]k Wightman	3	126
SIZER, SEIZER, SISER, SYZER, Abel, s. Anthony & Sarah, b.		
May 5, 1732	1	29
Abel, m. Sarah **METCHEL**, July 4, 1753	2	13
Abel, s. Abel & Sarah, b. Nov. 7, 1762	2	13
Abigail, d. [Anthony & Lucretia], b. Aug. 21, 1790	2	296
Anne, d. Sam[ue]ll & Abigail, b. May 10, 1770	2	132
Anthony, m. Sarah **TRYON**, May 10, 1727	1	29
Anthony, s. Anthony & Sarah, b. Apr. 10, 1731; d.		
about July 25, 1731	1	29
Anthony, s. Anthony & Sarah, b. Dec. 18, 1740	1	29
Anthony, d. Sept. 21, 1753	1	29
Anthony, m. Lucretia **WARD**, Jan. 4, 1785	2	296
Charles, s. [Anthony & Lucretia], b. Apr. 7, 1793	2	296
Daniel, s. Anthony & Sarah, b. May 30, 1734	1	29
Daniel, m. Elizabeth **MILLER**, Mar. 14, 1754	2	328
Daniel, s. Daniel & Eliz[abet]h, b. Mar. 31, 1754	2	328
Daniel, Lieut., d. Nov. 4, 1760, on his return from		
public service	2	328
Fletcher, s. W[illia]m & Abigail, b. Oct. 1, 1773	2	266
Jabez, s. Anthony & Sarah, b. Sept. 27, 1729	1	29
Jabez, s. Dan[ie]l & Eliz[abet]h, b. Sept. 10, 1757	2	328
Jemima, d. Anthony & Sarah, b. Mar. 20, 1743	1	29
Joel, s. Anthony & Lucretia, b. Dec. 10, 1785	2	296
John, s. W[illia]m & Abigail, b. Apr. 16, 1775	2	266
Jonathan, s. Abel & Sarah, b. Sept. 17, 1758	2	13
Lemuel, s. Anthony & Sarah, b. Jan. 27, 1736	1	29
Lemuel, m. Abigail **BARNS**, Sept. 12, 1754	2	57
Lemuel, s. Lem[ue]l & Abigail, b. Mar. 9, 1759	2	57
Lucretia, d. Dan[ie]l & Eliz[abet]h, b. Feb. 1,		
1756	2	328
Lucy, d. W[illia]m & Abigail, b. Jan. 15, 1769	2	266
Lydia, d. Abel & Sarah, b. Sept. 1, 1754	2	13
Lydia, m. Jedediah **JOHNSON**, Jr., Apr. 27, 1775	2	315
Mary, d. Anthony & Sarah, b. Mar. 3, 1727/8	1	29
Mary, m. Jonah **FLETCHER**, Sept. 28, 1749	2	222
Mary, d. Lem[ue]l & Abig[ai]l, b. Dec. 24, 1756	2	57
Nath[anie]ll, s. Dan[ie]l & Eliz[abet]h, b. Nov. 29,		
1759	2	328
Rachel, d. W[illia]m & Abigail, b. Mar. 12, 1772	2	266
Rebeckah, d. Sam[ue]ll & Abigail, b. Feb. 28, 1773	2	132
Roseanna, d. Abel & Sarah, b. Aug. 13, 1760	2	13
Samuel, s. Anthony & Sarah, b. Nov. 30, 1744	1	29
Samuel, m. Abigail **MITCHELL**, Apr. 30, 1768	2	132
Samuel, Sam[ue]ll & Abigail, b. Mar. 10, 1768;		

	Vol.	Page
SIZER, SEIZER, SISER, SYZER, (cont.)		
d. Apr. 21, 1769	2	132
Sarah, d. Anthony & Sarah, b. Dec. 21, 1738	1	29
Sarah, d. Abel & Sarah, b. July 20, 1756	2	13
Sarah, m. Solomon **BILL**, Jan. 19, 1761	2	295
Timothy, s. Abel & Sarah, b. Aug. 8, 1765	2	13
Will[ia]m, s. Anthony & Sarah, b. Nov. 12, 1746	1	29
William, m. Abigail **WILLCOX**, Sept. 21, 1768	2	266
William, s. W[illia]m & Abigail, b. Sept. 6, 1770	2	266
-----, s. [W[illia]m & Abigail], b. Nov. 28, 1776; d. Feb. 22, 1777	2	266
SKELLEY, Lurane, m. Lewis **STRONG**, b. of Durham, [Sept.] 7, [1834], by Rev. James Noyes	3	399
SKINNER, Alfred B., s. Albert, woodturner, ae. 35, & Maria, ae. 33, b. Aug. 20, 1847	4	58-9
Alfred B., d. Mar. 28, 1848, ae. 7 m.	4	74-5
Betsey, of Haddam, m. Daniel **PRIOR**, of Middletown, Sept. 17, 1820, by Rev. John R. Crane	3	37
Charles, s. Ira, boatman, ae. 30, & Caroline, ae. 32, b. Apr. 1, 1851	4	198-9
Darius, m. Hannah **BURR**, of Haddam, Nov. 4, 1830, by Rev. Edw[ar]d R. Tyler	3	357
Edwin H., m. Elmira E. **MILLER**, Nov. 14, 1843, by Rev. Dwight M. Seward	3	511
Elmore B., d. Jan. 12, 1849, ae. 2 1/2	4	134-5
Emma J., d. Mar. 9, 1850, ae. 10 wk.	4	174-5
Frances C., of Middletown, m. Edward A. **GRAHAM**, of Chatham, Nov. 30, 1854, by Rev. Lester Lewis	4	256
Fred[eric]k, m. Almira S. **NASH**, b. of Middletown, Sept. 29, 1833, by Rev. W[illia]m H. Beecher	3	387
George W., mechanic, ae. 28, of Middletown, m. Melissa E. **WHITMAN**, ae. 24, b. in Geneva, Ohio, July 12, 1849	4	126-7
George W., s. Gilbert, turner, ae. 37, & Sarah Ann, ae. 27, b. Oct. 8, 1848	4	106-7
Gilbert, m. Anna **GEAR**, b. of Middletown, June 20, 1830, by Rev. Edw[ar]d R. Tyler	3	350
Gilbert, turner, d. July 31, 1850, ae. 39	4	172-3
Gilbert B., m. Sarah Ann **BAILEY**, June 6, 1841, by Rev. John R. Crane	3	477
Gilbert B., turner, d. Aug. 31, 1850, ae. 38	4	204-5
Harriet L., d. of Horace, m. Seth E. **MILLER**, s. of Elihu, b. of Middletown, May 30, 1853, by Rev. Willard Jones	4	234
Henry, of Winsted, m. Margaret **WALWORTH**, of Middletown, [Jan.] 11, [1829], by Rev. E. R. Tyler	3	327
Horace, m. Clarissa **MILLER**, b. of Middletown, Dec. 27, [1829], by Rev. James Noyes, Jr.	3	326

MIDDLETOWN VITAL RECORDS

	Vol.	Page
SKINNER, (cont.)		
Horace, mechanic, b. in Haddam, res. Middletown, d. Oct. 4, 1848, ae. 54	4	134-5
Margaret, of Middletown, m. Cornelius **GOODRICH**, of Weathersfield, July 4, 1846, by Rev. James Floy	3	547
Martha M., b. in Winsted, res. Middletown, d. Feb. 17, 1848, ae. 14	4	68-9
Mary, of Haddam, m. Edward **ROBERTS**, of Middletown, [Apr.] 16, [1826], by Eli Coe, J.P.	3	226
Nancy, of Haddam, m. Allen **BOW**, of Middletown, July 30, 1826, by Levi Knight	3	235
Sarah M., m. Nehemiah H. **TUCKER**, June 8, 1851, by J.L. Dudley	4	190
Sarah M., ae. 21, m. Neh[e]m[ia]h (?) H. **TUCKER**, tailor, ae. 22, b. in Essex, res. Middletown, June 8, 1851, by Rev. J. L. Dudley	4	200-1
Susan M., m. John **McLAY**, Oct. 2, 1842, by Rev. A.M. Osborn	3	493
——, d. Henry, stage-driver, ae. 46, & Margaret, ae. 39, b. July 26, 1849	4	106-7
SLATE, Isreal, s. Joseph & Mary, b. June 10, 1762	2	151
Joseph, m. Mary **WHITE**, May 5, 1758	2	151
Joseph, s. Joseph & Mary, b. Oct. 6, 1760	2	151
SLAVAN, Margaret, d. Thomas, laborer, ae. 35, & Winefred, ae. 32, b. Dec. 28, 1848	4	106-7
SLEAD, SLEED, SLED, [see also **SLEE**], Abigail, d. Jonathan & Thankfull, b. Sept. 10, 1712	LR2	22
Daniel, s. Jonathan & Thankfull, b. Apr. 5, 1724	LR2	22
Daniel, s. George & Eliz[abet]h, b. Feb. 27, 1753	2	138
Elizabeth, d. Jonathan & Thankfull, b. July 8, 1714	LR2	22
Elizabeth, d. Geo[rge] & Eliz[abet]h, b. Oct. 24, 1761	2	138
Esther, d. Jno. & Susanna, b. Mar. 11, 1735/6	1	78
George, s. Jonathan & Thankfull, b. Sept. 23, 1727	LR2	22
George, m. Elizabeth **JOHNSON**, June 9, 1748	2	138
John, s. Jonathan & Thankfull, b. Apr. 30, 1711	LR2	22
John, Jr., d. Oct. 11, 1719	LR2	22
John, m. Susannah **EGLESTON**, Apr. 24, 1735	1	78
John, s. George & Eliz[abet]h, b. Mar. 2, 1755	2	138
Jonathan, m. Thankfull **CORNWELL**, July 6, 1710	LR2	22
Jonathan, s. George & Eliz[abet]h, b. Apr. 14, 1749	2	138
Jonathan, d. Dec. 9, 1757	LR2	22
Martha, d. Jonathan & Thankfull, b. Feb. 17, 1719/20	LR2	22
Mary, d. Jonathan & Thankfull, b. Oct. 4, 1722	LR2	22
Mary, d. Geo[rge] & Eliz[abet]h, b. June 19, 1751	2	138
Michael, s. George & Eliz[abet]h, b. July 31, 1759	2	138
Nathan[ie]ll, s. George & Eliz[abet]h, b. Mar. 14, 1757	2	138
Thankfull, d. Jonathan & Thankfull, b. Aug. 31, 1717	LR2	22

	Vol.	Page
SLEAD, SLEED, SLED, (cont.)		
Thankfull, d. [Jonathan & Thankfull], d. Mar. 3, 1722/3	LR2	22
Thankfull, wid. [of Jonathan], June 1, 1758	LR2	22
SLEE, [see also **SLEAD**], Edward, s. Edward & Phebe, b. Mar. 12, 1739/40	1	58
Eunice, d. Edward & Phebe, b. Sept. 1, 1737	1	58
SLOCUM, Eben, m. Martha Ann **KAY,** b. of Haddam, Dec. 22, 1836, by Rev. Robert McEwen	3	428
SLOPER, Betsey Ann, of Middletown, m. John **THAYER,** of Weathersfield, Jan. 2, 1826, by Joshua L. Williams, V.D.M.	3	220
SMADEN, William, ae. 21, b. in Devonshire, Eng., now of Middletown, m. Elizabeth **SALISBURY,** ae. 20, b. in Norfolk, Eng., formerly of Portland, now of Middletown, July 4, 1854, by J.B. Merwin	4	255
SMELLENMAIER, Joseph, m. Elizabeth **ANDERS,** b. of Middletown, May 7, 1854, by Jacob F. Huber, V.D.M.	4	251
SMIDDY, David, m. Ellen **SHURIDAN,** Oct. 7, 1852, by Rev. Jno. Brady	4	222
SMIDELEY, Dennis, m. Margaret **McNAMER,** Jan. 24, 1853, by Rev. Jno. Brady	4	229
SMITH, Abiel*, m. Abijah **LEE,** Apr. 16, 1752 (*Abigail?)	2	280
Abigaill, d. Jonathan & Allis, b. Apr. 25, 1711	LR2	9
Abigail, d. Jona[tha]n & Dorothy, b. June 9, 1738	1	39
Abigail, d. Joseph, farmer, & Sarah, b. Mar. 9, 1848	4	54-5
Abigail, d. Sept. 22, 1849, ae. 1 y. 6 m.	4	174-5
Abraham, m. Hope **STOW,** Feb. 13, 1677	LR1	3
Adeline Palmer, d. Tho[ma]s, varnishmaker, ae. 42, & Harriet, ae. 32, of N.Y., b. Jan. 29, 1851	4	198-9
Allis, d. Jonathan & Allis, b. Oct. 30, 170[ ]	LR2	9
Alice, m. Jonathan **BAILEY,** June 22, 1721	1	41
Allice, d. Tho[ma]s & Ruth, b. Nov. 12, 1758	2	214
Amasa, m. Mary **WILLIAMS,** Oct. 14, 1797	3	8
Amasa, s. [Amasa & Mary], b. Jan. 29, 1805	3	8
Amy, d. Eliphalet, of Haddam, b. Aug. 24, 1770	2	117
Andrew, s. Benj[ami]n & Hannah, d. May 11, 1751	2	121
Angeline, of Middletown, m. Sylvester A. **SMITH,** of Port Clinton, O., Oct. 12, 1837, by Elisha Andrews, Elder	3	442
Ann, m. Jeremiah **RYAN,** Jan. 9, 1853, by Rev. Jno. Brady	4	228
Ann A., d. Jan. 9, 1850, ae. 4 m.	4	176-7
Ann B., b. in Middletown, res. Washington, N.H., m. A.H. **MUNROE,** of Washington, N.H., Oct. 1, 1848, by A.L. Stone	4	120-1
Ann Robbins, d. [Hibbart & Mary], b. Aug. 6, 1818	3	9
Anna, m. Hezekiah **SUTLIEF,** May 24, 1837, by Rev. Joseph Holdrich	3	434

	Vol.	Page
SMITH, (cont.)		
Anna G., b. in Chatham, res. Middletown, d. Nov. 20, 1848, ae. 5 1/2	4	68-9
Annie, m. Samuel **ELLS**, July 20, 1794	2	272
Asenath, d. Isaac & Mary, b. Mar. 20, 1756	2	23
Azubah, d. Isaac & Mary, b. Dec. 7, 1738	2	23
Azubah, m. John **HINCKLEY**, Jan. 10, 1760	2	324
Benjamin, m. Hannah **BARBER**, May [ ], 1729	2	121
Benjamin, d. Aug. 21, 1751	2	121
Benjamin, m. Rachel **COE**, Mar. 3, 1752	2	121
Benjamin, m. Mehitabel **BARNS**, Jan. 29, 1761	2	121
Benjamin, m. Marcy **MACOR**, Jan. 21, 1762	2	200
Betsey, of Middletown, m. Servillius **STOCKING**, of Glastonbury, Aug. 16, 1822, by Rev. Jeremiah Stocking	3	104
Betsey, Mrs., m. Dea. Joseph R. **WILCOX**, b. of Middletown, Jan. 2, 1849, by Rev. John R. Crane	4	81
Betsey, Mrs., ae. 70, of Middletown, m. 2d h. Joseph R. **WILCOX**, farmer, ae. 75, b. in Berlin, res. Middletown, Jan. 2, 1849, by John R. Crane	4	126-7
Bial, d. Jona[tha]n & Dorothy, b. Sept. 4, 1731 (See also Abiel)	1	39
Bulia Ann, m. Leverett **DIMOCK**, b. of Middletown, May [ ], 1841, by Rev. D.C. Haynes	3	483
Caroline Brooks, d. [Amasa & Mary], b. Mar. 14, 1803	3	8
Caroline E., m. Daniel H. **CHASE**, b. of Middletown, June 2, 1842, by Rev. A.M. Osborn	3	489
Caroline Elizabeth, d. John L. & Susan, b. Aug. 2, 1824	3	144
Catharine, m. Edwin C. **ROBERTS**, May 28, 1843, by Rev. Sam[ue]l Cornelius	3	502
Catharine L., d. Augustus W., prof. at Wesleyan Univ., ae. 44, & Catharine R., ae. 39, b. Dec. 26, [1848]	4	50-1
Charity A., m. Frederic J. **HACKMAN**, b. of Middletown, Mar. 20, 1853, by Rev. Jno. Morrison Reid	4	233
Charles, of Greenfield, Mass., m. Lucretia M. **CLARK**, of Middletown, Oct. 27, 1839, by Rev. Francis Hodgeson	3	465
Charles F., s. J.G., mariner, ae. 40, & Anna G., ae. 36, b. Nov. 7, 1848	4	106-7
Charles M., of Middletown, m. William M. **EVERETT**, of New York, Dec. 26, 1844, by Rev. Townsend P. Abell (handwritten note: "both male names in Arnold")	3	526
Cha[rle]s M., d. Aug. 12, 1848, ae. 5 y.	4	130-1
Charlotte, of Middletown, m. Oliver W. **SHAILER**, of Haddam, June 8, 1824, by Rev. Simon Shailer	3	158
Charlotte A., [d. Jabez & Emeline], b. Apr. 17, 1829	4	12
Charlotte A., m. Horace C. **WILCOX**, b. of Middletown, Aug. 9, 1848, by Rev. L.S. Hough	4	38

BARBOUR COLLECTION

	Vol.	Page
SMITH, (cont.)		
Charlotte W., d. of Jonathan, m. Ira L. **GARDINER**, b. of Middletown, Nov. 24, 1853, by Rev. E.L. Janes	4	246
Clarissa C., m. Isaac J. **BAILEY**, Jan. 26, 1845, by Rev. W.G. Howard	3	527
Content Hannah, d. Benj[ami]n & Hannah, b. May 23, 1750	2	121
Daniel, s. Jonathan & Dorothy, b. June 25, 1724	1	39
Daniel, m. Marcy **HUBBARD**, b. of Kensington, in Middletown, Dec. 11, 1736	1	84
Daniel, m. Elizabeth **RICH**, Feb. 16, 1747	2	249
Daniel, m. Mary **RICH**, Nov. [ ], 1752	2	249
Daniel, s. Daniel & Mary, b. Oct. 12, 1755	2	249
Daniel, of Middletown, m. Mary **BLIN**, of Weathersfield, Sept. [ ], 1757	2	249
David, s. Ebbenezer & Mary, b. Feb. 17, 1709/10	LR1	32
David, m. Lydia **KNOWLES**, wid. of James, Oct. 1, 1766	2	133
Deborah, d. Jonathan & Martha, b. Sept. 23, 1682	LR1	38
Deborah, d. Ffrancis & Hannah, b. Nov. 21, 1711	LR2	24
Dennis H., m. Jane E. **CROSLEY**, b. of Middletown, Dec. 14, 1853, by Rev. Lester Lewis	4	245
Dorothy, d. Jonathan & Dorothy, b. Nov. 21, 1726	1	39
Dorothy, d. Haziel & Sarah, b. Dec. 8, 1744	2	31
Ebenezer, s. Ebenezer & Mary, b. Feb. 6, 1711/12	LR1	32
Edmund White, s. Hibbart & Mary, b. Aug. 19, 1811	3	9
Eleanor M., d. of John L., of Middletown, m. C.A.G. **BRIGHAM**, of Enfield, Sept. 2, 1851, by Rev. Jno. Morrison Reid	4	217
Eleanor Maria, d. [John L. & Susan], b. Nov. 29, 1827	3	144
Elihu, s. Benj[ami]n & Rachel, b. Mar. 15, 1753, at Hartford	2	121
Elijah, m. Mary **MACOR**, May 31, 1759	2	78
Elijah, s. Benj[ami]n & Mehit[abe]l, b. Mar. 6, 1762	2	121
Elisha, s. Cephas & Sarah, b. Nov. 13, 1758	2	75
Eliza, of Middletown, m. Amos **FAIRCHILD**, of Weathersfield, Nov. 26, 1829, by Rev. Tho[ma]s Branch	3	342
Eliza, of Middletown, m. Thomas **COOK**, of Mereden, May 3, 1832, by Rev. Step[he]n Topleff	3	368
Eliza, m. John **KIRBY**, June 24, 1833, by Rev. John R. Crane	3	383
Eliza A., of Middletown, m. Hiram H. **HORTON**, of New York, May 15, 1834, by Rev. Zebulon Crocker	3	395
Eliza Ann, m. Ralph **WILCOX**, Nov. 8, 1840, by Rev. L.E. Everett	3	472
Eliza Powers, d. Amasa & Mary, b. July 10, 1798	3	8
Elizabeth, [twin with Mehetabl[e]], d. William & Elizabeth, b. May 20, 1653	LR1	5
Elizabeth, of Hartford, m. John **BROWN**, of Middletown,		

	Vol.	Page
SMITH, (cont.)		
Oct. 24, 1711, by Nath[anie]ll Chaney, of Durham	LR2	16
Elizabeth, d. Joseph & Elizabeth, b. Dec. 31, 1733	1	39
Elizabeth, w. of Daniel, d. Oct. [ ], 1749	2	249
Elizabeth, d. Dan[ie]l & Mary, b. Oct. 11, 1753	2	249
Elizabeth, m. John **CORNEL**, Aug. 20, 1755	2	57
Elizabeth, m. Isaac **GRIDLEY**, Sept. 26, 1784	2	336
Eliza[bet]h, m. Samuel **WINSHIP**, Mar. [ ], 1805	2	293
Elizabeth, d. [Henry & Lucy], b. July 10, 1815	3	32
Elizabeth, Mrs. of Middletown, m. Didymus **JOHNSON**, of Haddam, Mar. 8, 1827, by Rev. E. Washburn	3	263
Elizabeth, of Middletown, m. James **SMITH**, of Burlington, Vt., Sept. 19, 1830, by Rev. Fred[eric]k Wightman	3	353
Elizabeth, of Middletown, m. Lambert **ANDREWS**, of Southington, Sept. 19, 1838, by Rev. Zebulon Crocker	3	448
Elizabeth, d. of Ansel, of Middletown, m. Austin K. **STEPHENS**, s. of Richard, of Westbrook, May 14, 1854, by Rev. Lester Lewis	4	252
Elizabeth Kirby, m. Edmund **HUGHES**, b. of Middletown, Apr. 16, 1854, by Rev. James B. Crane	4	257
Elizabeth S., of Middletown, m. Agift **PEASE**, of Portland, Apr. 18, 1842, by Rev. Zebulon Crocker	3	488
Emeline L., [d. Jabez & Emeline], b. Aug. 26, 1833	4	12
Emily W., d. [Samuel B. & Emily], b. Sept. 13, 1817	3	19
Emma M., of Durham, m. Oliver **JOHNSON**, of Middletown, Dec. 2, 1845, by Rev. John R. Crane	3	541
Enoch, s. Tho[ma]s & Ruth, b. Apr. 10, 1753	2	214
Enoch, m. Ruth **GOODRICH**, Oct. 25, 1753	2	54
Enoch, s. Enoch & Ruth, b. Mar. 10, 1756	2	54
Enos, m. Harriet **HUBBARD**, b. of Haddam, Jan. 4, 1832, by Rev. John R. Crane	3	366*
Ephraim, s. Benj[ami]n & Hannah, b. Sept. 14, 1742	2	121
Esther, d. Haziel & Sarah, b. May 6, 1753	2	31
Esther, w. of Noah, d. May 2, 1761	2	30
Esther A., m. William L. **YOUNGS**, b. of Middletown, Dec. 24, 1844, by Rev. Andrew L. Stone	3	526
Esther M., of Middletown, m. William H. **STEELE**, of Berlin, Mar. 1, 1843, by Rev. Merrett Sanford	3	501
Eugenia, d. Henry, baker, ae. 31, & Mary C., ae. 28, b. Mar. 31, 1850	4	156-7
Eunice, d. Ebenezer & Mary, b. July 3, 1718	LR1	32
Ezra, m. Bethia **BROWN**, Mar. 31, 1757	2	7
Ffrancis, s. Jonathan & Allis, b. Oct. 17, 170[ ]	LR2	9
Ffrancis, of Middletown, m. Hannah **HUBBARD**, of Glastonbury, Feb. 8, 1710/11	LR2	24
Francis W., [s. Jabez & Emeline], b. Oct. 15, 1826	4	12

SMITH, (cont.)

	Vol.	Page
Fred[e]rick, s. Benj[ami]n & Hannah, b. Dec. 21, 1744	2	121
George B., of Petersburg, m. Ann **PLAYMERT**, of Mereden, Aug. 27, 1821, by Rev. Phinehas Cook	3	62
George Street, s. W[illia]m & Nancy (blacks), b. of L.I., b. Mar. 31, 1820	3	93
Gershom, s. Jonathan & Martha, b. Nov. the last, 1679	LR1	38
Grace K., of Middletown, m. Allen **BARNES**, of Southington, Dec. 20, 1843, by Rev. Zebulon Crocker	3	510
Hannah, d. Jonathan & Dorothy, b. July 9, 1722	1	39
Hannah, w. of Jonathan, d. Nov. 13, 17[ ]	LR2	Ind-3
Hanora, m. Owen **MADDEN**, Feb. 7, 1854, by Rev. Jno. Brady	4	264
Harriet, d. Jos[eph] & Eliza, b. June 13, 1782	2	145
Harriet, d. Jos[eph] & Eliza, d. Oct. 5, 1783	2	145
Harriet, m. John G. **WILLIAMS**, June 4, 1823, by Rev. John R. Crane	3	131
Haziel, s. Jonathan, Jr. & Hannah, b. Oct. 4, 1718	LR2	Ind-3
Haziel, m. Sarah **WRIGHT**, Mar. 8, 1743/4	2	31
Haziel, d. Sept. 27, 1753	2	31
Haziel, s. Dan[ie]l & Mary, b. June 28, 1762	2	249
Heaman, m. Kathrin **RATHBURN**, Oct. 30, 1765	2	218
Henry, m. Lucy **HARRISS**, May 19, 1811	3	32
Henry, s. [Hibbart & Mary], b. Mar. 25, 1816	3	9
Henry, m. Lucy **ROGERS**, June 19, 1821, by Rev. Levi Knight	3	32
Henry, m. Euncie M. **IVES**, b. of Middletown, Apr. 24, 1823, by Rev. Eli Ball	3	126
Henry, m. Mary Catharine **BACON**, of Middletown, Sept. 30, 1839, by Rev. L.S. Everett	3	473
Henry C., s. [Samuel B. & Emily], b. June 13, 1819	3	19
Henry H., s. of Davis, m. Philippa G. **HILLIARD**, d. of James, b. of Middletown, May 7, 1854, by Rev. J.L. Dudley	4	254
Henry T., of New London, m. Laura A. **COOK**, of Southington, Apr. 2, 1845, by Rev. John R. Crane	3	528
Henry Thomas, s. [Henry & Lucy], b. Nov. 1, 1817	3	32
Hibbart, of Lyme, m. Mary **BISHOP**, of Middletown, Aug. 25, 1810	3	9
Hibbart, s. Hibbart & Mary, b. Dec. 3, 1813	3	9
Hibbert, Jr., m. Amelia **BARNES**, b. of Middletown, Sept. 17, 1837, by Rev. Robert McEwen	3	437
Hope, w. of Abraham, d. Nov. 17, 1678	LR1	3
Howard A., s. of Oliver, m. Jane E. **CHADWICK**, d. of Ezra, b. of Middletown, May 26, 1852, by Rev. John R. Crane	4	213
Hubbard Parshley, [s. Nathaniel B. & Elizabeth], b. July 2, 1847; d. July 27, 1884	4	24

MIDDLETOWN VITAL RECORDS 199

	Vol.	Page
SMITH, (cont.)		
Ida Wilbur, [d. Nathaniel B. & Elizabeth], b. Oct. 19, 1855	4	24
Isaac, s. Isaac & Mary, b. Nov. 18, 1745	2	23
Issabella, m. Joel **HURDEN***, May 7, 1823, by Rev. Phinehas Cook (***HARDEN**?)	3	127
Isreal, s. Benj[ami]n & Hannah, b. Dec. 21, 1739	2	121
Jabez, s. Anson, of East Haddam, b. Nov. 14, 1799; m. Emeline **WHITMORE**, d. of Joseph, of East Haddam, Jan. 18, 1826	4	12
James, s. Joseph & Elizabeth, b. Jan. 2, 1729/30	1	39
James, of Burlington, Vt., m. Elizabeth **SMITH**, of Middletown, Sept. 19, 1830, by Rev. Fred[eric]k Wightman	3	353
James Bishop, [s. Nathaniel B. & Elizabeth], b. Mar. 12, 1845; d. [ ]	4	24
James Macor, s. Elijah & Mary, b. Dec. 11, 1760	2	78
Ja[me]s S., of Branford, m. Harriet **CLARK**, of Middletown, Nov. 25, 1852, by Rev. Jno. Morrison Reid	4	231
Jane, m. Lot **GOODSPEED**, b. of Middletown, Nov. 6, 1822, by Rev. Phinehas Cook	3	110
Jane Augusta, d. Talcott, joiner, ae. 34, & Ruth M., ae. 28, b. Jan. 24, [1848]	4	42-3
Jane C., [d. Jabez & Emeline], b. Dec. 2, 1837; d. Feb. 2, 1839	4	12
Jane W., m. David L. **ROGERS**, b. of Winsted, Jan. 25, 1845, by Rev. E.E. Griswold	3	527
Jared*, m. John H. **RUSSELL**, b. of Middletown, Oct. 18, 1842, by Rev. Merrett Sanford (Both have male names in Arnold Copy) (*correction Jane handwritten in margin of original manuscript by F.F. Starr)	3	493
John, s. Joseph & Eliz[abeth], b. May 26, 1738	1	39
John, s. Dan[ie]l & Mary, b. Sept. 14, 1758	2	249
John, s. Henry & Lucy, b. Jan. 25, 1813	3	32
John, m. Abigail **MANSFIELD**, b. of Middletown, Nov. 1, 1827, by Rev. Heman Bangs	3	282
John, of Middletown, m. Tenta **IVES**, of New Haven, July 6, 1834, by Rev. B. Creagh	3	397
John, Rev. of Wilton, m. Louisa L. **GRIDLEY**, of Middletown, Aug. 29, 1843, by Rev. Zeb[ulo]n Crocker	3	504
John, dyer, b. in Scotland, res. Middletown, d. Oct. 12, 1847, ae. 72	4	70-1
John, of New York, s. of Thomas, m. Lydia **LEECH**, of New York, Nov. 3, 1850, by Rev. L.S. Hough	4	49
John, Jappanner, ae. 62, b. in England, res. Brooklyn, m. 2d w. Lydia **LEACH**, ae. 43, b. in Orange Co., N.Y., Nov. 4, 1850, by Rev. L.S. Hough	4	202-3

	Vol.	Page

SMITH, (cont.)
John, m. Eliza **MADDEN**, Nov. 14, 1852, by Rev. Jno.
  Brady — 4, 224
John B., s. of John, of England, m. Emelia Coe **WARD**,
  d. of James, of Middletown, Feb. 12, 1853, by Rev.
  Willard Jones — 4, 225
John B., s. of John, of England, m. Emeline Coe **WARD**,
  d. of James, of Middletown, Feb. 12, 1853, by Rev.
  Willard Jones — 4, 226
John J., of Norwich, m. Charlotte A. **FAIRBANKS**, d. of
  David, Dec. 29, 1847, by Rev. John R. Crane — 4, 24
John J., seaman, ae. 26, of Norwich, m. Charlotte A.
  FAIRBANKS, ae. 17, of Norwich, Dec. 29, 1847,
  by Rev. John R. Crane — 4, 62-3
John L., m. Susan **WARD**, b. of Middletown, Nov. 20,
  1823, by Rev. Josiah Bowen — 3, 144
John S., of New York, m. Mary **DANIELS**, of Middletown,
  Oct. 12, 1823, by Rev. Josiah Bowen — 3, 138
Jonathan, s. William & Elizabeth, b. June 20, 1646 — LR1, 5
Jonathan, m. Allis **LEEK**, Dec. 25, 1695 — LR2, 9
Jonathan, s. Jonathan & Allis, b. July 30, 169[ ] — LR2, 9
Jonathan, Jr., m. Hannah **HALE**, Aug. 1, 171[ ] — LR2, Ind-3
Jonathan, of Middletown, m. Dorothy **BAILEY**, of Haddam,
  June 22, 1721 — 1, 39
Jonathan, s. Jonathan & Dorothy, b. Aug. 29, 1729 — 1, 39
Jonathan, s. Tho[ma]s & Ruth, b. Sept. 25, 1756 — 2, 214
Jonathan, Jr., m. Dority **BEABY**, of Haddam, June 22,
  17[ ] — LR2, Ind-3
Jonathan, of Middletown, m. Alpha **BARR**, of Haddam, Mar.
  8, 1827, by Rev. E. Washburn — 3, 264
Jonathan Edwards, of Haddam, m. Julia Ann **STEVENS**, d.
  of John, of Middletown, Dec. 19, 1850, by Rev.
  Geo[rge] A. Bryan — 4, 179
Joseph, s. William & Elizabeth, b. Aug. 25, 1655 — LR1, 5
Joseph, m. Elizabeth **BULKLY**, Dec. 20, 1726 — 1, 39
Joseph, s. Joseph & Elizabeth, b. Mar. 16, 1735/6 — 1, 39
Joseph, Rev., d. Sept. 8, 1736 — 1, 39
Joseph, s. Joseph & Eliz[abet]h, d. Oct. 6, 1741 — 1, 39
Joseph, m. Eliza **TAYLOR**, Mar. 12, 1775 — 2, 145
Joseph, s. Joseph & Eliza, b. June 1, 1776 — 2, 145
Joseph, s. Jos[eph] & Eliza, d. Oct. 9, 1783 — 2, 145
Jos[eph] had negro Phillis, d. Silva, b. Apr. 1, 1789 — 2, 152
Joseph, of Middletown, m. Sarah **STEPHENS**, of Berlin,
  June 7, [1846], by Rev. James Hepburn, at his house — 3, 551
Joshua J., m. Emily **CAPLES**, May 2, 1821, by Eli Coe,
  J.P. — 3, 54
Julia B., d. [Samuel B. & Emily], b. Feb. 28, 1823 — 3, 19
Julia H., m. Gardiner S. **BOONE**, May 30, 1847, by Rev.

	Vol.	Page
SMITH, (cont.)		
A. L. Stone	4	7
Julia Hinsdale, d. [Hibbart & Mary], b. June 6, 1827	3	9
Juliet, m. Benj[ami]n **BUTLER**, b. of Middletown, Aug. 17, 1834, by Rev. B. Creagh	3	398
Kate A., d. Talcott, joiner, ae. 36, & Ruth, ae. 31, b. Sept. 14, 1849	4	156-7
Lois Fairchild, d. [Amasa & Mary], b. Nov. 28, 1799	3	8
Lucetta, of Middletown, m. Abel **LEWIS**, of Chatham, July 1, 1840, by Rev. L.S. Everett	3	472
Lucia, m. Jedediah **SAGE**, Nov. 14, 1755	2	136
Lucretia, d. Dan[ie]l & Mary, b. Jan. 22, 1765	2	249
Lucy B., d. Sam[ue]l B. & Emily, b. Apr. 9, 1816	3	19
Lucy S., d. of Winthrop, of Middletown, m. Leverett **WRIGHT**, of Rocky Hill, June 13, 1850, by Rev. John R. Crane	4	144
Lucy S., ae. 30, of Middletown, m. Leverett **WRIGHT**, mechanic, ae. 28, b. in Rocky Hill, res. Middletown, June 13, 1850, by Rev. John R. Crane	4	168-9
Luther S., m. Catharine A. **PARKER**, b. of Middletown, July 3, 1837, by Rev. Zebulon Crocker	3	435
Lydia, d. Jona[tha]n & Dorothy, b. Nov. 28, 1733	1	39
Lydia, d. Ezra & Bethiah, b. Mar. 31, 1758	2	7
Marcy, d. Tho[ma]s & Ruth, b. Apr. 5, 1749	2	214
Margaret, of Middletown, m. Charles **NORTON**, of Berlin, Oct. 31, 1824, by Rev. Fred[eric]k Wightman	3	180
Mariah, d. [Hibbart & Mary], b. Feb. 24, 1824	3	9
Martha, d. Ebbenezer & Mary, b. Feb. 25, 1705/6	LR1	32
Martha, m. Richard **HAMLIN**, Nov. 30, 1721	1	4
Martha, d. Joseph & Elizabeth, b. Apr. 15, 1728	1	39
Martha, d. Richard **STRICKLAND**, Feb. 22, 1738/9	1	107
Martha, m. Hanover **KNAP**, May 30, 1750	2	190
Martha, of Middletown, m. Dr. David **BROOKS**, of New York, June 15, 1820, by Rev. J.L. Williams	3	39
Martha, ae. 17, m. Sherman **TREAT**, joiner, ae. 21, b. of Middletown, Mar. [ ], 1851, by Rev. M.L. Scudder	4	202-3
Martha, d. of Ansel, of Middletown, m. Sherman E. **TREAT**, s. of A. **TREAT**, of Mereden, Apr. 13, 1851, by Rev. B.N. Leach	4	186
Martha J., d. of Jonathan, m. Henry M. **STILLMAN**, b. of Middletown, Nov. 24, 1853, by Rev. E. L. Janes	4	246
Martha M. of Middletown, m. William H. **CORNELL**, of New York, June 19, 1854, by Rt. Rev. Bp. Williams	4	260
Mary, d. Ebbenezer & Mary, b. June 21, 1704	LR1	32
Mary, m. John **HALE**, Apr. 1, 1725	1	16
Mary, d. Tho[ma]s & Ruth, b. Sept 10, 1746	2	214
Mary, d. Isaac & Mary, b. Feb. 6, 1747	2	23

SMITH, (cont.)

	Vol.	Page
Mary, w. of Daniel, d. Jan. 25, 1757	2	249
Mary, d. Joseph & Pegge, b. July 29, 1769	2	145
Mary Ann, of Middletown, m. John J. **HANMER**, of New York, Nov. 17, 1834, by Rev. Zeb[ulo]n Crocker	3	402
Mary C., d. of Jonathan, m. William L. **CHAPMAN**, b. of Middletown, Aug. 20, 1848, by Rev. Z.N. Lewis	4	37
Mary C., mantuamaker, ae. 22, b. in Haddam, res. Middletown, m. W[illia]m L. **CHAPMAN**, mechanic, ae. 33, b. in E. Haddam, res. Middletown, Aug. 20, 1848, by Z.N. Lewis	4	120-1
Mary F., m. Linus G. **BRADLEY**, Sept. 27, 1843, by Rev. Edwin E. Griswold	3	505
Mary Jane, d. [Hibbart & Mary], b. Aug. 5, 1831	3	9
Mary Janet, d. [John L. & Susan], b. May 16, 1834	3	144
Mary S., of Middletown, m. Hinton W. **FOSTER**, of New Orleans, La., (colored), Sept. 17, 1851, by Jehiel C. Brown, V.D.M.	4	191
Mary Seaward, d. [Amasa & Mary], b. May 5, 1801	3	8
Mehetabl[e], [twin with Elizabeth], d. William & Elizabeth, b. May 20, 1653	LR1	5
Michael, s. Jona[tha]n & Dorothy, b. June 19, 1741	1	39
Michael, s. Dan[ie]l & Mary, b. May 6, 1760	2	249
Molly, d. Benj[ami]n & Marcy, b. Nov. 6, 1762	2	200
Nancy S., of Lyme, m. David **STEVENS**, of Weathersfield, Apr. 25, 1830, by Rev. John Cookson	3	348
Nathaniel, s. Joseph & Eliz[abet]h, b. June 25, 1740	1	39
Nathaniel, s. [Hibbart & Mary], b. June 6, 1821	3	9
Nathaniel, m. Sophia **MARSHALL**, b. of Middletown, July 8, 1824, by Rev. Fred[eric]k Wightman	3	163
Nathaniel B., m. Elizabeth **PARSHLEY**, b. of Middletown, [Mar] 24, [1844], by Rev. W.G. Howard	3	512
Nathaniel B., m. Elizabeth **PARSHLEY**, Mar. 24, 1844	4	24
Nathaniel B., d. Apr. 10, 1884	4	24
Noah, of Kensington in Middletown, m. Ann **ALLYN**, of Windsor, Jan. 21, 1735/6	1	84
Noah, m. Esther **WOLCOTT**, Oct. 18, 1758	2	30
Noah, m. Desiah **BARN**, July 14, 1762	2	30
Noah Ringe, s. Noah & Esther, b. July 5, 1759	2	30
Norman, m. Lucy D. **COOLEY**, b. of Middletown, Oct. 26, 1831, by Rev. Heman **BANGS**	3	364
Olive W., of Middletown, m. Willl[ia]m **JONES**, of Southington, May 6, 1846, by Rev. Zeb[ulo]n Crocker	3	549
Patty, d. Jos[eph] & Eliza, b. Sept. 10, 1783	2	145
Peggy, d. Jos[eph] & Eliza, b. Jan. 30, 1778	2	145
Peggy, d. [Jos[eph] & Eliza], d. Nov. 15, 1785	2	145
Phebe, d. Isaac & Mary, b. Apr. 22, 1753	2	23
Phebe A., of Durham, m. John W. **JOHNSON**, of Waterbury,		

	Vol.	Page
SMITH, (cont.)		
Dec. 25, 1838, by Rev. Elisha Andrews	3	455
Philena P., of Middletown, m. Augusta **BARNES**, of		
Southington, Oct. 7, 1849, by Rev. M.S. Scudder	4	140
Polly, m. Samuel **HUTCHINS**, Dec. 31, 1791	2	206
Preston, of Springfield, m. Eliza C. **FORBES**, of		
Middletown, Apr. 23, 1823, by Rev. Eli Ball	3	126
Rachel, w. of Benj[ami]n, d. Oct. 24, 1760	2	121
Ralph, s. Isaac & Mary, b. Mar. 15, 1742	2	23
Ralph, s. Enoch & Ruth, b. Jan. 17, 1761	2	54
Rebecca M., of Haddam, m. Daniel W. **BLATCHLEY**, of		
Killingworth, Mar. 9, 1836, by Rev. John C. Green	3	420
Rhoda, d. Dan[ie]l & Marcy, b. Nov. 25, 1738	1	84
Rosswell, s. Benj[ami]n & Rachel, b. June 23, 1755	2	121
Russell C., s. Nath[anie]l B., merchant, ae. 29, &		
Elizabeth, ae. 25, b. July 17, 1850	4	156-7
Russell Clifton, [s. Nathaniel B. & Elizabeth], b.		
[July] 17, 1850	4	24
Ruth, d. Ebenezer & Mary, b. Sept. 22, 1716	LR1	32
Ruth, d. Enoch & Ruth, b. Apr. 15, 1758	2	54
Sabra A., d. Jan. 3, 1849, ae. 5 y.	4	130-1
Sally Lewis, d. [Amasa & Mary], b. June 10, 1807	3	8
Samuell, s. Abraham & Hope, b. Nov. 2, 1678	LR1	3
Samuell, s. Abraham & Hope, d. Nov. 12, 1678	LR1	3
Sam[ue]ll, m. White **COLE**, Mar. 22, 1744	2	80
Sam[ue]ll, s. Sam[ue]ll & White, b. Jan. 7, 1745	2	80
Samuel B., m. Emily **WETMORE**, Apr. 6, 1815	3	19
Sam[ue]l G., s. [Samuel B. & Emily], b. July 16,		
1821	3	19
Sarah, d. Ebenezer & Mary, b. Nov. 24, 1714	LR1	32
Sarah, m. Elisha **CLARK**, Sept. 21, 1738	1	104
Sarah, d. Haziel & Sarah, b. Feb. 20, 1748/9	2	31
Sarah, d. Isaac & Mary, b. Jan. 27, 1750/1	2	23
Sarah, m. Jabez **BROOKS**, Jr., Mar. 19, 1752	2	209
Sarah, m. Daniel C. **TRYON**, b. of Middletown, Sept. 26,		
1841, by Rev. Arthur Granger	3	481
Sarah Ann, m. William W. **PELTON**, b. of Middletown, Oct.		
22, 1845, by Rev. Zebulon Crocker	3	539
Seth, s. Daniel & Marcy, by July 16, 1736	1	84
Solomon, s. Noah & Esther, b. Apr. 12, 1761	2	30
Solomon, s. Noah & Esther, d. May 6, 1762	2	30
Sparrow, s. Dea. Isaac & Mary, b. Aug. 14, 1760	2	23
Stephen, s. Benj[ami]n & Hannah, b. Mar. 20, 1745	2	121
Stephen, m. Azuba **BAILEY**, b. of Middletown, June 14,		
1833, by Rev. John Cookson	3	383
Susan Eliza, d. [John L. & Susan], b. July 25, 1832	3	144
Susanna, d. William & Elizabeth, b. Mar. 20, 1650	LR1	5
Susannah Gould, m. John **COFFEEN**, Nov. 19, 1751, at		

	Vol.	Page
SMITH, (cont.)		
Brookline	2	303
Sylvester A., of Port Clinton, O., m. Angeline **SMITH**, of Middletown, Oct. 12, 1837, by Elisha Andrews, Elder	3	442
Tamer, of Middletown, m. Joseph **BREVO**, of Charleston, S.C., Sept. 2, 1823, by Rev. Josiah Bowen	3	134
Thankful, m. Jehiel **KELSEY**, Sept. 11, 1734	1	89
Thomas, s. Tho[ma]s & Ruth, b. June 4, 1744	2	214
Thomas, d. Sept. 19, 1759	2	214
Tho[ma]s, of Talbot, Maryland, m. Eliz[abet]h **WETMORE**, Oct. 8, 1788	2	352
Tho[ma]s, s. Tho[ma]s & Eliz[abet]h, b. Mar. 3, 1792	2	352
Timothy, s. Benj[ami]n & Hannah, b. Jan. 23, 1746/7	2	121
Timothy, m. Harriet **RANSOM**, b. of Durham, Aug. 17, 1846, by Rev. Ja[me]s T. Dickinson	3	552
Truman, m. Ruth **BAILEY**, Mar. 1, 1821, by Rev. Frederick Wightman	3	48
Ueroa, m. Seeley **RAY**, b. of Middletown, Apr. 5, 1821, by Rev. John R. Crane	3	50
Wait, s. Sam[ue]ll & White, b. Oct. 31, 1746	2	80
Waitstill, s. Benj[ami]n & Hannah, b. Oct. 13, 1748	2	121
William, s. Jos[eph] & Eliza, b. Aug. 15, 1779	2	145
William, s. [Jos[eph] & Eliza], d. Sept. 2, 1794	2	145
William, m. Caroline **WILCOX**, b. of Middletown, June 23, 1823, by Rev. Joshua L. Williams	3	130
William, of New York, m. Frances Ann **CHAPMAN**, of St. Christopher, West Indies, Aug. 31, 1829, by Rev. Thomas Branch	3	340
Will[ia]m, m. Hannah **MALCOLM**, Sept. 13, 1835, by Rev. Chauncey Wilcox, of North Greenwich	3	414
W[illia]m Digby, m. Jane **MAITLAND**, d. of Alexander, b. of Middletown, Dec. 5, 1853, by Rev. E.L. Janes	4	247
Winthrop, farmer, b. in Haddam, res. Upper Middletown, d. July 1, 1849, ae. 67	4	134-5
Zoeth, s. Tho[ma]s & Ruth, b. Mar. 28, 1751	2	214
Zubanah, s. William & Elizabeth, b. Jan. 20, 1648	LR1	5
-----, s. Charles, machinist, ae. 34, & Lucretia, ae. 32, b. Jan. 17, [1847]	4	50-1
-----, child of Norman, merchant, ae. 37, & Lucy G., ae. 35, b. Nov. 22, 1849	4	106-7
-----, s. Ja[me]s O. manufacturer, ae. 38, & Mary Ann, ae. 31, b. Mar. 26, 1851	4	198-9
SNIPES, Mary, d. George, tailor, colored, ae. 42, & Maria, ae. 39, b. Dec. 5, 1848	4	106-7
Silena, black, b. in Middletown, res. Middletown, d. Jan. 5, 1848, ae. 1 1/2	4	68-9
SNOW, Betsey, d. Tho[ma]s & Esther, b. Jan. 26, 1759	2	10

	Vol.	Page
SNOW, (cont.)		
Elizabeth, d. Henry & Rebeckah, b. July 2, 1741	1	50
John, s. Tho[ma]s & Esther, b. May 6, 1761	2	10
Joseph, s. Tho[ma]s & Esther, b. Oct. 15, 1756	2	10
Rebeckah, d. Henry & Rebeckah, b. Aug. 23, 1739	1	50
Tabitha, m. William **ANDRUS**, Feb. 20, 1751/2	2	53
Thomas, m. Esther **TAYLOR**, Jan. 26, 1756	2	10
Thomas, s. Tho[ma]s & Esther, b. July 27, 1763	2	10
SNYDER, Abigail B., of Middletown, m. Erastus **SQUIERS**, of Rocky Hill, Nov. 18, 1850, by Rev. M.L. Scudder	4	183
SOLLET, [see also **SALLETT**], Francisco A., of Baracoa Island, Cuba, m. Clarissa **NYE**, of Middletown, Apr. 2, 1849, by Rev. Jacob F. Huber	4	83
SOMERS, [see also **SUMMERS** & **SUMNER**], Barney, b. in Ireland, res. Middletown, d. Feb. 4, 1851	4	206-7
Zachariah, of Trumbull, m. Anna **RANNEY**, of Middletown, Mar. 26, 1822, by Rev. Fred[erick] Wightman	3	95
SOUTH, Margaret, m. James **FOLEY**, b. of Ireland, Feb. 20, 1851, by Rev. Frederic J. Goodwin	4	181
SOUTHERN, Elizabeth, d. Tho[ma]s & Susanna, b. Oct. 18, 1789	2	359
Thomas, m. Susanna **MASTIS**, Nov. 18, 1787	2	359
SOUTHMAYD, Abiah, d. Capt. Joseph & Abiah, b. Oct. 17, 1735	1	55
Abiah, m. Ebenezer **SAGE**, Jan. 1, 1756	2	88
Abiah, d. Dan[ie]l & Hannah, b. May 13, 1761	2	294
Albert, s. [Timothy & Rebecca], b. Mar. 20, 1805	3	1
Alfred, m. Susan C. **BAKER**, June 9, 1829, by Rev. John R. Crane	3	336
Allin, s. William & Margaret, b. Feb. 7, 1685	LR1	50
Allen, s. W[illia]m & Mehitabel, b. Aug. 6, 1732	1	68
Allen, m. Mrs. Lucretia M. **BROWN**, May 13, 1827, by Rev. John R. Crane	3	272
Allyn, s. W[illia]m & Mehitabel, d. Oct. 8, 1755	1	68
Allyn, s. W[illia]m & Elizabeth, b. Nov. 7, 1765	2	170
Anna, d. William & Margaret, b. Jan. 10, 1693	LR1	50
Annah, d. W[illia]m & Mehitabel, b. Sept. 23, 1731; d. Feb. 27, 1732/3	1	68
Anne, d. Dan[ie]l & Hannah, b. Jan. 8, 1773	2	294
Betsey, d. Will[ia]m & Desire, b. July 24, 1787; d. same day	2	330
Caroline, m. John B. **WOODFORD**, May 8, 1844, by Rev. John R. Crane	3	515
Charles, s. [Giles, Jr. & Sophia], b. Oct. 1, 1821	3	79
Charles Allyn, [s. Henry & Clarissa], b. Sept. 15, 1821, at Augusta, Ga.	3	24
Clarissa Warner, [d. Henry & Clarissa], b. Aug. 21, 1830, in the City of New York	3	24
Cornelia, [d. John B. & Elizabeth], b. Feb. 15, 1837	3	27

	Vol.	Page
SOUTHMAYD, (cont.)		
Daniell, s. William & Margaret, b. Sept. [ ], 1687	LR1	50
Daniell, [s. William & Margaret], d. Nov. 23, 1703	LR1	50
Daniell, d. Nov. 23, 1703	LR1	50
Daniel, s. Capt. Joseph & Abiah, b. Nov. 11, 1738	1	55
Daniel, m. Hannah **TRYON**, Dec. 4, 1760	2	294
Dan[ie]l, s. Dan[ie]l & Hannah, b. Aug. 8, 1763	2	294
Ebenezer, s. Jona[tha]n & Martha, b. Jan. 23, 1775	2	135
Elizabeth, d. W[illia]m & Elizabeth, b. Mar. 1, 1762	2	170
Elizabeth, d. Jona[tha]n & Martha, b. May 24, 1768	2	135
Elizabeth, w. of Giles, d. Jan. 18, 1777	2	178
Elizabeth, d. [Giles, Jr. & Sophia], b. July 16, 1819	3	79
Elizabeth, of Middletown, m. Samuel **BROWN**, of Colchester, May 5, 1853, by Rev. J. L. Dudley	4	248
Elizabeth G., m. William **WOODWORD**, b. of Middletown, Apr. 29, 1824, by Rev. Josiah Bowen	3	156
Eliz[abet]h Green, d. [Will[ia]m & Desire], b. Sept. 25, 1797	2	330
Elizabeth Green, [d. Henry & Clarissa], b. Feb. 16, 1828, in the City of New York	3	24
Elizabeth M., of Middletown, m. Osmer **HALE**, of Glastonbury, June 9, 1840, by Rev. John R. Crane	3	566
Elizabeth Rockwell, d. Giles & Lois, b. Dec. 11, 1779	2	178
Emily G., d. John B., m. George R. **WILMOT**, Nov. 18, 1847, by Rev. John R. Crane	4	22
Emily Griffeth, [d. John B. & Elizabeth], b. Mar. 8, 1827	3	27
Hasther, d. Will[ia]m & Easther, b. Oct. 28, 1682 (Esther)	LR1	50
Easther, w. of William, d. Nov. 11, 1682	LR1	50
Easther, d. William, d. Dec. 29, 1682	LR1	50
Esther, m. Daniel **STARR**, Feb. 26, 1723/4	1	15
Esther Arnold, d. Jona[tha]n & Martha, b. July 6, 1770	2	135
Frederick Redfield, s. [Timothy & Rebecca], b. June 12, 1803	3	1
Freeman S., d. Dec. 22, 1849, ae. 3 1/2	4	172-3
George, s. [Will[ia]m & Desire], b. Jan. 23, 1795	2	330
George A., s. Alfred, saddle & harness maker, ae. 50, & Susan, ae. 40, b. Jan. [ ], 1849	4	108-9
George Moore, [s. John B. & Elizabeth], b. Feb. 25, 1824	3	27
Giles, s. Will[ia]m & Mehetabel, b. June 27, 1738	1	68
Giles, m. Elizabeth **ROCKWELL**, Nov. 12, 1765	2	178
Giles, s. Giles & Elizabeth, b. Jan. 17, 1777; d. Jan. 18, 1777	2	178
Giles, m. Lois **ROCKWELL**, Jan. 29, 1778	2	178
Gills, s. William & Easther, b. Jan. [ ], 1780/1* (*Probably 1680/1)	LR1	50

	Vol.	Page
SOUTHMAYD, (cont.)		
Giles, s. Giles & Lois, b. July 12, 1782	2	178
Giles, Jr., m. Sophia **WETMORE**, Feb. 2, 1814	3	79
Grace P., d. of John B., of Middletown, m. Philotus **DEAN**, of Allegany City, Aug. 16, 1852, by Rev. Jno. Morrison Reid	4	218
Grace Perkins, [d. John B. & Elizabeth], b. Apr. 4, 1829	3	27
Hannah, d. Dan[ie]l & Hannah, b. Oct. 14, 1765	2	294
Hannah, d. Jona[tha]n & Martha, b. Oct. 6, 1777	2	135
Hannah, m. Lemuel **BENHAM**, Nov. 20, 1800	3	48
Harriet Learned, d. [Horace & Julia], b. Dec. 4, 1822	3	24
Henrietta Clay, d. [Henry & Clarissa], b. Apr. 9, 1836, in Jersey City, N.J.	3	24
Henry, s. [Will[ia]m & Desire], b. Jan. 14, 1789	2	330
Henry, m. Clarissa **WARNER**, Jan. 3, 1814	3	24
Henry Jared, s. Henry & Clarissa, b. Feb. 5, 1815	3	24
Horace, s. [Will[ia]m & Desire], b. Dec. 21, 1790	2	330
Horace, m. Julia Maria **BULL**, Nov. 21, 1813	3	24
Horace, m. Hannah D. **WARNER**, Nov. 16, 1826, by Rev. John R. Crane	3	24
Horace, s. W[illia]m & Sarah, b. Jan. 7, 1834	3	335
Jane, d. Horace & Julia, b. Jan. 17, 1816	3	24
Jerome P., s. Jos. P., cabinet maker, ae. 33, & Jane M., ae. 34, b. Nov. 27, 1848	4	108-9
John, s. William & Easther, b. Aug. 23, 1672(?)	LR1	50
John, s. Capt. Joseph & Abiah, b. Aug. 15, 1740	1	55
John, s. Jona[tha]n & Martha, b. Feb. 15, 1773	2	135
John, shoemaker, d. Aug. 16, 1849, ae. 77	4	172-3
John Adams, [s. Henry & Clarissa], b. Apr. 29, 1825, at Augusta, Ga.	3	24
John B., b. June 11, 1794, in Durham; [m. Elizabeth **PERKINS**]	3	27
John Buclkley, m. Elizabeth **PERKINS**, Nov. 28, 1815, by Rev. Dan Huntington	3	27
John D., m. Harriet H. **NORTH**, of Middletown, Aug. 14, 1844, by Rev. James L. Wright	3	523
John D., farmer, d. Oct. [ ], 1847, ae. 32	4	72-3
John Dobson, s. Giles, Jr. & Sophia, b. May 8, 1815	3	79
John R., s. Partridge & Hannah, b. Mar. 27, 1784	3	12
Jonathan, s. Capt. Joseph & Abiah, b. Feb. 22, 1736/7	1	55
Jonathan, m. Martha **SAGE**, Nov. 25, 1762	2	135
Jonathan, s. Jona[tha]n & Martha, b. Nov. 30, 1765	2	135
Joseph, s. William & Marg[a]ret, b. Mar. 15, 1695	LR1	50
Joseph, Capt. of Middletown, m. Mrs. Abiah **DOUGLASS**, of New London, July 14, 1730	1	55
Joseph, s. Capt. Joseph & Abiah, b. Oct. 2, 1733	1	55
Joseph, s. Daniel & Hannah, b. Mar. 2, 1768	2	294

	Vol.	Page
SOUTHMAYD, (cont.)		
Joseph Perkins, [s. John B. & Elizabeth], b. May 23, 1817	3	27
Joseph Warner, s. Stephen C. & Sarah, b. Apr. 11, 1842	3	26
Julia M., of Middletown, m. Lucius H. **WOODRUFF**, of Hartford, Mar. 27, 1844, by Rev. John R. Crane	3	512
Julia Maria, d. [Timothy & Rebecca], b. June 9, 1810	3	1
Julia Maria, d. [Horace & Julia], b. Oct. 1, 1817	3	24
Julia Maria, w. of Horace, d. Nov. 10, 1823	3	24
Laban Howell, [s. Leonard Clay and Susanna Richards], b. Oct. 6, 1851, in Van Beuran, Ark.	3	224
Leonard Clay, b. June 17, 1822; m. Susannah R. **HOWELL**, Dec. 18, 1850, at Van Beuran, Crawford County, Arkansas	3	224
Leonard Clay, s. W[illia]m & Sarah, b. June 17, 1822	3	335
Leonard Gray, s. [Will[ia]m & Desire], b. Apr. 2, 1800	2	330
Lucretia W., d. Jan. 9, 1849, ae. 68	4	130-1
Lucy, [d. Partridge & Hannah], [ ]	3	12
Lucy Stanford, [d. Leonard Clay & Susannah Richards], b. Sept. 13, 1856	3	224
Marg[a]ret, d. William & Margaret, b. Aug. 11, 1691	LR1	50
Margaret, m. Samuel **GAYLORD**, Feb. 9, 1719/20	1	3
Marg[a]ret, d. Capt. Jos[eph] & Abiah, b. Nov. 9, 1731	1	55
Margaret, wid. of W[illia]m, d. Mar. 16, 1732/3	LR1	50
Margaret, m. Shubael **HUBBARD**, July 23, 1752	2	253
Martha, d. Jona[tha]n & Martha, b. Nov. 11, 1763	2	135
Martha C., m. Edwin **HUNT**, May 9, 1825, by Rev. John R. Crane	3	200
Martha Nichols, d. [Horace & Julia], b. May 18, 1821	3	24
Martha Nichols, d. Horace & Julia Maria, d. June 8, 1826	3	24
Martha Wallace, [d. Leonard Clay & Susannah Richards], b. Sept. 12, 1852, in Van Beuran, Ark.	3	224
Mary Ann, [d. John B. & Elizabeth], b. Apr. 3, 1821	3	27
Mary Ann, of Middletown, m. John H. **KENT**, of Suffield, Dec. 4, 1844, by Rev. Moses Stoddard	3	524
Mary Dunham, d. [W[illia]m & Sarah], b. July 24, 1830	3	335
Mary E., m. Alfred **GILL**, Oct. 5, 1836, by Rev. John R. Crane	3	426
Mary Elizabeth, d. [Timothy & Rebecca], b. July 13, 1814	3	1
Mary M., m. William **COWLES**, Jan. 29, 1846, by Rev. W. G. Howard	3	544
Mehetabel, [w. of William], d. Nov. 24, 1755, ae. 48 y. 2 m. 10 d.	1	68
Milleson, d. William & Marg[a]ret, b. Jan. 3, 1700	LR1	50
Millesent, d. William, Dec. 12, 1717	LR1	50
Ogden Augustus, [s. John B. & Elizabeth], b. Feb. 6,		

SOUTHMAYD, (cont.)

	Vol.	Page
1832	3	27
Partridge, m. Hannah **FANNING**, [ ]	3	12
Partridge Sam[ue]l, s. Will[ia]m & Mehetabel, b. Oct. 21, 1739	1	68
Rebecca Bull, d. [Timothy & Rebecca], b. Sept. 27, 1801	3	1
Robert Warner, [s. Henry & Clarissa], b. Jan. 22, 1818	3	24
Samuel, m. Sarah **JILL**, Oct. 31, 1807	3	1
Sam[ue]l Dwight, s. [Partridge & Hannah], [ ]	3	12
Sam[ue]l Gray, s. Sam[ue]l & Sally, b. Oct. 30, 1811	3	1
Samuell Wainwright, s. [Timothy & Rebecca], b. Nov. 3, 1806; d. Aug. 2, 1807	3	1
Samuel Wainwright, 2d, s. [Timothy & Rebecca], b. Apr. 4, 1812	3	1
Sarah, m. Joseph **STARR**, Feb. 17, 1718/19	1	5
Sarah, d. Dan[ie]l & Hannah, b. Aug. 28, 1770	2	294
Sarah, d. [Timothy & Rebecca], b. Aug. 19, 1808	3	1
Sarah E., [d. John B. & Elizabeth], b. Mar. 4, 1819	3	27
Sarah E., of Middletown, m. John P. **BACON**, of New York, May 14, 1838, by Rev. Elisha Andrews	3	431
Sarah Ellen, [d. Leonard Clay & Susannah Richards], b. May 6, 1854	3	224
Sarah Foot, d. [W[illia]m & Sarah], b. Oct. 19, 1828	3	335
Stephen Clay, s. Horace & Julia, b. Jan. 2, 1815	3	24
Stephen Clay, m. Sarah **ALLEN**, June 22, 1841, by Rev. John R. Crane	3	477
Thomas, s. [Giles, Jr. & Sophia], b. June 11, 1817	3	79
Timothy, s. Will[ia]m & Mehetabel, b. Oct. 3, 1742	1	68
Timothy, s. W[illia]m & Mehetabel, d. Dec. 16, 1747	1	68
Timothy, s. William & Elizabeth, b. Dec. 16, 1767	2	170
Timothy, m. Rebeccah **BULL**, Feb. 13, 1799	3	1
Timothy Green, s. Timo[thy] & Rebecca, b. July 5, 1800	3	1
William, m. Esther **HAMLIN**, Oct. 16, 1673	LR1	17
William, m. Esther **HAMLINE**, Oct. [ ], 1673	LR1	50
William, s. William & Easther, b. July 24, 1674	LR1	50
William, s. William & Easther, b. Mar. 6, 1679	LR1	50
William, s. William & Marg[a]ret, b. Jan. 9, 1698	LR1	50
William, d. Dec. 4, 1702	LR1	50
William, m. Mehitabel **DWIGHT**, Mar. 26, 1729	1	68
Will[ia]m, s. Will[ia]m & Mehitabel, b. June 14, 1735	1	68
Will[ia]m, d. Oct. 15, 1747	1	68
Will[ia]m, m. Elizabeth **GREEN**, Nov. 27, 1760	2	170
William, s. W[illia]m & Elizabeth, b. Dec. 26, 1763	2	170
William, Jr., m. Desiah **CLAY**, b. of Middletown, Dec. 26, 1786	2	330
William, s. [Will[ia]m & Desire], b. Nov. 19, 1792	2	330
William, Jr., s. W[illia]m & Desire, b. Nov. 19, 1792;		

	Vol.	Page
SOUTHMAYD, (cont.)		
m. Sarah **DUNHAM**, July 2, 1818	3	335
William, s. [Timothy & Rebecca], b. Apr. 13, 1818 (In pencil "died young")	3	1
W[illia]m, m. Sarah **DUNHAM**, July 2, 1818	3	65
William Horace, [s. Leonard Clay & Susannah Richards], b. Oct. 13, 1859; d. Dec. 21, 1860	3	224
William P., m. Maria **CAMP**, Apr. 15, 1827, by Rev. John R. Crane	3	267
Will[ia]m Shalor, [s. Henry & Clarissa], b. Jan. 7, 1819	3	24
SOUTHWICK, SOUTHWICH, Charles B., s. Nathan, butcher, ae. 29, & Sarah, ae. 30, b. Sept. 20, 1850	4	196-7
Mary K., m. Issaac L. **COE**, b. of Middletown, Nov. 25, 1841, by Rev. A. M. Osborn	3	485
SOUTHWORTH, Andrew, of Saybrook, m. Patience H. **ROBERTS**, of Middletown, Oct. 11, 1831, by Rev. Seth Higby	3	366
Andrew, of Bristol, m. Abba **HOUGH**, of Middletown, Sept. 2, 1839, by Rev. J. Goodwin	3	461
Richard S., of Gaines, N.Y., m. Mrs. Nancy H. **RILEY**, of Charleston, N.H., July 25, 1830, by Rev. Seth Higby	3	351
SPATCHER, John J., m. Jane E. **BUTTS**, [Dec.] 25, [1843], by Rev. W. G. Howard	3	509
SPAULDING, SPALDING, Anna, d. Sam[ue]l & Lucinda, b. Apr. 20, 1813, at Springfield	3	151
Anna, of Middletown, m. George **ELDERKIN**, of Hartford, Nov. 28, 1833, by Rev. John R. Crane	3	389
Hanna Maria, d. [Samuel & Lucinda], b. Dec. 14, 1819	3	151
Huldah, d. Jos[eph] & Huldah, b. Apr. 9, 1776	2	265
Jeremiah, s. Joseph & Huldah, b. Feb. 3, 1771	2	265
John, s. Joseph & Huldah, b. Oct. 1, 1772	2	265
Joseph, m. Huldah **HUBBARD**, Nov. 19, 1766	2	265
Joseph, s. Joseph & Huldah, b. Aug. 15, 1767	2	265
Lucinda Ashley, d. [Samuel & Lucinda], b. June 20, 1817	3	151
Lucy, d. Joseph & Huldah, b. May 9, 1769	2	265
Mary, d. [Sam[ue]l & Lucinda], b. Feb. 25, 1815, at Springfield	3	151
Prudence T., m. Will[ia]m A. **HALL**, May 5, 1822, by Rev. Phin[ea]s Cook	3	97
Sam[ue]l Charles, s. [Samuel & Lucinda], b. Jan. 18, 1822	3	151
Sarah, d. Jos[eph] & Huldah, b. June 24, 1774	2	265
SPELLMAN, SPELMAN, Annah, m. Samuel **KYE**, [ ]	1	55
Daniell, s. Richard & Alice, b. Mar. 23, 170[ ]	LR1	51
Daniel, m. Annah **CORNWELL**, Dec. 12, 1728	1	55
Daniel, s. Dan[ie]l & Annah, b. Dec. 16, 1731	1	55

	Vol.	Page
SPELLMAN, SPELMAN, (cont.)		
Daniel, d. Jan. 2, 1733/4	1	55
Elihu, s. Sam[ue]ll & Dinah, b. Nov. 3, 1745	1	105
Elizabeth, m. Jno. C. **HAYDEN**, Sept. 26, 1824	3	250
Huldah, d. Sam[ue]ll & Dinah, b. Apr. 21, 1751	1	105
Huldah, d. Sam[ue]ll & Dinah, d. May 10, 1751	1	105
John, s. Richard & Alice, b. Apr. 23, 1709	LR1	51
Mary, d. Richard & Alice, b. Aug. 29, 1701	LR1	51
Mary, m. William **LUCAS**, Jr., July 14, 1726	1	32
Mary, d. Sam[ue]ll & Dinah, b. Jan. 17, 1747/8	1	105
Richard, s. Richard & Alice, b. Sept. 28, 1706	LR1	51
Samuel, s. Richard & Alice, b. Feb. 1716/17	LR1	51
Samuel, of Middletown, m. Dinah **COOK**, of Wallingford, Nov. 22, 1738	1	105
Sam[ue]ll, s. Sam[ue]ll & Dinah, b. Jan. 7, 1739/40	1	105
Sarah, d. Sam[ue]ll & Dinah, b. Mar. 4, 1743	1	105
Sibbel, d. Dan[ie]l & Annah, b. Nov. 2, 1733	1	55
Thomas, s. Richard & Alice, b. Apr. 26, 1712	LR1	51
Thompson, s. Dan[ie]l & Annah, b. Apr. 19, 1730	1	55
SPENCER, Abigail, d. Nath[anie]ll & Abigail, b. June 2, 1741	1	94
	1	94
Abigail, w. of Nath[anie]ll, d. Dec. 2, 1755	2	26
Ahimaaz, m. Mary **WETMORE**, Sept. 15, 1743		
Albert Jackson, s. Dennison A., m. Sarah K. **STILLMAN**, d. of Edwin, b. of Middletown, Sept. 5, 1852, by Rev. Frederic J. Goodwin	4	216
Alfred, m. Mary **WARD**, July 8, 1828, by Rev. David Smith, of Durham	3	312
Anna E., d. David, laborer, ae. 34, & Rose, ae. 32, b. July 4, 1851 [twin(?) with Oliver S.]	4	196-7
Anna E., d. July [ ], 1851, ae. 3 m. (?)	4	204-5
Aseneth, m. Theodore **HUBBARD**, b. of Haddam, Apr. 26, 1847, by Rev. James Floy	3	562
Celia Ann, of Middletown, m. Elias Wells **THOMAS**, of New Haven, July 29, 1838, by Rev. Elisha Andrews	3	447
Collins, s. James H., merchant, ae. 47, & Eliza, ae. 43, b. Sept. 7, [1847]	4	50-1
Darius, of Haddam, m. Elizabeth **GOFF**, of Portland, Nov. 18, 1850, by Rev. M. L. Scudder	4	183
Deborah, d. Nath[anie]ll & Abigail, b. Apr. 9, 1736	1	94
Deborah, m. Hezekiah **SEARS**, Dec. 26, 1755	2	122
Dennis, laborer, ae. 21, b. in Haddam, res. Middletown, m. Eliza **GOFF**, ae. 19, b. in Portland, res. Middletown, Dec. 18, 1850, by Rev. M. L. Scudder	4	202-3
Diadama, m. James **MASTERS**, Jan. 18, 1825, by Rev. John R. Crane	3	191
Diodate, of Upsilana, Mich., m. Martha H. **DOANE**, of Middletown, May 4, 1836, by Rev. Joseph Holdick	3	421
Eleanor A., d. Simeon, mechanic, b. Feb. 7, 1850	4	160-1

	Vol.	Page
SPENCER, (cont.)		
Eleazer, m. Chloe **MALONEY**, b. of Middletown, July 23, 1833, by Aug[ustu]s Cook, J.P.	3	384
Elisha, m. Maria A. **BUTLER**, b. of Middletown, May 1, 1836, by Rev. John Cookson	3	422
Eliza Ann, of Middletown, m. Edwin B. **BREWER**, of Wilbraham, Mass., Sept. 9, 1847, by Rev. Freeman Nutting	4	15
Elizabeth, d. Ahimaaz & Mary, b. May 21, 1744	2	26
Elizabeth, d. Jno. & Elizabeth, b. Sept. 4, 1756	1	130
Elizabeth, d. Eleazer, laborer, & Nancy, b. Dec. 10, 1847	4	52-3
Elizabeth W., m. Albert J. **ELY**, b. of Haddam, Apr. 3, 1837, by Rev. Robert McEwen	3	429
Ellen, d. of Simeon, m. John **HARVEY**, s. of Paul, b. of Middletown, May 30, 1849, by Rev. B. N. Leach	4	84
Ellen R., factory, ae. 18, b. in Middletown, res. New Haven, m. John **HARVEY**, machinist, b. in Stafford, res. New Haven, May 14, 1849, by B. Leach	4	118-9
Hannah, m. Joshua* **BRAINERD**, Jan. 3, 1733/4 (* correction Josiah handwritten in margin of original manuscript & Joshua crossed out)	1	56
Hannah, d. Nath[anie]ll & Abigail, b. Feb. 14, 1739	1	94
Hannah, d. Jno. & Eliz[abet]h, b. Feb. 8, 1746/7	1	130
Hannah, wid., m. William **WARD**, July 4, 1771	1	130
Jabez, of Middletown, m. Charlotte **ELY**, of Haddam, Sept. 16, 1835, by Rev. John C. Green	3	413
James H., m. Eliza C. **AMES**, b. of Middletown, Oct. 24, 1831, by Rev. John Cookson	3	366*
John, m. Elizabeth **TAYLOR**, Nov. 4, 1741	1	130
John, s. Jno. & Elizabeth, b. Aug. 7, 1749	1	130
John, d. Mar. 12, 1758	1	130
Lucia, d. Nath[anie]ll & Abigail, b. July 12, 1733	1	94
Lucia, d. Nath[anie]ll & Abigail, d. Oct. 14, 1742	1	94
Lucia, d. Nath[anie]ll & Abigail, b. Apr. 12, 1748	1	94
Maria, m. Daniel **KEYES**, b. of Middletown, May 20, 1849, by Rev. Townsend P. Abell	4	92
Maria A., factory, ae. 22, of Middletown, m. Daniel **KEYES**, pump maker, ae. 27, b. in Calveston, Eng., res. Middletown, [1848 or 9], by T. P. Abell	4	120-1
Martha, of Middletown, m. Harvey **CURTIS**, of Wallingford, Jan. 30, 1825, by Eli Coe, J.P.	3	192
Mary, d. Nath[anie]ll & Abigail, b. May 18, 1750	1	94
Mary, d. Ahimaaz & Mary, b. Apr. 1, 1753	2	26
Mary A., school-teacher, b. in Haddam, res. Middletown, d. Mar. 22, 1849, ae. 26	4	132-3
Mary E., m. Elijah **CHAMBERLAIN**, b. of Middletown, June 26, 1853, b. Rev. E. L. Janes	4	245

	Vol.	Page
SPENCER, (cont.)		
Mary G., of Middletown, m. Rev. Freeman **NUTTING**, of Mystic, Conn., May 7, 1838, by Rev. Labon Clark. Int. pub.	3	446
Matthew, s. Thomas & Lydia, b. Oct. 8, 1783	2	148
Mehitabel, d. Jno. & Eliz[abet]h, b. Aug. 20, 1742	1	130
Moses, s. Ahimaaz & Mary, b. Jan. 5, 1746/7	2	26
Nathaniel, m. Abigail **HURLBUT**, Mar. 1, 1732/3	1	94
Nath[anie]ll, s. Nath[anie]ll & Abigail, b. May 3, 1745; d. Oct. [ ], 1749	1	94
Nath[anie]ll, m. Ruth **PURPLE**, Sept. 29, 1757	1	94
Nath[anie]ll, s. Nath[anie]ll & Ruth, b. Aug. 22, 1758	1	94
Norman, of Haddam, m. Martha A. **MILLER**, of Portland, Apr. 4, 1844, by Rev. Arthur Granger	3	513
Oliver R., s. of John, of Guilford, m. Eliza A. **BLAKE**, d. of Richard, of Middletown, Dec. 25, 1850, by Rev. B. N. Leach	4	179
Oliver S., s. David, laborer, ae. 34, & Rose, ae. 32, b. July 4, 1851 (twin? with Anna E.)	4	196-7
Polly, m. Dr. Titus **MORGAN**, July 5, 1807	2	272
Richard, of Guilford, m. Levinia B. **PELTON**, of Saybrook, May 29, 1836, by Rev. John Cookson	3	423
Roswell, m. Mary **FORD**, Nov. 13, [1822], by Rev. Frederick Wightman	3	112
Sally, m. Joseph **MORGAN**, of West Springfield, Sept. 20, 1807	2	272
Samuel, s. John & Elizabeth, b. Oct. 20, 1744	1	130
Samuel, m. Martha **ELLS**, May 23, 1771	2	272
Samuel, s. Samuel, farmer, ae. 25, & Sarah, ae. 28, b. Feb. 25, 1848	4	58-9
Sarah, d. Nath[anie]ll & Abigail, b. Mar. 15, 1753	1	94
Selden, farmer, b. in Chatham, res. Berlin, d. Dec. 4, 1849, ae. 40	4	174-5
Seth, s. Jno. & Elizabeth, b. Feb. 12, 1751/2	1	130
Simeon, m. Almira **HUDSON**, b. of Middletown, Nov. 3, 1825, by Rev. E. Washburn	3	216
Sophron[i]a, ae. 25, b. in Haddam, m. Russell **LEE**, farmer, b. in Middletown, res. Kane Co., Ill., Apr. 25, 1848, by [Rev.] A.L. Stone	4	64-5
Susanna, of Haddam, m. Daniel **HUBBARD**, of Middletown, June 5, 1735	1	92
W. D., m. Sarah L. **MAN**, b. of Middletown, May [ ], 1841, by Rev. D. C. Haynes	3	482
Will[ia]m, m. Amelia **FOSTER**, b. of New York, July 10, 1831, by Rev. Fitch Reed	3	361
William H., m. Sarah E. **WILCOX**, b. of Haddam, Apr. 7, 1847, by Rev. James Floy	3	561

	Vol.	Page
SPENCER, (cont.)		
—— C., d. of Simeon, m. Sherman **PADDOCK**, s. of Joseph, b. of Middletown, June 17, 1854, by Rev. Lester Lewis	4	252
SPICER, Daniel, s. Ezekiel & Lucia, b. Mar. 2, 1742/3	2	214
Ezekiel, m. Lucia **SHEPARD**, Aug. 30, 1738	2	214
Ezekiel, s. Ezekiel & Lucia, b. Mar. 1, 1741/2	2	214
Jabez, s. Ezekiel & Lucia, b. Sept. 24, 1749; d. Dec. 24, 1750	2	214
Jabez, s. Ezekiel & Lucia, b. Oct. 22, 1751	2	214
Jacob, s. Ezekiel & Lucia, b. Aug. 28, 1739; d. Aug. 28, 1739	2	214
James, s. Jeremiah & Hannah, b. Feb. 3, 1749/50	2	136
Jeremiah, s. Ezekiel & Lucia, b. Jan. 5, 1740/1; d. Jan. 5, 1740/1	2	214
Phebe, m. Nathan **WITON**, June 21, 1750	2	196
Samuell, s. Ezekiel & Lucia, b. Sept. 3, 1746	2	214
Susannah, d. Ezekiel & Lucia, b. Oct. 26, 1753	2	214
SPOONER, George, m. Mary **WETMORE**, Aug. 15, 1751	2	41
William, of New Bedford, Mass., m. Mary **STRICKLAND**, of Middletown, Oct. 5, 1823, by Rev. Fred[eric]k Wightman	3	136
SQUIRE, SQUIRES, Cynthia, see under Senthia		
Elias, m. Elizabeth **HIGBE**, Dec. 27, 1777(?) (1769 or 1770?)	2	210
Elizabeth, d. Elias & Elizabeth, b. Dec. 23, 1774	2	210
Erastus, of Rocky Hill, m. Abigail B. **SNYDER**, of Middletown, Nov. 18, 1850, by Rev. M.L. Scudder	4	183
Jonathan, s. Elias & Elizabeth, b. Aug. 9, 1771	2	210
Sabrina, of Windham, m. Sam[ue]l B. **BUTLER**, of Middletown, May 17, 1846, by Rev. W. G. Howard	3	549
Salle, d. Elias & Elizabeth, b. June 9, 1776	2	210
Senthia, d. Elias & Elizabeth, b. Nov. 28, 1772	2	210
STACK, Ellen, m. Edward **MOUNTAIN**, May 6, 1854, by Rev. Jno. Brady	4	266
STAFFORD, Ruth, m. W[illia]m **BARTHOLOMEW**, b. of Farmington, Jan. 30, 1825, by Rev. Josiah Bowen	3	193
STANBORROW, Ann, of L.I., m. Samuel **BEDWELL**, of Middletown, Nov. 1, 1707	LR2	13
STANCLIFT, STANDCLIFT, STANLEFT, STONCLIFT, STANLIFT, STANCLIFFS, Abigail, d. James & Abigail, b. Dec. 1, 1715	LR2	26
Abigail, m. John **CHILSON**, Jr., Jan. 26, 1743	1	131
Abigail, d. James, 3rd, & Susan[na]h, b. Mar. 21, 1759	2	177
Ame, d. James & Susannah, b. June 30, 1767	2	177
Benony, s. James & Abigail, b. Feb. 20, 1726/7; d. Mar. 5, 1725/6	LR2	26
Bette, d. Comfort & Marg[are]t, b. Oct. 19, 1756	2	291

STANCLIFT, STANDCLIFT, STANLEFT, STONCLIFT, STANLIFT, STANCLIFFS, (cont.)

	Vol.	Page
Christopher, twin with Timothy, s. Comfort & Eunice, b. Mar. 1, 1762	2	291
Comfort, s. James & Abigail, b. Oct. 18, 1731	LR2	26
Comfort, m. Margaret **LEE**, Mar. 19, 1752	2	291
Comfort, s. Comfort & Marg[are]t, b. Nov. 21, 1752	2	291
Comfort, of Middletown, m. Eunice **FOX**, of Glastonbury, May 7, 1761	2	291
Esther, d. W[illia]m & Esther, b. Dec. 22, 1727	LR2	19
Esther, m. Aaron **ROBBARDS**, July 4, 1749	2	210
George, m. Harriet N. **GREENFIELD**, b. of Middletown, Oct. 30, 1838, by Rev. Arthur Granger	3	452
Hannah, d. James, 3rd & Han[na]h, b. Nov. 29, 1751	2	177
Hannah, w. of James, 3rd, d. Feb. 28, 1754	2	177
Henry J., m. Frances A. **NEWELL**, d. of Cha[rle]s A., b. of Middletown, Apr. 10, 1853, by Rev. Jno. Morrison Reid	4	233
James, s. James & Marah, b. Mar. 24, 1691/2	LR1	20
James, s. James & Mary, b. Mar. 24, 1692	LR2	26
James, s. Will[ia]m & Olive, b. Sept. 20, 1712	LR2	19
James, m. Abigail **BEVIN**, Apr. 8, 1714	LR2	26
James, s. James & Abigail, b. July 27, 1723; d. Apr. 22, 1727	LR2	26
James, 2d, s. James & Abigail, b. Oct. 13, 1728	LR2	26
James, 3rd, m. Hannah **HILLS**, Mar. 22, 1749	2	177
James, 3rd, m. Susannah **BUNCE**, Dec. 24, 1754	2	177
James, s. James & Susannah, b. Nov. 3, 1761	2	177
Jerusha, d. W[illia]m & Esther, b. Feb. 1, 1729/30	LR2	19
John, s. Comfort & Marg[are]t; b. Sept. 26, 1754	2	291
Joseph, s. William & Esther, b. Sept. 25, 1739	LR2	19
Laura, m. Joseph **WILLIAMS**, b. of Portland, Sept. 11, 1842, by Rev. A. M. Osborn	3	491
Lemuel, s. Comfort & Eunice, b. Apr. 9, 1764	2	291
Lucia, d. James, 3rd, & Han[na]h, b. Dec. 3, 1753	2	177
Margaret, d. Comfort & Marg[are]t, b. Aug. 26, 1760; lived about 21 hours; d. Aug. 27, 1760	2	291
Margaret, w. of Comfort, d. Aug., 27, 1760	2	291
Margaret, d. Comfort & Eunice, b. June 9, 1766	2	291
Martha, d. James & Marah, b. Dec. 12, 1688	LR1	20
Martha, d. James & Abigail, b. Feb. 21, 1718/19	LR2	26
Martha, d. James & Abigail, b. Sept. 8, 1738	LR2	26
Mary, d. James & Abigail, b. Dec. 8, 1717	LR2	26
Olive, w. of William, d. Nov. 7, 1719	LR2	19
Olive, d. W[illia]m & Esther, b. Apr. 1, 1737	LR2	19
Olliver, s. W[illia]m & Esther, b. Mar. 27, 1726	LR2	19
Samuell, s. W[illia]m & Esther, b. Apr. 9, 1724	LR2	19
Samuel, s. Comfort & Marg[are]t, b. Jan. 23, 1759	2	291

	Vol.	Page
STANCLIFT, STANDCLIFT, STANLEFT, STONCLIFT STANLIFT, STANCLIFFS, (cont.)		
Sarah, d. James & Marah, b. Dec. 8, 1695	LR1	20
Sarah, d. James & Abigail, b. June 17, 1721; d. July 12, 1748	LR2	26
Sarah, d. James & Hannah, b. Apr. 1, 1750	2	177
Silas*, s. W[illia]m & Esther, b. Oct. 6, 1734 (* correction Josias handwritten in margin of original manuscript by F.F. Starr)	LR2	19
Sollomon, s. W[illia]m & Esther, b. Nov. 24, 1732	LR2	19
Suse, d. James, 3rd, & Susan[na]h, b. Oct. 2, 1755	2	177
Sibbell, d. James & Abigail, b. Mar. 7, 1724/5	LR2	26
Sibbell, m. Daniel **CHILSON**, Oct. 4, 1745	2	59
Sibbel, d. James, 3rd, & Susan[na]h, b. June 1, 1757	2	177
Thankfull, d. James & Abigail, b. Sept. 5, 1734	LR2	26
Thankful, d. James & Susan[na]h, b. Feb. 20, 1761	2	177
Timothy, twin with Christopher, s. Comfort & Eunice, b. Mar. 1, 1762; d. Oct. 3, 1762	2	291
William, s. James & Marah, b. Sept. 25, 1686	LR1	20
William, s. James & Mary, b. Sept. 25, 1687	LR2	26
William, m. Olive **WRIGHT**, wid. of Jonas, Mar. 30, 1710	LR2	19
William, of Middletown, m. Est[h]er **ADDAMS**, of Hartford, Oct. 5, 1721	LR2	19
William, s. W[illia]m & Esther, b. Apr. 3. 1722	LR2	19
STANFORD, Lucretia, of Fairfield, m. Asaph **CHILLSON**, of Middletown, Jan. 17, 1762	2	203
STANDISH, Eunice, d. James & Martha, b. Aug. 12, 1745	1	98
George, s. James & Martha, b. Mar. 5, 1747/8	1	98
James, d. Oct. 3, 1712	LR1	1
James, Jr., m. Martha **WOOD**, Dec. 22, 1737	1	98
Ledia, d. James & Martha, b. Feb. 24, 1739/40; d. Apr. 7, 1740	1	98
Lydia, d. James & Martha, b. Apr. 16, 1743	1	98
Martha, d. James & Martha, b. Sept. 8, 1738	1	98
Rebeckah, d. James & Martha, b. Feb. 6, 1740/1	1	98
Sibbell, m. Daniel **CHILSON**, Oct. 4, 1745	2	55
——, wid. of James, d. Dec. 30, 1712	LR1	1
[**STANFORD**], [see under **STANDFORD**]		
STANLEFT, [see under **STANCLIFT**]		
STANLEY, STANDLEY, Edw[ar]d, laborer, ae. 22, m. Amelia **PRIOR**, ae. 19, b. of Middletown; June 1, 1851, by Rev. B. N. Leach	4	200-1
Edwin, m. Harriet Amelia **PRIOR**, d. of Jonathan N., June 1, 1851, by Rev. B. N. Leach	4	186
George Abraham, s. Geo[rge] W. & Clarissa, b. Oct. 25, 1818, at Wallingford	3	119

	Vol.	Page

STANLEY, STANDLEY, (cont.)

	Vol.	Page
George W., of Wallingford, m. Clarissa **NICHOLS**, of Newtown, Nov. 6, 1817, by Rev. Dan[ie]l Durham, at Newtown	3	119
James, of New York, m. Anna N. **STOW**, of Middletown, July 5, 1836, by Rev. Zebulon Crocker	3	423
Juliette A., m. James S. **LATHROP**, May 2, 1841, by Rev. S. Chamberlain	3	475
Mary, of Farmington, m. Watts **HUBBARD**, of Middletown, Apr. 24, 1746	2	66
Sarah Chauncey, d. Geo[rge] W. & Clarissa, b. Nov. 21, 1822; d. Apr. 10, 1824	3	119
Sarah Chauncey, d. Geo[rge] W. & Clarissa, b. Jan. 4, 1827	3	119

STANNARD, Cha[rle]s S., m. Charlotte **HAWLEY**, b. of Madison,

	Vol.	Page
Nov. 30, 1853, by Rev. E. L. Janes	4	247
Deborah, m. Samuel **GREEN**, June 19, 1721	1	43
Eloisa, m. William A. **BOARDMAN**, May 12, 1824	3	250
George H., of Haddam, m. Harriet Eliza **UPSON**, of Berlin, Nov. 27, 1833, by Rev. B. Creagh	3	389
Mary, m. Geo[rge] **MILLER**, b. of Middletown, May 26, 1853, by Rev. J.L. Dudley	4	248-9
Nathan, of Saybrook, m. Harriet **FRANCES**, of Middletown, May 2, 1836, by Rev. John Cookson	3	422

STANTON, Charles, colored, d. May 25, 1849, ae. 6 | 4 | 130-1

	Vol.	Page
Fanny R., of Middletown, m. Will[ia]m M. **CAMPBELL**, of Haddam, Feb. 19, 1835, by Rev. Jehiel C. Beaman	3	405
Hannah, m. David **HARRIS**, (colored), b. of Middletown, June 20, 1849, by Rev. Townsend P. Abell	4	91
Harriet, ae. 23, m. David **HARRIS**, mariner, colored, ae. 23, b. of Middletown, June 20, 1849, by T. P. Abell	4	120-1
Michael, m. Johanna **CONDON**, Apr. 26, 1853, by Rev. Jno. Brady	4	236
Sam[ue]l V., m. Abigail **COPLES***, b. of Middletown, [Feb.] 14, [1835], by Rev. James Noyes, Jr. (***CAPLES**?)	3	405
Sarah, of Wallingford, m. David **WETMORE**, of Middletown, Sept. 16, 1756	2	6
Sarah, of Wallingford, m. David **WETMORE**, of Middletown, Sept. 16, 1756	2	265

STARK, STARKS, Beulah A., of Middletown, m. Alexander C.

	Vol.	Page
HALL, of Mereden, July 23, 1837, by Rev. Elisha Andrews	3	435
Clarissa, m. Chauncey **EVANS**, Sept. 11, 1842, by Rev. John R. Crane	3	491
Richard K., m. Lucy B. **LATHROP**, Apr. 11, 1847, by Rev. James Floy	3	561

STARKWEATHER, John, Rev., of Bellarica, Mass., m. Mary

	Vol.	Page
STARKWEATHER, (cont.)		
HALL, June 3, 1830, by Rev. John R. Crane	3	350
STARR, STAR, STARRS, [see also **STORRS**], Abigail, d. Joseph		
& Abigail, b. Oct. 10, 1711	LR2	1
Abigail, m. Samuel **HALL**, Aug. 26, 1731	1	7
Abigail, d. Joseph & Sarah, b. Mar. 28, 1738; d. Mar.		
28, 1739	1	5
Abigail, d. Jehos[apha]t & Sarah, b. Nov. 14, 1744	1	98
Abigail, m. Gale **GOODWIN**, Mar. 1, 1765	2	260
Abigail, [d. David & Ruth], [ ]	2	208
Alfred, s. Philip M. **STARR** & Eliza **MORGAN**, b. Sept.		
28, 1801	2	319
Ann, d. Nath[anie]ll & Ann, b. Mar. 19, 1761	2	154
Anna, d. Capt. Dan[ie]ll & Esther, b. Nov. 14, 1743	1	15
Anna, m. Joshua **MILLER**, June 14, 1764	2	147
Anna, d. Nath[anie]ll & Ann, b. May 4, 1757; d. July		
13, 1757	2	154
Ann, d. John & Patience, b. Nov. 13, 1753	2	195
Anne, d. James & Anne, b. Nov. 10, 1769	2	126
Ann Gilbert, d. [Jos[ia]h & Mary], b. Oct. 5, 1790	2	195
Benjamine, s. Comfort, b. Apr. 15, 1679	LR1	16
Benjamin, s. Sam[ue]ll & Elizabeth, b. Jan. 17,		
1726/7	1	26
Benjamin, s. Nath[anie]ll & Ann, b. Mar. 7, 1750/51	2	154
Benjamin, s. Timo[thy] & Eunice, b. June 25, 1755; d.		
Sept. 11, 1756	2	364
Benjamin, s. Timo[thy] & Eunice, b. Aug. 20, 1759; d.		
Dec. 10, 1759	2	364
Benjamin, s. Nath[anie]ll & Ann, d. Aug. 25, 1765, in		
Philadelphia	2	154
Benjamin, s. Elihu & Mary, b. Aug. 30, 1766	2	40
Beverley, s. Jeh[osapha]t, Jr. & Mary, b. Dec. 21, 1788	2	361
Catharine, d. Vine & Sarah, b. Apr. 3, 1792	2	305
Cecelia, m. Samuel **COOPER**, Jan. 27, 1844 (June?)	3	3
Cecelia, m. Samuel **COOPER**, b. of Middletown, June 27,		
1844, by Rev. Horace Hills, Jr., in Christ Church	3	519
Charles, s. Timo[thy] & Mary, b. Feb. 18, 1790	2	269
Charlotte, d. Elihu & Mary, b. Feb. 7, 1765	2	40
Clarissa H., m. Henry C. **PLUMB**, b. of Middletown, Dec.		
11, 1845, by Rev. W. G. Howard	3	543
Comfort, Sr., d. Oct. 18, 1693	LR1	16
Comfort, s. Joseph & Abigail, b. Oct. 20, 1722	LR2	1
Comfort, s. Jehos[apha]t & Sarah, b. June 5, 1749	1	98
Comfort, [twin with Sylvester], s. [Daniel & Mabel],		
b. July 12, 1786	2	144
Comfort, m. Mary **BUTLER**, b. of Middletown, Apr. 29,		
1822, by Rev. Joshua L. Williams	3	99
Comfort, d. Mar. 28, 1829	3	99

	Vol.	Page

STARR, STAR, STARRS, (cont.)

	Vol.	Page
Daniell, s. Comfort, b. June 16, 1689; d. Mar. 10, 1694/5	LR1	16
Daniell, s. Joseph & Abigail, b. Jan. 18, 1700/1	LR2	1
Daniell, m. Esther **SOUTHMAYD**, Feb. 26, 1723/4	1	15
Daniel, s. Daniel & Esther, b. Apr. 8, 1727	1	15
Daniel, s. Capt. Dan[ie]ll & Esther, d. Sept. 2, 1743	1	15
Daniell, s. Nath[anie]ll & Ann, b. July 25, 1749	2	154
Daniel, s. Nath[anie]ll & Ann, d. Sept. 3, 1749	2	154
Daniel, s. W[illia]m & Sarah, b. Aug. 10, 1750	2	101
Daniel, Capt., d. Aug. 21, 1752	1	15
Daniel, s. Jos[eph] & Priscilla, b. Apr. 8, 1759	1	40
Daniel, m. Mabel **BOW**, b. of Middletown, Mar. 25, 1773	2	144
Dan[ie]l, s. Dan[ie]l & Mabel, b. May 6, 1779	2	144
Daniel, s. Dan[ie]l & Mabel, d. Oct. 20, 1800	2	144
David, s. Tho[ma]s & Thankfull, b. Mar. 21, 1738/9	2	144
David, m. Ruth **MOORE**, Feb. 27, 1760	2	208
David, s. David & Ruth, b. Oct. 8, 1775	2	208
Diana, d. David & Ruth, b. Nov. 15, 1771	2	208
Duncan, s. W[illia]m D., printer, ae. 50, & Susannah C., ae. 43, b. Aug. 18, 1848	4	108-9
Eben[eze]r T., m. Almira S. **BABCOCK**, Aug. 17, 1842	3	413
Ebenezer Townsend, s. [Nathan & Grace], b. Aug. 18, 1816	3	413
Edward Pomeroy, [s. Nathan & Grace], b. July 19, 1832; d. Oct. 12, 1835	3	413
Edwin, s. Timo[thy], Jr. & Mary, b. July 9, 1787	2	269
Elihu, s. Sam[ue]l & Eliza[bet]h, b. Jan. 15, 1735/6	1	26
Elihu, m. Mary **BIRDSEY**, Dec. 16, 1756	2	40
Elihu, s. Elihu & Mary, b. Mar. 6, 1757	2	40
Elihu W. N., m. Harriet Wetmore **BUSH**, May 27, 1840	3	413
Elihu Will[ia]m Nathan, s. Nathan & Grace, b. Aug. 10, 1812	3	413
Elihu William Nathan, s. Nathan & Grace S., of Middletown, m. Harriet Wetmore **BUSH**, d. of John C. & Julia, of Ogdensburgh, N.Y., May 27, 1840, at Ogdensburgh, N.Y.	4	40
Elizabeth, d. Joseph & Abigail, b. Nov. 11, 1715	LR2	1
Elizabeth, d. Sam[ue]ll & Eliz[abet]h, b. Feb. 4, 1733/4	1	26
Elizabeth, m. Charles **HAMLIN**, Dec. 18, 1735	1	83
Elizabeth, of Middletown, m. Will[ia]m **REDFIELD**, of Guilford, June 8, 1755	2	357
Elizabeth, d. Sam[ue]ll & Chloe, b. Jan. 9, 1761	2	168
Elizabeth, w. [Sam[ue]ll], d. Aug. 26, 1768	1	26
Elizabeth, d. David & Ruth, b. Dec. 17, 1769	2	208
Elizabeth, d. Daniel & Mabel, b. Jan. 1, 1776; d. Feb. 12, 1776	2	144

	Vol.	Page
STARR, STAR, STARRS, (cont.)		
Elizabeth, 2d, d. Daniel & Mabel, b. Jan. 8, 1777	2	144
Elizabeth, m. William **STARR**, Dec. 27, 1781, [by] Rev. Mr. Huntington	2	365
Ellen Mary, twin with Mary Ellen, d. W[illia]m D. & Ruth A., b. Feb. 12, 1832	3	120
Emily Helen, d. [Nathan & Grace], b. June 5, 1820	3	413
Emily Helen, [d. Nathan & Grace], m. Samuel H. **WARD**, Nov. 25, 1839	3	413
Emily Helen, of Middletown, m. Samuel Henry **WARD**, of East Windsor, Nov. 25, 1839, by Rev. Samuel Farmer Jarvis, at the house of Mr. Nathan Starr	3	462
Emily W., m. Luther **BOWERS**, 2d, Nov. 1, 1841, by Rev. John R. Crane	3	484
Ephraim, s. Joseph & Priscilla, b. June 9, 1745	1	40
Esther, d. Daniel & Esther, b. Jan. 10, 1732/3	1	15
Esther, d. Capt. Dan[ie]ll & Esther, d. Oct. 28, 1747	1	15
Esther, d. W[illia]m & Sarah, b. Dec. 2, 1748	2	101
Esther, m. Jonathan **HUBBARD**, blacksmith, Sept. 8, 1768	2	114
Eunice, d. Timo[thy] & Eunice, b. June 12, 1762	2	364
Fanny, m. Samuel **GAYLORD**, Mar. 5, 1814	3	16
Frances Almira, d. W[illia]m D. & Ruth A., b. May 2, 1825	3	120
Frank Farnsworth, [s. Elihu William Nathan & Harriet Wetmore], b. Nov. 11, 1852	4	40
Frederick B., m. Fanny **KIRBY**, Oct. 30, 1855	3	413
Fred[eric]k Barnard, s. [Nathan & Grace], b. July 2, 1829; d. Apr. 13, 1863, in Cromwell	3	413
George, s. Jehoshaphat & Sarah, b. Nov. 26, 1740	1	98
George Washington, twin with Martha Dandridge, s. James & Anne, b. Jan. 24, 1777; d. Apr. 26, 1778	2	126
Giles, s. Jos[eph] & Sarah, b. Feb. 4, 1723/4	1	5
Giles, s. Joseph, 3rd, & Tabitha, b. Jan. 1, 1753	2	279
Giles, s. Joseph, 3rd, & Tabitha, d. July 27, 1753	2	279
Grace, d. Sam[ue]ll & Eliz[abet]h, b. Jan. 28, 1739/40	1	26
Grace Ann, d. [Nathan & Grace], b. Mar. 20, 1822	3	413
Grace Ann, 1st, [d. Nathan & Grace], d. Oct. 3, 1822	3	413
Grace Ann, 2d, [d. Nathan & Grace], b. Aug. 16, 1823	3	413
Grace Ann, d. of Nathan, m. Charles **DYER**, Jr., b. of Middletown, Aug. 15, 1848, by Rev. Samuel Farmer Jarvis	4	37
Grace Ann, m. Charles **DYER**, ivory, b. of Middletown, Aug. 15, 1848, by S. F. Jarvis	4	120-1
Grace Ann, 2d, [d. Nathan & Grace], m. Ja[me]s **PECK**, Sept. 7, 1859	3	413
Grace Ann, 2d, [d. Nathan & Grace], m. Cha[rle]s **DYER**, Jr., [ ]	3	413
Grace T., [w. of Nathan], d. Oct. 16, 1856, ae. 67 y.	3	413

	Vol.	Page
STARR, STAR, STARRS, (cont.)		
Grace Townsend, d. [Elihu William Nathan & Harriet Wetmore], b. Apr. 21, 1857	4	40
Han[n]a[h], d. Comfort, b. Mar. 24, 1673/4	LR1	16
Hannah, m. John **SAGE**, Jan. 10, 1693	LR2	2
Hannah, d. Joseph & Priscilla, b. Mar. 28, 1752	1	40
Hannah, d. Joseph & Priscilla, d. Apr. 19, 1752	1	40
Hannah, d. Sam[ue]ll & Chloe, b. Aug. 13, 1764	2	168
Harriet, of Middletown, m. Simeon S. **JOCELYN**, of New Haven, Nov. 18, 1822, by Rev. John R. Crane	3	111
Harriet Lucy, d. Comfort & Mary (**BUTLER**), b. Feb. 27, 1824	3	99
Henry, twin with Richard, s. Timo[thy], Jr. & Mary, b. Mar. 26, 1785	2	269
Henry, [s. Nathan & Grace], b. June 28, 1818	3	413
Henry, 1st, [s. Nathan & Grace], d. Oct. 2, 1819	3	413
Henry B., s. E.W.N., manufacturer, ae. 36, & Harriet W.B., ae. 33, b. June 3, 1848	4	44-5
Henry Barnard, s. [Elihu William Nathan & Harriet Wetmore], b. June 3, 1848	4	40
Henry W., m. Mary E. **MERRIFIELD**, Dec. 11, 1855	3	413
Henry Ward, s. [Nathan & Grace], b. May 30, 1826	3	413
Jabez, s. Jehoshaphat & Sarah, b. Aug. 14, 1738	1	98
James, s. Sam[ue]ll & Eliz[abet]h, b. Nov. 1, 1742	1	26
James, s. Nath[anie]ll & Ann, b. Jan. 25, 1753	2	154
James, m. Anna **KENT**, Oct. 20, 1768	2	126
James Fosdish, s. Timo[thy], Jr. & Mary, b. Mar. 14, 1783	2	269
Jehosephat, s. Joseph & Abigail, b. Sept. 20, 1718	LR2	1
Jehoshaphat, m. Sara **STOW**, Nov. 24, 1737	1	98
Jehoshaphat, s. Jehos[hapha]t & Sarah, b. Aug. 4, 1751	1	98
Jerusha, m. George **WRIGHT**, b. of Middletown, Nov. 23, 1825, by Rev. E. Washburn	3	218
Jesse, s. [Daniel & Mabel], b. Jan. 28, 1782	2	144
John, s. Daniel & Esther, b. Feb. 5, 1724/5	1	15
John, m. Patience **MILLER**, Feb. 14, 1750/1	2	195
John, d. Dec. 24, 1753	2	195
John, s. W[illia]m & Sarah, b. Apr. 10, 1761	2	101
John, s. Elihu & Mary, b. Mar. 22, 1768	2	40
John, s. Josiah & Mary, b. Aug. 16, 1774	2	195
John Birdsey, s. Elihu & Mary, d. Sept. 5, 1778	2	40
John Kent, s. James & Anne, b. Aug. 30, 1771	2	126
Jonathan, s. Joseph & Sarah, b. Sept. 18, 1735	1	5
Joseph, s. Comfort, b. Sept. 23, 1676	LR1	16
Joseph, m. Abigail **BOLDON***, June 24, 1697 (***BALDWIN**)	LR2	1
Joseph, s. Joseph & Abigail, b. Sept. 6, 1698	LR2	1
Joseph, m. Sarah **SOUTHMAYD**, Feb. 17, 1718/19	1	5

	Vol.	Page
STARR, STAR, STARRS, (cont.)		
Joseph, s. Jos[eph] & Sarah, b. Mar. 22, 1725/6	1	5
Joseph, m. Prescilla **ROPER**, Feb. 25, 1742	1	40
Joseph, 3rd, m. Tabitha **THAYRE**, Jan. 23, 1752	2	279
Josiah, s. Dan[ie]ll & Esther, b. Nov. 20, 1734	1	15
Josiah, s. Capt. Dan[ie]ll & Esther, d. Sept. 10, 1743	1	15
Josiah, s. John & Patience, b. Jan. 27, 1752	2	195
Josiah, m. Mary **WARNER**, Nov. 24, 1773	2	195
Josiah, s. Josiah & Mary, b. July 23, 1779; d. June 29, 1780	2	195
Josiah, 2d, s. [Jos[ia]h & Mary], b. July 22, 1786	2	195
Julia Wetmore, d. [Elihu William Nathan & Harriet Wetmore], b. Dec. 20, 1843; d. Aug. 24, 1845	4	40
Justus, s. Timo]thy] & Eunice, b. July 23, 1757	2	364
[Lewis], see under Luis		
Lucia; d. Jehosphaphat & Sarah, b. Mar. 26, 1743	1	98
Lucia, d. Sam[ue]ll & Chloe, b. Aug. 13, 1762	2	168
Lucretia, d. Jos[eph] & Priscilla, b. Apr. 1, 1743	1	40
Lucy, d. [Daniel & Mabel], b. Jan. 27, 1784	2	144
Luis, s. David & Ruth, b. Mar. 9, 1784	2	208
Mabel, d. Daniel & Mabel, b. Aug. 10, 1774	2	144
Margaret Almira, d. W[illia]m D. & Ruth A., b. Nov. 1, 1823; d. Nov. 5, 1824	3	120
Margaret Maria, d. W[illia]m D. & Ruth A., b. Dec. 29, 1826	3	120
Martha Dandridge, twin with George Washington, d. James & Ann, b. Jan. 24, 1777	2	126
Martha M., m. John L. **LEWIS**, Sept. 23, 1799	3	5
Martha M., d. May 7, 1848, ae. 71	4	68-9
Mary, m. Joseph **RAN[N]EY**, Jan. [ ], 1693	LR2	3
Mary, d. Sam[ue]ll & Eliz[abeth], b. Aug. 20, 1728	1	26
Mary, m. Stephen **WARNER**, Feb. 9, 1748/9	2	169
Mary, d. Nath[anie]ll & Ann, b. Apr. 6, 1755	2	154
Mary, d. Elihu & Mary, b. Apr. 30, 1759	2	40
Mary, d. David & Ruth, b. Jan. 24, 1774	2	208
Mary, d. Josiah & Mary, b. Aug. 21, 1777	2	195
Mary, m. Henry S. **WARD**, Oct. 25, 1824, by Rev. John R. Crane	3	179
Mary, m. Samuel B. **NORTH**, Nov. 28, 1838, by Rev. Dwight M. Seward, of New Britain	3	455
Mary A., m. James S. **PARMELEE**, Aug. 8, 1843, by Rev. John R. Crane	3	503
Mary Ann, m. Cha[rle]s **DYRE**, Sept. 18, 1822, by Rev. B. G. Noble	3	108
Mary E., m. Hamilton **BREWER**, of East Hartford, May 11, 1841, by Rev. John R. Crane	3	475
Mary Elizabeth, d. Comfort & Mary (**MILLER**), b. May 14,		

	Vol.	Page
STARR, STAR, STARRS, (cont.)		
1811	3	99
Mary Elizabeth, 2d, d. Nathan & Grace, b. Jan. 31, 1815	3	413
Mary Elizabeth, 2d, [d. Nathan & Grace], m. Dr. Hamilton **BREWER**, May 11, 1841	3	413
Mary Elizabeth, [d. Nathan & Grace], b. [ ], at New Haven; d. when about 4 mos. old	3	413
Mary Ellen, twin with Ellen Mary, d. W[illia]m D. & Ruth A., b. Feb. 12, 1832, d. Apr. 2, 1832	3	120
Nathan, s. Jos[eph] & Priscilla, b. Apr. 14, 1755	1	40
Nathan, m. Polly **POMEROY**, July 5, 1781	2	135
Nathan, s. [Nathan & Polly], b. Feb. 20, 1784	2	135
Nathan, s. Nathan & Polly, b. Feb. 20, 1784; m. Grace **TOWNSEND**, June 25, 1810	3	413
Nathan, Sr., d. July 29, 1821	2	135
Nathan, d. Aug. 31, 1852, ae. 68	3	413
Nathan, Jr., m. Polly [**POMROY**], [ ] (Arnold Copy has "Nathan **STOW**")	2	280
Nathaniell, s. Joseph & Abigail, b. June 19, 1709	LR2	1
Nath[anie]ll, of Middletown, m. Ann **RICE**, of New London, Oct. 13, 1748	2	154
Nath[anie]ll, s. Nath[anie]ll & Ann, b. Apr. 16, 1759	2	154
Patience, d. Sam[ue]ll & Chloe, b. Aug. 8, 1757	2	168
Patience, m. John **ROGERS**, Nov. 22, 1757	2	120
Patience, m. Jacob **HALL**, Nov. 9, 1784	2	247
Patte, d. David **STARR** & Ruth **MOORE**, b. Dec. 8, 1759	2	208
Patte, d. David & Ruth, d. June 6, 1771	2	208
Philip, s. Philip M. & Eliz[abet]h, b. July 2, 1820	3	27
Polly, d. [Nathan & Polly], b. May 19, 1786	2	135
Polly, w. [Nathan, Sr.], d. May 25, 1825	2	135
Polly, [d. Nathan & Polly], m. Henry S. **WARD**, [ ]; d. May 9, 1867	2	135
Polly Pons, d. Timo[thy], Jr. & Mary, b. Apr. 27, 1781	2	269
Polly Pons, m. Samuel **GAYLORD**, Apr. 4, 1805	3	16
Priscilla, d. Joseph & Priscilla, b. Sept. 6, 1750	1	40
Rachell, d. Comfort, b. Dec. 23, 1681	LR1	16
Rebeckah, d. Joseph & Sarah, b. June 8, 1733	1	5
Rebeckah, m. Thomas **TYLER**, July 27, 1753	2	351
Richard, twin with Henry, s. Timo[thy], Jr. & Mary, b. Mar. 26, 1785	2	269
Robert Wetmore, s. [Elihu William Nathan & Harriet Wetmore], b. Feb. 14, 1846; d. May 23, 1847	4	40
Ruth, d. Sam[ue]ll & Eliz[abet]h, b. Mar. 27, 1738	1	26
Ruth, d. David & Ruth, b. June 13, 1761	2	208
Ruth, d. Elihu & Mary, b. Sept. 16, 1762	2	40
Ruth, d. Elihu & Mary, d. Oct. 13, 1766	2	40
Ruth, d. Elihu & Mary, b. Aug. 8, 1770	2	40
Samuell, s. Joseph & Abigail, b. Jan. 5, 1703/4	LR2	1

STARR, STAR, STARRS, (cont.)

	Vol.	Page
Samuel, m. Elizabeth **FARRIE***, Aug. 20, 1724 (*Starr Genealogy gives the name "**DE JERSEY**")	1	26
Samuel, s. Sam[ue]ll & Elizabeth, b. Apr. 22, 1725	1	26
Samuel, m. Chloe **CRUTTENDEN**, May 31, 1748	2	168
Samuel, s. Sam[ue]ll & Chloe, b. Oct. 13, 1751; d. Aug. 19, 1756	2	168
Samuel sailed from New London for West Indies Nov. 30, 1765 and was not heard of; supposed to be lost at sea	2	168
Samuel, s. Sam[ue]ll & Chloe, b. June 13, 1766	2	168
Samuel, m. Sarah **WARD**, wid., of Capt. James, Oct. 30, 1768	1	26
Samuel, d. July 27, 1778	1	26
Samuel, m. Sarah **BARNES**, Apr. 11, 1789	2	249
Samuel had negro Hagar, d. Jenny, b. Oct. 5, 1796; Lydia, d. Jenny, b. May 10, 1799; Violet, d. Jenny, b. May 15, 1804	2	367
Samuel, of Middletown, m. Martha **WRIGHT**, of Northampton, Nov. 28, [1822], by Rev. Stephen Hayes	3	115
Samuel, m. Elizabeth **SHEPARD**, b. of Middletown, Aug. 19, 1844, by Rev. Moses Stoddard	3	520
Samuel Joseph, s. W[illia]m D. & Ruth A., b. June 13, 1835	3	120
Samuel Moore, s. David & Ruth, b. Nov. 1, 1765	2	208
Sarah, d. Jos[eph] & Sarah, b. July 12, 1721/2	1	5
Sarah, w. of Joseph, d. June 3, 1740	1	5
Sarah, d. Jehos[apha]t & Sarah, b. Nov. 16, 1746	1	98
Sarah, m. Joseph **GLEASON**, June 28, 1747	2	98
Sarah, d. W[illia]m & Sarah, b. Feb. 15, 1755	2	101
Sarah, d. W[illia]m & Sarah, d. Feb. 3, 1758	2	101
Sarah, d. W[illia]m & Sarah, b. May 1, 1759	2	101
Sarah, d. Elihu & Mary, b. Oct. 11, 1760	2	40
Sarah, d. Nath[anie]ll & Ann, b. Apr. 8, 1763	2	154
Sarah, m. Jacob **GOODWIN**, Sept. 23, 1764	2	261
Sarah, d. David & Ruth, b. Dec. 21, 1767	2	208
Sarah, m. Joseph **CONE**, May 20, 1774	2	345
Sarah, m. Zebediah **LATHROP**, of Norwich, Dec. 11, 1783	2	188
Sarah, d. May 20, 1848, ae. 88	4	70-1
Sarah W., d. Beverly & Catharine, m. David D. **PARMELEE**, Sept. 1, 1829, by Rev. N. Smith, at Southbury, Conn.	3	122
Seth, s. Dan[ie]ll & Esther, b. Feb. 24, 1739/40; d. Aug. 28, 1743	1	15
Seth, s. W[illia]m & Sarah, b. Sept. 25, 1763	2	101
Sophia Butler, d. [Comfort & Mary (**BUTLER**)], b. Nov. 26, 1826	3	99

	Vol.	Page
STARR, STAR, STARRS, (cont.)		
Southmayd, s. Joseph & Sarah, b. Oct. 17, 1730	1	5
Stephen Warner, s. Jos[ia]h & Mary, b. June 18, 1781	2	195
Susannah, d. W[illia]m & Sarah, b. Aug. 13, 1752	2	101
Susannah, m. Charles **PLUM**, b. of Middletown, June 19, 1769	2	157
Susanna, d. Nathan & Polly, b. Apr. 19, 1782	2	135
Susanna, m. Henry **CARRINGTON**, [ ]; d. Sept. 6, 1825	2	135
Sibbell, d. Joseph & Priscilla, b. Apr. 8, 1744	1	40
Sylvester, [twin with Comfort], s. [Daniel & Mabel], b. July 12, 1786	2	144
Tabitha, d. Jos[eph], 3rd, & Tabitha, b. June 13, 1754	2	279
Tabitha, m. Joseph **JOHNSON**, Sept. 16, 1775	2	347
Thankful, m. John **WARD**, Jr., Feb. 14, 1750	2	185
Thankfull, d. David & Ruth, b. Dec. 17, 1779	2	208
Thomas, s. Comfort, b. Sept. 7, 1684	LR1	16
Thomas, s. Joseph & Abigail, b. Sept. 14, 1706	LR2	1
Thomas, d. Dec. 31, 1746, at Cape Britain	2	144
Thomas, s. Joseph & Priscilla, b. Apr. 21, 1753	1	40
Thomas, s. David & Ruth, b. Oct. 2, 1763	2	208
Thomas, laborer, d. July 7, 1849, ae. 87 (Perhaps Thomas **STOW**?)	4	130-1
Timothy, s. Sam[ue]ll & Eliz[abeth], b. Dec. 24, 1730	1	26
Timothy, m. Eunice **PARSONS**, June 4, 1752	2	364
Timothy, s. Timothy & Eunice, b. Apr. 16, 1753	2	364
Timothy, Jr. m. Mary **FOSDISH** *, Aug. 20, 1780 (***FOSDICK**)	2	269
Vine, m. Sarah **BLAGUE**, Oct. 29, 1787	2	305
William, s. Jos[eph] & Sarah, b. Aug. 13, 1728; d. Mar. 30, 1728(?)	1	5
William, s. Daniel & Esther, b. Jan. 2, 1729/30	1	15
William, m. Sarah **ROBBERDS**, Oct. 8, 1747	2	101
William, s. W[illia]m & Sarah, b. Jan. 31, 1757	2	101
William, s. Jos[eph] & Priscilla, b. Mar. 9, 1757	1	40
William on Aug. 4, 1763 went to sea and was never heard of since	2	101
William, m. Elizabeth **STARR**, Dec. 27, 1781, [by] Rev. Mr. Huntington	2	365
Will[ia]m, s. [Nathan & Polly], b. May 29, 1788	2	135
William s. [Nathan & Polly], d. June 22, 1807	2	135
William D., m. Susannah C. **WILCOX**, b. of Middletown, Jan. 12, 1842, by Rev. Frederick Wightman	3	485
W[illia]m D., m. Ruth A. **WILCOX**, Feb. 9, 1823, by Rev. Fred[eric]k Wightman	3	120
William Edward, s. [Elihu William Nathan & Harriet Wetmore], b. Aug. 3, 1841	4	40

	Vol.	Page
STARR, STAR, STARRS, (cont.)		
William John, s. W[illia]m D. & Ruth A., b. Dec. 19, 1829	3	120
-----, d. Joseph & Abigail, b. Apr. 10, 1714; d. Apr. 26, 1714	LR2	1
STEARNS, STEARNES, STERN, Anna*, m. Joshua **MILLER**, June 14, 1764 (*Probably **STARR**")	2	147
Edwin, m. Maria **BREWER**, Apr. 17, 1828, by Rev. John R. Crane	3	302
Ellen Maria, twin with Sarah Dutton, d. Samuel, merchant, ae. 48, & Sarah, ae. 37, b. Jan. 2, [1848]	4	44-5
Helm* M., d. Aug. 9, 1849, ae. 1 y. 7 m. (*Helen?)	4	172-3
Sam[ue]l, m. Sarah **COOK**, Oct. 10, 1833, by Rev. John R. Crane	3	387
Sarah D., d. Aug. 9, 1849, ae. 1 y. 7 m.	4	172-3
Sarah Dutton, twin with Ellen Maria, d. Samuel, merchant, ae. 48, & Sarah, ae. 37, b. Jan. 2, [1848]	4	44-5
William, m. Anna **MILLER**, b. of Middletown, Sept. 2, 1830, by Rev. Thomas Branch	3	352
STEBBINS, STEBBENS, Abigail, m. Oliver **PRIOR**, Jan. 15, 1811	3	11
Catharine, ae. 27, b. in Cazenovia, N.Y., res. Middletown, m. John H. **WATKINSON**, bank pres., ae. 36, of Middletown, Feb. 13, 1851, by Rev. Albert Smith	4	202-3
Newbury, quarryman, b. in Warehouse Point, res. Middletown, d. June 3, 1850, ae. 46	4	176-7
Persis, d. Luke & Sarah, b. Nov. 28, 1760	2	292
STEDMAN, STIDMAN, Cha[rle]s Ja[ma]s, of Norwich, m. Emily T. **BARNES**, d. of Jonathan, of Middletown, May 17, 1854, by Rev. Ja[me]s B. Crane	4	257
John, m. Mary **ADKINS**, Oct. 24, 1725	1	19
John, d. Jan. [ ], 1740	1	19
Mary, wid. of John, d. July 11, 1755	1	19
Mary, d. Tho[ma]s & Hannah, b. July 24, 1776	2	146
Nathan R., of Hartford, m. Sarah **BELDEN**, of Middletown, Sept., 18, 1837, by Rev. Zebulon Crocker	3	437
Thomas, late of Groton, now of Middletown, m. Hannah **ADKINS**, of Middletown, Jan. 26, 1775	2	146
STEELE, STEEL, Catharine, d. William H., tailor, ae. 28, & Esther M., ae. 26, b. Feb. 5, [1848]	4	42-3
Chauncey, of Berlin, m. Nancy **POTTER**, of Middletown, Oct. 18, 1835, by Rev. J. Goodwin	3	414
Horace, of Berlin, m. Laura **POST**, of Middletown, July 24, 1850, by Rev. Geo[rge] A. Bryan	4	145
Horace, farmer, ae. 70, m. Laura **POST**, ae. 50, July 24, 1850	4	170-1
Jonathan, s. Jona[tha]n & Bethiah, b. Apr. 9, 1761	2	58

	Vol.	Page
STEELE, STEEL, (cont.)		
Kate S., d. May 18, 1849, ae. 15 m.	4	130-1
William H., of Berlin, m. Esther M. **SMITH**, of Middletown, Mar. 1, 1843, by Rev. Merrett Sanford	3	501
STEPHENS, [see under **STEVENS**]		
STEUBEN, Fred[eric]k W., of Steuben, N.Y., m. Sarah **CROWELL**, of Middletown, Nov. 7, 1832, by Rev. John Cookson	3	376
STEVENS, STEAVENS, STEPHENS, Aaron, s. Tho[ma]s & Abigail, b. Apr. 25, 1728	LR2	8
Aaron, s. Tho[ma]s & Abigail, b. [ ]	LR2	8
Aaron, [s. Tho[ma]s & Abigail], d. [ ]	LR2	8
Alpha R., of Weathersfield, m. John C. **SELDEN**, of Chatham, Oct. 26, 1834, by Rev. John R. Crane	3	402
Amanda A., m. Samuel **COE**, [Sept.] 24, [1845], by Rev. W. G. Howard	3	537
Austin K., s. of Richard, of Westbrook, m. Elizabeth **SMITH**, d. of Ansel, of Middletown, May 14, 1854, by Rev. Lester Lewis	4	252
Catherine L., d. John, gunsmith, & Cordelia, b. May 7, 1848	4	54-5
Charles, m. Sarah Ann **ADDIS**, b. of Middletown, Mar. 27, 1844, by Rev. J. Goodwin	3	513
Corena A., d. David D., laborer, ae. 34, & Cornelia S., ae. 26, b. Nov. 5, 1848	4	112-3
Cynthia, m. William F. **PHILLIPS**, b. of Middletown, May 15, 1842, by Rev. J. Goodwin	3	488
David, of Weathersfield, m. Nancy S. **SMITH**, of Lyme, Apr. 25, 1830, by Rev. John Cookson	3	348
Edgar W., s. Davis*, mechanic, ae. 47, & Nancy, ae. 43, b. June 26, [1847] (*David?)	4	50-1
Elihu, of Weathersfield, m. Julia **HALE**, of Middletown, Apr. 15, 1827, by Rev. Fred[eric]k Wightman	3	269
Elijah, of Deep River, s. of Elijah, of Middletown, m. Mary B. **JOHNSON**, d. of Jehiel & Betsey, of Middletown, Dec. 3, 1848, by Rev. B. A. Leach	4	80
Elisha, m. Martha M. **DAVIS**, b. of Middletown, May 3, 1836, by Rev. John Cookson	3	422
Elizabeth, m. Isaac S. **SANFORD**, Sept. 14, 1826, by Rev. John R. Dodge	3	246
Emily, m. Benjamin N. **ADDIS**, b. of Middletown, Apr. 29, 1827, by Rev. Fred[eric]k Wightman	3	268
Fanny, d. of Elisha, of Middletown, m. Edwin B. **BUTLER**, s. of Horace, of New Britain, Dec. 3, 1850, by Rev. B. N. Leach	4	178
Frank E., s. Sylvanus, stone cutter, ae. 39, & Clarissa, ae. 29, b. May 5, 1849	4	108-9
Hannah, d. Thomas & Abigail, b. Mar. 18, 1722/3	LR2	8

	Vol.	Page

STEVENS, STEAVENS, STEPHENS, (cont.)

	Vol.	Page
Harriet M., d. of Nathaniel, of Rocky Hill, m. Hanson R. **BATES**, s. Anson & Sabra(?), of East Haddam, Oct. 28, 1849, by Rev. B. N. Leach	4	93
Isabella Ellenear, d. Elisha, manufacturer, ae. 36, & Susan, ae. 22, b. July 12, 1849	4	112-3
Jane, of New Haven, m. Benjamin **ADKINS**, of Middletown, June 8, 1709	LR2	15
John, s. Tho[ma]s & Abigaill, b. Sept. 3, 1731	LR2	8
Julia Ann, d. of John, of Middletown, m. Jonathan Edwards **SMITH**, of Haddam, Dec. 19, 1850, by Rev. Geo[rge] A. Bryan	4	179
Justus R., of Rocky Hill, m. Elizabeth E. **BAILEY**, of Middletown, Apr. 10, [1848], by Rev. James Hepburn	4	31
Justus R., farmer, ae. 22, of Middletown, m. Elizabeth E. **BAILEY**, ae. 18, Apr. 10, 1848, by Rev. James Hepburn	4	66-7
Keziah, d. George & Eliz[abet]h, b. Oct. 16, 1754	2	54
L.M., ae. 18, of Middletown, m. Luther **BOWERS**, shoemaker, ae. 28, b. in Middletown, res. Berlin, Nov. [ ], 1849, by Rev. F. J. Goodwin	4	166-7
Loren B., m. Cornelia A. **BAILEY**, Apr. 6, 1843, by Rev. Daniel Smith	3	501
Luceba E., d. Justus R., farmer, ae. 24, & Elizabeth E., ae. 21, b. Feb. 15, 1850	4	162-3
Luther H., d. Sept. 13, 1850, ae. 1	4	174-5
Mary K., of Middletown, m. George W. **PATTEN**, of Portland, Feb. 20, 1853, by Rev. Jno. Morrison Reid	4	233
Mary L., of Middletown, m. Luther **BOWERS**, 2d, of Berlin, Nov. 26, 1849, by Rev. Frederic J. Goodwin	4	94
Nathaniel, m. Lois **CAMP**, Mar. 20, 1764	2	235
Nehemiah, of Weathersfield, m. Christina **MINOR**, of Middletown, Dec. 9, 1824, by Rev. W[illia]m Bentley	3	190
Neh[emia]h, m. Sophia **SAVAGE**, b. of Middletown, [Apr.] 7, [1835], by Rev. George B. Atwell	3	409
Robert, s. Thomas & Abigail, b. Feb. 25, 1732/3	LR2	8
Rosetta, m. Worden J. **CUNNINGHAM**, Oct. 19, 1823, by J. Stow, J.P., at his house	3	135
Sarah, m. William **MILES**, May 29, 1764	2	303
Sarah, of Berlin, m. Joseph **SMITH**, of Middletown, June 7, [1846], by Rev. James Hepburn, at his house	3	551
Sarah M., m. Francis F. **VANDUSEN**, b. of Middletown, Feb. 9, 1851, by Rev. Frederic J. Goodwin	4	181
Susan W., m. Julius C. **HARRIS**, Sept. 15, 1833, by Rev. John R. Crane	3	385
Thomas, d. Sept. 9, 1714	LR1	2
Thomas, m. Abigaill **BROWN**, Oct. 4, 1720	LR2	8
Thomas, s. Thomas & Abigail, b. July 16, 1725	LR2	8

	Vol.	Page
STEVENS, STEAVENS, STEPHENS, (cont.)		
Welcome B., s. Charles, farmer, ae. 22, & Sarah Ann, ae. 37, b. Feb. 11, 1848	4	56-7
William, s. Elihu, farmer, b. Dec. 6, 1847	4	54-5
STEVENSON, Elizabeth, m. William **KESSAN**, b. of Middletown, Apr. 23, 1730	1	51
Elizabeth, d. James & Margaret, b. Sept. 2, 1742	1	117
James, of Middletown, m. Margaret **LOWDEN**, of Lester, Feb. 13, 1739/40	1	117
James, s. James & Margaret, b. May 4, 1746	1	117
John, m. Susanna **SAVAGE**, Dec. 24, 1735	1	87
John, s. Jno. & Susanna, b. Apr. 13, 1742	1	87
John, s. Jno. & Susanna, d. May 11, 1742	1	87
Margaret, d. James & Margaret, b. Aug. 28, 1744	1	117
Mary, d. James & Margaret, b. June 28, 1748	1	117
Rob[er]t, s. Jno. & Susanna, b. Dec. 31, 1736	1	87
Thomas, s. Jno. & Susanna, b. May 11, 1740	1	87
Thomas, s. James & Margaret, b. Nov. 17, 1740	1	117
STEWART, [see under **STUART**]		
STICKER, [see also **STOCKER**], Mary, m. George **CREEMER**, Feb. 6, 1748, in Germany	2	116
STICKNEY, Amenia F.H., d. Sept. 25, 1848, ae. 2 y. 6 m.	4	134-5
STILLMAN, Helen T., d. Edwin, rulemaker, ae. 42, & Mary, ae. 45, b. May 25, 1849	4	108-9
Henry M., m. Martha J. **SMITH**, d. of Jonathan, b. of Middletown, Nov. 24, 1853, by Rev. E. L. Janes	4	246
Huldah, of Weathersfield, m. William **SUMNER**, of Middletown, Sept. 9, 1756	2	246
Mary Jane, m. James Henry **TAYLOR**, Nov. 12, 1848, by Rev. F. J. Goodwin	4	39
Mary Jane, taileress, ae. 20, of Middletown, m. James H. **TAYLOR**, tailor, ae. 24, in Kingston, N.C., res. Middletown, Nov. 12, 1848, by Fred J. Goodwin	4	120-1
Sarah K., d. of Edwin, m. Albert Jackson **SPENCER**, s. of Dennison A., b. of Middleton, Sept. 5, 1852, by Rev. Frederic J. Goodwin	4	216
STOCKER, [see also **STICKER**], John, m. Mary **HALL**, Dec. 27, 1749	2	287
Mary*, [wid. of John], m. Nathaniel **CHAUNCEY**, [ ] (*Written in pencil)	2	287
STOCKING, STOCKIN, STOCKINE, Abigail, m. Thomas **GOODWIN**, Jr., Oct. 27, 1756	2	62
Abner, s. George & Marcy, b. Apr. 1, 1730	1	43
Abner, m. Ruth **HIGGINS**, Feb. 8, 1749/50	2	105
Abner, s. Abner & Ruth, b. Jan. 2, 1753	2	105
Abraham, s. Joseph & Sarah, b. Sept. 26, 1754	2	193
Amasa, s. Abner & Ruth, b. Dec. 24, 1763	2	105
Amos, s. Stephen & Elizabeth, b. Aug. 7, 1736	1	24

	Vol.	Page
STOCKING, STOCKIN, STOCKINE, (cont.)		
Amos, s. Joseph & Sarah, b. July 17, 1764	2	193
Benjamin, s. Sam[ue]l & Abiel, b. July 1, 1732	1	30
Bethia, d. Samuell & Bethya, b. Oct. 10, 1658	LR1	41
Bethia, m. Thomas **STOW**, Oct. 16, 1675* (*Entire entry written in pencil)	LR1	34
Bethiah, d. George & Elizabeth, b. Apr. 12, 1703	LR2	28
Bethiah, m. John **CHURCHEL**, June 8, 1727	1	31
Betsey L., m. Ansel **WILCOX**, Feb. 5, 1818	3	31
Caleb, s. George, Jr. & Eunice, b. Aug. 31, 1752	2	129
Clarissa, d. Oct. 28, 1848, ae. 76	4	134-5
Daniell, s. Samuell & Bethia, b. Apr. 14, 1677	LR1	41
Daniell, m. Jane **MOOLD**, Aug. 27, 1700	LR2	4
Daniell, s. [Daniell & Jane], b. May 10, 1701	LR2	4
Daniel, s. Joseph & Abigail, b. Jan. 18, 1727/8; graduate of Yale 1748; m. Sarah **GOULD**, d. of Rev. Hezekiah, of Stratford, [ ]; d. Dec. 20, 1780; bd. at Cromwell	1	36
David, s. Stephen & Elizabeth, b. Sept, 13, 1730	1	24
Ebenezer, s. Samuell & Bethia, b. Feb. 23, 1666	LR1	41
Ebenezer, s. [Daniell & Jane], b. Nov. 23, 1704	LR2	4
Elijah, s. Sam[ue]ll & Abiel, b. Dec. 30, 1728	1	30
Elisha, s. [Daniell & Jane], b. Mar. 25, 1714	LR2	4
Elisha, m. Rachel **RANNEY**, Jan. 26, 1736/7	1	95
Elizabeth, d. George & Elizabeth, b. Mar. 12, 1696/7	LR2	28
Elizabeth, wid. of George, m. Samuel **HALL**, May 10, 1722 (Arnold Copy has "**HECKING**". (Corrected by L.B.B.)	LR1	10
Elizabeth, wid. of George, m. Dea. Sam[ue]ll **HALL**, May 16, 1722	1	44
Elizabeth, d. Stephen & Elizabeth, b. June 1, 1726	1	24
Elizabeth, m. John **PAIN**, Dec. 8, 1736	2	91
Elizabeth, w. of Stephen, d. Aug. 1, 1756	1	24
Elizabeth, d. Joseph & Sarah, b. July 22, 1760	2	193
Elizabeth, of Middletown, m. Cha[rle]s D. **AVERY**, of Montgomery, Mass., Nov. 23, 1824, by Rev. John R. Crane	3	183
Georg[e], s. Samuell & Bethia, b. Feb. 20, 1664	LR1	41
George, s. George & Elizabeth, b. Aug. 16, 1705	LR2	28
George, Sr., d. Feb. [ ], 1713/14	LR2	28
George, m. Marcy **SAVAGE**, Mar. 1, 1726/7	1	43
George, s. George & Marcy, b. May 11, 1728	1	43
George, Jr., m. Eunice **COBB**, June 25, 1747	2	129
George, s. George, Jr. & Eunice, b. Mar. 27, 1748; d. Sept. 10, 1749	2	129
George, s. George, Jr. & Eunice, b. May 15, 1750	2	129
George, of Middletown, m. Sally **PELTON**, of Chatham, Sept. 20, 1821, by Rev. Joshua L. Williams	3	75

MIDDLETOWN VITAL RECORDS 231

	Vol.	Page
STOCKING, STOCKIN, STOCKINE, (cont.)		
Grace, d. Elisha & Rachel, b. Feb. 28, 1738/9	1	95
Grace, m. Nath[anie]ll **SAVAGE**, Jan. 31, 1760	2	84
Hannah, d. Abner & Ruth, b. Sept. 11, 1756	2	105
Hezekiah, s. George & Marcy, b. Feb. 1, 1736/7	1	43
Hezekiah, s. George, Jr. & Eunice, b. Dec. 25, 1754	2	129
James, s. Abner & Ruth, b. June 24, 1760	2	105
Jane, d. [Daniell & Jane], b. Dec. 19, 1711	LR2	4
John, s. Samuell & Bethia, b. Sept. 24, 1660	LR1	41
John, s. [Daniell & Jane], b. July 14, 1707	LR2	4
John, s. George & Marcy, b. Aug. 15, 1732	1	43
[John], d. [ ], 1750 ("**STOCKING**" added in pencil)	2	287
John, m. Priscilla **MAYS**, June 28, 1753	2	42
John, Jr., m. Susan **BELDEN**, June 24, 1847, by Rev. Zebulon Crocker	4	10
Jonathan, s. [Daniell & Jane], b. Oct. 1, 1709	LR2	4
Joseph, s. [Daniell & Jane], b. Feb. 7, 1703	LR2	4
Joseph, s. Stephen & Elizabeth, b. June 28, 1723	1	24
Joseph, m. Abigail **RANNY**, Dec. 20, 1726	1	36
Joseph, m. wid. Sarah **CORNWELL**, Nov. 2, 1753	2	193
Joseph, s. Joseph & Sarah, b. June 16, 1756	2	193
Julia, m. Charles B. **DARROW**, b. of Middletown, [Feb.] 2, [1831], by Rev. Edw[ar]d R. Tyler	3	359
Lemuel, s. Joseph & Sarah, b. Aug. 10, 1758	2	193
Lois, d. Stephen & Elizabeth, b. July 15, 1733	1	24
Lois, d. Stephen & Elizabeth, d. [ ]	1	24
Lucia, d. George & Marcy, b. Aug. 8, 1739	1	43
Lucia, m. Thomas **KIRBY**, Nov. 20, 1755	2	46
Lucia, m. Sylvanus **HIGGINS**, July 22, 1757	2	172
Lucy, d. Elisha & Rachel, b. June 10, 1737	1	95
Lucy, d. Zebulon & Martha, b. May 5, 1765	2	282
Lidia, d. Samuell & Bethia, b. Jan. 20, 1662	LR1	41
Marcy, d. John & Priscilla, b. Sept. 6, 1755	2	42
Maria, m. Leonard **TRYON**, b. of Middletown, Apr. 12, 1821, by Rev. Joshua L. Williams	3	55
Martha, m. Jedediah **HUBBARD**, Jr., Dec. 18, 1760	2	168
Mary, d. Geo[rge] & Marcy, b. Jan. 12, 1734/5	1	43
Mary, m. Nath[anie]ll **CHAUNCEY**, Jan. 10, 1750/1	2	262
Mary, m. George **HUBBARD**, 3rd, Jan. 23, 1751/2	2	310
Mashel, s. Sam[ue]ll & Abiel, b. Aug. 15, 1730	1	30
Nathaniel, s. [George & Elizabeth], b. June 28, 1709	LR2	28
Rachel, w. of Elisha, d. Mar. 16, 1738/9	1	95
Rachel, m. Ely **BUTLER**, Feb. 26, 1763	2	133
Rodney, m. Emily **EDWARDS**, Aug. 3, 1823, by Rev. John R. Crane	3	132
Ruth, d. Abner & Ruth, b. Oct. 27, 1754	2	105
Samuell, s. Samuell & Bethya, b. Oct. 19, 1656	LR1	41

	Vol.	Page
STOCKING, STOCKIN, STOCKINE, (cont.)		
Samuell, Dea., d. Dec. 31, 1683	LR1	41
Samuel, s. George & Elizabeth, b. Oct. 16, 1700	LR2	28
Samuel, m. Abiel **BORDMAN**, July 20, 1726	1	30
Samuel, s. Sam[ue]ll & Abiel, b. June 17, 1727	1	30
Sarah, d. Stephen & Elizabeth, b. Jan. 24, 1727/8	1	24
Sarah, m. David **SAGE**, Jr., Apr. 17, 1746	2	72
Sarah, Mrs. of Berlin, m. Rev. Theron **OSBORN**, of Amenia, N.Y., Jan. 7, 1827, by Rev. E. Washburn	3	259
Sarah A., of Middletown, m. Christopher W. **DARROW**, of Hartford, Nov. 10, 1847, by Rev. Harvey Talcott, of Portland	4	21
Sarah A., ae. 26, b. in Middletown, m. Christopher **DARROW**, painter, ae. 30, of Hartford, Nov. 12, [1847], by Harvey Talcott	4	64-5
Servillius, of Glastonbury, m. Betsey **SMITH**, of Middletown, Aug. 16, 1822, by Rev. Jeremiah Stocking	3	104
Stephen, s. Samuell & Bethia, b. Mar. 28, 1673	LR1	41
Stephen, s. George & Elizabeth, b. Aug. 20, 1694	LR2	28
Stephen, m. Elizabeth **HALL**, July 5, 1722	1	24
Stephen, s. Stephen & Elizabeth, b. Aug. 15, 1724	1	24
Stephen, Ensign, m. wid. Sarah **ANDREWS**, Feb. 24, 1757	2	16
William, s. Abner & Ruth, b. July 18, 1758	2	105
William, 2d, m. Sarah C. **MILDRUM**, b. of Middletown, Oct. 10, 1831, by Rev. Freed[eric]k Wightman	3	365
Zebulon, m. Martha **EDWARDS**, Apr. 9, 1765	2	282
-----, d. Joseph & Sarah, st. b. Nov. 17, 1762	2	193
STONCLIFT, [see under **STANCLIFT**]		
STONE, Beata, of Guilford, m. Zebulon **ROCKWELL**, of Middletown, Dec. 9, 1770	2	269
Irene, of Guilford, m. John **BACON**, Jr., of Middletown, Apr. 14, 1736	1	87
Jane S., m. Israel P. **WARREN**, Aug. 25, 1841, by Rev. Zebulon Crocker	3	479
Joanna, d. Ephraim & Joanna, b. Feb. 14, 1748/9	2	298
Joseph, s. Ephraim & Joanna, b. May 6, 1746, at Framington	2	298
Prudence, of Guilford, m. John **NEWBRE**, of Middletown, May 10, 1750	2	186
Susannah, d. Eph[rai]m & Joanna, b. Jan. 11, 1753	2	298
STORER, Elizabeth, d. John & Mary, b. Mar. 26, 1746	2	2
Hannah, d. Jos[eph] & Han[na]h, b. Mar. 16, 1747/8	2	202
Hannah, w. of Joseph, d. Aug. 12, 1751	2	202
James, s. John & Mary, b. Apr. 14, 1742	2	2
Joseph, m. Hannah **GOODAL**, June 10, 1747	2	202
Joseph, m. Hannah **BARNS**, June 20, 1752	2	202
Margaret, d. John & Mary, b. Mar. 17, 1744	2	2

	Vol.	Page
STORER, (cont.)		
Nath[anie]ll, s. Joseph & Hannah, b. July 9, 1753	2	202
Ruth, d. John & Mary, b. Jan. 17, 1739/40	1	37
Ruth, d. John & Mary, b. Jan. 17, 1739/40	2	2
Sarah, d. Jos[eph] & Han[na]h, b. Oct. 10, 1749	2	202
STOREY, John M., of Havana, m. Caroline Augusta **WEBSTER**, d. of E.W., of Matanzas, Aug. 28, 1850, by Rev. William Jarvis	4	145
STORRS, [see also **STARR**], Eliza, of Middletown, m. Joseph **TRUMBULL**, of Hartford, Dec. 1, 1824, by Rev. John R. Crane	3	189
Eliza N. of Middletown, m. Sherlock C. **HALL**, of Berlin, Nov. 27, 1831, by Rev. John Nixon	3	366*
Lemuel, m. Betsey **CHAMPION**, Oct. 25, 1783	2	241
Nancy G., m. John **BILL**, b. of Middletown, Oct. 26, 1828, by Rev. H. Bangs	3	315
STOUGHTON, A.B., farmer, ae. 30, of S. Windsor, m. Mary E. **PRATT**, ae. 28, b. in Middletown, Dec. 11, 1850, by Rev. J.R. Crane	4	200-1
Alfred Birge, of South Windsor, m. Mary Elizabeth **PRATT**, d. of John C., of Middletown, Dec. 11, 1850, by Rev. John R. Crane	4	178
STOUT, Susan, of Middletown, m. Rev. Pierre Alexis **PROUT**, of Utica, N.Y., May 6, 1841, by Rev. Samuel Farmar Jarvis, at Christ Church	3	475
STOW, Aaron, s. [Amos & Dorothy], b. Sept. 7, 1798	2	224
Abigaill, d. Ickabod & Mary, b. Jan. 25, 1692/3	LR1	22
Abigail, d. Ickabod & Mary, d. Oct. 19, 170[ ]	LR1	22
Abiga[i]ll, d. Sam[ue]ll & Esther, b. Nov. [ ], 1721	LR1	25
Abigail, d. Nath[anie]ll & Abigail, b. July 27, 1740	1	47
Abigail, m. Reuben **SHAILER**, Nov. 12, 1741	2	95
Abigail, d. of Nath[anie]l, had s. William **JEPSON**, b. Feb. 22, 1759	2	218
Abigail, d. David & Mary, b. July 26, 1767	2	238
Abijah, s. Jere[mia]h & Sarah, b. Mar. 10, 1738/9	1	54
Albert Gallatin, s. Joshua & Ruth, b. May 4, 1801	2	237
Alless, d. Solomon & Alless, b. Aug. 9, 1765	2	107
Ama, m. William **ROCKWELL**, Jr., Aug. 5, 1756	2	268
Ame, d. Tho[ma]s & Rebecka, b. Nov. 2, 1708	LR1	22
Amie, m. Jacob **WHITMORE**, Feb. 2, 1729/30	1	51
Ame, d. Sam[ue]ll & Mary, b. Jan. 18, 1735/6	1	71
Amos, s. Sam[ue]ll & Mary, b. Oct. 1, 1743; d. May 20, 1759	1	71
Amos, s. Sam[ue]ll & Desiah, b. Sept. 27, 1760	2	121
Amos, m. Dorothy **HALL**, Apr. 11, 1790	2	224
Amos, s. [Amos & Dorothy], b. July 7, 1796	2	224
Anna, d. Dav[i]d & Mary, b. Feb. 13, 1761	2	238

STOW, (cont.)

	Vol.	Page
Anna*, m. Joshua **MILLER**, June 14, 1764 (*Should be "**STARR**". See Starr Genealogy)	2	147
Anna, w. of Obed, d. Nov. 23, 1802	2	342
Anna, d. Obed & Lucy, b. Apr. 22, 1805	2	342
Anna, m. Curtis **BACON**, b. of Middletown, Nov. 9, 1828, by Rev. Cha[rle]s J. Hinsdale, of Mereden	3	320
Anna N., of Middletown, m. James **STANLEY**, of New York, July 5, 1836, by Rev. Zebulon Crocker	3	423
Asa A., m. Maria **CROSLEY**, [May] 19, [1844], by Rev. W[illia]m G. Howard	3	515
Azubah, w. of Daniel, d. Sept. 15, 1743	1	14
Bathshabe, see Bathshabe **HUBBARD**	LR1	51
Benjamin, s. Eliakim & Lydia, b. Sept. 27, 1747	1	64
Bethia*, m. Thomas **STOW**, Oct. 16, 1675 (*correction "**STOCKING**" handwritten in margin of original manuscript by Col. Rogers)	LR1	34
Bethia, d. Thomas & Bethia, b. Apr. 6, 1678; d. Aug. [ ], 1678	LR1	34
Bethiah, d. Thomas & Bethia, b. Feb. 22, 1684	LR1	34
Bethiah, d. Sam[ue]ll & Est[h]er, b. Apr. 7, 1710	LR1	25
Bethiah, w. of Thomas, d. Nov. 6, 1732, in the 78th y. of her age	LR1	34
Bethiah, d. Tho[ma]s & Martha, b. Sept. 2, 1733	LR2	18
Caroline, of Middletown, m. Ira **WRIGHT**, of Weathersfield, [Apr.] 7, [1835], by Rev. Geo[rge] B. Atwell	3	409
Caroline R., m. Jonathan R. **PADDOCK**, b. of Middletown, Apr. 12, 1829, by Joshua L. Williams, V.D.M.	3	337
Charles, s. Asa B., painter, ae. 29, & Maria, ae. 22, b. [1849]	4	108-9
Comfort, s. Sam[ue]l & Lucretia, b. June 27, 1762	2	268
Dan, s. Eliakim & Lydia, b. Sept. 23, 1750	1	64
Daniell, s. Thom[a]s & Rebecka, b. Jan. 12, 1701/2	LR1	22
Daniel, m. Azubah **LONG**, Mar. 3, 1724/5	1	14
Daniel, s. Daniel & Azubah, b. Mar. 5, 1725/6	1	14
Daniel, Jr., m. Elizabeth **ADKINS**, May 7, 1735	1	82
Daniel, s. Dan[ie]l & Eliz[abeth], b. June 26, 1737	1	82
Daniel, d. Jan. 16, 1744	1	14
Daniel, s. Jon[atha]n & Abiah, b. Mar. 25, 1749	2	229
Daniel, of Middletown, m. Hannah **PLUMB**, of New London, Sept. 2, 1750	2	80
Daniel, s. Daniel & Hannah, b. Apr. 23, 1754	2	80
David, s. Nath[anie]ll & Abigail, b. Feb. 22, 1735/6	1	47
David, m. Mary **ELTON**, Feb. 28, 1760	2	238
David, s. David & Mary, b. June 16, 1772	2	238
Deborah, of Guilford, m. Thomas **WARD**, Dec. 24, 1724	LR2	8
Delia G., [d. Warren P. & Elizabeth], b. June 5, 1813; d. Aug. 2, 1839	4	11

	Vol.	Page
STOW, (cont.)		
Dorothy, [d. Samuell & Hope], b. Aug. 1, 1659	LR1	22
Dor[o]thy, m. Jonathan **GILBERT**, June 22, 16[ ]* (*1679?)	LR1	27
Dorothy, d. Joseph & Sarah, b. July 9, 1742	1	73
Dorothy, m. Isaac **BACON**, Dec. 14, 1785	2	269
Ebenezer, s. John & Barshabe, b. Mar. 28, 1714	LR1	51
Ebenezer, s. Nathan[ie]ll & Sarah, b. May 5, 1724	LR1	40
Ebenezer, m. Elizabeth **BANKS**, Dec. 15, 1737	1	97
Ebenezer, s. Eben[eze]r & Elizabeth, b. Oct. 19, 1738	1	97
Ebenezer, s. Dan[ie]l & Eliz[abet]h, b. Apr. 17, 1741	1	82
Ebenezer, s. Eliakim & Lydia, b. Apr. 4, 1745	1	64
Ebenezer, d. Oct. 7, 1748	1	97
Ebenezer, s. Eben[eze]r & Eliz[abet]h, d. Oct. 21, 1748	1	97
Eliakim, s. Nathan[ie]ll & Sarah, b. Mar. 2, 1707/8	LR1	40
Eliakim, m. Lydia **MILLER**, Dec. 13, 1732	1	64
Eliakim, s. Eliakim & Lydia, b. Dec. 16, 1743	1	64
Elihu, s. Eliakim & Lydia, b. May 27, 1736	1	64
Elihu, of Middletown, m. Jemima **PAIN**, of Southold, L.I., Mar. 11, 1760	2	226
Elihu, s. Elihu & Jemima, b. Dec. 4, 1760	2	226
Elihu, m. Mary **GRIFFIN**, Mar(?) 17, 1806	2	226
Elizabeth, [d. Samuell & Hope], b. Aug. 1, 1662	LR1	22
Elizabeth, m. Samuel **BIDWELL**, Nov. 14, 1672	LR1	47
Elizabeth, m. Maybe **BARNS**, Nov. 19, 1691	LR1	3
Elizabeth, d. John & Barshabe, b. Jan. 10, 1700	LR1	51
Elizabeth, m. John **HUBBARD**, Aug. 1, 1722	1	6
Elizabeth, d. Dan[ie]l & Eliz[abet]h, b. Mar. 5, 1738/9	1	82
Elizabeth, d. Sam[ue]ll & Mary, b. June 28, 1742	1	71
Elizabeth, d. Eben[eze]r & Elizabeth, b. May 10, 1745	1	97
Elizabeth M., m. William **BACON**, b. of Middletown, Feb. 6, 1844, by Rev. Merrett Sanford	3	516
Esther, d. Samuell & Esther, b. Feb. 20, 1705/6	LR1	25
Est[h]er, m. Daniel **RANNEY**, Jan. 20, 1730/1	1	56
Esther, wid. of John, d. May 2, 1733, ae. about 83 y.	LR1	22
Esther, d. July 24, 1750	LR1	25
Eunice, d. Elihu & Jemima, b. Apr. 19, 1771	2	226
Eveline E., [d. Warren P. & Elizabeth], b. May 16, 1825	4	11
Experience, d. John & Mary, b. Sept. 30, 1688	LR1	24
Experience, [d. John & Mary], b.* Sept. 29, 1689 (*Probably "died")	LR1	24
Freelove, d. Tho[ma]s & Martha, b. June 14, 1723	LR2	18
George, s. Jno. & Hannah, b. Mar. 7, 1731/2; d. May 17, 1732	1	7
George, s. Daniel & Azubah, b. Dec. 30, 1736	1	14

	Vol.	Page
STOW, (cont.)		
George, m. Hannah **DAVIS**, Jan. 1, 1761	2	144
George, m. Abigail **FURBY**, Nov. 27, 1762	2	115
George, s. [Amos & Dorothy], b. Dec. 21, 1800	2	224
Giles, s. Jere[mia]h & Sarah, b. Jan. 3, 1734/5	1	54
Han[n]a[h], d. John & Mary, b. Aug. 25, 1680	LR1	24
Han[n]ah, d. [Thomas & Bethia], b. Feb. 11, 1695/6	LR1	34
Hannah, d. Nathan[ie]ll & Sarah, b. Nov. 15, 1703; d. Jan. "next after", 1703/4	LR1	40
Hanna[h], w. of Nathaniell, d. Oct. [ ], 1704	LR1	24
Hannah, m. John **KERBY**, Mar. [ ], 1717/18	LR2	6
Hannah, d. Jno. & Hannah, b. June 7, 1723	1	7
Hannah, d. Tho[ma]s & Martha, b. Dec. 7, 1726	LR2	18
Hannah, d. Eliz[kim] & Lydia, b. Dec. 6, 1741	1	64
Hannah, m. Robert **SHARP**, Sept. 22, 1748	2	132
Hannah, d. Sam[ue]ll & Desiah, b. Feb. 8, 1751/2	2	121
Hannah, d. Geo[rge] & Hannah, b. Oct. 3, 1761	2	144
Hannah, d. Geo[rge] & Abigail, b. Aug. 7, 1769	2	115
Harriet L., m. Sam[ue]l P. **HOUGH**, Aug. 14, 1839, by Rev. John R. Crane	3	460
Harriet M., m. William **CLARK**, b. of Middletown, Apr. 4, 1852, by Rev. John R. Crane	4	212
Henry, s. Sam[ue]ll & Lucretia, b. Feb. 6, 1767	2	268
Homer, s. [Amos & Dorothy], b. Apr. 3, 1792	2	224
Hope, [d. Samuell & Hope], b. Feb. 4, 1656	LR1	22
Hope, m. Abraham **SMITH**, Feb. 13, 1677	LR1	3
Hope, d. John & Esther, b. Sept. 10, 1679	LR1	22
Hope, d. Ickabod & Mary, b. Oct. last day, 1694	LR1	22
Hope, d. of Ichabod, of Middletown, m. Jehiel **HAWLE**, of Stratford, Dec. 13, 1708	LR1	22
Ichabod, [s. Samuell & Hope], b. Feb. 20, 1652	LR1	22
Ickabod, m. Mary **ATTWATER**, Oct. 22, 1688, by William Jones, J.P.	LR1	22
Ickabod, d. Jan. 25, 1694/5	LR1	22
Isaac, s. Sam[ue]ll & Esther, b. Apr. 23, 1717	LR1	25
Jabez, s. Nathan[ie]ll & Sarah, b. Apr. 13, 1716	LR1	40
James, s. Nathan[ie]ll & Sarah, b. Jan. 24, 1727/8	LR1	40
Jedediah, s. Samuell & Esther, b. Mar. 1, 1714/15	LR1	25
Jedediah, of Middletown, m. Elizabeth **DAY**, of Springfield, May 13, 1743	1	116
Jemima, d. Elihu & Jemima, b. Dec. 28, 1763	2	226
Jemima, m. Daniel **KELLEY**, June 28, 1787	2	253
Jemima, w. of Elihu, d. Oct. 12, 1805	2	226
Jeremiah, s. John & Barshabe, b. May 1, 1704	LR1	51
Jeremiah, m. Sarah **BIGGS**, Oct. [ ], 1728	1	54
Jeremiah, s. Jere[mia]h & Sarah, b. Nov. 8, 1732	1	54
Jerusha, d. Tho[ma]s & Martha, b. Aug. 6, 1719	LR2	18
John, [s Samuell & Hope], b. June 16, 1650, at		

	Vol.	Page
STOW, (cont.)		
Charlestowne	LR1	22
John, Sr., m. Mary **WETTMORE**, Nov. 13, 1668	LR1	24
John, s. John & Mary, b. Oct. 10, 1669	LR1	24
John, s. John & Mary, d. Apr. 10, 1671 "by drowning in a well"	LR1	24
John, 2d, s. John & Mary, b. Mar. 3, 1671/2	LR1	24
John, m. Esther **WILLCOCKS**, [ ], 1677	LR1	22
John, Sr., d. Oct. 18, 1688	LR1	24
John, Jr., m. Barshabe **HOW**, May [ ], 1698	LR1	51
John, s. John & Barshabe, b. July 9, 1699	LR1	51
John, m. Hannah **HUBBARD**, Aug. 1, 1722	1	7
John, s. Jno. & Hannah, b. Apr. 1, 1725	1	7
John, d. June 30, 1732, in the 83rd y. of his age	LR1	22
Jonathan, s. Sam[ue]ll & Esther, b. June 27, 1719	LR1	25
Jonathan, m. Abiah **SAGE**, Mar. 25, 1742	2	229
Jonathan, s. Jon[atha]n & Abiah, b. Mar. 27, 1747	2	229
Joseph, s. [Thomas & Bethia], b. Aug. 5, 1703	LR1	34
Joseph, m. Sarah **BULKLEY**, Mar. 14, 1733/4	1	73
Joseph, s. Joseph & Sarah, b. Feb. 6, 1740; d. Oct. 21, 1741	1	73
Joseph, m. Lydia **RICHMOND**, Oct. 19, 1825, by Rev. John R. Crane	3	214
Joshua, s. Elihu & Jemima, b. Apr. 22, 1762	2	226
Joshua, m. Ruth **COE**, Jan. 27, 1786	2	237
Josiah, s. Dan[ie]l & Eliz[abeth], b. Sept. 15, 1735	1	82
Julia, d. Joshua & Ruth, b. Nov. 4, 1786	2	237
Katherine, d. Jno. & Hannah, b. May 1, 1734	1	7
Katharine had s. Thomas **PIERPONT**, b. Apr. 28, 1756	2	179
Katharine, m. Giles **BARNES**, Nov. 11, 1761	2	179
Lament, d. Hope **WETMORE**, b. Mar. 21, 1768; d. Apr. 4, 1772	2	41
Laura, d. [Joshua & Ruth], b. Nov. 8, 1790	2	237
Laura, m. Hiram **BERDEN**, Oct. 3, 1824, by Rev. Stephen Hayes	3	176
Louisa G., [d. Warren P. & Elizabeth], b. Apr. 11, 1823	4	11
Lucia, d. Sam[ue]ll & Esther, b. Aug. 31, 1723	LR1	25
Lucia had d. Mary, b. Mar. 31, 1739	2	31
Lucia, d. Dan[ie]l & Eliz[abet]h, b. Aug. 16, 1743	1	82
Lucia, m. Daniel **WARNER**, Feb. 28, 1745	2	31
Lucia, d. Sam[ue]l & Lucretia, b. Mar. 13, 1760	2	268
Lucretia, d. Sam[ue]l & Lucretia, b. Dec. 13, 1757	2	268
Lucy, d. David & Mary, b. Apr. 16, 1781	2	238
Lucy, d. Amos & Dorothy, b. Aug. 13, 1790	2	224
Lucy, d. Obed & Anne, b. July 11, 1796	2	342
Lucy D., [d. Warren P. & Elizabeth], b. Apr. 9, 1839	4	11

STOW, (cont.)

	Vol.	Page
Lydia, d. Eliakim & Lydia, b. Nov. 25, 1733	1	64
Lydia, d. Elihu & Jemima, b. July 19, 1765	2	226
Lydia, m. Hezekiah **RICE**, Feb. 10, 1791	2	321
Mabel, d. Nath[anie]ll & Abigail, [b.] Oct. 24, 1730; d. Jan. 22, 1730/1	1	47
Mabel, m. Thaddeus **BOW**, Oct. 16, 1783	2	350
Marg[a]ret, m. Beriah **WETMORE**, Sept. 1, 1692	LR1	9
Margaret, d. Sam[ue]ll & Lucretia, b. Aug. 14, 1764	2	268
Martha, d. John & Barshabe, b. Nov. 12, 1711; d. Apr. 14, 1725	LR1	51
Martha, d. Sam[ue]ll & Est[h]er, b. Aug. 30, 1712	LR1	25
Martha, d. Tho[ma]s & Martha, b. May 6, 1721	LR2	18
Martha, d. Jno. & Hannah, b. Mar. 25, 1729; d. Dec. 12, 1736	1	7
Martha, m. Nathaniel **ELLS**, Oct. 29, 1739	2	272
Martha, d. Jon[atha]n & Abiah, b. Nov. 8, 1742	2	229
Martha, d. Eben[eze]r & Elizabeth, b. Dec. 7, 1742	1	97
Martha, m. Jeremiah **RANNEY**, Dec. 31, 1742	2	227
Martha, m. Samuel **COOPER**, Oct. 16, 1766	2	310
Martha, d. [Obed & Lucy], b. [ ]	2	342
Mary, d. John & Mary, b. June 27, 1678	LR1	24
Mary, w. of Thomas, d. Aug. 21, 1680	LR1	11
Mary, w. of Thomas, Sr., d. Aug. 21, 1680	LR1	31
Mary, d. Thomas & Bethia, b. Aug. [ ], 1688	LR1	34
Mary, d. Nathaniell & Sarah, b. July 4, 1710	LR1	40
Mary, of Guilford, m. Hugh **WHITE**, of Middletown, Aug. 13, 1717	LR2	10
Mary, d. Tho[ma]s & Martha, b. Nov. 30, 1717	LR2	18
Mary, m. Samuel **WARD**, Oct. 26, 1727	1	33
Mary, d. Jerem[iah] & Sarah, b. Aug. 21, 1729	1	54
Mary, d. Dan[ie]l & Azubah, b. Dec. 12, 1729	1	14
Mary, m. Jeremiah **WILCOCK**, Apr. 29, 1736	1	95
Mary, d. Lucia, b. Mar. 31, 1739	2	31
Mary, d. Daniel, d. Dec. 13, 1743	1	14
Mary, d. Sam[ue]ll & Mary, b. May 20, 1745	1	71
Mary, d. Dan[ie]l & Eliz[abet]h, b. Nov. 2, 1745	1	82
Mary, w. of Sam[ue]ll, d. Jan. 1, 1747/8	1	71
Mary, m. Samuel **HUBBARD**, Sept. 13, 1749	2	160
Mary, d. Eliakim & Lydia, b. Nov. 6, 1752	1	64
Mary, d. David & Mary, b. July 18, 1763	2	238
Mary Ann, d. May 11, 1848, ae. 30	4	68-9
Mary Burgis, d. [Obed & Lucy], b. June 5, 1812	2	342
Mehitable, m. David F. **BANKS**, Nov. 4, 1823, by Rev. Josiah Bowen	3	139
Mehetable, m. William **LEWIS**, b. of Middletown, Jan. 23, 1824, by Rev. Josiah Bowen	3	151
Naomi, d. Elihu & Jemima, b. Mar. 31, 1769	2	226

	Vol.	Page
STOW, (cont.)		
Nathan*, Jr., m. Polly [**POMROY**], Aug. 2, 1784 (*Should be Nathan **STARR**, Jr., See. Starr Genealogy)	2	280
Nathaniell, s. John & Mary, b. Feb. 22, 1675	LR1	24
Nathaniell, m. Han[n]a[h] **WETMORE**, Apr. [ ], 1677	LR1	24
Nathaniell, m. Sarah **SUMNER**, Feb. 11, 1702/3	LR1	40
Nathaniell, d. Feb. 15, 1704/5	LR1	24
Nathan[ie]ll, s. Nathan[ie]ll & Sarah, b. Apr. 24, 1705	LR1	40
Nathan[ie]ll, Sergt., d. May 5, 1727	LR1	40
Nathaniel, m. Abigail **CLARK**, of Weathersfield, d. of W[illia]m, Oct. 30, 1729	1	47
Nath[anie]ll, s. Nath[anie]ll & Abigail, b. Oct. 23, 1731	1	47
Nath[anie]ll, s. Nath[anie]ll & Abigail, b. Jan. 31, 1744	1	47
Nath[anie]l, s. David & Mary, b. Oct. 29, 1777; d. Feb. 8, 1778	2	238
Nath[anie]ll, s. Nath[anie]ll & Abigail, d. June [ ]	1	47
Obed, s. Elihu & Jemima, b. Mar. 29, 1767	2	226
Obed, m. Anne **MILLER**, July 5, 1792	2	342
Obed, m. Lucy **KIRBY**, Sept. 12, 1803	2	342
Obed Norrise, s. [Obed & Anne], b. Apr. 19, 1801	2	342
Olive, d. Obed & Lucy, b. Nov. 25, 1808	2	342
Olive, of Middletown, m. Noah **MERWIN**, of Durham, [Nov.] 24, [1836], by Rev. James Noyes	3	427
Patty, d. Geo[rge] & Abigail, b. May 20, 1776	2	115
Peter, s. Nath[anie]ll & Abigail, b. Aug. 30, 1738	1	47
Phebe, d. Tho[ma]s & Rebecka, b. Aug. 2, 1704	LR1	22
Phebe, m. Peter **BUTLER**, Dec. 18, 1723	1	10
Pheby, d. Eliakim & Lydia, b. Jan. 19, 1734/5	1	64
Phebe, d. Sam[ue]ll & Mary, b. Feb. 1, 1737/8	1	71
Phebe, m. Isaac **DOUD**, Jr., Dec. 9, 1754	2	339
Phebe, m. Joseph **CORNWELL**, Jr., Aug. 28, 1760	2	8
Phebe, m. Joseph **CORNWELL**, Jr., Aug. 28, 1760	2	269
Prudence, d. Sam[ue]ll & Prudence, b. June 19, 1734	1	98
Prudence, m. Joseph **SAVAGE**, Aug. 14, 1736	1	87
Prudence, d. Sam[ue]ll & Prudence, d. Oct. 1, 1736	1	98
Prudence, d. Solo[mo]n & Margaret, b. Dec. 30, 1738	1	93
Rachel, [d. Samuell & Hope], b. Mar. 13, 1666/7	LR1	22
Rachel, m. Izrakiah **WETMORE**, May 13, 1692	LR1	8
Rachel, d. Jerem[iah] & Sarah, b. Jan. 8, 1730/1	1	54
Rachel, m. John **BARNES**, Oct. 11, 1750	2	183
Rebecka, w. of Tho[ma]s, d. Jan. 29, 1715/16	LR1	22
Rebeckah, d. Dan[ie]ll & Azubah, b. Mar. 25, 1728	1	14

	Vol.	Page
STOW, (cont.)		
Rebeckah, d. Joseph & Sarah, b. Jan. 21, 1735	1	73
Rebeckah, m. James **ADKINS**, Oct. 27, 1747	2	306
Rebeckah, [twin with Zaccheas], d. Sam[ue]ll & Desiah, b. Oct. 16, 1762	2	121
Rebeckah, m. Amos **TREAT**, Dec. 26, 1787	2	273
Roxy Ann, m. Joseph **KELLEY**, b. of Weathersfield, Apr. 8, 1841, by Rev. Samuel Farmer Jarvis, at the Rectory. Int. pub.	3	480
Sally, m. Joel **JACOBS**, Feb. 13, 1782	2	320
Samuell, s. Thomas & Bethia, b. Oct. [ ], 1681	LR1	34
Samuell, s. John & Mary, b. Apr. 30, 1684	LR1	24
Samuel, s. John & Esther, b. [ ], 1684; d. Nov. [ ], 1706	LR1	22
Samuell, s. [John] & Mary, d. Apr. 12, 1690	LR1	24
Samuell, Rev., d. May 8, 1704	LR1	22
Samuell, s. Thomas, m. Esther **MOOLD**, Feb. 8, 1704/5	LR1	25
Samuell, s. Sam[ue]ll & Esther, b. Nov. 2, 1707	LR1	25
Samuel, s. Thomas & Rebecka, b. Nov. 28, 1711	LR1	22
Samuell, s. Nathaniell & Sarah, b. Oct. 17, 1713	LR1	40
Samuel, m. Mary **WARD**, Oct. 11, 1732	1	71
Samuel, m. Prudence **SAGE**, Feb. 15, 1733/4	1	98
Samuel, s. Sam[ue]ll & Mary, b. Mar. 10, 1733/4	1	71
Samuel, d. Feb. 11, 1734/5 in Barbadoes	1	98
Sam[ue]l, Dea., d. Sept. 28, 1740	LR1	25
Samuel, s. Jon[atha]n & Abiah, b. Aug. 13, 1744	2	229
Samuel, m. Desiah **CANDE**, Nov. 28, 1751	2	121
Samuel, Jr., m. Lucretia **ROCKWELL**, Sept. 4, 1755	2	268
Samuell, [m. Hope **FLETCHER**, d. of William,]	LR1	22
Sarah, d. John & Mary, b. Mar. 25, 1682/3; d. Apr. 12, 1683	LR1	24
Sarah, d. Nathan[ie]ll & Sarah, b. Mar. 20, 1719/20	LR1	40
Sarah, d. Joseph & Sarah, b. Aug. 10, 1737	1	73
Sarah, m. Jehoshaphat **STARR**, Nov. 24, 1737	1	98
Sarah, d. Eliak[im] & Lydia, b. Dec. 14, 1739	1	64
Sarah, d. Jere[mia]h & Sarah, b. Feb. 8, 1743	1	54
Sarah, d. Geo[rge] & Abigail, b. Aug. 5, 1763	2	115
Sarah J., d. of Obed, m. Peter H. **ASHTON**, s. Peter, b. of Middletown, Nov. 1, 1853, by Rev. Willard Jones	4	244
Sarah Jennet, d. [Obed & Lucy], b. Sept. 11, 1819	2	342
Selden, s. [Amos & Dorothy], b. Aug. 2, 1794	2	224
Seth, s. Jere[mia]h & Sarah, b. Mar. 1, 1740/1	1	54
Silas, s. Elisha* & Jemima, b. Dec. 21, 1773 (*Elihu?)	2	226
Simeon, s. Jere[mia]h & Sarah, b. about Nov. 24, 1736	1	54
Sollomon, s. John & Barshabe, b. Jan. 24, 1706/7	LR1	51
Solomon, of Middletown, m. Margaret **BELDING**, of Weathersfield, Dec. 9, 1736	1	93
Solomon, s. Solo[mo]n & Margaret, b. Aug. 1, 1740	1	93

MIDDLETOWN VITAL RECORDS 241

	Vol.	Page
STOW, (cont.)		
Solomon, Jr., m. Alless **ABBOTT**, b. of Middletown, Oct. 22, 1762	2	107
Stephen, s. Sam[ue]ll & Esther, b. May 22, 1726	LR1	25
Stephen, s. Jno. & Hannah, b. Sept. 1, 1727	1	7
Submit, d. Sam[ue]ll & Prudence, b. May 11, 1735	1	98
Submit, d. [Sam[ue]ll & Prudence], [ ]	1	98
Susannah, d. Jere[mia]h & Sarah, b. Oct. 28, 1744	1	54
Tabatha, d. [Thomas & Bethia], [ ]	LR1	34
Thankfull, [d Samuel & Hope], b. May, first Thursday, 1664	LR1	22
Thankfull, d. John & Mary, b. July 15, 1686	LR1	24
Thankfull, d. John & Mary, d. Jan. 15, 1689	LR1	24
Thankfull, d. John & Esther, b. [ ], 168[ ]; d. [ ], 1705	LR1	22
Thankful, d. Eliak[im] & Lydia, b. June 14, 1738	1	64
Thomas, s. John & Mary, b. Apr. 10, 1674	LR1	24
Thomas, m. Bethia **STOW***, Oct. 16, 1675 (*correction **STOCKING** handwritten in margin of original manuscript by Col. Rogers)	LR1	34
Thomas, s. Thomas & Bethia, b. May 7, 1692	LR1	34
Thomas, Jr., m. Rebeccah **BOW**, Feb. the last, 1700/01	LR1	22
Thomas, Jr., m. Martha **WHITE**, Jan. 24, 1716/7	LR2	18
T[h]ommas, s. Nathan[ie]ll & Sarah, b. June 15, 1718	LR1	40
Thomas, Sr., d. Mar. 19, 1729/30, in the 79th y. of his age	LR1	34
Thomas, d. Mar. 5, 1740	LR1	40
Thomas, Lieut., d. Jan. 23, 1765, ae. 90 y. last Apr.	LR1	22
Thomas, s. Sam[ue]ll & Desiah, b. Jan. 27, 1767	2	121
Thomas, laborer, d. July 7, 1849, ae. 87 (Perhaps "**STARR**?")	4	130-1
Warren P., s. Obed & Anna, m. Elizabeth **WARD**, d. of David & Rhoda, of Litchfield, [ ], 1812, at Litchfield	4	11
Warren Paine, s. Obed & Anne, b. July 2, 1793	2	342
William, s. Nathan[ie]ll & Sarah, b. Sept. 9, 1722	LR1	40
Will[ia]m, s. Nath[anie]ll & Abigail, b. Jan. 10, 1733/4	1	47
William, s. Eben[eze]r & Elizabeth, b. Nov. 21, 1740	1	97
Will[ia]m, s. Sam[ue]ll & Desiah, b. June 10, 1756	2	121
William, s. David & Mary, b. July 31, 1769	2	238
William, s. [Obed & Anne], b. Jan. 7, 1800	2	342
William, m. Mary Ann **BACON**, Dec. 29, 1843, by Rev. John R. Crane	3	510
William, of Lyme, m. Phebe **PARSONS**, of Durham, Nov. 7, 1848, by Rev. T.P. Abell	4	81
William, m. Julia **DANIELS**, b. of Middletown, Oct. 28, 1850, by Rev. T.P. Abell	4	188

	Vol.	Page
STOW, (cont.)		
W[illia]m, cartman, ae. 42, of Middletown, m. Julia **DANIELS**, 3d w., ae. 36, of Middletown, Oct. 28, 1850, by Rev. T.P. Abell	4	200-1
Will[ia]m, [s. Nathan[ie]ll & Sarah], d. [ ]; "was drowned at Wethersfield"	LR1	40
William A., d. Dec. 2, 1847, ae. 6 m.	4	68-9
William W., [s. Warren P. & Elizabeth], b. Jan. 4, 1818	4	11
Zaccheas, [twin with Rebeckah], s. Sam[ue]ll & Desiah, b. Oct. 16, 1762	2	121
----, s. [Daniel & Azubah], b. Apr. [ ], [1725]; d. May [ ], 1725	1	14
----, s. Thomas, laborer, ae. 36, & Harriet, ae. 35, b. July 10, 1847	4	50-1
----, wid. of Nath[anie]ll, m. William **WARD**, [ ]	LR2	11
STOWELL, Sarah P., m. President **CLARK**, b. of Middletown, Apr. 24, 1825, by Rev. Josiah Bowen	3	198
STRATTON, Julia, of Middletown, m. Timothy **BOARDMAN**, of Berlin, May 29, 1833, by Rev. Zebulon Crocker	3	382
W[illia]m C., m. Clarissa **HOUSE**, b. of Hartford, [Oct.] 6, [1830], by Rev. Edw[ar]d R. Tyler	3	354
STREETER, Mary, m. James **BUTLER**, b. of Middletown, June 3, 1824, by Rev. Fred[eric]k Wightman	3	159
STRICKLAND, STRICTLAND, Abel, s. Rich[ar]d & Martha, b. Feb. 21, 1749/50	1	107
Abel, of Portland, m. Maria H. **MINER**, of Middletown, Nov. 25, 1845, by Rev. William Bentley	3	541
Abiah, d. David & Lois, b. Aug. 29, 1740	1	107
Ama, d. Jonas & Ama, b. Nov. 16, 1778	2	273
Ame, d. Rich[ar]d & Martha, b. Mar. 20, 1744	1	107
David, m. Elizabeth **HUBBARD**, May 2, 1711	LR2	23
David, s. David & Elizabeth, b. Feb. 19, 1713/14	LR2	23
David, m. Lois **ANDREWS**, Sept. 22, 1737	1	96
David, m. Lois **ANDREWS**, Sept. 22, 1737	1	107
Elizabeth, d. David & Elizabeth, b. Mar. 16, 1721/22	LR2	23
Elizabeth, m. Daniel **DREGGS**, Mar. 19, 1740/1	1	124
Esther, d. Jonah & Martha, b. Apr. 4, 1719	LR2	24
Esther, m. Simon **DOOLPH**, Aug. 27, 1741	2	35
Harriet C., d. Abel, joiner, ae. 25, & Maria H., ae. 21, b. Sept. 8, 1848	4	114-5
Henry B., of Portland, m. Elizabeth C. **HAWES**, of Middletown, [Jan.] 8, [1846], by Rev. W. G. Howard	3	543
Henry L., s. Lysander, carriage-maker, ae. 36, & Mary R., ae. 31, b. Oct. 17, 1850	4	196-7
Jemima, d. Jonah & Martha, b. Jan. 3, 1726/7; d. Jan. 18, 1727/8	LR2	24
Jemima, d. Rich[ar]d & Martha, b. Dec. 1, 1739	1	107
John, s. David & Elizabeth, b. May 26, 1718	LR2	23

	Vol.	Page
STRICKLAND, STRICTLAND, (cont.)		
John, s. Dav[i]d & Lois, b. July 14, 1738	1	96
John, s. David & Lois, b. July 14, 1738	1	107
Jonah, Sr., b. Feb. 2, 1685/6	LR2	24
Jonah, formerly of Glastonbury, m. Martha **HUBBARD**, of Middletown, Nov. 21, 1711	LR2	24
Jonah, s. Jonah & Martha, b. Nov. 11, 1721	LR2	24
Jonas, m. Ama **HULETT**, Apr. 11, 1776	2	273
Martha, d. Jonah & Martha, b. Apr. 29, 1714; d. May 25, 1714	LR2	24
Martha, 2d, d. Jonah & Martha, b. Jan. 23, 1716/17	LR2	24
Martha, m. Sam[ue]ll **TORREY**, Feb. 16, 1737/8	1	102
Mary, d. David & Elizabeth, b. Mar. 5, 1711/12	LR2	23
Mary, m. Joseph **DOOLITTLE**, May 24, 1739	1	115
Mary, d. Will[ia]m & Mary, b. Jan. 18, 1742	2	105
Mary, of Middletown, m. William **SPOONER**, of New Bedford, Mass., Oct. 5, 1823, by Rev. Fred[eric]k Wightman	3	136
Mary A., of Middletown, m. Benjamin C. **MARSHALL**, of East Haddam, Oct. 26, 1831, by Rev. Fred[eric]k Wightman	3	365
Phebe, d. Rich[ar]d & Martha, b. Feb. 18, 1746; d. Mar. 8, 1746	1	107
Phebe, d. Rich[ar]d & Martha, b. June 1, 1747	1	107
Richard, s. Jonah & Martha, b. May 14, 1718	LR2	24
Richard, m. Martha **SMITH**, Feb. 22, 1738/9	1	107
Ruth, d. Jonah & Martha, b. Jan. 15, 1723/4	LR2	24
Ruth, m. Daniel **BREWER**, Jr., Jan. 9, 1752	2	231
Sam[ue]ll, s. Dav[i]d & Lois, b. Mar. 25, 1744	1	107
Samuel, s. Jonas & Ama, b. Jan. 10, 1777	2	273
Sarah V., m. Jonathan **BEVENS**, b. of Middletown, July 15, 1827, by Rev. Fred[eric]k Wightman	3	275
Stephen, s. Rich[ar]d & Martha, b. Feb. 22, 1742	1	107
Will[ia]m, m. Mary **SAGE**, Apr. 10, 1735	2	105
William G., of Amhurst, Mass., m. Mary Ann **LEWIS**, of Middletown, [July] 24, [1844], by Rev. W.G. Howard	3	520
STRONG, David, s. Elnathan & Eliz[abet]h, b. May 22, 1745	2	89
David, s. Nathan & Sarah, b. June 30, 1769	2	136
Demas, s. Josiah & Mary, b. Aug. 21, 1767	2	105
Elizabeth, d. Elnathan & Eliz[abet]h, b. Apr. 8, 1752	2	89
Elnathan, m. Elizabeth **ROCKWELL**, June 6, 1744	2	89
Esther, d. Josiah, Jr. & Mary, b. Oct. 3, 1763	2	105
Hannah, d. Josiah & Mary, b. Oct. 31, 1765	2	105
Hannah, of Chatham, m. Benoni **HALL**, of Middletown, Apr. 12, 1792	2	212
Henry K., of Pittsfield, Mass., m. Eliza **GROZIER**, of Middletown, July 1, 1827, by Rev. Birdseye G.		

	Vol.	Page
STRONG, (cont.)		
Noble	3	277
John Harris, s. Josiah, Jr. & Mary, b. Jan. 19, 1762	2	105
Josiah, Jr., m. Mary **HARRIS**, Jan. 15, 1761	2	105
Lewis, m. Lurane **SKELLEY**, b. of Durham, [Sept.] 7, [1834], by Rev. James Noyes	3	399
Lois, b. May 3, 1737, in Farmington	2	280
Lois, of Farmington, m. Adino **POM[E]ROY**, of Northhampton, Nov. 18, 1760, at Farmington	2	280
Lovise, d. Nath[an] & Sarah, b. Sept. 8, 1771; d. Nov. 25, 1772	2	136
Lovise, 2d, d. Nath[an] & Sarah, b. Sept. 4, 1773	2	136
Luce, d. Elnathan & Eliz[abet]h, [b.] June 13, 1747	2	89
Lucy, m. Edward **ROCKWELL**, Jr., Mar. 25, 1773	2	308
Lyman, Rev. of Colchester, m. Mrs. Rhoda **MATSON**, of Middletown, July 2, 1832, by Rev. E.R. Tyler	3	371
Maria N., of Durham, m. Rodman E. **CHURCH**, of Marion, Ga., [Sept.] 13, [1831], by James Noyes, Jr.	3	362
Matthew M., m. Martha A. **BRAMAN**, b. of Middletown, July 21, 1833, by Rev. W[illia]m H. Beecher	3	384
Monson W., of Durham, m. Mary T. **BAILEY**, of Middletown, Nov. 10, 1828, by Rev. Jno. Cookson	3	322
Nathan, s. Elnathan & Eliz[abet]h, [b.] Nov. 11, 1749	2	89
Nathan, m. Sarah **MILDREM**, June 19, 1768	2	136
Nathan, m. Lucy **CORNWELL**, Aug. 2, 1781	2	136
Patience, d. Elnathan & Eliz[abet]h, b. Mar. 17, 1754	2	89
Patience, m. Asa **JOHNSON**, Dec. 22, 1774	2	243
Sarah, d. Nathan & Sarah, b. Dec. 29, 1775	2	136
Sarah, w. of Nathan, d. Sept. 19, 1776	2	136
Sarah, d. Nathan, d. Sept. 29, 1776	2	136
Submit, d. Elnathan & Eliz[abet]h, b. May 29, 1756	2	89
Susan C., m. Micah **SILL**, Oct. 29, 1826, by Rev. John R. Crane	3	251
STROUD, Charlotte B., d. W[illia]m, iron founder, ae. 46, & Priscilla E., ae. 40, b. July 5, 1849	4	108-9
Francis, twin with Franklin, s. Will[ia]m & Priscilla E., b. Nov. 21, 1837	3	400
Franklin, twin with Francis, s. Will[ia]m & Priscilla E., b. Nov. 21, 1837	3	400
Harriet Knight, d. of W[illia]m, of Middletown, m. J. Phillips **DAVIS**, of Springfield, [June] 7, [1846], by Rev. Townsend P. Abell	3	551
Priscilla E., b. in Whateley, Mass., res. Middletown, d. July 30, 1849, ae. 40	4	130-1
——, s. William, manufacturer, ae. 45, & Priscilla E., ae. 40, b. June 4, [1847]	4	50-1
STUART, STEWART, Darling, m. Beda **PARKER**, Sept. 26, 1824, by Rev. Josiah Bowen	3	171

	Vol.	Page

STUART, STEWART, (cont.)

	Vol.	Page
Irene, d. Michael & Margaret, b. Feb. 2, 1756	1	101
James, Capt., of New York, m. Mary Jane **HALING**, of Haddam, Nov. 27, 1854, by Rev. J. L. Dudley	4	259
Jane, d. Michael & Margaret, b. Mar. 10, 1750/1	1	101
Margaret, d. Michael & Margaret, b. Mar. 2, 1753	1	101
Mary, d. Michael & Margaret, b. Mar. 1, 1738/9	1	101
Michael, m. Marg[a]ret **ROBINSON**, Jan. 26, 1737/8	1	101
Michael, s. Michael & Margaret, b. Feb. 9, 1760	1	101

STURTEVANT, Mary, m. Benjamin C. **BACON**, Aug. 27, 1822, by Rev. John R. Crane — 3 — 103

SUGDEN, Caroline E., m. William **KEIGHLEY**, b. of Middletown, Aug. 5, 1847, by Rev. Townsend P. Abell — 4 — 14

	Vol.	Page
Clarissa M., ae. 24, b. in Upper Middletown, m. Justin S. **WATERMAN**, machinist, ae. 23, b. in Springfield, res. Middletown, July 22, 1849, by Rev. George A. Bryan	4	126-7
Clarissa M., of Middletown, m. August S. **WATERMAN** of Springfield, Mass., July 29, 1849, by Rev. George A. Brian	4	86
Elizabeth, d. Robert & Mary, b. July 22, 1824	3	292
Joseph, farmer, d. Feb. 7, 1848, ae. 20	4	72-3
Mary, d. Robert & Mary, b. Nov. 26, 1822	3	292
Nathaniel Wares, s. Robert & Mary, b. June 3, 1827	3	292
Robert, s. William & Elizabeth, b. Nov. 20, 1776, at Harewood, Eng.; came to Boston Apr. [ ], 1801; was made a citizen of the U.S., July 7, 1807; m. Mary **POWERS**, Nov. 2, 1818, by Rev. Richard L. Storrs, at Braintree, Mass.	3	292
Robert, s. Robert & Mary, b. June 23, 1819, in Braintree, Mass.	3	292
Robert A., s. Robert, farmer, and Emily W., b. Sept. 8, 1847	4	54-5
Robert A., s. Robert, iron founder, ae. 29, & Emily, ae, 25, b. Sept. 8, 1847	4	56-7
William, s. Robert & Mary, b. Jan. 24, 1821	3	292
W[illia]m, mechanic, ae. 67, b. in Keightley, Eng., res. Middletown, m.. 3rd w. Deborah **JOHNSON**, ae. 52, b. in Middletown, res. Middletown, Nov. 6, 1848	4	126-7
William, m. Mrs. Debora **JOHNSON**, b. of Middletown, Dec. 12, 1848, by Rev. T. P. Abell	4	82

SULLIVAN, Catharine, m. David **TERRY**, June 18, 1852, by Rev. Jno. Brady — 4 — 221

	Vol.	Page
Cornelius, m. Bridget **DONEHAN**, Nov. 3, 1849, by John Brady, Jr.	4	95
Hannah, of Middletown, m. James **McCALL**, of Weathersfield, Oct. 23, 1842, by Rev. Zebulon Crocker	3	494

Harriet E., of Middletown, m. Alanson **CURTISS**, of

	Vol.	Page
SULLIVAN, (cont.)		
Mereden, Sept. 1, 1840, by Rev. Zabulon Crocker	3	468
James, m. Hanora **HAGERTY**, Aug. 17, 1854, by Rev. Jno. Brady	4	270
Johenna, m. Michael **DUNN**, Aug. 17, 1845, by Rev. John Brady	3	540
Johanna, m. Jon **LINCOLN**, Oct. 22, 1853, by Rev. Jno. Brady	4	243
John, m. Ellen **O'BRIEN**, July 30, 1854, by Rev. Jno. Brady	4	270
Mary Elizabeth, d. of Robert, of Saybrook, m. George **WORMSLEE**, s. of Josiah, of Middletown, Dec. 5, 1852, by Rev. Willard Jones	4	225
Mary Elizabeth, d. of Robert, of Saybrook, m. George **WORMSLEE**, s. of Josiah, of Middletown, Dec. 5, 1852, by Rev. Willard Jones	4	226
Mary W., of New London, m. Enoch **PARSONS**, of Middletown, May 19, 1795	3	80
W[illia]m, s. Lucretia **TINKER**, b. Jan. 1, 1786	2	33
SULONEY, C[h]loe, Mrs., m. William **BUTLER**, b. of Middletown, Aug. 9, 1829, by Rev. John Cookson	3	339
SUMMERS, [see also **SUMNER** and **SOMERS**], Jeulia, m. Henry **LEE**, Jan. [ ], 1826, by Rev. John R. Dodge, at his house	3	243
SUMNER, SUMNERS, [see also **SUMMERS**], Abigail, d. Hezekiah & Abigail, b. Oct. 10, 1711	LR1	30
Abigail, d. [Hezekiah & Abigail], d. Aug. 25, 1731	LR1	30
Abigail, d. Hez[ekia]h & Desiah, b. June 13, 1752	2	128
Clemence, s. Hez[ekia]h & Desiah, b. Sept. 26, 1748	2	128
Daniell, s. William & Hannah, b. Sept. 26, 1688	LR1	40
Daniel, s. Hezekiah & Abigail, b. June 7, 1718	LR1	30
Daniel, s. Hez[ekia]h & Desiah, b. May 26, 1759	2	128
Daniel, s. Eben[eze]r & Perses, b. Dec. 22, 1765; d. Nov. 22, 1767	2	134
Daniel, 2d, s. Ebenezer [& Perses], b. Sept. 23, 1767	2	134
Desiah, d. Hez[ekia]h & Desiah, b. Sept. 15, 1754; d. May 1, 1758	2	128
Desiah, 2d, d. Hez[ekia]h & Desiah, b. Jan. 7, 1765* (*1763?)	2	128
Ebenezer, s. William & Hannah, b. Sept. 28, 1691	LR1	40
Ebenezer, s. W[illia]m & Han[na]h, b. Aug. 14, 1737	1	11
Ebenezer, m. Persis **PEES**, May 10, 1756, at Hebron	2	134
Ebenezer, s. Eben[eze]r & Persis, b. May 1, 1758	2	134
Elizabeth, m. Samuel **ADKINS**, Nov. 20, 1740	1	120
Hanna[h], d. William & Hannah, d. Mar. 18, 1688/9	LR1	40
[Hannah], wid. of Dea., m. Capt. John **HALL**, Nov. 22, 1705	LR1	30
Hannah, d. Hezekiah & Abigaill, b. Mar. 17, 1706/7	LR1	30

	Vol.	Page
SUMNER, SUMNERS, (cont.)		
Hannah, d. W[illia]m & Hannah, b. June 20, 1726	1	11
Hannah, m. Joseph **JOHNSON**, Sept. 15, 1748	1	21
Hannah, d. Eben[eze]r & Perses, b. Jan. 3, 1764	2	134
Hezekiah, m. Abigaill **BODWELL**, Feb. 10, 1703/4	LR1	30
Hezekiah, s. W[illia]m & Hannah, b. Dec. 4, 1724	1	11
Hezekiah, Jr., m. Desiah **HIGGINS**, Feb. 10, 1743/4	2	128
Hezekiah, s. Hez[ekia]h & Desiah, b. Aug. 13, 1757	2	128
Huldah, d. Will[ia]m & Huldah, b. Mar. 5, 1759; d. Nov. 17, 1775 (The death added in pencil)	2	246
Huldah, m. Benj[ami]n **HENSHAW**, July 2, 1761	2	297
Jemime, d. Eben[eze]r & Persis, b. Sept. 22, 1771	2	134
John, s. W[illia]m & Hannah, b. June 30, 1735	1	11
John, m. Elizabeth **KENT**, Mar. 9, 1758	2	63
John, s. John & Eliz[abet]h, b. Oct. 10, 1759	2	63
Joseph, m. Roxana J. **LADD**, b. of Middletown, Apr. 28, 1828, by Rev. E.R. Tyler	3	304
Mary, d. W[illia]m & Hannah, b. June 8, 1730	1	11
Mary, m. William **HARRIS**, Mar. 12, 1746/7	2	131
Mary, d. Eben[eze]r & Perses, b. Aug. 15, 1773	2	134
Persis, d. Eben[eze]r & Perses, b. Dec. 30, 1761	2	134
Samuel, s. Heze[kia]h & Desiah, b. Sept. 25, 1744	2	128
Sarah, m. Nathaniell **STOW**, Feb. 11, 1702/3	LR1	40
Sarah, d. W[illia]m & Hannah, b. July 12, 1728	1	·11
Sarah, m. Ichabod **CRUTTENDEN**, Mar. 11, 1745	2	92
Sarah, d. Eben[eze]r & Perses, b. Oct. 27, 1767	2	134
Shubael, s. Eben[eze]r & Persis, b. Nov. 11, 1759	2	134
Tabitha, d. Hez[ekia]h & Desiah, b. Dec. 14, 1746; d. Nov. 5, 1747	2	128
Tabitha, d. Hez[ekia]h & Desiah, b. July 16, 1750	2	128
William, s. [Hezekiah & Abigaill], b. Jan. 12, 1704/5	LR1	30
William, m. Hannah **CLARK**, Jan. 15, 1723/4	1	11
William, s. W[illia]m & Hannah, b. Jan. 14, 1732/3	1	11
Will[ia]m, d. Nov. 15, 1739	1	11
William, of Middletown, m. Huldah **STILLMAN**, of Weathersfield, Sept. 9, 1756	2	246
Will[ia]m, s. Will[ia]m & Huldah, b. July 9, 1757	2	246
William, d. Oct. 2, 1758, at Saybrook	2	246
W[illia]m, Jr., m. Esther **BACON**, b. of Middletown, Jan. 14, 1822, by Rev. Eli Ball	3	85
----, Dea., d. July 20, 1703	LR1	40
----, d. [Hezekiah & Abigail], b. [ ]; d. [ ]	LR1	30
SUTLIEF, Hezekiah, m. Anna **SMITH**, May 24, 1837, by Rev. Joseph Holdrich	3	434
SUTTON, Mary, m. Linus **BIDWELL**, Jan. 30, 1820	3	93
SWADDLE, Allitheah, d. Jno. & Susanna, b. Dec. 27, 1746	1	19

	Vol.	Page
SWADDLE, (cont.)		
Eleph, d. John & Susannah, b. Feb. 14, 1744/5	1	19
Esther, d. Jno. & Susanna, b. Mar. 27, 1736	1	19
Esther, d. John & Susanna, b. Feb. 15, 1772	2	213
Eunice, d. Jno. & Susanna, b. Mar. 24, 1752	1	19
Hannah, d. [Jno. & Susannah], b. Aug. 23, 1787	2	213
Isaiah, s. Jno. & Susanna, b. July 16, 1734	1	19
Isaiah, m. Susannah **WARNER**, Nov. 13, 1755	2	7
Jesse, s. Jno. & Susannah, b. Jan. 30, 1739/40	1	19
John, m. Susannah **WELMUT**, May 6, 1725	1	19
John, s. Jno. & Susannah, b. Feb. 23, 1737/8	1	19
John, m. Susanna **ROBARDS**, Nov. 21, 1763	2	213
John, s. John & Susanna, b. Mar. 16, 1774	2	213
Leuce, d. Jno. & Susanna, b. June 8, 1729	1	19
Lucia, m. Othniel **BRAINERD**, May 10, 1750	2	6
Lucinda, d. [Jno. & Susannah], b. May 22, 1785	2	213
Lydia, d. John & Susanna, b. Apr. 8, 1768	2	213
Mary, d. Jno. & Susanna, b. Feb. 3, 1743/4; d. Mar. 4, 1743/4	1	19
Mary, d. John & Susanna, b. Feb. 16, 1776	2	213
Sally, d. [Jno. & Susannah], b. June 14, 1782 (written in pencil "m. Allen **CLARKE** 1803")	2	213
Susanna, d. Jno. & Susan[n]a, b. Apr. 17, 1726; d. Nov. 15, 1736	1	19
Susannah, d. Jno. & Susannah, b. Feb. 9, 1741/2	1	19
Susanna, d. John & Susannah, b. May 20, 1778	2	213
William Robards, s. Jno. & Susannah, b. Aug. 10, 1780	2	213
SWAN, Albert, Jr., of East Haddam, m. Nancy **CLARK**, of Haddam, Feb. 5, 1822, by Rev. John R. Crane	3	86
Henry, m. Ruhama B. **FIELD**, Oct. 3, 1832, by Rev. John R. Crane	3	373
John, of Middletown, m. Sophronia **LOOMIS**, of Hartford, Sept. 7, 1823, by Rev. Joshua L. Williams	3	133
Phillip, m. Catharine **ABBY**, b. of Middletown, Jan. 15, 1823, by Rev. Phinehas Cook	3	117
SWATCHET, William, m. Sarah T. **CLARK**, [Oct.] 28, [1823], by Rev. James A. Boswell	3	143
SWATHEL, SWATHELL, SWATHIEL, Alfred, m. Olive **CUSHMAN**, Sept. 6, 1829, in Willington	3	335
John, m. Abigail **ALLEN**, Jan. 26, 1846, by Rev. A.L. Stone	3	546
Margaret, of Durham, m. Wadworth **WADSWORTH**, of Monroe, Mich., Dec. 25, 1833, by Rev. B. Creagh	3	391
SWEENEY, John, m. Margaret **SWEENEY**, Jan. 29, 1854, by Rev. Jno. Brady	4	263
Margaret, m. John **SWEENEY**, Jan. 29, 1854, by Rev. Jno. Brady	4	263

	Vol.	Page
SWEENEY, (cont.)		
Maurice, m. Mary **FLYNN**, Feb. 26, 1854, by Rev. Jno. Brady	4	264
Rosanna, housework, ae. 30, b. in Dublin, Ireland, res. Middletown, m. Michael **McCARTHY**, engineer, ae. 28, b. in Wexford Co., Ireland, res. Middletown, May 2, 1849, by John Brady	4	118-9
SWIFT, Bathsheba, m. George **LEWIS**, July 12, 1744	2	188
SYLVESTER, Elizabeth L., m. Smith **CLARK**, b. of Middletown, Mar. 6, 1851, by Rev. M.L. Scudder	4	184
SYSMOT, Mary, m. Moses **NOWLAN**, Sept. 25, 1854, by Rev. Jno. Brady	4	272
TABOR, TABER, Eliza S., m. Thomas **HUBBARD**, Mar. 29, 1819, by Rev. Archi[bal]d McClary	3	13
Frances, m. Thomas **HUBBARD**, July 8, 1808	3	13
TALBOT, TALBUT, TOLBUT, Content, d. Nathaniel & Lucy, b. Aug. 17, 1767	2	104
Elizabeth, d. Nathaniel & Lucy, b. Mar. 12, 1765	2	104
Hopestill, of Dighton, m. Jobe **BUN**, of Barth, June 10, 1756, at Barth, Boston Gov.	2	341
Jonathan, s. Nathaniel & Lucy, b. Apr. 12, 1763	2	104
Marcy, of Diton, m. Abner **LUCAS**, Dec. 13, 1764	2	9
Peter S. J., m. Deborah S. **TURNER**, Oct. 23, 1842, by Rev. Joseph Holdich	3	494
TALCOTT, TALLCOTT, Andrew, m. Anna **MILLER**, b. of Middletown, Mar. 28, 1821, by Rev. Eli Ball	3	50
Daniel, s. Hez[ekia]h & Sarah, b. Apr. 19, 1772	2	288
Dan[ ]	2	190
Elisha, s. Hez[ekia]h & Sarah, b. Mar. 10, 1770	2	190
Elisha, s. Hez[ekia]h & Sarah, b. Mar. 10, 1770	2	288
Jesse, s. Hez[ekia]h & Sarah, b. Mar. 5, 1776	2	288
Joel, s. Hez[ekia]h & Sarah, b. Mar. 10, 1774	2	288
Johnson, s. Hez[ekia]h & Sarah, b. Sept. 6, 1778	2	288
Matthew, m. Mrs. Mary **RUSSELL**, Sept. 24, 1740	1	124
Mathew had negro Darris, b. Apr. 15, 1755; Nevis, d. Darris, b. Feb. 6, 1773; James, s. Henerette, b. Sept. 19, 1772	1	124
Parsons, s. Hez[ekia]h & Sarah, b. Jan. 27, 1781	2	288
Salla, d. Hez[ekia]h & Sarah, b. July 30, 1768	2	288
Samuel, of West Hartford, m. Margaret L. **SAGE**, of Middletown, Dec. 31, 1839, by Rev. Zebulon Crocker	3	464
Sarah, m. Justus **WEBSTER**, May 6, 1762	2	161
TALLMAGE, John Lewis, of New Canaan, m. Caroline **BACON**, of Middletown, Jan. 1, 1822, by Rev. Eli Ball	3	85
TALLMAN, Elizabeth, of New London, m. Thomas **DANFORTH**, Jr., of Middletown, July 11, 1775	2	156
TAPPIN, TAPIN, TAPPAN, TAPPINE, TOPPIN, TOPPON, Ann,		

	Vol.	Page
TAPPIN, TAPIN, TAPPAN, TAPPINE, TOPPIN, TOPPON, (cont.)		
m. Andrew **BACON**, Dec. 31, 1728	1	41
Ann, wid. of James, d. Aug. 26, 1755	LR1	20
Anna, d. James & Anna, b. Sept. 29, 1662	LR1	20
Anna, d. James & Ann, b. Aug. 19, 1694	LR1	20
Anna, [d. James & Ann], d. Nov. 5, 1696	LR1	20
Anna, d. James & Anna, b. Sept. 1, 1700	LR1	20
Anna, wid. of James, Sr., d. Feb. 7, 1731/2	LR1	20
Elizabeth, d. James & Anna, b. Aug. 3, 1670	LR1	20
Elizabeth, d. James & Anna, d. Feb. 18, 1675	LR1	20
Hannah, m. Thomas **WARD**, Dec. 6, 1683	LR1	6
James, s. James & Anne, b. Aug. 19, 1665	LR1	20
James, Jr., m. Ann **WARD**, Feb. 4, 1691/2	LR1	20
James, s. James & Ann, b. Oct. 30, 1691/2; d. Dec. 2, 1691/2	LR1	20
James, s. James & Anna, b. July 19, 1698; d. Dec. 29, 1698	LR1	20
James, Sr., d. Aug. 6, 1712	LR1	20
James, d. Dec. 21, 1741	LR1	20
Mary, d. James. & Anna, b. Aug. 15, 1668	LR1	20
Thomas, planemaker, ae. 22, b. in N.Y., res. Middletown, m. Mary L. **HUNT**, ae. 18, May 4, 1850*, by Rev. B. N. Leach (*1851?)	4	200-1
Thomas, s. of Thomas, m. Mary L. **HUNT**, d. of Jacob, b. of Middletown, May 4, 1851, by Rev. B. N. Leach	4	186
TATE, Mary C., d. of W[illia]m M. & Mary, of Middletown, m. Matthew B. **BAR[T]LETT**, of Hartford, Sept. 16, 1851, by Rev. Jno. Morrison Reid	4	217
TATNALL, Edw[ar]d T., naval officer, d. July 21, 1850, ae. 26	4	174-5
TAYLOR, TAYLER, Abigail, d. Benajah & Abigail, b. Mar. 10, 1756	2	61
Abigail, b. Mar. 19, 1787; m. Nathaniel **BACON**, 2d, s. of Joel, Mar. 9, 1812	3	51
Benaijah, s. John & Elizabeth, b. Feb. 9, 1730/31	1	35
Caroline, m. William **DAWSON**, b. of Middletown, Mar. 23, 1828, by Rev. Frederick Wightman	3	301
Daniel W., s. D. C., blacksmith, ae. 30, & Rebecca A., ae. 31, b. Aug. 17, 1848	4	108-9
David, s. John & Elizabeth, b. Oct. 27, 1727	1	35
David, s. Benajah & Abigail, b. Oct. 18, 1753	2	61
Edwin Stephen, s. S[tephen] & C[larissa], b. Feb. 28, 1819; d. May 15, 1820	3	5
Edwin Stephen, s. S[tephen] & C[larissa], b. Aug. 16, 1829	3	5
Elisha, m. Hannah **JUDD**, Sept. 20, 1739	1	119

	Vol.	Page
TAYLOR, TAYLER, (cont.)		
Elisha, [twin with Noadiah], s. Elisha & Hannah, b. June 5, 1755	1	119
Eliza, d. Justus & Elizabeth, b. Apr. 22, 1770	2	145
Eliza, m. Joseph **SMITH**, Mar. 12, 1775	2	145
Elizabeth, d. John & Elizabeth, b. Dec. 22, 1725	1	35
Elizabeth, m. John **SPENCER**, Nov. 4, 1741	1	130
Emily M., m. Emilus H. **LELAND**, July 6, 1847, by Rev. James Floy	4	11
Esther, m. Thomas **SNOW**, Jan. 26, 1756	2	10
Frances Louisa, d. S[tephen] & C[larissa], b. Oct. 15, 1826	3	5
Frank, s. Ja[me]s H., merchant, ae. 29, & [ ], ae. 21, b. May 17, 1851	4	196-7
George, m. Arabene **McCOONEY**, Apr. 22, 1827, by Rev. Stephen Hayes	3	270
Hannah, d. Elisha & Hannah, b. July 19, 1745	1	119
Harriet B., d. Stephen, m. William A. **CAMP**, s. William S., June 1, 1848, by Rev. John R. Crane	4	33
Harriet B., ae. 24, of Middletown, m. William A. **CAMP**, merchant, ae. 25, b. in Durham, res. Middletown, June 1, 1848, by Rev. John R. Crane	4	62-3
Harriet Butler, d. S[tephen] & C[larissa], b. Apr. 15, 1824	3	5
Helen Clarissa, d. S[tephen] & C[larissa], b. Apr. 3, 1834	3	5
Henry L., s. Joel, boatman, ae. 38, & Sally M., ae. 37, b. Nov. 30, 1847	4	54-5
James H., tailor, ae. 24, b. in Kingston, N.C., res. Middletown, m. Mary Jane **STILLMAN**, tailoress, ae. 20, of Middletown, Nov. 12, 1848, by Fred J. Goodwin	4	120-1
James H., s. Ja[me]s, tailor, ae. 25, & Mary J., ae. 22, b. May 21, 1851	4	198-9
James Henry, m. Mary Jane **STILLMAN**, Nov. 12, 1848, by Rev. F.J. Goodwin	4	39
James Harvey, s. S[tephen] & C[larissa], b. Feb. 28, 1822	3	5
Jemima, d. Elisha & Hannah, b. June 22, 1740	1	119
Jemima, d. Elisha & Hannah, d. Mar. 2, 1742	1	119
Jemima, d. Elisha & Hannah, b. May 20, 1743	1	119
John, s. John & Elizabeth, b. Apr. 17, 1724	1	35
John, s. Will[ia]m & Susanna, b. June 22, 1748	2	104
John Blake, s. Justus & Elizabeth, b. Oct. 22, 1767	2	145
John Blake, [s. Justus & Elizabeth], d. Sept. 5, 1784	2	145
Joseph, s. Justus & Elizabeth, b. Oct. 10, 1768	2	145
Joseph William, s. S[tephen] & C[larissa], b. Jan. 1, 1832	3	5

	Vol.	Page
TAYLOR, TAYLER, (cont.)		
Joshua, s. John & Elizabeth, b. Feb. 14, 1728/9	1	35
Joshua, s. Elisha & Hannah, b. June 7, 1749	1	119
Julius, of Middletown, m. Mrs. Sarah A. **TAYLOR**, of Cromwell, Oct. 16, 1853, by Rev. W. H. Waggoner, at his house	4	241
Justus, s. John & Elizabeth, b. Dec. 12, 1734	1	35
Justus, of Middletown, m. Elizabeth **BLAKE**, of Boston, Oct. 20, 1762, by Rev. Ebenezer Pemberton, in Boston	2	145
Justus, s. Justus & Elizabeth, b. Oct. 2, 1765; d. Apr. 13, 1766	2	145
Justus, 2d, s. Justus & Elizabeth, b. Sept. 28, 1766; d. May 11, 1767	2	145
Justus, d. Sept. 24, 1771	2	145
Kasiah, d. John & Elizabeth, b. Aug. 1, 1720	1	35
Lois, d. Elisha & Hannah, b. Aug. 27, 1752	1	119
Margaret M., of Middletown, m. Charles **HILLS**, of Portland, Oct. 27, 1842, by Rev. W. A. Stickney	3	494
Mary, d. Sam[ue]ll & Mary, b. Feb. 23, 1737/8	1	95
Mary, m. Ezra **DOUD**, June 12, 1755	2	352
Mary, d. D. C., blacksmith, ae. 32, & Rebecca A., ae. 33, b. June 6, 1851	4	198-9
Mary Ann, d. Stephen & Clarissa, b. Apr. 28, 1814; d. July 28, 1815	3	5
Mary Ann, d. S[tephen] & C[larissa], b. July 15, 1816	3	5
Mary Ann, m. Martin H. **SHEPHERD**, Jan. 4, 1841, by Rev. John R. Crane	3	471
Moses, of Middletown, m. Rebeckah **BRINDSLEY**, of Stratford, Dec. 11, 1739	1	116
Noadiah, m. Abigail **WHITMORE**, Oct. 24, 1739	1	121
Noadiah, [twin with Elisha], s. Elisha & Hannah, b. June 5, 1755	1	119
Rachel, d. Elisha & Hannah, b. Mar. 12, 1746/7	1	119
Samuel, m. Mary **BEVIN**, June 15, 1735	1	95
Samuel, s. Samuel & Mary, b. Nov. 10, 1740	1	95
Sarah A., Mrs. of Cromwell, m. Julius **TAYLOR**, of Middletown, Oct. 16, 1853, by Rev. W. H. Waggoner, at his house	4	241
Stephen, s. Sam[ue]ll & Mary, b. May 22, 1736	1	95
Stephen, s. Jona[tha]n & Hannah, b. May 29, 1786	3	5
Stephen, m. Clarissa **BUTLER**, July 4, 1813, at Cattskill, N.Y.	3	5
Susanna, w. of W[illia]m, d. Oct. 12, 1750	2	104
Sibbell, d. Benajah & Abigail, b. Oct. 22, 1750	2	61
Warren, of Middletown, m. Sarah Ann **GRIFFIN**, of Hartland, Vt., July 5, 1835, by Rev. Zeb[ulo]n Crocker	3	411

	Vol.	Page
TAYLOR, TAYLER, (cont.)		
Wells J., of Dighton, Mass., d. Aug. 10, 1847, ae. 2 m.	4	68-9
William, s. John & Elizabeth, b. Sept. 2, 1722	1	35
Will[ia]m, m. Susanna **FREEMAN**, Sept. 25, 1747	2	104
Will[ia]m, m. Ruth **HIGGINS**, [ ]	2	104
——, d. Joel B., boatman, ae. 41, & Sally, ae. 40, b. Mar. 13, 1850	4	162-3
TEAL, TAELS, TEALS, Mary, d. Micajah & Mary, b. Mar. 26, 1768; d. Apr. 17, 1768	2	41
Micajah, m. wid. Mary **FAIRBANKS**, Nov. 13, 1766	2	41
Oliver, m. Ruth **HURD**, of Killingworth, Nov. 14, 1747	2	37
Oliver [& w. Ruth], moved to Middletown between 1750-1752	2	37
Oliver, s. Oliver & Ruth, b. Jan. 1, 1759	2	37
Rachel, d. Oliver & Ruth, b. Jan. 15, 1751/2	2	37
Susannah, d. Micajah & Mary, b. July 20, 1769	2	41
Timothy, s. Oliver & Ruth, b. May 21, 1754	2	37
Titus, s. Oliver & Ruth, b. Nov. 13, 1756	2	37
——, child of [Oliver & Ruth], b. [ ], 1748, in Killingworth	2	37
——, child of [Oliver & Ruth], b. [ ], 1750, in Killingworth	2	37
TENANT, Phebe, of Chatham, m. Henry **HEDGES**, of Dalton, Mass., Sept. 8, 1832, by Rev. John Cookson	3	372
TENLEY, Francis, m. Eliza **LAHA**, Sept. 12, 1853, by Rev. Jno. Brady	4	240
TERRY, TEARY, Asel, of East Hadam, m. Mary M. **PEASE**, May 27, 1830, by Rev. John R. Crane	3	349
David, m. Catharine **SULLIVAN**, June 18, 1852, by Rev. Jno. Brady	4	221
Igbert, m. Mary **MILLER**, b. of Middletown, Aug. 16, 1829, by Rev. Theron Osborn	3	338
Mary, m. William **CRANSTON**, May 14, 1853, by Rev. Jno. Brady	4	237
THATCHER, John, m. Lydia **FREEMAN**, Oct. 24, 1824, by Rev. John R. Crane	3	179
THAYER, THAYRE, Ann of Middletown, m. Elijah S. **ARNOLD**, of Haddam, Dec. 11, 1833, by Rev. John R. Crane	3	390
Eliza, of Middletown, m. Hezekiah **MERWIN**, of Haddam, Feb. 12, 1828, by Rev. John R. Crane	3	295
Elizabeth, d. Gersham & Susannah, b. May 30, 1766	2	12
Elizabeth, m. William **COOK**, Oct. 6, 1783	2	358
Esther, d. Seth & Esther, b. July 29, 1766	2	86
Gersham, m. Susana **HAZELTON**, of Haddam, Sept. 19, 1765	2	12
Giles, m. Anna **HUBBARD**, Jan. 19, 1836, by Rev. John		

	Vol.	Page

THAYER, THAYRE, (cont.)
R. Crane	3	418
John, of Weathersfield, m. Betsey Ann **SLOPER**, of Middletown, Jan. 2, 1826, by Joshua L. Williams, V.D.M.	3	220
Jonathan, s. Gersham & Susannah, b. Oct. 12, 1767	2	12
Jonathan, s. Gershom & Susannah, b. [ ]; d. Dec. 4, 1768	2	12
Jonathan, m. Mehetabel **WHITMORE**, b. of Middletown, Jan. 29, 1822, by Rev. Phinehas Cook	3	87
Nelson, m. Mary H. **TRYON**, Jan. 1, 1828, by Rev. John R. Crane	3	290
Sally, m. Warner **BAILEY**, b. of Middletown, Sept. 18, 1821, by Rev. Josiah Bowen	3	66
Seth, m. Esther **FOSTER**, Sept. 1, 1763	2	86
Seth, s. Seth & Esther, b. Sept. 28, 1764	2	86
Seth, d. Dec. 3, 1768	2	86
Seth, s. Gersham & Susannah, b. Feb. 8, 1771	2	12
Seth, m. Sarah **PIERCE**, b. of Middletown, Apr. 3, 1831, by Rev. Laban Clark	3	360
Susannah, d. Gersham & Susannah, b. June 22, 1769	2	12
Tabitha, m. Joseph **STARR**, 3rd, Jan. 23, 1752	2	279

THILSON, Jno., m. Mary Ann **CAVANAGH**, Oct. 6, 1850, by Rev. John Brady — 4, 148

THODGE, Samatha, m. Chester **ANDRUS**, b. of Chatham, Jan.* 16, 1836, by Rev. John C. Green (*"Feb." written in pencil) — 3, 419

THOMAS, Albert, of Middletown, m. Sally M. **SCOVIL**, of Haddam, Mar. 2, 1829, by Rev. Simon Shailer, of Haddam — 3, 331

Albert, m. Jane M. **SHERMAN**, b. of Haddam, Nov. 11, 1838, by Rev. John Cookson	3	453
Ansel, of Haddam, m. Clarissa **HUBBARD**, of Middletown, Dec. 9, 1820, by Rev. Birdseye G. Noble	3	46
Betsey, m. Daniel **SEARS**, Dec. 8, 1796	2	306
Daniel, m. Johanna **SHAY**, Aug. 21, 1853, by Rev. Jno. Brady	4	239
Ebenezer, s. John & Marcy, b. [ ]	1	71
Elias Wells, of New Haven, m. Celia Ann **SPENCER**, of Middletown, July 29, 1838, by Rev. Elisha Andrews	3	447
John, illeg. s. John **THOMAS** and Mary **WALTER***, b. Feb. 9, 1697 (*Mary **WALLER**, of New London)	LR1	20
John, m. Marcy **WILLABE**, May 16, 1753* (*Probably 1723)	1	71
John, s. John & Marcy, b. Apr. 12, 1726	1	71
John, m. Maria **MOSS**, Nov. 25, 1821, by Rev. John R. Crane	3	73
John, m. Abigail **WARD**, b. of Middletown, Nov. 1, 1827, by Rev. Heman Bangs	3	283

MIDDLETOWN VITAL RECORDS 255

	Vol.	Page
THOMAS, (cont.)		
Julia Ann, of Middletown, m. Talcott **GOFF**, of Haddam, Dec. 13, 1830, by Rev. Charles Bentley, of Chatham	3	359
Marcy, d. John & Marcy, b. Feb. 14, 1723/4	1	71
Marvin, m. Lucretia **HUBBARD**, Oct. 3, 1825, by Rev. Stephen Hayes	3	208
Marvin, d. Oct. 3, 1854, ae. 49	3	208
Mary, d. John & Marcy, b. Apr. 6, 1734	1	71
Mary E., d. Samuel, laborer, ae. 38, & Jane, ae. 29, b. Nov. 15, 1849	4	158-9
Pierre, m. Harriet B. **BRAINARD**, Aug. 6, 1826, by Rev. Birdseye G. Noble	3	239
Samuel, m. Jane **RATCLIFF**, b. of Middletown, Mar. 4, 1840, by Rev. F. Hodgeson	3	465
Susannah, weaver, b. in Haddam, res. Middletown, d. Jan. 20, 1840, ae. 75	4	130-1
William, s. John & Marcy, b. [ ]	1	71
THOMPSON, TOMPSON, Ann, d. John & Bridget, b. June 17, 1749	2	223
Harriet W., of Middletown, m. Bradford K. **PIERCE**, of Boston, Aug. 5, 1841, by Rev. T. C. Pierce	3	481
Henry, of Denmark, m. Lucy A. **WILCOX**, of Salisbury, Dec. 30, 1850, by Isaac Coe, J.P.	4	179
John, s. John & Bridget, b. July 29, 1751	2	223
John, d. Oct. 24, 1756	2	223
Marah, m. William **CORNWELL**, s. of John, Dec. [ ], 1699	LR1	27
Nathan P., b. in Wallingford, res. Middletown, d. Jan. 29, 1848, ae. 9 1/2	4	70-1
William, s. John & Bridget, b. Oct. 28, 1753	2	223
THORNHAM, Hannah, m. John **FERGUSON**, b. of Middletown, Dec. 3, 1853, by Rev. Frederic J. Goodwin	4	260
THORP, Gideon, of Mereden, m. Abigail **BOW**, of Middletown, Dec. 25, 1834, by Rev. B. Creagh	3	403
Katharine, of Farmington, m. Samuel Allin **BOARDMAN**, of Middletown, Mar. 31, 1774	2	145
THRALL, James, m. Annis M. **LYMAN**, b. of Middletown, Sept. 5, 1841, by Rev. James Noyes, Jr.	3	479
Sarah, of Windsor, m. James **WARD**, of Middletown, Feb. 17, 1724/5	1	13
THRASHER, THRESHER, Charles, s. Bazaleel & Hannah, b. Sept. 5, 1764	2	160
Hannah, m. Sam[ue]ll **WILLCOX**, Nov. 28, 1771	2	176
TIBBALS, TIBBALLS, Cynthia J., of Haddam, m. John H. **BALDWIN**, of Humphreyville, Nov. 30, 1844, by Rev. Andrew L. Stone	3	525
Eliz[abet]h, of Middletown, m. Joseph **HULL**, of Stock-		

	Vol.	Page
TIBBALS, TIBBALLS, (cont.)		
bridge, Mass., Mar. 27, 1831, by Rev. John R. Crane	3	360
Elizabeth, of Middletown, m. Dennis **UPFORD**, of Chat[ham], Sept. 26, 1831, by Rev. Charles Bentley, of Middle Haddam	3	364
Frances, b. Oct. 16, 1840, at Durham; m. Duane **BARNES**, Sept. 22, 1869, at Wilmington, Del.	4	15
James, of Haddam, m. Thankful **JOHNSON**, of Middletown, Nov. 5, 1826, by Rev. John R. Crane	3	255
Julia S., m. James E. **DICKINSON**, b. of Haddam, [Aug.] 15*, [1845], by Rev. A. L. Stone (*"10th" written in pencil)	3	534
Mary, of Middletown, m. George H. **UFFORD**, of Chatham, Sept. 30, 1830, by Rev. John R. Crane	3	354
Russell E., of Chatham, m. Lucy G. **BARNES**, of Middletown, June 16, 1841, by Rev. Stephen Alonzo Loper	3	476
Vincia, of Middletown, m. Joel **JACOBS**, of East Haddam, Oct. 19, 1844, by Rev. E. E. Griswold	3	522
TIDGEWELL, Elizabeth, ae. 18, b. in England, res. Middletown, m. George M. **PRATT**, gunsmith, ae. 20, b. in Ludlow, Mass., res. Middletown, Jan. 20, 1850, by Rev. T. P. Abell	4	168-9
Elizabeth, m. George M. **PRATT**, b. of Middletown, Jan. 20, 1850, by Rev. Townsend P. Abell, at Staddle Hill	4	187
James, m. Elizabeth **BRIGGS**, July 11, 1841, by Rev. Arthur Granger	3	478
James, Jr., m. Mary S. **JOHNSON**, b. of Middletown, May 16, 1847, by Rev. Frederic J. Goodwin	4	3
Mary Ann, d. James, Jr. & Mary W., b. Mar. 23, [1848]	4	60-1
Sarah J., d. W[illia]m, mechanic, ae. 23, & Sarah, ae. 20, b. Nov. 22, 1848	4	108-9
TIFFANY*, Eliz[abet]h, of Middletown, m. Mayhew **TUPPER**, of Hebron, Apr. 20, 1768 (*Arnold Copy has "**GIFFANY**")	2	81
Sam[ue]ll, d. Nov. 22, 1761	2	8
TIMMONS, [see also **SIMMONS**], Edward, m. Ann **LEE**, May 18, 1854, by Rev. Jno. Brady	4	266
Margaret, see under **SIMMONS**	4	108-9
TINDAL, Joshua, of Providence, m. Mary Ann **CLARK**, of Middletown, Aug. 9, 1821, by Rev. Eli Ball	3	60
TINEN, [see also **TINNON**], Michael, m. Julia **McEVOY**, May 20, 1852, by Rev. Jno. Brady	4	220
TINKER, Eliphalet L., of Westfield, N.Y., m. Hannah M. **GILBERT**, of Middletown, July 22, 1821, by Rev. Eli Ball	3	58
Jonathan, m. Lucretia **FOSTER**, June 23, 1757	2	33
Jonathan, s. Jona[tha]n & Lucretia, b. Nov. 13, 1757	2	33

MIDDLETOWN VITAL RECORDS 257

	Vol.	Page
TINKER, (cont.)		
Lewis, s. Jona[tha]n & Lucretia, b. Jan. 9, 1762	2	33
Lucretia had s. W[illia]m Sullivan, b. Jan. 1, 1786	2	33
----, "Granny", so-called, d. Sept. 17, 1849, ae. 70	4	174-5
TINNON, [see also **TINEN**], Catharine, d. Jeremiah, laborer, ae. 35, & Catharine, ae. 28, b. Nov. 20, 1849	4	158-9
TIPPAR, TIPPER, Catharine, d. William, laborer, ae. 40, & Julia A., ae. 28, b. Jan. 4, [1848]	4	48-9
James, s. W[illia]m, ostler, & Julia, ae. 29, b. June 18, 1849	4	108-9
TOBEY, Emma, d. Sept. 13, 1849, ae. 1 y.	4	174-5
Emma, b. [1849?]	4	108-9
TOBIN, Catharine, m. Michael **JENFRID**, Sept. 11, 1853, by Rev. Jno. Brady	4	240
Margaret, m. John **POWERS**, Jan. 15, 1854, by Rev. Jno. Brady	4	263
TODD, Henry H., of Berlin, Conn., m. Emily **DOUD**, of Middletown, June 8, 1848, by Rev. L. S. Hough	4	34
Henry H., farmer, ae. 26, of New Britain, m. Emily **DOUD**, ae. 20, b. in Middletown, June 8, 1848, by Lent S. Hough	4	66-7
Marcy, m. Wait **CORNWELL**, Apr. 29, 1717	LR2	26
Marcy, m. Wait **CORNWELL**, Apr. 24, 1717	1	74
TOELS, [see under **TOLLES**]		
TOLBUT, [see under **TALBUT**]		
TOLLES, TOLLS, TOELS, TUELLS, [see also **TEAL**], Anna, d. Comf[or]t & Anna, b. Mar. 23, 1787	2	251
Benjamin, s. Elijah & Lucia, b. Mar. 8, 1757	2	153
Benj[ami]n, m. Ruth **NICHOLS**, May 5, 1783	2	351
Benjamin, s., [Benjamin & Ruth], b. Mar. 13, 1785	2	351
Betse, d. Elijah & Lucia, b. Feb. 2, 1772	2	153
Comfort, s. Elijah & Lucia, b. July 13, 1754	2	153
Comfort, s. Elijah & Lucia, d. May 10, 1760	2	153
Comfort, s. Elijah & Lucia, b. May 9, 1765	2	153
Comfort, m. Anna **SIMMONS**, May 4, 1786	2	251
Elijah, s. Elijah & Lucia, b. May 7, 1749	2	153
Elijah, s. Elijah & Lucia, d. May 17, 1749	2	153
Elijah, m. Lucia **LEWIS**, Jan. 17, 1748/9	2	153
Elijah, s. Elijah & Lucia, b. Oct. 5, 1751	2	153
Elijah, s. Elijah & Lucia, d. Oct. 20, 1752	2	153
Elijah, s. [Comfort & Anna], b. Feb. 8, 1791	2	251
Elizabeth, m. Caleb **BAILEY**, July 20, 1793	2	334
Enoch, s. Elijah & Lucia, b. Dec. 20, 1761	2	153
Fanny, d. [Comfort & Anna], b. Aug. 1, 1794	2	251
Hannah, d. Elijah & Lucia, b. Apr. 4, 1760	2	153
Harriet C., d. Dec. 26, 1851, ae. 10 m.	4	204-5
Hiram, s. Elijah & Lucia, b. Oct. 22, 1758; d.		

	Vol.	Page
TOLLES, TOLLS, TOELS, TUELLS, (cont.)		
Sept. 28, 1759	2	153
Lucia, d. Elijah & Lucia, b. May 2, 1753	2	153
Lucia, w. of Elijah, d. Mar. 14, 1774	2	153
Lucy, m. Robert **WARNER**, May 16, 1771	2	201
Mary, d. Elijah & Lucia, b. Sept. 8, 1763	2	153
Polly Harrington, d. [Comfort & Anna], b. Dec. 13, 1788	2	251
Ruth, d. Benj[ami]n & Ruth, b. Dec. 18, 1783	2	351
Ruth, d. [Comfort & Anna], b. Nov. 28, 1792	2	251
Sam[ue]ll, s. Elijah & Lucia, b. Apr. 21, 1750	2	153
Thomas, m. Mary A. **COTTON**, Nov. 19, 1840, by Rev. L. S. Everett	3	472
Tho[ma]s Lewis, s. [Benjamin & Ruth], b. Jan. 3, 1787	2	351
——, d. Thomas, tailor, ae. 38, & Mary, ae. 28, b. Feb. 26, 1850	4	158-9
TOMLINSON, Henry S., ae. 22, of N.Y., m. Frances A. **BARNARD**, ae. 18, b. in Hartford, res. N.Y., Mar. 23, 1850, by Rev. F. J. Goodwin	4	168-9
William A., m. Susan L. **CLARK**, Nov. 27, 1832, by Rev. John R. Crane	3	376
TOMPKINS, Ann E., d. of Charles, of Farmington, m. James R. **HART**, of Mereden, s. of Sherman, Nov. 18, 1849, by Rev. B.N. Leach	4	94
Henry, m. Polly **CLARK**, b. of Southington, Feb. 13, 1831, by Rev. John Cookson	3	359
Sophia M., m. William H. **BEACH**, b. of Mereden, Jan. 27, 1845, by Rev. James D. Moore	4	28
TOOLE, Sarah, m. Thomas **MARKS**, Apr. 7, 1729, by Rev. William Russell	1	45
TOOLEY, Charles, s. Moses, laborer, ae. 43, & Ann, ae. 46, b. Jan. 28, 1850	4	158-9
Harvey, m. Lucinda **ROBERTS**, b. of Middletown, Aug. 5, 1832, by Rev. John Cookson	3	372
Lucy Ann, m. Henry S. **GLADWIN**, b. of Haddam, Apr. 30, 1829, by Rev. Simon Shailer, of Haddam	3	334
Moses J., of Middletown, m. Anna **JONES**, of Haddam, May 27, 1838, by Rev. John Cookson	3	449
William, of Haddam, m. Margaret M. **SEARS**, of Middletown, Nov. 22, 1826, by Rev. Simon Shailer, of Haddam	3	256
TOOLIT, Sarah Wasdle, m. John **TRAVIS**, b. of Portland, July 23, 1854, by Frederic J. Goodwin	4	261
TOPLIFF, Jerom[e], late of Windham, d. Aug. 15, 1759	2	98
Mary K., m. Capt. James **BUTLER**, July 12, 1829, by Rev. Fred[eric]k Wightman	3	338
TOPPON, [see under **TAPPIN**]		

MIDDLETOWN VITAL RECORDS 259

	Vol.	Page
TORREY, Abigail, w. of Sam[ue]ll, d. July 12, 1737	1	102
Elizabeth, d. Zech[aria]h & Sibbell, b. Feb. 13, 1740/1	1	118
John, 2d, s. Sam[ue]ll & Martha, b. Jan. 14, 1740/1	1	102
Josiah, s. Sam[ue]ll & Martha, b. Aug. 8, 1742	1	102
Martha, d. Sam[ue]ll & Martha, b. Mar. 22, 1738/9	1	102
Martha, d. Sam[ue]ll & Martha, d. Mar. 5, 1739/40	1	102
Martha, d. Sam[ue]ll & Martha, b. May 29, 1745	1	102
Sam[ue]ll, m. Martha **STRICTLAND**, Feb. 16, 1737/8	1	102
Sam[ue]ll, Lieut., d. Sept. 16, 1745, at Louisburg, as per account from John Hurlbut	1	102
Sibbell, d. Zech[aria]h & Sibbell, b. Mar. 16, 1743	1	118
Sibbell, m. Hezekiah **RUS[S]**, Jr., Feb. 24, 1747/8	2	126
William, s. Sam[ue]ll & Martha, b. Jan. 21, 1744	1	102
Zachariah, m. Sibbell **MILLER**, May 29, 1740	1	118
Zachariah, d. Aug. 20, 1745, at Louisburgh	1	118
TOTTNALL, Josiah, of the U.S. Navy, m. Harriet Fenwick **JACKSON**, of Middletown, Sept. 6, 1821, by Rev. Birdseye G. Noble	3	65
TOUSLEY, Elizabeth, m. Ebenezer **ALLIN**, June 1, 1768	2	317
TOWER(?), Jeremiah, d. Oct. 25, 1676	LR1	20
TOWN, Elizabeth, d. Silas **TOWN**, & Mary **MITCHELL**, Jr., b. Feb. 20, 1789	2	8
TOWNER, Ann, m. Orson **BAYLEY**, b. of Haddam, June 29, 1843, by Rev. John R. Crane	3	503
Anne, of Haddam, m. Isaac **JOHNSON**, of Middletown, Dec. 9, 1773	2	177
Betsey F., of Middletown, m. Charles H. **MINER**, of Lyme, Oct. 20, 1844, by Rev. Andrew L. Stone	3	523
Jane, of Haddam, m. William **COOK**, of Middletown, Jan. 8, 1849, by Rev. Z.N. Lewis	4	82
Reuben Hart, m. Amelia H. **ALLEN**, Nov. 22, 1842, by Rev. John R. Crane	3	496
TOWNSEND, Elizabeth, d. Apr. 16, 1848, ae. 1 1/2	4	68-9
Geo[rge], s. H. L., mariner, ae. 34, & Maria, ae. 29, b. Sept. 6, 1848	4	108-9
Geo[rge] H., d. Aug. 28, 1849, ae. 11 m.	4	174-5
Grace, d. Eben[eze]r & Thankfull Sophia, b. Aug. 28, 1789, at New Haven; m. Nathan **STARR**, June 25, 1810	3	413
Henry L., m. Maria **HALL**, July 12, 1841, by Rev. John R. Crane	3	478
John, of New Haven, m. Harriet E. **SEARS**, d. of E——, of Middletown, May 15, 1854, by Rev. J. L. Dudley	4	254
TRACY, Bridget, m. Michael **MURPHY**, Sept. 8, 1850, by Rev. John Brady	4	49
Caroline, d. [Eben[eze]r & Maria], b. Jan. 22, 1808	2	312
Caroline, m. Cyrus S. **WATSON**, Pastor, Apr. 5, 1832, by Rev. John R. Crane	3	367

	Vol.	Page
TRACY, (cont.)		
Catherine, [d. Eben[eze]r & Maria], d. Sept. 28, 1817* (*Entry in pencil)	2	312
Ebenezer, of Middletown, m. Mariah **WARD**, of Shrewsbury, Jan. 14, 1790	2	312
Eliza Ann, d. [Eben[eze]r & Maria], b. Apr. 27, 1799	2	312
Eliza Ann, of Middletown, m. Henry Dana Artemas **WARD**, of Columbia, S.C., Nov. 9, 1820, by Rev. Jno. R. Crane	3	44
Emily, d. [Eben[eze]r & Maria], b. Oct. 6, 1803	2	312
Henry Dana, s. [Eben[eze]r & Maria], b. Mar. 6, 1795	2	312
Julia, d. [Eben[eze]r & Maria], b. Sept. 17, 1797	2	312
Julia, of Middletown, m. John H. **WELLS**, of Richland, N.Y., May 20, 1829, by Rev. John R. Crane	3	334
Lydia, d. Eben[eze]r & Maria, b. Apr. 14, 1794	2	312
Maria W., m. Jon[atha]n **BARNES**, Jr., Apr. 29, 1819	3	72
Mariah Ward, d. Eben[eze]r & Maria, b. Dec. 7, 1790	2	312
Sally Lathrop, d. Eben[eze]r & Maria, b. Oct. 6, 1792	2	312
Samuel Franklin, s. [Eben[eze]r & Maria], b. Sept. 10, 1805	2	312
Sarah Lat[h]rop, m. Chauncey **WHITTLESEY**, Apr. 14, 1818	3	312
TRAVIS, John, m. Sarah Wasdle **TOOLIT**, b. of Portland, July 23, 1854, by Rev. Frederic J. Goodwin	4	261
TREADWAY, Abigail, d. Amos & Eliz[abet]h, b. Feb. 2, 1766	2	124
Abigail, d. [Josiah & Rana], b. Jan. 27, 1788	2	307
Amos, m. Elizabeth **BLAKE**, June 16, 1760	2	124
Amos, s. Amos & Elizabeth, b. Aug. 6, 1762	2	124
Anne, d. [Ja[me]s & Phebe], b. Jan. 24, 1780	2	202
Betsey, d. [Josiah & Rana], b. Dec. 27, 1791	2	307
Charles, s. [Ja[me]s & Phebe], b. Mar. 5, 1782	2	202
Charles, m. Cynthia **PENFIELD**, b. of Middletown, Jan. 27, 1830, by Rev. Thomas Branch	3	344
Clarissa, m. Thomas **SILL**, Aug. 2, 1800	3	31
Clarissa, [d. Amos & Eliz[abet]h, b. [ ]	2	124
Clarissa Sill, d. of Harvey, of Middletown, m. Jonathan **GOODIER**, of Utica, N.Y., Aug. 12, 1851, by Rev. John R. Crane	4	190
Elisah(?), m. Elizabeth **WHITMORE**, wid. of Seth, June 25, 1753	2	130
Eliza, m. Joseph **WARD**, Jr., Feb. 1, 1785	2	190
Elizabeth, d. Amos & Eliz[abet]h, b. July 28, 1764	2	124
Eliz[abet]h, d. [Josiah & Rana], b. Dec. 2, 1790; d. Aug. 7, 1791	2	307
Emma A., d. of Charles, of Middletown, m. David B. **BUCK**, s. of Brainard B., of Portland, May 7, 1854, by Rev. Lester Lewis	4	252
Enoch, s. [Ja[me]s & Phebe], b. June 16, 1778	2	202

MIDDLETOWN VITAL RECORDS

	Vol.	Page
TREADWAY, (cont.)		
Fred[eric]k, m. Esther **JOHNSON**, July 5, 1836, by Rev. John R. Crane	3	423
Harriet, d. [Ja[me]s & Phebe], b. Feb. 17, 1787	2	202
Harriet Butler, d. Josiah & Rana], b. June 29, 1797; Sept. 19, 1790, error	2	307
Harvey, [s. Amos & Eliz[abet]h, b.]	2	124
Ira, m. Maria **ROBERTS**, b. of Middletown, Aug. 29, 1824, by Rev. Seth Ewer	3	167
James, twin with Nancy, s. [Ja[me]s & Phebe], b. Apr. 10, 1789	2	202
James, m. Phebe **FOSTER**, [ ]	2	202
John, [s. Amos & Eliz[abet]h, b.]	2	124
Josiah, s. Amos & Eliz[abet]h, b. Nov. 12, 1760	2	124
Josiah, m. Rana **COOK**, Mar. 3, 1784	2	307
Lucy, d. Ja[me]s & Phebe, b. Feb. 2, 1774	2	202
Lyman, m. Elizabeth **JOHNSON**, b. of Middletown, June 27, 1838, by Rev. John Cookson	3	449
Mary, [d. Amos & Eliz[abet]h, b.]	2	124
Nancy, twin with James, d. [Ja[me]s & Phebe], b. Apr. 10, 1789	2	202
Phebe, d. [Ja[me]s & Phebe], b. July 31, 1775	2	202
Richard, s. Amos & Eliz[abet]h, b. Jan. 28, 1768	2	124
Sally, d. [Ja[me]s & Phebe], b. June 5, 1784	2	202
Sally, d. [Josiah & Rana], b. Dec. 10, 1793; d. Jan. 1, 1794	2	307
Sally, 2d, d. [Josiah & Rana], b. Dec. 12, 1795	2	307
Sarah Ann, m. Alexander **RIDDLE**, of St. Louis, Nov. 1, 1841, by Rev. John R. Crane	3	484
Seth, [s. Amos & Eliz[abet]h, b.]	2	124
Susannah, wid., m. Daniel **WADWORTH**, Apr. 1, 1813, by Dan Huntington	3	25
Urana, d. Josiah & Rana, b. Dec. 24, 1784; d. Nov. 7, 1785	2	307
Urana, 2d, d. [Josiah & Rana], b. May 10, 1786	2	307
TRE[A]DWELL, Rebec[c]a, m. John **HIGBY**, May 1, 1679	LR1	40
TREAT, Abba, m. Nancy **TREAT**, b. of Middletown, [Mar.] 23, [1834], by Rev. Stephen Topliff	3	393
Abby, d. [Amos & Mary], b. Jan. 19, 1784	2	273
Abigail, m. Titus **SAGE**, Dec. 31, 1845, by Rev. A.L. Stone	3	546
Amos, s. Stephen & Mercy, b. Oct. 23, 1757	2	106
Amos, m. Mary **WILLCOX**, Feb. 8, 1781	2	273
Amos, m. Rebeckah **STOW**, Dec. 26, 1787	2	273
Amos, d. Nov. 6, 1788	2	273
Anne, d. Stephen & Mercy, b. Aug. 20, 1763	2	106
Elizabeth, d. Step[he]n & Meriam, b. Oct. 28, 1750	2	106
Elizabeth, m. Josiah **WILLCOX**, Sept. 23, 1773	2	221

	Vol.	Page
TREAT, (cont.)		
Emily, m. Seth **CORNWELL**, Dec. 6, 1815	3	27
Emily, m. Arsa **WILCOX**, b. of Middletown, Oct. 5, 1823, by Rev. J. L. Williams	3	137
Emily, m. Abner **PRIOR**, b. of Middletown, Nov. 8, 1829, by Rev. Tho[ma]s Branch	3	342
Esther, m. Joseph **BACON**, b. of Middletown, Dec. 24, 1844, by Rev. Townsend P. Abell	3	526
Esther, b. in Lyme, res. Middletown, d. Oct. 26, 1847, ae. 60	4	68-9
George, of Cornwell, m. Rachel **BLACKMAN**, of Southbury, Nov. 28, 1852, by Rev. Jno. Morrison Reid	4	225
Hannah, d. Stephen & Mercy, b. Apr. 13, 1761	2	106
Hannah, m. Solomon **SAGE**, 3rd, June 29, 1780	2	289
Huldah, d. Stephen & Grace, b. Jan. 1, 1779	2	362
Ira, s. John & Elizabeth, b. Sept. 3, 1784	2	328
Jennette, of Middletown, m. Hiram **CLARK**, of Berlin, [Aug.] 9, [1837], by Rev. Stephen Topliff	3	436
John, s. Step[he]n & Meriam, b. Oct. 29, 1752	2	106
John, s. Stephen, Jr. & Grace, b. June 17, 1776	2	362
John, of Middletown, m. Elizabeth **LANCKTON**, of Farmington, Nov. 27, 1783	2	328
John L., m. Francis E. **COOK**, b. of Middletown, May 4, 1846, by Rev. J. L. Gilder	3	548
Lorenzo H., m. Sarah S. **KIRBY**, b. of Middletown, Aug. 23, 1826, by Rev. Fred[eric]k Wightman	3	236
Lorenzo H., m. Mary **KIRBY**, b. of Middletown, Apr. 16, 1837, by Rev. Fred[eric]k Wightman	3	429
Marcy had s. Samuel **MARSHALL**, b. May 5, 1795; father Sam[ue]ll **MARSHALL**	2	316
Mary, d. [Amos & Mary], b. May 2, 1786	2	273
Mary, w. of Amos, d. Sept. 1, 1787	2	273
Mercy, d. Stephen & Mercy, b. May 23, 1759	2	106
Meriam, d. Step[he]n & Meriam, b. Oct. 30, 1748	2	106
Meriam, w. of Stephen, d. July 12, 1754	2	106
Merriam, m. Abraham **RANNEY**, Oct. 16, 1769	2	230
Nancy, m. Abba **TREAT**, b. of Middletown, [Mar.] 23, [1834], by Rev. Stephen Topliff	3	393
Rebeckah, d. Amos & Rebeckah, b. Sept. 20, 1788	2	273
Rebeckah, d. Amos & Rebeckah, d. Jan. 6, 1789	2	273
Ruth, d. Stephen & Mercy, b. May 1, 1766	2	106
Ruth L., m. Watrous J. **MILLER**, b. of Middletown, Aug. 20, 1845, by Rev. J. L. Gilder	3	538
Sarah S., m. Eleazer **WRIGHT**, b. of Cromwell, June 17, 1851, by Rev. T. P. Abell	4	189
Sherman, joiner, ae. 21, m. Martha **SMITH**, ae. 17, b. of Middletown, Mar. [ ], 1851, by Rev. M.L.		

	Vol.	Page
TREAT, (cont.)		
Scudder	4	202-3
Sherman E., s. of A. **TREAT**, of Mereden, m. Martha **SMITH**, d. of Ansel, of Middletown, Apr. 13, 1851, by Rev. B.N. Leach	4	186
Stephen, m. Miriam **CLARK**, June 12, 1746	2	106
Stephen, s. Stephen & Meriam, b. May 26, 1747	2	106
Stephen, m. wid. Mercy **BRUNSON**, of Farmington, Dec. 9, 1756	2	106
Stephen, Jr., m. Grace **SAGE**, Dec. 2, 1773	2	362
Sibbel, d. Amos & Mary, b. May 1, 1782 (Sybil)	2	273
Sibbell, m. Ira **BOARDMAN**, Mar. 26, 1800	3	20
Timothy, s. Stephen, Jr. & Grace, b. Mar. 9, 1775	2	362
TRENCH, [see **FRENCH**]		
TRENEL, Anna, d. Sept. 15, 1849, ae. 57	4	174-5
TRENY, Margaret, m. Patrick **BARRY**, June 13, 1847, by Rev. John Brady	4	9
TRIALL*, Abell, s. Abell & Abiall, b. Oct. 3, 1710 (***TRYON**?)	LR2	7
Charles, s. Abell & Abiall, b. May 31, 1719 (*Arnold Copy has "**TRYON**")	LR2	7
Elizabeth, d. [Abell & Abiall], b. Oct. 25, 1714	LR2	7
Enis, d. Abell & Abiall, b. Feb. 10, 1705/6	LR2	7
Mary*, d. Abel & Abiall, b. Feb. 24, 1716/17 (*Arnold Copy has "**TRYON**")	LR2	7
Sarah, d. Abell & Abiall, b. July 10, 1704	LR2	7
Thomas, s. Abell & Abiall, b. May 7, 1708	LR2	7
William, s. Abell & Abiall, b. Nov. 2, 1712	LR2	7
TROYNE, James, m. Margaret **BARRY**, Oct. 20, 1853, by Rev. Jno. Brady	4	242
TROTT, Susanna, Mrs., m. Benjamin **LEE**, May 10, 1828, by Rev. John Cookson	3	309
TROWBRIDGE, TROBRIDGE, Benjamin, s. Benj[ami]n & Hope, b. Mar. 1, 1755	2	289
Benjamin, m. Esther **GATES**, Sept. 23, 1761	2	289
Cousin, s. Benj[ami]n & Hope, b. Feb. 8, 1747	2	289
Eben[eze]r, s. Benj[ami]n & Hope, b. June 17, 1760	2	289
Henry, s. Benj[ami]n & Hope, b. Dec. 3, 1758	2	289
Hope, w. of Benj[ami]n, d. June 20, 1760	2	289
John, s. John & Hannah, b. Mar. 22, 1743	2	289
Jonah, s. Jno. & Hannah, b. Feb. 17, 1752	2	289
Sarah Robinson, d. W[illia]m & Maria, b. May 15, 1813	3	19
Susanna, d. Benj[ami]n & Hope, b. Jan. 23, 1753	2	289
W[illia]m, m. Maria **HALL**, May 30, 1812	3	19
TRUMAN, TRUEMOND, Hannah, m. John **BETTERICK**, b. of Middletown, Feb. 5, 1826, by Rev. E. Washburn	3	222

	Vol.	Page
TRUMAN, TRUEMOND, (cont.)		
Mary, m. Benoni **HAUGHTON**, Apr. 15, 1700	LR2	6
TRUMBULL, Joseph, of Hartford, m. Eliza **STORRS**, of Middletown, Dec. 1, 1824, by Rev. John R. Crane	3	189
TRYON*, Abell, s. Abell & Abiall, b. Oct. 3, 1710 (***TRIALL**)	LR2	7
Abel, s. Tho[ma]s & Mary, b. Oct. 5, 1734	1	70
Abel, Jr., of Middletown, m. Lament **LINDSLEY**, of Wethersfield, Jan. 12, 1757	2	25
Abiah, d. Tho[ma]s & Mary, b. Sept. 30, 1738	1	70
Abigail, d. Abel & Lament, b. June 10, 1764	2	25
Alvina, of Middletown, m. William **FAIRCHILD**, of Tryingham, Mass., Nov. 3, 1839, by Rev. Arthur Granger	3	462
Ama, m. Oliver **PRIOR**, Aug. 14, 1788	3	11
Ame, [twin with Amos], d. David & Sarah, b. Mar. 30, 1771	2	333
Amia, d. Dav[i]d & Sarah, b. May 5, 1762; d. July 4, 1764	2	333
Amos, s. David & Susannah, b. Mar. 17, 1735/6	1	20
Amos, [twin with Ame], s. David & Sarah, b. Mar. 30, 1771	2	333
Amos, m. Mary **HUBBARD**, Sept. 17, 1772	2	184
Amos, s. Amos & Mary, b. Sept. 21, 1773	2	184
Amos, s. Amos & M[ary], d. Oct. 2, 1776	2	184
Amos, s. Amos & M[ary], b. Aug. 20, 1779	2	184
Amos, d. Aug. 18, 1790	2	184
Amos, laborer, d. Aug. 25, 1848, ae. 71	4	134-5
Angenette, ae. 17, m. F. C. Bailey, dentist, ae. 21, b. of Middletown, Dec. 30, 1849, by Rev. J. L. Dudley	4	166-7
Angenette B., m. Chauncey F. **BAILEY**, dentist, of Middletown, Dec. 28, 1849	4	168-9
Angenette B., m. Frederic C. **BAILEY**, Dec. 30, 1849, by Rev. J. L. Dudley	4	97
Anna, d. Abel & Lament, b. May 31, 1760	2	25
Anne, d. Caleb & Lydia, b. Oct. 4, 1771	2	271
Benjamin, m. Francis **LATHAM**, b. of Middletown, July 4, 1827, by Rev. Fred[eric]k Wightman	3	275
Betsey, Mrs., m. Nathan **PATTEN**, Mar. 24, 1830, by Charles Remington, Elder, at the South Farms	3	346
Betsey, m. Jared E. **CLARK**, b. of Middletown, July 7, 1833, by Rev. Bartholomew Creagh	3	384
Caleb, s. David & Susannah, b. Apr. 15, 1743	1	20
Caleb, m. Lydia **HUBBARD**, July 7, 1768	2	271
Charles, s. Abell & Abiall, b. May 31, 1719	LR2	7
Charles, m. Else **GRIFFIN**, Mar. 8, 1738/9	1	109
Charles, s. Charles & Else, b. Apr. 29, 1741	1	109

	Vol.	Page

TRYON, (cont.)

	Vol.	Page
Charles, m. Sabi **BROWN**, of Chatham, [June] 4, [1824], by Rev. James A. Boswell	3	160
Clarrissa, d. Josiah & Mabel, b. Nov. 11, 1788	2	230
Daniel C., m. Sarah **SMITH**, b. of Middletown, Sept. 26, 1841, by Rev. Arthur Granger	3	481
Daniel C., m. Susan A. **WILLIAMS**, Nov. 22, 1849, by Rev. J. L. Dudley	4	97
David, m. Susannah **BEVIN**, Aug. 26, 1725	1	20
David, s. David & Susannah, b. Nov. 20, 1728	1	20
David, Jr., m. Sarah **TRYON**, Jan. 10, 1754	2	333
David, s. David & Sarah, b. May 5, 1766	2	333
Edward, s. W[illia]m & Sarah, b. Mar. 14, 1738/9	1	76
Edwin, ae. 26, of Middletown, m. Angeline C. **BURNHAM**, ae. 17, b. in Weathersfield, now of Middletown, Aug. 26, 1854, by J. B. Merwin	4	255
Eleazer, s. [Elisha & Mabel], b. Apr. 7, 1791	3	82
Eli B., s. of Charles, of Portland, m. Julia H. **NORTH**, d. of William, of Middletown, Dec. 15, 1850, by Rev. B. N. Leach	4	178
Eli B., quarryman, ae. 21, of Portland, m. Julia H. **NORTH**, ae. 16, b. in Middletown, res. Portland, Dec. [ ], 1851, by Rev. B. N. Leach	4	202-3
Eliab, m. Harriet **LUCAS**, b. of Middletown, June 12, 1825, by Rev. E. Washburn	3	202
Elihu, m. Mabel **WHITE**, Feb. 3, 1784	3	82
Elisha, s. David & Susannah, b. Feb. 22, 1726/7	1	20
Elisha, s. Dav[i]d & Sarah, b. Dec. 22, 1757	2	333
Elisha, [s. Elisha & Mabel], b. July 7, 1789	3	82
Elisha, m. Phebe **ROBERTS**, Apr. 17, 1805	3	82
Elisha, m. Sam[ue]l B. **EMMONS**, of Lancaster, S. C., July 29, 1834, by Rev. John R. Crane	3	397
Elizabeth, d. [Abell & Abiall], b. Oct. 25, 1714 (Written "**TRIALL**")	LR2	7
Elizabeth, m. John **GREEN**, May 2, 1745	2	61
Elizabeth, d. Charles & Else, b. Oct. 5, 1749	1	109
Emily, m. William W. **COE**, Nov. 28, 1844, by Rev. Townsend P. Abell	3	524
Emma, d. Reuben R., farmer, ae. 41, & Mercy, ae. 36, b. Mar. 25, [1848]	4	112-3
Enis, d. Abell & Abiall, b. Feb. 10, 1705/6 (Written "**TRIALL**")	LR2	7
Enoch, s. [Amos & M[ary], b. Aug. 20, 1781	2	184
Enoch, s. Enoch, m. Lucy A. **BIDWELL**, d. of Daniel, Sept. 19, 1848, by Rev. B. N. Leach	4	38
Enoch, merchant, ae. 31, b. in Middletown, res. Camden, S.C., m. Lucy A. **BIDWELL**, b. in Middletown, Sept. 19, 1848, by Rev. Leach	4	124-5

	Vol.	Page
TRYON, (cont.)		
Eunice, m. John **BARNS**, Aug. 18, 1726	1	36
Eunice, d. Charles & Else, b. Oct. 15, 1739	1	109
Frances, Mrs., m. Marcus **TUTTLE**, b. of Middletown, Jan. 1, 1833, by Rev. [ ] Johnson	3	377
Gardner, s. John & Rhoda, b. Jan. 6, 1782	2	180
Hannah, d. David & Susannah, b. June 13, 1733	1	20
Hannah, d. W[illia]m & Sarah, b. Apr. 18, 1741	1	76
Hannah, d. Jona[tha]n & Phebe, b. July 2, 1753	2	12
Hannah, m. Daniel **SOUTHMAYD**, Dec. 4, 1760	2	294
Hannah, d. Dav[i]d & Sarah, b. June 8, 1764	2	333
Hannah, m. Elias C. **COE**, Apr. 11, 1811	3	91
Hannah, m. Isaac E. **NEWELL**, b. of Middletown, Oct. 14, 1832, by Rev. Fitch Reed	3	374
Henrietta, d. Franklin B., joiner, ae. 33, & Jane, ae. 25, b. Feb. 5, 1849	4	110-1
Huldah, d. David & Susannah, b. Oct. 19, 1740	1	20
Huldah, m. Ebenezer **HARDING**, Nov. 6, 1760	2	184
Huldah, m. Aaron C. **SEARS**, June 30, 1803	3	6
Irene, m. Ephraim **HUBBARD**, Oct. 5, 1782	2	186
James, m. Margaret **BARRY**, Oct. 20, 1853, by Rev. Jno. Brady (Written "James **TROYNE**")	4	242
Jane E., of Portland, m. Frederick A. **BUTLER**, of Middletown, July 10, 1853, by Rev. W. H. Waggoner	4	234
Jemima, d. Tho[ma]s & Mary, b. Dec. 9, 1743	1	70
Jemima, m. Abijah **CORNWELL**, July 1, 1762	2	227
Jemima, d. Caleb & Lydia, b. Apr. 17, 1769	2	271
Jeremiah, s. Jno. & Rhoda, b. Apr. 29, 1774	2	180
Joel, s. John & Rhoda, b. Feb. 23, 1776	2	180
John, s. Tho[ma]s & Mary, b. June 25, 1749	1	70
John, m. Rhoda **LUCAS**, Apr. 29, 1769	2	180
Jonathan, m. Phebe **KINGMAN**, Nov. 28, 1751	2	12
Joseph, s. Elisha & Phebe, b. Jan. 26, 1806	3	82
Joseph, m. Lucetta **BOARDMAN**, b. of Middletown, Oct. 3, 1828, by Rev. Stephen Topliff	3	369
Josiah, s. Abel & Lament, b. Sept. 13, 1762	2	25
Josiah, m. Mabel **JOHNSON**, May 21, 1788	2	230
Josiah, s. [Josiah & Mabel], b. Dec. 1, 1790	2	230
Josiah, Jr., m. Joan **LUCAS**, Oct. 29, 1823, by Rev. John R. Crane	3	138
Josiah, m. Abigail **PROUT**, Apr. 5, 1846, by Rev. W. G. Howard	3	549
Lee, m. Ann **PROUT**, Jan. 3, 1822, by Rev. Phinehas Cook	3	84
Leonard, s. [Elisha & Mabel], b. June 27, 1799	3	82
Leonard, m. Maria **STOCKING**, b. of Middletown, Apr. 12, 1821, by Rev. Joshua L. Williams	3	55
Lois, d. Charles & Else, b. Apr. 12, 1743	1	109

	Vol.	Page
TRYON, (cont.)		
Lucia, m. Josiah **PRYOR**, Nov. 1, 1759	2	100
Lucretia, d. Amos & Mary, b. July 17, 1776	2	184
Lucy, m. Joseph **WILCOX**, June 27, 1832	3	91
Lucy, m. Joseph **WILCOX**, June 27, 1832, by Rev. John R. Crane	3	371
Lucy H., ae. 22, of Middletown, m. Samuel J. **BRADFORD**, miller, ae. 25, b. in Haddam, res. Middletown, June 11, 1847, by Rev. James Floy	4	62-3
Lucy H., of Middletown, m. Samuel J. **BRADFORD**, of New Britain, Conn., June 11, 1848, by Rev. James Floy	4	34
Lydia, d. Caleb & Lydia, b. July 14, 1770	2	271
Lydia M., m. William H. **MILDRUM**, of Middletown, Sept. 30, 1846, by Rev. Zebulon Crocker	3	555
Mabel, of Wethersfield, m. Thomas **MILLER**, Jr., Nov. 19, 1714	LR2	10
Mabel, d. John & Phebe, b. Jan. 19, 1771	2	180
Mabel, d. Elisha & Mabel, b. Dec. 26, 1784	3	82
Mabel, of Middletown, m. Lathrop **HOLMES**, of Wethersfield, Mar. 18, 1838, by Rev. John Cookson	3	446
Mabel, w. of Elisha, d. [ ]	3	82
Maria, d. [Josiah & Mabel], b. June 7, 1795	2	230
Maria, m. Joseph **WILCOX**, Jr., Oct. 6, 1818	3	91
Marietta B. d. of Joseph, m. Ira. B. **DOOLITTLE**, Sept. 23, 1851, by Rev. Jno. Morrison Reid	4	217
Martha, d. David & Susannah, b. Oct. 23, 1730	1	20
Mary, d. Abell & Abiall, b. Feb. 24, 1716/17	LR2	7
Mary, d. Tho[ma]s & Mary, b. Nov. 24, 1735	1	70
Mary, m. Jonas **POWERS**, Apr. 12, 1739	1	110
Mary, d. David & Susannah, b. July 15, 1745	1	20
Mary, m. John Peter **KENTNER**, June 2, 1774	2	105
Mary, d. John & Rhoda, b. Feb. 29, 1784	2	180
Mary, m. Nelson **THAYER**, Jan. 1, 1828, by Rev. John R. Crane	3	290
Mary Ann, m. Julius N. **IVES**, b. of Middletown, Sept. 17, 1828, by Rev. H. Bangs	3	311
Nancy, d. [Elisha & Mabel], b. Dec. 20, 1786	3	82
Nancy S., m. Charles N. **LEWIS**, b. of Middletown, Jan. 19, 1848, by Rev. S. Davis	4	27
Nancy S., milliner, ae. 22, of Middletown, m. Charles N. **LEWIS**, mechanic, ae. 27, of Middletown, Jan. 19, 1848, by Rev. S. Davis	4	62-3
Nath[anie]ll, s. Charles & Else, b. Dec. 2, 1745; d. Feb. 26, 1746	1	109
Nath[anie]ll, s. Charles & Else, b. Oct. 30, 1747	1	109
Noah, s. Jno. & Phebe, b. Aug. 28, 1772	2	180
Olive, m. John A. **ABEL**, b. of Middletown, May 5, 1833, by Rev. Heman Bangs	3	382

TRYON, (cont.)

	Vol.	Page
Phebe, d. Tho[ma]s & Mary, b. Apr. 9, 1737	1	70
Phebe, w. of Jona[tha]n, d. Dec. 6, 1754	2	12
Phebe, d. John & Phebe, b. Aug. 28, 1769	2	180
Phebe, d. [Elisha & Phebe], b. Oct. 14, 1811	3	82
Phebe, of Middletown, m. Seth **SAVAGE**, of Berlin, Feb. 17, 1851, by Rev. M. L. Scudder	4	183
Prudence, m. Ebenezer **ROBBARDS**, Jr., Dec. 12, 1751	2	235
Prudence, of Wethersfield, m. Joseph **CHURCHEL**, of Middletown, Sept. 4, 1754	2	254
Prudence, d. David & Sarah, b. Aug. 9, 1768	2	333
Rachel, of Glastonbury, m. James **MILLER**, of Middletown, July 4, 1723	1	9
Rachel, d. Tho[ma]s & Mary, b. Sept. 25, 1745	1	70
Rachel, m. Reuben **LEWIS**, Sept. 28, 1749	2	181
Rachel, m. Solomon **HUBBARD**, Mar. 20, 1766	2	215
Rachel Hamlin, d. [Josiah & Mabel], b. Dec. 31, 1797	2	230
Reuben, s. [Elisha & Phebe], b. Mar. 4, 1808	3	82
Reuben, m. Mercy **BOARDMAN**, b. of Middletown, May 3, 1831, by Rev. Stephen Topliff	3	369
Rhoda, d. Caleb & Lydia, b. July 6, 1775	2	271
Roxana, m. Allyn **BRAINARD**, b. of Middletown, Dec. 18, 1828, by Rev. H. Bangs	3	324
Roxanna, d. Elijah, of Middletown, m. Lewis **BECKLEY**, of Berlin, Apr. 30, 1849, by Rev. Z. N. Lewis	4	84
Roxanna, manufacturer's helper, ae. 18, of Middletown, m. Lewis **BECKLEY**, manufacturer's helper, ae. 24, b. in Berlin, res. Middletown, Apr. 30, [1848 or 1849], by Rev. Lewis	4	124-5
Ruth, d. Tho[ma]s & Mary, b. May 7, 1740	1	70
Sarah, d. Abell & Abiall, b. July 10, 1704 (Written "**TRIALL**")	LR2	7
Sarah, m. Anthony **SISER**, May 10, 1727	1	29
Sarah, d W[illia]m & Sarah, b. Apr. 17, 1735	1	76
Sarah, d. Tho[ma]s & Mary, b. June 1, 1747	1	70
Sarah, w. of Jona[tha]n, d. Oct. 17, 1750	2	12
Sarah, m. David **TRYON**, Jr., Jan. 10, 1754	2	333
Sarah, d. David & Sarah, b. Oct. 14, 1754; d. Oct. 29, 1754	2	333
Sarah, d. Dav[i]d & Sarah, b. Oct. 31, 1755	2	333
Sarah, m. Daniel **JOHNSON**, 2d, Dec. 15, 1755	2	336
Sarah, d. Dav[i]d & Sarah, d. Aug. 8, 1758	2	333
Sarah, d. Dav[i]d & Sarah, b. Jan. 31, 1762	2	333
Sarah, d. John & Rhoda, b. Apr. 18, 1778	2	180
Sarah, m. Abijah **HUBBARD**, May 28, 1781	2	322
Sarah, of Middletown, m. Silas **CONE**, of Haddam, Nov. 11, 1824, by Rev. John R. Crane	3	182

	Vol.	Page
TRYON, (cont.)		
Sarah A., m. Frederick **COTTON**, May 6, 1847, by Rev. A. L. Stone	4	6
Sarah Ann, m. Asa **HUBBARD**, Jr., Oct. 31, 1826, by Rev. John R. Crane	3	252
Sophia, m. Daniel H. **BIRDSEYE**, May 30, 1844, by Rev. John R. Crane	3	516
Sophrona, m. Charles **LAWRENCE**, b. of Middletown, July 25, 1833, by Rev. Bartholomew Creagh	3	384
Stephen, s. David & Susannah, b. Oct. 6, 1750	1	20
Susanna, d. David & Susannah, b. Sept. 29, 1738	1	20
Temperance, of Wethersfield, m. James **GILES**, of Middletown, June [ ], 1751	2	313
Thomas, s. Abell & Abiall, b. May 7, 1708 (Written **"TRIALL'**)	LR2	7
Thomas, m. Mary **ANDRUS**, Dec. 20, 1733	1	70
Thomas, s. Tho[ma]s & Mary, b. Nov. 4, 1741	1	70
Thomas, s. Abel, Jr. & Lament, b. Mar. 18, 1758	2	25
Thomas, s. John & Rhoda, b. Jan. 25, 1780	2	180
Wilbur F., s. Edwin & Sarah C., b. Nov. 30, 1850	4	200-1
William, s. Abell & Abiall, b. Nov. 2, 1712 (Written **"TRIALL"**)	LR2	7
William, m. Sarah **GOODRICH**, Sept. 12, 1734	1	76
W[illia]m, s. W[illia]m & Sarah, b. Feb. 13, 1736/7	1	76
William, m. Catharine **CODNER**, May 14, 1756	2	219
William, s. W[illia]m & Catharine, b. Feb. 7, 1757	2	219
TUCKER, TOOCKER, Eliphalet E., of Chatham, m. Chloe **JOHNSON**, of Middletown, June 10, 1827, by Rev. John R. Crane	3	273
Esther I., of Middletown, m. Samuel **CHILD**, of New Haven, July 27, 1849, by Rev. M. S. Scudder	4	139
George J., m. Harriet **SILL**, Aug. 5, 1845, by Rev. John R. Crane	3	534
Joseph W., m. Maria **BLAKE**, b. of Farmington, Nov. 25, 1853, by Rev. Lester Lewis	4	242
Nehemiah H., m. Sarah M. **SKINNER**, June 8, 1851, by J. L. Dudley	4	190
Neh[e]m[ia]h(?) H., tailor, ae. 22, b. in Essex, res. Middletown, m. Sarah M. **SKINNER**, ae. 21, June 8, 1851, by Rev. J. L. Dudley	4	200-1
William S., of Lenox, Mass., m. Lydia L. **NEWTON**, of Middletown, [Nov.] 9, [1831], by Rev. E. R. Tyler	3	366
TUCKEY, John B., m. Harriet M. **GRINNELS**, Aug. 16, 1846, by Rev. James Floy	3	553
TUDOR, TUDO, Amelia A., of Hartford, m. Robert **BOSTON**, of Middletown, July 30, 1837, by Rev. John Cookson	3	442
Caroline, of Middletown, m. Gideon **PLATT**, M.D., of Waterbury, Dec. 18, 1844, by Rev. Samuel Farmer		

270   BARBOUR COLLECTION

	Vol.	Page
TUDOR, TODO, (cont.)		
Jarvis, at Christ Church	3	525
TUELLS, [see under **TOLLES**]		
TUPPER, Mayhew, of Hebron, m. Eliz[abet]h **GIFFANY***, of Middletown, Apr. 20, 1768 (***TIFFANY**)	2	81
TURCOT, Obigin, m. Catharine **HOGAN**, July 9, 1854, by Rev. Jno. Brady	4	269
TURLIS, Henry King, s. Samuel & Lucy, b. Mar. 22, 1784; m. Hannah **MERWIN**, Sept. 22, 1816, by Rev. Abner Chace, at Paris, N.Y.	3	160
Henry Lewis, s. [Henry King & Hannah], b. Jan. 12, 1817	3	160
Samuel Merriman, s. [Henry King & Hannah], b. Oct. 20, 1820	3	160
TURNER, Abigail, d. Edward & Mary, b. Sept. 10, 1673	LR1	19
Abigaill, d. Edward & Sarah, b. Oct. 11, 1694	LR1	23
Abigail, d. Steph[e]n & Hannah, b. Mar. 2, 1742	1	8
Abigail, m. Eliphaz **PARSONS**, July 9, 1761	2	114
Abraham, m. Thankful **GOFF**, Feb. 24, 1750/1	2	296
Abraham, s. Abra[ha]m & Thankful, b. Aug. 23, 1752	2	296
Amia, d. Jona[tha]n & Millisent, b. June 2, 1764	2	228
Annah, m. William J. **FRENCH**, May 14, 1812	3	77
Cynthia, m. Duane **BARNES**, b. of Middletown, Apr. 20, 1834, by Rev. B. Creagh	3	393
Cynthia, m. Duane **BARNES**, b. of Middletown, Apr. 20, 1834	4	15
Deborah S., m. Peter S. J. **TALBOT**, Oct. 23, 1842, by Rev. Joseph Holdich	3	494
Edward, Sr., d. Apr. 4, 1717	LR1	19
Edward, s. Richard & Hannah, b. Apr. 25, 1718	LR2	3
Edward, m. Mehetabel **BACON**, Aug. 25, 1755	2	359
Edward, d. Nov. 18, 1760	2	359
Edward, Jr., [m. Sarah **BLAKE**, wid. of John,]	LR1	23
Elizabeth, d. Edward & Mary, b. Nov. 14, 1668	LR1	19
Elizabeth, m. Thomas **MILLER**, Mar. 28, 1688	LR1	17
Elizabeth, d. Stephen & Han[na]h, b. Aug. 29, 1730	1	8
Elizabeth, m. Jacob **ROBBERDS**, Jan. 12, 1748/9	2	155
Elizabeth, w. of Abraham, d. Oct. 8, 1750	2	296
Elizabeth, d. Abra[ha]m & Thankful, b. Mar. 27, 1757	2	296
Emily, m. John **WOOD**, June 16, 1844, by Rev. John R. Crane	3	518
Ezra, of Middletown, m. Abigail **COOK**, wid. of Jabez, Nov. [ ], 1764	2	175
Hanna[h], d. Edward & Mary, b. June 20, 1675	LR1	19
Hannah, m. John **RAN[NE]Y**, Dec. 28, 1693	LR2	5
Hannah, d. Stephen & Hannah, b. July 14, 1725	1	8
Hannah, w. of Richard, d. Aug. 22, 1725	LR2	3
Hannah, w. of Step[he]n, d. Sept. 10, 1738	1	8

	Vol.	Page
TURNER, (cont.)		
Hannah, d. [Step[he]n], d. July 28, 1744	1	8
Hannah, d. Sanford & Lois, b. Sept. 5, 1751	2	187
Isaac, s. Ezra & Abigail, b. July 21, 1765	2	175
James G., of Charlestown, Mass., m. Mary A. **GRISWOLD**, of Middletown, Oct. 28, 1838, by Rev. John Cookson	3	453
Joel, s. Jonathan & Eunice, b. Nov. 9, 1774	2	228
John, s. Edward & Mary, b. Aug. 8, 1669	LR1	19
John, s. Step[he]n & Hannah, b. Mar. 23, 1746	1	8
John, s. Steph[e]n & Hannah, d. Mar. 12, 1764	1	8
John, s. Jonathan & Millisent, b. July 15, 1766	2	228
John A., m. Emily **HOPKINS**, b. of Middletown, Aug. 4, 1833, by Rev. John Cookson	3	385
Jonathan, s. Steph[en] & Hannah, b. Feb. 28, 1736/7	1	8
Jonathan, m. Millisent **WETMORE**, July 17, 1760	2	228
Jonathan, m. Eunice **MILLER**, Nov. 16, 1768	2	228
Jonathan, s. Jonathan & Eunice, b. Mar. 16, 1772	2	228
Lois, w. of Sanford, d. Aug. 18, 1753	2	187
Lucy W., of Middletown, m. James **MULVANEY**, res., of Middletown, native of Ireland, [Apr.] 5, [1835], by Rev. James Noyes	3	407
Lucy W., m. James **MULVONEY**, Apr. 5, 1835, by Rev. James Noyes	4	41
Mary, d. Edward & Mary, b. Nov. 5, 1665	LR1	19
Mary, m. Samuell **BOW**, May 9, 1683	LR1	10
Mary, d. Stephen & Hannah, b. Dec. 13, 1728	1	8
Mary, m. Ebenezer **HALE**, Jr., Mar. 9, 1748/9	2	176
Mehitabel, m. Samuel **GRIFFIN**, Jr., Jan. 20, 1766	2	233
Millisent, w. of Jonathan, d. July 29, 1766	2	228
Millecent, m. Samuel **GREEN**, Sept. 6, 1767	2	45
Millisent, d. Jon[atha]n & Eunice, b. Aug. 19, 1769	2	228
Millecent, d. Stephen & Han[na]h, b. [ ]	1	8
Richard, s. Edward & Mary, b. Mar. 4, 1677/8	LR1	19
Richard, m. Hannah **BIDWELL**, July 18, 1717	LR2	3
Richard, s. Richard & Hannah, b. June 5, 1722	LR2	3
Richard, s. Rich[ar]d & Hannah, d. Jan. 10, 1727/8	LR2	3
Richard, m. Sarah **HUBBARD**, July 2, 1735	LR2	3
Sanford, s. Richard & Hannah, b. Dec. 1, 1719	LR2	3
Sanford, m. Lois **LEWIS**, Nov. 22, 1750	2	187
Sanford, d. Aug. 19, 1753	2	187
Sarah, d. Stephen & Hannah, b. Sept. 30, 1723	1	8
Sarah, wid. of Edward, formerly of John **BLAKE**, d. Dec. 16, 1726	LR1	23
Sarah, m. David **DOWD**, Nov. 29, 1744	2	32
Sarah, d. Sanford & Lois, b. Oct. 18, 1752; d. Sept. [ ], 1753	2	187
Sarah, d. Abra[ha]m & Thankful, b. May 29, 1760	2	296

	Vol.	Page
TURNER, (cont.)		
Sarah P., m. Chester **SAGE**, Oct. 1, 1843, by Rev. Dwight M. Steward	3	506
Seth, s. Edw[ar]d & Mehitabel, b. Feb. 23, 1759	2	359
Sophia, m. Jesse **HILDRUP**, b. of Middletown, May 14, 1821, by Rev. Eli Ball	3	52
Stephen, s. Edward & Mary, b. Nov. 27, 1671	LR1	19
Stephen, s. Edward & Sarah, b. Aug. 26, 169[ ]	LR1	23
Stephen, m. Hannah **DOOLITTLE**, Jan. 16, 1722/3	1	8
Stephen, s. Stephen & Hannah, b. Mar. 12, 1726/7	1	8
Stephen, m. Hannah **CENTER**, Jan. 8, 1738/9	1	8
Stephen, s. Edw[ar]d & Mehitabel, b. Feb. 24, 1757	2	359
Susanna M., m. Charles H. **IVES**, b. of Middletown, Oct. 17, 1831, by Rev. Fitch Reed	3	363
Thankful, d. Step[he]n & Hannah, b. June 2, 1740	1	8
Thankful, d. Abra[ha]m & Thankful, b. Oct. 4, 1758	2	296
Thankfull, d. Step[he]n & Hannah, d. July 14, 1761	1	8
William, m. Abiah **GOODWIN**, July 1, 1793	2	175
TURPIN, TURPAN, Henry, m. Lucia **RANNEY**, Nov. 2, 1762	2	200
Jane, m. David **CLARK**, Oct. 31, 1782	2	347
TUTTLE, TUTHILL, Angelina M., d. of Lyman, of Middletown, m. Henry **NORTON**, of Berlin, May 3, 1849, by Rev. John R. Crane	4	84
Desiah, of New Haven, m. George **ADKINS**, of Middletown, Dec. 7, 1749	2	173
Elizabeth, of New Haven, m. Israel **ABBOTT**, of Middletown, Dec. 24, 1746	2	288
Eph[rai]m, of Middletown, m. Elizabeth Ann **IVES**, of New Haven, July 3, 1834, by Rev. B. Creagh	3	397
Ephraim, m. Caroline **BLAKE**, b. of Middletown, Sept. 12, 1842, by Rev. A. M. Osborn	3	491
Jesse, of North Haven, m. Mary **DENNIS**, of Middletown, Mar. 29. 1829, by Rev. H. Bangs.	3	331
Jesse, of North Haven, m. Rachel R. **PRATT**, of Middletown, Apr. 18, 1830, by Rev. Tho[ma]s Branch	3	347
Joel, of Guilford, m. Lucy E. **SAGE**, of Middletown, Apr. 23, 1851, by Rev. Edgar J. Doolittle	4	186
Luzerne W., d. Jan. 3, 1848, ae. 3 1/3	4	72-3
Marcus, m. Mrs. Frances **TRYON**, b. of Middletown, Jan. 1 1833, by Rev. [ ] Johnson	3	377
Marrifield, d. Luzerne W., brickmaker, & Nancy, b. May 28, 1848	4	52-3
Martha, of Littleton, m. Joseph **ROCKWELL**, Jr., of Middletown, May 12, 1752	2	277
Mary, m. Patrick **BOURDEN**, Aug. 15, 1853, by Rev. Jno. Brady	2	239
——, s. Ephraim, mechanic, b. Jan. 6, 1850	2	160-1
TWITH, Mehitable, m. Thompson P. **WILLIAMS**, Sept. 25, 1808	3	3

MIDDLETOWN VITAL RECORDS

	Vol.	Page
TYLER, Amelia, d. Edw[ar]d R. & Sarah Ann, b. Oct. 23, 1832	3	440
Edward R. Rev., m. Sarah Ann **BOARDMAN**, July 10, 1831, by Rev. John R. Crane	3	361
Elizabeth, d. [Edw[ar]d R. & Sarah Ann], b. Sept. 9, 1834	3	440
John Steele, s. [Edward R. & Sarah Ann], b. Sept. 1, 1836	3	440
Lydia L., m. Alonzo D. **YOUNG**, s. of Enoch C., Nov. 28, 1852, by Rev. Jno. Morrison Reid	4	232
Meriam, d. Tho[ma]s & Rebeckah, b. May 17, 1754	2	351
Thomas, m. Rebeckah **STARR**, July 27, 1753	2	351
Tho[ma]s, d. Nov. 7, 1754, in Estatia	2	351
Titus, of Haddam, m. Elizabeth **ANDERSON**, of Middletown, July 31, 1837, by Rev. John R. Crane	3	436
Wilcox, of Haddam, m. Lucy **KELSEY**, of Middletown, Dec. 11, 1826, by Rev. Stephen Hayes	3	258
Will[ia]m Clark, s. [Edward R. & Sarah Ann], b. Dec. 17, 1838	3	440
TYLEY, George, s. Tho[ma]s & Hannah, b. Apr. 30, 1738	1	29
TYNING, TYNEN, TYNNING, TYNON, Edward, m. Margaret **FITZPATRICK**, Nov. 7, 1847, by Rev. John Brady	4	27
Margaret, d. Matthew, laborer, ae. 44, & Hannah, ae. 44, b. June 17, 1849	4	108-9
Michael, laborer, b. in Ireland, res. Middletown, d. Apr. 1, 1851, ae. 46	4	202-3
Patrick, b. in Ireland, res. Middletown, d. Mar. 31, 1851, ae. 2	4	202-3
W[illia]m, quarryman, b. in Ireland, res. Middletown, d. Apr. 15, 1851, ae. 21	4	202-3
TYPSUP*, Jane, m. Jonas **CLAY**, Oct. 25, 1750 (*correction "probably **JESSUP**" handwritten in margin of original manuscript)	2	198
UFFORD, [see also **UPFORD**], George H., of Chatham, m. Mary **TIBBALS**, of Middletown, Sept. 30, 1830, by Rev. John R. Crane	3	354
John, m. Sarah **COOK**, Apr. 27, 1764	2	345
UNSWORTH, Elizabeth, m. John Johnson **CLIFF**, b. of Middletown, (late from England), Sept. 6, 1849, by Rev. Frederic J. Goodwin	4	94
UPFORD, [see also **UFFORD**], Dennis, of Chat[ham], m. Elizabeth **TIBBALS**, of Middletown, Sept. 26, 1831, by Rev. Charles Bentley, of Middle Haddam	3	364
UPHAM, Leonard, of Brookfield, Mass., m. Caroline R. **FAY**, of Sturbridge, Mass., [Sept.] 25, [1836], by Rev. Stephen Topliff	3	425
UPSON, Harriet Eliza, of Berlin, m. George H. **STANNARD**, of Haddam, Nov. 27, 1833, by Rev. B. Creagh	3	389

	Vol.	Page
UPSON, (cont.)		
Noah H., of Mereden, m. Mary A. **CAMP**, of Middletown, Feb. 13, 1854, by Rev. J. L. Dudley	4	249
USHER, Hannah, m. Eben[eze]r **GRIFFIN**, Mar. 1792	2	87
UTLEY, Mary M. m. Homer **FRANKLIN**, June 2, 1835, by Rev. John R. Crane	3	411
Oregin, m. Susan M. **CURTISS**, May 12, 1840, b. Rev. L.S. Everett	3	471
VALIANT, John, of Baltimore, Md., m. Florinda **KELLEY**, of Middletown, Dec. 5, 1824, by Joshua L. Williams, V.D.M.	3	188
VAN DEUSSEN, VANDUSEN, Francis F., m. Sarah M. **STEVENS**, b. of Middletown, Feb. 9, 1851, by Rev. Frederick J. Goodwin	4	181
William, m. Mary **CRANSTON**, Nov. 28, 1830, by Rev. John R. Crane	3	358
VANOVERWYK, Sally, d. Stephen & Mary, b. May 27, 1763	2	169
Stephen, m. wid. Mary **WARNER**, Oct. 8, 1761	2	169
Stephen, d. June 6, 1764	2	169
VAN SANDS, VAN SAND, Austin, d. Mar. 29, 1848, ae. 4 y.	4	72-3
Clara, d. Lot D., manufacturer, & Minerva, b. Feb. 13, 1848	4	54-5
Lot D., m. Belinda N. **BUTLER**, May 17, 1824, by Rev. Birdseye G. Noble	3	158
William, d. Aug. 23, [1849], ae. 2	4	132-3
VAN VLECK, John M., m. Ellen M. **BURR**, d. of Linus, b. of Middletown, May 2, 1854, by Rev. E. L. Janes	4	251
VENTTRES, John, m. Margaret **MORRISON**, Apr. 12, 172[ ]	1	9
John, s. Jno. & Margaret, b. [ ]; d. [ ]	1	9
VERMILLAN, Mima, of Middletown, m. Francis **LEONARD**, of New York, Sept. 1, 1833, by Rev. John Cookson	3	388
VEZEY, Eleazer, m. Mary **MARKHAM**, Jan. 20, 1745/6	2	184
Eleazer, s. Eleazer & Mary, b. Sept. 4, 1748	2	184
Mary, d. Eleazer & Mary, b. Jan. 4, 1746/7	2	184
Mary, m. Josiah **ROBBERDS**, June 26, 1761 (Written "**VOSEY**" in Arnold Copy)	2	98
VOSEY*, Mary, m. Josiah **ROBBERDS**, June 26, 1761 (***VESEY**?)	2	98
WADDELL, Agnes E., of Cromwell, m. Charles **RIGBY** or **RIGLEY**, of England, Jan. 1, 1853, by Rev. Jno. Morrison Reid	4	232
WADSWORTH, WADWORTH, Daniel, m. wid. Susannah **TREADWAY**, Apr. 1, 1813, by Dan Huntington	3	25
Edwin, of Hartford, m. Eliza **SEARS**, of Hartford, Apr. 6, 1836, by Rev. Smith Pyne	3	425
Elisha, s. Sam[ue]ll & Mary, b. Jan. 9, 1746/7	2	86
Elizabeth, d. Sam[ue]ll & Mary, b. Aug. 23, 1742	2	86
Joseph, s. Sam[ue]ll & Mary, b. Oct. 10, 1744	2	86
Wadworth, of Monroe, Mich., m. Margaret **SWATHIEL**, of		

	Vol.	Page
WADSWORTH, WADWORTH, (cont.)		
Durham, Dec. 25, 1833, by Rev. B. Creagh	3	391
WAINWRIGHT, Samuel, m. Mary **BRENNAN,** Apr. 17, 1853, by Rev. Jno. Brady	4	231
WALCHTER, Louisa, m. Charles **CASS,** b. of Middletown, Mar. 12, 1854, by Jacob F. Huber, V.D.M.	4	249
WALD, m. Jno. **ROSS,** May 13, 1853, by Rev. Jno. Brady	4	237
Michael, b. in Ireland, res. Middletown, d. Feb. 3, 1848, ae. 60	4	70-1
WALDRUM, John, m. Marcy **CORNWELL,** May 4, 1747	2	136
Lucia, d. Jno. & Mary, b. Sept. 18, 1750	2	136
Mark, s. Jno. & Mary, b. Feb. 12, 1752	2	136
Mary, d. Jno. & Mary, b. Jan. 24, 1747/8	2	136
Sarah, d. Jno. & Mary, b. Feb. 2, 1748/9	2	136
WALKER, George, of Mich., m. Olivia C. **HALL,** of Middletown, Sept. 29, 1846, by Rev. Frederic J. Goodwin	3	547
WALL, Catharine, m. Andrew **HYDEE,** Nov. 20, 1853, by Rev. Jno. Brady	4	242
WALLACE, Matthias, s. Rich[ar]d & Eliz[abet]h, b. July 2, 1750	2	255
Nath[anie]ll Little, s. Rich[ar]d & Eliz[abet]h, b. Jan. 21, 1752	2	255
Richard, m. Elizabeth **LITTLE,** Oct. 2, 1749	2	255
Richard, d. Jan. 8, 1757, at Bartholomews	2	255
Richard, s. Rich[ar]d & Eliz[abet]h, b. Jan. 16, 1757	2	255
WALLER*, Mary, [of New London] had illeg. s. John **THOMAS,** b. Feb. 9, 1697; father John **THOMAS** (* Written "**WALTER**")	LR1	20
WALLIERBACK, Christian, m. Spere **WETMORE,** Oct. 14, 1784	2	366
John, s. Christian & Spere, b. May 27, 1786	2	366
WALSH, Henry, m. Mary **DALY,** July 4, 1854, by Rev. Jno. Brady	4	268
William, m. Ellen **FISK,** Sept. 3, 1854, by Rev. Jno. Brady	4	271
WALTER*, Mary, had illeg. s. John **THOMAS,** b. Feb. 9, 1697; father John **THOMAS** (*Probably Mary **WALLER,** of New London)	LR1	20
WALTON, Emma A., colored, b. in E. Hampton, res. Middletown, d. Jan. 16, 1849, ae. 1 1/2	4	130-1
Horatio N., of Oswego, N.Y., m. Elizabeth H. **MATHER,** June 17, 1829, by Rev. John R. Crane	3	337
WALWORTH, Margaret, of Middletown, m. Henry **SKINNER,** of Winsted, [Jan.] 11, [1829], by Rev. E. R. Tyler	3	327
WAMSLEY, WARLMSLEY, WORMSLEE, WORMSLEY,		
Calvin, laborer, black, d. June 11, 1848, ae. 19	4	72-3
Charles, black, d. June 11, 1848, ae. 8	4	72-3
Ellen M., d. Horace, laborer, colored, ae. 24, &		

WAMSLEY, WARLMSLEY, WORMSLEE, WORMSLEY, (cont.)

	Vol.	Page
Caroline B., ae. 21, b. Sept. 21, 1848	4	116-7
George, s. Josiah, of Middletown, m. Mary Elizabeth **SULLIVAN**, d. of Robert, of Saybrook, Dec. 5, 1852, by Rev. Willard Jones	4	225
George, s. of Josiah, of Middletown, m. Mary Elizabeth **SULLIVAN**, d. of Robert, of Saybrook, Dec. 5, 1852, by Rev. Willard Jones	4	226
Horace, m. Caroline Melinda **HARRIS**, b. of Middletown, Apr. 23, 1846, by Rev. James T. Dickinson	3	547

WANTON, Heman, m. Harriet M. **RUSSELL**, Nov. 5, 1837, by Rev. Jehiel C. Beman — 3, 443

WARD, [see also **WOOD**], Abiga[i]ll, d. William & Abigail,

	Vol.	Page
b. May 8, 1703	LR1	16
Abigail, d. [William & Ffrancis], b. Dec. 3, 1708	LR2	11
Abigail, d. William & Mary, b. Dec. 30, 1724	LR2	20
Abigail, m. James **WARD**, Nov. 26, 1730	1	56
Abigail, m. Will[ia]m **WHITMORE**, Feb. 22, 1732/3	1	81
Abigail, d. James & Sarah, b. Apr. 17, 1733	1	13
Abigail, d. James & Sarah, b. May 3, 1735	1	56
Abigail, d. Nov. 5, 1741	LR2	5
Abigail, m. Benjamin **MILLER**, Jr., Sept. 4, 1755	2	10
Abigail, d. Jonathan & Sarah, b. Oct. 4, 1756	2	311
Abigail, m. John **THOMAS**, b. of Middletown, Nov. 1, 1827, by Rev. Heman Bangs	3	283
Alfred, s. Asher & Abial, b. Sept. 21, 1787	2	314
Allis, d. James & Sarah, b. Nov. 9, 1733	1	13
Allaice, m. Joseph **WARNER**, Oct. 3, 1751	2	221
Allice, d. James & Sarah, b. Nov. 6, 1841	3	440
Allin, s. Will[ia]m & Ffrancis, b. Apr. 2, 1713	LR2	11
Allen, m. Hannah **ADKINS**, Nov. 14, 1734	1	76
Ameila, m. Timothy **COE**, Nov. 28, [1833], by Rev. James Noyes	3	390
Andrew, s. John & Mary, b. Dec. 1, 1667	LR1	12
Ann, m. James **TAPPINE**, Jr., Feb. 4, 1691/2	LR1	20
Ann, m. John **WARNER**, Sr., Dec. 14, 1699	LR2	5
Anna, d. Thomas & Hannah, b. Nov. 4, 1689	LR1	6
Annah, d. Oct. 5, 1703	LR1	6
Anna, d. William & Abiga[i]ll, b. May 23, 1706	LR1	16
Anna, w. of Capt. Thomas, d. Nov. 30, 1712	LR1	6
Annah, d. Will[ia]m & Mary, b. Nov. 3, 1714	LR2	20
Annah, m. Abijah **MOORE**, Oct. 9, 1729	1	47
Anna, m. Ebbenezer **ELTON**, June 19, 1735	1	79
Anna, d. James & Abigail, b. Nov. 27, 1741	1	56
Anna, d. W[illia]m, Jr., & Martha, b. Jan. 9, 1748/9	1	130
Anna, [twin with Will[ia]m], d. Stephen & Abigail, b. Feb. 18, 1756	2	8

	Vol.	Page
WARD, (cont.)		
Anner, m. Richard **MILLER**, Aug. 1, 1768	2	172
Anne, d. William [& Phebe], b. Mar. 20, 1670 (Arnold Copy has **"WOOD"**)	LR1	6
Ashur, s. W[illia]m, 4th, & Martha, b. Oct. 15, 1755	1	130
Bela, s. Joseph & Lucia, b. May 2, 1766	2	42
Bela, m. Mary **CLARK**, Sept. 18, 1786	3	4
Betsey, d. [Jos[eph] Jr. & Eliz[abet]h, b. July 19, 1788	2	190
Calvin, s. Josiah & Mary, b. Mar. 16, 1783	2	264
Catharine E., d. Aug. 21, 1847, ae. 20	4	72-3
Catharine R., m. John D. **CHASE**, Dec. 27, 1842, by Rev. John R. Crane	3	499
Catherine Rebecca, d. Joseph, 2d, bp. May 8, 1823, in the First Church	3	126
Chauncey, s. [Jos[eph], Jr. & Eliz[abet]h, b. July 26, 1803	2	190
Chloe, d. James & Sarah, b. Nov. 17, 1740	1	13
Chloe, d. James & Sarah, d. Aug. 30, 1742	1	13
Comfort, s. [James T[appen] & Elizabeth], b. Apr. 22, 1778	2	287
Daniell, s. William & Abiga[i]ll, b. June 21, 1704	LR1	16
Daniel, m. Eunice **BEADLE**, Nov. 6, 1729	2	185
Daniel, s. Daniel & Eunice, b. Nov. 29, 1733	2	185
Daniel, d. Aug. 14, 1752	2	185
Daniel, m. Ruth **ROBBERDS**, Oct. 15, 1755	2	363
Daniel, s. Jonathan & Sarah, b. Aug. 3, 1760	2	311
Daniel, s. Josiah & Mary, b. July 9, 1771	2	264
Daniel Edward, s. [John & Phebe], b. Mar. 12, 1815	3	90
David, twin with Jonathan, s. Jonathan & Sarah, b. Oct. 10, 1750	2	311
David C., m. Hannah H. **ROGERS**, b. of Middletown, Jan. 17, 1847, by Rev. L.S. Hough	3	557
Deborah, d. Dan[ie]l & Ruth, b. July 11, 1756	2	363
Dennis, of Blandford, Mass., m. Laura G. **LEE**, of Middletown, Apr. 5, 1847, by Rev. L.S. Hough	4	2
Diantha, m. Silvester **NICHOLS**, Jr., Feb. 12, 1822, by Rev. John R. Crane	3	89
Dorothy, d. William & Phebe, b. Mar. 5, 1671 (Arnold Copy has **"WOOD"**)	LR1	6
Dorithee, d. William & Abigail, b. July 25, 1711	LR1	16
Dorothy, m. Moses **BIDWELL**, May 20, 1729	1	66
Eber, s. Joseph & Lucia, b. Aug. 10, 1762	2	42
Eber, s. [Bela & Mary], b. Mar. 13, 1798	3	4
Edith, d. Capt. Sam[ue]ll & Hannah, b. Feb. 16, 1760	1	103
Edward, s. W[illia]m, Jr. & Martha, b. Oct. 22, 1746	1	130
Edwin, of Wallingford, m. Mary A.D. **WARD**, of Middle-		

	Vol.	Page
WARD, (cont.)		
town, June 18, 1835, by Rev. Jno. C. Green	3	412
Egbert Sumner, s. [William B. & Amey], b. Mar. 14, 1821	3	25
Electa, m. William F. **BOARDMAN**, Mar. 13, 1844, by Rev. D. M. Seward	3	516
Elijah, s. James & Abigail, b. June 14, 1747	1	56
Elijah, s. James & Abigail, d. July 20, 1754	1	56
Elijah Rockwell, s. James & Sarah, b. Sept. 21, 1833	3	440
Elijah S., m. Sarah Ann **DANIELS**, July 4, 1827, by Rev. John R. Crane	3	273
Elisha, s. Thomas & Rebeckah, b. Sept. 10, 1709; d. Apr. 18, 1710	LR2	8
Elisha, s. Allin & Prudence, b. May 17, 1771	2	75
Elisha, 2d, s. Tho[ma]s & Rebeckah, b. [ ]; d. [ ]	LR2	8
Elizabeth, d. James & Elizabeth, b. Nov. 11, 1694	LR1	18
Elizabeth, d. Sam[ue]ll & Elizabeth, b. Nov. 7, 1712	LR2	20
Elizabeth, m. Ambrous **CLARK**, Apr. 21, 1715	LR2	27
Elizabeth, wid. of Lieut. James, d. July 28, 1721	LR1	18
Elizabeth, wid. of John, m. Daniel **JOHNSON**, Jr., Oct. 17, 1734	1	70
Elizabeth, m. Nath[anie]ll **MILLER**, Jan. 8, 1734/5	1	81
Elizabeth, d. James & Abigail, b. July 23, 1737	1	56
Elizabeth, d. Sam[ue]ll & Hannah, b. Oct. 13, 1744	1	103
Elizabeth, wid. of Capt. Thomas, d. July 24, 1745, in the 59th y. of her age.	LR2	28
Elizabeth, d. [James T[appen] & Elizabeth], b. May 25, 1775	2	287
Elizabeth, d. Allin & Prudence, b. Jan. 3, 1778	2	75
Elizabeth, d. David & Rhoda, of Litchfield, m. Warren P. **STOW**, s. of Obed & Anna, [ ], 1812, at Litchfield	4	11
Ellen E., d. of Truman, of Middletown, m. Jonathan A. **ENO**, of Van Buren, Ark., May 25, 1853, by J. W. Lindsey	4	234
Emelia Coe, d. of James, of Middletown, m. John B. **SMITH**, s. of John, of England, Feb. 12, 1853, by Rev. Willard Jones	4	225
Emeline Coe, d. of James of Middletown, m. John B. **SMITH**, s. of John, of England, Feb. 12, 1853, by Rev. Willard Jones	4	226
Emily, d. [John & Phebe], b. Feb. 19, 1813	2	90
Est[h]er, d. John & Mary, b. Dec. 15, 1669	LR1	12
Easther, m. William **CORNWELL**, Jan. 22, 1690/1	LR1	36
Easter, d. George & Sarah, b. Mar. 1, 1768	2	25
Esther, d. Josiah & Mary, b. July 27, 1785	2	264
Esther, d. [John, 4th, & Kesiah], b. Nov. 5, 1787	2	329

	Vol.	Page

WARD, (cont.)

	Vol.	Page
Est[h]er, m. Oren **NEWTON**, b. of Middletown, July 4, 1820, by Rev. Eli Ball	3	35
Eunice, d. W[illia]m & Eunice, b. May 11, 1733	1	33
Eunice, d. Josiah & Mary, b. Mar. 24, 1767; d. Apr. [ ], 1770	2	264
Eunice, 2d, d. Josiah & Mary, b. July 31, 1773	2	264
Eunice, m. Rich[ar]d M. **BAILEY**, b. of Middletown, Apr. 3, 1822, by Rev. Eli Ball	3	94
Fenner, s. Capt. Thomas & Elizabeth, b. June 24, 1719; d. Feb. 3, 1722/3	LR2	28
Ffenner, s. Tho[ma]s & Deborah, b. Nov. 15, 1725	LR2	8
Fenner, m. Martha **BACON**, June 26, 1748	2	22
Fenner, s. Fenner & Martha, b. Oct. 14, 1756	2	22
Ffrancis, w. of William, d. Dec. 29, 1729	LR2	11
Frances A., d. of Merrels, of Middletown, m. Stephen M. **BROOKS**, of Steuben, N.Y., Dec. 26, 1848, by Rev. Z.N. Lewis	4	81
Francis A., teacher, ae. 19, b. in Middletown, res. Steuben, N.Y., m. Stephen M. **BROOKS**, farmer, ae. 25, b. in Steuben, N.Y., res. Steuben, N.Y., Dec. 26, 1848, by Z.N. Lewis	4	118-9
Frederick Truman, s. Truman & Bethiah, b. Mar. 11, 1813	3	22
Fred[eric]k Will[ia]m Steuben, s. [James & Sarah], b. Aug. 16, 1835	3	440
Freeman, s. [Jos[eph], Jr. & Eliz[abet]h], b. June 9, 1790	2	190
Gad, s. Jos[eph], m. Moreah, negro, June 1, 1784	2	349
George, m. Sarah **LORD**, b. of Middletown, June 14, 1767	2	25
George N., merchant, ae. 32, of Middletown, m. Emily L. **LOOMIS**, ae. 21, b. in Barkhamsted, res. Middletown, May 1, 1848, by Rev. Nelson Scott	4	64-5
Gilbert, s. [Bela & Mary], b. Jan. 18, 1803	3	4
Gilbert, m. Sarah M. **GLADWIN**, Mar. 16, 1846, by Rev. John R. Crane	3	545
Grove, s. James & Sarah, b. Aug. 8, 1729; d. Sept. 27, 1731	1	13
Grove, 2d, s. James & Sarah, b. Oct. 15, 1737	1	13
Hannah, d. Allen & Hannah, b. Oct. 16, 1735	1	76
Hannah, d. Sam[ue]l & Hannah, b. June 21, 1741	1	103
Hannah, d. William, Jr. & Mary, b. Mar. 19, 1766	2	363
Hannah, m. William **KELLEY**, [ ]	2	120
Harriet Augustus, d. [John & Phebe], b. Mar. 14, 1827	3	90
Harriet E., d. of John, of Middletown, m. Joab **LOOMIS**, Jr., of Bloomfield, Sept. 16, 1851, by Rev. John R. Crane	4	191
Harry, s. [Jos[eph], Jr. & Eliz[abet]h], b. June 17, 1793	2	190

	Vol.	Page

WARD, (cont.)

	Vol.	Page
Harvey, s. [Jos[eph], Jr. & Eliz[abet]h], b. Jan. 29, 1800	2	190
Henry, s. Josiah & Mary, b. Sept. 13, 1778	2	264
Henry, s. [John & Phebe], b. Nov. 29, 1819	3	90
Henry Dana Artemas, of Columbia, S.C., m. Eliza Ann **TRACY**, of Middletown, Nov. 9, 1820, by Rev. Jno. R. Crane	3	44
Henry Dana Artemas, s. [Henry Dana Artemas & Eliza Ann], b. Nov. 27, 1821	3	44
Henry S., m. Mary **STARR**, Oct. 25, 1824, by Rev. John R. Crane	3	179
Henry S., m. Polly [**STARR**, d. Nathan & Polly], [ ]	2	135
Irene S., m. Peter H. **ASHTON**, Mar. 17, 1841, by Rev. John R. Crane	3	474
Isaac, s. Capt. Sam[ue]ll & Hannah, b. June 23, 1757	1	103
Jacob, s. Sam[ue]ll & Hannah, b. Oct. 27, 1751	1	103
James, s. Thomas & Hannah, b. July 8, 1693; d. Oct. 17, 1694	LR1	6
James, m. Elizabeth **ROCKWELL**, Feb. 1, 1693/4	LR1	18
James, s. Thomas & Hannah, b. Nov. 14, 1698	LR1	6
James, s. James & Elizabeth, b. Mar. 6, 1699	LR1	18
James, Lieut., d. Jan. 4, 1711/12	LR1	18
James, of Middletown, m. Sarah **THRALL**, of Windsor, Feb. 17, 1724/5	1	13
James, m. Abigail **WARD**, Nov. 26, 1730	1	56
James, s. James & Abegail, b. May 3, 1733	1	56
James, s. James & Abigail, d. Dec. 9, 1739	1	56
James, s. James & Abigail, b. July 15, 1744	1	56
James, s. James T[appen] & Elizabeth, b. Mar. 11, 1773	2	287
James, s. [Bela & Mary], b. July 18, 1795	3	4
James, m. Sarah **ROCKWELL**, Jan. 3, 1833, by Rev. John R. Crane	3	378
James E., of Schenectady, N.Y., m. Almira A. **PRATT**, d. of Dan, Sept. 30, 1847, by Rev. John R. Crane	4	16
James E., mariner, ae. 26, b. in Schenectady, N.Y., res. Middletown, m. Almira **PRATT**, ae. 24, of Middletown, Sept. 30, 1847, by Rev. John R. Crane	4	62-3
James Tappin, s. William & Mary, b. Sept. 22, 1722	LR2	20
James Tappin, s. W[illia]m, Jr. & Martha, b. Apr. 3, 1751	1	130
James Tappen, m. Elizabeth **MILLER**, June 25, 1772	2	287
Jane Abiah, d. [Merrett & Marah], b. Feb. 8, 1825	3	248
Jerem[ia]h, m. Catharine **RALPH**, Apr. 22, 1846, by Rev. Zebulon Crocker	3	549
Jethro, s. [Gad & Moreah, negro], b. June 5, 1788; d. June 24, 1794	2	349

	Vol.	Page
WARD, (cont.)		
John, m. Mary **HOWES***?, Apr. 18, 1664 (***HARRIS**. Corrected by L.B.B.)	LR1	12
John, s. John & Mary, b. Nov. 15, 1665	LR1	12
John, s. William & Phebe, b. May 12, 1678 (Arnold Copy has "**WOOD**")	LR1	6
John, s. James & Elizabeth, b. Sept. 6, 1708	LR1	18
John, s. Will[ia]m & Ffrancis, b. Oct. 4, 1710; d. [ ], 1711	LR2	11
John, s. Sam[ue]ll & Elizabeth, b. Aug. 28, 1711	LR2	20
John, m. Margaret **HUB[B]ARD**, Mar. 18, 1713/4 (Perhaps Mar. 8)	LR2	24
John, s. John & Margaret, b. Jan. 18, 1716/17	LR2	24
John, s. Sam[ue]ll & Mary, b. Feb. 7, 1729/30	1	33
John, m. Elizabeth **HUB[B]ARD** Feb 1 1732/3	1	71
John, s. Sam[ue]ll & Hannah, b. Sept. 16, 1739	1	103
John, s. Fenner & Martha, b. Jan. 19, 1748/9	2	22
John, Jr., m. Thankful **STARR**, Feb. 14, 1750	2	185
John, s. Jno. & Thankful, b. Apr. 28, 1758	2	185
John, Sr., d. July 8, 1761	LR2	24
John, 4th, m. Esther **LOVELAND**, Oct. 16, 1766	2	363
John, 4th, m. Keziah **MARKHAM**, July 8, 1784	2	329
John, s. John, 4th, & Kesiah, b. May 15, 1785	2	329
John, of Bow Lane, m. Phebe **CAMP**, June 29, 1808	3	90
John, d. [ ]	1	71
John C., s. James E., mariner, & Almira A., b. Oct. 11, 1848	4	108-9
John Nelson, s. [John & Phebe], b. Apr. 18, 1822	3	90
Jonathan, s. William & Abigail, b. Feb. 5, 1716/17	LR1	16
Jonathan, m. Sarah **JOHNSON**, Jan. 11, 1745	2	311
Jonathan, twin with David, s. Jonathan & Sarah, b. Oct. 10, 1750	2	311
Jonathan, d. Oct. 11, 1760, in the Army	2	311
Joseph, s. William & Mary, b. Jan. 11, 1727/8	LR2	20
Joseph, m. Lucia **BUTLER**, Mar. 16, 1758	2	42
Joseph, s. Joseph & Lucia, b. Aug. 15, 1760	2	42
Joseph, m. Hannah **LEE**, Apr. 17, 1775	2	42
Joseph, Jr., m. Eliza **TREADWAY**, Feb. 1, 1785	2	190
Joseph C., s. [Bela & Mary], b. Aug. 23, 1793	3	4
Josiah, s. Daniel & Eunice, b. July 9, 1738	2	185
Josiah, m. Mary **HEDGES**, Jan. 12, 1764	2	264
Josiah, s. Capt. Sam[ue]ll & Hannah, b. Apr. 8, 1764	1	103
Josiah, s. Josiah & Mary, b. July 15, 1769	2	264
Kent, s. Gad & Moreah, negro., b. Sept. 9, 1784	2	349
Landon B., of Hannover, Va., m. Mary W. **JOHNSON**, of Middletown, [Aug.] 11, [1844], by W. G. Howard	3	520
Landon Bailey, s. Merrett & Marah, b. Dec. 20, 1820	3	248
Leverett, s. [Bela & Mary], b. Aug. 6, 1810; d. Oct. 1,		

WARD, (cont.)

	Vol.	Page
1813	3	4
Linda, d. [Jos[eph], Jr. & Eliz[abet]h], b. Apr. 15, 1795	2	190
Lucetta, d. John & Phebe, b. Dec. 16, 1810; d. [ ]	3	90
Lucia, d. James & Abigail, b. Feb. 15, 1750/1	1	56
Lucia, d. Joseph & Lucia, b. July 11, 1764	2	42
Lucia, w. of Joseph, d. Nov. 14, 1772	2	42
Lucinda, of Middletown, m. James **COLVIN**, of Hartford, Dec. 25, 1821, by Rev. Eli Ball	3	83
Lucretia, m. Anthony **SIZER**, Jan. 4, 1785	2	296
Leusie, d. James & Sarah, b. Feb. 17, 1727/8	1	13
Lucy, d. Jonathan & Sarah, b. Oct. 6, 1745	2	311
Lucy, m. Jonathan **GILBERT**, Jr., Dec. 5, 1770	2	30
Lucy, d. Allin & Prudence, b. Sept. 16, 1773, in Salisbury	2	75
Lucy, m. Allin **GILBERT**, Jr., Aug. 25, 1784	2	290
Lucy, d. [Bela & Mary], b. Nov. 14, 1788	3	4
Marah, d. James & Elizabeth, b. Apr. 9, 1697	LR1	18
Margaret, d. of John, m. Eliakim **MATHER**, Mar. 9, 1737/8	1	103
Margaret, d. Jno. & Thankful, b. Jan. 28, 1754	2	185
Margaret, w. of John, d. Apr. 10, 1769, in the 93rd y. of her age.	LR2	24
Margaret, m. Elnathan **LUCAS**, of Middletown, June 17, 1773	2	254
Margaret, d. John & Margaret, b. [ ]	LR2	24
Mariah, of Shrewsbury, m. Ebenezer **TRACY**, of Middletown, Jan. 14, 1790	2	312
Maria, m. James **BIDWELL**, Dec. 2, 1819	3	291
Maria, d. May 5, 1849, ae. 40	4	132-3
Mariah, d. Oct. 17, 1850	4	206-7
Maria Louisa, d. Will[ia]m B. & Amey, b. May 7, 1817	3	25
Martha, d. William & Abigail, b. Apr. 27, 1708	LR1	16
Martha, d. W[illia]m & Abiga[i]ll, d. Jan. 20, 1717/18	LR1	16
Martha, d. Daniel & Eunice, b. Sept. 26, 1731	2	185
Martha, d. W[illia]m, 4th & Martha, b. May 30, 1753	1	130
Martha, m. Jeremiah **FOSTER**, Oct. 24, 1754	2	334
Martha, w. of William, d. Dec. 25, 1770	1	130
Martha, d. [James T[appen] & Elizabeth], b. Oct. 31, 1780	2	287
Martha, d. Aug. 28, 1847, ae. 96	4	72-3
Mary, d. John & Mary, b. Aug. [ ], 1672	LR1	12
Mary, m. Seth **WARNER**, Dec. 25, 168[ ]	LR1	25
Mary, d. Thomas & Hannah, b. July 6, 1702	LR1	6
Mary, d. Will[ia]m & Mary, b. Oct. 12, 1711; d. Feb. 10, 1711/12	LR2	20
Mary, d. William & Ffrancis, b. Apr. 12, 1715	LR2	11

	Vol.	Page
WARD, (cont.)		
Mary, 2d, d. Will[ia]m & Mary, b. Dec. 2, 1716	LR2	20
Mary had s. John **NOTT**, b. May 5, 1726	LR1	18
Mary, m. Samuel **STOW**, Oct. 11, 1732	1	71
Mary, m. Benjamin **CORNWELL**, Feb. 27, 1734/5, by William Russell	1	81
Mary, d. Allen & Hannah, b. June 15, 1741	1	76
Mary, d. Sam[ue]ll & Hannah, b. June 11, 1750; d. same month	1	103
Mary, d. Lieut. Sam[ue]ll & Hannah, b. Oct. 21, 1753	1	103
Mary, d. W[illia]m & Martha, b. Sept. 9, 1759	1	130
Mary, d. Josiah & Mary, b. Jan. 26, 1765	2	264
Mary, d. W[illia]m & Mary, b. Dec. 2, 1775	2	363
Mary, wid. of William, d. Aug. 14, 1776	LR2	20
Mary, d. Bela & Mary, b. Dec. 18, 1786	3	4
Mary, d. [Bela & Mary], b. May 8, 1800	3	4
Mary, m. Alfred **SPENCER**, July 8, 1828, by Rev. David Smith, of Durham	3	312
Mary, m. Charles **FOX**, Dec. 15, 1845, by Rev. John R. Crane	3	542
Mary A. D., of Middletown, m. Edwin **WARD**, of Wallingford, June 18, 1835, by Rev. Jno. C. Green	3	412
Mary Ann Driggs, d. Will[ia]m B. & Amey, b. June 26, 1815	3	25
Mary C., d. Truman, of Middletown, m. Joseph S. **DUNHAM**, of Middletown, Aug. 18, 1848, by Rev. Z. N. Lewis	4	36
Mary Wetmore, d. Landon B. & Mary W., b. July 31, 1847	3	520
Mendany H., m. Leverick **DIMOCK**, May 2, 1827, by Rev. John R. Crane	3	271
Merrett, m. Marah **JOHNSON**, Feb. 12, 1818 (Merrill?)	3	248
Merrill, s. [Jos[eph], Jr. & Eliz[abet]h], b. Nov. 20, 1796 (Merrett?)	2	190
Merrill J., s. L. E., mason, ae. 30, & Mary W., ae. 34, b. Sept. 25, 1850	4	196-7
Molly, d. [Bela & Mary], d. May 18, 1794	3	4
Nancy, b. in E. Windsor, res. Middletown, d. Aug. [ ], 1851, ae. 53	4	204-5
Olive, d. Joseph & Lucia, b. Mar. 23, 1759; d. Feb. 23, 1760	2	42
Olive, d. Joseph & Lucia, b. Mar. 20, 1768	2	42
Patience, d. Will[ia]m & Mary, b. Nov. 28, 1712	LR2	20
Patience, m. Samuel **PLUMB**, Jan. 2, 1734/5	1	77
Phebe, d. William [& Phebe], b. Apr. 17, 1663 (Arnold Copy has "**WOOD**")	LR1	6
Phebe, m. Samuel **HALL**, Dec. 6, 1683	LR1	6
Phebe, w. [of William], d. Sept. 1, 1691	LR1	6
Phebe, d. Thomas & Hannah, b. Jan. 31, 1695/6	LR1	6

	Vol.	Page
WARD, (cont.)		
Phebe, m. Daniel **HALL**, b. of Middletown, Mar. 26, 1713	LR2	26
Phebe, d. Dan[ie]l & Eunice, b. Oct. 30, 1736	2	185
Phebe, d. Joseph & Lucia, b. Oct. 20, 1772	2	42
Phebe, d. [Bela & Mary], b. Mar. 24, 1791	3	4
Phebe J., m. Sam[ue]l **ATKINS**, b. of Middletown, Nov. 27, 1834, by Rev. S. Martindale	3	403
Phebe Jane, d. [John & Phebe], b. June 14, 1817	3	90
Polly, [w. of Henry S.], d. May 9, 1867	2	135
Rebeckah, w. of Tho[ma]s, d. Oct. 15, 1723	LR2	8
Rebeckah, m. William **COTTON**, Sept. 22, 1742	2	39
Rebeckah, m. William **COTTON**, Sept. 23, 1742	1	129
Richard, s. Jos[eph], Jr. & Eliz[abet]h, b. Nov. 7, 1785	2	190
Ruth, d. Sam[ue]l & Hannah, b. Aug. 20, 1748	1	103
Ruth, d. W[illia]m & Mary, b. Feb. 10, 1777	2	363
Ruth, m. Aaron **PLUM**, Dec. 13, 1807	3	82
Sally, d. Josiah & Mary, b. June 21, 1781	2	264
Salmon, s. Josiah & Mary, b. Jan. 7, 1776	2	264
Samuell, s. James & Elizabeth, b. Mar. 25, 1703	LR1	18
Samuel, m. Elizabeth **ADKINS**, Aug. 10, 1710, by Mr. Hubbard, of Haddam	LR2	20
Samuell, s. Samuell & Elizabeth, b. June 6, 1714	LR2	20
Samuell, d. June 25, 1715	LR2	20
Samuel, m. Mary **STOW**, Oct. 26, 1727	1	33
Sam[ue]ll, Jr., m. Hannah **CORNWELL**, June 29, 1738	1	103
Samuel, s. Allen & Hannah, b. July 20, 1739	1	76
Sam[ue]ll, s. Sam[ue]ll & Hannah, b. Mar. 11, 1743	1	103
Samuel, s. Jonathan & Sarah, b. July 2, 1754	2	311
Samuel H., m. Emily Helen [**STARR**], [d. Nathan & Grace], Nov. 25, 1839	3	413
Samuel Henry, of East Windsor, m. Emily Helen **STARR**, of Middletown, Nov. 25, 1839, by Rev. Samuel Farmer Jarvis, at the house of Mr. Nathan Starr	3	462
Samuel N., m. Mariette **CORNWELL**, b. of Middletown, [Nov.] 2, [1848], by Rev. L. S. Hough	4	40
Samuel Norman, s. [William B. & Amey], b. May 7, 1824	3	25
Sarah, d. William & Phebe, b. Dec. 18, 1667 (Arnold Copy has "**WOOD**")	LR1	6
Sarah, m. Benjamin **HANDS**, June 14, 1688	LR1	45*
Sarah, d. James & Elizabeth, b. Sept. 12, 1705	LR1	18
Sarah, d. [William & Ffrancis], b. Mar. 24, 1707	LR2	11
Sarah, d. Tho[ma]s & Rebeckah, b. Oct. 8, 1723	LR2	8
Sarah, d. James & Sarah, b. Sept. 2, 1726	1	13
Sarah, m. Jonas **GREEN**, [ ] 17, 1729	1	44
Sarah, d. James & Abigail, b. Aug. 9, 1731	1	56
Sarah, d. Fenner & Martha, b. Apr. 20, 1751	2	22

MIDDLETOWN VITAL RECORDS 285

	Vol.	Page
WARD, (cont.)		
Sarah, d. Lieut. Sam[ue]ll & Hannah, b. Oct. 7, 1755	1	103
Sarah, wid. of Capt. James, m. Samuel **STARR**, Oct. 30, 1768	1	26
Sarah, m. Benjamin **ADKINS**, Jr., Dec. 8, 1776	2	272
Stephen, s. Will[ia]m & Eunice, b. Mar. 17, 1725/6	1	33
Stephen, s. Sam[ue]ll & Mary, b. Feb. 6, 1727/8	1	33
Stephen, m. Abigail **BEDWELL**, July 2, 1755	2	8
Sukey, d. [Jos[eph], Jr. & Eliz[abet]h], b. Sept. 3, 1798	2	190
Susan, m. John L. **SMITH**, b. of Middletown, Nov. 20, 1823, by Rev. Josiah Bowen	3	144
Susan[n]a, d. William & Phebe, b. June 6, 1674 (Arnold Copy has "**WOOD**")	LR1	6
Tappin, s. Tho[ma]s & Rebeckah, b. Mar. 19, 1717/18	LR2	8
Thankful, d. Jno. & Thankful, b. Mar. 3, 1752	2	185
Thankfull, m. Joseph **BARNES**, Jr., Nov. 16, 1769	2	189
Thomas, s. William & Phebe, b. Feb. 7, 1660/61 (Arnold Copy has "**WOOD**")	LR1	6
Thomas, m. Hannah **TOPPIN**, Dec. 6, 1683	LR1	6
Thomas, s. Thomas & Hannah, b. Oct. 17, 1684	LR1	6
Thomas, of Middletown, m. Rebeckah **BURNHAM**, Aug. 28, 1707, by Timo[thy] Woodbridge, at Hartford	LR2	8
Thomas, Capt. of Middletown, m. Mrs. Elizabeth **BROWEL***, of Newport, R.I., Dec. 23, 1713 (***BROWNELL**?)	LR2	28
Thomas, s. Tho[ma]s & Rebeckah, b. July 23, 1715	LR2	8
Thomas, m. Deborah **STOW**, of Guilford, Dec. 24, 1724	LR2	8
Thomas, Capt., d. June 2, 1728, in the 58th y. of his age	LR2	28
Thomas, s. James & Abigail, b. Oct. 14, 1739	1	56
Thomas, d. [ ]	LR2	8
Thomas M., engraver, d. Apr. [ ], 1848	4	68-9
Timothy, s. James & Sarah, b. Aug. 14, 1742	1	13
Timothy, s. W[illia]m & Mary, b. Nov. 10, 1771	2	363
Timothy Allin, s. Allin & Prudence, b. July 5, 1769, at Canaan	2	75
Truman, m. Bethiah **PLUM**, Sept. 5, 1812	3	22
Walter, m. Sarah **POUSLEY***, Jan. 22, 1761 (***PONSLEY**?)	2	232
Walter, s. Walter & Sarah, b. Dec. 14, 1761	2	232
Walter, s. Walter & Sarah, d. Dec. 3, 1763	2	232
William, m. Phebe [ ], Mar. 28, 1660 (Arnold Copy has "**WOOD**")	LR1	6
William, s. William & Phebe, d. June 20, 1661 (Arnold Copy has "**WOOD**")	LR1	6
William, s. William [& Phebe], b. Aug. 2, 1665 (Arnold Copy has "**WOOD**")	LR1	6
William, s. John, b. June 30, 1674	LR1	12
William, s. Thomas & Hannah, b. Apr. 14, 1687	LR1	6

	Vol.	Page
WARD, (cont.)		
William, s. William & Sarah, b. June 24, 1689	LR1	7
William, Ensign, d. Mar. 28, 1690	LR1	6
William, Sergt., m. Abigail **COLLINS**, July 9, 1702	LR1	16
William, m. Ffrancis **HALL**, Aug. 23, 1706, by John Pell, J.P., of Westchester, N.Y.	LR2	11
William, m. Mary **HARRIS**, Jan. 18, 1710	LR2	20
William, s. Will[ia]m & Ffrancis, b. July 26, 1717	LR2	11
William, s. William & Mary, b. Oct. 29, 1720	LR2	20
William, m. Eunice **MILLER**, d. of Tho[ma]s, Nov. 11, 1724	1	33
William, s. Will[ia]m & Eunice, b. Aug. 28, 1731	1	33
William, s. Allen & Hannah, b. Sept. 26, 1737	1	76
Will[ia]m, Jr., [of] Newfield, m. Martha **BOW**, Nov. 9, 1742	1	130
William, s. W[illia]m, Jr. & Martha, b. Sept. 17, 1744	1	130
William, Sergt., d. Apr. 6, 1745	LR1	16
William, s. Jonathan & Sarah, b. Mar. 14, 1748	2	311
William, m. wid. Annar **BOW**, Nov. [ ], 1755; d. Nov. 24, 1759	1	33
Will[ia]m, [twin with Anna], s. Stephen & Abigail, b. Feb. 18, 1756	2	8
William, Sr., d. Mar. 28, 1761	LR2	20
William, Jr., m. Mary **MILLER**, Aug. 20, 1765	2	363
William, s. William & Mary, b. Mar. 31, 1767	2	363
William, m. wid. Hannah **SPENCER**, July 4, 1771	1	130
William, m. Almira **HUBBARD**, b. of Middletown, May 15, 1850, by Frederick Wightman, V.D.M.	4	144
William, mechanic, ae. 25, m. Almira **HUBBARD**, ae. 22, May 17, 1850, by Rev. Fred. Wightman	4	168-9
William, s. James E., seaman, ae. 39, & Almira, ae. 26, b. Aug. 13, 1850	4	158-9
William, s. James E., sailor, ae. 29, & Alvina, ae. 27, b. Aug. 13, 1850	4	196-7
William, m. ---- **STOW**, wid. of Nath[anie]ll, [ ]	LR2	11
William B., m. Amey **DRIGGS**, May 13, 1811	3	25
William Hart, s. Joseph, 2d, bp. June 29, 1826, in the "First Church"	3	126
Will[ia]m M., m. Emily C. **BUTLER**, b. of Middletown, Dec. 27, 1835, by Rev. John C. Green	3	417
William Miller, s. Will[ia]m B. & Amey, b. June 20, 1813	3	25
----, last w. of William, d. Feb. 22, 1759	LR2	11
----, s. W[illia]m M., shoemaker, ae. 38, & Emily, ae. 35, b. Aug. 19, 1850	4	196-7
----, d. Aug. 19, 1850, ae. 24 h.	4	204-5
----, child of [John & Margaret], st. b. [ ]	LR2	24
WARE, WARES, Betsey, m. John **HOLMES**, Aug. 22, 1824, by		

	Vol.	Page
WARE, WARES, (cont.)		
Rev. Josiah Bowen	3	166
Emily, of Middletown, m. Arad **RADWAY**, of Putney, Vt., Mar. 21, 1825, by Rev. John R. Crane	3	195
WARNER, Abiga[i]ll, d. Andrew & Rebec[c]a, b. Dec. 3, 1660	LR1	29
Abigaill, m. John **WETMORE**, Dec. 30, 1680	LR1	32
Abigail, d. [John & Ann], b. Nov. 18, 1704	LR2	5
Abigail, m. Joseph **RANNEY**, July 21, 1725	1	20
Abigail, d. Jabez & Hannah, b. Aug. 19, 1754, in Woodbury, in the Parish of Judea (Line drawn through the words "in Woodbury")	1	100
Abigail, d. Joseph & Allace, b. Dec. 4, 1759	2	221
Abigail, d. Jno. & Patience, b. Sept. 1, 1782	2	350
Abigail, m. John **RUSSELL**, June 29, 1788	2	274
Abraham, of Middletown, m. Emily **CARPENTER**, of Berlin, Nov. 10, 1828, by Rev. H. Bangs	3	320
Andrew, s. Andrew & Rebec[c]a, b. Mar. [ ], 1662	LR1	29
Andrew, Sr., d. Jan. 26, 1681	LR1	29
Andrew, s. John & Ann, b. Sept. 14, 1713	LR2	5
Andrew, Lieut., [s. Andrew & Rebecca], d. Apr. 9, 1726	LR1	29
Andrew, m. Martha **WILCOCK**, Oct. 19, 1738	1	111
Andrew, s. Andrew & Martha, b. Apr. 28, 1739	1	111
Ann, d. John & Ann, b. June 19, 1702	LR2	5
Ann, d. John & Ann, b. Apr. 12, 1716	LR2	5
Ann, w. of Capt. John, d. Mar. 8, 1737/8	LR2	5
Ann, m. Ebenezer **CLARK**, Sept. 20, 1739	1	68
Anna, d. Sam[ue]ll & Doratye, b. May 8, 1731	1	30
Anna, m. Timothy **MILLER**, Dec. 18, 1753	2	318
Anna, d. Jabez & Hannah, b. Jan. 24, 1756, in Woodbury, Judea Parish; d. Nov. 24, 1760, in Judea	1	100
Anne, d. Andrew & Martha, b. Oct. 31, 1740	1	111
Ansel, m. Mary Ann **CLARK**, b. of Haddam, Apr. 13, 1825, by Rev. John R. Crane	3	197
Bethia, d. Robert & Deliverence, b. Oct. 8, 1680	LR1	25
Bethiah, m. David **ADKINS**, Jan. 1, 1776	2	28
C[h]loe, d. Joseph & Allace, b. May 28, 1752	2	221
C[h]loe, m. William **MILLER**, Jr., Jan. 11, 1770	2	314
C[h]loe, m. William **MILLER**, Jr., Jan. [ ], 17[ ]	2	231
Clarissa, m. Henry **SOUTHMAYD**, Jan. 3, 1814	3	24
Daniel, s. Robert & Izabel, b. Oct. 4, 1718	LR2	27
Daniel, m. Lucia **STOW**, Feb. 28, 1745	2	31
Daniel, d. Sept. 14, 1753, at sea	2	31
Daniel, s. Robert & Lucy, b. June 18, 1772	2	201
Delia, of Middlefield, m. Charles A. **NORTH**, formerly of Rochester, N.Y., Aug. 10, 1845, by Rev. James T. Dickinson	3	535

	Vol.	Page
WARNER, (cont.)		
Deliverance, s. Samuel & Susannah, b. Jan. 26, 1719/20	LR2	25
Deliverance, s. Andrew & Martha, b. Nov. 22, 1747	1	111
Deliverance, see Deliverance **BISSELL**	LR1	25
Dorothy, d. [Jno. & Patience], b. Jan. 22, 1789	2	350
Ebenezer, s. John & Mary, b. Aug. 4, 1741	1	86
Ebenezer, s. John & Mary, d. Aug. 17, 1741	1	86
Ebenezer, d. Hezekiah & Lois, b. July 4, 1768	2	51
Ebenezer, m. Molly **GAYLORD**, Jan. 5, 1792	2	233
Eliphaz, s. Jabez & Hannah, b. Sept. 1, 1742	1	100
Eliza Wyatt, m. Sam[ue]l **WETMORE**, May 19, 1804	3	18
Elizabeth, d. Robert & Elizabeth, b. Mar. 1, 1660	LR1	25
Elizabeth, w. of Robert, d. Dec. 26, 1673	LR1	25
Elizabeth, d. Jno. & Rachel, b. May 3, 1743	1	131
Elizabeth, m. Rowland **ALLIN**, May 12, 1748	2	209
Elizabeth, d. Feb. 11, 1757, in the 80th y., Portland Yard	LR1	2
Elizabeth, m. Edwin **BREWER**, b. of Middletown, July 19, 1830, by Rev. John Cookson	3	352
Esther, d. Dan[ie]l & Lucia, b. Aug. 28, 1753	2	31
George L, of Windsor, m. Hannah C. **PROUT**, of Middletown, Feb. 28, 1830, by Rev. Thomas Branch	3	346
Han[n]a[h], d. Andrew & Rebec[c]a, b. Nov. 14, 1668	LR1	29
Hannah, d. John & Silence, b. Sept. 10, 1716	LR1	34
Hannah, [d. Andrew & Rebecca], d. Dec. 6, 1730	LR1	29
Hannah, m. Jabez **WARNER**, July 14, 1737	1	100
Hannah, d. Jabez & Hannah, b. Nov. 5, 1737	1	100
Hannah D., m. Horace **SOUTHMAYD**, Nov. 16, 1826, by Rev. John R. Crane	3	24
Hannah J., of Mereden, m. James **NORTON**, of Middlefield, Jan. 29, 1845, by Rev. James T. Dickinson	3	527
Harriet, of Westfield, m. Oliver **BLAKESLEE**, of Wallingford, Oct. 1, 1840, by Rev. Harvey Miller, of Mereden	3	470
Harriet, d. of "Shad", m. Ira **BRAINERD**, of Middletown, May 29, 1851, by Rev. T. P. Abell	4	189
Harriet, ae. 21, b. in Middletown, m. Ira H. **BRAINERD**, sailor, ae. 25, b. in Portland, res. Middletown, May 29, 1851, by Rev. T. P. Abell	4	200-1
Hezekiah, s. John & Mary, b. Dec. 24, 1736	1	86
Hezekiah, of Middletown, m. Lois **PENFIELD**, of Wallingford, Feb. 8, 1759	2	51
Hezekiah, s. Hezekiah & Lois, b. Aug. 25, 1766	2	51
Hezekiah, d. Sept. 25, 1773	2	51
Hope had negro Cato, s. Rose, b. Jan. 20, 1788. At the time this was recorded Jan. 1802, Cato was servant of S. Cooper	2	367

MIDDLETOWN VITAL RECORDS   289

	Vol.	Page
WARNER, (cont.)		
Huldah, d. Hez[ekia]h & Lois, b. Nov. 9, 1759	2	51
Huldah, m. Michael **CLARK**, Apr. 1, 1782	2	222
Isaac H., s. Isaac, m. Martha S. **WILLIAMS**, d. of William, b. of Middletown, Sept. 12, 1850, by Rev. Geo[rge] A. Bryan	4	146
Izabel, wid., of Lieut. Robert, m. Isaac **LANE**, Nov. 22, 1733	1	71
Ezebel, d. Joseph & Allace, b. July 4, 1754	2	221
Jabez, s. John & Ann, b. Mar. 30, 1710	LR2	5
Jabez, m. Hannah **WARNER**, July 14, 1737	1	100
Jabez, s. Jabez & Hannah, b. Apr. 15, 1747	1	100
Jabez, s. Jabez & Hannah, d. July 9, 1748	1	100
Jabez Ichabod, s. Jabez & Hannah, b. May 17, 1761, in Woodbury, Judea Parish	1	100
John, s. Robert & Elizabeth, b. Feb. 1, 1662	LR1	25
John, s. Andrew & Rebec[c]a, b. Sept. [ ], 1667	LR1	29
John, [s. Andrew & Rebecca], d. Dec. [ ], 1667	LR1	29
John, s. Andrew & Rebec[c]a, b. Apr. 8, 1671	LR1	29
John, Sr., m. Ann **WARD**, Dec. 14, 1699	LR2	5
John, s. John & Ann, b. Mar. 31, 1706/7; d. June 19, 1709	LR2	5
John, s. Robert, d. Dec. 2, 1711	LR1	25
John, Sr., m. Silence **WILLCOCK**, wid. of Ephraim, July [ ], 1715	LR1	34
John, s. John & Silence, b. Mar. 14, 1718/19	LR1	34
John, s. Jonathan & Elizabeth, b. Aug. 16, 171[ ]; d. Sept. 5, 171[ ]	LR1	2
John, s. Capt. Jno., m. Mary **WILLCOCK**, Jan. 15, 1735/6	1	86
John, Jr., m. Rachel **BURLSON**, Apr. 14, 1741	1	131
John, Sr., d. Mar. 13, 1743	LR1	34
John, Capt., d. Aug. 5, 1743	LR2	5
John, s. John & Rachel, b. Oct. 4, 1746	1	131
John, s. Andrew & Martha, b. Nov. 30, 1751	1	111
John, s. Andrew & Martha, d. Aug. 31, 1752	1	111
John, Capt., d. Feb. 12, 1761	1	86
John, s. Hez[ekia]h & Lois, b. Apr. 17, 1761	2	51
Jno., m. Patience **HALL**, Nov. 22, 1781	2	350
John, s. [Jno. & Patience], b. July 19, 1794	2	350
John, m. Polly **PLUM**, May 9, 1797	2	350
Jonathan, m. Elizabeth **RANNY**, Aug. 4, 1698	LR1	2
Jonathan, s. Jonathan & Elizabeth, b. July 2, 1699(?); d. July 6, 1701(?)	LR1	2
Jonathan, d. Nov. 4, 1733, in the 73rd y., Portland Yard	LR1	2
Joseph, s. Andrew & Rebec[c]a, b. Feb. 20, 1672	LR1	29
Joseph, m. Sarah **HURLBUTT**, June 10, 1703	LR2	17

WARNER, (cont.)

	Vol.	Page
Joseph, s. Robert & Izabel, b. Feb. 4, 1724/5	LR2	27
Joseph, s. Jabez & Hannah, b. Mar. 11, 1739/40	1	100
Joseph, m. Allaice **WARD**, Oct. 30, 1751	2	221
Julius, m. Charlotte T. **NEARING**, b. of Middletown, [Mar.] 31, [1847], by Rev. W. G. Howard, of Essex	3	558
Junia, s. Hezekiah & Lois, b. Feb. 1, 1773	2	51
Junia, m. Elizabeth **WILLCOX**, Jan. 17, 1797	2	364
Laura A., of Middletown, m. Thomas R. **GOODRICH**, of Rocky Hill, Apr. 6, 1851, by Rev. Aaron C. Beach	4	182
Lois, d. Hez[ekia]h & Lois, b. Nov. 9, 1764	2	51
Lois, m. Elijah **WILLCOX**, Mar. 7, 1782	2	108
Lucia, d. Dan[ie]l & Lucia, b. Aug. 31, 1751	2	31
Lucina, d. Jabez & Hannah, b. Jan. 22, 1745	1	100
Lucretia, d. Stephen & Mary, b. Sept. 23, 1752	2	169
Lucretia, of Middletown, m. John **SCOTT**, of Palmer, Jan. 20, 1774	2	256
Luce, d. John & Mary, b. Aug. 17, 1750	1	86
Lucy, d. Jos[eph] & Allace, b. Oct. 3, 1763	2	221
Lucy, d. Robert & Lucy, b. Mar. 28, 1774	2	201
Lucy, d. [Jno. & Patience], b. Sept. 19, 1792	2	350
Lucy, m. William **HARRINGTON**, Mar. 29, 1795	2	287
Lucy A., d. of Abraham, of Middletown, m. Andrew H. **WOODING**, s. of David H., of Wallingford, Aug. 9, 1853, by Rev. Willard Jones	4	235
Maria R., of Middletown, m. Chauncey **SHAFFER**, of Chetenango, N.Y., Oct. 24, 1843, by Rev. E.E. Griswold	3	506
Martha, of Middletown, m. George D. **WINCHELL**, of Hartford, June 22, 1842, by Rev. H. Miller	3	490
Martha S., of Broomfield, m. Reuben W. **BISHOP**, of Middletown, [Dec.] 25, [1843], by Rev. W.G. Howard	3	509
Marvin R., s. of Isaac, m. Lucy R. **HUBBARD**, d. of Ralph, May 21, 1850, by Rev. B. N. Leach	4	144
Marvin B., manufacturer, ae. 26, m. Lucy R. **HUBBARD**, ae. 21, May 21, 1850	4	170-1
Mary, d. Andrew & Rebec[c]a, b. Apr. [ ], 1664	LR1	29
Mary, d. Robert & Elizabeth, b. Sept. [ ], 1664	LR1	25
Mary, d. Seath & Mary, b. Dec. 1, 1687	LR1	25
Mary, m. Ebenezer **HUB[B]ARD**, May 5, 1690	LR1	32
Mary, m. Joseph **WHITMORE**, May 16, 170[ ]	LR2	13
Mary, m. John **WILCOX**, Apr. 12, 1710	LR2	21
Mary, d. Samuel & Susannah, b. July 27, 1715	LR2	25
Mary, d. John & Ann, b. Nov. 14, 1720	LR2	5
Mary, wid. of Seth, Sr., d. July 17, 1729	LR1	25
Mary, d. Robert & Izabel, b. Jan. 26, 1730/31	LR2	27
Mary, d. John & Mary, b. Mar. 2, 1738/9	1	86

	Vol.	Page
WARNER, (cont.)		
Mary, m. Timothy **SAGE**, May 24, 1739	1	112
Mary, d. Step[he]n & Mary, b. Apr. 10, 1751	2	169
Mary, d. Jabez & Hannah, b. Oct. 30, 1751	1	100
Mary, m. Timothy **CORNWELL**, Jr., b. of Middletown, July 10, 1755	2	358
Mary, wid. of Capt. John, d. Aug. 21, 1761	1	86
Mary, wid., m. Stephen **VANOVERWYK**, Oct. 8, 1761	2	169
Mary, d. Hez[ekia]h & Lois, b. Jan. 30, 1763	2	51
Mary, m. Josiah **STARR**, Nov. 24, 1773	2	195
Mary, d. [Jno. & Patience], b. Dec. 23, 1790	2	350
Mary, of Middletown, m. George **COUCH**, of Mereden, Dec. 31, 1835, by Rev. Stephen Topliff	3	,418
Mehetabel, d. Robert & Elizabeth, b. Nov. 21, 1673	LR1	25
Minerva, d. W[illia]m*, & Molly, b. Oct. 11, 1792 (*Ebenezer?)	2	233
Olive, d. Junia & Eliz[abet]h, b. June 27, 1798	2	364
Patience, d. [Jno. & Patience], b. July 12, 1784	2	350
Patience, w. of John, d. May 7, 1796	2	350
Phebe, d. Sam[ue]ll & Susannah, b. [ ]	LR2	25
Prudence, of Saybrook, m. Samuel **ARNOLD**, of Haddam, Aug. 20, 1832, by Rev. John Cookson	3	372
Rachel, d. Jno. & Rachel, b. July 15, 1741	1	131
Rachel, [twin with Ruth], d. John & Mary, b. Mar. 29, 1746; d. May 29, 1746	1	86
Rebecca, d. Andrew & Rebecca, b. July 2, 1675	LR1	29
Rebecka, m. John **HULBERT**, July 8, 1698	LR1	19
Rebeckah, d. Andrew & Martha, b. Sept. 3, 1742	1	111
Rebecca, w. of Andrew, afterwards w. of Jeremiah **ADDAMS**, of Hartford, d. June 25, 1765*, in the 77th y. of her age (*Should it not be 1715?)	LR1	29
Richard, m. Mary **GAYLORD**, b. of Middletown, July 7, 1844, by Rev. Zebulon Crocker	3	520
Robert, m. Elizabeth **GRANT**, Feb. [ ], 1654	LR1	25
Robert, d. Apr. 10, 1690	LR1	25
Robert, s. Seath & Mary, b. June 22, 1692	LR1	25
Robert, m. Izabel **WHITMORE**, June 24, 1714	LR2	27
Robert, s. Robert & Izabel, b. Dec. 4, 1716	LR2	27
Rob[er]t, Lieut., d. Aug. 18, 1732	LR2	27
Robert, s. Daniel & Lucia, b. Dec. 30, 1745	2	31
Robert, m. Lucy **TUEL**, May 16, 1771	2	201
Ruth, d. Robert & Deliverance, b. Nov. [ ], 1675	LR1	25
Ruth, [twin with Rachel], d. John & Mary, b. Mar. 29, 1746	1	86
Ruth, m. Timothy **CLARK**, Jan. 7, 1768	2	259
Samuell, s. Robert & Elizabeth, b. Sept. [ ], 1656	LR1	25
Samuell, s. Andrew & Rebec[c]a, b. Aug. [ ], 1659; d. Dec. [ ], 1659	LR1	29

	Vol.	Page
WARNER, (cont.)		
Samuell, s. Robert & Elizabeth, d. Nov. beginning, 1662	LR1	23
Samuell, s. Robert & Deliverence, b. May 19, 1683; d. May 6, 1732	LR1	25
Sam[ue]ll, s. Seth & Mary, b. Feb. 6, 169[ ]	LR1	25
Samuel, m. Susannah **HALL**, Dec. 13, 1712	LR2	25
Samuel, m. Doratye **WILLIAMS**, Dec. 6, 1725	1	30
Samuel, s. Sam[ue]ll & Doratye, b. Nov. 2, 1727	1	30
Samuel, d. May 6, 1732	LR2	25
Samuel, m. Mary **HUBBARD**, Oct. 24, 1751	2	228
Sam[ue]l Gaylord, s. Richard, physician, & Mary, b. Sept. 10, 1848	4	114-5
Sara[h], d. Robert & Elizabeth, b. Mar. 6, 1669/70	LR1	25
Sarah, m. Ebbenezer **RANNY**, Aug. 4, 1698	LR1	17
Sarah, d. Sam[ue]ll & Doratye, b. Oct. 25, 1734; d. May 6, 1740	1	30
Sarah, d. Andrew & Martha, b. Oct. 14, 1745; d. Aug. 15, 1752	1	111
Sarah, d. Sam[ue]l, Jr. & Mary, b. Mar. 3, 1754	2	228
Sarah, d. Jos[eph] & Allace, b. May 26, 1762	2	221
Seth, s. Robert & Elizabeth, b. Mar. 1, 1658	LR1	25
Seth, m. Mary **WARD**, Dec. 25, 168[ ]	LR1	25
Seth, s. Seth & Mary, b. July 29, 1705	LR1	25
Seth, Sr., d. Nov. 28, 1713	LR1	25
Seth, s. Seth & Mary, d. July 13, 1729	LR1	25
Seth, s. Sam[ue]ll & Doratye, b. Jan. 19, 1732/3	1	30
Seth, s. Sam[ue]l, Jr. & Mary, b. Feb. 20, 1753; d. Mar. 13, 1753	2	228
Stephen, s. Robert & Izabel, b. July 11, 1722	LR2	27
Stephen, m. Mary **STARR**, Feb. 9, 1748/9	2	169
Stephen, d. Aug. 3, 1752, at Bay of Henduras, as per account from Capt. Giles Hall	2	169
Submit, d. Hez[ekia]h & Lois, b. Nov. 15, 1770	2	51
Sukey, m. Oliver **BIDWELL**, May 12, 1828, by Levi Knight	3	305
Susannah, d. Samuel & Susannah, b. May 29, 1717	LR2	25
Susanna[h], m. John **GAINS**, July 27, 1738	1	116
Susannah, m. Isaiah **SWADDLE**, Nov. 13, 1755	2	7
Sibbell, d. Dan[ie]l & Lucia, b. July 24, 1749	2	31
Sylva, d. Jabez & Hannah, b. May 23, 1749	1	100
Temperance, d. Jno. & Rachel, b. July 3, 1745	1	131
Walter W., m. Emily T. **NEARING**, d. of Heman, Oct. 14, 1849, by Rev. B. N. Leach	4	92
Walter W., carriage-maker, ae. 31, b. in Hebron, res. Middletown, m. Emily T. **NEARING**, ae. 26, b. in Hartford, res. Middletown, Oct. 14, 1849, by Rev. B.N. Leach	4	168-9
Will[ia]m, s. Daniel & Lucia, b. Apr. 1, 1747	2	31

	Vol.	Page

WARNER, (cont.)

William, m. Harriet **BEERS**, b. of Middletown, Dec. 11,
  1820, by Rev. Eli Ball — 3, 45

William, of Chatham, m. Louisa Ann **ARNOLD**, of Middle-
  town, Oct. 10, 1836, by Rev. John Cookson — 3, 426

Will[ia]m, m. Ann **BECKLEY**, June 13, 1843, by Rev.
  Edwin E. Griswold — 3, 504

William, of Middletown, m. Martha Jane **BARNES**, of
  Durham, June 23, 1850, by Rev. Moses L. Scudder — 4, 182

William, painter, ae. 26, b. in Middletown, res.
  Durham, m. Martha **BARNES**, ae. 24, of Durham, June
  [ ], 1850, by Rev. M. S. Scudder — 4, 168-9

W[illia]m H., m. Hannah E. **BROWN**, b. of Middletown,
  Oct. 12, 1840, by Rev. Arthur Granger — 3, 469

William Hall, s. [Jno. & Patience], b. Mar. 18, 1786 — 2, 350

William John, s. Sam[ue]ll & Dorothy, b. July 13,
  1741 — 1, 30

-----, s. Samuel & Susannah, b. Nov. 27, 1713; d. Dec.
  27, 1713 — LR2, 25

-----, s. Roberth & Izabel, b. Apr. 24, 1715; d. same
  day — LR2, 27

-----, d. W. W., carriage-maker, ae. 32, & Emily T.,
  ae. 21, b. May 16, 1851 — 4, 196-7

WARREN, Abigail, of Hartford, m. Samuel **WILLIS**, Jr., of
  Middletown, Oct. [ ], 1754 — 2, 22

Dennis, m. Hanora **CALLYHAN**, July 4, 1853, by Rev. Jno.
  Brady — 4, 238

Israel P., m. Jane S. **STONE**, Aug. 25, 1841, by Rev.
  Zebulon Crocker — 3, 479

WASHBURN, WASHBORN, Electa S., of Haddam, m. Seth H.
  KELLOGG, of Goshen, Conn., Nov. 13, 1825, by Rev.
  J.L. Nichols — 3, 217

Joseph, m. Lucia **BO[A]RDMAN**, Dec. 24, 1741 — 2, 16

Joseph, s. Joseph & Lucia, b. May 4, 1744 — 2, 16

Joseph, d. Sept. 26, 1750 — 2, 16

Joseph, m. Ruth **WETMORE**, Sept. 21, 1763 — 2, 306

Lucia, d. Joseph & Lucia, b. Oct. 8, 1742 — 2, 16

Lucia, m. Nath[anie]ll **MONTGOMERY**, Aug. 12, 1752 — 2, 75

Mary, m. Timothy **CLOUGH**, Oct. 27, 1743 — 2, 41

Silence, d. Joseph & Lucia, b. Sept. 19, 1746 — 2, 16

Susanna, d. Joseph & Lucia, b. Nov. 6, 1748; d. Apr.
  21, 1751 — 2, 16

WATERMAN, Ambrose, s. Isaac & Marcy, b. Nov. 30, 1750; d.
  Feb. 7, 1751 — 2, 55

Austin S., of Springfield, Mass., m. Clarissa M.
  SUGDEN, of Middletown, July 29, 1849, by Rev.
  George A. Brian — 4, 86

Elizabeth, d. Isaac & Marcy, b. June 5, 1756 — 2, 55

	Vol.	Page

WATERMAN, (cont.)

	Vol.	Page
Emily S., d. Henry, farmer, & mechanic, ae. 38, & Eliza Ann, ae. 38, b. Jan. 18, 1849	4	112-3
Hannah, d. Isaac & Marcy, b. Feb. 26, 1749	2	55
Isaac, Jr., m. Marcy **HALL**, Apr. 24, 1746	2	55
Isaac, d. Nov. 16, 1755	1	97
Isaac, s. Isaac & Marcy, b. June 13, 1758	2	55
Justin S., machinist, ae. 23, b. in Springfield, res. Middletown, m. Clarissa M. **SUGDEN**, ae. 24, b. in Upper Middletown, July 22, 1849, by Rev. George A. Bryan	4	126-7
Mary, m. John **FOX**, Oct. 31, 1750	2	211
Mary, d. Isaac & Marcy, b. July 27, 1752	2	55
Rebeckah, d. Isaac & Marcy, b. July 21, 1754	2	55
Reuben, s. Isaac & Marcy, b. Apr. 11, 1747	2	55
Sam[ue]l, s. Isaac & Eliz[abet]h, b. Jan. 1, 1746	1	97
Silvanus, of Middletown, m. Katharine **POTTER**, of New London, Sept. 12, 1759	2	221

WATKINSON, Jane E., of Middletown, m. Wolcott **HUNTINGTON**, of New York, May 10, 1837, by Rev. John R. Crane — 3, 434

John H., bank pres., ae. 36, of Middletown, m. Catharine **STEBBINS**, ae. 27, b. in Cazenovia, N.Y., res. Middletown, Feb. 13, 1851, by Rev. Albert Smith — 4, 202-3

WATROUS, Abigail H., m. Anon **LEWIS**, b. of Middletown, Oct. 25, 1835, by Rev. J. Goodwin, at Westfield — 3, 416

Isaiah, of Saybrook, m. Abigail H. **GRAVES**, of Middletown, Mar. 13, 1827, by Rev. Fred[eric]k Wightman — 2, 265

Rhoda A., d. of Lyman, of Middletown, m. Marcus G. **COLE**, s. of Horace, of Ashfield, Mass., Mar. 23, 1851, by Rev. B.N. Leach — 4, 181

Rhoda A., b. in Essex, m. Marcus G. **COLE**, of Mass., Mar. 23, 1850, by Rev. B. W. Leach — 4, 202-3

Rosanna, d. [ ], 1848, ae. 6 m. — 4, 70-1

Russell, m. Sylvia **DUDLEY**, d. of Curtis, b. of Madison, May 12, 1849, by Rev. John R. Crane — 4, 84

——, s. W[illia]m, pewterer, ae. 32, & Emeline A., ae. 28, b. Aug. 27, 1850 — 4, 196-7

WATSON, Cyrus S., Rev., m. Caroline **TRACY**, Apr. 5, 1832, by Rev. John R. Crane — 3, 367

Hellen M., d. of Arnold, m. Josiah T. **WILCOX**, s. of Joseph, b. of Middletown, Dec. 9, 1850, by Rev. B. N. Leach — 4, 178

Helen M., ae. 20, b. in Middletown, res. N.Y. City, m. Josiah T. **WILCOX**, clerk, ae. 31, b. in Middletown, res. N.Y. City, Dec. 9, 1850, by Rev. B. N. Leach — 4, 202-3

Henry, m. Julia **DALEY**, b. of Middletown, Dec. 29, 1852,

	Vol.	Page

WATSON, (cont.)

by Rev. Frederic J. Goodwin	4	260
Joseph, of Boston, m. Sarah **HOUGH**, of New Britain, Sept. 28, 1852, by Rev. Jno. Morrison Reid	4	219
William, m. Lucretia **BIERS**, b. of Middletown, Oct. 27, 1828, by Rev. Jno. Cookson	3	321
W[illia]m, m. Mrs. Jemima **BIRD**, b. of Middletown, Jan. 11, 1830, by Rev. Fred[eric]k Wightman	3	343

WATTS, Ame, w. of Will[ia]m, d. Mar. 29, 1748 — LR2, 29
Hannah, d. W[illia]m & Ame, b. Dec. 11. 1717 — LR2, 29
Hannah, m. Benjamin **ADKINS**, Jr., Jan. 2, 1746 — 2, 73
Mary, d. Will[ia]m & Ame, b. Dec. 24, 1715 — LR2, 29
Sarah, d. W[illia]m & Ame, b. Dec. 13, 1720 — LR2, 29
Sarah had d. Jerusha **HALE**, b. Oct. 5, 1745; father Gideon **HALE** — 2, 97
Sarah, m. Gideon **HALE**, Mar. 27, 1747 — 2, 97
William, m. Ame **SAGE**, wid. of Jonathan, Jan. 6, 1714/5 — LR2, 29

WAY, James E., of Mereden, m. Catharine N. **COE**, of Middletown, May 26, 1852, by Rev. A. V. H. Powell, at the house of Amos Coe — 4, 212-3

WEATHERBY, [see under **WETHERBEE**]

WEBB, Calvin L., m. Sarah **SHAILER**, b. of Saybrook, Jan. 16, 1834, by Rev. John Cookson — 3, 392
Constant, of Saybrook, m. Lydia **PELTON**, of Haddam, Dec. 5, 1822, by Simon Shailer, J.P. — 3, 115

WEBBER, Elizabeth R., of Middletown, m. Rev. Bostwick **HAWLEY**, of Cazenovia, N.Y., Aug. 2, 1840, by Rev. Joseph Holdich — 3, 467
Irena, m. Caleb **MILLER**, Jr., b. of Middletown, July 20, 1824, by Rev. Josiah Bowen — 3, 164
Thankful, of Middletown, m. Edmund **GRAHAM**, of Chatham, Dec. 19, 1830, by Rev. Thomas Burch — 3, 358

WEBSTER, Caroline Augusta, d. of E. W., of Matanzas, m. John M. **STOREY**, of Havana, Aug. 28, 1850, by Rev. William Jarvis — 4, 145
Dorothy, m. Ethe **WETMORE**, Nov. 16, 1768 — 2, 84
Ephron, m. Maria **SAGE**, Feb. 7, 1807 — 3, 12
Eunice, d. Justus & Sarah, b. June 22, 1769 — 2, 161
John, s. Robert & Susan[n]a, b. Nov. 10, 1653 — LR1, 5
Jonathan, s. Robert & Susan[n]a, b. Jan. 9, 1656 — LR1, 5
Justus, m. Sarah **TALLCOTT**, May 6, 1762 — 2, 161
Justus, s. Justus & Sarah, b. Sept. 1, 1766 — 2, 161
Lois, of Berlin, m. Noah **BACON**, of Middletown, Jan. 1, 1824, by Rev. Joshua L. Williams — 3, 152
Marsibah, m. David **HALL**, June 30, 1797 — 2, 263
Mary Reed, d. Ephron & Maria, b. July 29, 1810 — 3, 12
Rhody, d. Justus & Sarah, b. July 6, 1764 — 2, 161
Sally, m. Edwin **GARDNER**, b. of Middletown, [Oct.] 20,

	Vol.	Page
WEBSTER, (cont.)		
[1829], by Levi Knight	3	341
Samuel, s. Justus & Sarah, b. Mar. 31, 1772	2	161
Sarah, d. Robert & Susan[n]a, b. June the last, 1655	LR1	5
Sarah, d. Justus & Sarah, b. Sept. 26, 1762	2	161
Susan[n]a, d. Robert & Susan[n]a, b. Oct. 26, 1658	LR1	5
Susannah, m. Asael **CAMP**, Jan. 1, 1766	2	149
WEEKS, Noah, m. Hannah A. **JOHNSON**, b. of Middletown, Nov. 10, 1823, by Rev. Joshua L. Williams	3	142
WIER, Agnes, d. of John, m. William **JAMIESON**, Jr., s. William, Jan. 10, 1832, by Rev. William Logan, in Lesmahagow, Scotland	4	20
WELCH, [see also **WELSH**], Eliza, m. Patrick **KENT**, Apr. 11, 1853, by Rev. Jno. Brady	4	236
Hanora, m. Patrick **McCARTHY**, Aug. 6, 1852, by Rev. Jno. Brady	4	221
James, laborer, ae. 32, b. in Ireland, res. Middletown, m. Mary **O'BRIEN**, ae. 22, b. in Ireland, res. Middletown, Sept. 5, 1850, by Rev. John Brady	4	200-1
James, m. Mary **O'BRIEN**, Nov. 30, 1850, by Rev. Jno. Brady	4	180
James, m. Ellen **HIGMAN**, Feb. 24, 1851, by Rev. Jno. Brady	4	184
Jno., m. Margaret **KEATING**, Feb. 15, 1852, by Rev. Jno. Brady	4	211
John S., m. Sarah **GRIFFIN**, July 22, 1829, by Rev. John R. Crane	3	337
Joseph, m. Mary **WELCH**, Apr. 26, 1853, by Rev. Jno. Brady	4	236
Mary, m. Joseph **WELCH**, Apr. 26, 1853, by Rev. Jno. Brady	4	236
Mary, m. Robert **MOUNTAIN**, May 4, 1853, by Rev. Jno. Brady	4	237
Mary, m. John **DUNN**, Oct. 29, 1853, by Rev. Jno. Brady	4	244
WELD, Catharine L., d. July 2, 1850, ae. 15 m.	4	174-5
Hannah, m. Caleb **FULLER**, Oct. 28, 1762, at Attleborough	2	275
Lewis, of North Guilford, m. Lucy Ann **ROBERTS**, of Middletown, [Oct.] 23, [1844], by Rev. W. G. Howard	3	523
Louisa C., d. Lewis, book-agent, ae. 37, & Lucy Ann, ae. 28, b. Apr. 4, 1849	4	108-9
WELDON, WELDEN, [see also **WELTON**], James, of Jamaica, L.I., m. Harriet H. **JOHNSON**, d. of Chauncey, of Middletown, May 18, 1852, by Rev. L. L. Hough	4	213
Sarah Ann, m. John **BARRY**, May 5, 1846, by Rev. Andrew L. Stone	3	550
WELLES, WELLS, Adaline L., of Middletown, m. Henry M. **FRANKLIN**, of Columbia, Oct. 25, 1842, by Rev. A. M.		

	Vol.	Page

WELLES, WELLS, (cont.)

Osborn	3	494
Alexand, of Hartford, m. Mary Smith **SAVAGE**, of Middletown, Oct. [ ], 1850, by Rev. Moses L. Scudder	4	182
George W., S. W[illia]m B., of Windsor, Vt., m. Ellen A. **MARKHAM**, d. of John, of Middletown, Dec. 27, 1853, by Rev. Willard Jones	4	244
Jason, of Kartwright, N.Y., m. Elizabeth T. **WILLIAMS**, of Middletown, Feb. 4, 1850, by Rev. M. S. Scudder	4	141
John H., of Richland, N.Y., m. Julia **TRACY**, of Middletown, May 20, 1829, by Rev. John R. Crane	3	334
Mary Eliza, m. W[illia]m **JOHNSON**, Dec. 6, 1819	3	78
Rebeckah, m. Timothy **CORNWELL**, Nov. 23, 1726	1	35
Sarah, of Hartford, m. John **CLARK**, of Middletown, July 13, 1738	1	75

WELMUT, [see under **WILMOT**]

WELSH, [see also **WELCH**], Elmira, see under Anna M. **BUTLER**

	4	50-1
Esther, w. of Tho[ma]s, d. Feb. 6, 1774	2	266
Frances, m. James **KEAN**, Aug. 9, 1848, by John Brady	4	77
Frances, m. James **KEAN**, laborer, both b. in Ireland, Nov. 30, 1848, by John Brady	4	120-1
John, m. Mrs. Laura **BELDEN**, b. of Middletown, Feb. 3, 1834, by Rev. John Cookson	3	392
Margaret, m. Edward **McNEIL**, Nov. 10, 1848, by John Brady	4	79
Margaret, m. Edward **McNEIL**, laborer, both b. in Ireland, Nov. 30, 1848, by Rev. John Brady	4	122-3
Mary, m. Patrick **KELLY**, June 16, 1849, by John Brady	4	88
Mary, m. Patrick **KELLEY**, laborer, both b. in Ireland, June 16, 1849, by Rev. John Brady	4	124-5
Thomas, m. Esther **COTTON**, Oct. 29, 1767	2	266
Thomas, s. Tho[ma]s & Esther, b. Apr. 3, 1772	2	266
Thomas, Capt., d. Sept. 2, 1772, in Turks Island	2	266

WELTON, [see also **WELDON**], Charles, m. Eliza **HUTCHINSON**, Apr. 24, 1846, by Rev. W. G. Howard

	3	550
Grace, m. Stephen **HALL**, b. of Middletown, Nov. 14, 1852, by Rev. Jno. Morrison Reid	4	231

WEST, Abigail, d. Benjamin & Hannah, b. July 23, 1716 (sic)

	LR1	13
Abigail, d. Benj[ami]n & Marcy, b. June 30, 173[ ]	LR2	Ind-4
Abigail, m. Nathan **HARDING**, Nov. 15, 1750	2	264
Benjamin, m. Hannah **WEST**, Mar. 14, 1691/2	LR1	13
Benjamin, s. Benjamin & Hannah, b. June 1, 1696	LR1	13
Benjamin, of Middletown, m. Mehitabell **BAILEY**, of Haddam, Jan. 11, 1719/20	LR2	Ind-4
Benjamin, s. Benj[ami]n & Mehitabell, b. Apr. 9, 1728	LR2	Ind-4
Benjamin, Sr., d. Dec. 11, 1733	LR2	Ind-4

	Vol.	Page
WEST, (cont.)		
Elijah, s. [Benj[ami]n & Mehittabell], b. Aug. 23, 1722	LR2	Ind-4
Hannah, m. Benjamin **WEST**, Mar. 14, 1691/2	LR1	13
Hannah, d. Benjamin & Hannah, b. May 24, 1693	LR1	13
Hannah, m. Samuel **BOW**, Oct. 7, 1714	LR2	20
Hannah, d. Benj[ami]n & Mehittabell, b. Jan. 15, 1724/5	LR2	Ind-4
Mary, d. Benjamin & Hannah, b. Apr. 1, 1699	LR1	13
Mary, of Middletown, m. Samuel **LEE**, of Guilford, June 8, 1721	1	2
Mary, of Middletown, m. Samuel **LEE**, of Guilford, June 8, 172[ ]	LR2	Ind-4
Moses, s. Benjamin & Mehittabell, b. Apr. 23, 172[ ]	LR2	Ind-4
WESTON, WESSON, Anna, d. Darius & Lydia, b. Aug. 16, 1761	2	24
Darius, m. Lydia **BOW**, Aug. 17, 1755	2	24
Jeremiah, m. Lucy **PLUM**, b. of Middletown, June 20, 1771	2	85
Jeremiah, s. Jeremiah & Lucy, b. Jan. 10, 1774	2	85
Jeremiah, d. Aug. 22, 1774	2	85
Lucia, d. Darius & Lydia, b. June 15, 1763	2	24
Lucy, d. Jeremiah & Lucy, b. Dec. 15, 1771	2	85
Lucy, d. Jeremiah & Lucy, d. Apr. 3, 1773	2	85
Lydia, d. Darius & Lydia, b. Oct. 1, 1758	2	24
WETHERBEE, WEATHERBY, Ariel, of New York, m. Elizabeth **COTTON**, of Middletown, Oct. 24, 1841, by Rev. D. C. Haynes	3	482
Luther, m. Lydia **RAYMOND**, b. of Middletown, Nov. 22, 1835, by Rev. John C. Green	3	416
WETHERELL, Henry W., s. Simeon, of East Haddam, m. Amey A. **FOSTER**, d. of Oliver, of Middletown, Aug. 6, 1854, by Rev. Samuel H. Smith	4	258
Mary N., d. of Simeon, Jr. of Middletown, m. George **HOLCOMB**, s. of William, of Plymouth, Conn., May 18, 1853, by Rev. Willard Jones	4	234
WETMORE, WETTMORE, [see also **WHITMORE**], Abel, s. Sam[ue]l, Jr. & Anna, b. Apr. 6, 1753	2	254
Abiga[i]ll, d. Thomas & Katherne, b. Nov. 6, 1678	LR1	23
Abiga[il]ll, d. John & Abiga[i]ll, b. May 2, 1685	LR1	32
Abiga[i]ll, w. of John, d. May 5, 1685	LR1	32
Abigail, d. Jeremiah & Abigail, b. Sept. 18, 1729	1	13
Abigail, d. Jos[eph] & Abigail, b. Feb. 2, 1734/5	1	69
Abigail, m. Josiah **HUBBARD**, Nov. 7, 1751	2	259
Abigail, of Middletown, m. Jonas **BURT**, of Worchester, July 25, 1752, by Esq. Peck, of Horse Neck	2	63
Abigail, w. of Joseph, d. Nov. 18, 1760	1	69
Abigail, d. Ethe & Dorothy, b. Aug. 27, 1769	2	84
Abner, s. Benjamin & Mercy, b. May 2, 1736	1	77
Ade, d. Ethe & Dorothy, b. Nov. 12, 1776; d. Dec. 17 or 18, 1779	2	84

	Vol.	Page

WETMORE, WETTMORE, (cont.)

	Vol.	Page
Ade, d. Ethe & Dorothy, b. May 16, 1780	2	84
Amos, s. Joseph & Abigail, b. Oct. 14, 1740	1	69
Amos, m. Rachel **PARSONS**, Nov. 11, 1765	2	361
Amos, s. Amos & Rachel, b. Nov. 5, 1772	2	361
Andrew, s. Beriah & Hannah, b. Aug. 24, 1750; d. Sept. 5, 1750	1	100
Andrew, s. Beriah & Abigail, b. Apr. 16, 1768	2	354
Ann, d. Joseph & Lydia, b. Feb. 11, 1710/11; d. [ ]	LR2	7
Ann, d. Joseph & Lydia, b. Mar. 14, 1712/13	LR2	7
Ann, m. John **BOURN**, Mar. 28, 1733	1	67
Ann, d. Joseph & Abigail, b. Feb. 3, 1749/50	1	69
Ann, w. of Thomas, d. Sept. 28, 1753	2	245
Ann, d. Thomas & Rebeckah, b. June 5, 1755	2	245
Anna, d. Benjamin & Mercy, b. June 23, 1730	1	77
Anna, d. Jere[miah] & Abigail, b. Mar. 6, 1731/2	1	13
Annah, m. John **MATTHEWS**, Jan. 25, 1749/50	2	216
Anna, d. Benj[ami]n & Marcy, b. June 23, 17[ ]	LR2	Ind-4
Ashur, s. Amos & Rachel, b. Dec. 10, 1774	2	361
Benjamin, s. Thomas & Kather[i]ne, b. Nov. 27, 1674	LR1	23
Benjamin, s. Sam[ue]ll & Abigaill*, b. May 17, 1696 (*Mary)	LR1	49
Benjamin, m. Mercy **ROBERTS**, Sept. 24, 1719	1	77
Benjamin, s. Benjamin & Mercy, b. Mar. 22, 1719/20	1	77
Benjamin, s. Benjamin & Marcy, b. Mar. 22, 1721/2	LR2	Ind-4
Benj[mi]n, Jr., m. Jemima **HURLBUT**, June 20, 1744	2	14
Benjamin, s. John & Marcy, b. Apr. 4, 1774	2	67
Benjamin, m. Thankful G. **LUCAS**, Mar. 2, 1799	2	17
Benjamin, m. Marcy **ROBBARDS**, Sept. 24, 17[ ]	LR2	Ind-4
Beriah, m. Marg[a]ret **STOW**, Sept. 1, 1692	LR1	9
Beriah, s. Beriah & Marg[a]ret, b. Apr. 23, 1707	LR1	9
Beriah, m. Mary **ALLIN**, Nov. 11, 1714	LR2	29
Beriah, Jr., m. Hannah **BOWMAN**, Feb. 7, 1737/8	1	100
Beriah, s. Beriah & Hannah, b. Nov. 13, 1738	1	100
Beriah, Dea., d. Apr. 11, 1756	LR2	29
Beriah, Jr., m. Abigail **BACON**, June 2, 1763	2	354
Bethiah, d. Beriah & Marg[a]ret, b. Nov. 12, 1705; d. Jan. 5, 1705/6	LR1	9
Bethiah, d. Sam[ue]ll & Abigaill*, b. Jan. 22, 1706 (*Mary)	LR1	49
Bethiah, m. Joseph **BACON**, Apr. 20, 1732	1	62
Bethiah, d. Benjamin & Mercy, b. Oct. 2, 1734	1	77
Booth John, s. [Ezrakiah & Sarah], b. Mar. 30, 1729	1	2
Caleb, s. Izrakiah & Rachell, b. July, 1st week, 1706	LR1	8
Caleb, s. John & Louis, b. Jan. 27, 1766	2	49
Calista, d. Apr. 4, 1850, ae. 42	4	174-5
Caroline M., m. Josiah R. **HALL**, Nov. 14, 1825, by Rev.		

WETMORE, WETTMORE, (cont.)

	Vol.	Page
John R. Crane	3	217
Cather[i]ne, w. of Thomas, d. Oct. 13, 1693	LR1	23
Charles H., of Stow, O., m. Ann **ROGERS**, of Middletown, Oct. 28, 1830, by Rev. Thomas Branch	3	354
Christian, d. Eben[eze]r & Eliz[abe]th, b. Nov. 30, 1735	1	12
Christian, d. Eben[eze]r & Eliz[abe]th, d. Dec. 24, 1742	1	12
Clarissa, d. Jabez & Esther, b. May 30, 1768	2	97
Clarissa, m. Stephen **MILLER**, Jr., b. of Middletown, Oct. 5, 1820, by Rev. Eben[eze]r Washburn. Witnesses: Jacob Harriss, Persis Harriss	3	41
Collins, s. [Jesse & Temperance], b. Sept. 16, 1786	2	308
Comfort, s. Moses & Marg[a]ret, b. Sept. 20, 1737	1	10
Comfort, s. Reuben & Hannah, b. June [ ], 1754	2	43
Comfort, s. [Jesse & Temperance], b. Jan. 1, 1796* (*Arnold Copy has 1896)	2	308
Content, d. Moses & Margaret, b. Sept. 27, 1735	1	10
Daniell, s. Sam[ue]ll & Abigaill*, b. May 9, 1703 (*Mary)	LR1	49
Daniel, m. Dorothy **HALE**, Aug. 26, 1725	1	18
Daniel, s. Daniel & Dorothy, b. Nov. 15, 1730	1	18
Daniel, m. Hannah **CENTER**, Mar. 20, 1755	2	347
David, s. Daniel & Dorothy, b. Mar. 7, 1728/9	1	18
David, of Middletown, m. Sarah **STANTON**, of Wallingford, Sept. 16, 1756	2	6
David, of Middletown, m. Sarah **STANTON**, of Wallingford, Sept. 16, 1756	2	265
David, s. David & Sarah, b. Sept. 16, 1760	2	265
Deborah, d. Nathaniell & Dorcas, b. Sept. 22, 1704; d. July 29, 1706	LR1	21
Dolle, d. Ethe & Dorothy, b. Apr. 2, 1771	2	84
Dorothy, m. John **ROCKWELL**, Jr. Nov. 22, 1769	2	113
Ebenezer, s. John & Mary, b. Sept. 17, 1696	LR1	32
Ebenezer, m. Elizabeth **CORNWELL**, Mar. 26, 1724	1	12
Ebenezer, [twin with ——], s. Eben[eze]r & Eliz[abe]th, b. Jan 7. 1738/9; d. Jan. 18, 1738/9	1	12
Ebenezer, d. Jan. 11, 1742/3	1	12
Ebenezer, s. Joseph & Abigail, b. June [ ], 1744	1	69
Ebenezer, s. John & Marcy, b. Feb. 4, 1759; d. Nov. 25, 1761	2	67
Ebenezer, s. John & Marcy, b. Jan. 16, 1762; d. Jan. 27, 1762	2	67
Ebenezer, s. John & Marcy, b. May 28, 1763; d. Dec. 6, 1776	2	67
Ebenezer, s. Ethe & Dorothy, b. Nov. 6, 1778	2	84
Elias, s. Daniel & Dorothy, b. Aug. 21, 1734	1	18

	Vol.	Page
WETMORE, WETTMORE, (cont.)		
Elihu, s. Dav[i]d & Sarah, b. July 23, 1757	2	6
Elihu, s. David & Sarah, b. July 23, 1757	2	265
Elisha, s. John & Marcy, b. Dec. 6, 1768	2	67
Elisha Brewster, s. Sam[ue]l B., & Sophia, b. Jan. 22, 1835	3	439
Elizabeth, m. Josia[h] **ATKINS**, Oct. 8, 1673	LR1	28
Elizabeth, d. John & Mary, b. Mar. 20, 1686	LR1	32
Elizabeth, d. Thomas, b. Sept. 2, 168[ ]	LR1	22
Elizabeth, m. Richard **ELTON**, July 6, 1708	LR2	12
Elizabeth, m. Ephraim **ADKINS**, June 16, 1709	LR2	15
Elizabeth, w. of Thomas, & d. of George **HUB[B]ARD**, d. Dec. 6, 1725	LR1	22
Elizabeth, d. Moses & Margaret, b. Jan. 2, 1728/9; d. Aug. 30, 1731	1	10
Elizabeth, d. Eben[eze]r & Eliz[abe]th, b. Sept. 22, 1730	1	12
Elizabeth, d. Caleb & Mary, b. Nov. 8, 1734	1	96
Elizabeth, d. Jere[miah] & Abigail, b. July 29, 1736	1	13
Elizabeth, m. Timothy **HIERLIHY**, May 14, 1755, by Mr. Camp	2	267
Elizabeth, d. Daniel & Hannah, b. Jan. 15, 1760	2	347
Elizabeth, d. John & Marcy, b. June 4, 1766	2	67
Elizabeth, m. Seth **HAWLEY**, May 14, 1778	2	311
Elizabeth, m. Seth **HAWLEY**, May 14, 1778	2	316
Eliz[abet]h, m. Tho[ma]s **SMITH**, of Talbot, Maryland, Oct. 8, 1788	2	352
Elizabeth made affidavit May 18, 1816, that negro Dinah was b. Apr. 30, 1791, freed Apr. 30, 1816; Jane, d. of Dinah, b. July 17, 1812, freed July 17, 1833. Witnesses: Eben[eze]r Sage, Will[ia]m Williams	3	28
Elizabeth, of Middletown, m. Timothy L. **PROUT**, of New York, Aug. 7, 1825, by Rev. Ebenezer Washburn	3	205
Elnathan, s. Benj[ami]n & Thankful, b. Dec. 6, 1797	2	17
Emeline, m. Wilson **COOK**, b. of Middletown, Apr. 19, 1832, by Rev. James Noyes, Jr.	3	368
Emily, m. Samuel B. **SMITH**, Apr. 6, 1815	3	19
Esther, d. Nathaniell & Dorcas, b. Feb. 13, 1705/6	LR1	21
Esther, m. Daniel **MACKY**, of Weathersfield, Jan. 14, 1729/30	1	48
Esther, d. Jabez & Esther, b. Nov. 16, 1773	2	97
Esther Phillips, d. Sam[ue]l & Eliz[abet]h, b. Oct. 19, 1808	3	18
Ethe, m. Dorothy **WEBSTER**, Nov. 16, 1768 (See also Itha)	2	84
Ethe, s. Ethe & Dorothy, b. May 5, 1773	2	84
Eunice, d. Caleb & Mary, b. June 10, 1742	1	96
[E]unice, m. Asael **JOHNSON**, Mar. 10, 1766	2	351

	Vol.	Page
WETMORE, WETTMORE, (cont.)		
Gideon, s. Jabez & Esther, b. Mar. 26, 1770	2	97
Grace, d. Amos & Rachel, b. Dec. 3, 1766	2	361
Hama*, d. Thomas & Sarah, b. Feb. 13, 1653 (*Probably "Hanna")	LR1	5
Han[n]a[h], m. Nathaniell **STOW**, Apr. [ ], 1677; d. Oct. [ ], 1704	LR1	24
Han[n]a[h], d. Thomas & Katherne, b. Jan. 4, 1680	LR1	23
Hannah, m. Nathaniell **BACON**, Jr., Feb. 5, 1701/2	LR1	16
Hannah, d. Beriah & Marg[a]ret, b. May 2, 1703	LR1	9
Hannah, m. Ebenezer **HUB[B]ARD**, Feb. 25, 1724/5	1	14
Hannah, d. Sam[ue]ll & Hannah, b. Dec. 18, 1725	1	6
Hannah, d. Beriah & Hannah, b. June 3, 1745	1	100
Hannah, d. Dav[i]d & Sarah, b. Dec. 25, 1758	2	265
Hannah, d. Daniel & Hannah, b. May 15, 1764	2	347
Hannah, d. Seth & Mary, b. May 28, 1773	2	129
Harriet, d. Seth & Lucretia, b. Sept. 22, 1794	2	129
Harriet, d. of Chauncey, of Middletown, m. John W. **JONES**, of Lincolnville, Me., June 8, 1852, by Rev. John R. Crane	4	213
Hezekiah, s. Jeremiah & Abigail, b. Aug. 22, 1726	1	13
Hope, d. Beriah & Marg[a]ret, b. Oct. 27, 1695	LR1	9
Hope, d. Beriah & Hannah, b. Nov. 13, 1743	1	100
Hope had d. Lament **STOW**, b. Mar. 21, 1768	2	41
Hope had d. Lament **STOW**, b. Mar. 31, 1768; father Robert **STOW**	2	17
Hope had d. Lament **STOW**, d. Apr. 4, 1772	2	41
Horace, s. [Jesse & Temperance], b. Mar. 27, 1798	2	308
Ichabod, s. Izrakiah & Rachell, b. Apr. 18, 1698	LR1	8
Ichabod, [s. Izrakiah & Rachell], d. Jan. 7, 1714/15	LR1	8
Ichabod, s. Jere[miah] & Abigail, b. Aug. 17, 1734	1	13
Increase, s. Dan[ie]l & Dorothy, b. June 2, 1726	1	18
Increase, m. Sarah **CHILSON**, Mar. 24, 1746	2	60
Isaac, s. Moses & Margaret, b. Oct. 7, 1730	1	10
Isaac, s. Jabez & Esther, b. Jan. 19, 1772	2	97
Itha, s. Joseph & Abigail, b. Sept. 30, 1742	1	69
Itha, see also Ethe		
Izrahiah, s. Thomas & Sarah, b. Mar. 9, 1656	LR1	5
Ezrakiah, s. Thomas & Sarah, b. Mar. 8, 1656/7	LR1	9
Izrakiah, m. Rachel **STOW**, May 13, 1692	LR1	8
Izrakiah, s. Izrakiah & Rachell, b. June 28, 1693	LR1	8
Ezrakiah, of Middletown, m. Sarah **BOOTH**, of Southold, L.I., June 28, 1721	1	2
Izrakiah, s. Ezra[kia]h & Sarah, b. Aug. 30, 1727; d. Sept. 14, 1728	1	2
Izrakiah had negro Sampson m. Jane, Sept. 17, 1728, by Mr. James Wetmore, of Rye. Witnesses: Mrs.		

MIDDLETOWN VITAL RECORDS

	Vol.	Page
WETMORE, WETTMORE, (cont.)		
Mehetabell Dwight & Mary Still. Bette, d. Sampson & Jane, b. July 15, 1729; Hagar, d. Sampson & Jane, b. Oct. 27, 1731; Jane, w. Sampson, d. [ ]	1	2
Jabez, s. Samuell & Mary, b. May 14, 1709	LR1	49
Jabez, m. Esther **WHITMORE**, Oct. 24, 1765	2	97
Jabez, s. Jabez & Esther, b. Aug. 7, 1766	2	97
Jeames, s. Izrakiah & Rachell, b. Dec. 25, 1695	LR1	8
James, s. Timothy & Martha, b. May 2, 1772	2	153
James, s. Seth, day laborer & Calista, b. Dec. 13, 1848	4	110-1
Jeremiah, s. Izrakiah & Rachell, b. Nov. 8, 1703	LR1	8
Jeremiah, of Middletown, m. Abigail **BUTLER**, of Wethersfield, Feb. 25, 1724/5	1	13
Jeremiah, s. Jeremiah & Abigail, b. Nov. 25, 1727	1	13
Jeremiah, d. Oct. 2, 1753	1	13
Jesse, s. Daniel & Hannah, b. Dec. 1, 1755	2	347
Jesse, m. Temperance **HALL**, June 24, 1784	2	308
Jobe, s. Thomas & Rebeckah, b. Sept. 10, 1756	2	245
Joel, s. Sam[ue]ll & Hannah, b. Mar. 9, 1737/8	1	6
John, m. Abigaill **WARNER**, Dec. 30, 1680	LR1	32
John, m. Mary **SAUNDERS**, Apr. 1, 1686	LR1	32
John, s. John & Mary, b. May 21, 1694	LR1	32
John, Sr., d. Aug. 31, 1696	LR1	32
John, s. John & Mary, d. Feb. 2, 1723/4	LR1	33
John, s. Ebenezer & Elizabeth, b. Feb. 22, 1726	1	12
John, s. Sam[ue]ll & Han[n]ah, b. Oct. 27, 1727	1	6
John, s. Ebenezer [& Elizabeth], d. Dec. 29, 1731/2	1	12
John, s. Caleb & Mary, b. Oct. 1, 1733	1	96
John, 2d, s. Ebenezer & Elizabeth, b. Mar. 27, 1734	1	12
John, m. Marcy **BACON**, May 4, 1757	2	67
John, s. John & Marcy, b. Sept. 19, 1761	2	67
John, m. Louis **WETMORE**, Jan. 7, 1762	2	49
John, s. John & Louis, b. Nov. 19, 1767	2	49
Joseph, s. Thomas & Sarah, b. Mar. 5, 1662/63	LR1	9
Joseph, m. Lideah **BACON**, June 6, 1706	LR2	7
Joseph, s. Joseph & Ledeah, b. Mar. 19, 1706/7	LR2	7
Joseph, Jr., d. Mar. 25, 1717	LR2	7
Joseph, m. Abigail **ROBBURDS**, June 28, 1733	1	69
Joseph, s. Joseph & Abigail, b. Feb. 3, 1738/9	1	69
Joseph, m. Rebeckah **BLAKE**, Oct. 12, 1761	1	69
Josiah, s. Thomas & Mary, b. May 29, 166[ ]	LR1	9
Josiah, s. Izrakiah & Rachell, b. Mar. 1, 1708/9	LR1	8
Josiah, s. Benj[ami]n & Marcy, b. Aug. 21, 1721	LR2	Ind-4
Josiah, s. Benjamin & Mercy, b. Aug. 21, 1721	1	77
Josiah, m. Nancy **WILLARD**, Jan. 17, 1808	3	2

	Vol.	Page
WETMORE, WETTMORE, (cont.)		
Josiah, Lieut., of Middletown, m. Esther **SADWELL***, of Hartford, Nov. 11, 1745 (***CADWELL**?)	2	65
Josiah, s. [Seth & Mary], b. July 21, 1783	2	129
Josiah Farnsworth, s. [Josiah & Nancy], b. May 8, 1818	3	2
Julia, d. Seth & Luretia, b. Jan. 21, 1792; d. May 11, 1761 (sic)	2	129
Lemira, of Middletown, m. Joel H. **GUY**, of Mereden, Nov. 9, 1828, by Rev. Cha[rle]s J. Hinsdale, of Mereden	3	319
Lois, d. Sam[ue]ll & Han[na]h, b. Mar. 6, 1735/6	1	6
Lois, d. Eben[eze]r & Eliz[abe]th, b. Jan. 27, 1737/8; d. Feb. 15, 1737/8	1	12
Louis, m. John **WETMORE**, Jan. 7, 1762	2	49
Louis, d. John & Louis, b. June 13, 1764	2	49
Loisa B., m. Jehiel H. **HALL**, Aug. 14, 1824, by Rev. Josiah Bowen	3	167
Lucia, d. Seth & Hannah, b. Apr. 10, 1748; m. Chauncey **WHITTELSEY**, Feb. 14, 1770	2	182
Lucy, d. Seth, m. Chauncey **WHITTELSEY**, of Wallingford, Feb. 14, 1770	2	285
Lucy, d. [Seth & Mary], b. Sept. 6, 1786; d. Sept. 14, 1858, at Newport, R. I.	2	129
Lucy H., d. of Chauncey, m. Samuel C. **GRAY**, of Baltimore, Dec. 14, 1847, by Rev. John R. Crane	4	23
Lucy H., ae. 27, b. in Middletown, m. Samuel C. **GRAY**, merchant, ae. 31, b. in Boston, Mass., res. Baltimore, Dec. 14, 1847, by John R. Crane	4	66-7
Lucy Wright, d. [Josiah & Nancy], b. July 13, 1812	3	2
Lydiah, d. Joseph & Lydia, b. Sept. 22, 1708	LR2	7
Lydia, d. Nath[anie]ll & Ruth, b. July 7, 1747	1	126
Lydia, wid., d. Jan. 24, 1749/50	LR2	7
Lydia, d. Nath[anie]ll & Ruth, d. Sept. 14, 1752	1	126
Lydia, d. Joseph & Abigail, b. May 9, 1753	1	69
Lydia, m. Ebenezer **HUBBARD**, Feb. 14, 1764	1	14
Marcy, d. Benj[ami]n & Marcy, b. Feb. 11, 1723/4	LR2	Ind-4
Marcy, m. Jonathan **ROBBARDS**, Sept. 19, 1751	2	223
Marg[a]ret, d. Beriah & Marg[a]ret, b. July 16, 1700	LR1	9
Marg[a]ret, w. of Beriah, d. Feb. 26, 1709/10	LR1	9
Marg[a]ret, m. Samuel **ALLEN**, Feb. 25, 1724/5	1	15
Margaret, w. of Seth, d. Nov. 26, 1730	1	3
Margaret, d. Reuben & Hannah, b. Jan. 7, 1756	2	43
Margaret, d. Beriah & Hannah, b. Feb. 10, 1756	1	100
Martha, d. Daniel & Hannah, b. Dec. 29, 1757	2	347
Mary, m. John **STOW**, Sr., Nov. 13, 1668	LR1	24
Mary, w. of Thomas, d. June 17, 1669	LR1	23
Mary, d. John & Mary, b. Jan. 18, 1691/2	LR1	32

	Vol.	Page
WETMORE, WETTMORE, (cont.)		
Mary, d. Sam[ue]ll & Abigaill*, b. June 29, 1694 (*Mary)	LR1	49
Mary, w. of Samuel, called Abigaill, d. May 24, 1709	LR1	49
Mary, d. Beriah & Mary, b. Oct. 6, 1715; d. Dec. 4, 1715	LR2	29
Mary, d. Eben[eze]r & Elizabeth, b. Apr. 29, 1725	1	12
Mary, d. Ezra[kia]h & Sarah, b. July 15, 1725	1	2
Mary, d. Benj[ami]n & Marcy, b. Aug. 24, 1727	LR2	Ind-4
Mary, d. Benjamin & Mercy, b. Aug. 24, 1727	1	77
Mary, w. of Dea. Beriah, d. July 24, 1737	LR2	29
Mary, d. Caleb & Mary, b. June 1, 1738	1	96
Mary, d. Beriah & Hannah, b. Feb. 13, 1739/40	1	100
Mary, d. Sam[ue]ll & Hannah, b. July 23, 1741	1	6
Mary, w. of Caleb, d. July 20, 1742	1	96
Mary, d. Caleb, d. Sept. 4, 1742	1	96
Mary, m. Ahimaaz **SPENCER**, Sept. 15, 1743	2	26
Mary, m. Jacob **DOWD**, Dec. 11, 1745	2	46
Mary, m. George **SPOONER**, Aug. 15, 1751	2	41
Mary, d. John & Marcy, b. May 12, 1771	2	67
Mary, d. Seth & Mary, b. Sept. 14, 1777	2	129
Mary, w. of Seth, d. Dec. 24, 1790	2	129
Mary, see Mary Allyn	LR1	15
Mary Wright, d. Sam[ue]ll & Eliz[abet]h, b. Dec. 6, 1806	3	18
Mehittabell, d. Thomas & Mary, b. June 17, 1669	LR1	9
Mehetabell, d. Samuell & Abigaill*, b. Nov. 14, 1689 (*Mary)	LR1	49
Mehettabell, m. Andrew **BACON**, Feb. 12, 1689/90	LR1	23
Mehetabel, d. Sam[ue]ll & Han[na]h, b. Aug. 5, 1732	1	6
Mercy, d. Benjamin & Mercy, b. Feb. 4, 1725/6	1	77
Mille, d. Daniel & Hannah, b. Oct. 17, 1766	2	347
Millecent, d. Sam[ue]ll & Hannah, b. Sept. 15, 1739	1	6
Millisent, m. Jonathan **TURNER**, July 17, 1760	2	228
Mindwell, d. Tho[ma]s & Rebeckah, b. Oct. 9, 1760	2	245
Moses, m. Margaret **JOHNSON**, Sept. 16, 1723	1	10
Moses Willard, s. [Josiah & Nancy], b. Jan. 19, 1814	3	2
Nancy, d. Jesse & Temperance, b. Apr. 19, 1785	2	308
Nancy Shepard, d. Josiah & Nancy, b. Oct. 18, 1808	3	2
Nathan, s. Beriah & Abigail, b. Oct. 5, 1767	2	354
Nathaniell, s. Thomas & Sarah, b. Apr. 21, 1661	LR1	9
Nathaniell, m. Dorkis **ALLIN**, wid. of Obbadiah, Dec. 29, 1703	LR1	21
Nathaniell, d. Mar. 7, 1708/9	LR1	21
Nathaniell, s. Joseph & Lydiah, b. Feb. 22, 1715/16	LR2	7
Nath[anie]ll, m. Ruth **ALLYN**, Dec. 17, 1741	1	126
Nath[anie]ll, d. Nov. 29, 1747	1	126
Nath[anie]ll, s. Joseph & Abigail, b. Dec. 14, 1748	1	69

	Vol.	Page
WETMORE, WETTMORE, (cont.)		
Nath[anie]ll, s. Joseph & Abigail, b. Mar. 9, 1759	1	69
Nath[anie]ll, s. Joseph & Abigail, d. [ ]	1	69
Nathaniel Downing, s. [Seth & Mary], b. Oct. 30, 1790	2	129
Nath[anie]l Downing, s. [Josiah & Nancy], b. Dec. 4, 1810	3	2
Nicholas Howel, s. Jabez & Esther, b. Jan. 29, 1775	2	97
Noah, s. Sam[ue]ll & Hannah, b. Apr. 16, 1730	1	6
Oliver, s. Jabez, b. Feb. 4, 1737/8	1	60
Oliver, [s. Seth & Hannah], bp. May 24, 1752	2	182
Oliver, m. Sarah **BREWSTER**, d. Elisha, Oct. 13, 1774	2	182
Parsons, s. Amos & Rachel, b. Aug. 10, 1768	2	361
Paul, s. Seth & Mary, b. Oct. 5, 1775	2	129
Phebe, d. Tho[ma]s & Rebeckah, b. Mar. 16, 1758	2	245
Polly, d. [Jesse & Temperance], b. Apr. 13, 1788	2	308
Polly, m. Julius **BOWERS**, Jan. 10, 1811	3	20
Prosper, s. Ezrakiah* & Sarah, b. May 14, 1722 (Izrahiah)	1	2
Rachel, w. of Sergt. Izrakiah*, d. Jan. 8, 1722/3 (Izrahiah)	LR1	8
Rachel, d. Ezra[hia]h & Sarah, b. Oct. 2, 1723	1	2
Rachel, d. Jere[miah] & Abigail, b. May 28, 1738; d. Jan. 18, 1738/9	1	13
Rachel, 2d, d. Jeremiah & Abigail, b. Feb. 11, 1739/40	1	13
Rachel, d. Amos & Rachel, b. Mar. 9, 1770	2	361
Rebecca, d. Spere **WETMORE**, b. Nov. 2, 1789; father [ ] **HYDE**	2	366
Reuben, s. Moses & Marg[a]ret, b. Mar. 30, 1733	1	10
Reuben, m. Hannah **FOSTER**, June 17, 1753	2	43
Ruth, d. Dan[ie]l & Dorothy, b. Sept. 12, 1727; d. same day	1	18
Ruth, d. Daniel & Dorothy, b. Aug. 11, 1737	1	18
Ruth, d. Nath[anie]ll & Ruth, b. Apr. 25, 1745	1	126
Ruth, d. Increase & Sarah, b. Aug. 11, 1747	2	60
Ruth, m. Joseph **WASHBURN**, Sept. 21, 1763	2	306
Sally, m. Richard **RAND**, Oct. 16, 1824	3	248
Samuell, s. Thomas & Sarah, b. Sept. 10, 1655	LR1	5
Samuell, m. Abigaill* **BACON**, Dec. 13, 1687 (A note says that Samuel's wife was named "Mary")	LR1	49
Samuell, s. Samuell & Abigaill*, b. Mar. 13, 1692 (*Mary)	LR1	49
Samuel, m. Hannah **HUBBARD**, June 21, 1722	1	6
Samuel, s. Samuel & Hannah, b. Dec. 24, 1723	1	6
Samuel, Sr., d. Apr. 12, 1746	LR1	49
Samuel, Jr., of Middletown, m. Anna **ROBBERDS**, of Durham, Feb. 6, 1752	2	254
Sam[ue]l, m. Eliza Wyatt **WARNER**, May 19, 1804	3	18

	Vol.	Page
WETMORE, WETTMORE, (cont.)		
Sam[ue]l, s. Sam[ue]l & Eliz[abet]h, b. May 3, 1812	3	18
Samuel B., m. Sophia **BRIDGHAM**, Apr. 25, 1833, by Rev. W[illia]m H. Beacher	3	381
Samuel Bowman, s. Beriah & Hannah, b. Apr. 18, 1742	1	100
Sarah, d. Thomas & Sarah, d. July 14, 1655 (Perhaps Sarah **WHITMORE**)	LR1	23
Sarah, d. Thomas, b. Nov. 27, 1664	LR1	9
Sarah, w. of Thomas, d. Dec. 7, 1664	LR1	23
Sarah, m. John **BACON**, Nov. 26, 168[ ]	LR1	23
Sarah, d. Beriah & Marg[a]ret, b. May 6, 1693	LR1	9
Sarah, d. Ebenezer & Elizabeth, b. May 3, 1732	1	12
Sarah, d. Sam[ue]ll & Hannah, b. Mar. 31, 1734	1	6
Sarah, d. Increase & Sarah, b. Apr. 12, 1749	2	60
Sarah, d. Joseph & Abigail, b. Apr. 1, 1755	1	69
Sarah, m. James **BACON**, Nov. 16, 1758	2	84-b
Sarah, d. John & Louis, b. Oct. 20, 1762	2	49
Seth, s. Izrakiah* & Rachell, b. Nov. 18, 1700 (*Izrahiah)	LR1	8
Seth, m. Margaret **GAYLORD**, wid. of Sam[ue]ll, Sept. 30, 1730	1	3
Seth, s. Caleb & Mary, b. Feb. 5, 1736 (Arnold Copy has "dau")	1	96
Seth, s. Caleb & Mary, d. Feb. 4, 1741	1	96
Seth, of Middletown, m. Mrs. Hannah **EDWARDS**, of Windsor, Jan. 15, 1745/6	2	182
Seth, Jr., m. Mary **WRIGHT**, Nov. 14, 1768	2	129
Seth, s. Seth & Mary, b. Sept. 10, 1769	2	129
Seth, m. Luretia **SCOTT**, Mar. 27, 1791	2	129
Seth, of Haddam, m. Calista **CORNWELL**, of Middletown, Mar. 6, 1843, by Rev. Andrew M. Smith	3	500
Sophia, m. Giles **SOUTHMAYD**, Jr. Feb. 2, 1814	3	79
Spere, d. Tho[ma]s & Rebeckah, b. Mar. 16, 1765	2	245
Spere, m. Christian **WALLIERBACK**, Oct. 14, 1784	2	366
Spere had d. Rebecca **WETMORE**, b. Nov. 2, 1789; father [ ] **HYDE**	2	366
Stephen, s. Moses & Marg[a]ret, b. Jan. 12, 1739/40	1	10
Stow, s. Izrakiah* & Rachell, b. Jan. last day, 1694/5 *(Izrahiah)	LR1	8
Susannah, d. Beriah & Hannah, b. Aug. 25, 1752	1	100
Susannah, d. Ethe & Dorothy, b. Feb. 5, 1775	2	84
Thankfull, d. Jeremiah & Abigail, b. Feb. 14, 1743; d. Nov. 2, 1743	1	13
Thankfull, d. Daniel & Hannah, b. Sept. 30, 1761	2	347
Thankful, m. Jonathan **GILBERT**, Jr., Dec. 5, 1785	2	30
Thomas, s. Thomas & Sarah, b. Oct. 19, 1652	LR1	5
Thomas, m. Mary **ALLENSON**, Feb. 3, 1666	LR1	9
Thomas, Sr., m. Cather[i]ne **LEETE**, Oct. 8, 1673	LR1	23

	Vol.	Page
WETMORE, WETTMORE, (cont.)		
Thomas, Sr., d. Dec. 11, 1681	LR1	23
Thomas, m. Elizabeth **HUB[B]ARD**, Feb. 20, 1684	LR1	22
Thomas, s. Thomas, b. Jan. 8, 1688/89	LR1	22
Thomas, d. Feb. 1, 1688/89	LR1	22
Thomas, s. Beriah & Marg[a]ret, b. Feb. 8, 1697/8	LR1	9
Thomas, s. Beriah & Marg[a]ret, d. Mar. 2, 1697/8	LR1	9
Thomas, s. Sam[ue]ll & Abigaill*, b. Aug. 20, 1698 (*Mary)	LR1	49
Thomas, [s. Thomas], d. Nov. 24, 1711	LR1	22
Thomas, s. Beriah & Hannah, b. Aug. 10, 1747	1	100
Thomas, m. Ann **HALE**, Dec. 11, 1751	2	245
Thomas, m. Wid. Rebeckah **LEWIS**, of Simsbury, May 22, 1755	2	245
Timothy, s. Joseph & Abigail, b. Apr. 9, 1746	1	69
Timothy, m. Martha **EGLESTONE**, Nov. 21, 1768	2	153
Timothy Clark, s. Timothy & Martha, b. July 23, 1769	2	153
Titus, s. [Seth & Mary], b. July 16, 1781	2	129
Willard Wright, s. [Seth & Mary], b. Oct. 13, 1779	2	129
William, s. Seth & Mary, b. Sept. 16, 1771	2	129
William, s. [Jesse & Temperance], b. Oct. 7, 1789	2	308
W[illia]m Hastings, s. [Josiah & Nancy], b. June 30, 1816	3	2
Zebediah, s. Thomas & Sarah, b. Nov. 2, 1658	LR1	9
——, [twin with Ebenezer, d. Eben[eze]r & Eliz[abe]th, b. Jan. 7, 1738/9; d. instantly	1	12
WHAPLES, Mary, m. Stephen **DEOLPH**, Jan. 4, 1759	2	291
WHEELER, Aaron, s. Moses & Rachel, b. June 26, 1757	2	335
Beriah, s. Moses & Rebecca, b. Mar. 26, 1759	2	335
Elizabeth, m. Walter **HARRIS**, Jan. 23, 1717/18	LR2	27
Leah, d. Moses & Rebecca, b. Feb. 6, 1765	2	335
Mary, of Stratford, m. Josiah **ADKINS**, of Middletown, Dec. 16, 1708	LR2	10
Mary, wid., d. Apr. 5, 1740	1	1
Mary, d. Moses & Rebecca, b. Mar. 27, 1763	2	335
Moses, m. wid. Rebecca **YOUNG**, May 23, 1754	2	335
Rachel, [twin with Susannah], d. Moses & Rebecca, b. May 12, 1755	2	335
Rebeckah, m. Edward **HIGBE**, b. of Stratford, Nov. 29, 1706	LR2	6
Sarah, m. George **ELDERKIN**, b. of Colchester, Dec. 29, 1839, by Rev. Arthur Granger	3	464
Susannah, [twin with Rachel], d. Moses & Rebecca, b. May 12, 1755	2	335
WHELAN, WHELEN, Catharine, m. Jno. **CAFFRY**, Apr. 20, 1851, by Jno. Brady	4	184
Eliza, m. James **CORCORAN**, Oct. 17, 1852, by Rev. Jno. Brady	4	223

	Vol.	Page
WHELAN, WHELEN, (cont.)		
Sarah, m. James **CONROY**, Jan. 6, 1850, by Rev. John Brady	4	138
WHINNIE, Robert, lace weaver, b. in Scotland, res. Middletown, d. Feb. 25, 1850. ae. 41	4	176-7
WHITE, Aaron, s. Hugh & Mary, b. Oct. 25, 1723	LR2	10
Abiah, d. Daniel & Allice, b. Apr. 22, 1721	LR2	17
Abiah, m. Henry **JOHNSON**, July 10, 1753	1	82
Abigail, d. Nath[anie]ll & Mehittabell, b. Oct. 31, 1717	LR2	15
Abigail, m. Daniel **CHURCHEL**, June 16, 1736	2	240
Abigaill, w. of Joseph, d. Dec. 28, 1751	LR2	7
Abigail, m. Alanson **ANDROSS**, Oct. 5, 1825, by Rev. Stephen Hayes	3	208
Adeline M., m. Horace **CAMP**, b of New Haven, Oct. 28, 1832, by Rev. Fitch Reed	3	374
Allice, d. Daniel & Allice, b. Feb. 25, 1713/14	LR2	17
Alice, m. Nath[anie]ll **EELLS**, Feb. 17, 1743	1	131
Allice, d. Jed[idiah] & Barbara, b. Sept. 24, 1761	2	233
Allis, m. Nathaniel **ELLS**, [ ]	2	272
Alma, m. George **RANNEY**, Dec. 6, 1821, by Rev. Frederick Wightman	3	74
Almira, of Middletown, m. Gerry **MIX**, of Wallingford, Dec. 7, 1842, by Rev. J. B. Cook	3	497
Amos, s. Nath[anie]ll & Mehittabell, b. Mar. 18, 1722/3	LR2	15
Amos, s. Nath[anie]ll & Mehittabell, d. Apr. 24, 1727	LR2	15
Amos, s. Elijah & Abigail, b. Nov. 20, 1745	2	9
Anna, m. Abraham **PLUMB**, Nov. 16, 1756	2	117
Anne, d. Ebenezer & Anne, b. June 25, 1735	1	58
Ansel, s. Hugh & Mary, b. Jan. 11, 1765	2	313
Aurieliea, d. Hugh & Mary, b. June 20, 1770	2	313
Bathsheba, d. Hugh & Mary, b. Apr. 5, 1721	LR2	10
Bathsheba, m. Gideon **SAGE**, Oct. 10, 1738	1	111
Benjamin M., m. Sally **COOK**, Apr. 25, 1819	3	297
Cath C., m. Dennison A. **RICH**, b. of New York, Apr. 19, 1853, by Rev. J. L. Dudley	4	248
Catharine C., m. Charles **KIRBY**, b. of Middletown, Jan. 6, 1830, by Joshua L. Williams, V.D.M.	3	343
Christian, d. Jno. & Elizabeth, b. July 10, 1748	1	92
Clarissa, m. Sanford **FITCH**, Dec. 6, 1821, by Eli Coe, J.P.	3	84
Comfort, [child of Elias & Prudence], b. [ ]	2	81
Daniell, s. Nathaniell & Elizabeth, b. Feb. 23, 1661	LR1	39
Daniell, of Middletown, m. Susanna **MOULD**, of New London, Mar. [ ], 1682/3	LR1	39
Daniell, s. Daniell & Susanna, b. Dec. 8, 1683	LR1	39
Daniel, of Middletown, m. Alice **COOK**, of Guilford, Jan. 19, 1708/9	LR2	17

WHITE, (cont.)

	Vol.	Page
Daniel, s. Daniel & Allice, b. Oct. 29, 1718	LR2	17
Daniel, s. Hugh & Mary, b. Mar. 2, 1759	2	313
Daniell, d. Dec. 18, 1789(?) (1709?)	LR1	39
Deborah, d. Jacob & Deborah, b. Feb. 26, 1694	LR1	41
Deborah, w. of Jacob, d. Feb. 8, 1720/21	LR1	41
Deborah, m. Willett **RANNEY**, Dec. 23, 1731	1	67
Deborah, d. Jno. & Eliz[abet]h, b. Dec. 23, 1744	1	92
Ebenezer, s. Joseph & Mary, b. May 22, 1707	LR1	41
Ebenezer, s. Joseph & Abigaill, b. July 24, 1727	LR2	7
Ebenezer, m. Anne **HOLLISTER**, May 27, 1731	1	58
Eben[eze]r, d. Mar. 26, 1756	1	58
Edmund, s. Elias & Prudence, b. Oct. 15, 1766	2	81
Elias, s. Isaac & Sibbel, b. May 5, 1734	1	24
Elias, m. Prudence **SAVAGE**, Nov. 13, 1760	2	81
Elias, [s. Elias & Prudence, b.]	2	81
Elijah, s. Nath[anie]ll & Mehittabell, b. Feb. 15, 1718/19	LR2	15
Elijah, m. Abigail **HURLBUT**, July 9, 1741	1	80
Elijah, m. Abigail **HURLBUT**, July 9, 1741	2	9
Elijah, see also Elizaer		
Eliza, of Middletown, m. Elbridge G. **HALL**, of Mereden, July 24, [1836], by Rev. Benj[amin] Manning	3	424
Elizabeth, d. Nathaniell & Elizabeth, b. Mar. 7, 1654	LR1	39
Elizabeth, d. Jacob & Deborah, b. Nov. 22, 1693	LR1	41
Elizabeth, m. Luther W. **SAGE**, b. of Middletown, Nov. 13, 1828, by Joshua L. Williams, V.D.M.	3	317
Elizabeth W., of Middletown, m. Stephen S. **HOLMES**, of Millbury, Mass., Dec. 4, 1833, by Rev. Zebulon Crocker	3	390
Elizer, s. Eben[eze]r & Anne, b. Feb. 19, 1750	1	58
Elizer, [m.] Hannah **COOPER**, d. of Ephraham, [ ] (Entry written in pencil)	1	58
Ellen, m. Bernand **CAMPBELL**, Aug. 3, 1851, by Rev. Jno. Brady	4	192
Ellen L., of Durham, m. Henry Jackson **BURDICK**, of Norwich, N.Y., Jan. 5, 1852, by Rev. Frederic J. Goodwin	4	215
Emma, m. Wilson J. **HUBBARD**, b. of Middletown, Oct. 21, 1846, by Rev. James Hepburn	3	555
Esther, d. Eben[eze]r & Anne, b. Mar. 24, 1745	1	58
Ezra, Jr., m. Nancy A. **PEASE**, Jan. 28, 1836, by Rev. John R. Crane	3	418
Hannah, d. Jacob & Deborah, b. Mar. 28, 1699	LR1	41
Hannah, m. Joseph **FFRARY**, Jan. 2, 1728	1	42
Hannah C., of Middletown, m. Henry L. **EASTMAN**, of Springfield, Mass., Aug. 19, 1833, by Rev.		

	Vol.	Page

WHITE, (cont.)

Zeb[ulo]n Crocker	3	385
Harriet M., m. Joseph **EDWARDS**, b. of Middletown, May 16, 1850, by Rev. Geo[rge] A. Bryan	4	143
Harriet M., ae. 25, m. Joseph **EDWARDS**, farmer, ae. 44, b. of Middletown, May 16, 1850, by Rev. Geo[rge] A. Bryan	4	168-9
Henry Kirk, of Marlborough, m. Lucy **CORNWELL**, of Hartford, Sept. 2, 1846, by Rev. Lent S. Hough	3	553
Hercules, m. Mrs. B[e]ulah **GILBERT**, Sept. 17, 1837, by Rev. Jehiel N. Beman	3	437
Hercules, servant, colored, b. in Savannah, Ga., res. Middletown, d. May 27, 1849, ae. 49	4	130-1
Honour, d. Step[he]n & Honour, b. June 27, 1759	2	180
Huge, s. Daniell & Susanna, b. Feb. 15, 1690/91	LR1	39
Hugh, of Middletown, m. Mary **STOW**, of Guilford, Aug. 13, 1717	LR2	10
Hugh, s. Hugh & Mary, b. Jan. 25, 1732/3	LR2	10
Hugh, Jr., m. Mary **CLARK**, Aug. 23, 1753	2	313
Hugh, s. Hugh & Mary, b. Jan. 16, 1763	2	313
Huldah, d. Moses & Huldah, b. Feb. 10, 1750/1	2	175
Hulday, m. Nathaniel **EELLS**, Feb. 26, 1776, by Congregational Minister of Cromwell	1	131
Isaac, s. Daniell & Susannah, b. Nov. 9, 1696	LR1	39
Isaac, of Middletown, m. Sibbil **BUTLER**, of Hartford, June 30, 1726	1	24
Isaac, s. Isaac & Sibbel, b. Jan. 16, 1739/40; d. Dec. 8, 1741	1	24
Isaac, s. Elias & Prudence, b. June 22, 1780	2	81
Jacob, s. Nathaniell & Elizabeth, b. May 10, 1665	LR1	39
Jacob, m. Deborah **SHEPARD**, Feb. 4, 1692	LR1	41
Jacob, s. Jacob & Deborah, b. Jan. 29, 1697/8	LR1	41
Jacob, m. Martha **SAVAGE**, May 15, 1729	1	67
Jacob, m. Rebeckah **RANNY**, wid. of Tho[ma]s, Dec. 16, 1729	LR1	41
Jacob, d. June 20, 1734	1	67
Jacob, s. John & Eliz[abet]h, b. Nov. 7, 1737	1	92
Jacob, d. Mar. 29, 1738	LR1	41
Jacob, m. Lucia **SAVAGE**, Nov. 25, 1760	2	123
Jacob, shoemaker, d. Jan. 13, 1849, ae. 57	4	134-5
Jedadiah, s. Daniel & Allice, b. Jan. 23, 1729/30	LR2	17
Jedidiah, m. Barbara **WILCOX**, Dec. 4, 1760	2	233
Jerusha, d. Joseph & Mary, b. July 27, 1703	LR1	41
Jerusha, m. Ezra **CARTER**, June 24, 1724	1	26
Jerusha, d. Jacob & Martha, b. Apr. 28, 1733; d. July 25, 1736	1	67
Jerusha, d. John & Eliz[abet]h, b. June 23, 1739	1	92
John, s. Nathaniell & Elizabeth, b. Apr. 9, 1657	LR1	39

WHITE, (cont.)

	Vol.	Page
John, s. Daniell & Susanna, b. Nov. 27, 1692	LR1	39
John, s. Jacob & Deborah, b. Oct. 19, 1712	LR1	41
John, of Middletown, m. Susannah **ALLING**, of New Haven, Oct. 6, 1715	LR2	23
John, s. Nath[anie]ll & Mehittabell, b. Jan. 14, 1726/7	LR2	15
John, s. Nath[anie]ll & Mehittabell, d. July 14, 1727	LR2	15
John, m. Elizabeth **BO[A]RDMAN**, Oct. 21, 1736	1	92
John, s. John & Eliz[abet]h, b. Sept. 28, 1741; d. Dec. 21, 1741	1	92
John, s. Nath[anie]ll & Mary, b. Mar. 23, 1747/8	1	126
John, m. Mrs. Sarah **JONES**, b. of Middletown, Dec. 16, 1830, by Rev Fred[eric]k Wightman	3	359
Jonathan, s. Daniell & Susanna, b. [ ]; d. May 7, 1702	LR1	39
Jonathan, s. Daniel & Allice, b. Aug. 22, 1711	LR2	17
Joseph, s. Nathaniell & Elizabeth, b. Feb. 20, 1666	LR1	39
Joseph, s. Daniell & Susanna, b. Oct. 8, 1688	LR1	39
Joseph, s. Daniel & Susanna, b. [ ]; d. Oct. 8, 1687	LR1	39
Joseph, m. Mary **MOULD**, Apr. 3, 1693	LR1	41
Joseph, s. Joseph & Mary, b. Dec. 17, 1700; d. Aug. 1, 1702	LR1	41
Joseph, s. Joseph & Mary, b. Aug. [ ], 1705; d. Apr. following 1706	LR1	41
Joseph, of Middletown, m. Mary **HALL**, of Guilford, June 18, 1717	LR2	7
Joseph, s. Joseph & Mary, b. May 21, 1718	LR2	7
Joseph, Dea., m. Abigaill **BUTLER**, of Hartford, June 30, 1726	LR2	7
Joseph, s. Ebenezer & Anne, b. Sept. 10, 1732	1	58
Joseph, m. Mrs. Lois **BLISS**, Jan 31, 1754	2	319
Joseph, s. [Eben[eze]r & Anne], d. Nov. 13, 1758	1	58
Joseph, s. Hugh & Mary, b. Jan. 16, 1761	2	313
Joseph, [s. Elias & Prudence], b. [ ]	2	81
Josiah, s. Step[he]n & Honour, b. Sept. 5, 1761	2	180
Julia Ann, d. John & Mary Ann, b. Mar. 4, 1830	3	40
Julia M., m. Elizur G. **KELSEY**, b. of Middletown, Apr. 12, 1837, by Rev. Fred[eric]k Wightman	3	430
L.M., m. H. **DOWD**, b. of Mereden, Mar. 14, 1848, by Rev. Townsend P. Abell	4	31
Lavinia Maria, d. [Benjamin M. & Sally], b. Oct. 3, 1827	3	297
Lemuel, Jr., m. Almira **HIGBY**, b. of Middletown, Oct. 6, 1824, by Rev. Oliver Willson	3	174
Lemuel, farmer, d. Aug. 7, [1847], ae. 70	4	72-3

MIDDLETOWN VITAL RECORDS 313

	Vol.	Page
WHITE, (cont.)		
Lois, d. Joseph & Mary, b. Jan. 6, 1724/5	LR2	7
Lois, m. Noadiah **WHITE**, Jan. 19, 1744	1	80
Lois, m. Noadiah **WHITE**, Jan. 19, 1744	2	10
Lois, d. Noadiah & Lois, b. Sept. 3, 1748	2	10
Lois R., m. Ichabod M. **ROBERTS**, b. of Middletown, Mar. 18, 1847, by Rev. L.S. Hough	3	558
Mabel, d. Jno. & Elizabeth, b. Dec. 29, 1755	1	92
Mabel, m. Elihu* **TRYON**, Feb. 3, 1784 (*Probably Elisha)	3	82
Margaret, d. Nath[anie]ll & Mary, b. July 5, 1741	1	126
Marietta, m. Will[ia]m G. **ATWATER**, of Cheshire, July 6, 1835, by Rev. Benj[ami]n Manning	3	412
Martha, d. Joseph & Mary, b. Dec. 6, 1693	LR1	41
Martha, m. Thomas **STOW**, Jr., Jan. 24, 1716/17	LR2	18
Martha, d. Isaac & Sibbil, b. Oct. 27, 1728	1	24
Martha, wid. of Capt. Nath[anie]ll, d. Apr. 14, 1730, in the 77th y. of her age	LR1	39
Martha, of Middlefield, m. Norman **POMEROY**, of Mereden, Oct. 6, 1840, by Rev. C. L. Mills	3	471
Martha Birdseye, d. Benj[amin] M. & Sally, b. Apr. 26, 1820	3	297
Mary, d. Nathaniell & Elizabeth, b. Apr. 7, 1659	LR1	39
Mary, m. Jacob **CORNWELL**, Jan. 16, 1677	LR1	42
Mary, d. Joseph & Mary, b. Oct. 2, 1698	LR1	41
Mary, d. Joseph & Mary, b. June 16, 1722	LR2	7
Mary, w. of Joseph, d. Nov. 9, 1725	LR2	7
Mary, d. Hugh & Mary, b. June 21, 1728	LR2	10
Mary, d. Ebenezer & Anne, b. July 11, 1740	1	58
Mary, m. Aaron **CLARK**, Nov. 5, 1747	2	108
Mary, d. Nath[anie]ll & Mary, b. July 23, 1750	1	126
Mary, m. Joseph **SLATE**, May 5, 1758	2	151
Mary Savage, d. Elias & Prudence, b. June 8, 1763	2	81
Mehittabell, d. Nath[anie]ll & Mehittabell, b. Sept. 23, 1716; d. Dec. 25, 1716	LR2	15
Mehittabell, d. Nath[anie]ll & Mehittabell, b. July 22, 1721	LR2	15
Mehittabell, d. Capt. Nath[anie]ll & Mehittabell, d. Mar. 15, 1743	LR2	16
Mehetabel, d. Jno. & Elizabeth, b. Dec. 30, 1750	1	92
Moses, s. Isaac & Sibbil, b. Aug. 22, 1727	1	24
Moses, of Middletown, m. Huldah **KNOWLES**, of Hartford, Oct. 12, 1749	2	175
Nathan P., m. Julia M. **ROGERS**, b. of Middletown, Nov. 4, 1821, by Rev. Phineas Cook	3	72
Nathaniell, s. Nathaniell & Elizabeth, b. July 7, 1652	LR1	39
Nathaniell, m. Elizabeth **SAVEDGE**, Mar. 28, 1677/8	LR1	33

	Vol.	Page
WHITE, (cont.)		
Nathaniell, s. Daniell & Susanna, b. Sept. 3, 1685	LR1	39
Nath[anie]ll, Capt., d. Aug. 27, 1711	LR1	39
Nathaniell, m. Mehetabell **HURLBUTT**, July 29, 1714	LR2	15
Nathaniell, s. Nathaniell & Mehitabell, b. Apr. 25, 1715	LR2	15
Nath[anie]ll, Jr., m. Mary **SAGE**, May 17, 1737	1	126
Nath[anie]ll, Capt., d. Jan. 8, 1744	LR2	16
Nath[anie]ll, s. Nath[anie]ll & Mary, b. Nov. 8, 1745	1	126
Nath[anie]ll, s. Nath[anie]ll & Mary, d. Apr. 27, 1751	1	126
Nathaniel, s. Nathaniel & Mary, b. Aug. 14, 1754	1	126
Noadiah, s. Nath[anie]ll & Mehittabell, b. Feb. 26, 1719/20	LR2	15
Noadiah, m. Lois **WHITE**, Jan. 19, 1744	1	80
Noadiah, m. Lois **WHITE**, Jan. 19, 1744	2	10
Noadiah, s. Noadiah & Lois, b. Nov. 18, 1744; d. Feb. 9, 1745	2	10
Noadiah, s. Noadiah & Lois, b. Dec. 18, 1745	2	10
Patience, d. Jno. & Eliz[abet]h, b. Dec. 14, 1746	1	92
Philo, s. Hugh & Mary, b. June 25, 1767	2	313
Prudence, d. Ebenezer & Anne, b. Dec. 1, 1737	1	58
Prudence, d. Step[he]n & Honour, b. Aug. 23, 1757	2	180
Prudence, [d. Elias & Prudence, b.]	2	81
Rachil, d. Daniell & Susanna, b. Feb. 3, 1704/5	LR1	39
Rachal, d. Hugh & Mary, b. Sept. 1, 1730	LR2	10
Rachel, [d. Elijah & Abigail], b. Feb. 14, 1744	1	80
Rachel, d. Elijah & Abigail, b. Feb. 14, 1744	2	9
Rachel, m. Francis **WHITMORE**, July 15, 1750	2	312
Rachel, d. Jno. & Elizabeth, b. Jan. 21, 1753	1	92
Rachel, d. Hugh & Mary, b. Jan. 2, 1757	2	313
Rebecka, d. Jacob & Deborah, b. Aug. 12, 1696; d. Feb. 12, 1696/7	LR1	41
Rebeckah, d. Hugh & Mary, b. May 16, 1726	LR2	10
Rebeckah, w. of Jacob, d. [ ]	LR1	41
Reuben, s. Elias & Prudence, b. Mar. 10, 1765	2	81
Ruth, d. Daniell & Susanna, b. Sept. 28, 1703	LR1	39
Ruth, m. Elkanah **SEARS**, Jan. 6, 1757	2	34
Ruth, m. John **OSBORN**, Dec. 26, 1764	2	199
Ruth R., m. Edmund B. **BEAUMONT**, Sept. 19, 1839, by Rev. Zebulon Crocker	3	461
Samuel, s. Jacob & Deborah, b. May 24, 1703; d. Aug. [ ], 1708	LR1	41
Samuel, 2d, s. Jacob & Deborah, b. Dec. 6, 1710; d. Mar. 1, 1724/5	LR1	41
Samuel, s. Tho[ma]s & Sarah, b. Nov. 30, 1729	1	21

	Vol.	Page

WHITE, (cont.)

	Vol.	Page
Samuel, of Middletown, m. Concurrence **HILL**, of Cheshire, Aug. 27, 1837, by Rev. Frederick Wightman	3	437
Sara[h], d. Nathaniell & Elizabeth, b. Jan. 22, 1663	LR1	39
Sarah, d. Joseph & Mary, b. Feb. 27, 1695	LR1	41
Sarah, d. Daniel & Allice, b. Apr. 22, 1716	LR2	17
Sarah, m. John **BACON**, Jr., Mar. 5, 1718/19	LR2	19
Sarah, d. Nath[anie]ll & Mehitabell, b. Oct. 24, 1724	LR2	15
Sarah, d. Thomas & Sarah, b. Sept. 13, 1726	1	21
Sarah, m. Daniel **WILCOCKS**, Mar. 16, 1738	1	102
Sarah, d. Jno. & Eliz[abet]h, b. Jan. 16, 1743	1	92
Sarah, m. John **CLARK**, Jr., Feb. 1, 1744	1	80
Sarah, m. John **CLARK**, Jr., Feb. 1, 1744	2	4
Sarah M., of East Hampton, m. Stephen **LUCAS**, of Middletown, Dec. 19, 1852, by Rev. Jno. Morrison Reid	4	232
Silvia Antoinette, [d. Benjamin M. & Sally], b. July 19, 1824	3	297
Sina Cook, d. [Benjamin M. & Sally], b. Mar. 19, 1822	3	297
Stephen, s. Jno. & Susannah, b. Aug. 12, 1716	LR2	23
Stephen, s. Joseph & Abigaill, b. Jan. 17, 1730/31	LR2	7
Stephen, of Middletown, m. Honour **HUBBARD**, of Glastonbury, Feb. 10, 1757	2	180
Susan, m. Ira **BRAINARD**, b. of Middletown, Nov. 23, 1826, by Joshua L. Williams, V.D.M.	3	257
Susanna, d. Daniell & Susanna, b. Oct. 16, 1694	LR1	39
Susannah, m. Thomas **JOHNSON**, Jan. 2, 1717/18	LR2	14
Susannah, d. Daniel & Allice, b. [ ]	LR2	17
Sibbil, d. Isaac & Sibbil, b. Aug. 14, 1731	1	24
Sibbell, m. Francis **WHITMORE**, Apr. 18, 1753	2	312
Sibbel, d. Elias & Prud[en]ce, b. Oct. 28, 1761	2	81
Thomas, s. Jacob & Deborah, b. Aug. 14, 1701	LR1	41
Thomas, s. Thomas & Sarah, b. Feb. 7, 1727/8	1	21
Thomas, of Middletown, m. Sarah **MILLER**, sometime of Glastonbury, Dec. 23, 1725	1	21
Timothy, s. Hugh & Mary, b. Mar. 15, 1718/19	LR2	10
William, s. Ebenezer & Anne, b. Sept. 10, 1742	1	58
William S., m. Mary **SAVAGE**, Jan. 1, 1838, by Rev. John R. Crane	3	444
-----, s. Nathaniell & Mehittabell, b. Mar. 21, 1727/8; d. Apr. 4, 1728, ae. 2 wks	LR2	16

WHITING, Harriet Elvira, d. [Luzon & Harriet], b. Mar. 8, 1813

	Vol.	Page
Harriet Elvira, d. [Luzon & Harriet], b. Mar. 8, 1813	3	19
Luzon, m. Harriet **PLYMERT**, Sept. 5, 1810	3	19
Luson, s. [Luzon & Harriet], b. Dec. 25, 1814	3	19
Mary, d. of W[illia]m, of Hartford*, m. Nathaniell		

	Vol.	Page
WHITING, (cont.)		
COLLINS, Aug. 3, 1664 (*Written in margin)	LR1	13
W[illia]m Plymert, s. Luzon & Harriet, b. Sept. 25, 1811	3	19
WHITMAN, Melissa E., ae. 24, b. in Geneva, Ohio, m. George W. **SKINNER**, mechanic, ae. 27, of Middletown, July 12, 1849	4	126-7
WHITMORE, [see also **WETMORE**], Abigaill, d. Ffrancis & Hannah, b. Jan. 23, 1681	LR1	51
Abigaill, m. Samuell **WILLCOCK**, May 9, 1683	LR1	48
Abigail, m. Thomas **COOPER**, Jan. 26, 1709/10	LR2	17
Abigail, d. Ffrancis & Mary, b. Sept. 9, 1718	LR1	12
Abigail, [twin with Joseph], d. [Joseph & Mary], b. Mar. 2, 171[ ]	LR2	13
Abigail, m. Ebenezer **CLARK**, June 21, 1733	1	68
Abigail, m. Noadiah **TAYLOR**, Oct. 24, 1739	1	121
Abigail, d. W[illia]m & Abigail, b. Sept. 17, 1747	1	81
Abigail, m. Uzziel **CLARK**, Apr. 3, 1760	2	137
Abigail, m. Elijah **HUBBARD**, Jan. 27, 1762	2	80
Ame, w. of Jacob, d. Apr. 12, 1734	1	51
Anne Maria, of Middletown, m. Noah **BRADLEY**, of Madison, May 12, 1833, by Rev. W[illia]m H. Beacher	3	382
Betsey, d. Francis & Eliz[abet]h, b. Jan. 14, 1766	2	270
Bulkley, m. Martha C. **MILLER**, Nov. 30, 1826, by Rev. George Cunningham	3	257
Chauncey B., ae. 26, m. Julia A. **LUCAS**, ae. 23, b. of Middletown, Dec. 31, 1854, by Rev. J. B. Merwin. Witnesses: Noah Whitman, Jane Bailey	4	258-9
Daniel, s. Francis & Mary, b. Aug. 21, 1713	LR1	12
Daniel, m. Mehitabel **HUBBARD**, Nov. 3, 1738	1	106
Daniel, s. Dan[ie]l & Mehitabel, b. May 1, 1741	1	106
Daniel, of Middletown, m. Mary **CHALKER**, of Saybrook, May 30, 1744	1	106
Daniel C., m. Sally **ROBERTS**, b. of Middletown, Jan. 9, 1829, by Rev. John Cookson	3	328
Ebenezer, s. Ffrancis & Mary, b. Nov. 16, 1720	LR1	12
Ebenezer, m. Thankfull **EGELSTON**, July 19, 1744	2	22
Ebenezer, s. Eben[eze]r & Thankfull, b. Dec. 14, 1745	2	22
Edith, d. Francis & Hanna[h], b. Mar. 3, 1691/2	LR1	51
Edeth, m. Jacob **CORNWELL**, Mar. 20, 1710/11	LR2	23
Edw[ar]d Collins, s. W[illia]m & Abigail, b. June 14, 1734	1	81
Eliza, m. Benjamin **DAVISON**, Sept. 22, 1824, by Rev. Birdseye G. Noble	3	170
Eliza Ann, m. Henry W. **SCOVILLE**, b. of Middletown, Nov. 24, 1853, by Rev. E.L. Janes	4	246
Elizabeth, m. Daniell **CLARK**, July 12, 1704	LR2	2

	Vol.	Page
WHITMORE, (cont.)		
Elizabeth, d. [Ffrancis & Mary], b. Apr. 12, 1716	LR1	12
Elizabeth, m. Bezeleel **LATIMOR**, Dec. 21, 1749	2	192
Elizabeth, wid., of Seth, m. Elisah(?) **TREADWAY**, June 25, 1753	2	130
Elizabeth, d. Fran[ci]s & Eliz[abet]h, b. Sept. 18, 1758	2	270
Elizabeth, d. Fran[ci]s & Eliz[abet]h, d. Mar. 15, 1762	2	270
Elizabeth, m. Elias **PADDOCK**, b. of Middletown, Oct. 19, 1829, by Rev. E.R. Tyler	3	340
Emeline, d. Joseph, of East Haddam, b. Nov. 21, 1806; m. Jabez **SMITH**, s. of Anson, of East Haddam, Jan. 18, 1826	4	12
Esther, m. Jabez **WETMORE**, Oct. 24, 1765	2	97
Esther, d. [Jonathan & Priscilla], b. Mar. 12, 1798	2	281
Esther, m. Ephraim **CROFOOT**, Jr., Mar. 3, 1822, by Rev. John R. Crane	3	92
Fitzjohn, s. W[illia]m & Rebeckah, b. Jan. 18, 1718/19	LR2	28
Francis, m. Han[n]a[h] **HAR[R]IS**, Feb. 8, 1674	LR1	51
Francis, s. Francis & Hannah, b. Nov. 25, 1675	LR1	51
Ffrancis, m. Mary **CORNWELL**, May 30, 1698	LR1	12
Ffrancis, Lieut., d. Sept. 19, 1700	LR1	51
Ffrancis, s. Ffrancis & Mary, b. Jan. 10, 1701/2	LR1	12
Ffrancis, d.* Joseph & Mary, b. Aug. 3, 1721 (*Son?)	LR2	13
Ffrancis, Jr., m. Sarah **PRYOR**, Feb. 20, 1723/4	1	28
Ffrancis, s. W[illia]m & Rebeckah, b. Jan. 17, 1726/7	LR2	28
Ffrancis, s.* [Joseph & Mary], d. Mar. 8, 172[ ] (*Son?)	LR2	13
Ffrancis, s. Joseph & Mary, b. Apr. 28, 172[ ]	LR2	13
Ffrancis, s. Ffrancis & Sarah, b. Mar. 13, 1730/31	1	28
Francis, m. Rachel **WHITE**, July 15, 1750	2	312
Francis, 2d, m. Elizabeth **HALE**, Nov. 15, 1750	2	270
Francis, m. Sibbell **WHITE**, Apr. 18, 1753	2	312
Francis, Jr., m. Elizabeth **HENRY**, June 6, 1754	2	270
Francis, d. Nov. 29, 1757	2	312
Francis, s. Fran[ci]s & Eliz[abet]h, b. Mar. 18, 1761	2	270
Girdion, s. Nath[anie]ll & Sarah, b. Dec. 9, 1731	1	109
Gurdon, s. Nath[anie]ll & Sarah, d. June 14, 1745	1	109
Gurdon, s. Dan[ie]ll & Mary, b. Apr. 7, 1750	1	106
Han[n]a[h], d. Francis & Han[n]a[h], b. Nov. 23, 1677	LR1	51
Hannah, m. Samuell **GIPSON**, Nov. 4, 1703	LR2	4
Hannah, d. [Ffrancis & Mary], b. Sept. 11, 1711	LR1	12
Hannah, d. Joseph & Mary, b. Dec. 25, 171[ ]	LR2	13
Hannah, d. W[illia]m & Rebeckah, b. May 8, 1728	LR2	28
Hannah, d. Nath[anie]ll [& Sarah], b. Jan. 9, 1734/5	1	109
Hezekiah, s. Ffrancis & Mary, b. June 27, 1725	LR1	12

WHITMORE, (cont.)

	Vol.	Page
Hezekiah, m. Mary **BIGELOW**, Aug. 17, 1748	2	118
Hezekiah, s. Eben[eze]r & Thankfull, b. Mar. 3, 1756	2	22
Hezekiah, d. Sept. 7, 1759, at Ticonderoga	2	118
Ezebell, d. Ffrancis & Hannah, b. Dec. [ ], 1694	LR1	51
Izabel, m. Robert **WARNER**, June 24, 1714	LR2	27
Isabel, d. Ffrancis & Sarah, b. Feb. 24, 1728/9	1	28
Jacob, s. [Ffrancis & Mary], b. Oct. 19, 1707	LR1	12
Jacob, m. Amie **STOW**, Feb. 2, 1729/30	1	51
Jacob, m. Rebeckah **HURLBUT**, July 31, 1735	1	51
Jacob, s. Jacob & Rebeckah, b. May 6, 1736	1	51
Jacob, Jr., m. Elizabeth **KING**, June 15, 1758	2	123
Jacob, Sr., d. Apr. 1, 1761	1	51
Jacob, s. Francis & Eliz[abet]h, b. May 2, 1763	2	270
Jedadiah, s. Joseph & Mary, b. June 29, 1728; d. Feb. 1 or 2, 1729/30	LR2	13
Jedadiah, s. W[illia]m & Rebeckah, b. Oct. 29, 1731; d. Jan. 15, 1731/2	LR2	28
John, s. Ffrancis & Hannah, b. Apr. [ ], 1696	LR1	51
John, d. June 5, 1743	1	96
John, s. Eben[eze]r & Thankfull, b. Nov. 18, 1748	2	22
John, s. Eben[eze]r & Thankfull, b. Aug. 16, 1752	2	22
John, s. Eben[eze]r & Thankfull, d. Oct. 11, 1752	2	22
John Kenny, s. Francis & Elizabeth, b. Mar. 1, 1768	2	270
Jonathan, s. W[illia]m & Abigail, b. Oct. 20, 1735; d. Aug. 6, 1738	1	81
Jonathan, m. Priscilla **BIDWELL**, Jan. [ ], 1791	2	281
Joseph, s. Francis & Hanna[h], b. Aug. 1, 1687	LR1	51
Joseph, m. Mary **WARNER**, May 16, 170[ ]	LR2	13
Joseph, [twin with Abigail], s. [Joseph & Mary], b. Mar. 2, 171[ ]	LR2	13
Joseph, s. W[illia]m & Rebeckah; b. Feb. 13, 1729/30	LR2	28
Joseph, d. Apr. 29, 172[ ], at Lyme	LR2	13
Joseph, s. Joseph & Mary, d. Jan. 1, 17[ ]	LR2	13
Luther, s. Eben[eze]r & Thankfull, b. May 4, 1754	2	22
Mabel, d. Dan[ie]ll & Mehitabel, b. [ ]	1	106
Mabel, d. Dan[ie]ll & Mehitabel, d. [ ]	1	106
Margary, d. Ffrancis & Mary, b. Dec. 10, 1705	LR1	12
Margery, m. John **DAVIS**, Sept. 18, 1727	1	34
Martha, d. W[illia]m & Rebeckah, b. Mar. 8, 1716/17	LR2	28
Martha, d. Joseph & Mary, b. June 11, 1719	LR2	13
Martha, m. Edward **FOSTER**, Jr., Apr. 28, 1737	1	102
Martha, m. Thomas **SAVAGE**, Jr. Jan. 1, 1741	1	23
Mary, d. Ffrancis & Mary, b. Oct. 1, 1702; d. Nov. 1, 1702	LR1	12
Mary, 2d, d. [Ffrancis & Mary], b. Dec. 10, 1705	LR1	12

MIDDLETOWN VITAL RECORDS

WHITMORE, (cont.)

	Vol.	Page
Mary, d. Joseph & Mary, b. Apr. 15, 1710	LR2	13
Mary, wid. of Joseph, d. May 2, 1722	LR2	13
Mary, m. Jonathan **COLLINS**, May 4, 1725	1	28
Mary, d. Ffrancis & Sarah, b. Mar. 23, 1726/7	1	28
Mary, m. Joseph **SAVAGE**, Jan. 11, 1732/3	1	87
Mary, d. Jacob & Rebeckah, b. Aug. 2, 1742	1	51
Mary, d. Hez[akia]h & Mary, b. Mar. 18, 1750/1	2	118
Mary, d. Francis & Sibbell, b. Nov. 26, 1755	2	312
Mary, m. Jonathan **JOHNSON**, Jan. 1, 1771	2	195
Mehetabel, d. Dan[ie]l & Mary, b. Apr. 12, 1748	1	106
Mahitabel, m. Daniel **CLARK**, Jan. 19, 1769	2	72
Mehetabel, m. Jonathan **THAYRE**, b. of Middletown, Jan. 29, 1822, by Rev. Phinehas Cook	3	87
Mehitabel, w. of Daniel, d. [ ]	1	106
Nancy, d. [Jonathan & Priscilla], b. Jan. 25, 1796	2	281
Nathaniel, s. [Ffrancis & Mary], b. Oct. 29, 1709	LR1	12
Nathaniel, m. Sarah **LUCAS**, wid. of Jno., Feb. 18, 1730/1	1	109
Noadiah, s. Eben[eze]r & Thankfull, b. Dec. 31, 1750	2	22
Noadiah, s. Eben[eze]r & Thankfull, d. Oct. 2, 1751	2	22
Polly, d. Jon[atha]n & Priscilla, b. June 1, 1791	2	281
Prescilla, of Middletown, m. Theophilus **BOTCHFORD**, of Bristol, Oct. 20, 1828, by Rev. Jno. R. Crane	3	314
Rachel, w. of Francis, d. Mar. 1, 1750/1	2	312
Rachel, d. Francis & Sibbell, b. Dec. 22, 1753	2	312
Rachel, d. Francis & Sibbell, b. Jan. 31, 1755	2	312
Rebeckah, d. W[illia]m & Rebeckah, b. Dec. 14, 1720	LR2	28
Rebeckah, w. of William, d. Oct. 30, 1732	LR2	28
Rebeckah, d. Jacob & Rebeckah, b. Oct. 17, 1740	1	51
Rebeckah, d. Jacob & Rebeckah, d. Aug. 22, 1742	1	51
Rebeckah, m. Nehemiah **KELCEY**, June 9, 1746	2	92
Rebeccah, wid., m. Dea. Jonathan **ALLEN**, July 6, 1763	1	22
Ruth, d. Jacob & Amie, b. June 14, 1731	1	51
Ruth, m. Samuel **RUSSELL**, Aug. 29, 1758	2	96
Samuell, s. Joseph & Mary, b. Jan. 10, 1723	LR2	13
Samuel, s. Francis & Elizabeth, b. Dec. 26, 1751	2	270
Sarah, d. Thomas & Sarah, d. July 14, 1655 (Perhaps **WETMORE**?)	LR1	23
Sarah, d. William & Rebeckah, b. Jan. 10, 1722/3	LR2	28
Sarah, d. Ffrancis & Sarah, b. Jan. 4, 1724/5	1	28
Sarah, m. Benjamin **CROWEL**, Sept. 30, 1743	2	30
Seth, s. Joseph & Mary, b. Apr. 24, 1717	LR2	13
Seth, m. Elizabeth **HALL**, May 28, 1745	2	51
Sollomon, s. W[illia]m & Rebeckah, b. June 25, 1724	LR2	28
Stephen, s. Dan[ie]l & Mary, b. Aug. 16, 1746	1	106
Susannah, d. Ffrancis & Sarah, b. Mar. 13, 1732/3	1	28

WHITMORE, (cont.)

	Vol.	Page
Susannah, m. Noadiah **ALLIN**, Mar. 11, 1756	2	26
Sibbell, d. Francis & Sibbell, b. Oct. 13, 1757	2	312
Sibbell, d. Francis & Sibbell, d. Mar. 21, 1758	2	312
Thankful, d. Dan[ie]l & Mehit[abe]l, b. Sept. 12, 1739	1	106
Thankful, m. Stephen **MILLER**, Jr., Oct. 11, 1761	2	298
William, s. Francis & Hanna[h], b. Dec. 18, 1689	LR1	51
William, of Middletown, m. Rebeckah **BASSET**, of New Haven, Apr. 8, 1714	LR2	28
William, s. Will[ia]m & Rebeckah, b. May 5, 1715	LR2	28
Will[ia]m, m. Abigail **WARD**, Feb. 22, 1732/3	1	81
Will[ia]m, s. Fran[ci]s & Elizabeth, b. Jan. 24, 1755; d. Sept. 26, 1755	2	270
Will[ia]m, s. Fran[ci]s & Eliz[abet]h, b. July 17, 1756; d. Oct. 4, 1757	2	270
William, s. [Jonathan & Priscilla], b. Feb. 14, 1793	2	281
Zeruiah, d. Ffrancis & Sarah, b. Feb. 27, 1734/5	1	28

WHITTLESEY, Charles Chauncey, s. [Chauncey] & Sarah, b.

Feb. 5, 1819	3	312
Chauncey, m. Lucia **WETMORE**, Feb. 14, 1770	2	182
Chauncey, of Wallingford, m. Lucy **WETMORE**, d. of Seth, Feb. 14, 1770	2	285
Chauncey, s. [Chauncey & Lucy], b. June 18, 1783	2	285
Chauncey, d. Mar. 14, 1812	2	285
Chauncey, m. Sarah Lat[h]rop **TRACY**, Apr. 14, 1818	3	312
Eben[eze]r Tracy, s. [Chauncey & Sarah], b. Oct. 24, 1824	3	312
Elizabeth, d. [Chauncey & Lucy], b. May 24, 1780	2	285
Franklin Ward, s. [Chauncey & Sarah], b. May 31, 1826	3	312
George W., of New Milford, m. Elizabeth G. **BOARDMAN**, of Middletown, June 25, 1840, by Rev. Edward R. Tyler	3	467
Hannah, d. [Chauncey & Lucy], b. May 10, 1775	2	285
Henry Ward, s. [Chauncey & Sarah], b. Dec. 12, 1820	3	312
Lucy, d. Chauncey & Lucy, b. Oct. 4, 1773	2	285
Lucy, m. Joseph W. **ALSOP**, Nov. 5, 1797	3	9
Lucy, d. Jan. 23, 1826	2	285
Lucy A., d. of Chauncey, of Middletown, m. Lyman D. **NORRIS**, of Ypsilanti, Mich., Nov. 22, 1854, by Rev. James B. Crane	4	258
Maria T., d. Nov. 4, 1849, ae. 26	4	174-5
Maria Tracy, d. [Chauncey & Sarah], b. Dec. 28, 1822	3	312
Robert, b. in Weathersfield, res. Middletown, d. Mar. 4, 1851	4	206-7
Susanna, wid. of Rev. Samuell, of Milford, m. Jabez **HAMLIN**, Apr. 2, 1771	2	272

	Vol.	Page
WHITTLESEY, (cont.)		
Thomas, m. Almira **KELLEY**, Nov. 4, 1832, by Rev. Seth Higby	3	376
WICKHAM, Abigail, m. Samuel **HALL**, Apr. 11, 1723	1	7
Ann, m. Jabez **BROOKS**, Apr. 4, 1728	1	38
Anna, of Southold, m. Henchman **ROBBERDS**, of Middletown, June 12, 1756	2	110
Isaac, s. Jonathan & Patience, b. Mar. 16, 1771	2	13
Jonathan, s. David & Phebe (**COLE**), b. July 26, 1739, in Glastonbury	2	13
Jonathan, m. Patience **MILLER**, d. William & 2d w. Elizabeth (**HOLLISTER**), of Glastonbury, Dec. 4, 1765	2	13
Jonathan, s. Jonathan & Patience, b. Feb. 4, 1769	2	13
Jonathan, d. Dec. 25, 1770, at sea	2	13
Mary, of Southold, m. Bennet **EGELSTON**, of Middletown, Sept. 19, 1743	2	50
Patience, w. of Jonathan & d. of William & 2d w. Elizabeth (**HOLLISTER**) **MILLER**, of Glastonbury, b. Jan. 31, 1743; m. Dec. 4, 1765	2	13
Sarah, m. Collins Samuel **ROBBERDS**, June 16, 1747	2	102
WIGHTMAN, Charles Stephen, s. [Stillman King & Clarissa], b. Mar. 9, 1837	3	284
Clarissa King, d. [Stillman King & Clarissa], b. Feb. 19, 1831; d. June 26, 1833	3	284
Edward King, s. [Stillman King & Clarissa], b. Apr. 27, 1835	3	284
Ellen Augusta, d. [Stillman King & Clarissa], b. Nov. 21, 1841	3	284
Frederick Butler, [s. Stillman King & Clarissa], b. May 2, 1829	3	284
James Stillman, s. [Stillman King & Clarissa], b. Mar. 20, 1833	3	284
Mary, b. in Coventry, R.I., res. Middletown, d. Aug. [ ], 1849, ae. 76	4	174-5
Mary Clarissa, d. [Stillman King & Clarissa], b. Sept. 24, 1839	3	284
Stillman King, m. Clarissa **BUTLER**, b. of Middletown, Oct. 18, 1827, by Rev. Fred[eric]k Wightman	3	284
WIGMORE, John, m. Margaret **CARROLL**, Nov. 30, 1854, by Rev. Jno. Brady	4	274
WILCOX, WILCOCKE, WILCOCK, WILCOCKS, WILLCOCK, WILLCOCKS, WILLCOX, Aaron, [twin with Moses], s. Janna & Rachel, b. June 13, 1745	1	22
Aaron P., s. [Sylvester & Abigail], b. Nov. 4, 1819	3	185
Abel, s. Francis & Rachel, b. May 31, 1756	1	127
Abel, m. Experience **RAMSDELL**, Dec. 4, 1776	2	310
Abel, s. Abel & Experience, b. June 2, 1779	2	310

WILCOX, WILCOCKE, WILCOCK, WILCOCKS,
WILLCOCK, WILLCOCKS, WILLCOX, (cont.)

	Vol.	Page
Abigaill, w. of Samuell, d. July 19, 1687	LR1	48
Abigaill, [twin with Francis], d. Sam[ue]ll & Abigaill, b. July 5, 1687; d. Apr. 30, 1688	LR1	48
Abigail, d. Ffrancis & Abigail, b. Oct. 18, 1712	LR2	24
Abigail, d. Francis & Rachel, b. Nov. 25, 1749	1	127
Abigail, d. Elijah & Abigail, b. Apr. 26, 1752	2	28
Abigail, m. William **SIZER**, Sept. 21, 1768	2	266
Abigail, d. [Sylvester & Abigail], b. May 10, 1812	3	185
Abigail, Mrs. of Middletown, m. Rev. Jona[tha]n **GOODWIN**, of Oswego, N.Y., June 9, 1835, by Rev. Will[ia]m Bentley	3	411
Abigail, of Middletown, m. Lewis **BENTON**, of Guilford, Oct. 5, 1835, by Rev. Zebulon Crocker	3	414
Abigail R., m. Samuel **GALPIN**, Sept. 7, 1826, by Rev. Birdseye G. Noble	3	238
Achsah, m. Stephen **HORTON**, Apr. 16, 1828, by Rev. Samuel Goodrich, of Berlin	3	305
Adaline, d. [Joseph & Lucy], b. June 12, 1840; d. Aug. 3, 1840	3	91
Albert S., s. Gustavus V., agriculturist, ae. 52, & Huldah, ae. 42, b. Aug. 12, 1848	4	110-1
Almira, d. [Seth & Molly], b. May 27, 1802	2	194
Amelia, m. Dennis **CORNWELL**, b. of Middletown, Apr. 23, 1846, by Rev. Ja[me]s H. Francis	3	547
Amos, s. Ozias & Mabel, b. Oct. 18, 1757	2	322
Amos Brownson, s. Israel & Sebel, b. Nov. 12, 1775	2	164
Ann, m. Sylvester **HALL**, Mar. 7, 1821, by Rev. William Jewett	3	47
Ann S., d. of Gustavus V., of Middletown, m. Stephen C. **JOHNSON**, s. Stephen, of Tyringham, Mass., Oct. 3, 1847, by Rev. John R. Crane	4	16
Anna, wid. of Thomas, m. Richard **COALMAN**, Sept. 2, 1728	1	40
Anna Maria, [d. Jedediah & Mary Ann], b. Aug. 17, 1846	4	8
Anne, d. Elijah & Mercy, b. Sept. 23, 1777	2	108
Anne, d. [Elijah & Lois], b. July 12, 1801	2	108
Anne, see Anne **HALL**	LR1	49
Ansel, m. Betsey L. **STOCKING**, Feb. 5, 1818	3	31
Arsa, m. Emily **TREAT**, b. of Middletown, Oct. 5, 1823, by Rev. J. L. Williams	3	137
Asa, s. Osias & Mabel, b. May 21, 1764	2	322
Asa, s. Jona[tha]n & Rachel, b. July 2, 1764	2	181
Asa T., of Bridgeport, m. Julia C. **SAGE**, of Middletown, Apr. 6, 1828, by Rev. Frederick Wightman	3	300
Asahel, s. [Jere[mia]h & Ruth], b. Mar. 30, 1787	2	159

MIDDLETOWN VITAL RECORDS 323

	Vol.	Page
WILCOX, WILCOCKE, WILCOCK, WILCOCKS, WILLCOCK, WILLCOCKS, WILLCOX, (cont.)		
Austa, d. [Sylvester & Abigail], b. May 7, 1807	3	185
Barbara, m. Jedidiah **WHITE**, Dec. 4, 1760	2	233
Benjamin, s. Ozias & Mabel, b. Sept. 1, 1772	2	322
Benjamin, m. Rachel **WILCOX**, Apr. 6, 1796	3	88
Benjamin, s. [Benjamin & Rachel], b. May 18, 1815	3	88
Betsey, d. [Luther & Huldah], b. Mar. 21, 1807	3	23
Caroline, m. William **SMITH**, b. of Middletown, June 23, 1823, by Rev. Joshua L. Williams	3	130
Caroline C., [d. Nathan & Polly], b. Dec. 13, 1824	4	30
Charles, s. Israel & Mary, b. Feb. 16, 1729/30	LR2	11
Charles, of Middletown, m. Luantha **ELDERKIN**, of Guilford, May 8, 1751	2	204
Charles, m. Naomi Maria **CHAMBERS**, b. of Middletown, Dec. 23, 1824, by Joshua L. Williams, V.D.M.	3	190
Charles Cornelius, s. [Joseph & Lucy], b. July 7, 1835	3	91
C[h]loe, d. Elijah & Mary, b. Oct. 4, 1760	2	28
Christiana, d. Jona[tha]n & Dinah, b. June 15, 1746	2	11
Clarissa, d. Abel & Experience, b. Oct. 15, 1793	2	310
Clarissa, d. [Sylvester & Abigail], b. June 4, 1809	3	185
Clarissa, of Middletown, m. Alanson **BIRDSEYE**, of Mereden, Aug. 10, 1828, by Rev. Jona[than] Goodwin	3	311
Comfort, s. John & Hannah, b. Feb. 17, 1757	2	94
Comfort, m. Patty **DOOLITTLE**, Aug. 10, 1780	2	253
Cornelia Maria, d. [Norman & Olive], b. Oct. 30, 1832	3	148
Cornelius, s. Jos[eph] & Lucy, b. Apr. 9, 1834; d. Apr. 27, 1834	3	91
Courine A., d. Joseph E., farmer, & Ann, b. Aug. 28, 1848	4	114-5
Cyrus, s. Ozias & Mabel, b. Aug. 11, 1770	2	322
Daniel, s. Sam[ue]ll & Hannah, b. Dec. 31, 1715	LR2	29
Daniel, m. Sarah **WHITE**, Mar. 16, 1738	1	102
Daniel, s. Dan[ie]ll & Sarah, b. Nov. 17, 1741	1	102
Daniel, Jr., of Middletown, m. Susannah **PORTER**, of East Hartford, Sept. 22, 1763	2	150
Daniel, m. Mercy **GIBSON**, Nov. 7, 1771	2	150
Daniel, s. Daniel & Mercy, b. Oct. 26, 1774	2	150
Daniel, Sr., d. Apr. 10, 1776, at Roxbury	2	150
Daniel H., m. Grace **PELTON**, b. of Middletown, Dec. 8, 1836, by Rev. Zebulon Crocker	3	427
Daniel Hulbert, s. [Sam[ue]l & Lois], b. Dec. 9, 1808	2	224
David, s. Dan[ie]ll & Sarah, b. Sept. 24, 1743	1	102
David, s. Dan[ie]ll & Sarah, d. Oct. 1, 1762, at Havannah	1	102

	Vol.	Page
WILCOX, WILCOCKE, WILCOCK, WILCOCKS,		
WILLCOCK, WILLCOCKS, WILLCOX, (cont.)		
David, s. Daniel & Susannah, b. Dec. 6, 1768	2	150
David, s. E[lijah] & Hannah, b. Nov. 13, 1781	2	108
Desire, d. Moses & Desire, b. Sept. 13, 1765	2	292
Diadama, d. Ep[hrai]m & Diadama, b. May 31, 1762	2	207
Dinah, w. of Jona[tha]n, d. Feb. 18, 1761	2	11
Ebenezer, s. John & Mary, b. Sept. 10, 1718	LR2	21
Ebenezer, s. Dea. Jno., d. Apr. 15, 1741	LR2	21
Ebenezer, s. Ozias & Mabel, b. Sept. 26, 1759	2	322
Ebenezer C., [s. Nathan & Polly], b. Feb. 11, 1832	4	30
Electy, d. Luther & Huldah, b. Mar. 25, 1797	3	23
Eli, s. Jere[mia]h & Mary, b. Mar. 24, 1754	1	95
Elias, [twin with Moses], s. Elijah & Mary, b. Oct. 1, 1771	2	28
Elijah, s. Sam[ue]ll & Hesther, b. Jan. 14, 1720/21	LR2	21
Elijah, m. Abigail **CHURCHEL**, May 28, 1747	2	28
Elijah, s. Elijah & Abigail, b. Jan. 11, 1747/8	2	28
Elijah, m. Mary **BOOSHNAL**, of Saybrook, Aug. 22, 1759	2	28
Elijah, Jr., m. Mercy **GRAVES**, Nov. 9, 1774	2	108
Elijah, Jr., m. Hannah **LATIMER**, Feb. 2, 1781	2	108
Elijah, m. Lois **WARNER**, Mar. 7, 1782	2	108
Elijah, s. E[lijah] & Lois, b. Jan. 1, 1788	2	108
Eliphalet, s. Ozias & Mabel, b. Aug. 30, 1761	2	322
Eliphalet, of Middletown, m. Eunice **ROBINSON**, of Glastonbury, Oct. 16, 1825, by Joshua L. Williams, V.D.M.	3	215
Elisha, s. Ffrancis & Abigail, b. May 25, 1715	LR2	24
Elisha, s. Francis & Rachel, b. Mar. 14, 1745	1	127
Elisha Bacon, s. [Joseph & Meriam], b. June 20, 1795	2	319
Elizabeth, d. Sam[ue]ll & Hannah, b. Oct. 25, 1726	LR2	29
Elizabeth, m. Samuel **HALL**, Jr., Feb. 20, 1746	2	84-b
Elizabeth, d. Jos[ia]h & Elizabeth, b. May 8, 1775	2	221
Elizabeth, w. of Josiah, d. May 13, 1775	2	221
Elizabeth, d. Abel & Experience, b. Sept. 3, 1777	2	310
Elizabeth, m. Junia **WARNER**, Jan. 17, 1797	2	364
Elizabeth Jesup, d. Dea. [John] & [Bethiah], d. Feb. 3, 1739/40	1	45
Elizabeth M., m. Landen E. **BAILEY**, b. of Middletown, July 2, 1843, by Rev. Zebulon Crocker	3	503
Elizabeth Maria, d. Ansel & Betsey L., b. June 14, 1823	3	31
Emily M., d. Jan. 13, 1849, ae. 27	4	132-3
Emily Maria, d. [Joseph & Maria], b. Sept. 15, 1821	3	91
Ephraim, s. John & Esther, b. July 9, 1672	LR1	48
Ephraim, m. Silvenie* **HANDS**, Aug. 23, 1698 (*Probably "Silence")	LR1	1
Ephraim, s. Ephraim & Silvenie*, b. June 4(?), 170[ ]		

	Vol.	Page
WILCOX, WILCOCKE, WILCOCK, WILCOCKS,		
WILLCOCK, WILLCOCKS, WILLCOX, (cont.)		
(*Silence)	LR1	1
Ephraim, Sr., d. Jan. 4, 1712/13	LR1	1
Ephraim, s. Janna & Rachel, b. May 26, 1738	1	22
Ephraim, of Middletown, m. Diadama **FRENCH**, of Guilford, Aug. 24, 1761	2	207
Erastus, s. [Elijah & Lois], b. Nov. 10, 1796	2	108
Esther, d. John & Esther, b. Dec. 9, 1673	LR1	48
Esther, m. John **STOW**, [ ], 1677	LR1	22
Esther, d. Ephraim & Silvenie*, b. Oct. 31, 1699 (*Silence)	LR1	1
Esther, m. Thomas **RANNEY**, Feb. 26, 1719/20	LR2	3
Esther, d. John & Mary, b. Dec. 3, 1720	LR2	21
Esther, d. Jere[mia]h & Mary, b. Oct. 26, 1740	1	95
Esther, m. Joseph **KIRBY**, June 15, 1743	2	59
Esther, d. Janna & Rachel, b. Mar. 13, 1749/50	1	22
Eunice, d. John, Jr. & Eunice, b. July 4, 1774	2	143
Eunice, w. of John, d. Oct. 13, 1804	2	143
Ezekiel, s. Jona[tha]n & Dinah, b. Dec. 6, 1747	2	11
Fanny, d. [Luther & Huldah], b. Oct. 7, 1802	3	23
Frances S., m. Edwin **SAVAGE**, Nov. 30, [1837], by Rev. Stephen Topliff	3	444
Francis, [twin with Abigaill], s. Sam[ue]ll & Abigaill, b. July 5, 1687	LR1	48
Ffrancis, of Middletown, m. Abigail **GRAVES**, of Hatfield, Nov. 13, 1711	LR2	24
Ffrancis, s. Ffrancis & Abigail, b. Oct. 9, 1717	LR2	24
Francis, Jr., m. Rachel **WILCOX**, Dec. 17, 1741	1	127
Francis, s. Francis & Rachel, b. Mar. 15, 1758	1	127
Francis, father of Francis, d. Mar. 13, 1765	1	127
Franklin N., s. Russell, farmer, ae. 34, & Elizabeth, ae. 24, b. Feb. 29, 1848	4	56-7
George, s. L. M., gunsmith, & Sarah H., b. Jan. 4, 1851	4	198-9
George, d. Jan. 5, 1851	4	206-7
Gershom, s. Jona[tha]n & Dinah, b. Feb. 6, 1755	2	11
Gideon, s. Israel & Mary, b. Nov. [ ], 1721	LR2	11
Gideon, d. May 19, 1760	LR2	11
Giles, s. John & Hannah, b. Jan. 2, 1750	2	94
Giles, m. Rachel **DOWD**, Nov. 9, 1775	2	160
Giles, s. Giles & Rachel, b. Aug. 28, 1779	2	160
Giles, Jr., m. Lucy **CLARK**, Feb. 27, 1803	3	32
Grace, d. Jere[mia]h & Mary, b. Nov. 4, 1751	1	95
Gustavus, of Guilford, m. Lucy **LEE**, of Middletown, Jan. 26, 1823, by Rev. Eli Ball	3	120
Hannah, d. Sam[ue]ll & Hannah, b. Dec. 24, 1718	LR2	29
Hannah, d. Tho[ma]s & Anna, b. Dec. 3, 1724	LR2	10

WILCOX, WILCOCKE, WILCOCK, WILCOCKS,
WILLCOCK, WILLCOCKS, WILLCOX, (cont.)

	Vol.	Page
Hannah, m. Malachi **LEWIS**, May 7, 1728	1	39
Hannah, d. Israel & Hannah, b. Mar. 10, 1736/7; d. May 23, 1773	1	86
Hannah, m. John **WILLCOX**, July 6, 1738	2	94
Hannah, m. Benjamin **CORNWELL**, Feb. 25, 1742	1	81
Hannah, d. John & Hannah, b. Jan. 28, 1748	2	94
Hannah, d. Samuel & Hannah, b. Oct. 21, 1772	2	176
Hannah, w. [Elijah], d. Nov. 29, 1781	2	108
Hannah, d. E[lijah] & Lois, b. Dec. 29, 1782	2	108
Hannah J., of Middletown, m. John W. **MILES**, of Mereden, June 6, 1854, by Rev. L. S. Hough	4	253
Harriet, d. [Benjamin & Rachel], b. May 6, 1813	3	88
Harriet, of Middletown, m. George W. **KINYON**, of South Kingston, R.I., Nov. 27, 1839, by Rev. James H. Francis	3	463
Harriet A., [d. Samuel G. & Sarah], b. Apr. 14, 1827; d. May 18, 1827	3	111
Harriet A., d. Mar. 19, 1848, ae. 22	4	74-5
Harriet A., b. in Portland, res. Middletown, d. July 22, 1848, ae. 22	4	68-9
Harriet Austin, [d. Samuel G. & Sarah], b. Sept. 12, 1823; d. Apr. 6, 1826	3	111
Helen Clarissa, d. [Joseph & Lucy], b. July 19, 1837	3	91
Henry J., m. Mary Ann **COE**, Dec. 11, 1839, by Rev. L. S. Everett	3	471
Hephzibah, d. Dan[ie]ll & Sarah, b. Jan. 31, 1745	1	102
Hephsibah, d. [Elijah & Lois], b. Nov. 15, 1794	2	108
Hesther, d. Sam[ue]ll & Hester, b. Nov. 22, 1723	LR2	21
Hezekiah, s. John & Hannah, b. Mar. 4, 1744	2	94
Hezekiah, m. Rachel **BOARDMAN**, Nov. 9, 1775	2	161
Hezekiah, d. Sept. 11, 1776	2	161
Hezekiah, s. Hezekiah & Rachel, b. Oct. 11, 1776	2	161
Heze[kia]h, s. [Elijah & Lois], b. Jan. 8, 1785	2	108
Hezekiah, s. [Joseph & Meriam], b. Mar. 28, 1793	2	319
Horace C., m. Charlotte A. **SMITH**, b. of Middletown, Aug. 9, 1848, by Rev. L. S. Hough	4	38
Horace Hall, s. [Giles & Lucy], b. May 17, 1827	3	32
Hulda[h], d. John & Mary, b. Jan. 21, 1725/6	LR2	21
Huldah, d. Dea. Jno., d. Aug. 15, 1742	LR2	21
Huldah, d. Dan[ie]ll & Sarah, b. May 24, 1748	1	102
Huldah, d. Luther & Huldah, b. Oct. 24, 1795	3	23
Isaac, s. Dan[ie]ll & Sarah, b. Aug. 14, 1755	1	102
Isaac, s. Stephen & Mary, b. May 17, 1779	2	202
Israel, s. John & Katterne, b. June 19, 1656	LR1	5
Isarell, m. Sara[h] **SAVEDGE**, Mar. 28, 1677/78	LR1	33

WILCOX, WILCOCKE, WILCOCK, WILCOCKS,
WILLCOCK, WILLCOCKS, WILLCOX, (cont.)

	Vol.	Page
Isra[e]ll, s. Isra[e]ll & Sarah, b. Jan. 16, 1679	LR1	33
Isra[e]ll, Sr., d. Dec. 20, 1689	LR1	33
Israel, m. Mary **NORTH**, Dec. 16, 1717	LR2	11
Israel, s. Israel & Mary, b. Sept. 1, 1720	LR2	11
Israel, of Middletown, m. Hannah **WILLIAMS**, of Weathersfield, Feb. 26, 1735/6	1	86
Israel, d. July 12, 1738	1	86
Israel, of Middletown, m. Martha **BARNS**, of East Hampton, L.I., Apr. 4, 1749	2	285
Israel, s. Israel & Martha, b. Aug. 23, 1752	2	285
Israel, Jr., m. Sebel **BROWNSON**, Jan. 19, 1775	2	164
Jacob, s. Dan[ie]ll & Sarah, b. June 21, 1758	1	102
Jacob, of Middletown, m. Rachel **PORTER**, of Hartford, June 7, 1780	2	343
Jarius, s. Francis & Rachel, b. Oct. 19, 1751	1	127
Jairus, s. [Benjamin & Rachel], b. Mar. 1, 1802	3	88
James, s. Janna, Jr. & Jemima, b. Nov. 28, 1755	2	246
James, s. Jona[tha]n & Dinah, b. Sept. 9, 1757	2	11
James, s. Francis & Rachel, b. Nov. 15, 1764	1	127
Jane, d. Ephraim & Silvenie*, b. Jan. 4, 170[ ] (*Silence?)	LR1	1
Jane, m. John **CLARK**, Jr., Nov. 2, 1727	1	31
Jane, m. John **CLARK**, 3rd, Nov. 2, 1727	1	32
Janna, s. Ephraim & Silvenie*, b. Sept. 20, 170[ ] (*Silence?)	LR1	1
Janna, m. Rachel **BOARDMAN**, Apr. 29, 1725	1	22
Janna, s. Janna & Rachel, b. July 25, 1728	1	22
Janna, Jr., m. Jemima **WILCOX**, Nov. 14, 1751	2	246
Jason Jedediah, [s. Jedediah & Mary Ann], b. Nov. 11, 1844	4	8
Jedediah, s. John, Jr. & Eunice, b. June 1, 1778; d. Oct. 10, 1787	2	143
Jedediah, s. Joseph & Meriam, b. Feb. 7, 1788	2	319
Jedediah, m. Anna **YALE**, June 9, 1814	3	247
Jedediah, m. Mary Ann **WILCOX**, b. of Middletown, May 17, 1843, by Rev. Ja[me]s H. Francis	3	504
Jedediah, s. Joseph, m. Mary Ann **WILCOX**, d. of Seth, May 17, 1843	4	8
Jeduthan, s. John & Eunice, b. Nov. 18, 1768	2	143
Jemima, d. John & Mary, b. July 11, 1723	LR2	21
Jemima, m. Janna **WILCOX**, Jr., Nov. 14, 1751	2	246
Jemima, m. Jonathan Edwards, July 1, 1762	1	57
Jeremiah, s. Sam[ue]ll & Hesther, b. Sept. 20, 1715	LR2	21
Jeremiah, m. Mary **STOW**, Apr. 29, 1736	1	95
Jeremiah, s. Jere[mia]h & Mary, b. Nov. 10, 1744	1	95
Jeremiah, d. Dec. 8, 1760	1	95

WILCOX, WILCOCKE, WILCOCK, WILCOCKS,
WILLCOCK, WILLCOCKS, WILLCOX, (cont.)

	Vol.	Page
Jeremiah, m. Ruth **DUDLEY**, Dec. 7, 1780	2	159
Jere[mia]h, s. Jere[mia]h & Ruth], b. May 27, 1785	2	159
Jerusha, d. Israel & Mary, b. May 7, 1734	LR2	11
Jerusha, d. Israel & Mary, d. Apr. 17, 1748	LR2	11
Jesse, s. Jonathan & Rachel, b. Apr. 27, 1769	2	181
Jesse, s. Jere[mia]h & Ruth, b. Mar. 22, 1793	2	159
John, d. May 24, 1676	LR1	48
John, s. Isra[e]ll & Sarah, b. July 5, 1689	LR1	33
John, m. Mary **WARNER**, Apr. 12, 1710	LR2	21
John, s. Sam[ue]ll & Hesther, b. Aug. 1, 1712	LR2	21
John, s. John & Mary, b. Feb. 13, 1712/13; d. Apr. 15, 1713	LR2	21
John, Dea., of Middletown, m. Bethiah **JESSEUPS**, of Long Island, May 2, 1738	1	45
John, m. Hannah **WILLCOX**, July 6, 1738	2	94
John, s. John & Hannah, b. Jan. 15, 1740	2	94
John, s. Janna & Rachel, b. Oct. 10, 1742	1	22
John, Dea., d. May 12, 1751	1	45
John, s. Moses & Desiah, b. Apr. 2, 1754	2	292
John, s. Eph[rai]m & Diadama, b. June 14, 1764	2	207
John, Jr., m. Eunice **NORTON**, of Kinsington, Oct. 16, 1766	2	143
John, s. John & Eunice, b. Sept. 13, 1771	2	143
John, Sr., d. Oct. 21, 1795	2	94
John, s. [Joseph & Maria], b. Sept. 3, 1830	2	91
John, of Wallingford, m. Cynthia P. **HALL**, of Wallingford, Oct. 28, 1835, by Rev. John C. Green	2	415
John, s. Ephraim & Silvenie*, b. Aug. 8, [ ] (*Silence?)	LR1	1
John, m. Esther **CORNWELL**, [ ]	LR1	48
John Gould, s. [Benjamin & Rachel], b. June 28, 1817	3	88
John T., [s. Nathan & Polly], b. Jan. 7, 1834	4	30
Jonathan, s. Tho[ma]s & Anna, b. Jan. 4, 1722/3	LR2	10
Jona[tha]n, m. Dinah **ORVIS**, of Farmington, Nov. 15, 1743	1	80
Jonathan, of Middletown, m. Dinah **ORVIS**, of Farmington, Nov. 15, 1743	2	11
Jonathan, m. Rachel **LEWIS**, May [ ], 1762	2	181
Joseph, s. John & Mary, b. Aug. 14, 1714	LR2	21
Joseph, s. Dea. Jno., d. Feb. 11, 1736/7	LR2	21
Joseph, s. John & Hannah, b. Mar. 29, 1746	2	94
Joseph, s. Moses & Desiah, b. Aug. 27, 1756	2	292
Joseph, s. Dan[ie]l & Mercy, b. Aug. 4, 1772; d. Feb. 25, 1773	2	150
Joseph, s. Abel & Experience, b. June 14, 1784	2	310

WILCOX, WILCOCKE, WILCOCK, WILCOCKS,
WILLCOCK, WILLCOCKS, WILLCOX, (cont.)

	Vol.	Page
Joseph, m. Meriam **BACON**, of Middletown, Nov. 30, 1785	2	319
Joseph, s. [Joseph & Meriam], b. Oct. 21, 1791	2	319
Joseph, Jr., m. Maria **TRYON**, Oct. 6, 1818	3	91
Joseph, m. Lucy **TRYON**, June 27, 1832	3	91
Joseph, m. Lucy **TRYON**, June 27, 1832, by Rev. John R. Crane	3	371
Joseph A., m. Lucy Ann **BACON**, b. of Middletown, Dec. 19, 1839, by Rev. Ja[me]s H. Francis	3	463
Joseph Dwight, s. [Joseph & Maria], b. Dec. 12, 1823	3	91
Joseph R., Dea., m. Mrs. Betsey **SMITH**, b. of Middletown, Jan. 2, 1849, by Rev. John R. Crane	4	81
Joseph R., farmer, ae. 75, b. in Berlin, res. Middletown, m. 2d w. Mrs. Betsey **SMITH**, ae. 70, of Middletown, Jan. 2, 1849, by John R. Crane	4	126-7
Joseph Russel[l], s. Josiah & Elizabeth, b. Jan. 16, 1774	2	221
Josiah, s. Sam[ue]ll & Hannah, b. June 28, 1717	LR2	29
Josiah, m. Ann **BUTLER**, May 16, 1742	1	130
Josiah, s. Dan[ie]l & Sarah, b. Mar. 31, 1750	1	102
Josiah, m. Elizabeth **TREAT**, Sept. 23, 1773	2	221
Josiah, m. Huldah **SAVAGE**, Mar. 20, 1777	2	221
Josiah T., s. Joseph, m. Hellen M. **WATSON**, d. of Arnold, b. of Middletown, Dec. 9, 1850, by Rev. B. N. Leach	4	178
Josiah T., clerk, ae. 31, b. in Middletown, res. N.Y., City, m. Helen M. **WATSON**, ae. 20, b. in Middletown, res. N.Y. City, Dec. 9, 1850, by Rev. B. N. Leach	4	202-3
Josiah Tryon, s. Joseph & Maria, b. July 26, 1819	3	91
Julia, of Middletown, m. Hartley N. **BOWERS**, of Berlin, Sept. 2, 1846, by Rev. Lent S. Hough	3	553
Julia A., m. Edwin **BURR**, b. of Haddam, May 18, 1836, by Rev. Rob[er]t McEwen	3	421
Julia Ann, s. (sic) [Benjamin & Rachel], b. July 4, 1809	3	88
Julia F., m. Isaac J. **HOUGH**, b. of Middletown, Nov. 27, 1839, by Rev. Ja[me]s H. Francis	3	463
Juliette M., [d. Nathan & Polly], b. Sept. 20, 1835	4	30
Justus, s. Elijah & Abigail, b. Dec. 20, 1749	2	28
Laura, Mrs., m. Elisha **GALPIN**, b. of Middletown, [Aug.] 8, [1837], by Rev. Stephen Topliff	3	436
Lavina, d. [Joseph & Meriam], b. Jan. 31, 1797	2	319
Lavinia, m. Ebenezer **BACON**, 2d, Oct. 5, 1813	3	11
Lavinia, of Middletown, m. William F. **HALL**, of Mereden, Nov. 19, 1845, by Rev. Ja[me]s H. Francis	3	541
Lemuel, s. Jere[mia]h & Mary, b. Mar. 26, 1759	1	95

**WILCOX, WILCOCKE, WILCOCK, WILCOCKS,
WILLCOCK, WILLCOCKS, WILLCOX,** (cont.)

	Vol.	Page
Lemuel, s. Josiah & Huldah, b. Feb. 28, 1780	2	221
Lina, d. Sept. 11, 1847, ae. 73	4	72-3
Linus, s. [Elijah & Lois], b. Mar. 12, 1799	2	108
Linus L., m. Abigail **BURR**, Apr. 3, 1839, by Rev. Joseph Holdich	3	457
Lois, d. Dan[ie]ll & Sarah, b. June 14, 1738	1	102
Lois, m. Solomon **SAGE**, Jr., Sept. 14, 1756	2	5
Lois, d. Nathan & Lois, b. July 10, 1769	2	223
Lois, d. [Elijah & Lois], b. Dec. [ ], 1789	2	108
Lois, d. Aug. 12, 1847, ae. 70	4	74-5
Lorinda, d. Jere[mia]h & Ruth, b. Mar. 27, 1791	2	159
Louisa D., of Middletown, m. H. Dexter **CHAPIN**, of Springfield, Mass., Nov. 10, 1841, by Rev. Merrill Sanford	3	484
Lucretia, m. Henry W. **CHITTENDON**, Oct. 14, 1840, by Rev. Zebulon Crocker	3	470
Lucy, d. Jere[mia]h & Mary, b. Apr. 30, 1747	1	95
Lucy, m. Jesse Roberts, b. of Middletown, Dec. 27, 1770	2	346
Lucy, d. Ozias & Mabel, b. Aug. 22, 1774	2	322
Lucy, of Middletown, m. Benjamin R. **CRANE**, of Springfield, Mass., May 2, 1826, by Joshua L. Williams, V.D.M.	3	227
Lucy, w. of Joseph, d. June 30, 1840	3	91
Lucy A., of Salisbury, m. Henry **THOMPSON**, of Denmark, Dec. 30, 1850, by Isaac Coe, J. P.	4	179
Lucy Ann, [d. Giles & Lucy], b. May 12, 1814	3	32
Lucy Ann, d. Ansel & Betsey L., b. Mar. 2, 1827	3	31
Lucy Ann, m. Will[ia]m F. **BOARDMAN**, b. of Middletown, [Mar.] 16, [1835], by Rev. Stephen Topliff	3	407
Lucy Ann, ae. 25, of Middletown, m. Stephen C. **JOHNSON**, millwright, ae. 30, b. in West Stockbridge, res. Lee, Mass., Oct. 3, 1847, by Rev. John R. Crane	4	64-5
Lucy Ann, of Middletown, m. Salmon H. **DUNHAM**, of Berlin, [Oct.] 18, [1848], by Rev. L. S. Hough	4	39
Lucy M., of Middletown, m. George **MILLER**, of Mereden, Aug. 5, 1845, by Rev. Harvey Miller, of Mereden	3	536
Lucy Tryon, d. [Joseph & Maria], b. June 19, 1826	3	91
Luther, s. Nathan & Lois, b. Apr. 14, 1771	2	223
Luther, s. Nathan & Lois, b. Apr. 14, 1771; m. Huldah **PULSIFER**, Oct. 1, 1794	3	23
Lydia, d. Elijah & Abigail, b. Jan. 9, 1756	2	28
Lydia H., m. Albert **BACON**, b. of Middletown, June 11, 1844, by Rev. Zebulon Crocker	3	518
Lyman, s. Josiah & Huldah, b. Aug. 20, 1782; d. Sept.		

	Vol.	Page
WILCOX, WILCOCKE, WILCOCK, WILCOCKS,		
WILLCOCK, WILLCOCKS, WILLCOX, (cont.)		
5, 1782	2	221
Lyman, 2d, s. Josiah & Huldah, b. Dec. 12, 1783	2	221
Mabel, d. Osias & Mabel, b. Feb. 1, 1756	2	322
Mabel, w. of Ozias, d. Sept. 26, 1774	2	322
Mabel, d. Jere[mia]h & Ruth, b. Sept. 2, 1795	2	159
Margary, d. Ffrancis & Abigail, b. Aug. 4, 1720	LR2	24
Maria, w. of Joseph, d. Oct. 13, 1830	3	91
Maria, m. John **HASKELL**, Oct. 20, 1841, by Rev. Zebulon Crocker	3	484
Maria M., of Middletown, m. Edward **NORTH**, of Berlin, July 7, 1828, by Rev. Jona[than] Goodwin	3	309
Maria Meriam, d. [Joseph & Meriam], b. Mar. 19, 1801	2	319
Martha, d. Tho[ma]s & Anna, b. Apr. 21, 1718	LR2	10
Martha, m. Andrew **WARNER**, Oct. 19, 1738	1	111
Martha, d. Jere[mia]h & Mary, b. Aug. 29, 1749	1	95
Martha, d. Israel & Martha, b. Jan. 13, 1750/1; d. Jan. 23, 1750/1	2	285
Martha, twin with Mary, d. Israel & Martha, b. Sept. 13, 1756	2	285
Mary, d. John & Katterne, b. Nov. 13, 1654	LR1	5
Mary, d. John & Esther, b. Mar. 24, 1676	LR1	48
Mary, d. Ephraim & Silvenie*, b. Dec. 10, 170[ ] (*Silence?)	LR1	1
Mary, d. John & Mary, b. Jan. 25, 1710/11	LR2	21
Mary, d. Israel & Mary, b. Sept. 1, 1725	LR2	11
Mary, m. Daniel **CLARK**, Sept. 21, 1732	1	70
Mary, w. of Israel, d. July 6, 1734	LR2	11
Mary, w. of John, d. Apr. 23, 1735	LR2	21
Mary, m. John **WARNER**, s. Capt. Jno., Jan. 15, 1735/6	1	86
Mary, d. Jere[mia]h & Mary, b. Jan. 27, 1736/7	1	95
Mary, d. Janna & Rachel, b. June 22, 1740	1	22
Mary, twin with Martha, d. Israel & Martha, b. Sept. 13, 1756	2	285
Mary, d. Moses & Desiah, b. Mar. 18, 1760; d. Oct. 4, 1762	2	292
Mary, d. Elijah & Mary, b. Oct. 24, 1762; d. Dec. 7, 1762	2	28
Mary, 2d, d. Elijah & Mary, b. Nov. 22, 1764	2	28
Mary, d. Stephen & Mary, b. Mar. 11, 1772	2	202
Mary, m. Amos **TREAT**, Feb. 8, 1781	2	273
Mary, d. [Jere[mia]h & Ruth], b. May 11, 1783	2	159
Mary, d. [Joseph & Maria], b. Jan. 19, 1829	3	91
Mary Ann, d. [Seth & Molly], b. Sept. 26, 1804	2	194
Mary Ann, m. Jedediah **WILCOX**, b. of Middletown, May 17, 1843, by Rev. Ja[me]s H. Francis	3	504
Mary Ann, d. of Seth, m. Jedediah **WILCOX**, s. of		

	Vol.	Page

WILCOX, WILCOCKE, WILCOCK, WILCOCKS, WILLCOCK, WILLCOCKS, WILCOX, (cont.)

	Vol.	Page
Joseph, May 17, 1843	4	8
Mary Bacon, [d. Samuel G. & Sarah], b. Nov. 6, 1832; d. May 11, 1833	3	111
Matilda, d. Stephen & Mary, b. May 21, 1783	2	202
Mehittabel, d. Janna & Rachel, b. Oct. 22, 1730	1	22
Mehetabel, m. Eben[eze]r **CHIPMAN**, Oct. 14, 1750/1	2	205
Mercy (**GRAVES**), [w. Elijah, Jr.], d. Mar. 15, 1780	2	108
Miranda, of Westfield, m. William H. **RISLEY**, of Berlin, Nov. 20, 1844, by Rev. Ja[me]s H. Francis	3	528
Moses, s. John & Mary, b. July 31, 1728	LR2	21
Moses, [twin with Aaron], s. Janna & Rachel, b. June 13, 1745	1	22
Moses, m. Desiah **RANNEY**, Mar. 22, 1753	2	292
Moses, [twin with Elias], s. Elijah & Mary, b. Oct. 1, 1771	2	28
Nancy M., d. of Gustavus V., of Middletown, m. Gilbert D. **JOHNSON**, of Haddam, Oct. 9, 1848, by Rev. John R. Crane	4	38
Nancy M., ae. 23, m. Gilbert D. **JOHNSON**, merchant, ae. 25, b. in Middletown, res. Memphis, Tenn., Oct. 9, 1848, by Rev. John R. Crane	4	124-5
Nathan, s. Ffrancis & Abigail, b. Apr. 29, 1730	LR2	24
Nathan, s. Francis & Rachel, b. Apr. 10, 1743	1	127
Nathan, m. Lois **SAGE**, Aug. 18, 1768	2	223
Nathan, d. Apr. 2, 1774	2	223
Nathan, s. [Luther & Huldah], b. Mar. 31, 1799	3	23
Nathan, mechanic, d. Feb. 24, 1848, ae. 71	4	68-9
Nathaniell, s. Israel & Mary, b. Sept. 28, 1723	LR2	11
Nathaniel Porter, s. Daniel & Susannah, b. Aug. 10, 1764; d. Mar. 12, 1765	2	150
Norman, s. Benj[ami] & Rachel, b. Apr. 11, 1798	3	88
Norman, m. Olive G. **WILCOX**, b. of Middletown, Dec. 25, 1823, by Rev. Fred[eric]k Wightman	3	148
Olive, d. Dan[ie]ll & Sarah, b. Oct. 16, 1751	1	102
Olive, d. Josiah & Huldah, b. Jan. 14, 1778	2	221
Olive, d. [Sam[ue]l & Lois], b. May 9, 1803	2	224
Olive G., m. Norman **WILCOX**, b. of Middletown, Dec. 25, 1823, by Rev. Fred[eric]k Wightman	3	148
Oliver, s. Jona[tha]n & Dinah, b. Apr. 5, 1753	2	11
Oliver, s. Jona[tha]n & Rachel, b. Feb. 24, 1763	2	181
Olle, d. Giles & Rachel, b. Nov. 1, 1776	2	160
Orren, s. Jacob & Rachel, b. Feb. 11, 1782	2	343
Ozias, s. John & Mary, b. Sept. 16, 1730	LR2	21
Ozias, of Middletown, m. Mabel **GOULD**, of Judea, Oct.		

	Vol.	Page
WILCOX, WILCOCKE, WILCOCK, WILCOCKS, WILLCOCK, WILLCOCKS, WILLCOX, (cont.)		
31, 1753	2	322
Ozias, s. Ozias & Mabel, b. Apr. 21, 1766	2	322
Pamela, m. Stephen **MILDRUM**, b. of Middletown, Oct. 9, 1823, by Rev. J. L. Williams	3	137
Patience, d. Dan[ie]ll & Sarah, b. Jan. 4, 1760	1	102
Patience, m. Eli **BARNS**, Dec. 10, 1778	2	193
Pearcy, d. Nathan & Lois, b. Nov. 17, 1772	2	223
Persis, d. Nathan & Lois, b. Nov. 17, 1772	3	23
Persis, m. Eleazer **SAVAGE**, Jan. 9, 1794	3	23
Philip, of Berlin, m. Eliza **PARMELEE**, of Middletown, June 26, 1823, by Rev. Joshua L. Williams	3	129
Phinehas Bacon, s. Seth & Molly, b. Sept. 26, 1798	2	194
Phinehas Bacon, [s. Jedediah & Mary Ann], b. Feb. 27, 1850	4	8
Phineas Bacon*, [s. Seth & Molly] graduated at Yale in 1821 (*This in pencil)	2	194
Polly, d. [Seth & Molly], b. Aug. 15, 1800	2	194
Rachel, d. Sam[ue]ll & Hannah, b. Jan. 6, 1721/2	LR2	29
Rachel, d. Janna & Rachel, b. May 30, 1733	1	22
Rachel, m. Francis **WILCOX**, Jr., Dec. 17, 1741	1	127
Rachel, d. Francis & Rachel, b. Apr. 1, 1748	1	127
Rachel, d. Francis & Rachel, d. Sept. 1, 1751	1	127
Rachel, d. Francis & Rachel, b. Oct. 21, 1753	1	127
Rachel, d. Nathan & Lois, b. Aug. 18, 1774	2	223
Rachel, m. Benjamin **WILCOX**, Apr. 6, 1796	3	88
Rachel, d. Giles & Lucy, b. Apr. 14, 1804	3	32
Rachal, m. Selden G. **ELEY**, b. of Middletown, Apr. 2, 1827, by Rev. Fred[eric]k Wightman	3	266
Rachel, w. of Giles, d. Sept. 1, 1828, in her 75th y.	2	160
Ralph, m. Eliza Ann **SMITH**, Nov. 8, 1840, by Rev. L.E. Everett	3	472
Rebeckah, d. Ffrancis & Abigail, b. Feb. 18, 1722/3	LR2	24
Rebeckah, d. Jere[mia]h & Mary, b. Oct. 13, 1738	1	95
Rebeckah, m. Amos **SAGE**, Sept. 28, 1746	2	110
Rebeckah, m. Zaccheus **HIGBE**, Oct. 16, 1760	2	53
Rebecca C., d. Sylv[este]r & Abigail, b. Aug. 21, 1805	3	185
Rebecca C., of Middletown, m. Eli **BIRDSEYE**, of Mereden, June 3, 1824, by Rev. Samuel Miller, of Mereden	3	159
Reuben, s. Moses & Desiah, b. Apr. 19, 1755	2	292
Reuben, s. Moses & Desiah, d. Oct. 14, 1762	2	292
Reuben, s. Francis & Rachel, b. Nov. 1, 1762	1	127
Reuben, s. Moses & Desiah, b. Mar. 9, 1764; d. Aug. 25, 1764	2	292
Richard, s. Sam[ue]l & Phebe, b. Oct. 24, 1780	2	323
Russel[l], m. Lucetta W. **MILDRUM**, b. of Middletown,		

WILCOX, WILCOCKE, WILCOCK, WILCOCKS,
WILLCOCK, WILLCOCKS, WILLCOX, (cont.)

	Vol.	Page
May 6, 1835, by Rev. Zebulon Crocker	3	410
Russell, m. Elizabeth **GILPIN**, May 20, 1840, by Rev. L. S. Everett	3	472
Ruth, d. Israel & Mary, b. Jan. 12, 1718/19; d. Dec. 24, 1739	LR2	11
Ruth, d. [Jona[tha]n & Dinah], b. Feb. 26, 1744	1	80
Ruth, d. Jona[tha]n & Dinah, b. Feb. 26, 1744	2	11
Ruth, d. Jere[mia]h & Ruth, b. Oct. 20, 1781	2	159
Ruth, w. of Sam[ue]l, d. June 23, 1794	2	158
Ruth, w. of Sam[ue]l, d. May 22, 1807	2	158
Ruth A., m. W[illia]m D. **STARR**, Feb. 9, 1823, by Rev. Fred[eric]k Wightman	3	120
Ruth Almira, d. Sam[ue]l & Ruth, b. Aug. 12, 1798	2	158
Sally, d. Joseph & Meriam, b. Oct. 29, 1786	2	319
Sally, d. Abel & Experience, b. Aug. 11, 1790	2	310
Sally, d. [Benjamin & Rachel], b. Sept. 18, 1807	3	88
Sally, m. Nathaniel **SAVAGE**, b. of Middletown, Oct. 2, 1826, by Joshua Williams, V.D.M.	3	251
Sally, d. Nov. 4, 1847, ae. 61	4	74-5
Samuell, s. John & Katterne, b. Nov. 9, 1658	LR1	5
Samuell, m. Abigaill **WHITMORE**, May 9, 1683	LR1	48
Samuell, s. Samuel & Abigaill, b. Feb. 20, 1683/4	LR1	48
Samuell, s. Isra[e]ll & Sarah, b. Sept. 26, 1685	LR1	33
Samuell, of Middletown, m. Hester **BUSHNELL**, of Saybrook, May 19, 1707	LR2	21
Samuel, s. Samuel & Hesther, b. Jan. 3. 1708/9	LR2	21
Sam[ue]ll, Sr., d. Mar. 16, 1713/14	LR1	48
Samuel, s. Israel, m. Hannah **SAGE**, Mar. 3, 1714/15	LR2	29
Samuel, Sr., d. Mar. 18, 1724/5	LR2	21
Samuel, d. Jan. 19, 1727/8	LR2	29
Samuel, s. John & Hannah, b. May 8, 1742	2	94
Samuel, s. Dan[ie]ll & Sarah, b. Sept. 12, 1753	1	102
Samuel, s. Moses & Desiah, b. June 9, 1758	2	292
Sam[ue]ll, m. Hannah **THRESHER**, Nov. 28, 1771	2	176
Sam[ue]l, s. Sam[ue]l & Hannah, b. Nov. 7, 1774	2	176
Samuel, 3rd, m. Phebe **DOWD**, May 28, 1778	2	323
Samuel, s. Abel & Experience, b. July 25, 1781	2	310
Samuel, m. Ruth **ROBERTS**, Dec. 9, 1784	2	158
Samuel, s. [Giles & Rachel], b. Oct. 20, 1786	2	160
Sam[ue]l, m. Ruth **WOOD**, May 19, 1796	2	158
Samuel, m. Lois **GRAVES**, Aug. 24, 1797	2	224
Sam[ue]l, d. Sept. 4, 1807	2	158
Samuel, of Berlin, m. Rebecca **DOUD**, Nov. 27, 1826, by Rev. Stephen Hayes	3	259
Samuel Bacon, [s. Samuel G. & Sarah], b. Dec. 9, 1834; d. Apr. 23, 1835	3	111

WILCOX, WILCOCKE, WILCOCK, WILCOCKS, WILLCOCK, WILLCOCKS, WILLCOX, (cont.)

	Vol.	Page
Samuel Bacon, [s. Samuel G. & Sarah], b. Nov. 14, 1836	3	111
Samuel G., m. Sarah **BACON**, Nov. 18, 1822, by Rev. John R. Crane	3	111
Samuel Graves, s. Sam[ue]l & Lois, b. June 17, 1798	2	224
Sarah, d. Isra[e]ll, b. Nov. 30, 1689	LR1	33
Sarah, d. John & Mary, b. Oct. 1, 1716	LR2	21
Sarah, Sr., d. Feb. 8, 1723/4	LR1	33
Sarah, d. Dan[ie]ll & Sarah, b. Dec. 31, 1739	1	102
Sarah, d. John & Hannah, b. Feb. 7, 1760	2	94
Sarah, d. [Giles & Rachel], b. Nov. 30, 1788	2	160
Sarah, d. of Capt. Giles, of Middletown, m. Rev. Jonathan Goodwin, of Mansfield, May 25, 1826, by Rev. Fred[eric]k Wightman	3	230
Sarah E., m. William H. **SPENCER**, b. of Haddam, Apr. 7, 1847, by Rev. James Floy	3	561
Sarah Ludelia, d. Daniel H. & Grace, b. Apr. 11, 1836	3	427
Sarah M., d. of Eli, of Middletown, m. A. W. **CHAPIN**, of Springfield, Mass., Oct. 18, 1847, by Rev. Townsend P. Abell	4	18
Seth, s. John, Jr. & Eunice, b. July 31, 1767	2	143
Seth, s. Ozias & Mabel, b. Aug. 17, 1768	2	322
Seth, m. Molly **BACON**, d. Phinehas, Mar. 21, 1796	2	194
Sherman N., s. Norman & Olive, b. Mar. 25, 1828; d. Feb. 11, 1849	3	148
Silence, wid. of Ephraim, m. John Warner, Sr., July [ ], 1715	LR1	34
Silence, d. Janna & Rachel, b. Apr. 19, 1726	1	22
Silence, m. Ephraim **RANNY**, Nov. 26, 1747	2	146
Simeon, s. John & Hannah, b. Feb. 25, 1752	2	94
Solomon, s. Elijah & Mary, b. Nov. 26, 1768	2	28
Step[he]n, s. Daniel & Sarah, b. Oct. 19, 1746	1	102
Stephen, of Middletown, m. Mary **KELSEY**, of Weathersfield, Jan. 31, 1771	2	202
Stephin, s. Stephen & Mary, b. July 30, 1773	2	202
Submit, [twin with -----], d. John & Hannah, b. Dec. 8, 1754	2	94
Submit, d. [Joseph & Meriam], b. Nov. 11, 1789	2	319
Susannah, d. Daniel & Susannah, b. May 1, 1766	2	150
Susannah, w. of Daniel, d. Nov. 13, 1769	2	150
Susannah C., m. William D. **STARR**, b. of Middletown, Jan. 12, 1842, by Rev. Frederick Wightman	3	485
Susanna Clark, d. [Giles & Lucy], b. Mar. 9, 1806	3	32
Sibel, w. of Israel, d. Dec. 23, 1775	2	164
Sylvester, s. Giles & Rachel, b. Feb. 14, 1782	2	160
Sylvester, m. Abigail **BACON**, Apr. 28, 1804	3	185

	Vol.	Page
WILCOX, WILCOCKE, WILCOCK, WILCOCKS, WILLCOCK, WILLCOCKS, WILLCOX, (cont.)		
Sylvester, s. [Sylvester & Abigail], b. Aug. 25, 1815	3	185
Sylvester, m. Elizabeth **HALL**, Mar. 24, 1836, by Rev. John R. Crane	3	420
Thankful, d. Ephraim & Silvenie*, b. Sept. 14, 170[ ] (*Silence?)	LR1	1
Thomas, s. Isra[e]ll & Sarah, b. July 5, 1687	LR1	33
Thomas, m. Anna **NORTH**, June 28, 1716	LR2	10
Thomas, s. Tho[ma]s & Anna, b. Oct. 5, 1720	LR2	10
Thomas, d. Jan. 20, 1726/7	LR2	10
Thomas, s. Jona[tha]n & Dinah, b. Oct. 14, 1750	2	11
Thomas, s. Jere[mia]h & Mary, b. Aug. 20, 1756	1	95
Thomas, s. Jere[mia]h & Ruth, b. Apr. 13, 1789	2	159
Timothy, s. [Abel & Experience], b. Oct. 21, 1787	2	310
Waitstil[l], s. Janna & Rachel, b. Nov. 18, 1735	1	22
Weightstill, s. Eph[rai]m & Diadama, b. Apr. 6, 1766	2	207
Walter W., m. Esther m. **BACON**, b. of Middletown, Nov. 28, 1839, by Rev. James H. Francis	3	463
Washington J., [s. Nathan & Polly], b. Oct. 4, 1829	4	30
William, s. Sam[ue]ll & Hesther, b. Mar. 1, 1717/18	LR2	21
William, s. Jere[mia]h & Mary, b. Nov. 7, 1742	1	95
William, s. Elijah & Mary, b. Mar. 20, 1767	2	28
William, [s. Elijah & Mary], d. Feb. 20, 1768	2	28
William, of Middletown, m. Huldah **BARNES**, of Farmington, Feb. 24, 1773	2	78
William, d. Sept. 7, 1776	2	78
William, s. [Benjamin & Rachel], b. Sept. 18, 1804	3	88
William W., of Chatham, m. Mary P. **RAND**, of Middletown, Oct. 5, 1824, by Rev. John R. Crane	3	174
-----, s. John & Hannah, b. Mar. [ ], 1739; d. Mar. [ ], 1739	2	94
-----, [twin with Submit, child of John & Hannah], b. Dec. 8, 1754; d. soon	2	94
-----, s. Elijah & Abigail, b. Dec. 28, 1754; d. Dec. 28, 1754	2	28
WILDMAN, Betsey, of Bristol, m. W[illia]m **BRACE**, of West Hartford, Sept. 10, 1822, by Rev. Eli Ball	3	105
WILEY, Ephraim E., m. Elizabeth H. **HAMMOND**, Feb. 26, 1839, by Rev. Arthur Granger	3	457
WILKINSON, Hannah, d. [ ], 1850	4	174-5
WILLABE, Marcy, m. John Thomas, May 16, 1753* (*Probably 1723)	1	71
WILLARD, Leverett M., m. Amelia C. **BIDWELL**, July 9, 1854, by Rev. W. H. Waggoner	4	253
Nancy, m. Josiah **WETMORE**, Jan. 17, 1808	3	2
Prudence, m. Nath[anie]l **RANNEY**, Jr., Mar. 10, 1757	2	52

	Vol.	Page
WILLARD, (cont.)		
Reuben L., s. Charles, mechanic, ae. 35, & Catharine, ae. 30, b. Feb. 21, 1848	4	52-3
Thankfull, wid., m. Nathaniel **RANNEY**, Nov. [ ], 1756	1	59
W[illia]m H., m. Francis W. **ALISON**, Oct. 7, 1846, by Rev. A. L. Stone	4	5
WILLET, Rebecka, m. Thomas **RAN[N]EY**, May [ ], 1690	LR1	35
WILLIAMS, Abigail, w. of John, d. Jan. 16, 1731/2	LR1	9
Amos, of Middletown, m. Eliza **BARNES**, of Wallingford, Mar. 11, 1839, by Dan[ie]l G. Griswold, J. P.	3	457
Ann Jane, d. W[illia]m, laborer, ae. 38, & Ann, ae. 37, b. Apr. 2, 1850	4	164-5
Annah, d. John & Abigail, b. Dec. 18, 1703	LR1	9
Annah, d. John & Abigail, d. Jan. 21, 1721/22	LR1	9
Asa, m. Wid. Mary **SAVAGE**, [Feb.] 12, [1829], by Rev. Eben[eze]r R. Tyler	3	329
Benjamin, m. Martha **CORNWELL**, Feb. 11, 1787	2	220
Benjamin, twin with John, s. Benj[ami]n & Martha, b. Aug. 11, 1790	2	220
Bessey, m. Edmund **SAGE**, b. of Middletown, Oct. 7, 1824, by Joshua L. Williams, V.D.M.	3	186
Betsey, d. John, colored, ae. 50, & Harriet, ae. 35, b. Feb. 13, 1849	4	116-7
Caroline, of Weathersfield, m. Philander **BURR**, of Haddam, May 6, 1835, by Rev. W. Fisk	3	410
Charles, s. Benj[ami]n & Martha, b. July 3, 1793	2	220
Charles D., of Stonington, m. Mariah **ROBERTS**, of Middletown, May 28, 1821, of Rev. Eli Ball	3	57
Deborah, of East Haddam, m. Nehemiah **LORD**, of Middletown, Sept. 16, 1750	2	366
Doratye, m. Samuel **WARNER**, Dec. 6, 1725	1	30
Edwin, s. Benj[ami]n & Martha, b. Apr. 22, 1795	2	220
Elisha, m. Mary **HYLYAR**, Feb. 28, 1745	2	79
Elisha, d. Aug. 7, 1752	2	79
Elizabeth, d. Joseph & Mary, b. Nov. 8, 1737	1	97
Elizabeth, d. Joseph & Mary, d. Jan. 5, 1738/9	1	97
Elizabeth, formerly wid. of Daniell **CLARK**, d. Jan. 31, 1742/3	LR2	2
Elizabeth, m. Joseph **KELLOGG**, b. of Westfield, Apr. 13, 1825, by Rev. Josiah Bowen	3	199
Elizabeth, of Middletown, m. Eben[eze]r **FARRAND**, of the U. S. Navy, Aug. 12, 1829, by Rev. Smith Pyne	3	345
Elizabeth T., of Middletown, m. Jason **WELLS**, of Kartwright, N.Y., Feb. 4, 1850, by Rev. M. S. Scudder	4	141
Frances A., m. Levi C. **HENRY**, b. of Middletown, (colored), Jan. 11, 1852, by Jehiel C. Beman	4	193
George, m. Lydia **BEMAN**, b. of Middletown, Dec. 15,		

WILLIAMS, (cont.)

	Vol.	Page
1833, by Rev. John Cookson	3	391
Hannah, of Weathersfield, m. Israel **WILLCOCK**, of Middletown, Feb. 26, 1735/6	1	86
Henry E., m. Elvira Ann **SAGE**, b. of Middletown, Apr. 5, 1835, by Rev. Smith Pyne	3	409
Isaac, s. Joseph & Mary, b. Nov. 21, 1741	1	97
Isaac, m. Lois **FAIRCHILD**, Nov. 3, 1771	2	358
Isaac, s. Isaac & Lois, b. July 30, 1772; d. Aug. 11, 1775	2	358
Isaac, s. Isaac & Lois, b. Dec. 27, 1780	2	358
James, s. Thomas & Anne, b. May 28, 1757	2	40
James, m. Elis **CARTER**, b. of Middletown, Oct. 10, 1822, by Rev. Birdsey G. Noble	3	109
Jeremiah, of R.I., m. ----- **HAGER**, of Middletown, June 24, 1714	LR2	18
John, m. Abigail **CLARK**, Jan. 27, 1702	LR1	9
John, twin with Benjamin, s. Benj[ami]n & Martha, b. Aug. 11, 1790	2	220
John, m. Cynthia **HALL**, Apr. 2, 1840, by Rev. Stephen Hayes, of Middlefield	3	464
John G., m. Harriet **SMITH**, June 4, 1823, by Rev. John R. Crane	3	131
Jno. S., of Stonington, m. Sally **CLARK**, of Middletown, Feb. 4, 1822, by Rev. Eli Ball	3	86
Joseph, m. Mary **BROWN**, Sept. 22, 1737	1	97
Joseph, d. June 4, 1746	1	97
Joseph, s. Joseph **WILLIAMS** and Jerusha **DONE**, b. Oct. 9, 1765	2	246
Joseph, m. Laura **STANLIFT**, b. of Portland, Sept. 11, 1842, by Rev. A. M. Osborn	3	491
Lydia, m. Jonathan **DOOLITTLE**, Sept. 27, 1750	2	233
Margaret, m. William **WILLIAMS**, b. of Middletown, July 29, 1822, by Rev. Birdseye G. Noble	3	101
Margaret, wid., m. Theodore N. **PARMILEE**, Dec. [ ], 1831, by Rev. Smith Pyne	3	378
Maria R., m. Oliver **SHEPARD**, b. of Middletown, Feb. 28, 1841, by Rev. L. S. Everett	3	474
Martha, wid. Benj[ami]n, d. June 23, 1825	2	220
Martha S., d. of William, m. Isaac H. **WARNER**, s. of Isaac, b. of Middletown, Sept. 12, 1850, by Rev. Geo[rge] A. Bryan	4	146
Mary, m. Ephraim **CROFOOT**, June 25, 1753	2	79
Mary, d. Isaac & Lois, b. July 1, 1778	2	358
Mary, m. Amasa **SMITH**, Oct. 14, 1797	3	8
Mary, m. Chester **HOLMES**, b. of Middletown, Sept. 12, 1821, by Rev. Birdseye G. Noble	3	63
Mary, m. Ralph S. S. **EELLS**, b. of Middletown, Nov. 2,		

MIDDLETOWN VITAL RECORDS

	Vol.	Page
WILLIAMS, (cont.)		
1821, by Rev. Joshua L. Williams	3	69
Mary, d. Mar. 12, 1849, ae. 13	4	134-5
Mary, w. of Joseph, d. [ ]	1	97
Mary Ann, m. Augustus **FITCH**, b. of Middletown, Nov. 6, 1836, by Rev. John Cookson	3	427
Mary Jane, ae. 21, b. in Bozrahville, m. Morgan H. **CLARK**, merchant, ae. 24, b. in Haddam, res. Hartford, May 15, 1849, by Rev. Crawford	4	124-5
Matilda, m. Jotham **HALL**, [Apr.] 11, [1830], by Rev. James Noyes	3	347
Mitchell, m. Eliza Ann **EVANS**, Aug. 28, 1836, by Rev. Robert McEwen	3	425
Molly, d. Isaac & Lois, b. July 24, 1774; d. Aug. 22, 1775	2	358
Patty, d. Mary **RIPNER**, b. June 17, 1796	2	205
Peter, m. Betsey **COLVIN**, May 25, 1823, by Rev. Birdseye G. Noble	3	132
Prudence, m. Ashbel **LANE**, Jan. 1, 1751/2	2	275
Rhoda, d. Elisha & Mary, b. Feb. 9, 1747/8	2	79
Richard, m. Jane **SIMPSON**, Feb. 18, 1850, by Rev. J.L. Dudley	4	144
Sally, d. Benj[ami]n & Martha, b. Mar. 19, 1789	2	220
Sally, d. Benjamin, b. Mar. 19, 1789; m. Thomas **MATHER**, Oct. 17, 1813; d. Mar. 16, 1832	4	26
Sam[ue]ll, s. Elisha & Mary, b. Nov. 24, 1745	2	79
Susan A., m. Daniel C. **TRYON**, Nov. 22, 1849, by Rev. J.L. Dudley	4	97
Susannah, of Stepney, in Weathersfield, m. Robert **LINDZELY**, of [Long] Island, Feb. 16, 1729/30	1	48
Thomas R., m. Frances R. **GARRISON**, d. of George, b. of Middletown, Sept. 25, 1850, by Rev. John R. Crane	4	147
Tho[ma]s R., barber, colored, ae. 29, b. in Canada, res. Middletown, m. Francis R. **GARRISON**, ae. 21, b. in Middletown, Sept. 25, 1850, by Rev. J. R. Crane	4	200-1
Thompson P., m. Mehitable **TWITH**, Sept. 25, 1808	3	3
Thompson Phillips, s. Benj[ami]n & Martha, b. Nov. 8, 1787	2	220
Wilbur W., s. Amos, fox hunter, ae. 35, & Eliza, ae. 30, b. Jan. 20, 1849	4	116-7
William, m. Margaret **WILLIAMS**, b. of Middletown, July 29, 1822, by Rev. Birdseye G. Noble	3	101
William, m. Caroline **KIRBY**, b. of Middletown, Oct. 14, 1824, by Joshua L. Williams, V.D.M.	3	186
----, s. Isaac & Lois, b. July 6, 1776; d. July 6, 1776	2	358

	Vol.	Page

WILLIAMS, (cont.)

	Vol.	Page
----, s. George, machinist, ae. 23, & Lucinda, ae. 22, b. May 20, [1847]	4	50-1
WILLIAMSON, Elizabeth, d. Elias & Sarah, b. Feb. 9, 1725/6	1	21
WILLIS, Abigail, wid. of Sam[ue]ll, d. Aug. 29, 1767	2	22
Cornelia, d. Sam[ue]ll & Sarah, b. Jan. 11, 1754	2	125
Ebenezer, s. Eben[eze]r & Deborah, b. Feb. 5, 1747	2	150
Elizabeth, wid. of Samuel, d. Feb. 14, 1751/2	2	125
George Will[ia]m, s. Sam[ue]ll & Sarah, b. June 21, 1748	2	125
Joseph, s. Jos[eph] & Mary, b. Sept. 6, 1751	2	217
Mary, m. John **HALL**, carpenter, Dec. 14, 1752	2	344
Mary, w. of Joseph, d. Sept. 7, 1762	2	217
Samuel, s. Sam[ue]ll & Sarah, b. Feb. 16, 1741/2, in Barbadoes	2	125
Sam[ue]ll had negro Silence, b. Apr. 21, 1746; Toby, d. Aug. 17, 1747; Patience, b. Nov. 8, 1751; Quaco, b. July 8, 1753	2	125
Sam[ue]ll, Jr., late of Boston, d. Jan. 16, 1747, ae. 67 y.	2	125
Samuel, Jr., of Middletown, m. Abigail **WARREN**, of Hartford, Oct. [ ], 1754	2	22
Sam[ue]ll, d. Oct. [ ], 1759, in Barbadoes	2	22
Sarah, d. Sam[ue]ll & Sarah, b. June 12, 1745; d. same day	2	125
Sarah, d. Sam[ue]ll & Sarah, b. Sept. 17, 1746	2	125
Thomas, s. Sam[ue]l & Abigail, b. Feb. 2, 1755	2	22
William, s. Sam[ue]ll & Abigail, b. June 10, 1757	2	22
WILLISTON, E. B., Prof. of languages & literature, A.L.S. & M. Academy, m. Mrs. Almira **BURTON**, July 13, 1826, by Rev. Birdseye G. Noble	3	234
[WILLOUGHBY], [see under **WILLABE**]		
WILMOT, WELMUT, George R., m. Emily G. **SOUTHMAYD**, d. of John B., Nov. 18, 1847, by Rev. John R. Crane	4	22
Susannah, m. John **SWADDLE**, May 6, 1725	1	19
WILSON, Eliza F., m. David T. **JOHNSON**, b. of Middletown, Mar. 30, 1835, by Rev. Stephen Topliff	3	406
John P., of New Haven, m. Adelphia **PEN[N]**, of Brimfield, Mass., Sept. 10, 1837, by Rev. Robert McEwen	3	437
Mary Ann, of Middletown, m. Henry T. **LEWIS**, of Albany, N.Y., [Dec.] 29, [1833], by Rev. Stephen Topliff	3	391
Thomas, s. W[illia]m, laborer, ae. 34, & Mary A., ae. 36, b. Oct. 30, 1850	4	196-7
WIMLER, Wilhelmina, m. Mathias **HAGIES**, b. of Durham, May 7, 1854, by Jacob F. Huber, V.D.M.	4	251
WINBORN, Joanna, m. Return Jonathan **MEIGS**, Feb. 14, 1765	2	146
Mary, w. of Prince, d. Oct. 30, 1760	2	86
Prince, m. Esther **JOHNSON**, Jan. 15, 1765	2	86

	Vol.	Page
WINCHELL, WINDSHEL, WINCHIL, George D., of Hartford, m. Martha **WARNER**, of Middletown, June 22, 1842, by Rev. H. Miller	3	490
Marcy, m. Jonathan **POARTER**, Sept. 23, 1730	1	61
Thankfull, m. Samuel **PECK**, June 10, 1725	1	18
WINCHESTER, Alvin, of Ashford, m. Sarah **SEEBAH**, of Middletown, Sept. 13, 1824, by Rev. Josiah Bowen	3	173
Thomas D., of Springfield, Mass., m. Emma **BREWER**, of Middletown, Dec. 12, 1849, by Rev. Townsend P. Abell	4	187
WINNOCK, Hannah, m. Ebenezer **CORNWELL**, Feb. 26, 1751/2	2	340
WINSHIP, Anna, d. [Timothy & Margaret], b. Apr. 26, 1746	2	27
Anne, m. Elisha **RUSSEL[L]**, Nov. 8, 1772	2	149
Eliza W., m. Eph[raim] **CROFOOT**, Apr. 22, 1830, by Rev. E. R. Tyler	3	348
Elizabeth, d. Sam[ue]ll & Sarah, b. Nov. 9, 1772	2	78
Eliza[bet]h, d. Sam[ue]l & Eliza[bet]h, b. Apr. 22, 1807	2	293
Eunice, d. [Samuel & Eunice], b. Mar. 3, 1794	2	293
Eunice, w. of Sam[ue]l, d. Sept. [ ], 1804	2	293
Jacob, s. [Timothy & Margaret], b. Jan. 6, 1743/4; d. July 25, 1765	2	27
John, s. [Timothy & Margaret], b. Mar. 30, 1742; d. Feb. 22, 1765	2	27
John Loveland, s. Sam[ue]ll & Sarah, b. Oct. 15, 1770; d. Nov. 6, 1771	2	78
Joseph, s. [Timothy & Margaret], b. Oct. 2, 1739	2	27
Margaret, d. [Timothy & Margaret], b. Nov. [ ], 1735	2	27
Margaret, w. [Timothy], d. about one hour after birth of Anna, which was Apr. 26, 1746	2	27
Martha D., m. Charles J. **SHEW**, May 7, 1851, by J. L. Dudley	4	190
Sam[ue]ll, s. Timo[thy] & Margaret, b. May 3, 1732, O.S.	2	27
Samuel, s. Timothy, m. Sarah **MILLER**, of Glastonbury, d. of W[illia]m & Elizabeth (**HOLLISTER**), Oct. 12, 1758	2	78
Samuel, s. Sam[ue]ll & Sarah, b. July 4, 1762	2	78
Samuel, s. Samuel & Sarah (**MILLER**), m. Eunice **PADDOCK**, Dec. 28, 1786	2	293
Samuel, m. Eliza[bet]h **SMITH**, Mar. [ ], 1805	2	293
Sara[h], d. [Timothy & Margaret], b. Jan. 20, 1733/4	2	27
Sarah, [twin with Susannah], d. Sam[ue]ll & Sarah, b. Aug. 8, 1759	2	78
Sarah Miller, w. of Samuel, b. in Glastonbury, d. Mar. 26, 1738	2	78
Susahhah, [twin with Sarah], d. Sam[ue]ll & Sarah b. Aug. 8, 1759; d. Oct. 5, 1759	2	78

	Vol.	Page
WINSHIP, (cont.)		
Timothy, b. May 3, 1712, O.S., in Westminster, near St. James, London; m. Margaret **MERRICK**, [ ], 1731	2	27
Timothy, s. [Timothy & Margaret], b. Dec. 3, 1737	2	27
Timothy, s. Sam[ue]ll & Sarah, b. July 21, 1764	2	78
Timothy, d. Aug. 2, 1765	2	27
Timo[thy], s. [Samuel & Eunice], b. Apr. 8, 1798	2	293
Will[ia]m, s. Samuel & Eunice, b. Dec. 1, 1787	2	293
William Miller, s. Sam[ue]ll & Sarah, b. June 7, 1768	2	78
WISE, WYSE, Catherine Ann, [d. John & Laura Warner], b. Apr. 21, 1833	4	13
Harriette Isabella, [d. John & Laura Warner], b. Nov. 8, 1839	4	13
Isabella Jennett, [d. John & Laura Warner], b. Oct. 25, 1835; d. Nov. 1, 1846	4	13
John, s. John & Hannah, of Claremont, N.H., m. Laura Warner **MORGAN**, d. of Quartas & Lorana, of Bellows Falls, Vt., Aug. 21, 1827, by Rev. Carlton Chase, at Bellows Falls	4	13
L. A., ae. 22, b. in Middletown, m. Geo[rge] W. **HORNE**, clergyman, ae. 30, b. in W. Indies, res. Oswego, Apr. 23, 1851, by Rev. F. J. Goodwin	4	200-1
Laura M., d. of John, of Middletown, m. George White **HORNE**, s. of Rev. —— Horne, of the West Indies, Apr. 23, 1851, by Rev. Frediric J. Goodwin	4	214
Laura Morgan, [d. John & Laura Warner], b. June 5, 1828	4	13
Lois, m. Michael **BURNHAM**, Sept. 15, 1728	2	236
Lois, d. John & Catharine, b. July 12, 1753	2	169
William Sumner, [s. John & Laura Warner], b. Oct. 3, 1830	4	13
WITMURT, Adeline Matilda, of Middletown, m. Henry **SALISBURY**, of New York, July 25, 1838, by Rev. Samuel M. Emery, of Chatham	3	450
WITON, Daniel, s. Nathan & Phebe, b. Mar. 16, 1764	2	196
Desire, d. Nathan & Phebe, b. Apr. 23, 1766	2	196
Elijah, s. Nathan & Phebe, b. Feb. 21, 1758	2	196
Est[h]er, d. Nathan & Phebe, b. Apr. 22, 1762	2	196
Jacob, s. Nathan & Phebe, b. Dec. 27, 1770	2	196
Mary, d. Nathan & Phebe, b. Dec. 9, 1751	2	196
Nathan, m. Phebe **SPICER**, June 21, 1750	2	196
Nathan, s. Nathan & Phebe, b. Oct. 17, 1755	2	196
Phebe, d. Nathan & Phebe, b. Oct. 2, 1753	2	196
Samuel, s. Nathan & Phebe, b. Sept. 3, 1768	2	196
Sarah, d. Nathan & Phebe, b. Apr. 23, 1760	2	196

	Vol.	Page
WOBBIN, Thankfull, d. John & Marg[a]ret, b. Apr. 14, 1728	1	40
WOLCOTT, Alexander, d. June 26, 1828, ae. 70 y. Was collector of the Port of Middletown	2	309
Elizabeth, d. Nov. 16, 1848, ae. 38	4	132-3
Esther, m. Noah **SMITH**, Oct. 18, 1758	2	30
Giles, s. Peter & Susanna, b. July 16, 1734	1	35
Joshua, m. Esther **DEAN**, Jan. 20, 1757	2	19
Joshua, s. Joshua & Esther, b. Mar. 23, 1758	2	19
Peter, m. Susanna **CORNWELL**, May 30, 1733	1	35
Susanna, m. Isaac **LEE**, Aug. 10, 1741	1	101
Trumbull, of Weathersfield, m. Eliza B. **COTTON**, of Middletown, Sept. 12, 1833, by Rev. John R. Crane	3	385
William Doolittle, of New York Mills (Whitestown), N.Y., m. Hannah Coe **HUBBARD**, of Middlefield, Sept. 12, 1837, by Rev. Clesson P. Sheldon	3	438
WOLSIEFER, Francis, m. Elizabeth **FRIES**, b. late of Germany, now of Middletown, Nov. 28, 1853, by Jacob Fred[eric]k Huber, V.D.M.	4	241
WOOD, [see also **WARD**], Alex, m. Susan S. **CORNWELL**, Apr. 29, 1832, by Rev. John R. Crane	3	368
Ann E., d. John, laborer, ae. 53, & Emily, ae. 42, b. Nov. 3, 1849	4	158-9
Ann E., d. July 23, 1851, ae. 1 3/4	4	204-5
Anne, d. William [& Phebe], b. Mar. 20, 1670	LR1	6
Dorothy, d. William & Phebe, b. Mar. 5, 1671	LR1	6
Dorothy, m. Joseph **ROGERS**, Mar. 16, 1727	2	332
Elizabeth, m. Gideon **HALE**, Apr. 30, 1764	2	97
Experience, d. Jona[tha]n & Abial, b. Aug. 31, 1762	2	137
Henry A., d. Jan. 14, 1848, ae. 1	4	70-1
James, of North Brittain, d. July 5, 1734, in Middletown	LR2	Ind-2
John, s. William & Phebe, b. May 12, 1678	LR1	6
John, s. Justus & Eliz[abet]h, b. Jan. 14, 1745	2	27
John, m. Nancy **DARBY**, b. of Middletown, Oct. 19, 1834, by Rev. John Cookson	3	402
John, m. Emily **TURNER**, June 16, 1844, by Rev. John R. Crane	3	518
Jonathan, Jr., of Middletown, m. Abial **BAILEY**, of Haddam, July 16, 1760	2	137
Justus, m. Elizabeth **BARNS**, Mar. 1, 1744	2	27
Justus, s. Sarah **ANDREWS**, b. Nov. 13, 1750	LR2	Ind-2
Lydia, d. Justus & Eliz[abet]h, b. Dec. 10, 1746	2	27
Margaret, m. Henry **AKIN**, July 6, 1732	1	46
Martha, m. James **STANDISH**, Jr., Dec. 22, 1737	1	98
Mary, d. Jona[tha]n & Abial, b. June 16, 1761	2	137
Phebe, d. William [& Phebe], b. Apr. 17, 1663	LR1	6

	Vol.	Page
WOOD, (cont.)		
Rebeckah, d. Justus & Eliz[abet]h, b. Aug. 11, 1750	2	27
Ruth had s. Daniel Judd **GRISWOLD**, b. Sept. 5, 1783; father Daniel **GRISWOLD**	2	158
Ruth, m. Sam[ue]ll **WILLCOX**, May 19, 1796	2	158
Samuel, s. Jonathan & Abial, b. June 30, 1765	2	137
Sarah, d. William & Phebe, b. Dec. 18, 1667	LR1	6
Sarah A., d. Oct. 10, 1849, ae. 1 y. 8 m.	4	174-5
Sarah Ann, d. John, laborer, ae. 53, & Emily, ae. 41, b. Feb. 6, [1848]	4	50-1
Susan[n]a, d. William & Phebe, b. June 6, 1674	LR1	6
Thomas, s. William & Phebe, b. Feb. 7, 1660/61	LR1	6
William, m. Phebe ——, Mar. 28, 1660 (Should be William **WARD**. Corrected by L.B.B.)	LR1	6
William, s. William & Phebe, d. June 20, 1661 (**WARD**?)	LR1	6
William, s. William [& Phebe], b. Aug. 2, 1665 (**WARD**?)	LR1	6
WOODFORD, John B., m. Caroline **SOUTHMAYD**, May 8, 1844, by Rev. John R. Crane	3	515
WOODHOUSE, Abigail, of Weathersfield, m. Butler **GILBERT**, of Middletown, May 7, 1777	2	58
WOODING, Andrew H., s. of David H., of Wallingford, m. Lucy A. **WARNER**, d. of Abraham of Middletown, Aug. 9, 1853, by Rev. Willard Jones	4	235
WOODRUFF, Almira, m. William **MERRIMAN**, May 17, 1826, by Rev. Birdseye G. Noble	3	233
Asahel, of Farmington, m. Sophia **BUTLER**, of Middletown, Apr. 29, 1822, by Rev. Joshua L. Williams	3	98
Dyer, laborer, b. in Hebron, Ct., res. Middletown, d. Aug. 15, 1849, ae. 47	4	174-5
Julia, m. David **REED**, Jan. 22, 1828, by Rev. John R. Crane	3	294
Lucius H., of Hartford, m. Julia M. **SOUTHMAYD**, of Middletown, Mar. 27, 1844, by Rev. John R. Crane	3	512
Martin, farmer, ae. 22, b. in Chester, res. Avon, m. Nancy **PARKER**, ae. 19, Nov. 8, 1848, by Rev. James Hepburn	4	126-7
Martin, of Avon, m. Nancy M. **PARKER**, of Middletown, Nov. 9, 1848, by Rev. James Hepburn	4	80
Mary, of Berlin, m. Jabez W. **PARKIS**, of Middletown, Aug. 10, 1829, by Rev. John Cookson	3	339
Moses M., Dr. of Elizabethtown, N.J., m. Maria B. **CRANE**, of Middletown, May 28, 1845, by Rev. John R. Crane	3	531
Rachel, of Farmington, m. Elnathan **NORTON**, of Middletown, Feb. 27, 1755	2	206
Sarah, of Farmington, m. George **HUBBARD**, Jr., of Kensington, July 29, 1742	1	79
WOODWARD, WOODWORD, Almira, d. Moses H. & Sena, b.		

	Vol.	Page
WOODWARD, WOODWORD, (cont.)		
July 30, 1789	2	186
Ann, d. Isaac & Elizabeth, b. Oct. 24, 1745	1	70
Benedict, s. Isaac & Elizabeth, b. Dec. 6, 1735	1	70
Charles, Dr., of Windsor, m. Ellen M. **PRATT**, of Middletown, May 1, 1828, by Rev. John R. Crane	3	304
Eliza, d. Dr. Charles & 1st w., -----, b. Sept. 3, 1824	3	304
Elizabeth, d. Isaac & Elizabeth, d. Sept. 8, 1736	1	70
Elizabeth, d. Isaac & Elizabeth, b. June 18, 1738	1	70
Elizabeth, d. Isaac & Elizabeth, d. May 13, 1740	1	70
Elizabeth, d. Isaac & Elizabeth, b. Oct. 26, 1741	1	70
Hannah, d. Isaac & Elizabeth, b. Nov. 29, 1739	1	70
Hannah, m. Mancah **HUBBARD**, Apr. 22, 1762	2	90
Henry, of Weathersfield, m. Mary **HENDERSON**, of Middletown, Apr. 27, 1821, by Rev. B.G. Noble	3	64
Isaac, d. Apr. 26, 1752	1	70
Isaac, m. Sibbell **HARRIS**, Mar. 5, 1754	2	18
Martha, d. [Moses H. & Sena], b. July 18, 1796	2	186
Mary, m. Peleg **BOW**, June 23, 1748	2	151
Moses, s. Nathan, b. [ ], 1766, in Waterbury (Entry in pencil)	2	186
Moses Hawkins, m. Sena **PAGE**, May 27, 1786	2	186
Oliver, s. Isaac & Eliza[bet]h, b. Dec. 6, 1750	1	70
Patience, m. Giles **ROBARDS**, Nov. 21, 1751	2	9
Rebeckah, d. Isaac & Elizabeth, b. May 12, 1747	1	70
Sarah, d. Isaac & Elizabeth, b. Sept. 21, 1743	1	70
Sena, d. Moses H. & Sena, b. July 19, 1791	2	186
Sena, m. Tho[ma]s **HALL**, Oct. 27, 1806	2	243
Thomas Green, s. Moses H. & Sena, b. Nov. 18, 1787	2	186
William, s. [Moses H. & Sena], b. Oct. 5, 1793	2	186
William, m. Elizabeth G. **SOUTHMAYD**, b. of Middletown, Apr. 29, 1824, by Rev. Josiah Bowen	3	156
WOODWORTH, Elizabeth, m. William O. **NORTH[R]UP**, b. of Middletown, Apr. 17, 1854, by Rev. W. H. Waggoner	4	253
WOOSTAH, Lucy, m. Daniel W. **LEONARD**, Nov. 8, 1823, by Rev. Josiah Bowen	3	139
WORKS, Alanson, m. Amelia A. **FORBES**, Aug. 3, 1825, by Rev. John R. Dodge	3	206
WORMSLEY, [see under **WAMSLEY**]		
WORTHINGTON, Peggy, m. John **RANDALL**, Jan. 20, 1825, by Rev. Birdseye G. Noble	3	193
WRIGHT, Alanson, of Rocky Hill, m. Mary T. **HUBBARD**, of Middletown, Jan. 6, 1851, by Rev. Frederick Wightman	4	181
Anner Hurlburt, w. of W[illia]m, d. Aug. 10, 1766	2	73
Caroline B., m. Joseph **BUTTON**, Jr., b. of Middletown, Sept. 24, 1832, by Rev. John Cookson	3	372

	Vol.	Page
WRIGHT, (cont.)		
Charles McDonough, [s. Phinehas Martin & Eunice A.], b. Mar. 28, 1862	3	93
Daniel, s. Earl & Esther, b. Jan. 9, 1753	2	320
Dorcas, w. of James, Sr., d. Dec. 24, 1692	LR1	31
Dorkis, m. Obadiah **ALLIN**, Nov. 29, 1699	LR1	43
Earl, s. Thomas & Elizabeth, b. June 10, 1726	LR2	18
Earl, m. Esther **LEWIS**, Dec. 18, 1751	2	320
Eleazer, m. Sarah S. **TREAT**, b. of Cromwell, June 17, 1851, by Rev. T. P. Abell	4	189
Eliza H., of East Haddam, m. Francis G. **ROOT**, June 21, 1841, by Rev. Samuel Farmer Jarvis, at the Rectory. Int. pub. at East Haddam	3	481
Elizabeth, d. Thomas & Elizabeth, b. July 8, 1717	LR2	18
Eunice, m. John **RAN[NE]Y**, Mar. 12, 1723/4	1	17
Eunice Elizabeth, [d. Phinehas Martin & Eunice A.], b. July 19, 1853	3	93
George, m. Jerusha **STARR**, b. of Middletown, Nov. 23, 1825, by Rev. E. Washburn	3	218
George W., m. Mrs. Maria **FRANKLIN**, b. of Rocky Hill, Oct. 10, 1850, by Rev. George A. Bryan	4	148
Grace Sherman, [d. Phinehas Martin & Eunice A.], b. Feb. 5, 1866	3	93
Henry, farmer, ae. 22, of Glastonbury, m. Francis **NORTH**, ae. 20, b. in Middletown, res. Glastonbury, Sept. 10, 1851, by Rev. Ja[me]s Wright	4	202-3
Henry M., of Glastonbury, m. Frances S. **NORTH**, of Middletown, Sept. 10, 1850, by James L. Wright	4	146
Hipsaba, d. Thomas & Elizabeth, b. Mar. 3, 1729/30	LR2	18
Hephzibah, m. Ezra **BEVIN**, May 25, 1748	2	283
Ira, of Weathersfield, m. Caroline **STOW**, of Middletown, [Apr.] 7, [1835], by Rev. Geo[rge] B. Atwell	3	409
James L., m. Lucy Ann **NORTH**, May 30, 1838, by Rev. John R. Crane	3	446
James L., Rev., ordained at Berlin, June 4, 1839, by the Hartford South Association, as testified by Dr. Chapin, of Rocky Hill	3	523
Jane, m. William **FOUNTAIN**, Mar. 26, 1837, by Samuel Farmer Jarvis, D.D., L.L.D., at Christ Church	3	450
John, s. Tho[ma]s & Elizabeth, b. Nov. 1, 1713; d. Nov. 15, 1713	LR2	18
John, s. Jonas & Bathsheba, b. Aug. 8, 1743	1	119
John, s. William & Anner, b. Jan. 12, 1766	2	73
Jonas, d. May 10, 1709	LR1	2
Jonas, s. Thomas & Elizabeth, b. Nov. 21, 1714	LR2	18
Jonas, of Middletown, m. Bathsheba **GOFF**, of Weathersfield, Feb. 7, 1739/40	1	119
Jonas, s. Jonas & Bathsheba, b. Jan. 28, 1745/6	1	119

	Vol.	Page

WRIGHT, (cont.)
Joseph, m. Hannah **GILBERT**, Mar. 22, 1738/9 — 2 — 317
Leverett, of Rocky Hill, m. Lucy S. **SMITH**, d. of
  Winthrop, of Middletown, June 13, 1850, by
  Rev. John R. Crane — 4 — 144
Leverett, mechanic, ae. 28, b. in Rocky Hill, res.
  Middletown, m. Lucy S. **SMITH**, ae. 30, of
  Middletown, June 13, 1850, by Rev. John R.
  Crane — 4 — 168-9
Lois, d. Jonas & Bathsheba, b. Mar. 3, 1740/1 — 1 — 119
Lucretia N., m. Moses S. **COOK**, b. of Middletown,
  Sept. 9, 1832*, by Rev. John Cookson (*1831?) — 3 — 362
Lucretia N., m. Moses S. **COOK**, b. of Middletown,
  Sept. 9, 1832, by Rev. John Cookson — 3 — 373
Lucy, 2d, d. [W[illia]m & Lucia], b. Apr. 3, 1757 — 1 — 123
Lucy, d. [W[illia]m & Lucia], b. [   ]; d.
  [   ] — 1 — 123
Martha, of Northampton, m. Samuel **STARR**, of Middle-
  town, Nov. 28, [1822], by Rev. Stephen Hayes — 3 — 115
Mary, d. Thomas & Elizabeth, b. June 25, 1720 — LR2 — 18
Mary, d. Jos[eph] & Han[na]h, b. Feb. 24, 1739/40 — 2 — 317
Mary, m. Will[ia]m **CLARK**, Feb. 7, 1744 — 1 — 80
Mary, m. William **CLARK**, Feb. 7, 1744 — 2 — 5
Mary, d. W[illia]m & Lucia, b. Nov. 1, 1745 — 1 — 123
Mary, m. Richard **ALSOP**, Apr. 27, 1760 — 2 — 222
Mary, m. Seth **WETMORE**, Jr., Nov. 14, 1768 — 2 — 129
Mary had negro Ceaser, b. Aug. 10, 1790; Charlotte,
  b. Apr. 23, 1792 — 2 — 317
Mary, ae. 19, b. in Haddam, res. Middletown, m. Robert
  GATES, merchant, ae. 26, b. in Haddam, res. Middle-
  town, Oct. 3, 1847, by Rev. A. L. Stone — 4 — 62-3
Mary E., m. Robert W. **GATES**, Oct. 3, 1847, by Rev.
  A.L. Stone — 4 — 18
Olive, wid. of Jonas, m. William **STONCLIFT**, Mar. 30,
  1710 — LR2 — 19
Phineas M., of Middletown, m. Eunice Ann **INGHAM**, d. of
  Friend W., of Middletown, Aug. 10, 1851, by Rev.
  Frederic J. Goodwin — 4 — 214-5
Phineas Martin, b. Feb. 3, 1825, at Santa Cruz, W.I.;
  m. Eunice A. **INGHAM**, d. of Friend W. & Eunice
  (**SAGE**), Aug. 10, 1851 — 3 — 93
Robert, m. Elizabeth **INGRAHAM**, Oct. 29, 1751 — 2 — 276
Samuel, s. W[illia]m & Lucia, b. July 10, 1748 — 1 — 123
Sarah, d. Thomas & Elizabeth, b. July 19, 1723 — LR2 — 18
Sarah, m. Haziel **SMITH**, Mar. 8, 1743/4 — 2 — 31
Thomas, m. Elizabeth **HUBBARD**, June 1, 1710 — LR2 — 18
Thomas, s. Thomas & Elizabeth, b. May 5, 1711 — LR2 — 18
Thomas, s. Jonas & Bathsheba, b. July 5, 1749 — 1 — 119

BARBOUR COLLECTION

	Vol.	Page
WRIGHT, (cont.)		
Willard, s. Will[ia]m & Lucia, b. Oct. 3, 1742	1	123
William, of Middletown, m. Lucia **RICHARDSON**, of Springfield, Mar. 13, 1741	1	123
William, m. Anner **HURLBURT**, b. of Middletown, Dec. 18, 1764	2	73
William S., of Glastonbury, m. Elizabeth **NORTH**, of Middletown, Sept. 17, 1845, by Rev. John R. Crane	3	535
——, d. Jonas* & Elliner, b. Dec. 31, 170[ ] (*Arnold Copy has "Isaac". Corrected by Mr. Starr)	LR2	Ind-4
——, s. [Phinehas Martin & Eunice A.], b. May 16, 1854; d. May 16, 1854	3	93
——, s. [Phinehas Martin & Eunice A.], b. Mar. 23, 1857; d. Mar. 25, 1857	3	93
WYMAN, Thomas, m. Abbe **O'BRIEN**, May 25, 1853, by Rev. Jno. Brady	4	238
WYSE, [see under **WISE**]		
YALE, Anna, m. Jedediah **WILCOX**, June 9, 1814	3	247
Anson, m. Mary A. **FIELD**, b. of Middletown, Nov. 8, 1832, by Rev. John Cookson	3	376
Anson, stage-driver, b. in So. Canaan, res. Middletown, d. May 1, 1849, ae. 44	4	132-3
Jediah H., of Mereden, m. Mary W. **COE**, of Middletown, Sept. 10, 1845, by Rev. H. Miller, of Mereden	3	536
Levi, 2d, of Mereden, m. Abigail E. **BACON**, of Middletown, Feb. 27, 1832, by Rev. Stephen Topliff	3	369
William H., of Mereden, m. Maria **LANGMEAD**, of Litchfield, June 27, 1841, by Harvey Miller	3	477
YEMMONS, [see also **YEOMANS**], Edward A., of New Haven, m. Ellen M. **ROBERTS**, of Middletown, Nov. 29, 1849, by Rev. L.S. Hough	4	96
YEOMANS, YEAMONS, YEOMAN, [see also **YEMMONS**], Collins, s. Jona[tha]n & Sibbell, b. Aug. 30, 1719	LR2	29
Edward, m. Thankfull **BIDWELL**, Sept. 8, 1716	LR2	24
Edward, m. Roxanna S. **JOHNSON**, Oct. 17, 1821, by Rev. John R. Crane	3	67
Edward, joiner, ae. 20, m. Ellen **ROBERTS**, ae. 16, Nov. [ ], 1849	4	170-1
Elnora, d. Edward, joiner, b. Aug. 5, 1850	4	198-9
Emily E., of Middletown, m. William A. **FULLER**, of Lebanon, June 12, 1844, by Rev. Horace Hills, Jr.	3	518
Jonathan, m. Sibel **HARRISS**, Apr. 7, 1715	LR2	29
Jonathan, s. Jonathan & Sibbil, b. July 24, 1731	LR2	29
Lucia, d. Jona[tha]n & Sibbell, b. Sept. 13, 1723	LR2	29
Lucia, m. Elisha **BREWSTER**, Sept. 30, 1742	1	98
Mary, d. Jonathan & Sibbil, b. Sept. 25, 1734	LR2	29

	Vol.	Page
YEOMANS, YEAMONS, YEOMAN, (cont.)		
Mary, m. John **FOSDISH**, Nov. 13, 1755	2	21
Presilla, d. Jona[tha]n & Sibbell, b. July 7, 1727	LR2	29
Susannah, of Stonington, m. Joseph **ROCKWELL**, of Middletown, Dec. 21, 1721	1	3
Sibell, d. Jon[atha]n & Sibbell, b. Apr. 18, 1716	LR2	29
Sibbell, m. Samuel **PELTON**, June 17, 1736	1	90
YOUNG, YOUNGS, Abigail, m. Andrew **CARRIER**, May 9, 1757	2	23
Alonzo D., s. of Enoch C., m. Lydia L. **TYLER**, Nov. 28, 1852, by Rev. Jno. Morrison Reid	4	232
Amos, s. Chilab & Mary, b. Feb. 24, 1763 (Probably Amos **HALE** not Amos **YOUNG**)	2	166
Charles, m. Jane **DANIELS**, colored, Oct. 15, 1848, by Rev. F. J. Goodwin	4	39
Charles, servant, colored, m. Jane **DANIELS**, colored, b. of Middletown, Oct. 15, 1848, by Rev. F. J. Goodwin	4	124-5
Charles, colored, d. Dec. 9, 1850, ae. 33	4	204-5
Cha[rle]s R., s. Cha[rle]s, waiter, ae. 33, & Jane, ae. 28, b. Apr. 29, 1851	4	196-7
Charlotte, d. Charles, waiter, colored, ae. 30, & Jane, ae. 26, b. Nov. 7, 1849	4	158-9
Elizabeth, d. John & Hannah, b. May 23, 1751	2	242
Elizabeth, d. Silvan[u]s & Ruth, b. Sept. 2, 1767	2	216
Elizabeth, m. William **GREEN**, Jan. 25, 1770	2	238
Enoch, s. Silvan[u]s & Ruth, b. July 10, 1778	2	216
Enoch, s. [W[illia]m & Eliza[beth], b. Oct. 24, 1804	2	164
Enoch C., of Middletown, m. Esther **CLARK**, of Middlebury, Oct. 21, 1829, by Rev. John Cookson	3	342
Harley, s. [Silv[anu]s, Jr. & Patty], b. Feb. 3, 1801	2	279
Horace, s. Silv[anu]s, Jr. & Patty, b. Aug. 25, 1796	2	279
Horace, s. [Silv[anu]s, Jr. & Patty], d. Feb. 7, 1805	2	279
Isaac, s. Silvan[u]s & Ruth, b. May 10, 1770	2	216
Jane, m. John **McCOMB**, Mar. 14, 1739	2	16
Jane B., d. of William, of Alleghaney County, Maryland, m. John R. **CRANE**, s. [Rev. John R. & Harriet], May 12, 1847, by J. R. Crane, D.D., at Elizabethtown, N.J.	3	17
Jemima, d. Chilab & Mary, b. Dec. 31, 176[ ] (Probably Jemima **HALE**)	2	166
John, m. wid. Hannah **INGRAHAM**, June 16, 1748	2	242
John Sprague, s. John & Hannah, b. May 19, 1749	2	242
Mary, d. Rob[er]t, Jr. & Sarah, b. Aug. 8, 1757	2	26
Mary, m. Chilab **HALE**, Apr. 22, 1762	2	166
Mary C., m. Erastus S. **OTIS**, Sept. 16, 1835, by Rev. Rob[er]t McEwen	3	414
Orimel, of Wallingford, m. Minerva F. **RODGERS**, of Branford, Sept. 17, 1837, by Rev. John Cookson	3	443

	Vol.	Page
YOUNG, YOUNGS, (cont.)		
Rebecca, wid., m. Moses **WHEELER**, May 23, 1754	2	335
Robert, Jr., m. Sarah **BAKER**, Nov. 3, 1755	2	26
Robert, d. Mar. 7, 1758	2	26
Robert, s. Silvanus & Ruth, b. Oct. 10, 1763	2	216
Russell Bailey, s. [W[illia]m & Eliza[beth], b. Jan. 13, 1807	2	164
Ruth, d. Silvan[u]s & Ruth, b. May 27, 1774	2	216
Ruth M., m. Alfred **COOK**, b. of Middletown, [Apr.] 17, [1829], by Rev. E. R. Tyler	3	332
Samuel, s. Sil[vanu]s & Ruth, b. Jan. 26, 1762	2	216
Samuel Merryman, s.[Silv[anu]s, Jr. & Patty], b. Aug. 22, 1798	2	279
Sarah, d. John & Hannah, b. Aug. 11, 1753	2	242
Sarah, m. John **PAIN**, Apr. 27, 1757	2	91
Silvanus, of Middletown, m. Ruth **CARRIER**, of Colchester, Apr. 6, 1761	2	216
Silvanus, s. Silvanus & Ruth, b. Sept. 2, 1765	2	216
Silvanus, Jr., m. Patty **MATTOON**, Feb. 25, 1796	2	279
Temperance, m. Leonard **HALL**, [Jan.] 1, [1824], by Rev. James A. Boswell	3	148
Thomas, s. Silvan[u]s & Ruth, b. July 17, 1772	2	216
Will[ia]m, s. Silvan[u]s & Ruth, b. Apr. 19, 1780	2	216
William, m. Eliz[abeth] **BAILEY**, Feb. 27, 1801	2	164
William L., m. Esther A. **SMITH**, b. of Middletown, Dec. 24, 1844, by Rev. Andrew L. Stone	3	526
Zenas Coleman, s. W[illia]m & Eliza[beth], b. Nov. 13, 1801	2	164
ZEITELHOKIN, Sophia, m. John **FRUBZEL**, b. of Middletown, July 30, 1854, by Jacob F. Huber, V.D.M.	4	253
ZOEGER, Elizabeth, m. John F. **KEOHU**, b. late of Germany, now of Middletown, Oct. 9, 1853, by Jacob Fred[eric]k Huber, V.D.M.	4	241
NO SURNAME		
Abigail, m. [Ebenezer **HALE**], Apr. 4, 1725	LR2	Ind-3
Ashbel B., [ ]	2	198
Catharine, m. James **COSGROVE**, Mar. 13, 1854, by Rev. Jno. Brady	4	266
Eunice, m. Barzillai **SAGE**, [ ]	3	90
Lewis S., s. Lewis & Harriet, b. June 4, 1851	4	200-1
Moreah, negro, b. July 15, 1763; m. Gad **WARD**, s. Jos[eph], June 1, 1784	2	349
Phebe, m. William **WARD***, Mar. 28, 1660 (*Written "**WOOD**")	LR1	6
Rosa N., m. Patrick **NUGENT**, Aug. 15, 1848	4	64-5

www.ingramcontent.com/pod-product-compliance
Lightning Source LLC
Chambersburg PA
CBHW071151300426
44113CB00009B/1167